여성이 목사가 될 수 있을까? 이는 어느 누구에게는 시대착오적 질문일 수도, 다른 누구에게는 심각한 신학 논쟁일 수도 있다. 그럼에도 이 질문은 아직도 미국의 복음주의 안에서 뜨거운 감자다. 이에 대한 대답에 따라 보수주의와 자유주의를 나누는 한국적 상황에선 더더욱 그러하다. 이 책 안에 나오는 네 명의 토론자들은 두 팀으로 나눠 서로를 존중하면서도 여성 리더십에 관한 각 팀의 입장을 주석학적으로나 신학적으로 정밀하게 논증하여 토론의 미덕을 느낄 수 있게 한다. 두 입장에 대해 아무런 선입견 없이 이 책을 읽어가기가 쉽지는 않겠지만, 토론자들의 진솔한 태도와 성실한 해석을 통해 독자들은 상대방의 입장을 우호적으로 이해하게 될 것이다. 이 책을 통해 한국에서도 상생을 위한 여성 리더십 토론의 장이 마련되기를 기원한다. **류호준** 백석대학교 신학대학원 구약학 교수, 목사

특정 상황에서 여성 지도권을 제한한 신약성경 본문은 많지 않으나(고전 11:2-16; 14:34-35; 특히 딤전 2:11-15), 이 본문들을 예수님의 계명이나 주기도문처럼 받아들여 인류의 반을 차지하는 여성의 지도권을 제한하는 교단들이 아직 있다. 사회에서 여성의 역할이 날로 확대·강화되는 이 시기에 교단이 여성 지도권을 억압하면, 그 교단의 여성들은 타 교단 여성 지도자들과 대등한 활동을 펼치기 어렵고, 사회에서 지도력을 발휘할 기회도 적어져, 결과적으로 그 교단과 사회의 발전을 저해한다. 그럼에도 불구하고 2017년에 여성 지도권 문제가 한국교회에서 다시 뜨거운 쟁점으로 떠올랐다. 2017년 9월 21일에 예장통합은 기장(2010)과 기감(2015)에 이어 여성 총대 할당제를 통과시켰으나, 같은 날 예장합신은 만장일치로 여성 안수를 부결시켰다. 예장고신의 자매 교단인 네덜란드 개혁교회(해방파)는 2017년 6월 21일에 여성 안수를 통과시켰으나, 같은 해 8월에 예장합동은 목사의 자격을 남성으로 제한하는 헌법개정안을 총회에 회의했다. 이런 논쟁의 근거가 되는 성경 본문들은 구체적으로 무엇이고, 예수님을 그리스도로 고백하는 믿을 만한 성경 전문가들은 그 본문들을 어떻게 주해하는지 제대로 공부하고 싶은 분들에게 이 책을 권해드린다.

문우일 서울신학대학교 교양학부 조교수(연구), 한국신약학회 총무, 세계성서학회 분과의장

대다수의 교단이 찬성하고 소수의 교단이 반대하는 여성 안수 문제에 대해 4명의 학자들이 성경을 근거로 매우 진지하고 치열하게 토론한 책이 나와 무척 반갑다. 현재 남녀평등이 중요한 이슈로 떠오르고 있는 한국교회 현실 속에서 가장 핵심이라고 할 수 있는 여성 안수 문제는 교회가 반드시 해결하고 넘어가야 할 커다란 산이다. 아무쪼록 이 책이 그동안 일부 교단이 회피하고 싶어 했던 문제를 다시 수면 위로 떠올리는 역할을 하여 여성 안수 문제가 긍정적으로 해결되는 데 일조하길 기대한다. 박유미 안양대학교 강사, 비블로스성경인문학연구소 소장

"풀은 마르고 꽃은 시드나, 우리 하나님의 말씀은 영원히 서 있다"(사 40:8). 하나님의 말씀은 시간과 공간의 경계를 허물고 21세기를 살아가는 우리에게도 여전히 유효한 보편성을 지닌다. 그러나 성서는 그 말씀이 기록된 문화-사회적 상황과 역사적 배경이 있기 때문에 그 특수성을 밝혀가며 읽어야 한다. 바로 그것이 성서의 참 의미를 찾아가는 성서 주석의 묘미일 것이다.

    기독교는 예수 그리스도의 본래적 가르침과는 다르게 오랫동안 성차별, 계급차별, 인종차별의 역사를 이어갔으며, 성서는 때로 이를 위한 이념적 도구로 작용했다. 여성 사역과 안수를 둘러싼 논쟁에서 예수의 말씀보다는 바울의 해석에 더 비중을 두고 더욱이 그 말씀이 등장한 배경은 전혀 살펴려 하지 않는 이들에게 이 책은 좋은 방향성을 제시한다. 특별히 여성혐오라는 단어가 여전히 우리 사회에서 화두로 부각되고 있고, 법적으로 여성 사역을 허용하는 교단에서조차 실제적으로는 여러 제약이 뒤따르는 우리 교계와 신학계의 풍토에서 균형 잡힌 담론을 제시하고 있는 이 책의 발간은 무척 소중하다.

    구약에서 신약으로 이어지는 성서의 주선율을 찾기보다는 문자주의에 빠져 여전히 성서를 여성 비하와 억압의 도구로 전락시키려는 이들에게 성서 해석의 오래된 한계점을 극복할 수 있는 계기가 이 책을 통하여 마련되기를 바라는 마음 간절하다. 정미현 연세대학교 연합신학대학원 조직신학 교수

Two Views On Women In Ministry
Revised Edition

Linda L. Belleville / Craig L. Blomberg
Craig S. Keener / Thomas R. Schreiner

edited by
Stanley N. Gundry
James R. Beck

Originally published by Zondervan as *Two Views on Women in Ministry—Revised Edition*
Copyright ⓒ 2001, 2005 by James R. Beck

Translated and published by arrangement with The Zondervan Corporation L.L.C., a division of HarperCollins Christian Publishing, Inc. through rMaeng2, Seoul, Republic of Korea.

This Korean Edition Copyright ⓒ 2017 by Holy Wave Plus, Seoul, Republic of Korea.

이 한국어판의 저작권은 알맹2 에이전시를 통하여 미국 Zondervan과 독점 계약한 새물결플러스에 있습니다. 신저작권법에 의하여 한국 내에서 보호받는 저작물이므로 무단 전재와 무단 복제를 금합니다.

여성 리더십 논쟁
교회에서 여성의 사역과 안수에 관한 토론

린다 L. 벨빌 / 크레이그 L. 블롬버그
크레이그 S. 키너 / 토마스 R. 슈라이너 지음

스탠리 N. 건드리 시리즈 편집자
제임스 R. 벡 책임편집

안영미 옮김

► 차례 ◄

약어   8
서론 _제임스 R. 벡   17

1. 평등주의적 관점 _린다 L. 벨빌   23
    논평 : 토마스 R. 슈라이너   140
          : 크레이그 S. 키너   146
          : 크레이그 L. 블롬버그   152

2. 상보주의적 관점 _크레이그 L. 블롬버그 161
    논평 : 크레이그 S. 키너   246
          : 토마스 R. 슈라이너   253
          : 린다 L. 벨빌   259

3. 또 다른 평등주의적 관점 _크레이그 S. 키너   271
    논평 : 크레이그 L. 블롬버그   334
        : 린다 L. 벨빌   341
        : 토마스 R. 슈라이너   346

4. 또 다른 상보주의적 관점 _토마스 R. 슈라이너   353
    논평 : 린다 L. 벨빌   434
        : 크레이그 L. 블롬버그   446
        : 크레이그 S. 키너   453

결론 _제임스 R. 벡   463
성경 색인   466
주제 색인   478

약어

성경 텍스트, 번역본 등등

ASV	American Standard Version
AT	Author Translation
BBE	The Bible in Basic English
Bishop	The Bishop's Bible
BJ	La Bible de Jérusalem (French version of the Jerusalem Bible)
CEV	Contemporary English Version
Copt.	Coptic
CSB	Christian Standard Bible
Darby	*The Darby Translation*
DV	Douay Version (또한 Douay-Rheims Bible이라고도 불림)
ESV	English Standard Version
Geneva	Geneva Bible
Great	Great Bible
GWT	God's Word Translation
JB	Jerusalem Bible
KJV	King James Version
Luther	The Luther Bible
LXX	Septuagint (the Greek OT)
MT	Masoretic Text of the OT
NAB	New American Bible
NASB	New American Standard Bible
NCV	New Century Version

NEB	New English Bible
NET	New English Translation
NIV	New International Version
NJB	New Jerusalem Bible
NKJV	New King James Version
NLT	New Living Translation
NRSV	New Revised Standard Version
NT	New Testament
OT	Old Testament
Phillips	*New Testament in Modern English*, J. B. Phillips
REB	Revised English Bible
Reina-Valera	Reina-Valera Bible
Revised NAB	Revised New American Bible
Rheims	Rheims New Testament (NT of DV)
RSV	Revised Standard Version
RVR	Reina Valera Revisada
Syr.	Syriac
TEV	Today's English Version
TNIV	Today's New International Version
Tyndale	Tyndale New Testament
UBS	United Bible Societies
Vulg.	Vulgate
Webster	Webster's Bible
Weymouth	*Weymouth's New Testament in Modern Speech*

기타 고대 텍스트

Aeth.	*Aethiopica* (Heliodorus)
Ag. Ap.	*Against Apion* (Josephus)
Bibl. hist.	*Bibliotheca historica* (Diodorus Siculus)

Bride	Advice to the Bride and Groom (Plutarch)
Cic.	Cicero (Plutarch)
Cyr.	Cyropaedia (Xenophon)
Did.	Didache
Epist.	Epistulae (Jerome)
Facta	Facta et dicta memorabilia (Valerius Maximus)
Fam.	Epistulae ad familares (Cicero)
Flight	On Flight and Finding (Philo)
Herm. Sim.	Shepherd of Hermas, Similitudes
Herm. Vis.	Shepherd of Hermas, Visions
Hist.	Historicus (Polybius)
Hist. eccl.	History of the Church (Eusebius)
Hist. Rome	The History of Rome (Livy)
Hom. 1 Tim.	Homilies on 1 Timothy (John Chrysostom)
Hom. Rom.	Homilies on Romans (John Chrysostom)
Hypoth.	Hypothetica (Philo)
J.W.	Jewish War (Josephus)
L.A.E.	Life of Adam and Eve
Mor.	Moralia (Plutarch)
Onir.	Onirocritica (Artemidorus)
Paed.	Paedagogus (Clement of Alexandria)
Phil.	To the Philippians (Polycarp)
Pss. Sol.	Psalms of Solomon
QG	Questions and Answers on Genesis 1,2,3,4 (Philo)
Rhet.	Volumina rhetorica (Philodemus)
4Q502	Ritual of Marriage (texts from Qumran)
Strom.	Stromata (Clement of Alexandria)

학술지, 정기간행물, 참고문헌, 시리즈

AB	Anchor Bible
AnBib	Analecta biblica
BA	Biblical Archaeologist
BAGD	Bauer, Arndt, Gingrich, and Danker (2d ed.). *Greek-English Lexicon of the New Testament and Other Early Christian Literature*
BBR	Bulletin for Biblical Research
BDAG	Bauer, Danker, Arndt, and Gingrich (3d ed.). *Greek-English Lexicon of the New Testament and Other Early Christian Literature*
BDB	Brown, Driver, and Briggs. *A Hebrew and English Lexicon of the Old Testament*
BDF	Blass, Debrunner, and Funk. *A Greek Grammar of the New Testament and Other Early Christian Literature*
BECNT	Baker Exegetical Commentary on the New Testament
BGU	*Aegyptische Urkunden aus den Königlichen Staatlichen Museen zu Berlin, Griechische Urkunden*
BibInt	Biblical Interpretation
BJS	Brown Judaic Studies
BR	Biblical Research
BSac	*Bibliotheca sacra*
BST	The Bible Speaks Today
BT	*The Bible Translator*
BTB	Biblical Theology Bulletin
BZNW	Beihefte zur Zeitschrift für die neutestamentliche Wissenschaft
CBMW	The Council on Biblical Manhood and Womanhood
CBQ	*Catholic Biblical Quarterly*
CBTJ	*Calvary Baptist Theological Journal*
Chm	*Churchman*
ChrHist	Christian History
ChrT	Christianity Today

CII	*Corpus inscriptionum iudaicarum*
CTJ	*Calvin Theological Journal*
CTR	*Criswell Theological Review*
EBC	*Expositor's Bible Commentary*
ECC	*Eerdmans Critical Commentary*
ETS	*Evangelical Theological Society*
EvQ	*Evangelical Quarterly*
ExpTim	*Expository Times*
FaithMiss	*Faith and Mission*
Fd Xanthos	*Fouilles de Xanthos*
GRBS	*Greek, Roman, and Byzantine Studies*
HALOT	Koehler, Baumgartner, and Stamm. *The Hebrew and Aramaic Lexicon of the Old Testament*
HNTC	*Harper's New Testament Commentaries*
ICC	*International Critical Commentary*
IGR	*Inscriptiones Graecae ad Res Romanas pertinentes*
Int	*Interpretation*
InscrMagn.	*Die Inschriften von Magnesia am Meander*
IVPNTC	*IVP New Testament Commentary*
JBL	*Journal of Biblical Literature*
JBMW	*Journal for Biblical Manhood and Womanhood*
JETS	*Journal of the Evangelical Theological Society*
JGRChJ	*Journal of Greco-Roman Christianity and Judaism*
JSNT	*Journal for the Study of the New Testament*
JSNTSup	*JSNT Supplement Series*
JSOT	*Journal for the Study of the Old Testament*
JSOTSup	*JSOT Supplement Series*
JTS	*Journal of Theological Studies*
L&N	Louw and Nida. *Greek-English Lexicon of the New Testament: Based on Semantic Domains*

LCL	Loeb Classical Library
LSAM	Lois sacrées de l'Asie mineure
LSCG Suppl.	Lois of the sacrées cités grecques, supplement
LSJ	Liddell, Scott, and Jones. *A Greek-English Lexicon*
LuthThJ	*Lutheran Theological Journal*
MM	Moulton and Milligan. *The Vocabulary of the Greek Testament*
NAC	New American Commentary
NIBC	New International Biblical Commentary
NICNT	*New International Commentary on the New Testament*
NICOT	*New International Commentary on the Old Testament*
NIDOTTE	*New International Dictionary of Old Testament Theology and Exegesis*
NIGTC	New International Greek Testament Commentary
NIVAC	NIV Application Commentary
NovT	*Novum Testamentum*
NTC	New Testament Commentary (Baker)
NTS	*New Testament Studies*
PG	Patrologia graeca
PGL	*Patristic Greek Lexicon*
PHI	Packard Humanities Institute
PL	Patrologia latina
PNTC	Pillar New Testament Commentary
Presb	*Presbyterion*
RAT	*Revue Africaine de Theologie*
RBibLit	*Review of Biblical Literature*
RefJ	*Reformed Journal*
ResQ	*Restoration Quarterly*
SBJT	*Southern Baptist Journal of Theology*
SBLDS	Society of Biblical Literature Dissertation Series
SBLSP	*Society of Biblical Literature Seminar Papers*
SEG	Supplementum epigraphicum graecum

SNTSMS	Society for New Testament Studies Monograph Series
SP	Sacra Pagina
TDNT	Kittel and Friedrich. *Theological Dictionary of the New Testament*
TDOT	Botterweck and Ringgren. *Theological Dictionary of the Old Testament*
ThEv	*Theologia Evangelica*
ThTo	*Theology Today*
TJ	*Trinity Journal*
TLG	*Thesaurus linguae graecae*
TLNT	*Theological Lexicon of the New Testament*
TNTC	Tyndale New Testament Commentaries
TOTC	Tyndale Old Testament Commentaries
TS	*Theological Studies*
TSFBul	*Theological Students Fellowship Bulletin*
TWOT	*Theological Wordbook of the Old Testament*
TynBul	*Tyndale Bulletin*
WBC	Word Biblical Commentary
WisconsinLuthQ	*Wisconsin Lutheran Quarterly*
WMANT	Wissenschaftliche Monographien zum Alten und Neuen Testament
WTJ	*Westminster Theological Journal*
WUNT	Wissenschaftliche Untersuchungen zum Neuen Testament
YCS	*Yale Classical Studies*
ZNW	*Zeitschrift für die neutestamentliche Wissenschaft und die Kunde der älterern Kirche*

일반 약어

AD	*anno Domini* (in the year of [our] Lord)
BC	before Christ
ca.	*circa* (around, about, approximately)
cf.	*confer*, compare

ch(s).	chapter(s)
diss.	dissertation
ed(s).	editor(s), edited by
e.g.	*exempli gratia*, for example
esp.	especially
frg.	fragment
ibid.	*ibidem*, in the same place
i.e.	*id est*, that is
Lat.	Latin
lit.	literally
n.	note
p(p).	page(s)
par.	parallel (indicates textual parallels)
s.v.	*sub verbo*, under the word
trans.	translator, translated by
v(v).	verse(s)

▶ 서론
제임스 R. 벡

최근에 이 책의 기고가 네 명이 점심 식사를 하기 위해 애틀랜타 힐튼 호텔에서 모였다. 우리 출판사 대리인과 나와 함께, 우리는 우정을 새로이 하고 『여성 사역에 관한 두 관점』(*Two Views on Women in Ministry*, 2001)의 초판에 대한 이번 개정판을 계획하면서 즐거운 시간을 보냈다. 보통은 논쟁적인 주제를 다루는 책을 출판하는 일이 편집자에게 다양한 기고가 사이에서 심판자 역할을 하도록 요구하리라 추정할 것이다. 기고가들 모두가 한 주제의 다른 측면에 관한 강력한 견해를 갖고 있기 때문이다. 그 추정은 이번 프로젝트에는 맞지 않았다. 우리 여섯 명은 친구들이다. 우리는 서로와 함께하기를 즐기고 이 팀의 각 멤버의 학문을 강하게 존중한다. 우리는 우리의 동지애가 성(gender)과 사역(ministry)이란 어려운 영역에서 일하는 다른 학자들에게 모델이 될 수 있기를 소망한다.

이 업무상 점심 식사—"파워" 오찬 모임으로는 전혀 볼 수 없는 점심—의 더 중요한 성과 중 하나는 기고가들 전체와 편집자가 동의할 수 있는 성명서를 만든 것이었다. "우리는 모두 그 문제에 대한 자신의 견해가 더 강하고 더 설득력 있다고 여길지라도, 이 책에서 다루는 두 개의 주요 견해 중 하나를 위해 정통성의 범위 내에서 신뢰할 만한 주장을 세우고 성서의 무오성에 헌신할 수 있음을 믿는다." 이 단순한 화합 성명서가 지니는 함축적 의미는 막대하며, 여성 사역에 관한 이슈를 다루는 모든 학생이 세심한 주의를 기울일 만한 가치가 있다.

이 책의 초판을 출간한 세 가지 개괄적인 이유가 제2판에서도 여전히 적용된다. 첫째, 복음주의자들은 교회가 교회 내에서의 여성 사역에 어떤 제한을 두어야 할지 아니면 어떤 제한도 두어서는 안 되는지 결정하는 것과 관련한 해석적·신학적 이슈들을 해결하지 못했다. 해석적인 이슈들은 복잡하여, 심지어는 이편이든 저편이든 옹호자 중 가장 열성적인 이들도 반대편 견해가 정통성의 한계를 벗어났다고 정당하게 주장할 수 없다. 어느 누구도 특별한 한 견해가 성경의 무오성에 대한 신앙을 반영하는 유일한 견해라고 주장할 수 없다.

둘째, 이 논쟁의 양편 지지자 사이에 더 평화적인 정신이 여느 때 못지않게 강하게 필요하다. 사람들이 모여 여성 사역에 관하여 논쟁할 때 너무나 자주 사태가 악화되곤 한다. 교회는 과도함과 과잉 반응을 나타내는 주장에 귀한 에너지와 시간을 낭비할 여유가 없다. 교회의 온전함을 참으로 위협하는 적들은 교회 벽 밖에 있지, 그 안에 있지 않다. 이 이슈를 다룰 때 우리는 그리스도께서 존중하시는 평화 정신을 드러낼 필요가 있다. 염려하는 편집자로서 나는 각 기고가들에게 서로의 소론에 대한 그들의 논평에서 이 평화주의를 드러내도록 요구했다. 그들이 모두 감탄할 정도로 이 임무를 성공적으로 수행했다는 것을 여러분에게 알려드릴 수 있어 행복하다.

셋째, 관련 학문의 성과가 주목할 만하게 많이 학술지에 계속 나타난다. 제2판에 나오는 각 소론은 2001년 이후 등장한 새로운 문헌을 반영한다. 때때로 새로운 연구 결과들이 현존하는 주장을 약화시킬 것이다.

가끔은 새로운 증거가 그것이 없었으면 약화되었을 자료를 강화시킬 것이다. 더욱 흥미로운 것은 때때로 진보하는 학문이 이편이든 저편이든 그것의 주장을 더 잘 설명할 수 있도록 도울 수 있는 완전히 새로운 추론 과정을 제시할 수 있다는 것이다. 전반적으로 우리가 이 논쟁에 효과적으로 참여하려면 우리는 모두 최신 학문에 뒤떨어지지 않아야 한다.

독자들은 초판과 다른 이 책의 몇 가지 변화를 알아차릴 것이다. 블룸버그 박사는 초판의 공동 편집자로 일했는데, 이 책에서는 네 개의 주요 소론 중 하나의 기고가로서 역할을 전환했다. 그는 여기 나오는 소론을 제공하기 위해 초판에 썼던 그의 부록 소론을 다시 손보고 크게 확장했다. 또한 우리는 각 기고가에게 이번 판에 나오는 다른 세 개의 소론에 대해 논평하도록 요청했다. 기고가들 중 누구도 자신이 맡은 장(章)을 완성할 때까지 다른 소론을 전혀 보지 않았다. 나는 이 제2판에서 그 소론들을 기고가의 성(姓)의 알파벳 순서에 따라 배열하였다. 각 소론에 대한 세 개의 논평 순서는 이 책에서 같은 견해를 주장하는 기고가의 논평을 가운데 두고, 반대 견해를 주장하는 기고가들의 논평으로 시작하고 끝난다. 소론과 그것들에 대한 논평은 길이의 차이가 다소 있다. 그러나 이 책에서 논의된 두 견해를 각각 검토하는 데 들인 총 페이지 수는 거의 정확히 같다.

이 책의 기고가 4명은 신학대학 교수직을 맡고 있는 복음주의 신약학자들이다. 각각의 학문 분야의 시각에서 주장을 펼치도록 복음주의 신학자 4명, 또는 복음주의 구약학자 4명을 선택할 수도 있었지만, 이 기고가들의 자료는 관련 이슈들에 폭넓게 적용된다. 그러나 논란의 여지가 있는 본문과 용어 및 신학적 이슈의 대부분이 신약성경에 집중되기 때문에, 이 논의의 자료 제공자로서는 신약학자들이 참여하는 것이 타당하다.

완전 공개의 정신에 따라 독자들은 편집자가 신념상 평등주의자임을 알아야 한다. 그러나 나는 이 프로젝트를 공정하게 감독하려고 무척 노력하였다. 독자들이 본문에서 이에 반대되는 증거를 발견하지 못하리라고 믿는다. 즐겁게 읽으시기 바란다.

1

평등주의적 관점

_린디 L. 벨빌

오늘날 복음주의 집단에서 계속되는 논쟁의 온상 중 하나는 교회 안에서 여성들에게 열려 있는 리더십 역할의 성격과 범위다. 여성이 하나님의 말씀을 설교할 수 있는가? 여성이 성찬을 베풀거나 세례를 주거나 예배를 인도할 수 있는가? 여성이 성인 성경학습반을 가르칠 수 있는가? 여성이 주교나 장로, 혹은 집사로서 섬길 수 있는가? 여성이 그녀의 이름 앞에 '목사' 또는 '박사'란 칭호를 붙일 수 있는가?

이 질문들은 지난 50년간 수많은 교회가 씨름해온 것으로, 일부 교회를 분열시켰다. 이는 대부분 중간 입장이 부재하기 때문이었다. 쟁점과 용어들이 여성 리더십을 전적으로 지지하거나 또는 전적으로 반대하는 선택을 강요하도록 규정되어왔다. 특히 전통주의자들의 해석적 접근 방식은 현저하게 선택적이었다. 성서 전체에서의 여성의 역할은 거의 인정하지 않으면서 논쟁의 여지가 다분한 한두 구절(다른 무엇보다도 딤전 2:11-15)에 그 초점을 맞췄다.[1]

오늘날은 어떠한가? 어떤 중간 입장에 도달했는가? 현재 무엇이 전통주의자와 평등주의자를 분리시키는가? 최근 20년 전에는 양극성이 심했다. 여성의 흠 있고 자기기만적인 본성 또는 하나님의 두 번째 형상으로

1_ 예를 들어, *Women in the Church: A Fresh Analysis of 1 Timothy 2:9-15*, eds. Andreas J. Köstenberger, Thomas R. Schreiner, and H. Scott Baldwin (Grand Rapids: Baker), 1995 에서는 교회에서의 여성의 역할이 딤전 2:9-15의 분석으로 축소되었다.

창조된 것에 관한 말을 듣기란 드문 일이 아니었다. 이것들이 교회에서 여성의 리더십 역할을 배제시켰다.[2] 지금은 이 정도까지 가는 사람들은 거의 없다.[3] 과거에 이런 식으로 생각했던 많은 사람이 그들의 생각을 바꿨다.[4]

변화의 원인은 무엇인가? 성경적 합의가 나타난 것은 아니다. 전통주의자들은 여전히 자신들의 시각이 "그리스도를 존귀하게 하고 성경을 믿는 시각"이며, 평등주의자들의 시각은 "자유주의적이고 문화적으로 받아들일 수 있는 견해"라고 주장한다.[5] 실제로 그 주요 추동력은 사회적 특성에 있다. 페미니스트 운동과 경제적인 압력이 여성들을 일터로 내몰았다. 거기서 여성들은 자신들이 동등하게 재능 있고 현명하고 분별력 있음을 보여주었다. 그 결과 25년 전에는 단지 젊은 성인 남성들만이 "미국이 당신을 원한다"라는 슬로건에 도전받은 반면, 오늘날에는 여성과 남성이 똑

2_ 예를 들어, Douglas Moo, "1 Timothy 2:11-15: Meaning and Significance," *TJ* 2 (1981): 175를 보라.

3_ 그러나 Robert Culver, "A Traditionalist Position: Let Your Women Keep Silence," in *Women in Ministry: Four Views*, ed. Bonnidell Clouse and Robert G. Clouse (Downers Grove, Ill.: InterVarsity, 1989), 36를 보라. 더 최근에 Bruce Ware는 남성은 하나님의 형상을 직접적으로 지니고 있고, 여성은 그것을 단지 파생적으로 지니고 있기 때문에 남성이 여성보다 우세하다고 주장했다("Male and Female Complementarity and the Image of God," *JBMW* 7 [2002], 20). 복음주의 학문은 (거의 예외 없이) 여성의 자기기만과 파생적 신의 형상이 다른 곳에서의 성경의 가르침과 충돌을 일으킨다는 것을 알게 되었다. 만약 여성에게 그런 경향이 있었다면, 바울은 여성이 가르치는 것 자체를 하지 못하도록 금지했을 것이다. 그러나 그는 그렇게 하지 않았다. 사실 그는 정반대로 했다. 예를 들어 그는 늙은 여성들에게 젊은 여성을 가르치고 훈련시키라고 지시했다(딛 2:3-4). 또한 바울은 모든 인간이 예외 없이 죄를 범하였다고 주장하는 반면, 한 번도 여성이 남성보다 죄의 속이는 활동에 쉽게 영향받는다고 시사하지 않는다(예, 롬 3:9-20). 사실 개인적인 기만에서 기인한 그릇된 가르침 때문에 바울이 에베소 교회에서 축출한 사람들은 바로 (여성들이 아니라) 남성 2명이었다(딤전 1:19-20).

4_ "1 Timothy 2:11-15," 175에서의 Moo와 10년 후 "What Does It Mean Not to Teach or Have Authority over Men? 1 Timothy 2," in *Recovering Biblical Manhood and Womanhood: A Response to Evangelical Feminism*, ed. John Piper and Wayne Grudem (Wheaton, Ill.: Crossway, 1991), 189-90에서의 Moo를 비교하라.

5_ Berta Delgado, "Baptists take stand on role of women," *Dallas Morning News*, Nov. 10, 1999, 1.

같이 "당신이 될 수 있는 모든 것이 되라"고 격려받고 있다.

복음주의자들이 상당한 정도로 이를 따라했다. 지금은 남성들이 소유하고 있는 영적 은사와 정확히 동일한 영적 은사를 여성들이 소유하고 있으며, 그녀들이 이 은사를 최대한 개발하고 발휘하도록 격려받고 있다는 데 일반적인 합의가 이루어졌다. 사실 여성들은 "영적으로 될 수 있는 모든 것이 되라"고 요구받는다. 이에 딱 들어맞는 예가 미국의 가장 크고 가장 보수적인 복음주의 신학교 중 한 곳에서 최근 발행한 카탈로그에 나오는 진술이다. "트리니티 복음주의 신학교(Trinity Evangelical Divinity School) 교수단의 구성원이자 우리 주님의 교회 지도자들로서, 우리는 하나님이 그리스도의 몸 안에서 남성과 여성 모두에게 그의 은사를 주셨음을 인정한다." 그리고 "각각의 여성을 격려하여 미래 사역을 충분히 준비하는 데 필요한 훈련을 받도록 하는 것이 우리의 목표다."[6]

따라서 전통주의자들(지금은 스스로 '상보주의자들'이라고 밝힘)과 평등주의자들을 분리시키는 쟁점은 오늘날 사역하는 여성들(즉 영적 은사를 발휘하고 있는 여성) 자체에 대한 것이 아니다. 그것은 오히려 리더십을 가진 여성들에 대한 것이다. 왜냐하면 여성의 영적 은사와 관련해서는 합의가 나타난 반면, 리더십을 가진 여성 — 특히 남성을 지도하는 여성 — 에 관한 논의에서는 큰 분열이 나타나기 때문이다.

그 큰 분열의 원인은 무엇인가? 30년 전에 미국 직장 내에 자리 잡았던 가부장적 구조가 양성평등의 윤리로 대체되었다. 실제적으로 항상 그런 것은 아닐지라도 이론적으로는 그렇다. 그러나 복음주의자들은 일반적으로 이를 따르지 않았다. 주류 교단들은 양성평등을 수용했으나, 복음주

6_ Trinity Evangelical Divinity School Catalog (2003/2004), "Statement on Gender References in Speech and Writing"; 그리고 "Women's Programs" (Dean of Students), 46, 51. 이 진술들은 이 소론이 쓰인 뒤에 삭제되었다.

의 교회들은 대체로 수용하지 않았다. 주일 아침 설교단에 여성을 세우거나, 여성을 예배 인도자나 교회 협의회의 의장 또는 수석 장로 또는 성인 성경학습반의 교사로 세우는 복음주의 교회는 드물다. 여성을 성직자로 임명하거나 핵심 행정직에 세우거나 운영위원회에 임명하는 복음주의 교단도 흔치 않다.

이러한 상황에 대한 이유를 정확히 집어내는 것은 어렵지 않다. 남성과 여성의 관계는 계속해서 계층적 방식으로 인지된다. 하나님은 창조 시에 남자에게 이끌어가는 역할을 부여하셨고 여자에게는 따르는 역할을 주셨다.[7] 오늘날 전통주의자와 평등주의자를 근본적으로 구별 짓는 것이 바로 이 점이다.

이 구별은 고도로 정치화되어왔다. 위원회를 구성하고, 지지자들을 찾고, 소식지를 만들고, 강사 섭외 사업부를 창설하고, 비즈니스 모임을 열고, 기금을 얻으려 하였다. 예를 들어 1984년 10월 9-11일에 일리노이 주 오크 브룩에서 개최된 "여성과 성경에 관한 복음주의 학회"(Evangelical Colloquium on Women and the Bible)의 참석자들이 지지한 평등주의적 견해에 대한 대응으로 1987년에 성경적 남성성과 여성성에 관한 협의회(Council on Biblical Manhood and Womanhood, CBMW)가 구성되고 댄버스 선언(The Danvers Statement)이 작성되었다.[8] 게다가 그 쟁점에 관한 대화의 여지는 거의 없다. 단체의 노선을 전적으로 따르는 출판물만이 참고문헌으로 인용되고 있다.[9] 성경번역본들은 양성을 포괄하는 언어의 유무에 의

7_ 예를 들어 John Piper, "A Vision of Biblical Complementarity: Manhood and Womanhood Defined According to the Bible," in *Recovering Biblical Manhood and Womanhood*, 35-36를 보라.

8_ Alvera Mickelsen, ed., *Women, the Bible and Authority* (Downers Grove, Ill.: InterVarsity Press, 1986), 4를 보라.

9_ 예를 들어, "CBMW Books and Resources," *CBMW News* 1 (Nov. 1995): 15를 보라(1998년

해 판단된다.[10] 책들은 완전히 안에 있거나 완전히 밖에 있다.[11] 그리고 조직, 교단, 교회들은 완전히 인정되거나(예, 남침례교단, 미국장로교회[PCA], 베들레헴 침례교회), 완전히 거부된다(예, 인터바시티 크리스천 펠로우십[IVCF], 풀러 신학교, 미국장로교[PCUSA], 연합감리교회, 윌로우크릭 커뮤니티 교회).[12]

평등주의자들과 전통주의자들 사이의 논쟁은 언제나 결국 네 가지 기본 질문으로 요약된다.

- 성경은 남녀 관계의 계층구조를 가르치는가?
- 우리는 성경에서 리더십 위치에 있는 여성들을 발견하는가?
- 성경에 나오는 여성들은 남성들과 동일한 리더십 역할을 맡는가?
- 성경은 여성이 특정한 리더십 역할을 수행하지 못하도록 제한하는가?

3월호부터 명칭이 *Journal for Biblical Manhood and Womanhood* [*JBMW*]로 변경됨).

10_ 예를 들어, *CBMW News* 2 (June 1997): 1-13; "A List of Translation Inaccuracies Primarily (but Not Exclusively) Related to Gender Language in the TNIV"(온라인: www.cbmw.org/resources/tniv/inaccuracies.pdf, 2003); Wayne Grudem, "Cultural Pressures on Language Are Not Always Neutral"(온라인: www.cbmw.org/tniv/cultural_pressures.php, 2003)를 보라.

11_ 예를 들어, *Women in Ministry: Four Views*는 "편집자들의 분명한 편집상의 공감" 때문에 페미니스트란 꼬리표가 붙는다(*CBMW News* 1 [Nov. 1995]: 12).

12_ 1997년에 발행된 *CBMW News* 한 호의 거의 절반 분량이 윌로우크릭에서의 "아이러니"하고 "비극적인" 평등주의 입장에 충당되었다("Willow Creek enforces egalitarianism," *CBMW News* 2 [Dec. 1997]: 1, 3-6).

창세기 1-3장에서의 남녀 관계

성의 창조: 창세기 1-2장

창조 이야기가 논의의 출발점이다. 남성과 여성에 대한 근본적인 이해가 처음 등장하는 곳이 바로 이곳이기 때문이다. 비록 전통주의자들이 남성의 리더십이 하나님의 남녀 창조에 내재되어 있다고 주장하지만, 창조 이야기 자체로부터는 지지를 얻기 어렵다. 확실히 구별은 있다. 하나님은 성(性)적으로 구별되는 두 존재를 창조하셨다("남자와 여자를 창조하시고"[창 1:27]).[13] 그리고 이 구별은 하나님 편에서 의도되고 계산된 행동이었다("우리가 사람을 만들고"[26절]). 그렇다면 어떤 목적으로 그랬을까? 인류의 번식이 결정적인 한 이유다("생육하고 번성하여"[28절]). 그러나 번식이 성의 다양성에 대한 일차적이고 장기적인 이유는 아니다. 신약에 인간의 성에 관한 논의가 부재함이 이를 분명히 한다. 그 대신에 신약의 저자들이 하나님의 본질적인 목적으로서 단언하는 것은 "둘[남자+여자]이 한 몸을 이룰지로다"(2:24; 마 19:5-6; 막 10:7-8; 엡 5:31을 보라)이다. 서구적 사고방식은 "한 몸"을 단순히 성적인 친밀감의 측면에서만 이해하는 경향이 있다. 그러나 히브리적 개념은 "인간적인"("mortal" or "human") 친밀감과 더 관계가 있다(비교. "살과 피"). 그렇다면 "한 몸"으로의 연합은 한 인간과 또 다른 인간과의 결합과 관계가 있다. 예수께서 말씀하신 바와 같이, 그들은 "이제 둘이 아니요 한 몸"(마 19:6)이다. 사실 바울에게 남녀의 하나 됨(oneness)은 그리스도와 교회와의 연합의 한 전형이다(엡 5:32).[14]

13_ 별도의 표시가 없는 한, 영어 번역본은 Today's New International Version (TNIV)이다.

14_ 심층 논의를 위해서, John Oswalt, "bāśār," TWOT, ed. R. L. Harris, G. L. Archer, B. K. Waltke (Chicago: Moody Press, 1980), 1:136; Claus Westermann, *Genesis 1-11* (Minneapolis: Augsburg, 1981), 233을 보라.

따라서 구별은 있다. 그러나 창세기 1-2장의 주요 요지는 남녀의 동등성(sameness)이다. 둘 다 아다마('ădāmâ, "땅", "적갈색 흙")로 만들어진다. 따라서 둘 모두 아담('ādām)이란 이름으로 불린 것은 적절하다("그들의 이름을 사람[아담]이라 일컬으셨더라"[5:2]). 또한 둘 다 하나님의 형상으로 창조된다("하나님의 형상대로 사람을 창조하시되"[1:27]). 비록 하나님의 형상으로의 창조가 무엇을 의미하는지에 대한 많은 신학적 고찰이 있지만, 창세기 1장은 남녀가 동등하게 그것을 공유하고 있음을 명백히 단언한다. 결국 이것은 첫 번째 남자가 "이는 내 뼈 중의 뼈요 살 중의 살이라"고 외치고 나서 그녀가 "남자에게서"(메이쉬, mē'îš; 2:23) 취해졌기 때문에 그녀를 "여자"(이샤, 'iššâ)라고 불렀을 때, 그가 인정한 것이다.

또한 기능의 동등성도 있다. 남녀 모두 땅에 대해 지배권을 행사하도록 — 땅의 모든 것을 다스리고(1:26, 28), 땅을 정복하도록(28절) — 명령받는다. 언어가 중요하다. 히브리어 용어 라다(rādâ, "다스리다")는 구약에서 인간의 지배권과 관련하여 22회 사용된다(예, 시 110:2; 사 14:2, 6). 히브리어 단어 카바쉬(kābaš, "정복하다")는 구약에서 15회 등장하며, 각각의 경우에 "완력으로 굴복시키다"를 의미한다(예, 대하 28:10; 느 5:5; 렘 34:11, 16).[15] 그 어떤 지배 영역도 분리하여 명시되지 않는다(예, 개인적 영역 vs. 공적 영역). 심지어 노동의 분업도 없다(예, 가사일 vs. 비가사일).

비록 남자와 여자가 어떻게 노동을 분담할지 결정할 실질적인 근거가 있음에도 불구하고, 창조 이야기는 남녀 모두 하나님이 창조하신 것 전체를 다스리고 정복할 자질을 갖고 있다고 전제한다. 이는 그들이 하나님의 형상으로 창조된 사실에 기인한다. 창세기 1장의 일련의 개념들은 남자와 여자가 다스리고 정복하도록 가능하게 만드는 것이 바로 하나님의 형상임

15_ Oswalt, "kābaš," TWOT, 1:430을 보라.

을 보여준다. "우리의 형상을 따라 우리의 모양대로 우리가 사람('ādām)을 만들고"라는 말씀이 먼저 오고, "온 땅과 땅에 기는 모든 것을 다스리게 하자"라는 말씀이 다음에 온다(26-30절).

또한 가족 기능의 동등성도 있다. 남녀 모두 자녀를 낳고 기르는 데 공동 책임을 부여받는다. 아이를 출산하고 기르는 것은 여자의 일이고, 땅을 일구는 것은 남자의 일이라는 개념은 창조 이야기에서 전혀 발견되지 않는다. 둘 다 생육하도록 요구받는다. 그리고 둘 다 땅의 소산을 즐기도록 요구받는다. 대명사들이 전부 복수 형태다. "하나님이…**그들에게** 이르시되 '생육하고 번성하여…내가 온 지면의 씨 맺는 모든 채소와 씨 가진 열매 맺는 모든 나무를 **너희에게** 주노니 **너희의** 먹을거리가 되리라'"(28-29절, 강조는 첨가됨).

이와 마찬가지로 하나님의 시각에도 동등성이 있다. 남녀 모두 영적으로 동등한 존재로 창조되었다. 하나님이 둘 다에게 복을 주셨다(28절). 둘 다 직접적으로 하나님과 관계가 있다("여호와 하나님이 아담을 부르시며…여호와 하나님이 여자에게 이르시되"[3:9, 13]). 그리고 둘 모두에게 하나님은 개인적으로 책임을 물으신다("또 여자에게 이르시되…아담에게 이르시되"[16-19절]).

창세기 1-2장에서 개인적·사회적·영적 동등체로서의 남녀 묘사는 설득력이 있다. 그렇다면 전통주의자의 성별 간의 계층구조(gender hierarchy)는 어디에 있는가? 보통 네 가지가 지적된다. 첫 번째는 2:18-20이다. 여기서 여자는 남자를 위한 "돕는 배필"로 창조된다. "사람이 혼자 사는 것이 좋지 않다. 나는 그에게 상응하는(케네그도[kěnegdô], corresponding to him) 도움(에제르['ēzer], a help)을 만들 것이다"(18절, 저자 번역). 전통주의자들은 히브리어 에제르('ēzer)를 보통 "돕는 자"(helper)로 번역하고(NIV, TNIV, NASB, NKJV, RSV, NJB, ESV), 이 용어 안에 종속의 개념이 내포되어 있다고 주장한다. 돕는 자가 되는 것은 "복종적인 조력"을 제공하는 것이다. 도움

을 받는 사람은 도움을 주는 이에 대하여 어떤 권위를 갖고 있다(고 주장된다).[16]

많은 이들이 이러한 사고구조가 갖고 있는 치명적인 결함을 지적해 왔다. 구약의 다른 곳에서 등장하는 에제르('ēzer)는 모두 힘 있는 자가 도움이 필요한 자에게 제공하는 도움과 관련되어 있다(즉 하나님, 왕, 동맹국, 또는 군대로부터의 도움). 예외가 없다.[17] 더욱이 언급된 19회 중에서 15회는 하나님만이 제공하실 수 있는 도움에 대해 말한다(출 18:4; 신 33:7, 26, 29; 시 20:2; 33:20; 70:5; 115:9-11[3회]; 121:1-2[2회]; 124:8; 146:5; 호 13:9). 시편 121:1-2이 대표적이다. "내가 산을 향하여 눈을 들리라. 나의 **도움**이 어디서 올까, 나의 **도움**은 천지를 지으신 여호와에게서로다"(강조는 첨가됨). 도움이 필요한 자에게 주어진 도움은 창세기 2:18-20에 매우 잘 어울린다. 남자는 "혼자" 있는 상황이며, 하나님은 그것이 "좋지 않다"고 평가하신다. 이런 이유로 여자는 강한 파트너십을 통하여 남자가 홀로 있는 상황을 구제하기 위해 창조되었다.

일부 전통주의자들은 하나님이 도움을 주실 때, 인간의 종속자 또는 종이 되신다는 주장으로 반격한다.[18] 어쩌면 하나님의 보살핌(divine

---

16_ Bruce Ware, "Summaries of the Egalitarian and Complementarian Positions on the Role of Women in the Home and in Christian Ministry" (2004), 4; 온라인: www.cbmw.org/resources/articles/positionsummaries.pdf를 보아라. Raymond C. Ortlund Jr., Male-Female Equality and Male Headship," in *Recovering Biblical Manhood and Womanhood*, 104와 비교하라.

17_ CBMW은 창 2:18의 문맥에 호소한다. 그들은 "19-20절 문맥은 아담으로 하여금 먼저 동물 중에서 돕는 자를 찾도록 하기 때문에 돕는 자를 하나님의 도우심에 유추하여 해석하는 것은 가능성이 전혀 없게 만든다"고 주장한다. 온라인: www.cbmw.org/questions/45.php. 그러나 여기서 간과되고 있는 것은 창조에서 동물들의 우선성이 에제르('ēzer)의 자격을 얻지 못한다는 사실이다. 여자에게 에제르 케네그도('ēzer kĕnegdô, "그에게 상응하는 도움")의 자격을 주는 것은 바로 여자의 동물과의 질적인 차이, 그리고 그녀의 남자와의 동등성이다.

18_ Ortlund, "Male-Female Equality," 104를 보라.

accommodation)일 수는 있다. 그러나 신의 종속은 결코 아니다. 그렇다면 에제르('ēzer)의 다른 용법은 어떠한가? 유다의 동맹국들은 자신들을 유다에 종속된 자로 조금도 생각하지 않았을 것이다. 그런 상황에 놓인 유다도 자신을 "책임자"(in charge)로 보지 않았을 것이다. 예루살렘이 바빌론에 의해 포위되어 이집트가 그 도시의 "도움"으로서 왔을 때, 그것은 우세한 힘을 가진 도움으로써였다(사 30:5). 그리고 유다가 다시 동맹국들의 "도움"을 구했을 때, 그들은 결코 하급자의 지위로 유다를 도우러 오지 않았다 (겔 12:14, KJV).

여기에는 여성의 우월성을 보증하는 것도 없다. 여자는 남자에 "상응하는"(kĕnegdô, in correspondence to) 도움으로써 창조되었다. 다시 말하지만 이것은 동등함의 언어이지 우월성을 나타내는 언어가 아니다. "그녀"(she)는 모든 면에서 "그"(he)에 상응하는 인격적인 상대다. 그러므로 "파트너"(partner; REB, NAB, NRSV, CEV) — "돕는 자"가 아니라 — 가 히브리어 에제르('ēzer)의 의미를 정확하게 포착한다.

전통주의자의 성별 간의 계층구조를 가리키는 두 번째 표시는 남성이 여성의 이름을 지은 사실이다. "이것을 남자에게서 취하였은즉 여자라 부르리라 하니라"(창 2:23) 하고 남자가 말했다. 여자의 이름을 지음으로써 남자는 그녀에 대한 정당한 권위를 행사하고 그 관계의 리더로서 창조된 그의 역할을 보여준다.[19] 그러나 바로 앞서서 남자는 "이는 내 뼈 중의 뼈요 살 중의 살이라"라고 말한다. 이것은 누군가가 종속된 자에게 좀처럼 하지 않는 말이다(일부 전통주의자들이 "역설"의 언어에 기대고 있긴 하지만).[20]

하지만 아마 동등성의 인식과 더불어 여성을 제자리에 놓으려는 시

19_ Ibid., 102-3.

20_ Ibid., 99-100.

도가 있었을 것이다. 이는 이름 짓기에 힘이 있음을 가정한다. 전통주의자들은 자주 이렇게 말한다. 그러나 성서학은 그렇지 않음을 보여준다.[21] 고대에 이름을 짓는 일은 사건을 기념하거나 그것의 독특한 특성을 표현하는 하나의 방법이었다. 이것은 통제 또는 힘의 행위가 아니다. 예를 들어, 이삭은 그가 판 우물의 이름을 "에섹"("다툼")이라 부른다. 왜냐하면 그와 그랄의 목자들이 우물의 소유자가 누구인가를 놓고 다투었기 때문이다 (26:20; 비교. 21-22절). 하갈은 하나님이 광야에서 그녀에게 말씀하신 장소를 기념하기 위해 한 우물의 이름을 "브엘라해로이"("나를 살피시는 살아 계신 자의 우물")라고 부른다(16:13-14). 하갈의 아들은 하나님이 하갈을 위하여 개입하신 일을 상기시키는 "이스마엘"("하나님이 들으신다")이란 이름으로 불린다(16:11).[22] 심지어 타락한 후에도 남자는 그의 통제력을 다시 주장하려는 시도로서가 아니라 출산(또는 그 출산[3:15, 비교. 딤전 2:15])을 통하여 그의 아내가 "모든 산 자(all the living)의 어머니"가 되리라는 것을 인지하여 그녀에게 "하와"(ḥawwâ, "살아 있는")란 이름을 지어준다(창 3:20, 강조는 첨가됨).[23]

동물들의 이름을 지어준 것은 어떤가? 이것은 남자가 하나님이 주신 리더로서의 역할을 발휘한 것이 아닌가? 그렇다. 남자는 동물들의 이름을 지어주었다. 그러나 남성으로서의 주도권 행사가 아니라 분별의 과정으로

21_ Anthony Thiselton, "The Supposed Power of Words in the Biblical Writings," *JTS* 25 (1974): 283-99; George Ramsey, "Is Name-Giving an Act of Domination in Genesis 2:23 and Elsewhere?" *CBQ* 50 (1988): 33을 보라.

22_ Linda Belleville, *Women Leaders and the Church: 3 Crucial Questions* (Grand Rapids: Baker, 2000), 102-3을 보라.

23_ CBMW는 고대의 이름 짓기 기능을 계속 무시한다. 사실 그들은 지금 아담이 한 차례가 아니라 두 차례 그의 아내의 이름을 지어주었고 그렇게 함으로써 그가 "구약의 문화적 콘텍스트 안에서, 아담이 이름 지어준 자에 대한 그의 권한"을 표명하고 있다고 강조한다(Ware, "Egalitarian and Complementarian Positions," 6).

서 이름을 지어주었다. 본문은 명료하다. 이름 짓기는 남자가 동물들 중에서 친구를 찾아내려고 시도한 수단이었다. 창세기 2:20의 히브리어는 남자가 그의 지휘를 따를 종속자 또는 그의 지시를 받아들일 조력자를 찾지 못했다고 말하지 않고, 그가 그의 외로움을 덜어줄 짝(counterpart, kĕnegdô)을 발견하지 못했다고 진술하고 있다는 점에 주목할 가치가 있다. 여기 마침내 그의 "뼈 중의 뼈요 살 중의 살"이 있었다. 간단히 말해서 "여자"(woman)는 동등성의 언어이며, 남성의 이름 짓기는 이 사실에 대한 인정이다 (즉 이름 짓기는 기술하는 것이며 규정하는 것이 아니다).

전통주의자의 성별 간의 계층구조를 가리키는 세 번째 표시는 창세기 1:26-27에 나오는 이름 아담('ādām)이다. 심지어 한 전통주의자는 그것이 "남성의 헤드십(headship)을 시사한다"고 말한다.[24] 이는 다소 당혹스러운 주장이다. 왜냐하면 사전들은 아담('ādām)이 성(性)을 뜻하는 용어가 아니라는 데 동의하기 때문이다.[25] 창세기에서 이 이름은 아다마('ădāmâ, "땅", "적갈색 흙")와 관련되어 있고 "인간"(human) 또는 "인류"(humankind)와 같은 총칭적인 용어로 적절히 번역된다. 성이 창조 이야기에 출현할 때, 히브리어 자카르(zākār, 수컷, "남자")와 네케바(nĕqēbâ, 암컷, "여자") — 1:27의 마지막 부분 "남자와 여자를 창조하시고"에서처럼 — 가 사용된다. 아담이 양성을 포괄하는 용어임은 아담을 반복적으로 "그들이"(they)와 "그들을"(them)로 언급한 데서 분명해진다(26, 27절; 5:1-2). 하나님은 창조된 남자와 여자를 아담이라 부르셨다(5:2). 이것은 일부 전통주의자들이 쉽게 간과해버리는 사항이다. 70인역이 아담을 번역하기 위해 총칭적인 용어 안트로포스(anthrōpos, "사람", "인간")를 지속적으로 선택한 것은 바로 이 점

24_ Ortlund, "Male-Female Equality," 98.
25_ 예를 들어 히브리어 사전 BDB, *HALOT*, *TDOT*에서의 "'ādām"을 보라. *NIDOTTE*, ed. W. A. VanGemeren (Grand Rapids: Zondervan, 1997), 1:264에서의 "'ādām"과 비교하라.

을 가리킨다.

전통주의자의 성별 간의 계층구조를 가리키는 네 번째 (그리고 종종 "결정적"이라고 주장되는) 표시는 남자가 여자보다 먼저 창조되었다는 사실이다 (2:7-23). 확실히 남자의 시간적인 우선성은 남성이 주도권을 쥐어야 한다고 말씀하시는 하나님의 방식이 아니겠는가? "첫째가 가장 좋고 둘째는 덜하다"는 것은 틀림없이 그런 식으로 생각하도록 교육받은 미국인의 사고방식이다. 하지만 이것이 하나님이 의도하신 바인가? 먼저 된 자로서 나중 되고 나중 된 자로서 먼저 될 자가 많으리라고 하신 예수의 가르침은 이러한 사고방식에 대해 경고한다(막 10:31 평행본문). 창세기 2장의 이야기는 확실히 "남자-그다음에 여자"(male-then female)라는 순서에 중요성을 두지 않는다. 남자의 창조보다 앞선 동물들의 창조는 분명 아무런 의미가 없다.

창세기 1-2장의 강조점은 여자의 창조 이후에 일어나는 인간의 완전성(human completeness)에 있다. 남자 혼자만으로는 "좋지 않다." 남자와 여자가 함께할 때 "심히 좋다"(2:18; 1:31). 만약 창조 이야기에 어떤 종속 관계가 있다면, 그것은 남자에 대한 여자의 종속이 아니라 하나님께 대한 여자와 남자 둘의 종속이다. 명령하시는 분은 하나님이시며, 순종하도록 기대되는 것은 남자와 여자다(2:16-17; 3:2-3, 11).

전통주의자의 사고방식이 갖는 위험은 성경에 많이 등장하는 "먼저"(first)를 볼 때 특히나 분명해진다. 만약 하나님의 계획에서 "먼저"가 "리더"를 표시하는 것이라면, 예수보다 요한을 높이 받든 세례 요한의 추종자들(만다야교도들)이 옳았다. 예수가 마리아에게 "먼저" 나타나셨으니, (베드로가 아니라) 마리아가 사도들의 수장이 되었어야 했다(막 16:9). 그리고 "그리스도 안에서 죽은 자들"은 미래 그리스도의 왕국에서 리더가 되어야 한다. 왜냐하면 그리스도가 다시 오실 때, 그들이 "먼저" 일어나고 "그 후에" 살아 있는 자들이 일어날 것이기 때문이다(살전 4:16-17).

대개 전통주의자들은 남성이 리드하도록 하나님이 의도하셨음을 뒷받침하는 결정적인 성경 본문으로 바울이 디모데전서 2:13에서 "아담이 먼저 지음을 받고 하와가 그 후며"라고 한 말에 호소한다. 그러나 계층구조란 개념은 바울이 사용한 "먼저"라는 언어에 전혀 나타나지 않는다. 이런 식의 해석은 바울의 사고에 전혀 맞지 않는 생각을 이입시킨다. 그리고 일단 그렇게 해석하면 서구적 사고방식에 기울지 않기란 어렵다. 실제로 바울은 단지 10개 절 뒤에서 바로 이런 식으로 프로톤…에페이타(prōton … epeita)를 사용한다. 바울은 집사들을 "먼저"(prōton) 시험하여 보고, "그 후에"(eita) 그들로 하여금 봉사하게 하라고 말한다(3:10). 게다가 "먼저-그 후에"(prōton … epeita)를 "지도자-추종자"(leader-follower)의 의미로 보는 것은 신약의 용법에 맞지 않는다. 왜냐하면 "먼저-그 후에"가 다른 곳에서는 단지 시간 또는 사고에서 일련의 사건을 규정짓기 때문이다(예, 막 4:28; 고전 15:46; 살전 4:16-17; 딤전 3:10; 약 3:17; 히 7:2).

성의 역기능: 창세기 3:16

어떤 이들은 창조 이야기로부터 계층구조를 쥐어 짜내는 것이 헛된 노력임을 인정하고, 대신에 창세기 3:16b로 돌아선다. "너는 남편을 원하고 남편은 너를 다스릴 것이니라." 만약 계층구조가 타락 이전에 거기에 없었다면 분명 그 이후에는 거기에 있을 것이다(이렇게 주장된다). "남성의 지배"(male rule)란 개념이 복음주의적 사고에 매우 중요한 역할을 하고, 이 구절이 남성과 여성 사이의 관계에서 하나님이 의도하신 방식에 대한 사실적 진술로서 너무나 자주 취급되기 때문에 간략한 고찰이 바람직하다.

주목해야 할 첫 번째 사항은 남성의 지배가 성서신학에서 명확한 자리를 전혀 발견하지 못한다는 것이다. 하와의 속임이 언급되듯이(고후 11:3;

딤전 2:14), 아담의 죄가 언급된다(롬 5:12-19; 고전 15:20-22). 그러나 여성에 대한 남성의 지배는 단 한 번도 언급되지 않는다(심지어 남편-아내 관계를 위해서도 언급되지 않는다). 단순한 사실은 남성의 지배가 구약에서 재등장하지 않는다는 것이다. 여성은 어디에서도 남성에게 (심지어 그녀의 남편에게) 순종하도록 명령받지 않으며, 남성은 어디에서도 여성을 (심지어 그의 아내를) 지배하도록 명령받지 않는다. 반면에 남성의 지배가 타락한 상태의 일부분이라는 사실은 인간의 본성이 어떤 자극만 주어지면 기울어질 방향에 대해 뭔가를 확실히 보여준다.

어떤 이들은 이를 무시하고, 남편-아내 관계를 규정하기 위하여 사도 바울이 케팔레(kephalē; 일반적으로 "머리"로 번역함)를 사용한 것에 남성의 지배가 암시되어 있다고 말한다("이는 남편이 아내의 머리[kephalē] 됨이 그리스도께서 교회의 머리[kephalē] 됨과 같음이니 그가 바로 몸의 구주시니라"[엡 5:23]). 그러나 암시된 바가 단지 21세기의 이해를 성서 테스트에 적용하는 일이 되어버리는 경우가 너무 많다. 명백한 것은 남자가 여자의 근원(source) — 남자로부터 창조되었고, 그래서 [그의] 살과 [그의] 뼈가 된 여자 — 이라는 것이다(창 2:23; 비교. "왜냐하면 욕심은 온갖 종류의 죄의 근원[kephalē]이기 때문이다"[epithymia gar estin kephalē pasēs hamartias; L.A.E 19.12]). "근원"이란 단어는 바울이 그리스도와 그의 신부, 즉 교회 사이의(엡 4:15-16; 골 2:19, "~로부터"), 그리고 남자와 여자 사이의(고전 11:8, "~로부터"; 엡 5:30, "그의 살과 그의 뼈의", KJV) 신학적인 관계를 기술하기 위해 사용하는 것이다.[26]

CBMW는 오늘날의 사회에서 발견되는 것은 성별 간의 계층구조이지 상호성(mutuality)이 아니라는 이유로 이를 반대한다. 즉 "권위 구조 내

26_ DV, Reina-Valera, Luther, KJV, NKJV를 보라. 비록 가장 초기의 알렉산드리아 텍스트에서는 "그의 살과 그의 뼈의"가 빠져 있지만, 이 문구의 고대성은 라틴어 역본, 불가타 역본, 2세기의 교부 이레나이우스 역본에서 등장함에 의해 증명된다.

에서의 관계들이 우리를 둘러싸고 있다. 우리는 매일 그 관계 속에서 살고 일한다."[27] 그리하여 그들은 그것이 또한 성경 안에도 있음이 틀림없다는 결론을 내린다. 그러나 이것은 기독교가 본질상 반문화적이라는 사실을 무시한다. 예수께서는 친히 "너희[믿는 자들] 중에는 그렇지 않아야 하나니"(마 20:26)라고 경고하며 그 당시에 존재하는 사회적 위계구조를 지적하신다. 그리고 이것은 성경 외의 그리스 문헌에서는 한 사람을 다른 사람의 근원(source)으로 보는 예가 없기 때문에 케팔레(kephalē)가 이런 의미일 수 없다는 협의회의 주장을 논쟁의 여지가 있는 것으로 만든다.[28] 남자로부터 여자의 창조는 특수하게 유대-기독교적이다. 성별 간의 계층구조는 존재하지 않는다. 하나(one)가 되는 남편과 아내("둘", two)는 독특하게 유대-기독교적이다. 한쪽의 다른 쪽에 대한 지배는 존재하지 않는다. 에베소서 5:21-33에서는 교회/아내의 케팔레(kephalē)로서의 그리스도/남편을 "심오한 신비"라고 부름으로써 그것의 신학적 특수성을 인정한다. 이는 분명히 반문화적이고 비계층적인 무언가가 고려되고 있음을 가리킨다.

두 번째 지적 사항은, 성서의 나머지 부분을 규범적인 것으로서 들어 올리는 구절은 창세기 3:16이 아니라 1:27과 2:23-24이라는 사실이다. 남녀의 관계는 타락의 빛에서가 아니라 파트너십 안에서 성적으로 구별되는 두 존재를 창조하신 하나님의 의도의 빛에서 이루어져야 한다. 이것

27_ Ware, "Egalitarian and Complementarian Positions," 9.

28_ Wayne Grudem ("kephalē Revisited," *ChrT* 46 [June 2003]: 12)은 여기서 케팔레가 근원을 뜻하는 시작(*beginning*)이 아니라 연속된 것들 중에서 첫 번째(*first in a series*)를 뜻하는 시작이란 의미를 지니고 있다고(예, A는 알파벳의 시작이다) 생각한다. 이것이 케팔레의 일반적인 의미라고 한 그는 분명히 옳다. 하지만 여기서의 난점은 "모든 종류의 죄의 근원, 기원, 또는 뿌리로서의 욕망"은 적합한 반면에, "일련의 모든 종류의 죄의 첫 번째로서의 욕망"은 실제로 적합하지 않다는 점이다. *epithymia gar estin kephalē pasēs hamartias*와 매우 유사한 예가 딤전 6:10이다. "*rhiza gar pantōn tōn kakōn estin hē philargyria*"("돈을 사랑함이 일만 악의 뿌리가 되나니").

은 하나님이 처음부터 그들을 남자와 여자(male and female)로 지으셨다고 예수께서 교정하신 말씀에서 분명해진다(그리스어 강조[마 19:4; 막 10:6]). 또한 예수께서는 결혼 관계는 기능적인 "하나 됨"(oneness)이지 계층적인 "둘 됨"(two-ness)이 아니라는 것을 분명히 하신다. 하나님의 시각에서 그들은 "이제 둘이 아니요 한 몸"(마 19:6; 막 10:8)이다.

세 번째 주목해야 할 사항은 여자의 불순종의 성질이다. 어떤 전통주의자들은 하와가 주도권을 잡고 남자에게 행동을 강요하는 데 불순종하였다고 성급하게 말한다.[29] 실제로는 전혀 그렇지 않다. 여자의 욕망이 주도권을 잡는 것이었음은 어디에도 언급되어(또는 암시되어) 있지 않다. 반대로 본문은 그녀가 선악과를 먹는 데 그녀의 욕망이 하나님처럼 지혜로워지는 것이었다고 명시적으로 말한다("너희가 그것을 먹는 날에는 너희 눈이 밝아져 하나님과 같이 되어 선악을 알 줄"). 남자는 의심의 여지없이 동일한 욕망 때문에 그녀를 따라서 행동하였다(창 3:5). 하나님의 명령이 주어졌다("선악을 알게 하는 나무의 열매는 먹지 말라. 네가 먹는 날에는 반드시 죽으리라"[2:17]). 남자와 여자 둘의 불순종이 뒤이어 일어났다(3:6). 그리고 그들의 지식에 대한 욕망의 결과로서 두 사람이 지불해야 할 값이 있었다(14-19절).

네 번째 살펴볼 점은 이 불순종이 일으킨 행동의 결과다. 창세기 3:16에는 두 개의 진술이 나온다. 첫 진술, 즉 "너는 남편을 원하고"는 부부관계에서의 여자의 욕망에 관한 내용이다. 어떤 이들은 이를 징벌 또는 심지어 저주라고까지 간주한다.[30] 그러나 둘이 한 몸이 되게 하신 하나님의 의도는 친밀감에 대한 욕망이 타락하기 이전 관계에서의 핵심 요소였음을 확실히 나타낸다(2:24). 어려운 점은 히브리어 테슈카(tĕšûqâ, "욕망, desire", "사

29_ Ortlund, "Male-Female Equality," 109; Ware, "Egalitarian and Complementarian Positions," 6을 보라.
30_ "저주"에 관해서는 Ware, "Egalitarian and Complementarian Positions," 6을 보라.

모함, yearning")가 구약에서 단지 두 번 더 발견될 뿐인데, 그 두 번 다 정확한 평행본문이 되지 않는다는 점이다. 창세기 4:7에서 하나님은 가인에게 죄가 그를 갈망하는(hungering) 웅크린 짐승과 같다고 말씀하신다. 아가 7:10은 사랑하는 자에 대한 신랑의 욕망(desire)에 대하여 말한다. 전통주의자들은 흔히 여자의 욕망이 남편을 지배하는 것이라고 주장한다. 그러나 이는 문맥에 맞지 않는 생각을 이입한 것이다. 구약에서 3회 등장하는 히브리어 테슈카(těšûqâ)의 모든 용법을 연결시키는 것은 성별 간의 친밀감(gender intimacy)이지 지배가 아니다(사자의 욕망은 가인을 먹는 것이지 그를 지배하는 것이 아니다). 한층 더 나아가 인격적인 친밀감(personal intimacy)에 대한 갈망으로 해야 문맥상 의미가 통한다. 바로 앞에 오는 절이 해산과 관련되기 때문에("네가 수고하고 자식을 낳을 것이며"), 이런 관점에서 생각하는 것이 지극히 자연스럽다.

3:16의 두 번째 부분, 즉 "남편은 너를 다스릴 것이니라"는 어떠한가? 불순종 이후 남성의 역할은 무엇을 수반하는가? 어떤 전통주의자들은 "다스리다"(rule over)는 말이, 남편이 자신의 결정에 아내가 순종하기 요구하는 것을 의미한다고 생각한다. 따라서 헤드십은 타락 이후의 여자가 충실하고 순종적이게 하는 하나님의 방법이다.[31] 실제로 CBMW는 "다스리다"를 관계상의 구속적인 진술(a relationally redemptive statement)로서 본다.[32] 그러나 이것은 바로 인접한 문맥과는 거의 관계없는 개념을 끼워 넣는다. 또한 이것은 3:16을 규정적인 것으로 만들지만, 본문에서는 규정적인 것이 아무것도 존재하지 않는다. 역할은 1:28에서 규정되었다("하나님이 그들

31_ 예를 들어, Ortlund, "Male-Female Equality," 107; Susan Foh, "A Male Leadership View," in *Women in Ministry: Four Views*, 75-76을 보라.

32_ 여자에 대한 남자의 다스림은 "그리스도 안에서의 구속을 통해 회복된 역할의 차별화"의 전조가 된다(Ware, "Egalitarian and Complementarian Positions," 5).

에게 복을 주시며 하나님이 그들에게 이르시되 생육하고 번성하여…모든 생물을 다 스리라 하시니라"). 죄의 영향과 관련한 사실은 3장에서 발견되는 것들이며, 이 사실들은 역할의 구별을 포함하지 않는다.

다른 전통주의자들은 "다스리다"가 아내를 지배하는 것(dominate)이라고 생각한다. 남자는 완력으로 그녀의 복종을 얻어낼 것이다. 그러나 이는 "다스리다"에 해당하는 히브리어의 의미와 맞지 않는다. 마샬(māšal)이 "다스림" 또는 "통치"에 대한 표준 용어다(구약에서 약 80회 등장). 그것은 (CBMW와 반대로) 본래 부정적인 말이 아니다.[33] 따라서 우리는 완력을 가리키는 단어 — 1:28에 나오는 단어 카바쉬(kābaš, "정복하다")처럼 — 에 관하여 이야기하고 있지 않다. 이는 창조 때 남자에게 주어진 자애로운 다스림이 타락함과 3:16의 관련성을 반박하는 말이다. 만약 이것이 그런 경우였다면, "다스림"이란 용어는 "가혹한" 또는 "군림하는"과 같은 형용사에 의해 수식되어야 할 것이다. 그런데 우리가 가진 것은 "다스림"이란 단어가 전부다. 문맥에 더 잘 어울리는 해석은 남자의 다스림이 성적 요구의 모습을 취한다는 것이다.[34] 이것은 선행하는 내용("출산", "남편을 갈망하는 것")과도 알맞은 연결고리를 제공한다. 그렇다면 번역은 "너의 욕망(desire)이 네 남편에게 있을 것이며, 그가 그 욕망을 다스릴 것이다"가 된다.

간과되고 있지만 동일하게 가능한 해석은 대명사 후(hû')를 남성인 "그"(he)보다는 중성의 "그것"(it)으로 읽는 것이다. 아내의 욕망이 그녀의 남편에게 있을 것이며, 그것이(it) 그녀를 지배할 것이다. 이 번역은 문맥에 잘 들어맞는다. 또한 4:7의 어법에도 상당히 가깝다. 즉 "죄가 너를 원하나[tĕšûqātō, 동일한 명사], 너는 죄(it)를 다스릴지니라[timšāl, 동일한 동

---

[33] 남자의 "여자에 대한 다스림은…올바르게 바로잡는 것이거나 또는 그릇되게 악용하는 것일 수 있다"(Ware, "Egalitarian and Complementarian Positions," 5).

[34] 예를 들어, Gordon Wenham, *Genesis 1-15* (WBC 1; Waco, Tex.: Word, 1987), 81을 보라.

사]."[35] 그렇다면 그 의미는 출산할 때의 가중된 고통이 개인적인 친밀성에 대한 갈망에 의해 상쇄된다는 것이다. 하지만 그것이 우위를 점하지 못한다는 데 주의하라.

창세기 3장의 콘텍스트는 인간의 불순종과 그 결과다. 그렇기 때문에 남자의(또는 욕망의) 지배를 창세기 1-2장에서의 하나님의 의도와는 다른 무언가로서 보지 않기란 어렵다. 하나님의 의도는 파트너십 – 땅에 대한 공동 지배와 자녀를 낳고 기르는 공동 책임 – 이다. 다른 편에 대한 한 편의 지배는 그가 의도하신 바가 아니었다. 이것은 성의 역기능이지, 성의 정상 상태(gender normalcy)가 아니다. 또한 그것은 인간의 선택을 통하여 등장한 성의 역기능이지, 하나님의 명령이 아니다. 하나님께 불순종하라는 유혹과 맞서 싸우는 데 있어 여자는 파트너십 대신에 일방적으로 행동하였다. 하나님과 대면하였을 때 남자는 주인의식(ownership) 대신에 비난을 여자에게로 돌렸다. 따라서 창세기 3:16은 이야기에서 아주 초반에 일어났던 관계적 역기능의 개요다. 성별 간의 계층구조에 대한 성경적 근거를 하나님께 불순종한 결과로 생긴 남녀의 관계적 역기능에서 찾아야 한다면, 이는 참으로 슬픈 상황이다.

여성 리더십: 사역을 위한 은사

평등주의자가 된다는 것이 여자와 남자가 공동으로 은사를 받았다고 믿는 것이라면, 성경적 지지를 얻기란 쉽다. 여성 예언자, 교사, 복음전도자

---

[35] CBMW는 "다스리다"(to rule over)를 창 4:7에 이입시킨다(Ware, "Egalitarian and Complementarian Positions," 6). 히브리어 *wĕ'ēleykā tĕšûqātō*는 문자적으로 "그리고 너에게 그것의[죄의] 갈망이 있다"이며, "죄가 너를 다스리기를 갈망한다"는 아니다.

등에 대한 실제적인 언급 없이는 신약성경의 한 장도 그냥 넘길 수 없다. 유대교에는 여성의 다양한 사역 역할을 위한 무대가 이미 갖춰져 있었고, 이스라엘은 처음부터 여성 예언자, 사사, 모사, 예배 인도자들을 갖고 있었다. 사실 이들 중 어떤 이들은 여러 은사를 가지고 있었다. 모세의 누이 미리암은 광야 시대 동안에 이스라엘을 잘 섬겼던 악기, 찬송시, 그리고 예언과 관련한 은사를 소유했다(출 15:20; 미 6:4). 드보라에게는 "선지자"(삿 4:4), "사사"(4-5절), "이스라엘의 어머니"(5:7)란 이름이 붙여졌다.[36]

가장 주요한 사역은 예언자 역할이다. 여성들은 이스라엘 역사의 각 시대 동안에 예언자로서 기능하였다. 미리암과 드보라 외에 하나님이 이사야에게 결혼하라고 지시하신 여예언자(사 8:3), 예레미야(렘 1:2), 스바냐(습 1:1), 나훔(나 3:8-10)과 하박국(합 1:6) 시대에 활동한 여예언자 훌다(왕하 22:14), 포로기(겔 13:17-24)와 포로기 이후 시대(느 6:14)에 활동한 여예언자들이 있다. 그들의 상대인 남성 예언자들처럼 충실한 여예언자와 불충실한 여예언자 모두 다 발견되었다.

거의 오직 여성만 담당했던 사역은 애곡하는 일이었다. 다윗은 사울을 위한 그의 애가에서 이스라엘의 딸들에게 왕을 위하여 울라고 요구한다(삼하 1:24). 예언자 예레미야는 직업적인 여성 애곡자들을 언급하는데, 그들은 장례식에서 그리고 다른 슬픈 일이 있을 때 돈을 받고 애곡하였다(렘 9:17-18). 예언자 에스겔은 여러 민족의 딸들이 애굽을 위하여 부르는

36_ 유대인 공동체에서 "어머니"와 "아버지"는 상당한 지위의 후원자와 회당 관리에게 주어진 칭호다. 예를 들어 *CII* 694(3세기)를 보라. "스토비(Stobi)에 있는 회당의 아버지인…나 Claudius Tiberius Plycharmos는…신성한 [기금]을 조금도 건드리지 않고 내 자신의 돈으로…그 성소를 위한 건물들을 세웠다." 이탈리아에서 나온 2세기 초의 한 비문은 게루시아르크(*gerousiarch*, 지역 유대 통치 위원회의 고위 관리) 앞에 "회당의 아버지"를 위치시킨다. 그 이상의 비문들과 논의를 위하여, Bernadette J. Brooten, *Women Leaders in the Ancient Synagogue: Inscriptional Evidence and Background Issues* (BJS 36; Chico, Calif.: Scholars Press, 1982), 83-90을 보라.

애가에 대하여 말한다(겔 32:16).

구약에서 사역과 관련한 더욱 흥미로운 언급 중 하나는 성막 입구에서 섬겼던 여자들에 대한 언급이다(출 38:8; 삼상 2:22). 왜냐하면 "수종드는"으로 번역한 히브리어 차바(ṣābāʾ)가 구약의 다른 곳에서는 성막에서의 레위인들의 직무(민 4:23, "복무하고 봉사할"; 8:24, "복무하고 봉사할")와 이스라엘의 용사들(민 31:7, "쳐서"[fought]; 31:42, "전쟁에 나갔던"[fighting])에 대해서 사용되었기 때문이다. 확실하지는 않지만, 이 여자들이 회막 입구를 지켰다는 가정은 매우 그럴듯하다. 실제로 예수께서 심문받기 위해 안나스(대제사장 가문의 가장) 앞에 끌려가셨을 때, 근무 중인 문지기는 여자(thyrōros [요 18:16])였다. 문화적으로 이에 상응하는 자들이 발견된다. 예를 들어 1세기의 한 편지는 "테미스테스(Themistes) 사단에 있는 유헤메리아(Euhemeria)의 문지기 여인[pros tēitērēsei thyrōron]인 테나푼키스(Thenapunchis)"(BGU 4.1061.10)를 언급한다.

여성의 사역 역할의 수와 범위는 초기 교회 때 비약적으로 증가한다. 바울이 로마 교회에 한 인사말이 이를 반영한다. 인사를 받은 세 명 중 한 명이 여성이다. 신약의 기록 나머지 부분에서도 마찬가지다. 여성들은 초기 교회에서 사도(롬 16:7), 예언자(행 21:9; 고전 11:5), 복음전도자(빌 4:2-3), 후원자(롬 16:2), 교사(행 18:24-26; 딛 2:3-5), 집사(롬 16:1; 딤전 3:11), 기도 인도자(고전 11:5), 가정교회의 감독(행 12:12; 16:14-15; 골 4:15), 기도의 용사(딤전 5:5), 그리고 구제와 후대함으로 유명한 자들로(5:10) 선발되었다.

무엇이 이 비약을 설명하는가? 대부분 그것은 공동예배와 봉사가 "사역의 일"(the work of the ministry; eis ergon diakonias, TNIV의 "봉사의 일들"[works of service]이 아님[엡 4:12; 비교. 고전 12:11])을 위하여 성령께서 지역교회 각 구성원 모두에게 은사를 주시는 것에 기초를 두기 때문이다. 초기 기독교 예배의 성격은 고린도전서 14:26에 간결하고도 명확하게 설명되어 있다. 바울은 "그런즉 형제들아 어찌할까, 너희가 모일 때에 각각 찬송시도 있으며 가르치는 말씀[didachēn]도 있으며 계시도 있으며 방언도 있으며 통역함도 있나니 모든 것을 덕을 세우기 위하여 하라"라고 말한다. 바울의 진술에 나타난 양성 포괄적인 특성이 간과되어서는 안 되며, 이 은사 부여의 공공연하고 구두적인 성격(public and verbal nature)도 간과되어서는 안 된다. 여성과 남성 모두 교훈적이고 공공연한 방식으로 예배에 능동적으로 관여했다고 추정된다.

교회 안에서 여성들이 명성을 얻은 사역 중 하나는 후견인(patronage) 사역이었다. 바울의 언어를 사용하자면, "[당신의 은사가] 주는 것이라면 후하게 주어야 한다"(롬 12:8). 여성들만이 예수와 12제자를 위한 재정적 지원의 공급원으로서 언급되었다는 것이 오랫동안 주목받아왔다. 복음서 저자 누가는 여성 그룹이 예수와 12제자들과 이곳저곳 여행하며 자기들의 소유로 그들을 섬겼다고 자세히 이야기한다(눅 8:1-3). 미완료 시제는 이것이 계속 진행 중인 행동이며 단순히 한두 번의 여행이 아니었음을 보여준다. 이 여성들은 "**지속적으로 그를 따르며**[ēkolouthoun autō] **반복적으로 그를 섬겼다**[kai diēkonoun autō]"(막 15:41, 저자 번역, 강조는 첨가됨; 비교. 눅 8:3).

이것이 당시 로마 제국에서 여성들의 이동성 증가와 일치한 반면, 유대 사회 안에서 이것은 상당히 놀라운 일이었다. 그러나 전통주의자들은 이 사실에 거의 주목하지 않는다. 그 대신에 그들은 12명의 제자들 중 어느 누구도 여성이 아니었다는 사실에 주목한다. 그러나 참으로 놀라운 것은 예수께서 그의 순회 그룹에 여성들을 기꺼이 수용하시고 그녀들이 그를 따르는 데에 12제자들이 그랬던 것처럼 철저히 헌신하도록 허용하셨다는 점이다. 두 명이 결혼한 여성으로 확인된다는 점은 특히나 놀랍다

(헤롯의 청지기의 아내 요안나와 세베대의 아내 살로메[눅 8:1-3; 막 15:40-41]).[37]

또한 여성들은 가정교회의 후원자로서 선발되기도 한다. 두 명의 여성 — 예루살렘의 마리아(행 12:12)와 라오디게아의 눔바(골 4:15) — 은 자기 집을 소유할 정도로 충분히 부자였으며, 결국 자신들의 집을 지역의 믿는 자들에게 모임 장소로 제공하였다. 세 번째 여성 루디아 — 두아디라의 여성 사업가 — 는 빌립보에 있는 그녀의 집을 바울과 그의 개종자들에게 작전 기지로 개방하였다(행 16:15). 집을 모임 장소로 제공하는 일은 집을 청소하고 커피를 대접하는 것 이상을 포함한다. 그리스-로마 시대의 집주인들은 그들의 지붕 아래 모이는 모든 그룹을 관리하였다. 그들이 그 그룹의 행동에 대해 법적 책임을 지었기 때문에 이 일은 매우 중요했다(예, 야손의 보석금 지불 책임을 보라[행 17:7]) — 오늘날 이사회 의장의 수탁 책임과 다르지 않다.[38]

초기 교회 여성들은 또 다른 후원 역할도 맡았다. 로마서 16:1-2에서 바울은 뵈뵈를 그 자신을 포함하여 많은 사람의 프로스타티스(*prostatis*)로 언급한다. 이 그리스어 단어에 관한 번역은 매우 광범위하다. 그것들은 "원조자"(succourer; KJV), "돕는 자"(helper; ASV, RSV, NIV, NASB, NLT, NKJV), "큰 도움이 되는"(of great assistance; Phillips), "많은 이들에게 도움"(a help to many; NAB), "선한 친구"(a good friend; TEV, NEB, REB), "~를 돌봐왔다"(has looked after; JB), "존경받는 지도자"(a respected leader; CEV)를 포함한다. 그러나 사회학자들은 프로스타티스(*prostatis*)가 "후원자"(benefactor; CSB, TNIV, NRSV, NAB 개정본) 또는 "후원자"(patron; ESV)라는 것을 보여주었다. 1세기

---

[37] 논의를 위하여, Richard Bauckham, *Gospel Women: Studies of the Named Women in the Gospels* (Grand Rapids: Eerdmans, 2002)를 보라.

[38] 논의를 위하여, Wayne Meeks, *The First Urban Christians* (New Haven, Conn.: Yale Univ. Press, 1983), 76을 보라.

에 후원자들은 비용을 부담하기 위해서 수표를 발행하는 것 이상의 일을 하였다. 그들은 손님들(clients)을 그들의 집에 맞이하였으며, 요청받을 때 원조해주고, 필요할 때 법적인 도움을 제공하였다.[39]

또한 여성들은 그들의 사도적 노고(apostolic labors)에 대해 인정받았다. 예를 들어, 유니아는 바울이 "사도들 중에서 뛰어난"(롬 16:7; TNIV에 대한 역자의 번역) 자라고 간주한 여성으로 추천되고 있다. 어떤 전통주의자들은 그리스어 본문을 "그 사도들에게 존경받는"으로 번역한다. 그러나 이것은 바울의 사고에 완전히 낯선 개념을 도입한다. 바울은 "그 사도들"—그렇게 함으로써 그 자신을 배제시킴—이라고 말하지 않고, 다른 곳에서 그가 하는 바와 같이 틀림없이 "우리 사도들"이라고 말했을 것이다(고전 4:9; 비교. 갈 1:17; 살전 2:6). 또한 이 번역은 주변 문맥을 간과한다. 문맥은 뚜렷하게 바울의 역할에 필적하는 역할을 가리킨다. 유니아가 바울보다 먼저 "그리스도 안에" 있었다는 사실은 말할 것도 없고, 그녀는 바울의 동포(친척—개역개정)이자 그와 함께 갇힌 자였다. 아마 그녀는 "모든 사도들"(고전 15:7) 가운데 있었거나, 그리스도가 보이신 500명 중 한 명이었을 것이다(15:6[바울 이전 전승]). 브리스길라와 아굴라에 대해서도 사도적 활동을 암시하는 방식으로 이야기되고 있다. 그들이 고린도에서 바울과 함께 천막 제작 사업을 동업한 것(행 18:1-3)과 "이방의 모든 교회들"의 이익이 되도록 바울을 위하여 자신들의 목숨을 내건 것은 이런 식으로 쉽게 이해된다.

여성 사도의 존재는 주목할 만하다. 사도직은 신약에 나오는 두 개의 영적 은사 목록의 첫머리에 위치하고("그가 어떤 사람은 사도로…삼으셨으

39_ 예를 들어, 야손은 그의 손님 바울의 선한 행동을 보증하기 위해 보석금을 지불하였고(행 17:5-9), 빌립보 교회는 바울에게 필요할 때 돈을 보내주었다(빌 4:10-19; 비교. 고전 9:15-18과 살전 2:9). 그리스-로마 시대의 후원에 대하여 간략히 다룬 Everett Ferguson, *Backgrounds of Early Christianity* (Grand Rapids: Eerdmans, 1987), 45를 보라.

니"[엡 4:11]; 비교. 고전 12:28), 예언자와 함께 교회 설립과 성장에 기본적인 요소로 간주된다(엡 2:20). 이 참조 구절 중 후자는 오늘날의 교회 개척자에 해당하는 것으로서 초기 교회에서 사도의 기능을 가리킨다. 이는 바울의 용어가 나타나는 인접한 문맥에서 볼 때 명확하다. 예를 들어, 바나바, 실라, 디모데, 디도는 교회 개척의 동역자로서 그들의 역할을 강조하는 본문에서 사도라고 불린다(고전 9:5-6; 고후 8:16-21; 살전 2:7-9[비교. 1:1]).

어떤 전통주의자들은 로마서 16:7에서의 그리스어 이름 *Iounian*이 여성이라는 것에 대해 의문을 제기한다. 하지만 *Iounian*을 여성 외에 다르게 읽을 이유가 없다. 고대 판본과 번역본(Vulg., Syr., Copt., Wycliffe, Tyndale, Great, Geneva, Bishop, KJV, Rheims, Webster, Reina-Valera, Weymouth, BBE)과 더 최근의 개정본과 번역본(NRSV, REB, NAB 개정본, NKJV, NCV, NLT, GWT, NET, ESV, CSB, TNIV)은 모두 *Iounian*을 여자 이름 *Junia*로 번역한다. 당연히 그렇게 해야 한다. 남자 이름 *Junias*는 신약성경과 동시대에 속하는 비문, 비석, 편지 위의 문구 또는 편지, 혹은 문학작품 그 어떤 것에서도 전혀 나타나지 않는다. 사실상 "*Junias*"는 현존하는 어떤 그리스-로마 시대의 그리스어 또는 라틴어 문서 안에도 존재하지 않는다. 다른 한편 여자 이름 "*Junia*"는 매우 흔하고, 그리스어 비문과 라틴어 비문 모두에서 입증된다. 현재까지 로마에서만 250회 이상이 기록되었다.[40]

40_ Bernadette J. Brooten, "'Junia…Outstanding among the Apostles' (Romans 16:7)," in *Women Priests*, ed. Leonard Swidler and Arlene Swidler (New York: Paulist, 1977), 141-43; Peter Lampe, "Iunia/Iunias: Sklavenherkunft im Kreise der vorpaulinischen Apostel (Rom. 16:7), *ZNW* 76 (1985): 132; Lampe, "Die stadtrömischen Christen in den ersten beiden Jahrhunderten," WUNT 2.18 (Tübingen: Mohr, 1987): 156-64; 그리고 Richard S. Cervin, "A Note Regarding the Name 'Junia(s)' in Romans 16:7," *NTS* 40 (1994): 464-70을 보아라. John Piper와 Wayne Grudem은 "유니아"(Junia)란 이름이 희귀했다고 주장한다(*Recovering Biblical Manhood and Womanhood*, 79-81). 그러나 난점은 그들이 그들의 조사를 유명한 사람들의 이름 — 브루투스의 누이 유니아와 같은 — 만 등장하는 문학적인 그리스어 자료에만 국한시켰다는 것이다. 그리고 그렇게 했어도 그들은 그 자료에 실제

더욱이 그리스어 신약성경의 초기 판본들은 모두 Iounian을 여성이라고 간주하였다. 예를 들어, 불가타(서방 교회의 표준 라틴어 번역본)는 "유니아(Junia)…그 사도들 사이에서 잘 알려져 있는"이라고 한다. 게다가 고대 필사본에 있는 유일한 이형(異形) 역시 여성("Julia")이다. 사실은 중세 이전의 번역이나 주석 어떤 것도 Iounian을 여성이 아닌 다른 것으로 이해하지 않았다. 실제로 3세기의 오리게네스(Origen)에서부터 12세기의 페트루스 롬바르두스(Peter Lombard)에 이르기까지 "명사 인명록"(Who's Who) 목록에는 그녀를 여성 사도로 인정할 뿐만 아니라 "사도들 가운데서 탁월한(notable)" 자로서 칭송하는 끊이지 않는 전통이 있다. 요한 크리소스토모스(John Chrysostom, 4세기 콘스탄티노플의 주교)는 "심지어 사도란 호칭을 받을 만하다고 여겨졌으니 여인(유니아)의 헌신이 얼마나 위대한가"(Hom. Rom. 31[롬 16:7에 관하여])라고 말했다.[41]

로 존재하는 7개 중에서 단지 3개만 발견했다. NET에서 롬 16:7에 대한 Daniel Wallace의 각주는 그 오류를 반복한다. 즉 "여자 이름 유니아(Junia)는…그리스어에서 매우 드물다"(TLG에 있는 자료들에 의하면, 분명 그것의 실례가 롬 16:7 외의 그리스어 문헌에서 단지 3회만 등장한다). 그리고 더 최근 자료 CBMW의 "Question 38" in "Fifty Crucial Questions" (2003); 온라인: www.cbmw.org/questions/38.php와 비교하라. 또한 그 협의회는 6명의 그리스 교부들과 14명의 라틴 교부들의 저작물을 편집한 표준 교부 참고자료인 J. P. Migne의 *Patrologia Graeca and Patrologia Latina*를 조사하지도 않았다. 특히 후자가 중요하다. 왜냐하면 유니아(*Junia*)라는 이름이 라틴어 유니우스(*Junius*) - 당시의 명망 높은 씨족 - 의 여성형이기 때문이다. 자기 후원자의 *nomen gentilicium*(씨족의 이름)을 차용하는 것은 남녀 자유인의 풍습이었다. 이것이 로마 안과 그 주변에 있던 250명 이상의 *Junia*를 설명한다.

41_ Piper와 Grudem은 Origen와 Epiphanius (*Index discipulorum* 24.125.18-19)에게서 남성형 *Junias*를 발견하였다고 주장한다. 그러나 그들은 Origen에게 있는 남성형(다른 두 참조는 여성형)이 실제로 로마서에 대한 Rufinus의 라틴어 번역의 오류라는 사실을 간과한다. 지금 우리는 *Junias*가 단일 하위그룹에 속하는 12세기 필사본 3개 중 2개에 나오는 이형인 반면에 더 이른 시기의 필사본에는 Junia가 있음을 보여주는 완벽한 비평판을 가지고 있다(Caroline P. Hammond Bammel, *Der Römerbriefkommentar des Origenes: Kritische Ausgabe der Übersetzung Rufins* [3 vols.; *Vetus Latina, Aus der Geschichte der lateinischen Bibel* 16, 33, 34; Freiburg: Herder, 1990, 1997, 1998). 또한, 특히 *Index discipulorum*이 단지 9세기에 처음으로 Epiphanius의 작품으로 추정되었기 때문에, (남성형 Priscas를 포함하여) 수많은 오류는 교부학자들로 하여금 그것의 저자문제에 대해 의문을 갖게 하였다.

여성형 *Junia*에 대한 교부의 증거는 오랫동안 이용할 수 있었다. 그러나 1940년대 중반부터 1970년대 중반까지의 번역본들은 로마서 16:7의 *Iounian*을 시종일관 남성으로 옮겼다(예, RSV, Phillips, RVR, NEB, NASB, JB, TEV, NEB, NIV).⁴² 이유는 분명하다. "사도"란 용어가 여성에 대해서는 사용될 수 없었다고 추정되었고, 그 때문에 그 그리스어를 남성으로(*Junias*) 해석한 것이다. 실제로 브루스 메츠거의 『신약 그리스어 본문 주석』 최신판에서 다수의 의견이 제시한 논리적 근거는 여성이 "사도들"이라 불린 사람들 가운데 있을 것 같지 않다는 것이다.⁴³ 이 추정은 1927년에 비평적 그리스어 신약성경의 두 가지 판본(Nestle-Aland와 United Bible Societies) 모두에서 여성 양음 악센트(acute accent)가 남성 곡절 악센트(circumplex accent)로 변한 데서 반영되고 있다.⁴⁴

남성형 *Junias*는 가끔 *Iounianus* (*Junianus*)의 축약된 애칭으로 당연시된다. 그러나 더 긴 이름의 생략형은 바로 그리스어 애칭이지 라틴어 애칭이 아니다(예, *Zenadoros*를 위해서 *Zenas*[세나, 딛 3:13]; *Epaphroditos*를 위해서 *Epaphras*[에바브라, 골 1:7]). 라틴어 애칭들은 이름을 짧게 줄이지 않고 전형적으로 길게 함으로써 만들어졌다—그리하여 *Prisca* 대신에 *Priscilla*(브리스길라, 행 18:2, 18, 26; 비교. 롬 16:3; 고전 16:19; 딤후 4:19).⁴⁵ 그리고 짧아

42_ Luther 이후의 독일어 번역본들, 네덜란드어 번역본들, 프랑스어 번역본들 역시 남성이었다. 반면 이탈리아어와 스페인어 번역본들은 (최근까지) 여성이었다. 그러나 남성에 대한 언어적인 근거는 없다. 초기 독일어 및 프랑스어 번역본들은 여성 악센트를 갖는 비잔틴 텍스트 유형에 의존하였다. 따라서 남성형 *Junias*의 출처는 아마도 사도적 특성에 반대하는 Luther의 개인적 성향을 반영하는 것일 수 있다.

43_ Bruce Metzger, *A Textual Commentary on the Greek New Testament*, 2nd ed. (Stuttgart: United Bible Societies, 1994), 475를 보라. 『신약 그리스어 본문 주석』(대한성서공회 역간).

44_ 기쁘게도 United Bible Societies의 제4개정판에 대한 독일성서공회의 제6쇄(2001)는 그 실수를 교정하였고, 본문과 비평장치 모두에서 남성의 곡절 악센트를 생략한다.

45_ John Thorley, "Junia, A Woman Apostle," *NovT* 38 (1996): 24-26를 보라.

진 이름의 어근 끝에 *i*가 있으면, 그것은 필사에서 생략되었다. 따라서 *Iounianos*(이것이 존재한다면)는 *Iounias*가 아니라 *Iounas*가 될 것이다.[46] 심지어 그 오류는 오늘날까지 테이어의 그리스어 사전(Thayer's Greek Lexicon) 사용자들에 의해 지속되고 있다. 1950년대 중반까지 이 사전이 표준 사전이었기 때문에 그 영향은 대단했다.

더 최근에는 NET와 ESV가 여성 *Junia*를 인정하지만, 그 특성을 오래된 "사도들 중에서(*among*) 저명한"에서 "사도들에게(*to*) 잘 알려진"으로 바꾼다. 이 변화에 대한 정당한 이유는 로마서 16:7에 대한 모든 성경 내·외적 평행구문들이 포괄적(*inclusive*; "사도들 중 한 명으로서 존경받는", "사도들 가운데서 탁월한")이기보다는 오히려 배제적(*exclusive*; "사도들에 의하여 존경받는", "사도들에게 잘 알려진")이라는 주장이다. 그러나 더 면밀히 보면 입증의 책임이 전적으로 부족하다.[47] 첫째, 표준 그리스어 사전들은 *episēmos*를 일률적으로 *epi*("~위에")와 *sēma*("표시")의 결합어로서 다루고, "표시/새긴 것을 가짐"과 "~의 표시들을 지님"이라는 문자적 의미와 "주목할 만한", "탁월한"이라는 은유적인 의미를 내놓는다. 그렇다면 유니아는 사도들 중에서 눈에 띄는 또는 주목할 만한 구성원이다(단순히 사도들에게 알려진 자가 아니다; LSJ, s.v.).[48]

46_ Ibid., 25. 또한 P. Chantraine, *La formation des noms en grec ancien* (Paris: Champion, 1933), 31-32를 보라. Bauckham은 *Iounianos* 자체가 드물기 때문에(오직 한 번만 발견됨) 축약형이 존재하지 않는 것은 전혀 놀라운 일이 아니라고 옳은 지적을 한다(*Gospel Women*, 168, n.253).

47_ 논의를 위하여, L. L. Belleville, "Iounian...ἐπίσημοι' ἐν τοις ἀποστόλοις: A Re-examination of Romans 16:7 in Light of Primary Source Materials," *NTS*를 보라.

48_ LSJ, MM, *PGL*, L&N을 보라. Michael Burer와 Daniel Wallace는 "~에게 잘 알려진"을 지지하는 사전으로서 루와 니다의 사전(Louw and Nida's lexicon)에 호소한다("Was Junia Really an Apostle? A Re-examination of Rom 16,7," *NTS* 47 [2001]: 76-91). 그러나 28,31의 등재 항목은 "긍정적이거나 부정적 특성들 – '뛰어난', '유명한', '악명 높은', '평판이 나쁜' – 때문에 잘 알려진 또는 뛰어난 것과 관련되어 있다"고 쓰여 있다. 실제로 Louw와 Nida는 롬 16:7을 "그

둘째, 표준 문법은 그러한 번역을 지지하지 않는다.[49] ⟨전치사 en + 복수여격⟩은 거의 예외 없이 포괄적인 "~안에"(in)/"~가운데"(among)이며, 배제적인 "~에게"(to) – 뷰러와 월리스가 주장하는 것처럼 – 가 아니다.[50] 대표적인 예는 다음과 같다.

- "또 유대 땅 베들레헴아, 너는 유대 **통치자들 중에서**[en tois hēgemosin Iouda, 개역개정 – "유대 고을 중에서"] 가장 작지 아니하도다"(마 2:6).
- "**그중에**[en autois] 가난한 사람이 없으니"(행 4:34).
- "**너희 중에**[en hymin] 장로들에게 권하노니 나는 함께 장로 된 자요"(벧전 5:1).

셋째, 뷰러와 월리스는 증거에서 발견되지 않는 결론을 취한다. 자신들의 반대 주장에도 불구하고, 그들은 그리스 시대의 그리스어에서 ⟨episēmos en + 복수명사⟩가 "~에게 잘 알려진"을 뜻하는 "배제적인" 의미로 사용된 명확한 예를 하나도 제시하지 못한다. 그 저자들 자신도 초반에는 이것을 인정하지만 그들은 나아가 다른 결론을 내린다.[51] 게다가 다음 예문에서(반대 주장이 있음에도 불구하고), ⟨episēmos en + 복수여격⟩의 평행구문

들은 사도들 중에서(*among*) 뛰어나다"로 옮긴다.

49_ 예를 들어, Nigel Turner는 신약 시대 그리스어에서 ⟨en + 복수여격⟩의 주요한 의미는 "~ 안에"(in) 또는 "~가운데"(among)라고 말한다(*Syntax*, vol. 3, in *A Grammar of New Testament Greek*, ed. Moulton, Howard, and Turner [Edinburgh: T&T Clark, 1963], 261). 예를 들어 살후 1:4을 보라. "그러므로 너희가 견디고 있는 모든 박해와 환난 중에서 너희 인내와 믿음으로 말미암아 하나님의 여러 교회에서(*among God's churches*) 우리가 친히 자랑하노라"(강조는 첨가됨).

50_ 신약에서 "포괄적인" 의미의 ⟨전치사 en + 복수여격⟩이 뒤이어 나오는 형용사의 예들의 목록을 위해서, A. T. Robertson, *A Grammar of the Greek New Testament in the Light of Historical Research* (Nashville: Broadman, 1934), 587을 보라.

51_ Burer and Wallace, "Was Junia an Apostle?" 86-87을 보라. 87과 90쪽의 "모든 예"(every instance)를 비교하라. 사실상 Burer와 Wallace는 한 확실한 예(Lucian, *On Salaried Posts*, 28)가 실제로 롬 16:7에 대한 전통적인 견해를 뒷받침한다는 것을 다소 마지못해 하며 인정한다.

은 "~에게 잘 알려진"이란 배제적 의미가 아니라 "더 큰 그룹의 탁월한 한 구성원"이라는 포괄적 의미를 지닌다.

- "그러므로 여러분도 이 날을 여러분의 기념 축일들 가운데[en tais epōnymois hymōn heotrais] **특별한**(notable) 날로[episēmon hēmeran] 정하여 온갖 잔치를 벌여 경축하십시오"(에스더 추가 부분 8:22, 1세기, 가톨릭성경에서 인용 – 역자 주).
- "[–]…로마의 동맹자들 가운데 **탁월한**(prominent among)[en tais hyper Rōmaiōn symmachiais episēmon genomenon] 리키아인들의 총독(president), 그 민족의 장관이자 제독, 뛰어나고 위대한 리키아 민족의 서기관"(Fd Xanthos VII Asia Minor, 76-1-12).
- "라반이…아무런 눈에 띄는 표시도 없는 무리를 가진 반면…야곱은…외모가 모든 것 **중에서**(in the whole universe) **눈에 띄고**(distinctive)[episēmon . . . en men tois holois to eidos] 다채로운 무리를 가졌다"(Philo, Flight, 9-10, 1세기).
- "그리하여 권력자들이…사절들을 일부는 플로루스에게로…다른 이들은 아그립바에게 보냈고, 이들 **중에서 뛰어난**(eminent among)[en hois ēsan episēmoi] 사람들은 사울, 안티파스, 그리고 코스토바루스였다"(Josephus, J.W. 2.418, 1세기).
- "따라서 너는 [그 여주인의 시종을] 사람들 중에서 **눈에 잘 띄려고** (conspicuous among)[epiēmos ese en tois epainousi] 애쓰면서, 궁지에 몰린 개구리처럼 갈망하는 목소리를 높여야 한다"(Lucian, On Salaried Posts in Great Houses, 28.4, 2세기).
- "우리가 내려가는 길에 상당한 군중이 우리와 함께하였다. 그들 중에서 매우 **눈에 띄는** 사람은(most distinguished among whom)[en autois de episēmoi] 우리의 부유한 동향인 이스메노도루스였다"(Lucian, Dialogues of the Dead, 438,

2세기).

- "다수에 의해 주어지는 명성 그리고 무리 **가운데 눈에 띄는 사람이**(*the conspicuous one in a crowd*)[*to epismēon einai en plēthesi*] 되는 것"(Lucian, *Harmonides*, 1.17, 2세기).

하나님의 백성의 역사 전체에 걸쳐 여성들이 지속적으로 소유하고 사용했던 또 다른 은사는 예언이었다. 이미 언급하였듯이 모세 시대로 거슬러 올라가기까지 수많은 여예언자의 예가 있다. 안나는 신약 시대에 이 전통을 이어간다. 누가는 그녀를 "선지자"라고 부른다. 왜냐하면 그녀가 예루살렘의 속량을 바라는 모든 사람에게 그 아이에 대하여 말하였기 때문이다(눅 2:36, 38). 예루살렘 교회의 헬라파 지도자 중 한 명인 빌립에게는 예언자였던 딸 네 명이 있었다(행 21:9; Eusebius, *Hist. eccl.*, 3.31).[52] 고린도 교회 여성들은 공중예배에서 예언의 은사를 사용하였고(고전 11:5), 그들의 기여는 인정되었다("너희가 모든 일에 나를 기억하고 또 내가 너희에게 전하여 준 대로 그 전통을 너희가 지키므로 너희를 칭찬하노라"[2절]).[53]

바울은 고린도 성도들에게 "신령한 것들을 사모하되 특별히 예언을 하려고 하라"(14:1)고 권고하였다. 초기 교회에서 예언자의 역할을 들여다보면 왜 이것이 그러하였는지 알게 된다. 비록 예언이 가끔은 사실상 예언적인 것으로 여겨지더라도(예, 행 21:10-11), 하나님의 백성에게 그들의 언약적 의무를 상기시킨다는 점에서 신약 예언자들의 주된 임무는 구약 예언

52_ Proclus (3세기 프리기아 몬타누스주의자들의 지도자)는 빌립의 딸들이 예언 사역을 펼칠 장소를 아시아의 히에라폴리스로 정한다.

53_ 신약 시대의 또 다른 여예언자는 암미아(Ammia)라는 이름의 필라델피아 여성이었다(Eusebius, *Hist. eccl.* 5.17.2-4). 2세기의 몬타누스주의자들인 프리스킬라(Priscilla)와 막시밀라(Maximilla)는 자신들의 예언 직분을 정당화하기 위하여 암미아(Ammia)와 빌립의 딸들을 이용하였다(Ibid., 5.17.4).

자의 선포하는 역할(forthtelling role)과 비슷하다. 예언이 공중예배의 상황에서 행해질 때("너희가 모일 때에"[고전 14:26]), 예언은 죄를 깨닫게 하고(24절), 가르치고(19절, katēchēsō), 권면하고(31절), 격려하고(행 15:32), 결정 과정을 지도하는(13:3-4; 16:6) 역할을 하였다. 예언만이 분별의 은사가 있는 사람들에 의해 허위 또는 진실의 검토를 필요로 한다는 사실로부터 예언이 얼마나 중요한지 가늠할 수 있다(고전 14:29-30; 살전 5:20-21). 또한 예언자들은 사도들과 더불어 교회의 설립과 성장에 기초적인 것으로 간주된다(엡 2:20).

신약 시대에 여성들이 행사한 또 다른 은사는 가르치는 일이었다. 예를 들어, 브리스길라는 아볼로에게 "하나님의 도"를 가르쳤다(행 18:26). 그레데 교회의 늙은 여자들이 젊은 여자들을 가르칠 것으로 기대되었다(딛 2:3-5). 가르치는 것 역시 예언자가 했던 일의 한 부분이었다. 바울은 고린도 사람들에게 다음과 같이 말한다. "너희는 다 모든 사람으로 배우게 하고 모든 사람으로 권면을 받게 하기 위하여 하나씩 하나씩 예언할 수 있느니라"(고전 14:31 [manthanōsin ... parakalōntai]; 비교. 19절의 "가르치다"[katēcheō]). 그러므로 가르침은 틀림없이 예언자적 역할의 일부였다.

초기 교회에서 여성에게 교사로서의 은사를 부여하는 것은 완전히 반문화적인 일이었다. 여성 학습자도 여성 교사도 둘 다 비교적 드물었다. 그리스 사회에서 여성들에게 초등교육 이상의 교육은 그렇게까지 실용적이거나 필요한 것으로 여겨지지 않았다. 로마 여성들의 교육은 그리스도 이전 수 세기 전에 더욱 진지하게 받아들여지기 시작했다. 그러나 그렇다 하더라도 신약 시대에 공공 영역에서의 여성 교사들은 여전히 극소수였다(말하자면 여전히 따라잡으려고 애쓰고 있었다). 특히 유대교 내부의 경우 여성 학습자와 여성 교사는 극히 드물었다. 이는 예수께서 마리아를 가르치시고 여성 제자들을 포함시키신 일을 특별히 주목하게 만든다(눅 10:38-42).

또한 이는 예수께서 12제자 가운데서 여성을 배제시키신 것을 설명한다. 남성과 여성의 후원이 유대 사회에서 알려지고 받아들여진 반면에, 여성 교사와 설교자들은 그렇지 않았다. 전통주의자들은 이것이 남성을 지도하는 것으로부터 여성을 배제시켜야 하는 결정적인 이유라고 주장한다. 그러나 그들은 예수께서 신학적인 이유로 여성을 배제하지 않으셨다는 것을 간과하고 있다. 실제로 예수께서는 기회가 있을 때마다 남성의 특권에 도전하셨고, 그것을 마음이 완고한 탓으로 돌리셨다(예, 마 19:1-12; 막 10:1-12).

더 나아가 예수께서 그의 직속 12제자에 여성을 두지 않으신 반면, 일반적으로 3세기의 오리게네스로부터 12세기의 헤르베우스 부르기돌렌시스(Herveus Burgidolensis)에 이르기까지 교부들은 예수께서 위임받고 파송된 72인단에 여성들을 포함시키셨다고 생각하였다.[54] 그 당시에 팔레스타인 문화가 수용할 수 있었던 변화 정도의 관점에서 볼 때 예수께서는 단지 현실주의자였다. 디아스포라 유대교는 상당히 더 개방적이었다. 여성 회당장들이 소아시아, 그리스, 크레타에서 발견되었다.[55] 그리고 크레타, 몰

54_ Origen (PG 14.1279-80, 1289-90); Rabanus Maurus (PL 111-12); Haymo of Faversham (PL 117.505); Hatto of Vercelli (PL 134.282A-B); Bruno of Querfurt (PL 153.119-20); Herveus Burgidolensis (PL 181)를 보라.

55_ 예를 들어, "회당의 지도자인 유대인 여성 루피나(Rufina)가 그녀의 자유로운 종들과 자신의 집에서 자란 종들을 위하여 이 무덤을 만들었다. 그녀 외에 어느 누구도 여기에 누군가를 매장할 권리가 없다"(2세기, 소아시아 서머나[CII 741; IGR IV.1452])를 보라. 테살리아(Thessaly)에 있는 테베(Thebes, 그리스 도시)의 페리스테리아(Peristeria, CII 696b), 소아시아 민도스(Myndos, 에베소에서 조금 떨어짐)의 테오펨프테(Theopempte, CII 756), 크레타 중남부에 있는 고르틴(Gortyn)의 소피아(Sophia, CII 731C)와 비교하라. Hannah Safrai, "Women and the Ancient Synagogue," in *Daughters of the King*, ed. Susan Grossmann (New York: Simon and Schuster, 1974), 41; Shaye J. D. Cohen, "The Women in the Synagogues of Antiquity," *Conservative Judaism* 34 (1980): 25; Brooten, *Women Leaders*, 137-38; Randall Chestnutt, "Jewish Women in the Greco-Roman Era," in *Essays on Women in Earliest Christianity*, vol. 1, ed. Carroll Osborne (Joplin, Mo.: College Press, 1993),

타, 트라케, 북아프리카, 이탈리아에서 현재까지 "장로"라는 칭호가 새겨진 여성들의 무덤 비문이 확인되었다.[56] 오순절에 성령의 부으심은 남자와 여자에게 똑같이 권능을 주고 다음 단계로 이끌었다(행 2:17-18).[57]

여성 교사의 역할은 속사도 시대 동안에 증대되었다. 여성들은 특히 이단을 드러내고 정죄하는 데 앞장섰다. 아마 그중에서 가장 유명한 여성은 마르켈라(Marcella)일 것이다. 히에로니무스는 이단의 오류에 맞서는 그녀의 능력을 칭송했다.[58]

복음 전도 사역은 어떠한가? 이 사역에도 여성들이 활동적으로 종사하였다. 이것은 특히 로마 교회의 경우에 해당한다. 바울은 브리스길라를 "동역자"(롬 16:3)로서 추천하고 드루배나와 드루보사와 버시를 "주 안에서 많이 수고"(12절)하는 사람들로서 선발한다. 이것은 선교적 언어다. 바울은 정확히 동일한 언어를 자기 자신 및 다른 남성 동료들의 선교 사역과 관련하여 사용한다. 그 남성들은 바울을 위하여 "자기들의 목까지도 내놓고"(롬 16:4) "복음에 [그와] 함께 힘쓰던"(빌 4:3) 함께 감옥에 갇힌 자들(7절; 골 4:10)이요, 동역자들(롬 16:3, 9, 21; 고전 3:9; 16:16-17; 고후 8:23; 빌 2:25;

124; Dorothy Irvin, "The Ministry of Women in the Early Church," *Duke Divinity School Review* (1980): 76-86; Belleville, *Women Leaders and the Church*, 21-31을 보라.

56_ 예를 들어 "축복받은 장로 마자우잘라(Mazauzala)의 묘. 그녀는 […]년을 살았다. 안식하소서. 하나님은 거룩한 자들과 의인들과 함께하신다"(SEG 27 [1977] no. 1201)를 보라. "장로 파우스티나(Faustina)의 묘. 평안하소서"(*CII* 597); "고르틴의 소피아(Sophia) 장로요, 키사모스(Kisamos) 회당장(*CII* 731c); "잠든 장로 레베카(Rebeka)의 묘"(*CII* 692); "장로요 요셉의 딸, 베로니케네(Beronikene)의 묘"(*CII* 581); "38세, 파우스티누스(Faustinus)의 손녀, 론기누스(Longinus)의 딸, 장로 만넨(Mannine)의 묘"(*CII* 590; SEG 27 [1977] no. 1201); "여기 장로[아마도 '늙은 여인'] 사라 우라(Sara Ura)가 누워 있다"(*CII* 400); "[…] 계명을 사랑한 자 게루시아의 리더(gerousiarch)와 그의 아내 장로 에울로기아(Eulogia)" (Antonio Ferrua, "*Le catacombe di Malta*," *La Civiltà Cattolica* [1949]: 505-15)를 비교하라.

57_ Belleville, *Women Leaders and the Church*, 58-59, 95-96을 보라.

58_ Jerome, *Epist*. 127.2-7. 심층 논의를 위해서 Walter Liefeld의 논문 "Women and Evangelism in the Early Church" (*Missiology* 15 [1987]: 297)를 보라.

4:3; 골 4:11; 살전 3:2; 몬 1, 24)이요, 수고한 자들(고전 4:12; 16:16; 살전 5:12)이었다. 여성들도 동일하게 바울을 위하여 "자기들의 목까지 내놓고"(롬 16:4) "복음에 [그와] 함께 힘쓰던"(빌 4:3) "동역자들"(롬 16:3-4; 빌 4:3)이요, 수고한 자들(롬 16:6, 12)이었다. 바울이 유니아와 안드로니고와 함께 투옥된 것은 그들도 일종의 전도 활동에 종사했음을 나타낸다(롬 16:7; 비교. 행 16:19-24; 고후 11:23).

순두게와 유오디아는 활동적인 여성 전도자였다. 바울은 그들이 "복음에 [그와] 함께 힘쓰던" 여인들이었다고 말한다(빌 4:2-3). 어떤 전통주의자들은 바울이 단지 그들의 재정 지원이나 환대를 인정하고 있을 뿐이라고 한다. 그러나 언어는 그렇지 않다는 것을 보여준다. 바울이 그들의 역할을 기술하기 위해 사용하는 용어는 세다. Synathleō("함께 싸우다")는 경기에서 승리하기 위하여 모든 근육을 긴장시키는 운동선수를 묘사한다.[59]

여성인 사도, 예언자, 교사, 복음전도자들은 "말씀 사역"(tē diakonia tou logou[행 6:2])이란 표제 아래 분류할 수 있다. 또 다른 은사 그룹은 대략 "섬김 사역"(문자적으로 "식탁 봉사하다"[diakonein trapezais], 행 6:2)으로 분류할 수 있다. 이것은 베드로전서 4:11에서 발견되는 "말하는 사역"과 "섬기는 사역"의 구별과도 일치한다.

섬김 사역에 종사하는 사람들은 주로 지역의 믿는 집단의 물리적 필요를 살폈다(예, 행 6:1-7; 11:27-30; 롬 12:7).[60] "집사"라는 칭호는 믿는 자들이 제공한 리더십에 대한 초기 교회의 승인이었다. 예를 들어, 빌립보 교회에서 확인된 두 개의 리더십 직분 중 하나가 집사 직분이었다(빌 1:1).

신약에서 여성들은 쉽사리 "집사들"로 불린다. 예를 들어, 바울은 뵈뵈

59_ LSJ, s.v.를 보라.
60_ 행 6:1-6에서 용어 diakonos가 사용되지 않지만, 물질적으로 궁핍한 사람들을 보살피는 활동은 틀림없이 존재한다.

를 집사로서 칭찬한다.[61] 추천 전문 용어를 사용하고 교회를 명시한 것으로 볼 때, 바울이 공적인 지위의 *diakonos*를 사용하고 있는 것은 분명하다. "내가 겐그레아 교회의 일꾼으로 있는 우리 자매 뵈뵈를 너희에게 추천하노니"(롬 16:1). 디모데전서 3장에 나오는 여성 집사 자격 목록은 이것이 단발성 사례가 아니었음을 분명히 한다. "이와 같이 [남자] 집사들도 정중하고 일구이언을 하지 아니하고 술에 인박히지 아니하고 더러운 이를 탐하지 아니하고…[집사인] 여자들도 이와 같이 정숙하고 모함하지 아니하며 절제하며 모든 일에 충성된 자라야 할지니라"(8, 11절).[62]

속사도 시대의 교회는 여성 집사들의 역할을 인정할 뿐 아니라, 그 전통을 열정적으로 이어나갔다. 플리니우스(Pliny, 2세기 초 비티니아의 총독)는 여집사 두 명을 고문하여 정보를 얻으려 하였다(*Letters* 10.96.8). 사실상 3, 4, 5세기에 모든 동방 교회의 교부 및 교회 문서는 여성 집사를 인정하며 언급한다.[63] 『사도들의 가르침』(*Didascalia Apostolorum*, 교회법에 관한 3세기의 책) 16장은 그들의 의무를 상세히 설명한다. 『사도 규약』(*Apostolic Constitutions*, 4세기 목회 및 예전적 실천에 관한 저작물)은 그들의 의무를 상세

61_ 비교. 고전 16:15-18; 고후 8:18-24; 빌 2:19-30. Linda Belleville, "A Letter of Apologetic Self-Commendation: 2 Cor. 1:8-7:16," *NovT* 31 (1989): 142-64를 보라.

62_ 어떤 이들은 딤전 3:11의 *gynaikas*를 "그들의 아내들"로 번역한다. 몇 가지 이유로 이것은 전혀 가능성이 없다. 첫째, 문법이 그러한 번역을 지지하지 않는다. 만약 바울이 집사들의 아내를 지칭했다면, 그는 "그들의 여자들도 이와 같이"(*gynaikas tas autōn hosautōs*)라고 기록하거나 또는 결혼 상태를 나타내는 어떤 다른 말을 포함시켰을 것이다. 또한 바로 앞에 나오는 구절들에서는 감독의 아내에 대한 평행하는 자격 요건이 없다. 왜 바울은 한 지도자 그룹의 아내들은 강조하고 또 다른 그룹의 아내들은 무시하는가? 게다가 "이와 같이 그들의 아내들도…"로 읽는 것은 모든 집사의 아내가 필수적인 은사와 지도력을 소유하고 있음을 가정한다. 이것은 분명히 다른 곳에서의 바울의 가르침에 모순된다(예, 고전 12:11). 심층 논의를 위해서 Belleville, *Women Leaders and the Church*, 60-64를 보라.

63_ 또한 여성들은 이탈리아와 갈리아에서 집사직에 임명되었다. 그러나 그들의 수는 동방 교회에서의 수에는 미치지 못했다. 논의를 위해서 P. Hünermann, "Conclusions Regarding the Female Deaconate," *TS* 36 (1975): 329를 보라.

히 설명하고(3.15), 그들을 위한 서품식 기도를 포함하고 있다(8.20). 그리고 칼케돈 공의회(5세기)의 법령 15는 여성들을 위한 서품식 과정을 상세히 설명하고 그들을 성직자의 지위에 올려놓았다. "여성은 40세 미만인 경우 집사로 안수받지 못하고, 그 후에는 면밀한 조사를 거쳐 안수를 받을 것이다. 그리고 만약 그녀가 안수를 받고 한동안 사역을 계속한 후에 하나님의 은총을 경시하고 결혼하기로 하면, 그녀는 그 남자와 결혼할 뿐 아니라 파문당할 것이다."[64] 또한 우리는 지리적으로 다양한 지역 출신의 여성 집사들의 이름이 기록된 4-6세기의 비문들을 갖고 있다. 2명은 예루살렘, 2명은 이탈리아와 달마티아, 1명은 멜로스섬, 1명은 아테네, 10명은 브루기아(Phrygia), 길리기아, 가리아(Caria), 네빈(Nevinne) 출신이다.

여성 집사의 실용성이 간과되어서는 안 된다. 여자들은 남자들에게 금기된 곳에 들어가고, 남자 사역자에게 부적절하다고 여겨진 활동을 수행할 수 있었다.[65] 속사도 시대에 여집사의 의무는 매우 다양했다. 그들은 아이들과 젊은이들을 가르치고, 믿지 않는 여자들에게 복음을 전하며, 새신자들을 제자화하고, 아픈 사람들을 방문하고, 병약한 자들을 돌보며, 몸져누운 병자들에게 성찬을 베풀고, 궁핍한 자들에게 기금을 지출하였다. 예배 때에는 문지기로 봉사하고, 여자들의 침례를 도왔으며, 기회가 생기면 성찬을 베풀었다.[66]

교회에서의 독특한 섬김을 위해 선발된 또 다른 여성 그룹은 과부들이

---

[64] 또한 R. Gryson, *The Ministry of Women in the Early Church* (Collegeville, Minn.: Liturgical Press, 1976), 90-91; D. R. MacDonald, "Virgins, Widows, and Paul in Second Century Asia Minor" (*SBLSP* 16; Atlanta: Scholars Press, 1979), 181n11을 보라.

[65] 초기 수 세기의 여성들은 그들의 사회적 이동성을 이용하여 친구들을 방문하고, 복음 전도를 위한 네트워크를 구축할 수 있었다. Wendy Cotter, "Women's Authority Roles in Paul's Churches: Countercultural or Conventional," *NovT* 36 (1994): 369를 보라.

[66] *Didascalia Apostolorum* 3을 보라.

었다.

과부로 명부에 올릴 자는 나이가 육십이 덜 되지 아니하고 한 남편의 아내였던 자로서 선한 행실의 증거가 있어 혹은 자녀를 양육하며 혹은 나그네를 대접하며 혹은 성도들의 발을 씻으며 혹은 환난 당한 자들을 구제하며 혹은 모든 선한 일을 행한 자라야 할 것이요(딤전 5:9-10).

바울이 성직자의 역할을 기술하고 있다고 생각할 충분한 이유가 있다. 우선 그는 장로와 감독(또는 주교)과 집사를 위한 자질에 상응하는 자격 요건들을 열거한다. 과부는 한 남편의 아내였던 자로(비교. 딤전 3:2, 12; 딛 1:6), 자녀를 기르고(비교. 딤전 3:2, 12; 딛 1:6), 선한 행실로 알려지고(비교. 딛 1:8), 환대(대접 — 개역개정)로 평판이 좋은 자여야 한다(비교. 딤전 3:2; 딛 1:8). 또한 이들은 공인된 그룹의 공식 "명부"(enrollment)에 대한 전문적인 용어에 의해 지정된다(katalegesthō [딤전 5:9]; ASV, NAB, ESV, RSV, JB, NJB, REB를 보라. 이에 대조하여 NIV, NASB, NRSV, NLT, TNIV "목록에 넣다"[put on the list]).[67] 게다가 바울은 당시에 이 과부들이 재정적으로 보상받도록 지시한다(3절, timaō "보상하다"[to reward] 또는 "지불하다"[to pay];[68] 비교. 17절). 그리고 그는 깨진 서약(믿음 — 개정개역)에 대하여 말하며, 이 여자들이 과부 생활에 대한 맹세로 그리스도를 향한 전적인 헌신을 서약했다는 것을 암시한다(11-12절).

디모데전서 5장에서 바울의 가르침이 나타내는 교정적인 성격은 과부들의 사역이 한동안 적절했음을 나타낸다. 바울의 교정책의 길이는 그 사

67_ LSJ, s.v.를 보라.
68_ LSJ, s.v.를 보라.

역이 궤도에서 벗어나(아마도 에베소에서의 예상치 못한 과부 수의 증가 때문에) 명확한 규약을 필요로 했음을 드러낸다.

바울의 자질 목록은 사역하는 과부들의 성격과 영역에 대한 통찰력을 제공한다. 목록에 나열된 선행 가운데는 환대하기, 성도의 발 씻기, 환난 당한 자들에 대한 구제가 있다(10절). 일찍이 교회는 환대 – 특히 보통 여행자를 위한 제대로 된 숙박 시설이 거의 없었기 때문에 – 로 인해 유명해졌다. 발 씻기는 누군가의 가정에서 식사에 참여하는 손님들에게 베푸는 흔한 호의였다. 발 씻기에 뒤이어 나오는 환대 명령은 과부의 임무에 대한 기술의 일부가 여행 중인 그리스도인들에게 식사 및 잠자리를 제공하는 일을 포함했음을 암시한다. "환난 당한 자들의 구제"는 더 문자적으로 번역하면 "신앙 때문에 박해받는 사람들을 돕는 것"으로 번역할 수 있다(thlibō = "압박하다"[to press], "압제하다"[to oppress]).[69] 이 도움이 어떤 형태를 취했는지는 결정하기 어렵다. 그것이 감옥에 갇힌 자들의 방문과 돌봄, 박해를 피해 도망친 자들에게 은신처 제공, 또는 그리스도께 대한 헌신 때문에 가족과 직업을 잃은 자들의 기본적인 필요를 채우는 일을 포함했을 수도 있다.[70]

또한 과부의 직무 기술이 고아들의 돌봄을 포함했을지도 모른다. 왜냐하면 이것이 자녀 양육의 요구를 설명하기 때문이다. 젊은 과부들이 (시간이 너무 남아돌아) "집집으로 돌아다니고…마땅히 아니할 말을 하나니"(13절)라고 한 바울의 비판은 가가호호 방문을 암시한다. "마땅히 아니할 말을 하는 것"은 가르치는 역할 – 아마도 딛 2:3-4에서 발견되는 것과 맥을 같이하여 – 을 말한다. 어떤 전통주의자들은 디모데전서 5:13에서 바울이

69_ LSJ, s.v.; BDAG, s.v.를 보라.

70_ Belleville, *Women Leaders and the Church*, 65-67을 보라.

참견 잘하는 여자를 겨냥하고 있다고 생각한다. 그러나 전형적인 그리스어 관용구들이 빠져 있다. 단순히 참견하는 것이 문제였다면, "자신의 일에 힘쓰는 것"(prassein ta idia; 비교. 살전 4:11), "다른 사람의 일에 참견하는 것"(periergazesthai[살후 3:11]), 또는 비슷한 어구가 예상되었을 것이다.

사역하는 과부는 속사도 시대에 번성했다. 그녀들의 사역 성격은 단연 목회적이었다. 그녀들의 의무는 교회를 위해 기도하기, 신앙의 기초 가르치기, 환대하기, 아픈 자들 돌보기, 금식하기, 예언하기, 가난한 과부와 고아의 필요 돌보기를 포함했다.[71] 위-이그나티우스(Pseudo-Ignatius)는 과부직제(the order of widows; to tagma tōn chemrōn)를 환영한다. "그녀들이 나에게 기쁨을 주게 하소서[hōn kai onaimēn]"(Philippians 15). 폴리카르포스(Polycarp)는 그녀들을 "하나님의 제단"(Phil. 4:3)이라 불렀다. 알렉산드리아의 클레멘스(Clement of Alexandria)는 그녀들을 장로, 주교, 집사 다음에 위치시켰고(Paed. 3.12.97; Homily 9.36.2), 아우구스티누스는 그녀들이 "거룩한 맹세로 그리스도의 시녀가 되는 데 헌신"하고 있다고 말한다(Letter 211.14). 과부들을 위한 임직 의식이 『히폴리투스의 사도전승』(Apostolic Tradition of Hippolytus, appendix 6)에서 발견된다.[72]

교회의 연장자들의 잠재된 사역 능력을 인정하는 데 있어서 초기 교회만이 유일무이한 것은 아니었다. 나이든 여성들은(그리고 나이든 남성들은) 에세네 공동체에서 리더십 역할을 맡았다. "그 여자는 [목소리를 높여] 감

---

[71] 논의를 위해서, Bonnie Thurston, *The Widows: A Women's Ministry in the Early Church* (Minneapolis: Fortress, 1989), 54를 보라.

[72] 진짜 히폴리투스의 법령들(canons of Hippolytus)은 아랍어, 에티오피아어, 콥트어, 라틴어판에 보존되었으며, *Christian Worship: Its Origin and Evolution* (New York: E. & J. B. Young, 1903), 524에서 "The Conons of Hippolytus"란 제목으로 M. L. McClure와 L. Duchesne에 의해 각각 불어와 영어로 번역되었다. 초기 공의회와 후기 공의회에서의 과부직제를 위해서, 바실리오스의 법령들(canons of Basil) #24(4세기)와 퀴니섹스툼 공의회(Quinisext Council)의 법령 #40(7세기)을 보라.

사기도를 [말해야 할 것이다]…그리고 그녀는 나이든 남자들과 여자들로 이루어진 위원회에 설 것이다"(4Q502 [frg.24]).[73]

성경 속 여성 지도자

구약 시대의 여성 지도자

역사적으로 여성이 사역을 위하여 은사를 부여받은 것은 분명하다. 그러나 은사 부여가 반드시 지도자를 만드는 것은 아니다. 성경에서 여성이 다양한 사역 역할에 등장하는 반면에, 핵심 질문은 이 역할들이 리더십 — 특히 남성에 대한 리더십 — 이란 표시를 보장하는가라는 질문과 신앙 공동체가 이 역할들에서 여성을 지지하는가라는 질문이다. 두 질문에 대한 답은 단연코 "그렇다"이다.

모세 시대에 여성은 하나님의 백성의 지도자로서 인정되었다. 예를 들어, 주께서 미리암을 (그녀의 남자 형제 두 명과 함께) 광야 시대 동안에 이스라엘을 "인도하도록"(MT *heʾĕlitîkā*; LXX *anēgagon*) 보내셨다(미 6:4). 그녀는 지도자로서 큰 존경을 받았기에 이스라엘은 그녀가 다시 실권을 잡을 때까지 이동하려 하지 않았다(민 12:1-16). 미가 6:4은 미리암의 역할이 전통적으로 그리고 역사적으로 수 세기 후에 신앙 공동체에 의해 지도자로 이해되었다는 점을 보여주기 때문에 특히 중요하다.

왕정 시대 이전 드보라의 역할은 리더십 언어로 기술되고 있다. 사사

---

[73] 과부들을 위한 교회의 자선 활동은 유대교의 자연적인 부산물이었다. 지역 회당의 사역 중 하나는 그들 가운데 있는 거류민과 가난한 자들의 필요를 채우는 것이었다. 후자 그룹에 과부들이 포함되었을 것이다. Bruce Winter, "Providentia for the Widows of 1 Timothy 5:3-16" (*TynBul* 39 [1988]: 31-32, 87)을 보라.

기 4:4-5에 의하면 그녀는 라마와 벧엘 사이에 있는 에브라임 산지에서 재판을 열었고, 남자와 여자들이 똑같이 그들의 분쟁을 해결하기 위해 그녀에게 왔다. 사사로서 그녀의 지위는 높았으며, 그녀의 리더십은 모범적이었다. 그녀는 지파의 사사들이 판결하기에는 너무나 어려운 지파 간 다툼과 지역 간 분쟁을 판결했다(신 17:8). 그녀의 통솔력 역시 사실로 기록되어 있다. 이스라엘 지파들이 북쪽의 가나안 족속 압제자들에 대항하여 연합할 수 없었을 때, 드보라는 그들을 연합시켰을 뿐 아니라 승리로 이끌었다(삿 4:5-24). 역사의 기록에서 그녀의 이름이 이스라엘 군사령관인 바락 앞에 위치한 것은 그녀의 군사적 지위를 보여준다(삿 5:1). 신앙 공동체는 그녀를 기리기 위해 그녀의 사역지를 mer děbôrâ("드보라의 종려나무"[4:5])라고 이름 지었다.

훌다는 분열 왕국 시대에 비슷한 리더십을 발휘하였다. 주변에 다른 명성 있는 예언자들(예, 예레미야, 스바냐, 나훔, 하박국)이 있었지만, 요시아 왕이 구했던 것은 바로 율법책에 관한 훌다의 조언이었다(왕하 22:11-14). 그녀에게 보내진 대규모의 걸출한 파견단(대제사장, 훗날 바빌론 지방장관의 아버지, 예언자의 아들, 서기관, 왕의 사신)은 훌다의 직위에 대한 위상을 말해준다. 그들의 확신은 정확했다. 왜냐하면 기원전 7세기의 유명한 종교개혁이 일어나게 하고 모든 참 예언자들을 유다 종교 공동체에서 올바른 위치로 끌어올리도록 도와준 것이 바로 훌다의 조언이었기 때문이다(대하 34:14-33).

바빌론 포로기 이후 시대에 여예언자 노아댜는 성벽을 재건하려는 느헤미야의 노력을 좌절시키기 위하여 산발랏이 고용한 유다 예언자들 중 하나였다(느 6장). 노아댜가 느헤미야 6장에서 유일하게 이름이 언급된 두 예언자 중 하나였다는 사실은 당시 지도자—비록 그녀가 모범적인 지도자는 아니었지만, 그녀와 동시대의 남자 예언자인 스마야도 모범적인 지도자는 아니었다—로서의 그녀의 지위를 나타낸다(10-13절).

고대 근동의 여성들은 정치적 리더십을 발휘했다. 어떤 여성들은 국가의 수장이었다. 예를 들어, 아달랴는 기원전 842-832년에 이스라엘 나라를 다스렸고(왕하 11:3), 하스몬 왕가의 왕비가 되었던 살로메 알렉산드라(Salome Alexandra)는 기원전 76-67년에 다스렸다. 이집트와 에티오피아의 여왕들은 오랜 역사 동안 군주로 군림했다. 가장 유명한 여왕 두 명을 꼽으면, 기원전 51-31년에 이집트의 실질적인 통치자였던 클레오파트라(Cleopatra)와 기원후 1세기의 에티오피아 여왕 간다게(Candace)다(행 8:27을 보라).[74] 다른 여성들은 국가 수장의 조언자였다. 예를 들어, 다윗의 군사령관인 요압은 다윗을 설득하여 그의 아들 압살롬이 이복형제에게 행한 폭력 행위를 용서하게 하고 그렇게 함으로써 화해의 길을 열기 위하여 드고아 출신의 여성 조언자를 보냈다(삼하 14장). 다윗 군대의 손에서의 멸망으로부터 벧마아가 아벨을 구한 것도 바로 그 성읍에 사는 한 여인의 전문가적인 조언이었다(20장). 지역 및 국가적인 차원에서 중요한 지위나 권한을 가진 여성이 없었다면, 이러한 일들은 일어나지 않았을 것이다.

정치적으로 기민한 여성들을 확인하는 것도 마찬가지로 쉽다. 여성의 상속권을 위한 슬로브핫의 딸들의 호소는 그 당시의 가장 훌륭한 법적 논증에 필적했다(민 36:1-13). 솔로몬을 위하여 왕권을 얻으려는 밧세바의 노력은 섬세한 외교술을 보여주었다. 두로와 시돈의 제사장-왕(priest-king)의 딸이자 이스라엘에 세력을 떨친 왕(아합)의 아내인 이세벨은 정치적 술책으로 악명 높았다. 여성의 정치적 역량도 부족하지 않았다(왕상 10:1-10; 대하 9:1-9). 스바 여왕의 협상가로서의 기지는 전설적이었으며(왕상 10:1-

---

74_ "Candace"; "Cleopatra," in *Encyclopaedia Britannica* CD-ROM (2001). CBMW는 "사악한 왕좌 찬탈자"라는 것에 근거하여 아달랴를 인정하지 않는다(Ware, "Egalitarian and Complementarian Positions," 3). 이는 적지 않은 이스라엘과 유대 왕들이 똑같은 방식으로 묘사되고 있다는 사실을 간과한다. 찬탈자이든 아니든, 그녀는 여전히 국가의 지도자였다.

10; 대하 9:1-9), 에스더 왕비의 말은 즉각적인 순종을 강요했다(에 4:15-17; 9:29-32).

전통주의자들이 그러한 여성들을 "예외"로 보는 것은 흔한 일이다. 하나님은 지도할 의지가 있는 사람을 발견하지 못하셨을 때(그렇게 주장된다), 여성을 사용하셨다. 남성보다 여성 지도자가 훨씬 더 적었던 것은 사실이다. 그러나 이는 본질적인 열등성이나 근본적인 무능력, 혹은 성별의 부적절함 때문이 아니다. 여성의 리더십이 잘못된 것이라는 어떤 암시도 성경에 없다. 실상은 자질구레한 집안일(특히 자녀의 출산과 양육)이 여성들에게 공적인 역할을 추구할 시간을 거의 주지 않았다. 공적인 영역에 관여한 여성들은 대체로 집안일을 가정 내의 다른 사람에게 위임할 수 있는 상류층 여성들이었다.[75] 유일한 예외는 레위 지파의 제사장직이었다. 제사장직에서 정결법은 여성이 출산과 월경 때문에 특정한 제의 역할을 수행하지 못하게 하였다. 이유는 다르지만 남성들도 배제되었다(에, 레위인이 아님, 성적 부정, 또는 신체적 결함). 그러나 다른 역할들은 남성과 여성이 나란히 섬겼음을 보여준다. 둘 다 성막을 짓고 설치하는 것을 돕고(출 35:22-26), 공공 행렬에서 악기를 연주하고(시 68:25-26), 공동체 또는 민족 축제에서 춤추고 노래하며(삿 21:19-23), 승리 축하 행사에서 노래 부르고(삼상 18:7), 성전 성가대에서도 노래를 불렀다(대하 35:25; 스 2:65; 느 7:67).

신약 시대의 여성 지도자

초기 교회에도 여성 지도자가 많이 있었다. 복음 메시지에 반응한 많은 여성을 고려해보면 이것은 놀라운 일이 아니다. 누가는 예수의 어머니 마리아와 "[그] 여자들"이 예루살렘과 유대와 사마리아와 그 너머에서의 증

75_ Belleville, *Women Leaders and the Church*, 94-95를 보라.

언을 위하여 성령을 받은 120명 가운데 있었다고 기록한다(행 1:7-8, 14-15; 2:1-4). 이 권능의 부여는 예언자 요엘이 말한 바를 실현했다. "말세에 내가 내 영을 모든 육체에 부어주리니 너희의 **자녀들**(sons and daughters)은 예언할 것이요…그때에 내가 내 영을 내 남종**과 여종**들에게 부어주리니 그들이 예언할 것이요"(행 2:17-18; 욜 2:28의 인용[강조는 첨가됨]).

남성 지도자들은 수적으로 더 많았을 것이다. 그러나 실질적으로 남성을 지명하는 모든 리더십 역할은 또한 여성을 지명한다. 사실상 신약에서는 지도자로 지명된 여성들이 남성들보다 더 많다. 뵈뵈는 "집사"(개역개정 — "일꾼")요 "후원자"(benefactor, "보호자" — 개역개정)다(롬 16:1-2). 마리아와 루디아와 눔바는 가정교회의 감독이었다(행 12:12; 16:15; 골 4:15). 유오디아와 순두게는 빌립보에서 "감독들과 집사들" 가운데 있었다(빌 1:1; 비교 4:2-3). 구체적인 여성 이름이 없는 유일한 역할은 "장로"다. 그렇지만 남성 이름 역시 없다.

교회의 여성 지도자들은 부분적으로 제의에서의 최고 리더십 지위에 여성들이 연관된 데서 비롯된 결과다. 예를 들어, 여성들은 기원후 1세기부터 4세기 중반에 이르기까지 아시아에서 황제 숭배(imperial cult)의 대제사장으로서 지속적으로 섬겼다. 동시에 한 도시에는 오직 한 명의 대제사장이 있었기 때문에, 이 리더십 역할에서 여성들의 이름이 지속적으로 언급된 것은 각별히 중요하다.[76] 여성들은 행정관과 공무원, 감사관 같은 직책에서 문관 및 공무원으로서 섬겼다(IGR III 800-902[1세기]).

어떤 전통주의자들은 여성 대제사장이 자신들의 권리로 섬기지 않던 어린 소녀들 — 그리스 시대 여왕들의 사적인 여성 제사장과 유사한 지위

76_ 1세기에서 3세기 중반까지의 비문들은 이 여성들을 에베소, 퀴지쿠스(Cyzicus), 두아디라, 아프로디시아스(Aphrodisias), 마그네시아(Magnesia)에 위치시킨다. R. A. Kearsley, "Asiarchs, Archiereis, and the Archiereiai of Asia," *GRBS* 27 [1986]: 183-92를 보라.

(그렇게 주장된다)(즉 남녀 양성 모두를 위해 섬기는 공적인 역할이 아님) — 이었다고 주장한다.[77] 그러나 증거는 이를 실증하지 않는다. 대제사장으로서 일한 여성들 대다수는 어린 소녀가 전혀 아니었다. 예를 들어, 명망 높은 델포이의 여제사장은 적어도 50세가 되어야 하고, 넓은 사회계층에서 뽑히며, 남신 아폴로를 위한 신탁을 전하는 자로서 섬겼다. 베스타 여신의 시중을 드는 처녀들이 유일한 예외였다. 그런데 그들의 역할은 주요한 공공의 역할이었으며, 사적인 가정 내의 지위는 아니었다.[78]

다른 사람들은 여성 제사장이 자신들의 권리로 지위를 차지한 것이 아니라고 주장한다. 그들은 그 칭호가 단지 존칭 — 남편이나 남자 형제 또는 다른 남자 친척의 영향력에 편승한 것 — 에 불과하다고 말한다. 비문의 증거는 다르게 말한다. 예를 들어, 율리아나(Juliane)는 그녀의 남편이 섬기기 오래전에 황제 숭배의 여성 대제사장으로서 섬겼다. 그리고 여성의 이름이 대제사장으로 등장하는 많은 비문에는 아버지 혹은 남편의 이름이 등장하지 않는다. 게다가 여성 대제사장의 지위는 전혀 명목상의 지위가 아니었다. 남성 제사장들과 여성 제사장들은 성소 유지, 성소 제례 및 의식, 성소의 보물 및 예물 보호에 대한 책임을 맡았다. 예전적 기능은 희생제의, 기도 또는 기원 올리기, 신의 축제 주재하기를 포함했다. 따라서 남편이나 아들 또는 다른 친척의 이름이 붙여졌다면, 그것은 여성 대제사장의 친족이라는 데 붙여진 명성이 있었기 때문이었다.[79] 이는 아내의 평판 때문에 지위가 상승한("그의 남편은 그 땅의 장로들과 함께 성문에 앉으며"[23절])

---

[77] 예를 들어, Steven M. Baugh, "A Foreign World: Ephesus in the First Century," in *Women in the Church: A Fresh Analysis*, 43-44를 보라.

[78] Belleville, *Women Leaders and the Church*, 31-38; Riet Van Bremen, "Women and Wealth," in *Images of Women in Antiquity*, ed. A. Cameron and A. Kuhrt (Detroit: Wayne State Univ. Press, 1987), 231-41을 보라.

[79] Kearsley가 인용문헌을 면밀히 밝힌 연구, "Archiereiai of Asia," 183-92를 보라.

잠언 31장의 남편과 다르지 않다.

최근의 한 연구는 제국의 여성 대제사장이 신약 이후에 발전된 단계였다고 주장한다. 그러나 증거는 훨씬 더 이른 시기에 있었던 무언가를 가리킨다.[80] 예를 들어, 바울이 에베소 교회를 개척했을 때 율리아나는 에베소에서 남동쪽으로 15마일 떨어진 도시인 마그네시아에서 황제 숭배의 여성 대제사장으로 섬겼다(InscrMagn. 158). 또한 종교와 정치가 분리될 수 없었기에 한 영역에서 지도적 역할을 수행하는 것은 종종 나머지 다른 영역에서의 지도적 역할을 수행하는 것이었다. 예를 들어, 멘도라(Mendora)는 기원후 1세기 동안 아시아 비시디아(Pisidia)의 소도시인 실리욘(Sillyon)에서 행정관, 여성 제사장, 감독(dekaprotos)으로서 한두 번 섬겼다(IGR III 800-902).

초기 교회 여성들의 많은 부분이 지역과 관계가 있었다. 그 지역이 로마화되면 될수록 여성의 리더십은 더욱더 눈에 띈다.[81] 바울의 선교적 노력의 초점이 로마 제국의 주요 도시 지역에 맞춰져 있었기 때문에, 신약에서 지도자로서 이름이 등장하는 여성들 대부분이 바울의 교회에서 부상하리라는 것이 전혀 예기되지 않는 것은 아니다.[82] 사실상 바울이 개척한 모든 교회는 심히 로마화된 도시들 안에 있었다. 그 도시들에는 라틴어와 그리스어 사용 인구가 섞여 있었다. 예를 들어, 데살로니가, 고린도, 에베소는 지방 수도였다. 빌립보는 마게도냐 지방에서 선도하는 도시였다. 겐

80_ Baugh, "Foreign World," 42-45를 보라. Baugh의 연구에서 주요 난점은 그의 연구가 에베소 비문들과 자료들에만 국한되어 있어서 아시아 또는 그리스-로마 제국 전체에서의 1세기 여성들의 종교적·시민적 역할을 정확하게 반영할 만큼 충분히 광범위하지 않다는 것이다. 동양 종교들(특히 이시스[Isis] 숭배)과 여성의 역할에 대한 그것들의 영향을 무시하는 것은 특히 얼토당토않다. Belleville, *Women Leaders and the Church*, 31-38에서 자세한 논의와 증거 제시를 보라.

81_ Meeks, *The First Urban Christians*, 23-25를 보라.

82_ Belleville, *Women Leaders and the Church*, 49-50을 보라.

그레아는 로마의 해군 기지를 유치하였다. 로마는 제국의 중심이었다. 그러므로 바울이 로마 교회에서 인사하는 지도자 중 다수가 여자였다는 것은 놀라운 일이 아니다(롬 16장).

초기 교회 리더십 역할

가정교회의 후원자

초기 교회에서의 대부분의 사역은 리더십 차원의 역할이었다. 가정교회의 후원자(patron)도 예외가 아니었다. 일찍이 언급한 바와 같이 그리스-로마 시대의 집주인은 그 또는 그녀의 집에 모인 그룹을 책임지고, 그 그룹의 활동에 대하여 법적인 책임을 졌다. 게다가 1세기의 가정(household)은 직계가족과 친척뿐 아니라 종, 자유인 남녀, 고용된 노동자, 심지어는 소작인과 상업 또는 수공업에서의 동업자들을 포함했다. 이는 가정의 여성 호주가 훌륭한 행정 및 관리 능력을 가지고 있어야 했음을 의미한다. 이런 이유 때문에 바울은 개인의 가정 리더로서의 업적을 크게 강조한다. 이 업적은 교회 리더십의 가능성에 확실한 지표가 된다(딤전 3:4-5; 5:14). 사실 가정의 여성 호주에 대해 사용된 용어(*oikodespotein* — 집주인[household master] 또는 주인[lord])가 남성 호주에 대해 사용된 용어보다 훨씬 더 강하다(*prostēnai*["인도하다, 지키다, 보호하다", 3:5; LSJ, s.v.를 보라).

예언자

예언자도 승인된 리더십 역할이었다. 예언은(어떤 이들이 주장한 것처럼) 성령의 즉흥적이고 억제할 수 없는 활동이 아니었다. 누가는 안디옥에서의 교회 리더십을 "선지자들과 교사들"로 밝힐 때 이를 분명히 한다(행 13:1-3). 게다가 바울은 예언이 예언자의 통제 아래 놓여야 한다고 가르친다(고전

14:29-33).

어떤 전통주의자들은 예언이 다른 형태의 사역(가르침, 영 분별, 목회, 또는 다스리는 것)보다 덜 "권위적인" 활동(언어를 사용함)이었으며, 그렇기 때문에 여성들이 초기 교회에서 예언할 수 있었다고 주장한다. 그러나 성경적 증거는 다르게 말한다. 예언은 사적인 예배가 아니라 공중예배의 상황에서 행사되었다("너희[남자들과 여자들 모두]가 모일 때에", 14:26). 그리고 예언자의 직무를 기술하는 데는 죄의 자각(24절), 가르침(*katēcheō*, 19절), 권면(31절), 인도(행 13:3-4; 16:6)와 같은 집단적인 리더십 활동이 포함됐다. 사실상 그리스도의 신비가 성령에 의해 드러난 것은 바로 "그[하나님]의 거룩한 사도들과 선지자들에게"였다(엡 3:4-5). 그러므로 실제적인 의미에서 신약의 예언자는 구약의 예언자의 "주께서 이렇게 이르시되"의 임무를 수행했다. 이러한 이유로 바울은 그들의 발언을 "계시"(*apokalyphthē*, 고전 14:29-30)라 일컬을 수 있었고, 4세기의 교회사가 유세비우스는 빌립의 네 딸들을 "사도 계승의 첫 단계에" 위치시킬 수 있었다(*Hist. eccl.* 3.37.1).

어떤 전통주의자들은 1세기의 여성 예언자들은 교회의 남성 리더십에 복종해야 했다고 주장한다. 그러나 바울은 여성들의 예언자적 활동을 남성들의 예언자적 활동과 동일하게 다룬다. "무릇 남자로서…기도나 예언을 하는 자는…무릇 여자로서…기도나 예언을 하는 자는…"(11:4-5). 게다가 그는 예언이 개별적인 예언자—어떤 외부 근원(source)이 아니라—의 통제하에 놓여야 한다고 말한다(14:32).

다른 전통주의자들은 신약의 예언자는 구약의 예언자와 달랐다고 주장한다. 구약의 예언자의 말은 전적으로 권위적이었던 반면, 신약의 예언자의 말은 그렇지 않았다는 것이다. 신약의 예언자가 평가받아야 했다(14:29)는 사실은 그의 또는 그녀의 말이 단지 그 세부사항에서는 신적인 권위의 어떤 보증도 갖지 않는 성령에 의해 유발된 발언에 불과했음을 나타낸다(그렇게 그들이 말한다).[83] 구약 예언자의 말이 실현되지 않거나(신 18:21-22), 이스라엘과 맺은 하나님의 언약과 상충하거나(13:1-5), 순종과 도덕적 삶을 장려하지 않거나(미 3:11), 평화와 번영의 메시지이면(렘 28:8-9), 그의 말은 진실이 아니었다. 예레미야 28장에 나오는 하나냐의 검증이 구약 시대 평가 과정의 전형적인 예다.

교사

초기 교회에 남성들을 공적으로 가르친 여성들이 있었는가 하는 질문은 전통주의자들과 평등주의자들 사이의 주요 쟁점이다. 이는 전통주의자들이 공적인 가르침을 권위적이고, 공인된 활동과 동일시하기 때문이다.

바울 시대에는 여성 교사들이 확실히 있었다. 브리스길라는 아볼로에게 "하나님의 도"를 더 정확하게 가르쳤고(행 18:26), 고린도에서는 여성 예언자들이 회중을 가르쳤으며(비교. 고전 11:5과 14:19), 그레데 교회에서는 늙은 여자들이 젊은 여자들을 가르쳤다(딛 2:3-5). 신약 시대 교사의 리더십 요소는 명백했다. 한 영적 은사 목록에서 가르치는 은사는 사도직과 예언 다음에 나오고(고전 12:28), 또 다른 목록에서는 목회(문자적으로, "목양")의 은사와 분리될 수 없게 연결되어 있으며("목사와 교사"[엡 4:11]),[84] 또 다른 목록에서는 예언자의 직무 중 일부로 기술한다("가르치다"[katēcheō], 고전 14:19).

83_ D. A. Carson, "'Silent in the Churches': On the Role of Women in 1 Corinthians 14:33b-36," in *Recovering Biblical Manhood and Womanhood*, 153을 보라.

84_ 신약에서 목회는 가르침과 분리될 수 없다. 이는 엡 4:11로부터 분명해진다. 거기서 두 명사 *poimenas*와 *didaskalous*가 관사 한 개만 갖고 *kai*에 의해 연결되어 있다. 이러한 문법적 요소들의 배열은 개념상으로 두 아이디어를 결합하는 데 도움이 되며, "목사-교사들"로 번역되어야 한다. 논의를 위하여 Maximilian Zerwick, *Biblical Greek* (Rome: Pontifical Biblical Institute, 1963), #184를 보라.

그러므로 여성들이 남자를 가르쳤다는 결론을 어떻게 피할 수 있겠는가? 어떤 전통주의자들은 가르침의 유형을 공적인 것과 사적인 것, 권위적인 것과 비권위적인 것, 그리고 형식을 갖춘 것과 비형식적인 것 ― 여성의 가르침은 후자 종류에 속함 ― 으로 구별함으로써 그 결론을 회피한다. 아볼로에 대한 브리스길라의 가르침은 사적인 것이었고, 가르치는 일은 고린도에서 단지 예언자적 역할의 부수적인 것에 불과했으며(그렇기 때문에 비권위적이었다), 그레데에서 늙은 여자들이 제공한 가르침은 비형식적인 것이었다(그렇게 주장된다). 그러나 그러한 구별은 분명히 현대의 구별이다. 신약은 그러한 구별을 모른다. 가르침은 교회 생활의 모든 국면에 필수적인 부분이었다. 모든 회중은 가르칠 수 있다고 기대되었다(골 3:16; 비교. 히 5:12). 또한 그러한 구별은 신약에서 가르치는 역할이 본질적으로 갖고 있는 카리스마적 성격을 상실시킨다. 고린도 교회가 예배하기 위해 모였을 때, 남녀 모두가 이런저런 방식으로 말로 가르치는 것을 당연하게 여겼다("너희가 모일 때에 각각 찬송시도 있으며 가르치는 말씀도 있으며 계시도 있으며 방언도 있으며 통역함도 있나니"[고전 14:26]).

어떤 전통주의자들은 그리스어 *didaskō*(이것이 권위적이고 공식적인 가르침을 의미한다고 주장한다)와 가르침에 대한 다른 그리스어 용어들(예, *katēcheō, ektithemai*)을 구별한다. 그럼에도 불구하고 한 가지 난점은 또 다시 신약 자체가 그러한 구별을 하지 않는다는 것이다. 고린도에서는 남녀 모두 문자 그대로 "가르침"(*didachēn*)을 예배 모임에 가져오라는 지시를 받는다(고전 14:26). 골로새에서 회중은 피차 "가르치라"(*didaskontes*)는 요구를 받는다(골 3:16). 디모데는 에베소 교회를 "가르치는 것"(*didaskalia*)에 전념하라는 지시를 받는다(딤전 4:13). 안디옥 교회는 예언자들과 "교사들"(*didaskalioi*)의 지위 가운데서 선교사를 선발했다(행 13:1). 그레데의 늙은 여자들은 젊은 여자들에게 "선한 것을 가르치라"(*kalodidaskalous*)는 말을 듣는다(딛 2:3). 그리고 감독은 "가르치기를 잘할 수 있을"(didaktikon[딤전 3:2]) 것으로 기대되었다.

브리스길라가 아볼로에게 하나님의 도를 "가르쳤다"(edidaxe)가 아니라 "설명했다"(exethento, 개역개정 — "풀어 이르더라")고 말해진 것은 사실이다. 그러나 이것은 로마에 있는 유대인들에게 바울이 한 설교에 대하여 누가가 사용하는 것과 동일한 용어다("그가 설명했다"[exetitheto], 행 28:23, 개역개정은 "강론하여"). 고린도전서 14:19에서의 예언자적 가르침에 대한 용어가 didaskō가 아닌 것도 사실이다. 그러나 katēcheō와 didaskō는 신약에서 사실상 동의어다. 예를 들어, 바울은 율법에 의해 "가르침을 받은"(katēchoumenos, 개역개정은 "교훈을 받아") 것에 대해 말하고(롬 2:18), 갈라디아 성도들에게 그들을 "가르치는 자"(ho katēchoumenos, 갈 6:6)와 함께 모든 좋은 것을 나누라고 명령할 수 있다. 누가는 사도행전 18:25에서 katēcheō와 didaskō를 호환해서 사용한다. 아볼로는 주의 도를 "가르침 받고"(katēchēmenos, 개역개정은 "배워"), 이어서 예수에 관하여 "가르쳤다"(edidasken). 따라서 교회 발달의 이 단계에서 가르침에 대한 서로 다른 그리스어 용어를 구별하는 것은 해석학적 방향이 잘못된 것이다.

집사와 감독

초기 교회에 여성 감독 또는 집사가 있었는가? 유오디아와 순두게는 빌립보 교회 안에 있는 이 두 직위 중 한 자리에 그들을 분명히 놓는 언어로 묘사되고 있다("그리스도 예수 안에서 빌립보에 사는 모든 성도와 또한 감독들과 집사들에게"[빌 1:1]). 만약 그렇지 않다면 바울은 제삼자에게 이 여성들이 의견의 불일치를 해결할 수 있도록 도와주라고 공공연하게 호소할 필요가 없었을 것이다("내가 유오디아를 권하고 순두게를 권하노니 주 안에서 같은 마음을 품으라. 또 참으로 나와 멍에를 같이한 네게 구하노니 복음에 나와 함께 힘쓰던 저 여인들을 돕고"(4:2-3)). 우선 바울이 그의 서신에서 이름을 언급하는 것은 매우 드문 일이다. 여기서 이름을 언급하는 것은 신앙 공동체 안에서 두 여성의 지위를 나타낸다. 바울은 그 편지에서 일찍이 빌립보 회중의 분열에 관하여 말한다(2:1-18). 그가 계속해서 특히 유오디아와 순두게에게(그는 그들을 "동역자들"과 "복음에" 함께하는 자들로 칭한다) "주 안에서 같은 마음을 품으라"(2절)고 재촉하는 것은 그들의 불화가 교회의 화합을 위험에 빠뜨릴 정도로, 그들이 리더십 역할을 맡고 있었음을 분명히 나타낸다.

이와 비슷한 방식으로, 바울은 명백하게 뵈뵈를 겐그레아 교회의 집사로서 맞이한다. "내가 겐그레아 교회의 집사[diakonon]로 있는 우리 자매 뵈뵈를 너희에게 추천한다"(롬 16:1, 저자가 인용한 TNIV 번역 — 역자 주). 그러나 일부 번역본으로부터는 이를 알 수 없다. KJV, NKJV, ASV, NASB, TEV, ESV, CSB, NIV는 diakonon을 "종"(servant)으로 번역한다. 그러나 이는 바울이 하는 진술의 공적인 성격을 놓친다. 뵈뵈는 바울이 자신의 편지를 로마 교회에 전달할 자로 선택한 사람이다. 바로 이것이 바울이 로마 교회에 "주 안에서 그[그녀]를 영접하고" "그[그녀]에게 소용되는 바를 도와"주라고 명령하는 이유다(2절). 바울 시대에 기독 공동체로 수용되기 위해서는 신임장을 제시해야 했다. 편지 배달자의 책임 중 하나는 그 편지를 회중에게 읽어주고, 그런 다음 질문에 답하는 것이었다. 그러므로 편지 배달자의 신임장은 그 사람을 수용하느냐 거부하느냐라는 결과의 차이를 초래하기에 극도로 중요했다. 바울은 상당히 일관되게 다른 동료들을 추천한다(예, 고후 8:16-24; 엡 6:21-22; 빌 2:25-30; 골 4:7-9). 그러나 바울 자신이 로마를 방문한 적이 한 번도 없었기 때문에 뵈뵈의 추천은 특히 중요하다.

그렇다면 "종"은 전혀 충분하지 않다.[85] 두기고, 디도, 에바브로디도와 같은 친숙한 지도자들을 위해서는 "동역자"(고후 8:23; 빌 2:25), "충실한 종"(엡 6:21, 개역개정은 "진실한 일꾼"), "충실한 일꾼"(골 4:7, 개역개정은 "신실한 일꾼")이 충분할지도 모른다. 그러나 뵈뵈처럼 사실상 알려지지 않은 사람을 위해서는 "겐그레아 교회의 집사"(NLT, NRSV, TNIV)라는 설명이 절대적으로 필요했다(비교. NEB, "who holds office in"; CEV, "a leader in"; NJB와 RSV, "deaconess").

어떤 전통주의자들은 그리스어 용어 *diakonos*가 남성이라고 주장한다. 그러나 이는 그 당시에 여성형이 전혀 사용되지 않았다 — *diakonissa*("여집사")는 속사도 시대의 용어다 — 는 사실을 간과한다. 여성형이 필요도 없었다. 그리스어에서 남성 단수는 종종 두 가지 역할을 소화해냈다. 특히 사도(*apostolos*), 예언자(*prophētēs*), 또는 복음전도자(*euangelistēs*)와 같은 특별한 리더십 역할을 가리키는 명사의 경우에 그렇다. 문맥이 성(gender)을 명확하게 만든다.[86]

이것은 확실히 교부들이 이해했던 방식이었다. 오리게네스(3세기)는 "이 본문[롬 16:1]은 여성들도 교회에서 집사로 임명된다고 사도의 권위로 가르친다"(*Epistle to the Romans* 10.17). 요한 크리소스토모스는 바울이 "그녀를 집사[*diakonon*]라고 부름으로써 그녀의 지위를 덧붙였다"고 말한다

85_ *diakonon*에 대한 REB의 "일꾼"(minister)도 충분하지 않다. "일꾼"은 오늘날처럼 공식적으로 인정된 직위가 아니었다. 또 다른 가망성 없는 번역은 "여집사"(deaconess)다(NASB, RSV, JB, NJB, Phillips). 왜냐하면 여성형 용어 *diakonissa*는 기원후 325년 니케아 공의회(법령 19)까지는 사용되지 않았기 때문이다. 심층 논의를 위해서, A. A. Swidler, "Women Deacons: Some Historical Highlights," in *A New Phoebe: Perspectives on Roman Catholic Women and the Permanent Diaconate*, ed. V. Ratigan and A. Swidler (Kansas City, Mo.: Sheed & Ward, 1990), 81; V. V. FitzGerald, "The Characteristics and Nature of the Order of the Deaconess," in *Women and the Priesthood*, ed. Thomas Hopko (Crestwood, N.Y.: St. Vladimir's Seminary Press, 1983), 78을 보라.

86_ 엡 4:11의 리더십 목록은 그리스어 남성형의 양성포괄성의 좋은 예다. "그가 어떤 사람은 사도[*tous apostolous*]로, 어떤 사람은 선지자[*tous prophētas*]로, 어떤 사람은 복음 전하는 자[*tous euangelistas*]로, 어떤 사람은 목사와 교사[*tous poimenas kai didaskalous*]로 삼으셨으니" 이 역할들 각각에서 여성들의 이름이 거론된다(예, 유니아[롬 16:7]; 빌립의 딸들[행 21:9]; 순두게와 유오디아[빌 4:2]; 에베소의 늙은 여자들[딤전 5:9-10]).

(Hom. Rom. 30[롬 16:1에 관하여]).

에베소 교회도 여자 집사들이 있었다. "여자들도 이와 같이 정숙하고 모함하지 아니하며 절제하며 모든 일에 충성된 자라야 할지니라"(딤전 3:11). 바울이 공인된 리더십 역할을 하는 여성들에 대하여 말하고 있다는 것은 자격 목록을 나열한 것뿐만 아니라, 이 자격이 정확히 8-10절에서의 남자 집사들을 위해 나열된 자격의 복사본이라는 사실에서 분명해진다. 또한 8절과 11절의 그리스어 단어의 순서가 일치한다. "[남자] 집사들도 마찬가지로 존경할 만하고 일구이언을 하지 아니하고 술에 빠져 있지 아니하고[diakonous hosautōs semnous, mē dilogous, mē oinō]…여자 [집사]들도 마찬가지로 존경할 만하고 중상하는 자가 되지 아니하고 절제해야 한다[gynaikas hosautōs semnas, mē diabolous, nēphalious]"(저자 번역).

속사도 저술가들은 바울이 여자 집사들에 대하여 말하고 있다고 이해했다. 알렉산드리아의 클레멘스(Clement, 2세기)는 "우리는 존경스러운 바울이 디모데에게 보낸 그의 서신 중 하나에서 여자 집사들에 관하여 무엇을 규정하였는지 알고 있다"(Strom. 3.6.53)라고 말한다. 그리고 요한 크리소스토모스는 사도 교회에서 집사의 지위를 차지했던 여성들에 관하여 이야기한다(Hom. 1 Tim. 11[딤전 3:11에 관하여]).

여자 장로들은 어떠한가? 바울이 디모데전서 5:9-10에서 바로 그와 같은 리더십 역할에 관하여 이야기하고 있다고 생각할 만한 타당한 이유가 있다. 첫째, 바울은 그 역할을 60세 이상의 여성들로 제한한다. 이것은 그리스어 presbyteros의 본래 뜻인 "나이 지긋한"(elderly)에도 꼭 맞는다. 이는 유대교에서 가져온 것으로, 유대교에서 시(town)의 장로들(시민적 역할)은 그들의 나이 때문에 현명하다고 여겨졌다.[87] 둘째, 바울은 그의 저작물 내의 다른 곳에서 발견되는 장로의 자질에 병행하는 자격 요건을 기재하고 있다. 과부는 한 남편의 아내이었어야만 하며(비교. 딛 1:6), 자녀들을 양육하였으며(비교. 6절), 선행으로 유명해야만 하며(비교. 8절), 대접하는 것으로 평판이 나 있어야만 한다(비교. 8절). 셋째, 장로처럼 과부는 자신의 사역에 대해 보상을 받아야 한다(*timaō* = "보상하다", "지불하다"[딤전 5:3];[88] 비교. 17절).

전통주의자들은 전형적으로 여성을 배제시키는 특정한 리더십 자질이 있다고 주장한다. 초기 교회에서 여성은 남성들을 가르치지 못하도록 금지되었다고 말하고 싶어 하는 사람들에게 "가르치기를 잘하는 것"(딤전 3:2)은 그저 문제가 될 뿐이다. 감독(2절), 집사(12절), 장로(딛 1:6)의 한 자질로서 "한 아내의 남편"(KJV, NKJV, NJB, RSV, NASB, British NIV, ESV)은 좀 더 면밀히 살펴볼 필요가 있다. 바울이 이러한 지위에서 섬기는 여성을 마음속에 그렸다면, 그러한 자질을 포함시켰을 것인가? 이는 좋은 지적이다. 에베소와 같은 그리스 도시의 풍속에 대한 지식이 해결의 빛을 던져줄 것이다. 그리스의 기혼 여성들이 다중 결혼이나 불법적인 결혼을 하기가 결코 쉽지 않았던 반면, 남성들은 쉬웠다. 사실 혼외정사는 그리스인 남성에게는 정상적인 일이었으나, 그리스인 여성에게는 용인되지 않았다(적자에 대한 염려 때문에). 게다가 그리스인 남성들의 이혼율은 오늘날 우리의 이혼율에 비견할 만하다.[89]

그러므로 바울이 남자 집사들을 위해서는 이 자질을 포함시키면서(딤전 3:12) 여자 집사들을 위해서는 그것을 생략한다(11절)는 사실은 정확히 예상되는 바다. 그 외에 뭔가 다른 것이 있었다면 그것이 놀라운 일이 되

---

[87] 유대인 장로는 주로 공동체 지도자로서 기능했다. 지역 회당에서 그들은 아무런 공식 지위도 갖지 않았다. 이것은 기독교 장로와는 상당히 다른 점이다. 기독교 장로들은 초기 교회에서 공식적인 지위를 갖고 있었던 것으로 보인다. Emil Schürer, *The History of the Jewish People in the Age of Jesus Christ*, rev. ed. (Edinburgh: T&T Clark, 1979), 3:87-107을 보라.

[88] LSJ, s.v.,와 BAGD, s.v.를 보라.

[89] 심층 논의를 위해서, J. Neuffer, "First-Century Cultural Backgrounds in the Greco-Roman Empire," in *Symposium on the Role of Women in the Church*, ed. J. Neuffer (Plainfield, N.J.: General Council of the Seventh-Day Adventist Church, 1984), 69를 보라.

었을 것이다. 물론 바울이 과부를 염두에 둔 것이 아니었다면 말이다. 그 당시에 과부는 재혼하는 경향이 있었다. 바울도 이를 인정했다(고전 7:8-9). 그러므로 바울은 과부들을 위해서 "한 남편의 아내"를 포함시킨다(딤전 5:9). 기원후 1세기에 효과적인 사역이 요구했던 일편단심의 헌신으로 교회를 섬길 사람은 바로 기꺼이 과부로 남아 있으려 했던 자였다(고전 7:32-35).

"한 아내의 남편"을 제외하고 남성에게만 해당하는 자질은 아무것도 없다. 늙은 과부들과 여성 집사들은 그들의 남성 상대들과 동일한 성품과 생활 양식의 자질을 보이도록 요청받는다(딤전 3:8-9, 11). 사실 어떤 자질은 남성보다는 여성에게 더 적합하다. 예를 들어, 후한 대접(hospitality)은 그리스-로마 여성들에게 더 자연스러웠을 것이다. 가정을 돌보는 능력(교회를 돌보는 능력에 대한 표지로서) 또한 잘 맞았을 것이다. 실제로(일찍이 언급된 바와 같이), 가정에서의 여성의 리더십 역할을 위해 사용된 용어(oikodespotein, "가정의 주인이 되다"[5:14])는 남성에 대해 사용된 용어보다 훨씬 더 강하다(prostēnai, "이끌다, 인도하다, 돌보다"[3:5]).

따라서 만약 어떤 1세기의 리더십 활동도 성격상 명백하게 남성적이지 않았다면, 어찌하여 여성 리더십에 관해서는 난관에 봉착하는가? 그리고 만약 여성이 지도자로서 섬기는 것을 금하는 자질이 아무것도 없다면, 어찌하여 어떤 이들은 오늘날에도 집요하게 여성을 배제시키려 하는가?

여성과 권위

많은 전통주의자들에게 쟁점은 성령이 남성에게 은사를 주신 것과 똑같은 방식으로 여성에게도 은사를 주시는가가 아니라, 특정 활동이 권위적인가 아니면 그렇지 않는가다. 만약 그것이 권위적이면 여성들은 배제된다. 공적으로 가르치는 것은 권위를 행사하는 것이다. 공적으로 설교하는 것은 권위를 행사하는 것이다. 공동으로 지도하는 것은 권위를 행사하는 것이다(그 지도자를 "장로", "집사", "주교", "목사", "의장", 또는 "회장"이라고 이름을 붙이든지 아니든지). 그렇기 때문에 여성들은 어떤 식으로든 공적으로 가르치거나 설교하거나 지도해서는 안 된다. 왜냐고? 하나님이 남자만 지도하도록 창조하셨고, 지도하는 것은 권위를 행사하는 것이기 때문이다. 그렇다면 남성이라 함은 권위를 소유하고 행사하는 것이며, 여성이라 함은 권위를 소유하지도 행사하지도 못하는 것이다.

하지만 이것이 참으로 성경적 관점에서 비롯된 사실인가? 확신을 갖는 것과 그것에 대한 성경적 뒷받침을 발견하는 것은 별개다. 정말 솔직히 말하자면 지역교회 리더십과 "권위"(exousia) 사이의 성경적인 관련성을 찾기란 매우 힘들다.[90] 신약 저자들은 이러한 연결을 결코 만들지 않는다. 사실 한 예외만 제외하고 신약에서의 어떤 리더십의 지위나 활동도 권위와 연결되지 않는다. 고린도전서 11:10에서 바울은 여자가 머리를 가리는 것이 공중예배에서 기도하고 예언하기 위한 그녀의 "권위"(exousia)라고 말한다.

그리스어 exousia는 신약에 자주 등장하기 때문에(약 100회), 지역교

90_ 어떤 전통주의자들은 그리스어 *prohistēmi*를 "다스림의 행사" 또는 "권위"와 연결 짓고, 예로 살전 5:12; 딤전 3:4-5; 5:17을 인용한다. 그러나 이러한 연결을 위한 사전적 근거는 아무것도 없다. Louw와 Nida는 다음과 같이 의미 목록을 싣는다. (1) 인도하다. (2) 돕는 데 활동적이다. (3) ~하려고 애쓰다. BAGD와 LSJ, s.v.를 비교하라. 그리스어 용어는 문자적으로 "앞에 서다" 또는 "이끌다"를 의미하고, 중심 개념이 하나님의 백성을 인도하고 돌보는 것, 즉 목회와 연관된 상황에서 사용된다. 예를 들어, 롬 12:8에서 *prohistēmi*는 가난한 사람들에게 실질적인 도움을 제공하는 영적인 은사들("후하게 주는 것", "긍휼을 베푸는 것")과 함께 분류되어 있다. 또한 딤전 3:4-5에서 교회를 *prohistamenon*하는 것은 그것을 "돌보는 것"(*epimelēsetai*)이다. 이것은 그때 당시의 문화에서 *prostatis*("후원자", "보호자")의 역할과 일치한다. LSJ, s.v.을 보라.

회 리더십과의 연결 부재는 상당히 중요하다. 전통주의자들은 지역교회의 리더십과 권위를 연결 짓는다. 하지만 우리가 신약에서 그것에 이르는 가장 가까운 구절은 디도서 2:15이다. 여기서 바울은 디도에게 그레데 회중을 "모든 권위를 가지고" "책망하라"고 말한다. 그렇다 할지라도 디도의 특권은 exousia("권위")가 아니라 epitagē("명령"[LSJ, s.v.를 보라])이다. 게다가 디도는 이 특권을 오로지 바울의 대리인으로서 소유한 것이지, 지역교회의 지도자로서 소유한 것이 아니다. 더욱이 그리스어 용어 pas("모든")에 정관사가 없기 때문에, 강조는 "각 모든 종류"에 있다. 따라서 더 좋은 번역은 "너의 마음대로 사용할 수 있는 모든 형태의 명령으로 책망하라"일 것이다.

관련 신약 본문들은 권위를 소유하는 주체는 바로 교회이지 특정 개인(혹은 그 문제에 대해서는 지위)이 아니라는 것을 보여준다. 예수께서 "천국 열쇠"와 "매고"(즉 시행하고), "풀"(즉 철회할[마 16:19]) 권세를 주신 대상은 바로 교회다. 그렇다면 예언의 말을 시험하고 평가하는 것(고전 14:29; 살전 5:19-22), 선교사(행 13:1-3)와 교회 파견단원(15:22-23; 20:4-5)을 선택하는 것, 징계하는 것(마 18:18; 고전 5:4-5), 그리고 복직시키는 것(고후 2:7-8; 비교. 마 18:10-14)은 교회의 책임이 된다. 교회의 권위는 그의 이름으로 모인 믿는 자들과 함께하시는 주 예수의 권능(마 18:20; 고전 5:4)과 "그리스도의 마음"(2:16)을 공동 소유함으로부터 온다.[91]

확실히 교회는 교회의 이익을 대표하고 교회를 위해 일할 개인을 선택할 수 있다(예, 행 6:1-7; 13:1-3; 15:2-3; 20:1-6). 그러나 이 개인들은 결코 회중에게 권위를 행사하지 않는다. 오히려 그들은 회중을 섬기고 섬김의 일

---

[91]_ Linda Belleville, "Authority," in *Dictionary of Paul and His Letters*, eds. G. Hawthorne, R. Martin, and D. Reid (Downers Grove, Ill.: InterVarsity, 1993), 54-59를 보라.

을 위하여 사람들을 준비시킬 권한을 부여받는다. 바울은 다음과 같이 말한다. "그분[그리스도]이 어떤 사람은 사도로, 어떤 사람은 예언자로, 어떤 사람은 복음전도자로, 또 어떤 사람은 목사와 교사[*tous de poimenas kai didaskalous*]로 삼으셨습니다. 그것은 **성도들을 준비시켜서**, 봉사의 일을 하게 하고[*eis ergon diakonias*]"(새번역성경; 엡 4:11-12, 강조는 첨가됨).

신약에서 *exousia*의 가장 잦은 사용은 세속의 통치자들과 관련되어 있다. 바울과 베드로는 모두 회중들에게 그들 위에 권세를 갖고 있는 정치 권력에 복종하라고 요구한다("통치자들과 권세 잡은 자들"[*archais exousiais*], 딛 3:1; "위에 있는"[*hyperechonti*], 벧전 2:13-17). 바울은 로마 교회에 "각 사람은 위에 있는 권세들에게[*exousiais hyperechousais*] 복종하라.…다스리는 자들은 선한 일에 대하여 두려움이 되지 않고 악한 일에 대하여 되나니"(롬 13:1, 3)라고 말한다. 그럼에도 불구하고 여기에서조차 권위는 신에 의해서 위임된다. 존재하는 권세들은 하나님이 세우신 것이다("권세[*exousia*]는 하나님으로부터 나지 않음이 없나니"[롬 13:1]; 비교. 요 19:11["위에서 주지 아니하셨더라면"]).

12사도는 어떠한가? 예수가 그들에게 권세를 주시지 않았는가? 세 복음서 저자 모두 정말로 12사도가 권세를 받고 예수에 의해 파송되었다고 기록한다. 그러나 흥미롭게도 그것은 "더러운 귀신을 쫓아내며 모든 병과 모든 약한 것을 고치는 권능(*exousian*)"이었지(마 10:1; 비교. 막 3:14-15; 6:7; 눅 9:1; 10:19), 복음을 선포하고 가르치는 권세는 아니었다. 12사도들은 복음을 "선포하기 위하여"(to preach) 보냄을 받았다(막 3:14; 비교. 마 10:7; 눅 9:2). 하지만 이 활동과 관련해서는 권세가 언급되지 않는다. 그러나 오늘날에는 너무 흔하게 복음 선포가 권세 있는 활동이라고 말한다.

사도 바울은 어떤가? 확실히 그가 사도직에 대한 권리를 주장하고, 따라서 권위에 대한 권리를 주장하지 않았는가? 정말 그랬다. 그러나 바울은 좀처럼 그의 사도적 권위를 주장하거나 언급하지 않는다. 단지 두 곳 — 모두 고린도후서 — 에서만 그렇게 한다. "주께서 주신 권세(exousian)는 너희[교회]를 무너뜨리려고 하신 것이 아니요, 세우려고 하신 것이니"(고후 10:8; 13:10을 보라). 또한 바울은 필요할 때는 명령하기를 망설이지 않지만(예, 살후 3:6), 보통은 "촉구"(parakaleō)하지 "명령"(parangellō)하지 않는다. 게다가 바울이 아홉 개의 서신 시작 부분에서는 그의 사도직을 실제로 언급하지만(로마서, 고린도전·후서, 갈라디아서, 에베소서, 골로새서, 디모데전·후서, 디도서), 세 개의 서신 시작 부분에서는 자신을 "예수 그리스도의 종"으로 선언한다(로마서, 빌립보서, 디도서[빌레몬서에서는 "그리스도 예수를 위하여 갇힌 자"]). 사실 두 개의 서신은 "종 바울"을 "사도"와 결합시킨다(롬 1:1; 딛 1:1). 이것은 "사도"와 "종"("사도"와 "통치자"가 아니라)이 동일한 동전의 양면임을 암시한다.

왜 바울의 권위에 대한 언급이 그토록 적은가? 이에 대한 설명은 쉽게 얻을 수 있다. 바울은 단지 (다른 신약 저자들과 더불어) 교회를 위한 효과적이고 적절한 리더십 유형으로서 그 당시의 상의하달식 리더십을 거부했다. 바울은 고린도 교회에게 그의 목적은 그들의 믿음을 "주관하는" 것(kyrieuomen)이 아니라 "[그들과] 함께 일하는"(개정개역은 "돕는 자", synergoi esmen) 것이라고 말했다(고후 1:24). 이와 비슷하게 베드로는 아시아 교회의 지도자들에게 "너희 중에 있는 하나님의 양 무리를 치되…맡은 자들에게 주장하는[katakyrieuontes] 자세를 하지 말고 양 무리의 본이 되라"(벧전 5:2-3)고 권고했다.

이 점에서 바울과 다른 사도들은 예수의 가르침에 단지 순종하고 있는 것뿐이다. 야고보와 요한이 예수께 와서 그의 미래 나라에서의 유력한 자리를 구했을 때, 예수께서는 제자들에게 로마 지도자들이 그들을 "임의로 주관하고"(katakyrieuousin) 그들에게 "권세를 부린다"(katexousiazousin)고 상기시키셨다(마 20:25-26). 전통주의자들은 예수께서 권력의 오용이나 남용에 반대해 경고하셨다고 주장한다. 그러나 그리스어 용어나 문맥 어느 것도 이를 암시하지 않는다. 어떤 용어에도 부정적인 의미가 내재되어 있지 않다. 둘 다 권위의 소유와 행사를 의미할 뿐이다(katakyrieuō = "누군가에 대하여/대항하여 지배권을 획득하거나 행사하다"; katexousiazō = "통치권 또는 권위를 행사").[92] 실제로 그리스어 katakyrieuō는 하나님이 인간에게(창 1:28; 9:1; 집회서 17:4), 이스라엘 왕에게(시 72:8), 그리고 메시아(시 110:2)에게 주시는 땅에 대한 "지배"를 위해서 사용되는 용어다.

그러나 바울 자신이 지역교회 리더십에 복종하라고 요구하지 않는가? 그리고 복종은 권위의 행사를 가정하지 않는가? 고린도 교회에 보낸 바울의 첫 번째 편지에서 회중은 "이 같은 사람들"(즉 스데바나의 집[16:16])에게 "순종하라"(hypotassēsthe)는 요구를 받는다. 히브리인들에게 보낸 편지에서 독자들은 "지도자들"(hēgoumenoi)을 "기억하고"(remember, mnēmoneuete), "따르고"(follow, peithesthe), 그들에게 "양보하라"(yield to, hypeikete)는 지시를 받는다(13:7, 17 저자 번역).[93]

그러나 가끔 복종의 이유는 간과된다. 어떤 경우에도 복종(submission)은 권위를 소유하거나 직책을 차지하는 것에 근거를 두지 않는다. 오히려 그것은 목회적 돌봄을 행사하는 데 대한 적절한 반응이다. 고린도 교인들이 순종해야 할 "이 같은 사람들"은 "함께 일하며 수고하는 모든 사람"(고전 16:16)이었다. 그리고 "히브리인들"이 순종해야 할 지도자들은 그들의 "영

92_ LSJ, s.v.; L&N 37.48-49를 보라.
93_ *Hypeikō*는 신약의 여기에서만 발견된다. 이 동사는 "양보하다, 복종하다"(to yield, give way, submit)를 의미한다. 예를 들어, Homer의 *Iliad* 16.305에서 그것은 자신의 좌석을 양보함으로써 다른 사람을 위한 공간을 만드는 것을 가리킨다. LSJ, s.v.를 보라. 그러므로 "순종하라"(obey)는 정확한 번역이 아니다.

혼을 위하여 경성하는"(*agrypnousin* [히 13:17]) 사람들이었다.[94]

의심의 여지없이 이 때문에 신약의 저자들이 그리스어 동사 *hypakouō* ("순종하다")를 사용하지 않고 그 대신에 다른 사람이 바라는 바에 대한 자발적인 따름을 의미하는 단어들을 사용한다(예, 고전 16:16, *hypotassēsthe* = 동등한 사람이 바라는 바를 따르는 자발적인 행동[중간태]; 히 13:17, *peithesthe* = "따르다"[to follow], *hypeikete* = "~에게 양보하다"[to give way to]).[95] 이 구별은 중요하다. 순종(obedience)은 자발적으로 또는 마지못해 이루어질 수 있다. 또한 그것은 더 낮은 지위에 있는 사람에게 요구되는 무언가일 수 있다(예, 누군가의 상관). 반면에 복종은 자유로운 행위자의 자발적인 행동이다.

이것이 여성들의 성직 수임(ordination) 문제를 논하는가? 불행하게도 그렇지 않다. 용어도 개념도 둘 다 신약에는 없다 — 남성과 여성 양쪽과 관련하여. 특별한 사역을 위한 임명(즉 따로 떼어두다[to set apart], 바치다[dedicate])의 개념은 우리가 발견하는 것(일반적으로 안수를 통하여 임명) 이상이다. 예를 들어, 안디옥 교회는 사울과 바나바를 선교사로 임명하였고(행 13:1-3), 에베소에서는 장로들이 임명되었고(딤전 5:22), 디모데는 복음 전도자로 임명되었으며(딤전 4:14; 딤후 1:6), 바울은 이방인을 위한 사도로 임명되었다(행 9:17-19; 22:12-16). 그러나 이것은 오늘날 교회가 "성직을 수여하다"(ordain)를 사용하는 방식과는 전혀 다르다. 예를 들어, 내가 소속된 교파에서 성직 수임식은 한 사람에게 "교회에서 말씀을 설교하고, 성례식을 베풀고, 통치하는" 권한을 준다.[96]

94_ *Agrypneō*는 지속적이고 깨어 있는 관심을 암시하면서 "지켜보다(to watch over), 경계하다(to stay alert)"를 뜻한다. L&N, s.v.를 보라.

95_ LSJ, s.v.; *TLNT* 3:424를 보라.

96_ The Evangelical Covenant Church, *The Covenant Book of Worship* (Chicago: Covenant Press, 1981), 298.

여성 지도자와 성경적 한계

만약 성경적 권위가 지도자가 아니라 교회 안에 존재한다면, 그리고 여성들이 신약에서 교회 지도자로 추천되고 있다면, 전통주의자들은 어떤 근거로 여성을 리더십에서 배제하는가? CBMW는 주요 신약 본문 목록 5개를 열거한다(마 10:1-4; 고전 14:33-35; 딤전 2:12; 3:1-7; 딛 1:5-9).[97]

마태복음 10:1-4은 예수께서 그의 12제자를 자기에게로 부르시고 그들에게 더러운 귀신을 쫓아내고 모든 병과 약한 것을 치유할 권능을 주시는 단락이다. 얼마나 정확하게 더러운 귀신을 쫓아내고 질병을 치유하는 것에서 출발하여 리더십 역할로부터 여성들의 배제에 도달하게 되는지가 전혀 분명하지 않다. 만약 이 12명의 남자들이 설교하거나 가르칠 권능을 받았더라면, 그 위원회의 논리를 알 수 있을 것이다(비록 반드시 그것에 동의하지는 않더라도). 하지만 예수의 제자들은 이런 종류의 권능을 받지 않는다. 따라서 모호함이 남는다.

전통주의자들은 전형적으로 예수가 남자였고 예수 자신과 함께 있도록 하기 위하여 선택한 12제자들이 남성이었다는 바로 그 사실이 교회를 위한 남성 리더십을 법으로 정한다고 주장한다.[98] 오늘날의 일반적인 사고방식이지만, 다시 한번 그것은 특별히 논리적이지는 않다. 왜냐하면 예수가 12명의 남자들뿐 아니라 12명의 유대인 남자들을 선택하셨고, 그분 자신이 남자일 뿐만 아니라 유대인 남자였기 때문이다. 그런데 아무도 그

97_ *CBMW News* 1 (Nov. 1995), 1을 보라.

98_ 예를 들어, James I. Packer, "Let's Stop Making Women Presbyters," *ChrT* 35 (Feb. 11, 1991): 20; James A. Borland, "Women in the Life and Teachings of Jesus," in *Recovering Biblical Manhood and Womanhood*, 120; Ware, "Egalitarian and Complementarian Positions," 8을 보라.

로 인해 유대인 리더십이 법으로 정해져 있다고 주장하지 않는다.

또한 12지파를 대표하는 유대인 남자 12명의 성경적 상징성을 고려해야 한다. 이스라엘 12지파를 12제자가 심판할 것이다(마 19:28; 눅 22:30). 새 예루살렘은 12개의 문과 12천사와 위에 12제자의 이름이 있는 12개의 기초석을 가질 것이다(계 21:12, 14). 전통주의자의 논리를 따르면 이스라엘인이 아닌 사람들에 대한 미래의 심판은 교회의 남성 리더십의 손에 달려 있다. 그러나 그렇지 않다. 남성 지도자들은 미래에 심판자로 섬기지 않을 것이며, 그 문제에 관한 한 여성 지도자들도 마찬가지다. 바울은 말한다. "성도가 세상을 판단할 것을 너희가 알지 못하느냐.…우리가 천사를 판단할 것을 너희가 알지 못하느냐"(고전 6:2-3). 하지만 이것은 우리가 앞 단락에서 보았던 내용이다. 권세는 교회가 소유한다. 교회의 지도자들 — 남자든 여자든 — 은 그것을 소유하지 않는다.

마찬가지로 CBMW는 디모데전서 3:1-7과 디도서 1:5-9에서의 감독과 장로를 위한 자질을 성 배타적인(gender exclusive) 것으로서 지적한다. 그러나 또 다시 그 자질들이 어떻게 여성을 배제시키는지는 보기 어렵다. "한 아내의 남편"은 이미 다뤄졌다. "가르치기를 잘하며"(딤전 3:2)와 "[바른 교훈에] 거슬러 말하는 자들을 책망"(딛 1:9)할 수 있는 것은 성 배타적인 활동이 전혀 아니다. 속사도 시대의 교회는 그렇게 하는 데 은사를 받은 많은 여성들을 높이 평가했다(예, 마르켈라[Marcella]; Jerome, *Epist.* 127을 보라).

솔직히 말하자면, 단지 세 개의 신약 본문만이 고려할 가치가 있다. 즉 여자들에게 교회에서 잠잠하라고 명령하는 고린도전서 14:34-35, 여자가 가르치거나 남자를 주관하는 것을 허락하지 않는 디모데전서 2:11-15, 남자와 여자의 관계가 *kephalē*(일반적으로 "머리"로 번역함)에 의해 규정되는 고린도전서 11:2-16이다. 이 세 본문 중에서 디모데전서 2:11-15은 전통주의자들이 통상적으로 주의를 기울이는 본문이다. 예를 들어, 1995년에 발행된 한 전통주의자 책은 Women in the Church라는 기대할 만한 표제를 제공하지만, 부제는 A Fresh Analysis of 1 Timothy 2:9-15였다.[99] 실제로 우리가 디모데전서 2:9-15이 이 쟁점을 규정하고 특징짓는 유일한 성경 본문이라는 지점에 도달했는가? 또는 이 본문이 전통주의자들이 남성 리더십에 대한 성경적 근거로 갖고 있는 전부인가?

고린도전서 14:34-35

고린도전서 14:34-35은 확실히 주목할 만하다. 왜냐하면 이 구절이 교회에서 여성의 침묵을 명령하기 때문이다.

> [34]여자는 교회에서 잠잠하라. 그들에게는 말하는 것을 허락함이 없나니 율법에 이른 것 같이 오직 복종할 것이요, [35]만일 무엇을 배우려거든 집에서 자기 남편에게 물을지니 여자가 교회에서 말하는 것은 부끄러운 것이라.

본문 전체를 전부 인용했다. 전통주의자들이 자주 34절 끝에서 멈추고 이어서 나오는 중요한 한정어구들을 빠뜨리기 때문이다. 또한 14장 전체를 보아야 한다. 그렇지 않으면 바울은 결국 자신이 서신 앞에서 말한 내용을 명백하게 반박하고 끝나기 때문이다. 고린도전서 11:2-5에 의하면 여성들은 결코 잠잠하지 않았고, 바울은 그것에 대해 그들을 칭찬하였다. "너희가 모든 일에 나를 기억하고 또 내가 너희에게 전하여 준 대로 그 전통을 너희가 지키므로 너희를 칭찬하노라.…무릇 여자로서…기도나 예언을 하는 자는…"(2, 5절).

어떤 전통주의자들은 고린도전서 11장에 나오는 여성들의 예언적 활

99_ 이 장의 각주 1을 보라.

동을 묵살한다. 바울은 (그들의 의견에 의하면) 가설적으로 말하고 있었을 뿐이었고, 그 배경은 공식적인 배경이 아니었으며(그리고 이 때문에 그 예언은 권위적이지 않았다),[100] 예언적 활동은 수직적인 것(즉 하나님께 그리고 하나님을 위하여 말하는 것)으로 수평적인 것(즉 다른 사람에게 권위를 행사하는 것)에 반대된다.

그러나 문법과 관련해 가설적인 것은 아무것도 없다. 왜냐하면 바울이 모든 것을 직설법(사실 그대로 서술함)으로 표현하고 가정법(가능성을 말함)으로 표현하지 않기 때문이다. 또한 그 배경은 매우 확실한 공식적인 배경(즉 집단적인 공중예배)이다. "우리에게나 하나님의 모든 교회에는 이런 관례가 없느니라"(16절)는 동일한 것을 나타낸다. 게다가 예언적 활동과 관련해 특별히 수직적인 것은 아무것도 없다. 예언은 교회를 세우기 위한 영적 은사(14:4, 26)로 정의된다. 그 은사는 믿는 자들이 "교회로서 함께 모일"(개역개정은 "교회에 모일") 때에 발휘된다(11:18; 14:26). 방언을 말하는 것은(통역 없이) 수직적일 수 있다. 바울은 말한다. "방언을 말하는 자는 사람에게 하지 아니하고 하나님께 하나니…그러나 예언하는 자는 사람에게 말하여…"(14:2-3). 따라서 "여자는 교회에서 잠잠하라"(34-35절)는 말로 바울이 무엇을 의미하는지(그리고 무엇을 의미하지 않는지)를 설명하는 데 해석자의 책임이 놓여 있다.

문맥에서 몇 가지가 분명하다. 첫째, 배경은 공중예배다. "그러므로 온 교회가 함께 모여" 이것이 바울이 지시한 정황이다(23절; 비교. 26절과 11:17-18; 12:7). 둘째, 침묵 명령은 절대적이지 않다. 바울은 말한다. "그런즉 형제들아 어찌할까? 너희가 모일 때에 각각 찬송시도 있으며 가르치는

100_ F. W. Grosheide는 "여성이 예언하는 것은 허용되지만, 회중이 공식적으로 모일 때는 허용되지 않는다"라고 말한다(*The First Epistle to the Corinthians* [Grand Rapids: Eerdmans, 1953], 341-43).

말씀도 있으며 계시도 있으며 방언도 있으며 통역함도 있나니"(14:26a; 비교. 1:5). 만약 바울이 대중 참여(public involvement)를 남성에게로 국한시키려 의도했다면, 그는 분명 여기서 그렇게 말했을 것이다. 그 대신에 바울은 여성과 남성이 똑같이 교회의 덕을 세우기 위하여 기여해야 한다고 강조한다(14:26b).

셋째, 바울의 발언들은 본질적으로 교정적(corrective, 정보적인 것과 대비됨)이다. 그 주제는 예배 동안에 참여자들이 질서 있게 말하는 것이며, 문제는 현재의 무질서한 상황이다. 바울은 이 단락을 모든 것을 적절하고 질서 있게 하라는 명령으로 시작하고 끝맺는다(26, 40절). "[왜냐하면] 하나님은 무질서의 하나님이 아니시오, 오직 화평의 하나님이시니라"(33절). 바울의 의제(agenda)에서 가장 중요한 것은 말에 의한 은사들(찬송시, 가르치는 말씀, 계시, 방언, 통역함[26절])의 질서 있는 기여다. 많아야 두세 명이 말할 수 있고, 그때도 한 번에 한 명씩만 말할 수 있다. 만약 누가 방언으로 말하려면 한 사람이 통역해야 한다. 통역자가 없으면 말하는 사람은 자기에게 또는 하나님께만 말해야 한다(26-28절). 만약 말하는 자가 예언자이면 "다른 이들은" 말한 바를 주의 깊게 분별해야 하며,[101] 예언적 계시가 앉아 있는 누군가에게 오면 먼저 하던 사람은 그 사람에게 발언권을 넘겨주어야 한다(29-31절).

바울은 전체 회중을 책망하는 말로 결론을 맺는다. 대명사는 복수형

---

[101] "다른 이들"이 누구인지는 분명하지 않다. 그들은 다른 예언자들(29절), 나머지 회중, 또는 분별의 은사를 가진 사람들일 수 있다. 뒤의 두 의견은 바울의 다른 저서에서 지지를 얻는다. 살전에서 바울은 회중에게 예언의 진위를 증명하기 위해 그것들을 헤아려보라고 촉구한다(5:21). 그리고 고전 12:10에서는 분별의 은사를 예언의 은사와 짝지어놓는다. 문맥에 근거하여 볼 때, 마지막 선택사항이 가장 그럴듯하다. 방언을 말하면 통역이 뒤따라오리라는 것이 바울의 기대다(14:27-28). 따라서 다음으로 예언의 말이 참으로 하나님께로부터 말미암았는지 결정하는 은사를 받은 사람들의 검사를 받을 것이라는 생각은 의미가 통한다.

이다. "하나님의 말씀이 **너희**로부터 난 것이냐? 또는 **너희**에게만 임한 것이냐?"(36절, 강조는 첨가됨) 바울은 고린도 교회의 일부 사람들이 스스로 영적으로 뛰어나다고 생각했기 때문에 분명히 바울의 교정을 거부할 것이라고 예상했다. *Ei tis dokei*는 사실에 대한 조건이다. "만일(흔히 있는 일이지만) 누구든지 자기를 선지자나 혹은 신령한 자로 생각하거든…"(37절, 강조는 첨가됨). 그래서 바울은 소위 영적 엘리트들에게 그가 말한 질서 있는 예배가 실제로 "주의 명령"이라는 것을 확정하기 위하여 그들의 은사를 사용하라고 도전한다(37절).

고린도 교회 여성들은 어떤 종류의 무질서한 말하기(disorderly speaking)에 종사하고 있었는가? 학자들은 세 가지 해석 중 하나로 기울어지는 경향이 있다. 어떤 학자들은 영감에 의한 발언(inspired speech)의 한 형태에 관하여 생각한다. 바울은 여성들이 이교도 숭배에서 보이는 무아경의 광란을 흉내 내지 못하도록 제지하고 있다.[102] 혹은 통역 없이 방언을 말하는 여성들을 잠잠하게 하고 있다("만일 통역하는 자가 없으면 교회에서는 잠잠하고 자기와 하나님께 말할 것이요"[28절]).[103] 혹은 여성들이 예언의 말을 평가하는 데 참여하는 것을 금지시키고 있다("예언하는 자는 둘이나 셋이나 말하고 다른 이들은 분별할 것이요"[29절]). 전통주의자들은 이 중 마지막 해석에 끌리는 경향이 있다. 왜냐하면 남성의 예언을 평가하는 것은 (그렇게 주장한다) 여자가 창조된 리더로서의 남자의 역할을 강탈하는 것이기 때문이다.[104]

102_ 예를 들어, Richard and Catherine Kroeger, "Pandemonium and Silence at Corinth," in *Women and the Ministries of Christ*, ed. R. Hestenes and L. Curley (Pasadena, Calif.: Fuller Theol. Seminary, 1979), 49-55; Kroeger and Kroeger, "Strange Tongues or Plain Talk," *Daughters of Sarah* 12 (1986): 10-13을 보라.

103_ 예를 들어, Joseph Dillow, *Speaking in Tongues: Seven Crucial Questions* (Grand Rapids: Zondervan, 1975), 170을 보라.

다른 학자들은 일정 형태의 방해되는 발언을 선택한다. 고린도 여성들이 특정 예언이나 방언에 이의를 제기함으로써 공개적으로 그녀들의 남편의 말을 반박하거나 그들을 당황하게 하고 있었다.[105] 혹은 여성들이 예배 중에 잡담을 하여 주변에 있는 사람들을 방해하고 있었다.[106] 혹은 여성들이 교사의 역할을 차지함으로써 당시의 사회적 관습을 무시하고 있었다.

다소 최근의 한 해석에 의하면, 34-35절은 고린도 교회 회중의 특정 구성원들의 전통주의자적 입장이고, 바울은 그것을 인용("여자는 교회에서 잠잠하라")한 다음 36절에서 응수한다("뭐라고! 하나님의 말씀이 너희[고린도인들]로부터 난 것이냐? 또는 너희에게만 임한 것이냐?"[RSV 역자 번역]).[107]

104_ 예를 들어, James Hurley, "Did Paul Require Veils or the Silence of Women? A Consideration of 1 Corinthians 11:2-16 and 1 Corinthians 14:33b-36," *WTJ* 35 (1973): 190-220; E. Earle Ellis, "The Silenced Wives of Corinth (1 Cor. 14:34-5)," in *New Testament Textual Criticism*, ed. E. J. Epp and Gordon Fee (Oxford: Clarendon, 1981), 216-18; Wayne Grudem, *The Gift of Prophecy in 1 Corinthians* (Lanham, Md.: University Press of America, 1982), 249-55; Carson, "Silent in the Churches," 52를 보라.

105_ 예를 들어, W. F. Orr and J. A. Walther, *1 Corinthians* (AB; Garden City, N.Y.: Doubleday, 1976), 312-13; C. K. Barrett, *A Commentary on the First Epistle to the Corinthians*, 2nd ed. (HNTC; New York: Harper & Row, 1971; repr. Peabody, Mass.: Hendrickson, 1987), 332; 비교. L. Ann Jervis, "1 Corinthians 14:34-35: A Reconsideration of Paul's Limitation of the Free Speech of Some Corinthian Women," *JSNT* 58 (1995): 60-73을 보라.

106_ 예를 들어, G. Engel, "Let the Woman Learn in Silence. II," *ExpTim* 16 (1904-05): 189-90; Scott Bartchy, "Power, Submission, and Sexual Identity Among the Early Christians," in *Essays on New Testament Christianity*, ed. C. Wetzel (Cincinnati, Ohio: Standard, 1978), 68-70을 보라.

107_ 예를 들어, Neal Flanagan and Edwina Snyder, "Did Paul Put Down Women in 1 Cor. 14:34-36?" *BTB* 11 (1981): 1-12; Chris Ukachukwu Manus, "The Subordination of Women in the Church: 1 Cor. 14:33b-36 Reconsidered," *RAT* 8 (1984): 183-95; David Odell-Scott, "Let the Women Speak in Church: An Egalitarian Interpretation of 1 Cor 14:33b-36," *BTB* 13 (1983): 90-93; Odell-Scott, "In Defense of an Egalitarian Interpretation of 1 Cor 14:34-36: A Reply to Murphy-O'Connor's Critique," *BTB* 17 (1987): 100-103; Gilbert Bilezikian, *Beyond Sex Roles*, rev. ed. (Grand Rapids: Baker, 1985), 151-52; Linda McKinnish Bridges, "Silencing the Corinthian Men, Not the

어느 것이 옳은 해석인가? 34-35절을 좀 더 면밀히 들여다보면 의견을 좁히는 데 도움이 된다. 바울이 결혼한 여성들에게 말하고 있는 것은 분명하다. 소동을 야기하는 여성들은 "집에서 자기 남편에게 물을"(35절) 수 있었다. 어떤 이들은 "여자는 교회에서 잠잠하라"가 모든 여성(결혼한 여성이나 그렇지 않은 여성)을 포함한다고 주장한다.[108] 엄밀히 말하면 이 말은 옳지 않다. 그리스어 *gynē*는 "아내" 또는 "여자"를 의미한다. 문맥을 봐야만 어느 것이 옳은지 결정할 수 있다. 여기서 문맥은 명확히 이 여성들이 결혼하였다고 말한다("만일 무엇을 배우려거든" = 34절의 여성들).

바울이 고린도 여성들 전체의 일부분으로서 결혼한 여성들을 겨냥하고 있었음은 더욱 분명하다. 고린도전서 7장을 얼핏 보더라도 교회의 여성들이 결혼한 여성(2-5절), 과부(8-9절), 이혼한 여성(11, 15-16절), 약혼한 여성(36절), 전혀 결혼한 적 없는 여성(28-29절)을 포함함을 알 수 있다. 또한 이 결혼한 여성들이 배우는 것을 소망했음도 명백하다. "만일 무엇을 배우려거든[*mathein thelousin*]"(14:35). 이것은 방언, 예언 등등을 제외시킨다. 바울은 가르침, 계시, 방언, 또는 다른 성령의 은사들을 예배 경험에 제공함으로써 영적인 은사를 발휘하고 있는 여성들에게 말하고 있는

Women," in *The New Has Come*, ed. A. T. Neil and V. G. Neely (Washington, D.C.: Southern Baptist Alliance, 1989); Charles Talbert, "Biblical Criticism's Role: The Pauline View of Women as a Case in Point," in *Unfettered Word*, ed. R. B. James (Waco, Tex.: Word, 1987), 62-71을 보라. 36절은 불변화사 *ē*(KJV와 RSV에서 "What!"으로 번역됨)로 시작된다. 그리고 주장되는 바에 따르면, 이것을 바울은 앞에 나온 것을 부인하거나 논박하기 위하여 사용한다(Daniel Arichea, "The Silence of Women in the Church: Theology and Translation in 1 Cor. 14:33b-36," *BT* 46 [1995]: 101-12를 보라). 한 가지 난점은 34-35절이 인용문임을 보여주는 것이 아무것도 없다는 것이다(고린도전서의 다른 곳에서 발견되는 것처럼[6:12, 13; 7:1b; 8:1b; 10:23]). 또한, 불변화사 *ē*는 불찬성을 표현할 수 있는 반면에, 이런 식으로 기능하는 것은 바로 이중의 *ēē*이지 14:36에서 발견되는 단 한 개의 *ē*가 아니다. LSJ, s.v.를 보라.

108_ Carson, "Silent in the Churches," 147, 151을 보라.

것이 아니다(14:26). 예언 말씀의 진실성을 평가하는 데 분별의 은사를 발휘하는 여성들에게 말하고 있는 것도 아니다(30절). 오히려 이들은 배우고 싶어서 질문하는 회중 속에 있는 결혼한 여성들이다("집에서 자기 남편에게 물을지니"[35절]). 그들의 잘못은 묻는 행위 자체에 있지 않고 그들의 질문이 야기한 집단적인 무질서에 있었다.

이 여성들의 질문이 그들의 남편보다는 다른 남성들을 향했다는 것도 마찬가지로 명백하다. 왜냐하면 바울이 그들에게 "자기 남편에게"(tous idious andras) 물으라고 지시하기 때문이다. 오늘날에도 설교 시간에 민감한 대목에서 설교자에게 질문을 던지는 사람에게 청중들은 곁눈질을 보내는데, 고린도에서도 이런 행동은 가르침과 계시와 예언을 방해하는 것으로 간주되었을 것이다(26절). 그리스-로마 사회에서 이것은 부끄러운 행동으로 여겨졌을 것이다. 이교도 예배 시간에도 여성들이 불쑥 질문을 해 대는 일은 용인되지 않았다. 토착 종교들은 엄격히 통제되었고, 그러한 행동은 틀림없이 눈살을 찌푸리게 했을 것이다. 심지어 동양 종교에서조차 예배는 전문 성직자(즉 남성 제사장들과 여성 제사장들)에게 맡겨지고 평신도에게 맡겨지지 않았다.[109]

왜 결혼한 여성들이 질문하는 여성들이었을까? 모든 여성이 배우려 하지 않았을까? 해결의 열쇠는 결혼한 여성들이 교육적으로 제한받았음을 이해하는 데 있다. 대부분의 소녀들에게 정식 교육은 결혼 연령인 14세(그리스) 또는 16-18세(로마)에서 멈췄다. 그와 대조적으로 그리스 소년들은 20대에도 계속 교육을 받았고, 일반적으로 30대가 될 때까지 결혼하지 않았다. 훌륭한 교양 과목을 교육하는 일은 소년들이 책임 있는 남자 시민으로 성장하는 데 중요하게 여겨졌다. 그리하여 남성들은 여성들이

---

[109] 심층 논의를 위하여 Belleville, *Women Leaders and the Church*, 32를 보라.

지니지 못했던 성숙을 결혼 관계에 가져왔다. 남성이 "다스리는" 위치에 있었던 반면에 여성은 그러지 못했다. 특히 계급이 낮은 여성들은 정식 교육은 물론이고 성공의 길을 추구할 위치에 있지 못했을 것이다("육체를 따라 지혜로운 자가 많지 아니하며"[1:26]). 여기에 자녀 양육과 가정을 꾸려나가는 데 소모되는 모든 직무를 더해보라. 그러면 우리는 그리스도 안에서 생각의 폭을 넓힐 자유를 맛보면서 비록 적절한 방식으로는 아닐지라도 기회를 잡았던 그룹을 발견하게 된다.[110]

바울이 이 단락(14:26-40)을 질서정연함과 관련하여 회중을 질책하면서 결론 맺는다는 사실은 고린도 교회의 지도자들이 은사의 무질서한 사용과 그 결과로서 나온 질문들을 조장하고 있었음을 보여준다. 해결책은 바울이 보여준 교정책의 한 국면("여자는 교회에서 잠잠하라")에 집착하지 않고 그 나머지 부분("만일 [결혼한 여자들이] 무엇을 배우려거든 집에서 자기 남편에게 물을지니")을 무시하지 않는 것이다. 배우려는 열망이 있었던 고린도 여성들이 과거 그 당시에는 잘못이었을 수 있지만, 오늘날에는 단연코 다른 그룹이 될 수 있을 것이다.

이는 본문의 명백한 읽기에 한해서다. 그러나 설명을 요하는 몇몇 다른 면들이 있다. 첫째, "모든 성도가 교회에서 함과 같이"는 무엇과 함께하는가? 만약 그 구절이 따라 나오는 것과 함께한다면, 바울은 교회에서 여성의 침묵이 보편적인 관행의 문제라고 말하고 있다. "모든 성도가 교회에서 함과 같이 여자는 교회에서 잠잠하라." 만약 그 구절이 앞에 오는 것과 함께한다면, 바울은 질서 있는 예배가 보편적인 관행의 문제라고 말하

110_ D. A. Carson은 이것을 "견딜 수 없는 성차별주의"라고 부른다("Silent in the Churches," 147). 그러나 이는 현대의 교육적 기준에 의해 판단할 때만 그렇다. 21세기의 서구 문화가 아니라 1세기의 그리스-로마 문화에 비추어 텍스트를 읽는 것은 중요하다. 문화적 배경에 관한 더 많은 것을 위하여 Belleville, *Women Leaders and the Church*, 31-32를 보라.

고 있다. "주의 백성의 모든 교회에서처럼 하나님은 무질서의 하나님이 아니시오, 오직 화평의 하나님이시니라." NIV 독자들은 이 구절이 문제임을 모를 것이다. NIV는 바울의 교정을 "성도들의 모든 모임에서처럼"(33b절)으로 시작하고 진짜 모호한 어구를 가리키는 각주조차 달지 않기 때문이다.[111]

둘째, 바울은 이 호기심 많은 여성들이 무엇에게 또는 누구에게 "복종"해야 하는지 구체적으로 말하지 않는다(34절). 그리고 여성들이 "법(the law)이 말하는 바와 같이"(개역개정은 "율법에 이른 것 같이") 순종해야 한다고 말한다. 그러나 이 법이 모세의 율법인지, 교회법인지, 혹은 땅의 법인지 자세하게 설명하지 않는다. 바울의 간략한 발언이 고린도 교인들에게 (그의 계속되는 지시의 일부로서) 이해되었다는 것은 의심의 여지가 없다. 그러나 약 2천 년 전에 있었던 대화의 절반에 귀 기울이는 현대인이 할 수 있는

111_ 둘 다 동등하게 바울의 관행이다. 예를 들어, 엡 5:1 "그러므로 너희는 하나님을 본받는 자가 되라. 사랑을 받는 자녀 같이"(그리스어 어순을 따른 번역 — 역자 주)와 엡 5:8 "빛의 자녀들처럼 행하라"를 보라. 그러나 보편적 관행에 대한 바울의 다른 호소들은 결론짓는 지점으로서만 등장한다. 바울은 "디모데가 그리스도 예수 안에서의 나의 생활방식을 너희에게 상기시켜줄 것이다. 내가 어디에서나 모든 교회에서 가르치는 것처럼"(고전 4:17, 저자 번역)이라고 쓰고 있다. "오직 주께서 각 사람에게 나눠주신 대로 하나님이 각 사람을 부르신 그대로 행하라. 내가 모든 교회에서 이와 같이 명하노라"(7:17). "이 문제에 대해 논쟁하려는 생각을 가진 자가 있을지라도 우리에게는 다른 관례가 없느니라. 하나님의 모든 교회에도 없느니라"(11:16, NIV을 옮김 — 역자 주). "하나님은 무질서의 하나님이 아니시오, 오직 화평의 하나님이시니라. 모든 성도가 교회에서 함과 같이"(14:33, 저자는 33절 후반부가 34절과 연결되는 것이 아니라 33절 전반부와 연결됨을 보여주는 TNIV의 번역을 따른다 — 역자 주)는 정확히 이 양식에 꼭 맞는다. 또한, 33절 후반부에서 새로운 단락을 시작하는 것은 어색한 반복을 낳는다. "모든 성도가 교회에서 함과 같이 여자는 교회에서 잠잠하라"(14:33b-34a, *As in all the churches of the saints,* let the women *in the churches* be silent"). 왜 한 문장에서 "교회에서"가 두 번 반복되는가? 게다가 "여자들은/아내들은…하라"는 새로운 단락을 시작하는 바울의 전형적인 방식이다(예, 엡 5:22; 골 3:18, 그리스어에서 여자와 아내는 동일한 단어다 — 역자 주). 그러므로 전통주의자들이 33절 후반부에서의 단락 시작을 기정사실로 간주하고, 그렇게 함으로써 34절에서의 바울의 명령에 보편성을 추정하는 것은 잘못된 방향이다. 예를 들어, "바울의 [침묵] 규정이 모든 교회에서 작용한다"고 말한 D. A. Carson의 진술을 보라("Silent in the Churches," 147).

최선의 일은 경험에서 우러난 추측을 과감히 말해보거나 또는 무지를 정중하게 인정하는 것이다.[112]

문제는 전통주의자들이 무지나 심지어 모호성을 인정하기 어려워한다는 점이다. 그들은 이 문제들을 명백하고 사실적인 것으로 다루는 경향이 있다. 너무나 자주 바울이 여성들에게 소위 창세기 3:16의 "법"—"남편은 너를 다스릴 것이니라"—에 따라 그들의 남편에게 복종하라고 명령하고 있다고 다만 추정되고 있을 뿐이다. 그러나 이것은 아주 있을 법하지 않은(불가능하지는 않더라도) 해석이다. 우선 한 가지 이유는 창세기 3:16이나 다른 어떤 구약 본문도 여성들에게 남편에게 복종하라고 명령하지 않는다는 점이다. 바울이 타락 이후의 역기능적인 부부관계를 기술하는 구

112_ 결혼한 여성들에 대한 갑작스러운 주목과 어색한 주어의 변화("너희가[복수형] 모일 때에"[26-33절]…"여자는[여자들은, 복수형] 교회에서 잠잠하라"[34-35절]…"하나님의 말씀이 너희로부터[복수형] 난 것이냐"[36-40절])와 34절과 11:5 사이의 외견상의 모순은 초반 몇 세기 동안 필사자들에게 어려운 문제였다. 이는 본문 전승에서 이 구절들이 서로 다른 곳에 등장하는 데서 분명해진다. 일부 초기 필사본과 판본에서, 34-35절은 40절 다음에 온다(D F G Itala, 한 불가타 필사본). 다른 초기 필사본과 판본에서 34-35절은 33절 다음에 온다(p^{46} ℵ A B Ψ K L Itala, Vulgate, Syriac, Coptic 등등). 또한 코덱스 바티카누스(Codex Vaticanus)에는 바-움라우트(bar-umlaut)가 있는데, 이는 본문의 문제를 인식하고 있음을 보여준다. p^{46} ℵ A D 그리고 33은 34절 시작부분과 35절 끝부분에 휴지 부호를 갖고 있다. 코덱스 풀덴시스(Codex Fuldensis, 6세기의 불가타 필사본)는 독자에게 34-35절을 건너뛰고 36-40절 본문으로 가도록 지시하는 필사 부호를 여백에 넣었다(Carson의 주장처럼, 그것은 34-35절을 14장의 끝부분으로 옮기지 않는다["Silent in the Churches," 141]). Metzger, *Textual Commentary*, 499-500을 보라. 그러므로 UBS판과 네슬레-알란트(Nestle-Aland)판이 33절 후반부에서, 그리고 다시 37절에서 단락을 나눈 것은 대단한 오해를 일으킨다. 상세한 논의를 위해서, Philip B. Payne, "Fuldensis, Sigla for Variants in Vaticanus, and 1 Cor 14.34-5," *NTS* 41 (1995): 240-62; Payne, "Ms. 88 as Evidence for a Test without 1 Cor 14.34-5," *NTS* 44 (1998): 152-58을 보라.

본문전승과 판본의 증거는 일부 학자들로 하여금 34-35절이 고린도전서에 원래 있던 것이 아니라는 결론을 내리도록 이끌었다. 예를 들어, Gordon Fee, *The First Epistle to the Corinthians* (NICNT; Grand Rapids: Eerdmans, 1987), 699-705; Jacobus Petzer, "Reconsidering the silent women of Corinth—a note on 1 Corinthians 14:34-35," *ThEv* 26 (1993): 132-38; Payne, "Fuldensis and 1 Cor 14:34-5," 240-62; Peter Lockwood, "Does 1 Corinthians 14:34-35 Exclude Women from the Pastoral Office?" *LuthThJ* 30 (1996): 30-37; Payne, "Ms. 88," 152-58을 보라.

약 본문(창 3:16)을 취해서 기독교적 남편-아내의 관계를 규정하는 본문으로 인용하겠는가? 다른 곳에서 바울은 그렇게 하지 않는다. 그런데 왜 여기서 그렇게 하겠는가? 사실 부부관계의 주제가 바울에게서 표면화될 때, 그는 창세기 2:24을 규정적인 본문으로 인용한다(엡 5:31-32). 그리고 창세기 3:16을 규정적인 본문으로 인용하지는 않는다.[113]

실제로 인접한 문맥은 더 나은 단서들을 제공한다. 고린도전서 14:32에서 바울은 예언하는 자들의 영이 예언하는 자들에게 제제를 받는다고 말한다. 그래서 또 다른 예언하는 자가 계시를 받을 때, 먼저 예언하던 자는 앉고 잠잠해야 한다. 방언을 말하는 자들도 통역할 사람이 없으면 잠잠하라고 명령받는다. 바울의 생각을 주의 깊게 따라가 보면, "복종"과 "잠잠함"은 동전의 양면과 같다. 잠잠한 것은 복종하는 것이다. 그리고 (예배의 상황에서) 복종하는 것은 잠잠히 있는 것이다. 혀의 통제가 분명 바울이 말하고자 한 바일 것이다. 말하는 사람들은 (그들이 방언하는 자이든, 예언하는 자이든, 또는 질문하는 자이든) 질서 있는 예배를 위하여 "그의 또는 그녀의 혀를 깨물어야" 한다.[114]

그러면 "법이 말하는 바와 같이"는 로마법으로 쉽게 이해될 수 있다. 로마 제국의 공인된 종교는 엄밀하게 관리 감독을 받았다. 참여한 여성들은 신중히 조직되었으며, 그들의 활동은 엄격하게 통제되었다. (널리 유행하던 이시스[Isis] 숭배와 같은) 동양 종교의 제어되지 않는 활동과 양성 포괄적인 성격은 제약받지 않는 행동이 가족 단위에 악영향을 미치고 반사회적

113_ D. A. Carson은 바울이 창 2:24을 인용하고 있다고 믿는다("Silent in the Churches," 152). 그러나 기존의 충절 행위들을 떠나 배우자와 연합하여 "한 몸"이 되는 것은 상호성의 언어이지 계층구조의 언어는 아니다.

114_ 다른 제안들은 (1) 교회 장로들과 (2) 예언을 평가하는 사람들과 (3) 자기 자신의 영(靈)에 순종하는 것을 포함한다.

인 행동을 분출시키리라는 바로 그 두려움 때문에 여성들을 즉각 요주의 인물로 만들었다.[115]

우리가 어느 정도의 불확실성의 여지는 남겨야 하지만, 고린도전서 14:34-35에 대해서 지적인 재구성을 만들어낼 수 있을 만큼은 충분히 명확하다. 즉 결혼한 여성이 남자들과 함께 배울 수 있는 새롭게 획득한 자유를 행사하면서, 예배 도중에 질문을 함으로써 질서 있는 상황의 흐름을 방해하고 있었다. 바울은 여성들에게 예배가 질서 있게 진행될 수 있도록 집에서 그들 자신의 남편에게 물어보라고 지시한다("모든 것을 품위 있게 하고 질서 있게 하라", 40절). 유진 피터슨(Eugene Peterson)의 『메시지』(The Message)는 그의 석의에서 그 의미를 포착한다. "아내들은 듣고 있어야 할 때에 말하고, 집에서 그들의 남편에게 물어보는 것이 더 적절할 수 있는 질문을 함으로써 예배를 방해해서는 안 된다."

논쟁의 열기 속에서 가끔 고린도전서 14장의 몇 가지 측면이 간과된다. 바울이 여성의 배우고 가르침 받을 권리를 지지한다는 점에 주목하는 것은 중요하다. 이것 자체는 진보적인 태도이지 제한적인 태도가 아니다. 또한 그는 여성의 질문할 권리를 지지한다. 바울이 문제 삼는 것은 여성이 질문하는 것 자체가 아니라 그녀들이 질문하는 방법과 장소, 즉 예배 시간에 질문하는 것이다. 그리고 잠잠해야 할 사람들은 질문하는 여성들뿐만 아니라 장황하게 예언하는 사람들(29-30절)과 이해할 수 없는 말을 하는 사람들(27-28절)도 마찬가지였다. 바울이 겨냥한 것은 교회의 내적인 교화와 외적인 증거를 위태롭게 하는 행동과 사람이었다(12, 23, 32, 40절).

115_ Belleville, *Women Leaders and the Church*, 36-38을 보라.

디모데전서 2:11-15

디모데전서 2:11-15은 겉보기에 금지된 방식의 가르치는 역할을 다룬다. 고린도전서 14:34-35과 다소 비슷한 언어로 바울은 다음과 같이 말한다.

> [11]여자는 일체 순종함으로 조용히 배우라. [12]여자가 가르치는 것과 남자를 주관하는 것을 허락하지 아니하노니 오직 조용할지니라. [13]이는 아담이 먼저 지음을 받고 하와가 그 후며 [14]아담이 속은 것이 아니고 여자가 속아 죄에 빠졌음이라. [15]그러나 여자들이 만일 정숙함으로써 믿음과 사랑과 거룩함에 거하면 그의 해산함으로 구원을 얻으리라.

이 구절을 이해하는 첫 단계는 서신 전체를 명확히 아는 것이다. 왜 바울이 이 편지를 쓰고 있는가? 분명 일상적인 지침을 내린 것은 아니었다. 처음부터 끝까지 바울의 입장은 교정적인 자세였다. 바울은 통제가 어려워진 어떤 상황에 반응을 보이고 있었다. 거짓 교사들은 잠잠히 있어야 했다(1:3-7, 18-20; 4:1-8; 5:20-22; 6:3-10, 20-21). 어떤 과부들은 이 집 저 집 돌아다니면서 하지 말아야 할 말들을 하였고(5:13), 다른 과부들은 전적으로 믿음에서 돌아서서 사탄에게로 갔다(15절). 어떤 장로들은 그들의 계속되는 죄 때문에 공개적으로 꾸짖음을 받을 필요가 있었으며("범죄한 자들을 모든 사람 앞에서 꾸짖어 나머지 사람들로 두려워하게 하라"[20절]),[116] 다른

116_ 딤전 5:20의 NIV의 번역("those who sin are to be rebuked publicly, so that the others may take warning"[다른 사람들이 교훈으로 삼도록, 죄를 짓는 사람들은 공개적으로 꾸짖음을 받아야 한다])은 오해의 소지가 있다. 본문의 시제와 법은 현재 직설법이다. 따라서 바울은 가상의 가능성을 다루지 않고("Should any sin, they are to be rebuked publicly"[만약 죄가 있으면, 그들을 공개적으로 꾸짖어야 한다) 현재 사실을 다루고 있다("Those who continue in sin, rebuke in the presence of all" NASB[계속해서 죄 가운데 있는 사람들은 모두가 있는 데서 꾸짖어라). TNIV의 번역 "Those elders who are sinning you are to reprove before everyone"(죄를 짓고 있는 그 장로들을 너는 모든 사람 앞에서 꾸짖어야 한다)은 거의

장로들은 제명당했다(1:20). 남성 회중들은 분노하고 다투기를 좋아하였고(2:8), 여성들은 부적절한 옷을 입고(9절) 방해되는 방식으로 배우고 있었다(11-12절). 회중은 악의적인 이야기와 악의적인 의심과 끊임없는 마찰로 향해갔다(6:4-5). 교회의 일부 구성원들은 신앙에서 아주 벗어났다(20-21절). 종합적으로 보면 그것은 걱정스러운 각본이었다.

회중 간의 논쟁도 2장의 요지다. 화평(분쟁과 반대되는 것으로서의)을 위한 명령이 15개의 절 내에서 네 차례 발견된다. 우리가 "고요하고 평안한 생활"을 할 수 있도록 세속 통치 권력자들을 위한 기도가 권해진다(2절). 교회의 남성들은 분노와 다툼 없이 손을 들어 기도하도록 요구받는다(8절). 여성들은 "정숙하게" 행동하고(9, 15절) 조용히 하고(12절), 조용하게(싸우려 들지 말고) 배우도록(11절) 명령받는다. 이 논쟁은 그릇된 가르침과 관련되어 있고, 앞장에서의 분열을 초래하는 영향(1:3-7, 18-20)은 시작 부분 "그러므로[oun] 내가 첫째로 권하노니"(2:1)를 볼 때 분명하다. 그다음에 나오는 "그러므로[oun]…원하노라"(8절)도 동일한 역할을 한다.

이 여성들은 누구였는가? 어떤 이들은 11-15절에 나오는 *anēr*와 *gynē*를 "남편"과 "아내"로 해석한다. 이것은 12절에서 NRSV의 각주(또한 TNIV)에 반영되어 있다. "I permit no wife to teach or to have authority over her husband; she is to keep silent"(나는 어떤 아내도 남편을 가르치거나 지배하는 것을 허락하지 않는다. 아내는 조용히 해야만 한다). 그러나 "남편"과 "아내"는 회중 예배란 더 광범위한 콘텍스트와 맞지 않는다. "그러므로 각처에서 남자들이…기도하기를 원하노라[*boulomai proseuchesthai tous andras*]"(8절)와 "또 이와 같이 여자들도…원하노라"(9-10절)가 단지 남편과 아내들에게만 제한될 수는 없다. 뒤따르는 절들은 이런 식으로 읽힐 수 없다. 바

정확하다.

울이 11절에서 일반적인 여성들을 특정한 기혼 여성들로 변경하고 있다는 표시는 전혀 없다. 실제로 바울은 13-14절에서 아담과 하와를 언급한다. 그러나 그것은 원형적인 남자와 여자로서의 아담과 하와의 언급이지, 결혼한 부부로서가 아니다.

이 여성들이 무엇을 하고 있었는가? 한 가지 힌트는 여성들이 "조용히" 배워야 하고(en hēsychia, 11절) "조용히" 행동해야 한다는(einai en hēsychia, 12절; Phillips, NEB, REB, NLT, NASB, ESV) 바울의 명령이다. 이는 여성들이 예배를 방해하고 있었음을 암시한다. 남성들도 그랬다. 남성들은 분노와 다툼으로 기도하고 있었다(8절). 바울이 남성을 가르치는 여성을 표적으로 삼고 아담과 하와의 예를 교정책으로 사용하기 때문에, 회중 사이에서 성별 간의 다툼이 있었다는 것은 적절한 추정이다.

전통주의자들은 일반적으로 그리스어 hēsychia를 "조용한"(silent)으로 번역하고 바울이 여성에게서 모든 형태의 공공연한 발언을 금지하고 있다고 이해한다. 공중 앞에서 여성은 "조용히"(in silence) 배워야 하고 "잠잠히 있어야"(be silent) 한다(11-12절; KJV, NKJV, RSV, NSRV, TEV, CEV, NIV, JB; 비교. "침묵을 지키다"[keep quiet] TEV). 이 번역은 여러 가지 이유로 인해 문제가 있다. 우선 한 가지 이유는 지시를 내리는 상황에서 이치에 맞지 않는다는 점이다. 침묵은 바울 당시의 소크라테스의 배움에의 대화적 접근법과 양립하지 않는다. 또한 바울은 다른 곳에서는 이런 식으로 그리스어 용어를 사용하지 않는다. 그가 발언의 부재를 염두에 두고 있을 때, 선택하는 단어는 sigaō이다(롬 16:25; 고전 14:28, 30, 34). 조용한 행동을 염두에 두고 있을 때, 그는 hēsychia나 그것과 어원이 같은 형태를 사용한다(살전 4:11; 살후 3:12; 딤전 2:2). 사실, 형용사 hēsychion이 바로 이와 같은 의미로 9개 절 앞에 나타난다. "그러므로 내가 첫째로 권하노니 모든 사람을 위하여 간구와 기도와 도고와 감사를 하되 임금들과 높은 지위에 있는 모든 사람을 위하여 하라. 이는 우리가 모든 경건과 단정함으로 고요하고 평안한 생활을 하려 함이라"(딤전 2:1-2).[117]

여성들은 "조용히" 뿐 아니라 "일체 순종함으로" 배우라고 권고받는다 (11절). 문제는 누구에게 또는 무엇에 일체 순종해야 하는가다. 전통주의자들은 보통 남편에게의 순종을 기정사실로 받아들인다. 그러나 무슨 근거에서 그렇게 말하는가? "여자는 일체 순종함으로 조용히 배우라"는 그런 종류의 어떤 것도 시사하지 않는다. 배움과 관련한 콘텍스트에서 교사들에게의 순종이나 자제심 면에서 생각하는 것은 논리적이다(예, 고전 14:32). 교사에게의 순종이 배움과 관련한 콘텍스트에 잘 어울리나, 자제심도 그렇다. 평온하고 순종적인 마음은 그 당시에 배움의 필요조건이었다.[118]

12절의 가르침의 금지는 어떤가? 명백한 의미 결정을 어렵게 만드는 몇 가지 측면이 있다. 문제가 되는 한 특징은 바울의 동사 형태 선택이다. 11절에서 바울의 명령은 독자로 하여금 12절에서 명령형을 기대하게 한다. 이는 특히 12절이 11절과 대조를 이루기 때문이다. 시작하는 단어 *de*("그러나")가 이를 매우 명료하게 만든다. "여자로 하여금 일체 순종함으로 조용히 배우게 하라. 그러나 여자로 하여금 가르치고 남자를 지배하게 하지 말라"가 우리가 기대하는 바다. 그 대신에 우리는 직설법을 갖고 있다. 즉 "여자로…배우게 하라. 그러나 나는 여자가 가르치는 것과 남자를 지배하는 것을 허락하지 않는다"(저자 번역). 어떤 사람들은 바울이

117_ 신약의 나머지 부분에 대해서도 사실이다. 눅 9:36; 18:39; 20:26; 행 12:17; 15:12-13의 *sigaō* 와 행 21:40과 계 8:1의 *sigē*(명사)를 보라. "평온한"("calm" 또는 "restful")의 뜻으로 사용된 *hēsychia*(그리고 그와 관련된 형태들)를 위해서, 눅 23:56; 행 11:18; 21:14; 살전 4:11; 살후 3:12; 벧전 3:4을 보라. "말하지 않다"의 의미를 위해서, 눅 14:4과 아마 행 22:2을 보라.

118_ 심층 논의를 위해서 Kevin Giles, "Response," in *The Bible and Women's Ministry: An Australian Dialogue*, ed. A. Nichols (Canberra: Acorn Press, 1990), 73를 보라.

일시적인 제약을 가할 수 있도록 허용하기 때문에 직설법 현재형이 사용되고 있다고 제안하였다. "[이 시점에서] 나는 허락하지 않고 있다"(JB 역자 번역). 이것은 어느 정도의 장점을 지닌다. "여자로 하여금 가르치고 남자를 지배하게 하지 말라"가 확실히 보편적인 규범을 전달했을지도 모른다. 만약 이것이 바울의 의도가 아니라면, 명령(manthanetō)에서 현재 상황(epitrepō)으로의 전환이 이치에 맞을 것이다.

바울이 한 제한의 정확한 어법을 주의 깊게 검토할 필요가 있다. 여기서 바울은 어떤 종류의 가르침을 금지하고 있는가? 전통주의자들은 성급하게 가르치는 직책 또는 다른 권위 있는 지위를 추정한다. 그러나 신약 시대에 가르치는 것은 활동이었지 직책이 아니었다(마 28:19-20). 그리고 그것은 은사였지, 권위 있는 지위는 아니었다(롬 12:7; 고전 12:28; 14:26; 엡 4:11). 가르침은 교회 지도자들뿐 아니라 모든 믿는 자에게 행하도록 요청되는 것이었다(골 3:16; 히 5:12).

또한 권위가 가르치는 행위(또는 가르치는 사람) 안에 존재한다는 추정도 있다. 사실상 권위는 진리를 담보로 존재한다("the truths of the faith"[딤전 3:9; 4:6 NIV와 TNIV; 개정개역은 이를 딤전 3:9에서는 "믿음의 비밀"로, 4:6에서는 "믿음의 말씀"으로 번역하고 있다], "믿음"[4:1; 5:8; 6:10, 12, 21], "맡겨진 것"[6:20, 개역개정은 "부탁한 것"]). 이 진리는 예수가 그의 제자들에게 전하여 주었고, 이어서 제자들이 그들의 제자들에게 전하여 준 것이다(딤후 2:2). "권위"(exousia)에 대한 그리스어 용어는 단순히 지역교회의 리더십이나 가르치는 활동에 대해서만 사용되지 않는다(위를 보라). 다른 사역의 역할과 똑같이 가르침도 평가를 받아야 한다. 이것이 바울이 디모데에게 "우리 주 예수 그리스도의 건전한 가르침[sound instruction]"(6:3, 개역개정은 "바른 말 곧 우리 주 예수 그리스도의 말씀")에서 떠난 자는 누구든 모든 사람 앞에서 꾸짖으라(딤전 5:20)고 지시한 이유다.

전통주의자들은 디모데전서에서의 가르침이 "교리"라는 더 공적인 의미를 갖고 있고, 교리를 가르치는 일은 여성들이 할 수 없다는 주장으로 반박한다. 그러나 사고 체계로서의 "교리"는 디모데전서에 낯설다. 전통은 맞지만 교리는 아니다. 바울이 디모데에게 "이것들을 가르치고 명하라"(4:11)고 권고한다. 하지만 "이것들"은 교리가 아니다. 그것들은 망령되고 허탄한 신화를 버리는 일(4:7), 경건의 훈련(7-8절), 모든 사람의 구주로서의 하나님(9-10절), 상전을 마땅히 공경할 자로 여기는 종(6:1-2)과 같은 것들을 포함했다. 그러므로 그리스어 *hygiainousē didaskalia*를 "건전한 [좋은] 가르침"(sound [good] teaching) 대신에 "건전한 교리"(sound doctrine)로 번역하는 것에는 결함이 있다(1:10; 4:6; 비교. 6:1, 3; 딤후 4:3; 딛 1:9; 2:1).

디모데전서 2:12에서 풀어내기 가장 어려운 구(句)는 의심의 여지없이 *oude authentein andros*이다. 이것은 "남자를 지배하는 것도 아니다"(nor to dominate a man) 또는 "남자에게 권위를 행사하는 것도 아니다"(nor to exercise authority over a man)로 다양하게 번역된다. 그 의미를 풀어내기 위해서는 두 가지 질문에 답을 해야 한다. 첫째, *authentein*의 의미는 무엇인가? "권위를 행사하는 것"(to exercise authority; 즉 공적인 의무를 수행하는 것)을 의미하는가? 또는 점점 더 많은 신약 학자들이 말하고 있는 바와 같이, "지배하다"(to dominate), "자기 뜻대로 하다"(to get one's way)라는 의미인가? 둘째, 이와 동일하게 중요한 질문은 "neither . . . nor"(*ouk . . . oude*, ~도 ~도 아니다) 구조의 기능에 관한 것이다. 일반적으로 그것은 단 하나의 일관된 생각을 규정하기 위해서 사용된다. 그러나 이 절의 경우에 정확하고 일관된 생각을 규정하는 것은 세심한 주의를 필요로 한다.

바울이 신약의 다른 곳 어디에서도 사용되지 않고 전체 그리스어 성경에서 단 두 차례만 사용된 용어 *authentein*을 선택했다는 것은 아무리 강조해도 부족하다. 게다가 그리스어 구약성경(LXX, 70인역)에서 그것의 용법은 우리 단락과 잘 맞지 않는다. 솔로몬의 지혜서 12:6에서 그것은 "살인" 행위에 대해 사용된다. "당신의 거룩한 땅에 살던 옛 주민들[가나안인들], 당신께서는 그들의 가증스러운 관습 때문에…그들을 미워하셨습니다.…힘없는 생명들을 살해한[authentas] 그 부모들을…"(지혜서 12:3-6, 가톨릭성경). 마카비3서 2:28-29에서 그것은 "근원지"(origin)를 의미한다. "[알렉산드리아에 있는] 모든 유대인들은 기록된 그들의 [이집트의] 근원[authentian]에 따라…등록을 해야 할 것이다."[119]

그리스어 성경에서 이 두 가지 용법은 "~에게 권위를 행사하다"(to exercise authority over) 또는 "~위에 권위를 가지다"(to have authority over)라는 번역 선택을 주저하게 만든다. 만약 바울이 통상적인 권위 행사에 대하여 말하고 싶어 했다면, 그는 얼마든지 많은 단어들을 선택할 수 있었다. 예를 들어, 루(Louw)와 니다(Nida) 사전은 "권위를 행사하다"(to exercise authority)의 의미 영역 안에 12개의 등재항목(entries)을 갖고 있으며, "다스리다"(to rule), "통치하다"(to govern)의 의미 영역 안에는 47개의 등재항목을 갖고 있다.[120] 그러나 바울은 이것들 중 아무것도 선택하지 않았다. 왜 선택하지 않았는가? 한 논리적인 이유는 authentein이 에베소의 상황에 특별히 적합한 뉘앙스를 지녔다는 것이다.

그렇지만 이 뉘앙스는 무엇인가? Authentein의 의미 범위는 살인자(murderer)뿐 아니라 범죄 또는 폭력 행위의 후견인(sponsor), 범죄자(perpetrator), 창시자(originator), 주모자(mastermind)를 포함한다. 예를 들

---

[119] 위경의 R. H. Charles 판은 "그들은 또한 그들 이전의 제한된 지위(restricted status)에 따라서 등록될 것이다"라고 한다(*The Apocrypha and the Pseudepigrapha of the Old Testament*, 2 vols. [London: Oxford, 1913]). 그러나 이것은 authentia의 의미에서 사전적인 가능성의 범위에 맞지 않는다.

[120] L&N 37.35-47; 48-95. Authentein은 주목할 정도로 이 두 영역 어느 쪽에도 나오지 않는다.

어, 유대인 역사가 요세푸스(Josephus)는 독주(毒酒)의 "창시자"(author, *authentēn*; J.W. 1.582; 2.240)에 대하여 이야기한다. 시칠리아의 디오도루스(Diodorus of Sicily)는 대담한 계획의 "후견인들"(*authentas*), 신성모독의 "범죄자들"(*authentais*), 범죄의 "주모자"(*authentas*)에 관하여 이야기한다(*Bibl. hist.* 17.5.4.5., 기원전 1세기). 그러나 NIV의 "have authority over"(~위에 권위를 가지다) 또는 ESV의 "exercise authority over"(~에게 권위를 행사하다)와 비슷한 것은 아무것도 없다. "주인"(master)이 발견될 수 있으나, 그것은 다른 사람에게 권위를 행사하는 사람이라기보다는 오히려 범죄의 "주모자"의 의미로 사용되었다. 예를 들어, 기원전 1-2세기에 역사가들은 그 단어를 마로네아(Maronea)에서의 트라키아인들(Thracians)의 대량학살(Polybius, *Hist.* 22.14.2.3, 기원전 2세기)과 델포이에 있는 성소의 약탈과 같은 위업을 배후에서 조종하고 수행한 사람들에 대하여 사용하였다(Diodorus, *Bibl. hist.* 17.5.4.5).

바울과 동시대 또는 그 이전의 동사 형태들—동사적 명사[부정사]와 동사적 형용사[분사]를 포함하여—은 그리스의 문학 및 비문학 자료들에 거의 존재하지 않는다. 그리스어 자료에 소수의 *authenteō* 용법만이 있을 뿐이다(TLG; PHI). 그러나 그것들은 디모데전서 2:12에서의 부정사 *authentein*에 얼마간의 해결의 빛을 확실히 비춰준다.

아이스킬로스(Aeschylus)의 비극 『에우메니데스』(*Eumenides*)의 한 단락에 대한 해설, 즉 『스콜리아』(*scholia*)에서 그 주석가는 이 그리스어 용어를 살인 범죄자라는 전형적인 의미로 사용한다. "[오레스테스(Orestes)의] 손이 피를 떨어뜨리고 있었다"(42). 주석은 "이 사람은 방금 폭력 행위를 저지른[*authentēkota*] 살인자다"라고 말한다.

기원전 1세기의 문법학자 아리스토니쿠스(Aristonicus)는 "아킬레스(Achilles)가 말한 것들을 이야기해주는 오디세우스(Odysseus)를 대변하려던" 창시자(author 또는 originator; ho authentōn)에 대하여 이 용어를 사용한다 (On the Signs of the Iliad 9.694).

기원전 27/26년도 서신에서, 가축 떼를 실은 대가로 나룻배 사공에게 무엇을 지불해야 하는지에 관한 논쟁에서 그 용어는 자기 뜻대로 하는 것(having one's way)이라는 의미로 사용된다. "그리고 나는 그에게 내 뜻대로 하였다[authentēkotos pros auton]. 그리고 그는 한 시간 이내에 요금 전액을 뱃사공 칼라티티스(Calatytis)에게 지불하기로 동의하였다"(BGU IV 1208).[121]

기원전 1세기 시리아 가다라(Gadara) 출신의 그리스 시인이자 에피쿠로스파 철학자인 필로데무스(Philodemus)는 지배하는(dominating) 대중적인 인물을 묘사하기 위하여 이 용어를 사용한다. "수사학자들은 여러 방법으로 수많은 사람 – '무시무시한 욕망으로 가득한' 사람들 – 을 해치고 있다. [수사학자들은] 기회가 있을 때마다 저명한 사람들 – '유력한 군주들'(powerful lords)[syn authent[ou]sin anaxin] – 과 싸운다.…다른 한편 철학자들은 사람의 마음을 끄는 그들의 특질 때문에…대중적인 인사의 총애를 받고…그들을 적이 아니라 친구로 삼는다"(Rhet. II, 133. Fragmenta Libri

---

121_ 복음주의 학문은 *authentein*의 이해를 위하여 George Knight III의 1984년 연구 ("*Authenteō* in Reference to Women in 1 Timothy 2:12," *NTS* 30 [1984]: 143-57)와 *authentēkotos pros auton*를 "내가 그에게 권위를 행사하였다"(I exercised authority over him)로 그가 번역한 것에 잘못 의존해왔다. 그러나 이것은 텍스트의 평범한 일상사(즉 뱃삯의 지불)와 전혀 어울리지 않는다. *Pros auton*는 "*over* him"으로 이해할 수 없다. 〈전치사+대격〉은 그리스어에서 이런 의미를 지니지 않는다. "~에게/를 향하여"(to/toward), "~에 반대하여"(against), "~와 함께"(with)(그리고 덜 자주 "~에"[at], "~을 위하여"[for], "~에 관련하여"[with reference to], "~위에"[on], "~때문에"[on account of])가 가능한 의미의 범위다. LSJ 1497 [C. *with the accusative*]를 보라. 여기서 그것은 "나는 그에게 내 뜻대로 하였다"(I had my way *with* him) 또는 아마도 "나는 그에게 확고한 입장을 취하였다"(I took a firm stand *with* him)와 같은 의미로 보인다.

[V] frg. IV line 14).[122]

1세기 말/2세기 초의 점성술사 시인들은 지배하는 행성을 뜻하기 위하여 그 용어를 사용한다. 도로테우스(Dorotheus)는 다음과 같이 말한다. "만약에 목성이 달과 삼분위각을 이루면,…특히 달이 차오르고 있을 때, 그것은 [그 토착민들]을 지도자 또는 우두머리 – 이들 중 일부는 일반 시민의 지도자, 일부는 군인들의 지도자 – 로 만든다. 그러나 달이 기울면, 그것은 그들을 유력한(dominant)[authentas] 자들이 아니라 종속하는 자들[hyperetoumenous]로 만든다"(Carmen Astrologicum, 346). 이와 유사하게 2세기 수학자 프톨레마이오스(Ptolemy)는 다음과 같이 말한다. "그러므로 만약 토성이 홀로 영혼을 주관하는 행성이 되어 영혼을 다스리는 수성과 달을 지배한다면(dominate)[authentēsas], 그리고 만약 토성이 태양계뿐 아니라 그것의 각도들(angles)을 향하여 위엄 있는 지위를 갖는다면, [토성]은 [그들을] 몸을 사랑하는 자…독재자, 기꺼이 형벌을 내리는 자로…만든다. 그러나 목성과 동맹을 맺은 토성은 그의 신하들을 선하고, 어른을 공경하고, 온화하고, 고결한 사람들로 만든다"(Tetrabiblos III. 13 [#157]).[123]

고대 그리스 문법학자들과 사전편찬자들은 "지배하다"(to dominate, to hold sway)의 의미를 제시하고 그 기원을 1세기의 통속적인(문학적인 것과 대조되는 "저속한") 어법에서 찾는다. 이런 이유로 2세기의 사전편찬자인 모

122_ Philodemus, "The Rhetorica of Philodemus," trans. Harry Hubbell (Transactions of the Connecticut Academy of Arts and Sciences [1920], 23:306)을 보라. Knight의 분석에는 오류가 있다. 그는 "핵심 용어는 authent[ou]sin이다"라고 말하고, Hubbell이 제안한 해석이 "그들[웅변가들]은 권세 있는 자들의 증오를 초래하는 사람들이다"라고 주장한다. 그러나 Hubbell은 실제로 authent[ou]sin을, "유력한"(powerful)을 의미하고 명사 "군주들"(lords)을 수식하는 형용사로 올바르게 번역한다.
123_ 비록 Dorotheus와 Ptolemy가 시간상 바울 뒤에 오지만, 그럼에도 불구하고 그들은 속사도 시대에 "지배하다"(to hold sway over, to dominate)를 의미하기 위하여 authenteō가 계속 사용되고 "지도자"(leader), "우두머리"(chief)의 의미가 발달한 것에 대한 증거를 제공한다.

에리스(Moeris)는 아티카 그리스어 autodikein("독립적인 사법권을 갖다", "자기 결정권을 갖다")가 코이네 그리스어 authentēs보다 선호되어야 한다고 말한다.[124] 현대 사전학자들도 이에 동의한다. 그리스 서신을 연구한 사람들은 authenteō가 통속적인 그리스어 어휘에서 "누군가를 지배하다"(kratein tinos)의 동의어로서 생겨났다고 주장한다.[125] 성서 사전학자인 루와 니다는 authenteō를 "통제하다, 제지하다, 권세를 부리다"(to control, restrain, domineer)의 의미 영역에 넣고 그 동사를 "군림하는 태도로 통제하다"(to control in a domineering manner)라고 정의 내린다. "나는 여자들이…남자들을 지배하는 것(dominate)을 허용하지 않는다"(딤전 2:12).[126] 다른 의미는 기원후 4-5세기까지는 등장하지 않는다.[127]

124_ Moeris, *Attic Lexicon*, ed. J. Pierson (Leyden, 1759), 58를 보라. *Authentein*가 저속한 단어라는 이유로 사신의 학생들에게 *autodikein*을 사용하도록 촉구한 14세기 아티카[아테네]인 Thomas Magister (*Grammar* 18,8)와 비교하라.

125_ 예를 들어, Theodor Nageli, "*Authenteō*," in *Der Wörtschatz des Apostles Paulus* (Göttingen: Vandenhoeck & Ruprecht, 1905), 49-50를 보라. MM, "*Authenteō*"와 Liddell, Scott, and Jones, *Greek-English Lexicon*, "*Authenteō*"의 "~에 대한 전권을 가지다"(to have full power over)와 비교하라. www.perseus.tufts.edu/cgi-bin/ptext?doc=Perseus%3Atext%3A1999.04.0057 %3Aentry%3D%2317366.

126_ Louw와 Nida는 또한 "군림하는 태도로 통제하다"를 종종 관용적으로 "~에게 소리 질러 명령하다", "~을 향하여 우두머리처럼 행동하다", 또는 "~에게 짖어대다"로서 표현한다. 딤전 2:12에서 이 동사의 사용은 아주 당연하게 "주인" 또는 "전제군주"를 뜻하는 단어에서 비롯된다. 비교. BDAG는 *authentēs*를 "독립적인 권위의 입장을 취하다, ~에게 명령하다, 지시하다"로 정의한다.

127_ "소유자" 또는 "주인"으로 사용되는 명사 *authentēs*는 좀 더 일찍 등장한다. 예를 들어, *Shepherd of Hermas* 9.5.6. "탑의 소유자(owner)가 그 탑을 조사하러 오고 있으니 그 탑으로 가자"를 보라. *Hermas* 5:82의 연대를 2세기로 정하는 것에 관해서는 Michael Holmes, *Apostolic Fathers*, 2d ed. (Grand Rapids: Baker, 1992), 331를 보라. Euripides의 *Suppliant Women* (442)에는 *authentēs*에 대한 논쟁의 여지가 있는 해석이 있다. Arthur Way는 *authentēs* 대신에 *euthyntes*("사람들이 그 땅을 안내할[pilot] 때")로 읽도록 텍스트를 수정한다(*Euripides: Suppliants* [Cambridge, Mass.: Harvard Univ. Press, 1971], 534). David Kovacs는 442-55를 원문이 아닌 것으로 보고 삭제한다(*Euripides: Suppliant Women, Electra, Heracles* [Cambridge, Mass.: Harvard Univ. Press, 1998], 57). 그리하여 Carroll Osburn은 이 텍스트를 "권위를 행사하는 것"(to exercise authority)을 뜻하는 용

따라서 *authentein*을 "~에 대하여 권위를 행사하다" 또는 "~위에 권위를 가지다"로 번역하고 디모데전서 2:12에서 바울이 공적인 의무 수행에 대하여 말하고 있다고 이해할 근거가 1세기에는 없다. 오히려 일상적인 용법에서의 의미는 "지배하다"(to dominate), "자기 뜻대로 하다"(to get one's way)이다. 그러므로 NIV의 "have authority over"는 다른 사람을 장악하거나 지배한다는 의미로 이해되어야 한다. 이를 그 구절의 문법이 뒷받침한다. 만약 바울이 일상적인 권위의 행사를 고려하고 있었다면, 그는 그것을 앞에 두고, 그다음에 특정한 예로서 가르침을 두었을 것이다. 그렇게 하는 대신에 그는 가르침으로 시작하고, 그다음에 특정한 예로서 *authentein*이 오게 한다. 이 단어의 순서를 고려하면, 문맥상 "지배하다"(to dominate) 또는 "우위를 점하다"(to gain the upper hand)를 의미하는 *authentein*이 가장 잘 어울린다.

초기 라틴어 역본들은 비슷한 견해를 공유한다(강조는 첨가됨).

- 고대 라틴어역(Old Latin, 기원후 2-4세기): "나는 여자가 가르치는 것을 허용하지 않으며, 또한 남자를 **지배하는 것**(dominate)도 허용하지 않는다 [*neque dominari viro*]."
- 불가타역(Vulgate, 기원후 4-5세기): "나는 여자가 가르치는 것을 허용하지 않으며, 또한 남자**에 대해 권세를 부리는 것**(domineer over)도 허용하지 않는다[*neque dominari in virum*]."

사실상 가장 오래된 역본에서 유래하여 21세기까지 내려오는 기본적

어 *authentēs*의 5세기 용법을 확립하는" 것으로 잘못 인용하고, Catherine Clark Kroeger가 그것을 다루지 않은 것에 대하여 흠잡는 실수를 범한다(Carroll Osburn, "*Authentesm* [1 Timothy 2:12]," *ResQ* [1982]: 2n5).

으로 깨지지 않는 전통이 있다. 이는 authentein을 "~에 대하여 권위를 행사하다"가 아니라 "지배하다"(to dominate)로 번역한다.[128]

- 제네바 성경(Geneva, 1560년판): "나는 여자가 가르치는 것을 허용하지 않으며, 또한 남자들에 대한 권위를 빼앗는 것을 허용하지 않는다"(I permit not a woman to teache, neither to vsurpe authoritie ouer the man).
- 카시오도로 데 레이나(Casiodoro de Reina, 1560-61): "I do not permit the woman to teach, neither to take authority over the man [ni tomar autoridad sobre el hombre]."
- 비숍 성경(Bishop, 1589): "I suffer not a woman to teache, neither to vsurpe auctoritie ouer ye man."
- 킹제임스역(KJV, 1611): "I suffer not a woman to teach, nor to usurp

---

128_ 다양한 현대 역본들은 동일한 전통을 따른다. *Louis Segond Vergion*(불어, 1910): "I do not permit the woman to teach, neither to take authority over [*prendre autorite sur*] the man." *Goodspeed* (1923): "I do not allow women to teach or to domineer over men." *La Sainte* (불어, 1938): "I do not permit the woman to teach, neither to take authority over [*prendre de l'autorité sur*] the man." NEB (1961): "I do not permit a woman to be a teacher, nor must woman domineer over man." BJ(불어, 1973): "I do not permit the woman to teach, neither to lay down the law for [*faire la loi a*] the man." REB (1989): "I do not permit women to teach or dictate to the men." *The Message*: "I don't let women take over and tell the men what to do." *The New Translation* (1990): "I do not permit a woman to teach or *dominate* men." CEV (1991): "They should…not be allowed to teach or to tell men what to do."
주목할 만한 예외가 두 개 있다. (1) Martin Luther (1522): "Einem Weibe aber gestatte ich nicht, daβ sie lehre, auch nicht, daβ sie des Mannes Herr sei." 그다음에 Luther는 William Tyndale(1525-26)에게 영향을 주었다. "I suffer not a woman to teach, neither to have authority over the man." (2) DV (1582): "But to teach I permit not vnto a woman, nor to haue dominion ouer the man" 그다음 DV는 ASV ("nor to have dominion over a man")와 Reina의 *La Santa Biblia*의 후속 개정본에 영향을 주었다. 예를 들어, 1602 Valera 개정본을 보라. "*ni ejercer domino sobre* [neither to exercise dominion over]."

authority over the man."

1940년대부터 1980년대 초까지 영어 번역본들은 이를 불명확하게 만드는 경향이 있다. 리더십에 대한 계층적이고 양성 비포괄적인 이해에 일부 책임이 있다. 여자는 지도자가 될 수 없었고, 따라서 여성이 연관된 리더십의 언어가 조작되는 경향이 있다. 디모데전서 2:12은 이러한 종류의 경향이 표면화되는 주요한 곳들 중 하나다. 제2차 세계대전 이후의 번역은 판에 박힌 듯 이 구절을 "나는 여자가 가르치거나 남자에 대하여 권위를 갖도록[행사하도록, 차지하도록] 허용하지 않는다"(예, RSV, NRSV, NAB, 개정된 NAB, TEV, NASB, JB, NJB, NCV, GWT, NLT, CSB, ESV, NIV, TNIV) — 비록 BBE 같은 몇몇 번역이 이 구절을 "나[바울]의 의견으로는"으로 수식할지라도 — 로 옮긴다.

신약 이후에 명사 *authentēs*는 기원후 2세기 중반에서 후기까지의 기독교 문헌에 등장하지 않는다(이레나이우스, 알렉산드리아의 클레멘스, 헤르마스의 목자). 이것들은 바울을 위한 언어적 콘텍스트를 제공하기에는 너무 늦은 시기의 문헌이다. 동사는 기원후 3세기까지 나타나지 않는다(히폴리투스). 주된 용법은 여전히 "살인자"다(클레멘스). 그러나 또한 신의 "권위"(이레나이우스, 클레멘스, 오리게네스)와 "주인"(헤르마스)도 발견된다. 나머지(대부분)는 기원후 시대에 해당하는 그리스어 파피루스와 비문에서 매우 흔한 형용사("진짜의", "진품의") 용법이다(위-클레멘스, 알렉산드리아의 클레멘스, 오리게네스).

그러나 우리는 여기로부터 어디로 가야 하는가? 상관접속구문 "neither . . . nor"(*ouk . . . oude*, ~도 ~도 아니다)는 부정사 "가르치다"(to teach)와 "지배하다"(to dominate)를 연결한다. 따라서 이 연결의 성격을 확증하는 것이 중요하다. 성경의 그리스어에서 (그리고 히브리어에서) "neither . . . nor"는 보통 두 개 이상의 단어, 구, 또는 절의 자연스러운 그룹을 나란히 배치하는 시적인 장치(poetic device)다(예, "졸지도 아니하시고 주무시지도 아니하시리로다"[시 121:4]). 신약에서 "neither ... nor" 접속구문은 동의어(예, "업신여기지도 아니하며 버리지도 아니하고"[갈 4:14]), 밀접하게 관련된 개념(예, "밤이나 어둠에 속하지 아니하나니"[살전 5:5]), 또는 반의어(예, "유대 사람도 그리스 사람도 없으며, 종도 자유인도 없으며"[갈 3:28, 새번역성경])를 짝짓거나 그룹으로 모으기 위하여 사용된다. 또한 그것들은 일반적인 것에서 특정한 것으로 나아가거나(예, "이 세상의 지혜가 아니요, 또 이 세상에서 없어질 통치자들의 지혜도 아니요"[고전 2:6]), 밀접하게 관련된 개념들의 자연스러운 진행을 규정하거나(예, "심지도 않고 거두지도 않고"[마 6:26]), 또는 관련된 목적이나 목표를 규정하는(예, "도둑이 구멍을 뚫지도 못하고 도둑질도 못하느니라[즉 도둑질할 목적으로 구멍을 뚫음]"[6:20]) 기능을 한다.[129]

위에 열거된 것들 가운데 "가르치다"와 "지배하다"는 동의어도, 밀접하게 관계된 개념도, 반의어도 아님이 분명하다. 만약 *authentein*이 확실히 "권위를 행사하다"를 의미한다면, 우리는 일반적인 것에서 특정한 것으로

---

[129]_ 다른 예는 다음의 내용을 포함한다. (1) 동의어: "수고도 아니하고 길쌈도 아니하느니라"(마 6:28); "그는 다투지도 아니하며 들레지도 아니하리니"(마 12:19); "음부에 버리지 아니하시며…썩음을 당하지 않게 하실 것임이로다"(행 2:27); "버리지 아니하고 너희를 떠나지 아니하리라"(히 13:5); "달음질이 헛되지 아니하고 수고도 헛되지 아니함으로"(빌 2:16). (2) 밀접하게 관련된 개념: "원하는 자로 말미암음도 아니요, 달음박질하는 자로 말미암음도 아니요"(롬 9:16); "해나 달의 비침이 쓸 데 없으니"(계 21:23). (3) 반의어: "좋은 나무가…맺을 수 없고 못된 나무가…맺을 수 없느니라"(마 7:18); "그 불의를 행한 자를 위한 것도 아니요, 그 불의를 당한 자를 위한 것도 아니요"(고후 7:12). (4) 일반적인 것에서 특정한 것으로: "너희는 그 날(day)과 그 때(hour)를 알지 못하느니라"(마 25:13); "내가 곧 혈육과 의논하지 아니하고 또…예루살렘으로 가지 아니하고"(갈 1:16-17). (5) 밀접하게 관련된 개념들의 자연스러운 진행: "혈통으로나 육정으로나 사람의 뜻으로 나지 아니하고"(요 1:13); "그리스도도 아니요, 엘리야도 아니요, 그 선지자도 아닐진대"(요 1:25); "사람들에게서 난 것도 아니요, 사람으로 말미암은 것도 아니요"(갈 1:1). (6) 목표 또는 목적: "듣지 못하며 깨닫지 못함이니라[즉 깨달을 의도로 들음]"(마 13:13); "손으로 지은 전에 계시지 아니하시고 또…사람의 손으로 섬김을 받으시는 것이 아니니[즉 섬김을 받을 목적으로 거함]"(행 17:24-25). Belleville, *Women Leaders and the Church*, 176-77를 보라.

의 진전을 옳은 번역으로 이해하고 있을지도 모른다. 하지만 단어 순서가 "권위를 행사하는 것을[일반적인 것] 허용하지도 않고, 또한 가르치는 것을[특정한 것] 허용하지도 않는다"가 되어야 할 것이다. 그들은 관련된 개념들의 자연스러운 진행도 형성하지 못한다("먼저 가르치고, 그리고 나서 지배한다"). 다른 한편 목적이나 목표를 규정하는 것은 실제로 매우 훌륭한 적합성을 제공한다. "나는 여자가 남자에 대한 지배권을 얻기 위하여 가르치는 것을 허용하지 않는다" 또는 "나는 여자가 남자를 지배할 목적으로 가르치는 것을 허용하지 않는다."[130] 그것은 또한 디모데전서 2:12의 후반부와도 좋은 대조를 이루는 결과를 낳는다. "나는 여자가 지배하는 방식으로 남자를 가르치는 것을 허용하지 않고 조용한 태도를 지니기를(문자적으로 "조용히 있다") 허용한다."[131]

그렇다면 바울은 (가르침 자체가 아니라) 우위를 점하려고 시도하는 가르침을 금지하고 있었을 것이다. 합리적인 재구성은 다음과 같다. 에베소에 있는 여성들(아마 거짓 교사들에 의해 고무된 여성들)은 전횡적으로 가르침으로써 회중 내의 남성들을 능가하려고 애쓰고 있었다. 이에 대응하여 남성들은 화가 났고, 여성들이 무엇을 하고 있는지 논쟁을 벌였다. 이 해석은 디모데전서 2:8-15의 보다 넓은 콘텍스트에 적합하다. 거기서 바울은 남성과 여성 두 편 모두에게서 부적절한 행동을 교정하려고 노력한다(8, 11절). 또한 그것은 11-12절의 문법적 흐름에도 적합하다. "여자로 하여금

130_ 다소 비슷한 입장을 따르며, Donald Kushke는 *oude*가 설명을 이끈다고 제안하다. "권위 있는 방식으로 가르치다"("An Exegetical Brief on 1 Timothy 2:12," *WisconsinLuthQ* 88 [1991]: 64).

131_ Philip Payne은 ETS 연례모임에서 발표한 한 논문에서 "neither...nor" 접속구문의 중요성을 강조하였다("*Oude* in 1 Timothy 2:12," [Nov. 21, 1986]). 그의 견해에 의하면 이 구절에서 "neither...nor"는 두 개의 밀접하게 연관된 쌍을 연결시킨다(예, "치고 달리기"[hit-and-run] – "가르치고 권세를 부리다"[teach-and-domineer]).

조용하고 순종하는 방식으로 배우게 하라. 그러나 나는 그녀가 남자를 지배하려는 목적으로 가르치는 것을 허용하지 않는다. 그녀는 행실이 점잖아야 한다."

에베소 여성들은 왜 이런 식으로 행동하고 있었는가? 한 설명에 의하면 그들은 아르테미스(Artemis) 숭배의 영향을 받았다. 그 숭배에서는 여성이 칭송받고 남성보다 우월하게 여겨졌다. 바울 시대에 에베소 시민들에게 이 숭배의 중요성은 그들이 2시간 동안 외친 것에 대한 누가의 기록 — "크다, 에베소 사람의 아데미(Artemis)여"(행 19:28, 34) — 에서 볼 때 분명하다. 한 이유는 아가멤논(Agamemnon)의 딸인 이피게니아(Iphigenia)가 타우로스 사람들에게서 도망칠 때 아르테미스의 신상을 가지고 도착했다는 전설(Pausanias, *Guide to Greece* 1.33.1)과, 전통적으로 그 신상을 바쳤던 아마존족들의 명성이다.[132] 또 다른 이유는 아르테미스의 족보다. 아르테미스는 (그리고 그녀의 형제 아폴로[Apollo]는) 제우스와 레토(Leto; 라틴어, 라토나[Latona])의 자녀였다. 그녀는 남신들을 일축하고 레이몬(Leimon)이란 이름의 인간 배우자와 교제하기를 바랐다. 이것이 거리의 주(the Lord of Streets)의 축제에서 연출된다. 이때 아르테미스의 여성 제사장은 레이몬을 뒤쫓는 아르테미스인 것처럼 가장하고 한 남자를 뒤쫓는다. 이것이 아르테미스와 그녀를 믿는 모든 여성을 남성보다 더 우월하게 만든다.[133]

---

[132] Pausanias, *Guide to Greece* 4.31.8; 8.53.3을 보라. 아르테미스는 가끔 사냥의 여신으로 잘못 전해진다. 아르테미스는 칼리돈(Calydon)의 왕 포르타온(Porthaon)의 아들 오이네우스(Oeneus)를 추격한 사냥꾼으로 알려졌다. 왜냐하면 그가 나라의 한 해 수확의 첫 열매를 모든 신에게 제물로 바칠 때 아르테미스만 잊혔기 때문이었다. 그녀는 분노하여 엄청 크고 힘이 센 멧돼지를 보냈다고 말한다. 그 멧돼지는 땅에 씨 뿌리지 못하게 훼방하고, 마주치는 가축과 사람들을 죽였다. Pseudo-Apollodorus, *Library* 1.67; Pausanias, *Guide to Greece* 7.18.10을 보라.

[133] 보다 상세한 내용을 위하여 Sharon H. Gritz, *Paul, Women Teachers, and the Mother Goddess at Ephesus: A Study of 1 Timothy 2:9-15 in Light of the Religious and Cultural Milieu of the First Century* (Lanham, Md.: University Press of America, 1991),

아르테미스의 영향은 13-14절에서의 바울의 교정을 확실히 설명해 줄 것이다. 어떤 이들은 아르테미스가 먼저 등장하고 그런 다음 그녀의 남성 배우자가 등장하였다고 믿었을지도 모르지만, 실제 이야기는 정반대다. 아담이 먼저 지음을 받고, 그 후 하와가 지음 받았다(13절).[134] 게다가 하와는 속임을 당했다(14절). 이는 우월성을 주장할 근거가 전혀 못 된다. 또한 그것은 "여자들은 해산을 통하여 안전하게 지켜질(kept safe) 것이다"(15절, BBE, *Darby*, NASB, NIV [1973, 1978판])라고 한 바울의 진술을 설명해줄 것이다. 왜냐하면 아르테미스가 여자들의 보호자였기 때문이다. 여자들은 해산 과정 내내 안전한 여정을 위하여 아르테미스에게 도움을 구했다 (Pausanias, *Guide to Greece* 10.38.12).[135] 위-아폴로도로스(Pseudo-Apollodorus)

31-41; "Artemis," *Encyclopaedia Brittanica Online* at www.eb.com을 보라. "코에오스(Coeus)의 딸 중에서 아스테리아(Asteria)는 제우스의 호색적인 접근을 피하기 위하여 메추라기의 모습으로 바다에 뛰어들었고, 한 도시가 먼저 그녀의 이름을 따서 아스테리아로 불리었으나 후에 델로스(Delos)라 이름 지어졌다. 그러나 라토나(Latona)는 그녀의 제우스와의 음모 때문에 온 땅에서 헤라에게 추적당하다가 델로스에 이르러 먼저 아르테미스를 낳았다. 그리고 나중에 라토나는 아르테미스의 산파술의 도움을 받아 아폴론을 낳았다"(Pseudo-Apollodorus, *Library* 1.27).

134_ 전통주의자들은 전형적으로 13절 시작 부분에 있는 *gar*를 설명적인 것이 아니라 원인적인 것으로 해석한다. 그래서 그들은 그것을 "창조 순서"의 언명을 시작하는 것으로서 본다. 창조 순서에 따르면 남자가 지도적 역할을 하도록 의도되었기 때문에 여자는 남자를 가르치지 말아야 한다. 하와가 주도권을 잡고 있는 동안 쉽게 속는 성향이 이를 증명한다. 이러한 본문 해석은 여러 이유에서 문제가 있다. 첫째, 문맥상 그것을 지지할 것이 아무것도 없다. 사실 15절은 그것에 반대된다. "하와가 속았기 때문에 여자들은 가르치지 말아야 하지만, 그녀는 해산을 통하여 구원받을 것이다"라는 주장은 터무니없다. 둘째, 어떤 이들은 13-14절에서의 창조-타락 순서를 생각하는 데는 빠르면서도, 사실 그들 모두 "여자들이…그의 해산함으로 구원을 얻으리라"(15절)를 포함시키는 데까지는 나아가지 않는다. 그렇더라도 그것은 해석학적 온전함이 부족하다. 세 진술 모두가 규범적이거나 세 진술 모두가 그렇지 않다.

135_ 아르테미스는 모신(母神)으로서 생명의 어머니, 모든 창조물의 양육자, 자연에서의 풍요의 힘이었다. 처녀들은 처녀성 보호자로서 그녀에게 의지하였고, 불임인 여자들은 그녀의 도움을 구했으며, 해산하면서 여자들은 그녀에게 도움을 요청하였다. Gritz, *Mother Goddess at Ephesus*, 31-41; "Artemis," *Encyclopaedia Brittanica Online*을 보라. S. M. Baugh는 아르테미스 예배가 소아시아의 모신과 그리스의 사냥의 처녀신이 다산숭배의 결합이었다는 전제에 이의를 제기한다("A Foreign World," 28-33). 기원전 4세기의 "Rituals for Brides and Pregnant

는 아르테미스가 출생한 후 바로 그녀의 쌍둥이 남동생 아폴로가 탄생하는 것을 도왔다고 기록한다(*Library*, 1.26; 비교. Servius, *In Vergili carmina commentarii* 3.73; Vatican mythographers). 이러한 이유 때문에 여자들은 분만하는 동안에 처녀신 아르테미스의 이름을 불렀다.

전통주의자들은 창조 과정에서 아담을 "먼저" 지음 받은 자로 명명함으로써 바울이 남성의 리더십에 대하여 무언가를 말하고 있다고 주장한다("이는 아담이 먼저 지음을 받고 하와가 그 후며"[13절]). 그러나 바울에게(그리고 그 문제에 대해서는 신약에서) "먼저(first)…그 후에(then)"(*prōmtos . . . eita*)라는 어구는 일련의 사건이나 개념을 규정하는 것에 불과하다(예, 막 4:28; 고전 15:46; 살전 4:16-17; 약 3:17). 사실 10개 절 뒤에서 바울은 그것을 바로 이런 식으로 사용한다. 그는 "이에 이 사람들을 먼저(*prōmtos*) 시험하여 보고 그 후에(*eita*) 책망할 것이 없으면 집사의 직분을 맡게 할 것이요"(딤전 3:10)라고 말한다.

범죄에 있어서 하와의 선임권(seniority)은 어떠한가? 바울이 여자들이 남성의 창조된 리더십 역할을 빼앗을 때 무엇이 잘못될 수 있는지에 대한 예로서 하와를 이용하고 있는 게 아닌가?("아담이 속은 것이 아니고 여자가 속아 죄에 빠졌음이라", 2:14)[136] 전통주의자들이 이렇게 말하지만 성경적 근거는 없다. 왜냐하면 하와가 남녀관계에서 주도권을 차지하도록 뱀에게 속은 것이 아니었기 때문이다. 그녀는 속아서 (선악을 알게 하는 나무의 열매를 먹지 말라는) 하나님의 명령에 불순종하였다. 그녀는 거짓 가르침의 목소리에 귀

Women in the Worship of Artemis" (*LSCG Suppl.* 15)와 다른 문학 자료들이 그 결합을 지지한다. Gritz, *Mother Goddess at Ephesus*, 31-41; F. Sokolowski, *Lois sacreaes de l'Asie Mineure* (Paris, 1955)를 보라.

136_ 예를 들어, Michael Stitzinger, "Cultural Confusion and the Role of Women in the Church: A Study of 1 Timothy 2:8-14," *CBTJ* 4 (1988): 34; James Hurley, *Man and Woman in Biblical Perspective* (Grand Rapids: Zondervan, 1981), 216을 보라.

기울였고 그것에 의해 속았다. 바울이 고린도 교회에 한 경고가 이를 확증한다. "뱀이 그 간계로 하와를 미혹한 것 같이 너희 마음이 그리스도를 향하는 진실함과 깨끗함에서 떠나 부패할까 두려워하노라"(고후 11:3).

속임이라는 언어는 에베소에서 보인 거짓 교사들의 활동을 상기시킨다. 만약 에베소 여성들이 우월한 성으로서 남성들을 능가하여 교사의 역할을 차지하도록 격려받고 있었다면, 디모데전서 2:13-14을 설명하는 데 큰 도움이 될 것이다. 두 성별 간의 관계는 여성의 지배와 남성의 종속 관계로 의도되지 않았다. 하지만 그것은 또한 남성의 지배와 여성의 종속 관계로 의도되지도 않았다. 그러한 사고는 타락한 창조 질서에서 비롯된다(창 3:16).

그러나 우리는 이 구절에서의 바울의 사고 흐름을 놓쳐서는 안 된다. 바울은 여성이 배우고 가르침 받을 권리를 인정한다. 그 단락은 "여자로 배우게 하라"(Let a woman learn)는 식으로 시작한다. 여성이 어떻게 배워야 하는가가 당면한 쟁점이지, 그들의 배울 권리가 쟁점은 아니다. 따라서 그들이 어떻게 배웠고 어떻게 가르쳤는가가 12-13절에서 바울의 진술 뒤에 있는 실제 쟁점이었다고 생각하는 것은 타당하다.

남녀의 관계

앞서 말한 내용은 근본적으로 전통주의자들과 평등주의자들을 구분 짓는 것이 남녀의 창조 순서에 대한 서로 다른 이해임을 보여준다. 디모데전서 2:11-15이 전통주의자들을 위한 출발점인 반면에(거의 예외 없이), 그에 대한 이유는 쉽게 놓친다. 그것은 여성들이 가르치지 말아야 한다는 믿음이 아니다. 왜냐하면 바울 자신이 그레데 교회에 있는 늙은 여자들에게 젊은 여자들을 (문자적으로) "잘 가르치라"(kalodidaskalous)고 지시하였기 때문이다 (딛 2:3-5). 또한 그것은 여자들이 공개적으로 가르쳐서는 안 된다는 믿음도 아니다. 비록 이것이 전통주의자의 일반적인 결론일지라도 말이다. 오히려 그것은 여자들이 남자를 리드해서는 안 된다 — 가정에서도, 일터에서도, 공동체에서도, 교회에서도 — 는 믿음이다. 예를 들어, 남자 행인이 여자에게 길을 물으면, 그녀는 그 남자의 리더십이 손상되지 않는 방식으로 길을 가르쳐주어야 한다.[137] 그와 다르게 하는 것은 하나님의 창조 질서를 뒤엎고, 남녀 사이의 기본적인 구분을 흐리게 한다. 남자들은 리드하도록 창조되었고, 여자들은 복종하도록 창조되었다.

성별 간의 계층구조는 CBMW의 1998년 3월 뉴스레터에 등장했던 평등주의적 도전의 배후에 있다.[138] 웨인 그루뎀(Wayne Grudem)은 평등주의자들에게 6개 질문에 대답하거나 남녀의 평등주의적(즉 동등하고 상호적인) 관계가 성경적이지 않음을 최종적으로 받아들이라고 도전하였다. 처음 5개 도전은 성경 밖의 텍스트를 제시하는 것이었다.

- 그리스어 *kephalē*는 다른 사람의 "근원"(source)이 되는 사람(vs. "~에 대한 권위를 가진 사람"[엡 5:22-33])에 대해서 사용된다.
- 그리스어 *hypotassō*는 상호적인(vs. 일방향의) 복종에 대하여 사용된다(엡 5:21).
- 그리스어 불변화사 *ē*는 앞서 언급한 독자의 입장에 대하여 부정적인 반응 ("뭐라고!")을 이끈다(vs. "또는"[고전 14:36]).
- 그리스어 동사 *authenteō*는 "권세를 부리다"(to domineer) 또는 "권한을 빼앗다"(to usurp authority)의 의미를 지닌다(vs. "~에 권위를 행사하다"[딤전 2:12]).

137_ Piper, "Vision of Biblical Complementarity," 50-51을 보라.
138_ Wayne Grudem, "An open letter to egalitarians," *JBMW* 3 (March 1998): 1, 3-4.

- 그리스어의 접속구문 "neither" + [동사1] + nor + [동사2]에서 동사들은 반의어가 될 수 있다(vs. 같거나 비슷한 개념들[딤전 2:12]).

여섯 번째 도전은 에베소에서 그릇된 교리를 가르치는 여자들이, 바울이 디모데전서에서 다루었던 문제였음을 보여준다.

이러한 도전이 갖는 한 가지 어려움은 평등주의자들이 동일한 도전을 제기하는 비슷한 목록의 문제를 만들어낼 수 있다는 점이다. 예를 들어, 평등주의자들은 전통주의자들에게 1세기의 성경 밖 텍스트를 제시하라고 도전할 수 있다.

- 그리스어 상호대명사 *allēlous*는 "일부 사람들이 다른 사람들에게 복종하다"(submit *some to others*)를 의미한다(엡 5:21에서 주장하는 것처럼 "서로"[*one to another*]에 대조되는 것으로서).
- 사도 *Iounian*는 여성인 *Junia*에 대비되는 남성인 *Junias*이다(롬 16:7에서 주장하는 것처럼).
- 그리스어 단어 *authentein*은 다른 사람에 대한 한 사람(또는 그룹)의 일상적인 권위 행사에 대하여 사용된다(딤전 2:12에서 주장하는 것처럼).

만약 실례들이 나오지 않는다면, 전통주의자들은 계층적 남녀관계가 신성한 규범이 아니라는 것을 받아들여야 한다.

또 다른 어려움은 그 질문들이 표현된 방식이다. CBMW의 도전은 두 가지 핵심 사실을 인정하지 않는다. 첫째, 기독교는 본래 반문화적이다. 단순히 상호 복종이 그리스-로마 방식이 아니었다는(그리고 1세기의 성경 밖 텍스트에서 그러한 것이 발견되지 않았다는) 이유가 상호 복종이 기독교적 방식이 아니었음을 의미하지 않기 때문이다(성경 텍스트에서 그러한 것이 발견되었다).¹³⁹ 사실 표준 사전들은 그것과 동일한 것을 말한다. "사랑의 계층구조에서 자신을 자발적으로 이웃에 대하여 종으로 두는 것은…절대적으로 새롭다."¹⁴⁰ 둘째, CBMW의 도전은 성경 텍스트를 해석하는 데서 기본 원칙 두 가지를 무시한다. (1) 콘텍스트가 의미를 결정한다. (2) 성경이 성경을 해석한다. 만약 이 두 원칙이 그들의 여섯 가지 질문에 적용된다면, 답을 얻기는 쉽다.

상호 복종

바울의 글을 피상적으로 보더라도 상호 복종이 믿는 자들이 서로 어떻게 관계해야 하는지에(그리스-로마의 계층구조와 대조적으로) 대한 그의 이해의 근간임을 알 수 있다. 바울은 "각각 자기 일을 돌볼뿐더러 또한 각각 다른 사람들의 일을 돌보아"(빌 2:4)라고 말한다. 에베소서 5:21에서 바울의 복종 명령 — 문자적으로 "스스로를 복종시키라"[hypotassomenoi] — 에 상호대명사 *allēlois*("to one another, 서로에게")의 첨가가 이를 전적으로 명확하게 만든다. *Allēlois*는 상호적인 의미 외에 다른 사전적 의미를 전혀 지닐 수 없다(LSJ, s.v.를 보라).¹⁴¹

또한 에베소서 5:18-21의 문법과 구문은 상호 복종의 개념을 요구

139_ 내가 참고한 모든 그리스어 사전은 엡 5:21이 그에 평행하는 세속적인 용법을 갖고 있지 않다고 말한다. 예를 들어 BAGD, s.v.; *TLNT* 3:424-26을 보라. 심지어 신약의 복종에 대한 개념도 그에 평행하는 세속적인 것을 갖고 있지 않다.

140_ *TLNT* 3:426.

141_ 엡 5:21에 있는 *allēlous*[원문대로]가 일반적인 의미인 "some to others" — "서로"(each to the other), "상호적으로"(mutually)[BAGD, s.v.]에 반대되는 것으로서 — 라는 Grudem의 주장은 사전적 근거가 없다("An open letter," 3; "The Myth of Mutual Submission," *CBMW News* 1 [1996]: 3). "Some to others"는 CBMW가 주장하려는 것처럼 갈 6:2("너희가 짐을 서로 지라"), 고전 11:33("먹으러 모일 때에 서로 기다리라"), 또는 계 6:4("땅에서 화평을 제하여 버리며 서로 죽이게 하고")에 적합하지 않다.

한다. 본동사(그리고 따라서 본 명령)는 18절에 있다. "술 취하지 말라.…오직 성령으로 충만함을 받으라." 19-21절에서 뒤따르는 것은(모두 분사) 성령충만한 회중적 삶과 예배의 실례들이다. 즉 "시와…서로 화답하며(speaking)…주께 노래하며(singing) 찬송하며(making music)…항상 아버지 하나님께 감사하며(giving thanks)…피차 복종하라(submitting)." 그러므로 그루뎀 박사가 hypotassomenoi를 수동 동사("to be subject to")로 번역하는 것은 잘못이다. 그것은 바울 명령의 "어떻게"를 상세히 설명하는 일련의 분사들 중에서 마지막 분사다(즉 "Be filled with the Spirit [by] addressing . . . singing . . . giving thanks . . . submitting to one another" ESV[강조는 첨가됨]). 게다가 첫 번째 분사와 네 번째 분사는 의미에 있어서 상호대명사에 의해 수식받는다("시와 찬송과 신령한 노래들로 서로 화답하며[lalountes heautois]…피차 복종하라[hypotassomenoi allēlois]"). 이는 이 명시된 행동들이 두 방향적 ─ 한 방향적과 반대 ─ 이라는 것을 명료하게 한다.[142]

    21절을 "일부 사람들은 권위를 갖고 있는 다른 사람들에게 복종하라"("Be subject some to others in authority")라고 번역하는 것은(그루뎀처럼) 바로 뒤이어 22-23절에서 오는 아내의 복종이 상호성의 한 실례이고 25-33절에서의 남편의 사랑이 또 다른 실례라는 결론을 피하기 위한 필사적인 행동의 경향이 있다. 22절에 동사가 없기 때문에(본문은 단지 다음과 같이 읽힌다. "아내들은 너희의 남편들에게"), 앞에 오는 분사와 상호대명사("submitting one to the other", "피차 복종하라"[21절])가 보충되어야 한다. 22절에서 새로운 단락을 시작한다고 보는 NIV와 같은 번역은 앞에 오는 것과의 본질적인 연결을 파괴한다.

142_ Heautōn은 엡 5:19에서 상호대명사로서 기능한다. 그것은 이미 고전시대 때 이런 식으로 사용되었다. Allēlōn과 heautōn은 종종 나란히 나타난다(예, 눅 23:12; 고전 6:7; 골 3:13, 16). BDF #287을 보라.

그리스어 불변화사 *ē*

CBMW의 세 번째 도전은 다소 당혹스럽다. 고린도전서 14:36에 있는 그리스어 불변화사 *ē*가 바울이 고린도의 상태에 반응하고 있음을 보여주는 바울의 표시라고 주장하는 복음주의자들은 거의 없다("교회에서 여자들로 하여금 잠잠하게 하라"[34절, 저자 번역]). 단순한 사실은 *ē*가 불찬성을 표현하는 감탄사를 나타낼 수 있는 반면에, 헬레니즘 시대 그리스어의 표준 그리스어-영어 사전은 단지 두 개의 실례만 기재하고 있고, 두 경우 모두 우리가 고린도전서 14:36에서 본 단 한 개의 *ē*가 아니라(이것이 KJV의 개정본[즉 NKJV]과 RSV의 개정본[즉 NRSV]이 "What"을 빠뜨린 이유다) 중복된 *ēē*가 있다는 것이다(*ēē siōpa*["어이, 어이! 조용히 해!"]에서처럼 "어이, 어이!", Aristophanes, *Nubes* 105).[143]

Authenteō

그리스어 *authentein*이 "권세를 부리다"(to domineer)의 의미를 지닌 성경 밖의 텍스트를 제시하라는 CBMW의 도전은 쉽게 충족된다. 사실, (비록 희귀하긴 하지만) 기원후 2세기 이전의 *authentein*에 대해 알려진 성경 밖의 예들은 모두 예외 없이 지배력(power of domination)과 관련되어 있다.[144]

1. *Scholia Graeca* in Aeschylus, *Eumenides* 42a(기원전 1세기): "[오레스테스의] 손은 피를 떨어뜨리고 있었다. 그는 [그의 어머니를 죽임으로써 그의 아버지의 죽음에 대해 복수하고 나서] 방금 뽑은 칼을 쥐고 있었다." "떨어뜨리고 있었다"는 "방금 폭력 행위를 저지른[*authentēkota*] 살인자"로서 설

143_ LSJ, s.v.를 보라.
144_ Leland Wilshire, "1 Timothy 2:12 Revisited: A Reply to Paul W. Barnett and Timothy J. Harris," *EvQ* 65 (1993): 46-47과 비교하라.

명된다.

2. BGU 1208(기원전 1세기): "나는 그에게 나의 뜻대로 하였고[kamou authentēkotos pros auton], 그는 사공 칼라티티스에게 요금 전액을 한 시간 이내에 주기로 동의하였다." 가업과 관련하여 그의 형제에게 보낸 편지에서, 트리폰(Triphon)은 가축을 배에 실은 대가로 나룻배 사공에게 지불해야 할 액수와 관련하여 그와 다른 사람 사이에 일어난 분쟁의 해결을 이야기한다. "나는 그에게 권위를 행사하였다"(I exercised authority over him)는 일상적인 텍스트에 좀처럼 적합하지 않다. 또한 전치사 pros도 "~위에"(over)로 해석될 수 없다. 그것은 "나는 그에게 내 뜻대로 하였다" – 또는 아마도 "나는 단호한 태도를 취하였다[fest auftreten, 확고한 태도를 취하다]" – 와 같은 것을 의미함이 틀림없다.[145]

3. Philodemus, *Rhetorica* II Fragmenta Libri [V] frg. IV line 14(기원전 1세기). 이 텍스트는 너무 파편화되어 있어 정확한 어구 표현은 확신할 수 없다. 우리가 갖고 있는 것은 다음과 같다. *Hoi rhētores . . . pros tous epiphanestatous hekastote diamachontai kai "syn authent[ ]sin an[ ]."* 편집자는 *authent[ou]sin an[axin]*로 추측한다. 그러면 이 텍스트는 다음과 같이 해석할 수 있다. "수사학자들은…기회 있을 때마다 저명한 사람들 – '유력한 군주들'(powerful lords) – 과 싸운다. 다른 한편 철학자들은…사람의 마음을 끄는 그들의 특질 때문에…대중적인 인사의 총애를 받고…그들을 적이 아니라 친구로 삼는다."

4. Aristonicus, *On the Signs of the Iliad* 9.694(기원전 1세기). 호메로스(Homer)의 『일리아스』 9.693-4("그렇게 [오디세우스는] 말하였고 [아가멤논 왕과 그의 백성은] 모두 그의 말에 놀라 침묵 속에서 조용히 있었다. 왜냐하면 그가 모

---

[145] 이러한 해석을 위하여, Friedrich Preisigke, "*Authenteō*," in *Wörterbuch der griechischen Papyrusurkunden*을 보라.

인 사람들에게 그토록 능수능란하게 연설하였기 때문이다")에서 나온 이 문장에 주석을 달면서, 아리스토니쿠스는 "다른 곳에 등장하는 이 행이 여기서는 잘 맞지 않는다. 왜냐하면 그것은 대개 메시지의 창시자(the author)[ho authenten]가 인상적인 무언가를 말한 곳에서 말해지기 때문이다. 그러나 지금 그[창시자]는 아킬레우스(Achilles)가 말했던 것들을 이야기하는 오디세우스 대신에 말하려 하였다"고 말한다.

5. Ptolemy, Tetrabiblos III. 13 [#157](기원후 2세기). 이 천문학 텍스트는 "이러한 유형의 통치[tēn toiautēn kyrian] 안에 있는 행성의 본성에서 기인하는 특정한 특색을 순차적으로 간략하게 고찰한다.…그러므로 만약 토성이 홀로 영혼을 다스리는[ten oikodespotian] 행성이 되어 [영혼을 다스리는] 수성과 달을 지배한다면[authentēs], [그리고] 만약 토성이 태양계뿐 아니라 그것의 각도들[ta kentra]을[146] 향하여 위엄 있는 지위를 갖는다면, [토성은] [그들을] 몸을 사랑하는 자…독재자, 기꺼이 형벌을 내리는 자로…만든다. 그러나 목성과 동맹을 맺은 토성은 그의 신하들을 선하고, 어른을 공경하고, 온화하고, 고결한 사람들로 만든다"고 적혀 있다.

"폭력 행위를 범했다", "~에게 내 뜻대로 하였다", "창시자", 그리고 "지배하다" – 그러면 전통주의자들은 어떤 근거로 계속해서 authentein을 "권위를 행사하다"(to exercise authority)로 번역하고 디모데전서 2:12에서 바울이 공적인 의무를 수행함에 대하여 말하고 있다고 이해하는가? 상황

146_ George Knight는 번역가 F. E. Robbins (LCL판)의 "각도들"(angles)을 "천사들"(angels)로 잘못 해석한다(또는 아마도 잘못 타이핑한다)("*Authenteō* in Reference to Women," 145). *Women in the Church: A Fresh Analysis of 1 Timothy 2:9-15*의 편집자 중 하나인 H. Scott Baldwin은 그 책의 부제가 주장하는 것처럼 "새로운 분석"을 행하기보다 또 다시 Knight의 부정확한 해석을 인용한다(그의 "Appendix 2: *Authenteō* in Ancient Greek Literature," in *Women in the Church: A Fresh Analysis*, 275를 보라).

을 훨씬 더 심각하게 만드는 것은 전통주의자들의 학문이 항상 신중히 이루어진 것은 아니라는 점이다. 대부분은 그저 *authenteō*에 대한 조지 나이트(George W. Knight)의 연구의 결함을 인용해왔으며, 차후에 학문적으로 정정한 것들은 무시해왔다. 게다가 뒤이은 전통주의자들은 "새로운 연구"를 한다고 주장하지만 사실은 번역하지도 분석하지도 않는다.[147] 그렇지 않았다면 그들은 필로데무스(Philodemus)의 *diamachontai kai syn authentousin anaxin*을 "강력한 주인들과 싸우는 수사학자들" 대신에 "권세 있는 사람들의 적의를 초래하는 남자들"로 옮긴 나이트의 오역과 같은 실수들을 알아챘을 것이다.

"Neither...Nor" 구조

현행 전통주의자의 학문은 그리스어 상관어구 ou(k)... oude ("neither... nor")의 이해에도 결함이 있다. 영어에서 "neither"와 "nor"는 문법적으로 동등한 지위의 문장 요소를 연결하는 등위접속사다.[148] 그러나 성경의 그리스어에서 "neither... nor"는 시편 121:4의 "이스라엘을 지키시는 이는 졸지도 아니하시고 주무시지도 아니하시리로다"처럼 비슷하거나 관련된 개념을 연결한다.[149] 우리가 다루고 있는 것은 시적 장치(poetic device)다. 따라서 그리스어 구조 "neither" + [동사1] + "nor" + [동사2]에 대한 연구는 문학적 형태와 그리스어 상관어구의 성격을 둘 다 무시하는 것이다.[150] 게다가 디모데전서 2:12과 구문론적으로 평행한 것들에 대한 가장 최근

147_ 예를 들어, *Women in the Church: A Fresh Analysis*을 보라.
148_ M. D. Shertzer, *The Elements of Grammar* (New York: Macmillan, 1986), 45-46을 보라.
149_ BDF #445를 보라.
150_ Andreas J. Köstenberger가 "A Complex Sentence Structure in 1 Timothy 2:12," in *Women in the Church: A Fresh Analysis*, 81-103에서 하는 것처럼.

의 전통주의자 연구는 단지 상관관계가 있는 동사들만을 찾는다(각주 150을 보라). 그러나 12절은 동사가 아니라 부정사들(즉 동사적 명사들)의 상관관계를 나타낸다. 부정사는 동사처럼 시제(tense)와 태(voice)를 가질 수는 있으나, 대개 명사나 형용사로서 기능한다.[151] 12절에서의 동사는 실제로 "나는 허용한다"이다. "가르치다"는 명사 "여자"를 수식하고 "무엇을?"에 대한 질문에 답한다.[152] 따라서 상관관계가 있는 명사나 형용사를 찾는 것이 필연적이다. 그러나 그 그리스어 상관어구는 개념들을 짝짓기 때문에, 문법적 형태는 정말로 중요하지 않다.

그 그리스어 상관어구는 반대어들을 짝짓는가? 물론 그렇다. 갈라디아서 3:28에서 "유대인이나 헬라인이나[ouk ... oude] 종이나 자유인이나 [ouk ... oude]"가 완벽한 예다. 그 그리스어 상관어구는 특별한 개념과 일반적인 개념을 짝짓는가?("가르치는 것도 권위를 행사하는 것도 아니다"와 같이) 아니, 그렇지 않다. 그것은 고린도전서 2:6에서처럼 일반적인 개념과 특별한 개념을 짝짓는다. "이 세상의 지혜나…이 세상 통치자들의 지혜가 아닙니다"(새번역성경).[153] 따라서 만약 바울이 권위의 행사를 염두에 둔 것이라면, 그는 그것을 앞에 두고 가르치는 행위는 특정한 예로서 뒤에 두었을 것이다(즉 "나는 여자가 남자에게 권위를 행사하는 것과 그를 가르치는 것을 허용하지 않는다").

151_ Nigel Turner (*Syntax*, vol. 3, in *Grammar of New Testament Greek*, 134)는 부정사를 "명사 형태"로 분류한다.

152_ 예를 들어, James A. Brooks and Carlton L. Winbery, *Syntax of New Testament Greek* (Lanham, Md.: University Press of America, 1979), 특히 "The Infinitive as a Modifier of Substantives," 141-42를 보라. Köstenberger는 부정사가 동사적 명사라는 것을 인정하는 것으로 보인다("Complex Sentence Structure," 81-103).

153_ "너희는 그 날과 그 때를 알지 못하느니라"(마 25:13); "내가 곧 혈육과 의논하지 아니하고 또 나보다 먼저 사도 된 자들을 만나려고 예루살렘으로 가지 아니하고"(갈 1:16-17).

거짓 가르침과 에베소 여성들

그루뎀 박사는 디모데전서에 여성 거짓 교사들에 대한 명백한 예가 없다고 주장한다. 그가 옳다. 디모데전서에서의 여성들의 활동에 대한 반복된 그림이 여성 거짓 교사들의 존재를 암시할 수는 있지만, 그것에 대한 명확한 언급은 없다. 그러나 이것은 역사적 상황을 고려하는 표준 해석 원칙을 간과한다. 무엇이 바울로 하여금 이 편지를 쓰도록 재촉했는가? 거짓 가르침이 주요 문제였는가? 물론 그렇다. 그렇지 않았다면 왜 바울이 디모데에게 "내가 마게도냐로 갈 때에 너를 권하여 에베소에 머물라 한 것은 어떤 사람들을 명하여 다른 교훈을 가르치지 말며"(1:3)라는 말로 시작했겠는가? 사실 거짓 가르침은 바울의 명확한 주의의 35%를 소모한다.

여성들도 디모데전서에서 상당히 많은 주의를 받는다. 사실 신약에서 여성들이 그토록 현저하게 두각을 나타내는 서신은 없다. 바울은 공중 기도하는 여성들이 어떻게 차려입어야 하는가(2:9-11), 예배 때 여성들에게 적합한 행동(12-15절), 여성 집사의 자질(3:11), 늙은 과부와 젊은 과부를 향한 적절한 목회적 행동(5:2), 과부의 사역 자격(9-10절), 더 젊은 과부들의 교정(11-15절)을 다룬다. 모두 합해서 편지의 20%가 여성에게 초점을 맞춘다.

영향을 받은 지도자 중 여성이 있었는가? "집집으로 돌아다니고…마땅히 아니할 말을 하나니"(13절), "이미 사탄에게 돌아간 자들도 있도다"(15절), "항상 배우나 끝내 진리의 지식에 이를 수 없느니라"(딤후 3:7)는 그들이 그러했음을 확실히 시사한다. 최소한 바울의 언어는 일종의 개종 활동을 가리킨다(오늘날 여호와의 증인과 유사하다).

그러므로 디모데전서 2장을 거짓 가르침을 배경으로 해서 읽지 않는 것은 (오해하게 하는 것은 말할 것도 없고) 매우 어리석은 일이다. 사실 "[거짓 교사들이] 혼인을 금하고"(4:3)만이 그렇지 않았다면 모호했을 바울의

"여자들이…그의 해산함으로 구원을 얻으리라[또는 안전하게 지켜질 것이다]"(2:15)라는 언급과 젊은 과부들에게 결혼해서 가정을 꾸리라고 하는 (5:14; 고전 7장에서의 그의 조언과 반대됨) 일관되지 않아 보이는 명령을 설명해준다.

Kephalē

전통주의자들과 평등주의자들 사이 관계의 실제 뼈대는 kephalē의 의미다. 왜냐하면 이것이 남녀 관계의 핵심을 찌르기 때문이다. 바울이 남자에 대하여 여자의 kephalē라고 말할 때 그는 무엇을 의미하는가? "근원"(source)과 "지도자"(leader)라는 성경 밖의 의미가 존재하지만, 정말 솔직히 말하면 둘 다 드문 의미다. 바울의 저작물들과 동시대에 기록된 한 유대인 저작에서 하와는 "욕망"(desire)에 대하여 "모든 종류의 죄의 근원[kephalē]"이라고 말하고(L.A.E. 19), 1세기의 그리스 역사가이자 도덕가인 플루타르코스(Plutarch)는 로마 공화국의 "지도자"(kephalē)가 되려는 카틸리나(Catiline)의 계획을 이야기한다(Cic. 14.5). 그러나 kephalē의 성경 및 성경 밖의 비문자적 용법은 대부분 "우두머리"(chief) 또는 "두드러짐"(prominent)이란 개념 — 산봉우리(예, 창 8:5), 종대(縱隊)나 대형(隊形)에서 맨 앞의 위치(예, 욥 1:17), 건물의 머릿돌(예, 시 118:22), 또는 채의 끝(예, 대하 5:9)과 같은 — 과 관련 있다. 이것이 의미하는 바는 바울(이 단어를 사용하는 유일한 성경 저자)에게서 kephalē의 용법은 개개의 사례에 따라 결정되어야 한다는 것이다.

바울은 kephalē를 "근원"의 의미로 사용하는가? 거의 확실하게 그렇다. 바울이 그리스도를 그의 교회의 kephalē로 네 차례 언급한 것은 의심의 여지없이 "근원"을 의미한다. 바울의 언어는 철저히 생물학적이다. 교회는 그것의 존재와 양육을 kephalē인 그리스도로부터 이끌어내는 살아 있는 유기체다. 그리스도는 "그의 몸"인 교회의 *kephalē*이고 "구주"이며(엡 4:16; 5:22-23; 골 1:18; 2:19),[154] 교회의 "시작"(beginning)이자 "처음 나신 분"(firstborn)이다(골 1:18). "그로부터"(*ex hou*) 교회가 지탱되고 결합되고 성장한다(엡 4:16; 골 2:19). 사람들이 그들 자신의 몸을 위해서 하는 것처럼 그리스도는 교회의 *kephalē*로서 교회를 "먹이고 돌보신다"(엡 5:29).

생물학은 각각의 경우에서 바울의 용법을 형성하지만, 신학이 궁극적으로 그것을 설명한다. "근원"으로서의 *kephalē*는 남녀의 창조로 거슬러 올라간다. 그것은 처음 남자를 처음 여자의 "근원"(*kephalē*)으로 보는 신학적 개념에서 유래한다. 따라서 (평등주의자들이 도전받은 것처럼) 그리스-로마 문학에서 평행하는 것들을 찾기란 전적으로 부적절하다. "우리가[교회가] 그의[그리스도의] 몸, [즉] 그의 살과 그의 뼈의 지체임이라"(엡 5:30, KJV 번역).[155] 창세기 2:21-23과 남자의 갈빗대로부터 여자의 창조에 대한 암시는 틀림없다. 그리고 근원에 대한 개념도 그렇다. 교회는 둘째 아담의 하와, 즉 "[그의] 뼈 중의 뼈요 [그의] 살 중의 살"이다(창 2:24). 바울이 이를 "큰 비밀"(profound mystery)이라고 칭한 것은 옳다(엡 5:32).

전통주의자들은 바울이 CEO로서의 그리스도에게 하는 교회의 복종에 대하여 말하고 있다고 주장하려 한다. 그러나 이 사실은 확실히 엄청난 비밀이 전혀 되지 못한다. 이것은 단순히 그리스-로마 세계의 방식이다. 예수가 그의 제자들에게 한 번 이상 상기시켰던 것처럼(예, 마 20:25-26) 말

154_ 엡 5:22-23에서 *kephalē*와 *sōtēr*에 정관사가 없는데 이는 중요하다. 만약 본문이 교회의 "그 머리"(the Head)와 "그 구주"(the Savior)로 읽힌다면, 우리는 CEO를 생각할지도 모른다. 그러나 정관사의 결여는 이 두 명사가 규정짓기보다는 기술한다는 것을 의미한다(즉 특정 사람이나 사물을 가리키지 않고, 오히려 그것의 성격이나 특질을 가리킨다. 따라서 "그 구주"[the Savior, 칭호]가 아니라 "구주", "구원자", "보존자"다). 논의를 위하여 Zerwick, *Biblical Greek*, #171-73을 보라.

155_ 필사본과 역본들의 서방 계열과 비잔틴 계열과 2세기 이후의 교부들에게 엡 5:30은 다음과 같이 읽힌다. "왜냐하면 우리가 그의 몸과 그의 살과, 그의 뼈의 지체이기 때문이다."

이다. 비밀은 바로 그리스도의 살과 뼈로서의 교회다. 이는 초기 교회의 전통이 반향하는 바와 같다.[156] 이는 그리스도가 교회의 주(主)가 아니라고 말하는 것이 아니다. 그가 주라고 말하는 것이다. 바울이 그의 모든 교회에 "우리 주 예수 그리스도의 은혜"로 인사한다는 사실이 이를 가장 중요한 문제로서 잘 이해시킨다. 그러나 바울이 kephalē란 용어로 주 되심(lordship)을 의미한다는 주장은 문맥상 지지를 얻지 못한다. 21세기적 사고가 우리를 이 방향으로 이끌 수도 있지만, 에베소서 5:23-33의 신학은 그렇지 않다.

문제의 진짜 핵심을 놓치지 않는 것이 중요하다. 이 여섯 개의 질문은 가부장적 사회관에 귀결된다. 남자는 여자에게 "권위를 행사하는"(authentein) "지배자"(kephalē)로서 창조되었다. 여자는 남자의 권위에 "복종하도록"(hypotassesthai) 창조되었다. 그러므로 여자들은 교회에서 "잠잠해야" 한다. 그들이 남자를 리드하는 것은 허용되지 않는다(에베소의 여자들이 그렇게 하려고 시도하고 있었던 것처럼). 반대로 평등주의적 견해는 신학적이다. 그것은 남자를 여자의 "근원"(kephalē)으로 본다. 하나님은 남자의 "파트너"가 되도록 "그로부터" 여자를 창조하셨다. 그러므로 하나님이 정한 남자와 여자의 관계는 상호 복종적이다(hypotassesthai). 남자도 여자도 모두 "군림하는"(authentein) 태도로 이끌려 해서는 안 된다(에베소의 여자들이 그렇게 하려고 시도하고 있었던 것처럼).

156_ 앞의 각주를 보라.

결론

사역하는 여성들에 대한 문제를 재고할 때, 최근의 사회적 동향에 비추어 몇 가지 사항이 대두된다. 남녀 간의 성별 싸움은 개선되지 않았다. 에디스 벙커(Edith Bunker)의 "네, 여보"는 많은 남자를 난타하는 웹사이트와 여자를 강타하는 웹사이트에서 페미니스트와 전통주의자들 사이 같은 양의 모욕적인 언동에 길을 내주었다. 남성 지배에 대한 페미니스트의 해법은 힘을 균등화하기보다는 계층구조를 뒤집는 역사를 다시 쓰는 것이다. 전통주의자의 해법은(특히 CBMW에서) 그 계층구조를 급진적으로 만드는 것이었다. 그들에 따르면 여자들은 원칙적·본질적으로가 아니라 파생적으로 하나님의 형상을 지니고 있기에[157] 기능적으로뿐 아니라 존재론적으로도 남자들에게 종속된다.

그렇게 함에 있어서 전통주의자들은 복음주의 그룹 안에서의 심리학적이고 사회학적인 영향을 관찰하지 못한다. 성별 간 계층구조의 수사법은 (1) 실패한 결혼의 증가, (2) 성별 갈등, (3) 의사소통의 악화에 기여했다. 남성의 지배가 양방향 관계에서만 실현될 수 있는 정체성, 존엄, 중요성이라는 인간의 기초적인 핵심 문제들을 다루지 않기 때문에, 계층구조는 효과가 없다. 관계는 힘든 일이며 상호 간의 합의(고전 7:5), 상호 의존(11:11), 상호 복종(엡 5:21; 벧전 3:1)의 콘텍스트가 성장하고 확장되기를 요구한다. 이는 결혼 관계뿐 아니라 사회, 직장, 교회에서의 모든 남녀 관계에 적용된다. 계층구조는 일방적인 관계다. 아니 더 정확히 말하면 비관계적인 관계일 수 있다. 하나님은 인간관계 — 남자와 여자를 포함하는 — 를

157_ 예를 들어, Bruce Ware는 남성은 하나님의 형상을 직접적으로 지니고 있고, 여성은 단지 파생적으로 그것을 지니고 있다고 주장한다("Male Priority in Man and Woman"). 그렇기 때문에 남성이 여성보다 우위에 있다(각주 3을 보라).

쌍방향 관계가 되도록 창조하셨다. 즉 남자와 여자는 상호 관계와 파트너십을 위하여 창조되었다.

최근의 CBMW 성명 및 출판물들은 인간의 성적 특질(sexuality)의 정곡을 찌르고, 더 나아가 양성 화해의 토대를 침식시킨다. 2004년 복음주의 신학회의 연례회의에서 발표한 데이빗 텔리(David L. Talley)의 논문("Gender and Sanctification: From Creation to Transformation [Gen. 1-3 and Eph. 5]")은 평등주의적 결혼이 즐거울 수 없다고 주장한다. 데이빗 존스(David W. Jones)의 또 다른 논문은 성경적 평등을 위한 그리스도인(Christians for Biblical Equality, CBE)과 같은 조직의 평등주의적 사고가 필연적으로 여성 동성애에 이르게 된다고 주장한다.[158] 존스는 CBE의 신앙에 대한 진술이 "하나님께서 우리를 위하여 디자인하신 양식들로서의 가정, 독신, 그리고 충실한 이성애 결혼을" 명백히 긍정한다는 것을 인정하면서도, 복음주의적 페미니즘이 궁극적으로 동성애의 용인에 이르게 된다는 믿음을 반복한다. 아마도 평등주의와 페미니즘을 동일시한 데서 잘못을 찾을 수 있을 것이다. 그들은 전혀 동일하지 않다. 페미니스트들은 성적인 구별을 최소화하고(제거하지는 않지만) 이성애주의를 평가 절하하는 경향이 있다. 반면에 평등주의자들은 성적인 구별을 긍정할 뿐 아니라 그것이 하나님이 창조한 디자인에 기초하고 하나님이 의도하신 파트너십과 같은 종류를 위하여 필수적인 것으로 본다. 사실 남자와 여자로 만들어진다는 것은 하나님의 형상으로 창조되는 것이다(창 1:27). "둘이 하나가 되는" 관계 속에서의 남자와 여자는 신의 창조물이며("하나님이 짝지어주신 것"[마 19:6]) 그리스도와 교회 사이의 일체된 관계를 반영하는 심오한 비밀(profound mystery)

158_ David W. Jones, "Egalitarianism and Homosexuality: Connected or Autonomous Ideologies," *JBMW* 8 (Fall 2003): 5를 보라.

이다(엡 5:31-32). 성에 대한 논의에서 극단을 대표하는 것은 참으로 전통주의자들과 페미니스트들이다. 전자는 성(性)을 경시하고, 후자는 그것을 붕괴시킨다. 다른 한편 평등주의자들은 남자와 여자를 동등하지만 상호 보완적인 존재, "뼈 중의 뼈요 살 중의 살"로 본다. 그들은 상호 순종의 관계에 있을 때, 창조물에 대한 공동 지배의 과업에 동등한 자로서 그리고 교회에서 동역자로서 기능한다.

이 책의 주제가 여성 사역일지라도, 근본적인 쟁점은 남자들을 리드하는 여성들과 그들이 어느 정도까지 그렇게 할 수 있는가 하는 한계에 관한 것이다. 고대에 여성들이 그렇게 하였음은 충분히 증명되었다. 우리가 성경 시대에 드보라와 같이 예외적인 것으로부터 바울 시대에 흔한 것으로 움직이고 있음이 로마 교회에서 충분히 보인다. 로마 교회에서 여자와 남자는 동일한 역할과 상호 파트너십 관계로 확인된다. 겐그레아 교회의 집사인 뵈뵈, 빌립보 교회의 지도자인 순두게와 유오디아, 골로새 가정교회의 감독인 눔바는 오늘날 많은 사람이 여성에게 주지 않으려 하는 역할에 여성들이 충분히 투입되었음을 보여준다.

논평

토마스 R. 슈라이너

린다 벨빌은 그녀의 학문으로 잘 알려져 있고, 성경의 평등주의적 견해를 훌륭하게 옹호한다. 나는 소론에 있는 그녀의 주장 다수에 동의한다. 여성들이 구약과 신약의 사역에 중요한 역할을 했다는 그녀의 주장은 옳다. 린다는 집사, 예언자, 후원자로서 섬기는 여성들을 위하여 설득력 있는 주장을 펼친다. 그리고 로마서 16:7에서의 유니아가 여자였다는 거의 합의된 견해를 설득력 있게 옹호한다. 더 나아가 그녀는 유니아와 안드로니고가 "사도들 가운데서 잘 알려진" 자들이라는 번역을 뒷받침하는 증거를 수집하여 그들이 "사도들에게 잘 알려진" 자들로 불렸다는 마이클 뷰러(Michael Burer)와 다니엘 월리스(Daniel Wallace)의 견해에 다소 심한 반대를 제기한다. 그러나 "사도들"이라는 단어가 아마도 여기서 "교회 개척자들" 또는 "선교사들"을 가리키고, 따라서 유니아와 안드로니고를 12사도나 바울과 동일한 수준에 두지는 않으리라는 것에 주목해야 한다.

내가 논평할 수 있는 지면의 제약을 고려할 때, 나는 지금 린다와 의견을 달리하는 몇 가지를 강조해야 한다. 나는 그녀의 창세기 1-3장에 대한 분석으로 시작할 것이다. 린다는 아담이 먼저 창조되었다는 언어가 단지 순서를 가리키는 것에 불과하다고 생각한다. 아무도 순서가 항상 지배권을 의미한다고 주장하지 않는다. 각 본문은 콘텍스트에서 해석되어야 한다는 성경 연구의 기본 원칙이 여기서 적용된다. 분명한 것은 디모데전서 2:11-13과 고린도전서 11:3-9에서 창조에 있어서 아담의 우선권은 남성과 여성 사이의 역할 차이를 의미한다는 것이다. 창세기에 대한 많은 평등주의적 해석가들은 창조의 순서가 역할의 차이에 대하여 아무것도 말하지 않는다고 선언한다. 그러나 그러한 해석은 성경을 정경으로 읽어야 하는 중요성을 경시한다. 왜냐하면 바울은 분명 창조 순서가 기능에서의 차이를 뜻한다고 이해하기 때문이다.

또한 린다는 여자의 이름을 짓는 것이 남자의 머리 됨(headship)을 암시한다는 생각을 거부하고, 고려되고 있는 것은 단지 기억이나 인식 행위에 불과하다고 제안한다. 이름 짓기의 중요성은 콘텍스트에서도 분별되어야만 한다. 창세기에서 동물들의 이름 짓기는 모두 창조물에 대한 아담의 지배권과 연결되어 있다(1:26, 28; 2:15). 그러므로 우리가 여자의 이름을 지은 데서 남자의 지도적 지위의 개념을 발견하는 것은 당연하다.

린다는 "머리"(kephalē)라는 단어가 에베소서 5장에서 "권위"가 아니라 "근원"을 의미한다고 생각한다(비록 그녀가 고전 11장에서는 그것이 탁월함이나 "높은 지위"에 있는 자를 가리킨다고 주장하지만). 그 단어가 몇몇 본문에서 "근원"을 의미할지라도(웨인 그루뎀이 그 용어에 대한 주의 깊은 연구에서 심각하게 이의를 제기하는 결론), 린다가 이끌어낸 결론은 여전히 나오지 않는다. 만약 남성이 여성의 머리이기 때문에(고전 11:2-16) 여성들이 특정 방식으로 꾸미도록 지시를 받는다면, "머리"라는 단어가 "근원" 또는 "탁월함"을 의미한다 하더라도 남성과 여성 사이의 역할 분화는 확립된다. 또한 에베소서 5:21-33에서의 "머리"에 대한 설명에서도 린다는 설득력이 없다. 그녀는 이 단락에서 "머리"가 "권위"를 의미한다는 견해에 대하여 문맥상 뒷받침하는 것이 없다고 단언한다. 그러나 22-23절에서의 바울의 주장에 주목하라. 남편이 머리로서 기능하기 때문에 아내는 남편에게 복종해야 한다. 따라서 "머리"라는 단어가 여기서 "근원"— 이 문맥에서는 의심스러운 의미 — 을 의미한다 하더라도, 아내들은 그들의 근원에게 복종해야 한다. 교회가 주 되신 그리스도께 복종해야 하는 것처럼, 리더십의 주요 역할(그렇다, 사랑과 종의 리더십!)이 여기서 남편에게 분명히 가르쳐지고 있다.

린다는 리더십의 위치에 있는 여성들을 지지하는 다수의 설득력 없는 주장을 제시한다. 그녀는 교회가 여성의 집에서 모였기 때문에 그 해당 여성이 리더로서 기능했다고 생각한다. 그리고 자신의 견해를 관철시키기 위해 마가의 어머니 마리아를 명단에 포함시킨다. 초기 교회는 그녀의 집을 사용했다(행 12:12). 후원자로서의 기능이 반드시 지도자로서 섬김을 가리키는 것은 아니다. 왜냐하면 예루살렘 교회에서 유명한 지도자들은 사도들과 장로들이지 마리아가 아니기 때문이다. 여성 후원자들이 지도자로서 기능하였다는 주장은 침묵으로부터의 논증(argument from silence)이며, 신약에서 그 밖에 다른 어떤 구절이 그러한 결론을 제시하는지는 명확하지 않다.

또한 린다는 그녀가 여성들의 가르침으로부터 이끌어낸 결론에서도 도움을 받지 못한다. 그녀는 어떤 가르침은 공식적이고 공적인 가르침과는 반대로 비공식적이고 사적이라는 생각을 배제한다. 그렇게 함으로써 브리스길라를 교사로 치켜세웠다. 왜냐하면 그녀가 아볼로를 가르쳤기 때문이다(행 18:24-26). 아볼로를 제시하는 데서 린다는 논리적인 오류에 빠진다. 신약에서 모든 사람이 어느 정도 가르칠 수 있다고 기대되었다(골 3:16)는 그녀의 말은 옳다. 그러나 그렇다 하더라도 모든 사람이 교사로서의 공적인 사역을 수행하였다는 결론이 나오는 것은 아니다. 모든 믿는 자들이 참여하는 지도(instruction) 및 상호 가르침(mutual teaching)과 공적인 공식적 가르침 사이에는 차이가 있다. 목회 서신들은 후자에 초점을 둔다(예, 딤전 2:7; 4:6, 13, 16; 5:17; 6:2; 딤후 2:2; 3:10; 4:2; 딛 1:9; 2:1). 린다는 골로새서 3:16과 같은 구절을 디모데전서 2:11-15과 같은 본문과 똑같이 취급함으로써 성경적 증거를 잘못 해석한다. 여성들의 정규적인 공적 가르침의 역할을 거부하는 것이 골로새서 3:16에서 요구하는 상호 가르침을 배제하는 것은 아니다. 한편 상보주의자들은 성경 안에서 양육된 여성들에게서 나오는 지혜로운 말에 귀 기울이지 못하는 오류에 빠지지 말아야 한다. 다른 한편 우리는 모든 믿는 자들 사이의 상호 가르침과 더 공식적인 교사 직분 사이에 구분이 없다고 결론을 내려서는 안 된다.

린다는 디모데전서 5:9-10에서의 한 예를 보고 여자들이 장로로서 기능하였다고 주장한다. 그녀의 주장은 납득이 가지 않는다. 첫째, 이 구절은 지도자로서 섬기는 장로에 관한 내용이 아니라 재정적으로 궁핍한 과부들을 지원하는 내용이다(3-16절). 둘째, 60세가 넘은 사람들은 도움을 받아야 한다. 왜냐하면 이것이 지도자로서 섬기기 시작할 수 있는 나이여서가 아니라, 그들이 노년에 재정적인 원조를 필요로 하기 때문이다. 만약 장로들이 60세가 넘어야 한다면, 그들의 에너지 준위(energy level)가 궁금하다! 셋째, 만약 린다가 옳다면 과부들만 장로로서 섬길 수 있었을 것이다. 따라서 결혼한 늙은 여자는 제외된다. 마지막으로 16절은 제기된 사안이 재정적인 도움이 필요한 과부들이라는 것을 명확히 한다.

또한 린다는 개인이 아니라 교회가 권위(authority)를 소유하고 있다고 주장한다. 그녀의 논지는 인위적이며, 함께 있어야 하는 것을 나눈다. 궁극적인 권위는 개인이 아니라 복음 안에 존재한다. 그럼에도 12사도의 권위가 그들의 선포를 포함하지 않았다고(마 10:1-8) 말하려는 린다의 시도는 그들의 치유하는 권위를 그들의 선포하는 권위로부터 분리시키는데, 그것은 잘못이다. 그녀가 히브리서 13:17에서 지도자에게의 복종이 자발적이라고 말한 것은 확실히 옳다. 그러나 그녀는 그 지도자들이 여전히 권위를 소유하고 있음을 보지 못한다. 그들은 복종을 강요할 수 없다. 그러나 장로 직책은 리더십을 확실히 포함한다(딤전 3:4-5; 5:17; 딛 1:9). 예수께서 종의 리더십 모델이 되셨지만(오늘날 교회 지도자들도 그렇게 해야 한다), 그는 여전히 지도자이셨다.

린다는 디모데전서 2:12에서 부정사 *authentein*이 부정적인 의미를 가지고 있어서 "지배하다"와 같은 단어로 번역해야 한다고 말한다. *Authentein*에 대한 그녀 자신의 연구에서, 린다는 동사 형태와 명사 형태를 충분히 주의 깊게 구별 짓지 않는다. 스콧 볼드윈(H. Scott Baldwin)과 알 월터스(Al Wolters)의 최근 연구는 그 용어가 권위의 긍정적인 사용을 의미한다고 밝힌다.[1] 특정한 콘텍스트에서 그 용어가 부정적인 뉘앙스를 풍길 수 있는 가능성이 분명히 있다. 그러나 12절에서 부정사 "가르치다"가 부정적으로 해석되어야 할 증거는 부족하다. 그렇기 때문에 안드레아스 쾨스텐버거가 주장한 바와 같이, 12절에서 가르침과 권위의 행사는 긍정적인 활동으로 이해되어야 한다.[2] 벨빌은 이 구절에 대해 두 가지 번역을 제안한다. (1) "나는 여자가 남자에 대한 지배권을 얻기 위하여 가르치는 것을 허용하지 않는다", (2) "나는 여자가 남자를 지배할 목적으로 가르치는 것을 허용하지 않는다." 그녀는 그리스어 *oude*를 상관절에서 관련된 목적이나 목표를 나타내는 것으로 이해한다. 그러한 해석은 문법적으로 문제가 있으며 *oude*를 잘못 이해한 것이다. 왜냐하면 여기서 목적이란 개념의 도입이 상관어의 효력을 잘못 해석하기 때문이다.

1_ Al Wolters, "A Semantic Study of *Authentēs* and Its Derivatives," *JGRChJ* 1 (2000: 145-75); H. Scott Baldwin, "A Difficult Word: *Authenteō* in 1 Timothy 2:12," in *Women in the Church: A Fresh Analysis of 1 Timothy 2:9-15*, eds. Andreas J. Köstenberger, Thomas R. Schreiner, and H. Scott Baldwin (Grand Rapids: Baker, 1995), 65-80을 보라.

2_ Andreas Köstenberger, "A Complex Sentence Structure in 1 Timothy 2:12," in *Women in the Church: A Fresh Analysis*, 81-103을 보라.

또한 린다는 에베소에 있는 여자들이 아르테미스 숭배, 곧 여성이 남성보다 우위에 있다고 간주되는 숭배의 영향을 받았다고 생각한다. 우리는 단지 바울 서신에는 아르테미스 숭배가 역할을 하였다는 명백한 증거가 어떤 것도 없다고 대답할 수 있을 뿐이다. 바울은 아르테미스 숭배를 언급하지도 않고, 본문에는 그 숭배의 영향을 보여주는 어떤 특정한 개념도 없다. 린다는 그러한 배경을 본문의 뜻으로 이해하고 근거 없이 주장된 역사적 정황에서 본문을 해석한다. 이는 자의적인 거울 독법(mirror reading)의 한 예다. 만약 우리가 그것에 대하여 잠시 생각해보면, 바울은 "여자들이 거짓 가르침에 종사하고 있기 때문에, 나는 여자들이 남자를 가르치고 그에 대하여 권위를 행사하는 것을 허용하지 않는다"라고 쉽게 쓸 수 있었을 것이다. 또는 "여자들이 아르테미스 숭배로부터의 가르침을 장려하고 있기 때문에 나는 여자들이 남자를 가르치고 그에 대하여 권위를 행사하는 것을 허용하지 않는다"라고 쓸 수도 있었을 것이다. 그 대신 바울은 창조된 순서에 근거하여 이유를 제시한다. 바울이 여자들이 남자들을 가르치고 그들에게 권위를 행사하지 못하도록 금하는 이유는 창조 때부터의 하나님의 의도에 근거한다(13절). 그는 평등주의자들이 장려하는 문화적 논증에 호소하지 않는다. 린다는 본문이 실제로 말하고 있는 바를 간과하고, 그 대신에 근거 없이 주장된 배경으로 본문을 대체한다.

요약해서 말하면 비록 린다가 평등주의적 입장을 위해 감동적이고 사려 깊은 방어책을 제공할지라도, 남성과 여성 사이의 역할 차이를 논증하는 본문들에 대한 설득력 있는 해석을 제공하지 못하기 때문에 그녀의 견해는 실패로 끝난다.

논평

크레이그 S. 키너

린다의 소론이 내가 다루지 않은 상보주의적 입장을 찬성하는 많은 주장에 상세하게 답함으로써 내 소론을 보완하는 것에 대해 기쁘게 생각한다. 이 책이 처음 기획되었을 때 나는 독자층이 상당히 대중적일 것이라 이해하였고, 우리의 소론이 더 짧을 것이라 예상하여 그 주제에 관한 앞선 시기의 내 책에서 내가 추구하였던 학문적인 논쟁과의 상세한 상호작용을 배제하였다.[1] 나는 린다가 내 연구 방법에서 부족한 부분에 대해 보충 이상의 것을 했다고 믿는다.

담임목사만을 금지하는 온건한 상보주의적 입장 — 평등주의자들과 여자에게 모든 사역을 금지하는 사람들 사이의 중간 입장을 취하는 견해 — 의 수사학적인 힘을 고려해볼 때, 상보주의적 입장에 대한 그녀의 신중한 논평은 중요하다. 그러나 상보주의적 입장이 의지하는 바로 그 본문이 갖는 전체 힘을 제한하기 위하여 평등주의자들이 사용하는 논증에 의존하는 한, 그 입장은 해석상의 불안정이라는 문제를 갖는다(그렇지 않다면

---

[1] Craig S. Keener, *Paul, Women and Wives: Marriage and Women's Ministry in the Letters of Paul* (Peabody, Mass.: Hendrickson, 1992; rev. with new introduction, 2004).

그 입장은 여성이 남성보다 더 쉽게 유혹당하고 교회에서 도무지 말해서는 안 된다고 주장해야 할 것이다). 또한 모든 형태의 상보주의적 입장은 많은 그룹에서 또 다른 수사학적 이점을 갖고 있다. 즉 그 입장은 여전히 많은 복음주의 교단에서 지배적인 견해다. 평등주의자들의 발언이 금지된 일부 그룹은 종종 부당하게 세속적인 페미니즘의 붓으로 우리를 그리고, 우리가 거기서 공정한 발언의 기회를 얻기 어렵게 만든다. (평등주의에서 논의되는 다양한 쟁점을 고려해볼 때, 단 하나의 입장에 근거하여 일부 회원 자격으로부터 배제된다는 것은 우리 중 많은 이들에게 고통스러운 일이다.) 그러한 환경 아래서 어떤 발언의 기회를 얻든 그동안 우리는 좋은 논증을 펼칠 필요가 있다!

유니아에 대한 린다의 논의는 특히 칭찬할 만하고 상세하다. 나 역시 "신약에서 가르치는 역할이 본질적으로 갖고 있는 카리스마적 성격"에 관한 그녀의 생각에 동의한다. 가정교회는 설교단이 없고, 오늘날 대부분의 독자가 상상하는 교회보다는 큰 가정 성경공부 모임이나 기도 모임과 같았다. 오늘날 일부 사람들이 여성을 배제시키는 직업적인 목사직은 우리가 여성들(위에서 언급한 유니아 같은)을 발견하는 몇몇 역할보다 덜 공식적이고 덜 권위적이었던 고대의 목사직과는 현저히 다르다. 아내들이 질문들로 교회 모임을 방해하고 있었다는 린다의 견해는 성경 텍스트와 고대 강연 환경에서의 질문에 관하여 우리가 알고 있는 것과 똑같다. 지금까지 그것이 고린도전서 14:34-35에서 다뤄진 가장 가능성 있는 상황으로 보인다.

*Authentein*에 관한 린다의 면밀한 논증 — 그리고 그녀와 크레이그 블롬버그의 단어 쌍에 관한 논증 — 은 나로 하여금 내 소론에서 언급한 단어 쌍에 대한 이해를 재고하고 싶은 생각이 들게 한다(그 자체가 내가 린다와 더 가까운 입장을 취하였던 내 책에서의 나의 초기 입장의 반전이다). 나는 에베소서 5장에 대한 그녀의 해석에 전적으로 동의한다. 거기서 문법은 명확하게 상

호 복종을 요구한다. 나는 바울이 더욱 평등주의적 방향으로 수정하는(특히 아내들과 종들을 위하여) 그리스-로마의 가정생활 규범들(household codes)과의 비교가 그녀의 입장을 더욱 강화하리라고 믿는다. 또한 그녀는 디모데전서에서의 거짓 가르침을 면밀히 다루고, 최근 몇 년 사이에 만연하였던 의도는 좋지만 지나치게 열성적인 재구성들의 과도함을 피한다.

평등주의 해석학자인 내가 그녀의 소론 대부분에 동의하는 것은 놀라운 일이 아니다. 그러나 그녀의 소론을 이제 막 읽은 사람은 내가 계속해서 일치점들을 되풀이하는 데서 이득을 거의 얻지 못할 것이다. 따라서 나는 그녀의 주장이 향상될 수 있으리라 생각하는 몇 가지 영역을 제시할 것이다. 크레이그와 톰의 소론 사이에 있는 차이점이 상보주의자들이 반드시 동일한 해석학적 입장을 공유하는 것은 아님을 증명하는 것처럼, 나의 접근 방식과 린다의 접근 방식 사이에 있는 차이점은 평등주의자들이 반드시 동일한 해석학적 입장을 공유하는 것은 아님을 증명한다. 우리 네 명은 모두 가능한 한 정직하게 해석하려고 노력했다(가끔은 소속 단체의 노선을 초월하면서). 만약 현대 논쟁에서의 갈등이 여러 쟁점에 초점을 맞추었다면, 우리 넷은 다른 연대를 결성했을지도 모른다(또는 많은 쟁점에서 넷이 모두 같은 편에 섰을지도 모른다).

린다가 *kephalē*의 몇몇 고대 용법에서의 "근원"이란 의미를 옹호하는 주장을 잘 펼치지만, 나는 "권위"를 옹호하는 주장도 강하고 논쟁 중인 성경 본문들의 하나 또는 둘 다(엡 5:22-23은 거의 확실히)와 관련이 있을 수 있다고 생각한다. 최근에 생성된 합의는 *kephalē*가 문맥에 따라 어느 한쪽의 의미를 가질 수 있다고 본다. "두드러진 부분"(prominent part)으로서의 *kephalē*를 옹호하는 그녀의 주장은 영광과 부끄러움에 대한 강조를 고려할 때 고린도전서 12장에서 타당하다(비록 "근원"과 "권위"도 모두 거기서 지지될 수 있지만).

린다가 상보주의자들의 것으로(그리고 그녀가 계속 훌륭하게 답하는) 돌리는 몇몇 견해는 특정한 상보주의적 견해가 아니다. 창세기 4:7과 가까이 있고 어법이 유사함을 고려할 때, 나는 "너는 남편을 원하고"(창 3:16)가 부부갈등의 판결과 관련되어 있다는 생각이 든다. 마찬가지로 3:16에서 남편이 그의 아내를 "다스린다"는 견해는 전통주의 해석자들에게만 국한되는 것은 전혀 아니다. 린다가 옳게 지적하는 바와 같이, 이 구절은 규정한다기보다 기술하고 있다. 인간의 타락상에 대한 기술이 이상적인 왕국의 형성을 의미하지는 않는다.

마리아와 루디아는 집주인(가정교회의 후원자)이었다. 이것은 중요하고 영향력 있는 역할을 수반하였지만, 그들이 우리가 회중의 "감독들"이란 용어로 의미하는 사람들이었음을 특정적으로 나타내지는 않는다. 우리는 빌립보 교회에서의 유오디아와 순두게의 직분도 확신할 수 없다. 한층 더 나아가 특히 우리가 지역 지도자들뿐 아니라 바울의 여행 동반자들 — 나중에 나온 테클라(Thecla)에 관한 소설에도 불구하고 그들은 그 문화에서는 당연히 남자들이었다! — 을 계수한다면, 여성 지도자가 남성 지도자보다 수적으로 우세하리라고 정말로 확신할 수 있겠는가? 로마서 16장에서는 여성 지도자가 남성 지도자보다 확실히 수적으로 우세하다. 이것이 그녀의 요지일 것이다.

그녀가 지적한 바와 같이 여성 리더십이 로마와 빌립보처럼 로마화된 지역에서 더 눈에 띄는 것은 사실이다. 하지만 에베소에서 여성의 자유에 대하여 제안된 주장이 훨씬 더 설득력이 적다. 에베소에서 아르테미스의 탁월함이 에베소 여성들을 위한 탁월함으로 해석될 필요가 없었던 것은 아테나 여신의 탁월함이 아테네 여성들을 위한 탁월함으로 해석되지 않았던 것과 같다(아테네는 역사적으로 가장 여성친화적이지 않은 그리스 도시 중 하나였으며, 예로부터 이오니아 에베소에서 영향을 미쳤다). 실제로 아르테미스 숭배에는 남성 제사장들이 많았다. 또한 나는 황제 숭배에서 여성 제사장이 신약의 성직을 위해 중요한 모델을 제공하였을지도 의심스럽다.

안나스의 궁에서 문을 지키는 여자(요 18:16)는 제사장직에 대한 논의에서 중요하지 않다. 문지기는 흔히 종이었다. 그러나 성전에서의 레위인 경비원(행 4:1)은 남자들이었다. 사실 어떤 구약 본문도 아내에게 남편에 대한 복종을 명령하지 않지만, 고린도전서 14:34에서의 "율법"(the law)이 로마법이라는 제안은 바울이 그의 서신에서 그 어구를 수십 차례 사용한 것에 어긋난다. 나라면 평등주의 입장을 지지하는 증거로서 신의 승인을 받지 못한 노아다나 아달랴, 또는 성경 밖의 증거인 알렉산드라 여왕을 인용하지는 않았을 것이다.

더 많은 지면을 사용할 수만 있다면 나는 다른 경우들을 더 깊이 조사하고 싶다. 신약에서 "집사"의 의미는 명확한가? 디모데전서 3:11에서 여자들이 이 역할을 수행한 것이 확실한가? (흥미롭게도 네 명의 기고가 중에서 내가 이 점에 대한 확신이 가장 약해 보인다. 나는 플리니우스[Pliny]의 편지에서 여자 집사들이 등장하는 것에는 동의하지만, 딤전 3:11에 대하여는 확신이 없다. 그리고 롬 16:1에서 그 용어가 신약에서의 더 흔한 사역적 의미[ministry sense]에 적합할 수 있다고 생각한다. 그러나 우리가 아는 한 딤전에 있는 "집사들"조차 비록 가르침은 언급되지 않지만 더 흔한 사역적 의미가 암시하는 것과 동일한 역할 몇 가지를 수행했을지도 모른다.) 갈릴리에서의 여행 조건과 문화적으로 예상되는 사항을 고려하여 예수가 12사도 가운데 여성을 포함시키지 않으셨다고 내가 믿는 것과 동일한 이유 때문에, 나는 또한 예수가 72인 가운데 여성을 파송하셨다는 견해를 옹호하기 위해서는 후기 전통보다는 더 많은 지지를 필요로 한다. 만약 이 여자가 특별히 비범하였다거나 여행 동반자가 그녀의 남편이었다면, 이러한 예외의 경우가 그럴듯하다는 것은 인정한다. 하지만 우리는 확신할 수 없다.

디모데전서 5장의 구조는 과부들이 거기서 일정 종류의 직책을 갖고 있음을 확실히 암시하는 것으로 보인다(내가 And Marries Another에서 주장한 바와 같이).² 그러나 이 직책이 남성 장로들에 상당한 것일 수 있더라도, 그 책임을 맡은 일들은 아마 다를 것이다(5절에서처럼 주요 초점이 기도에 있었을 지도 모른다. 물론 이것은 중요한 역할이다. 비교. 행 6:4). 그들 직책의 한 조건은 분명 독신으로 남겠다는 맹세일 것이다(딤전 5:11-12).

다른 경우들에서 린다의 주장은 반대를 잘 견뎌내는 것 같다. 예수께서 제자들에게 마태복음 10:1에서 단지 귀신을 쫓아내고 병을 고칠 수 있는 "권능"(authority)만을 주셨다는 그녀의 의견에 대하여, 어떤 이들은 선포하는 권위가 천국을 전파하는 그들의 위임 명령(7절) 안에 암시되어 있다는 이유로 반대할지도 모른다. 그러나 이것이 사실이라 할지라도, 선포하는 권위는 여성들이 모델을 제시하는 콘텍스트에서(28:1-10; 이들은 26:7-8, 45, 56, 75에서의 남자들과 대조된다) 예수에 의하여 전(全) 교회에 위임된다(28:18-20).

물론 결국 나는 린다의 소론 요지와 그녀의 주장 대부분에 동의한다. 가장 중요한 것은 우리가 여성 사역에 대한 몇몇 형태의 금지령이 갖는 특정한 환경을 그러한 상황이 일반적이지 않았던 성경의 다른 곳에서의 그 역할에 대한 긍정들과 견주어 본다는 것이다. 성경은 대부분의 1세기 가정교회 장로들이 했던 것보다 더 직접적으로 영향력 있는 사역을 수행하는 많은 여성을 드러낸다. 그럼에도 불구하고 린다와 나는 (상보주의적 입장의 크레이그와 톰처럼) 우리의 주장을 가끔 다르게 구성한다.

2_ Craig S. Keener, *And Marries Another: Divorce and Remarriage in the Teaching of the New Testament* (Peabody, Mass.: Hendrickson, 1991), 90-91.

논평

크레이그 L. 블롬버그

린다 벨빌과 나는 수십 년 전에 트리니티 복음주의 신학교(Trinity Evangelical Divinity School) 학생이었다. 그리고 우리는 수년간 학술대회에서 연락하며 지냈다. 나는 그녀의 학문에 감탄하고, 그녀의 그리스도인으로서의 헌신을 매우 존경한다. 이 간략한 논평을 할 기회를 얻게 되어 기쁘다. 이 책에 있는 내 모든 논평에서처럼 지면의 제약 때문에 각 소론에 대해 내가 동의하는 대부분을 상세하게 강조할 수 없다. 나는 의견이 일치하는 폭넓은 지점을 지적하기 위하여 매우 간략한 소견을 말하려고 노력할 것이지만, 독자들은 이런 유형의 논평이 주로 의견 충돌에 초점을 맞추기를 기대하기에 이르렀다. 나도 그 관례를 따르겠지만, 이 논평들 중 여기 첫 번째 논평에서 내 동료들이 맡은 각 장(章)에서의 매우 상세한 비평에 대해 내가 깊이 동의하고 있다는 점을 강조하고 싶다.

창세기 1-2장에 대한 린다의 논의에 반응함에 있어서, 나는 이 장들만 취하면 그것들이 반드시 상보주의적인 입장으로 이끄는 것은 아님을 인정한다. 두 장 안에 있는 성별 역할에 관한 정보는 비교적 빈약하고 한 가지 이상의 해석을 허용한다. 내가 내 입장에 이르게 된 것은 단지 더 후기 신약이 이 장들을 사용한 것에 근거한다. "갈망"(desire)과 "다스리다"(rule)가 3:16 외에 함께 등장하는 유일한 성경 평행 본문(4:7)의 부정적인 힘을 린다가 온전히 다 느꼈다고 생각하지는 않지만, 나 역시 창세기 3장이 규정하는 것이 아니라 기술하는 것이라는 주장에 동의한다. 문법적으로 볼 때, 3:16은 "그리고 그것이 ("그가"[남편은]가 아니라) 그녀를 다스릴 것이다"라는 번역이 가능하지만, "그가 그녀를 다스릴 것이다"가 훨씬 더 자연스러운 번역이다.

전체적으로 린다가 리더십이 있는 여성들을 다룬 단락은 강력하고 중요하다. 때때로 나는 그녀가 증거를 지나치게 밀고 나간다는 생각이 든다. 예를 들어, 단순히 여성(또는 남성)과 그들의 집에서 모이는 교회를 언급한 것은 그들이 후원자, 장로, 또는 다른 종류의 지도자였음을 거의 증명하지 못한다. 물론 그랬을 수도 있지만 말이다. 그리고 빌립보서에 있는 어떤 내용도 유오디아와 순두게를 감독이나 집사 직분과 연결시키지 않는다.

린다가 쓴 소론의 이 부분에서 가장 취약해 보이는 단락은 신약의 예언자들을 다룬 부분이다. 린다가 이의를 제기하는 전통주의자의 세 가지 주안점 모두는 내가 보기에 여전히 꽤 견실해 보인다. 신약의 예언자들은 하나님의 계시를 받은 성경을 기록하는 경우를 제외하고는 구약 예언자들의 "주께서 이같이 이르시되"의 과업을 수행한 것으로 보이지 않는다. 그렇게 하였다면 바울이 회중에게 그들을 평가하라고 명하지 않고 그저 순종하라고 명령했을 것이다!(고전 14:29) 둘째, 남성과 여성의 예언 활동이 동일하다는 지적은 양쪽 성 모두 평가를 받아야 한다는 사실과 모순되지 않는다. 마지막으로, 만약 신약의 예언이 전적으로 권위 있으며 틀리기 쉬운 은사가 아니라면(다른 모든 성령의 은사처럼), 두로에 있는 그리스도인들이 "성령의 감동으로" 바울에게 예루살렘에 올라가지 말라고 강권했을 때 그는 하나님께 불순종하고 있었음이 틀림없다. 그러나 어쨌든 그는 올라갔다. 이러한 대수롭지 않은 결점들에도 불구하고 린다는 여성들에게 영원히 금지된 사역 역할이나 기능이 없음을 성공적으로 입증한다. 이런 식으로 그녀는 전통주의 또는 상보주의의 한 형태가 틀렸음을 밝힌다.

그러나 린다의 소론에 있는 어떤 것도 신약이 남성들에게 국한된다고 제시하는 것이 바로 장로/감독의 직분이라는 내 주장을 깨뜨리지 못한다. 그녀는 어떤 여성도 장로로 명명되지 않는다는 것을 인정은 하지만 많은 지도자들이 무명인 채로 남아 있음을 지적한다. 그러나 구원 역사의 각 시대에 종교적 리더십 중에서 단일한 "가장 높은" 직책의 보다 넓은 패턴은 그대로 남아 있다. 그녀는 구약에서 남성들로만 구성된 제사장직이 여성들의 부정함 탓이라고 반응한다. 그러나 월경이나 출산이 여자를 영원히 부정하게 만들지 않았다. 그렇기 때문에 (성경 어디에도 암시되어 있지 않은) 이 이론적 근거는 설득력이 있어 보이지 않는다. 어쨌든 남성 역시 다양한 시기 동안에 부정하였다. 그녀는 예수께서 남성으로만 이루어진 사도직을 선택하신 이유를 그가 당시의 문화적인 관습을 지나치게 밀쳐내기를 원하지 않으셨던 탓으로 돌린다(다시 이는 성경 어디에서도 언급되지 않은 근거다). 종교 및 정치 권력자들이 결국엔 그를 죽일 정도로 예수께서 그토록 많은 문제들에 대해 그들에게 도전하고자 했던 것을 고려해볼 때, 이것도 의심스러워 보인다!

이 다양한 역할들이 정말로 가장 높은 "권위"를 지닐 것인가와 관련하여 린다는 단지 핵심이 되는 콘텍스트들에서 그 용어를 사용하지 않는 것에 호소한다. 결정적이라고 판명되어야 하는 것은 개념들이지 전문용어가 아니다. 제사장, 사도, 장로들이 권위적인 방식으로 기능하는 것을 보지 않고서 성경의 중요한 부분을 읽기란 어렵다. 제사장은 하나님과 인간 사이를 중재하였고, 그들로 하여금 예배자들에게 죄 용서를 선포할 수 있게 하였던 희생제사를 집행하였다. 이때 이스라엘에서 그들 외에 아무도 그렇게 할 권한이 없었다. 예수께서는 독특하게 12제자를 파송하셔서 정확히 선포하고, 가르치고, 확실히 권위 있는 임무인 기적을 행하는 그의 사역을 그대로 행하게 하셨다(마 10장; 눅 10장). 그리고 장로들은 가르치는 책임과 권위를 행사하는 책임을 무엇보다도 가장 명확하게 결합시켰다. 디모데전서 2:12이 장로를 가리킨다는 것을 부인할지라도, 3:2은 명확하게 감독을 가르치는 일과 연결시키는 반면, 디도서 1:5-7은 분명히 감독과 장로를 대등하게 취급한다. 디모데전서 5:17에 "권위"에 대한 명확한 단어가 등장하지 않을 수는 있으나, 존경을 받을 만한 방식으로 "[교회를] 잘 다스리는"―가르침과 설교를 포함하여―이란 표현이 그 밖에 무엇을 뜻할 수 있겠는가?

린다가 자신의 특정한 본문들에 의지할 때, 마태복음 10:1-42, 디모데전서 3:1-7, 디도서 1:5-9은 나머지 논의와 그다지 상관없다고 한 말에 나는 동의한다. 하지만 매우 상관있는 구절로서 고린도전서 11:2-16을 그 혼합물에 첨가시키고 싶다. 그러나 그녀가 초점을 맞추고 있는 남은 두 본문―고전 14:34-35과 딤전 2:11-15―에 관해서는 다음 사항을 덧붙일 수 있다.

첫째, 고린도전서에 관한 앤서니 티슬턴(Anthony Thiselton)의 방대한 NIGTC 주석이 지적하는 바와 같이, 우리는 예언 분별의 콘텍스트에서 이해되고 있는 여성들의 잠잠함에 대한 상보주의적 접근법과, 방해되는 질문을 해대는 교육받지 못한 아내들을 보는 평등주의적 접근법 중 어느 하나를 선택할 필요가 없다. 사실 감독들의 아내들이 그들의 남편의 예언에 공개적으로 도전하고 있었다면, 그 둘이 결합되었을지도 모른다. 어쨌든 만약 이것이 단지 정식 교육을 받지 않은 여성들이 한 거슬리는 질문이라면, 바울은 모든 여성이 말하지 못하도록 금하고 남성들은 금하지 않음으로써(교육받지 못한 남성들도 많이 있었을 것이란 사실에도 불구하고) 어쩔 수 없이 성차별주의자가 된다.

둘째, 바울은 자신의 서신에서 수십 번을 수식 없이 *nomos*를 사용한다. 그리고 그것은 거의 항상 모세의 율법을 가리킨다. 내가 아는 바로는 어떤 본문에서도 문맥상의 단서가 없으면 그것은 로마법을 가리키지 않는다. 따라서 고린도전서 14:34의 언급이 로마법을 뜻한다고 간주하는 것은 있을 성싶지 않은 조치다.

셋째, 디모데전서 2:12로 돌아가서, 그리스어에서 현재 시제는 주로 진행 중이거나 지속적인 행동을 가리키며, 단지 잠시 동안 일어나고 있는 일을 강조하지는 않는다. 따라서 바울의 "나는…허용하지 않는다"란 말은 "내가 현재는 허용하지 않으나 [얼마 지나서 허용할 것이다]"보다는 "나는 지속적으로 허용하지 않는다"를 의미할 가능성이 더 높다.

넷째, *authentein*에 관하여 린다가 제시한 사전적 정보는 논쟁의 한쪽 측면만 반영한다. 그 용어는 바울 이후의 시대에 대체로 기독교 문헌에서 수십 차례에 걸쳐 신적인 권위를 반영하는 중립적이거나 긍정적인 용법으로 사용된다. 수십 차례에 걸친 그 용어의 중립적이거나 긍정적인 용법들이 그 의미를 변화시키기 위한 어떤 강력하게 권위적인 보장 없이 *authentein*의 더 오래된 부정적 용법을 그토록 극적으로 완전히 뒤집어엎었을 것 같지는 않다. 그러나 그것이 바울이 그 용어를 사용했다고 교부들이 이해한 방식이라면, 의미론적 변화는 매우 타당하다. 그 동사를 "권위를 탈취하다"(usurp authority)로 옮기는 영어 번역을 인용하는 것은 다소 오해의 소지가 있다. 왜냐하면 이 표현이 단지 "부당한 방식으로 권위를 행사하는 것"보다는 아마도 "남자들에게 속하는 권위를 빼앗는 것"을 의미하기 때문이다. 이 구절에 대한 린다의 해석은 아직 나를 납득시키지 못한다. 왜냐하면 그녀가 우리의 주제를 다룬 책 분량의 자기 저작물에서 비슷한 "neither . . . nor"(~도 ~도 아니다) 구조 안에서 짝을 이루는 요소들 사이의 매우 다양한 관계를 아주 상세하고 훌륭하게 분석했음에도 불구하고, 내가 아는 한 동작은 긍정적이고(여기서 가르치는 것처럼) 다른 동작은 부정적인(권세를 부리는 것에서처럼) 그리스어 접속사 oude로 연결되는 동사 쌍 — 부정사 포함 — 을 아무도 아직 발견하지 못했기 때문이다(각주 150을 보라). 린다의 견해가 더 전통적인 상보주의적 해석을 논박하는 방식으로, 디모데전서 2:12에 대한 그녀의 해석이 didaskein oude authentein을 단순히 장로의 직분을 가리킨다고 보는 나의 이해를 위태롭게 하는 것 같지는 않다. 13절에 관해 말하면, 실제로 바울에게서 사용된 모든 gar의 90%는 원인을 나타낸다. 그렇기 때문에 여기서 그것을 다른 식으로 이해하기 위해서는 강력한 문맥상의 증거가 있었어야 한다. 그리고 14절은 그러한 증거를 반영할 필요가 없다. 왜냐하면 내가 내 소론에서 지적하는 바와 같이, 14절은 15절의 도입 부분으로서 13절과 분리될 수 있고 바울의 금지에 대한 두 번째 근거로 보일 수 없기 때문이다.

마지막 세 가지 소견은 언급할 가치가 있다. 첫째, 만약 상호 복종이 동일한 두 사람이 동일한 방식으로, 동일한 문제에 관하여, 동시에 서로에게 경의를 표하는 것으로 정의된다면 그것은 논리적으로 일관적이지 않다. 그래서 평등주의자들과 상보주의자들은 다 같이 — 그들이 그것을 인지하든 그렇지 않든 — 상호 복종이 특정한 사람들이 오직 특정한 다른 이들에게, 특정 방식으로, 특정한 때에 복종하는 것을 의미함을 인정해야만 한다. 이것이 에베소서 5:21의 상보주의적 해석을 증명하지는 않지만, 린다가 그것을 반박하지 못했음을 의미한다. 둘째, 오늘날 고린도전서 14:33-38의 34-35절을 36-38절에서 바울이 거부한 고린도 교회의 슬로건으로 보는 접근법에 대한 지지가 줄어들고 있는 반면, 1980년대와 1990년대 초기 대부분의 시기 내내 그것은 단연코 복음주의적 평등주의자들이 제의한 가장 흔한 설명이었다. 그러니 CBMW가 그것에 대하여 질문한 것은 타당하다. 마지막으로, 내가 맡은 장에서 지적한 바와 같이 *kephalē*를 연구하고 "근원"으로서의 의미를 주장하는 스티븐 비데일(Stephen Bedale)과 다른 초기 학자들은 그것이 동시에 "권위"의 의미를 지녔다는 것을 결코 부인하지 않았다.

끝으로 나는 린다가 행한 해석의 90% 이상에 동의하고 높이 평가한다. 그녀는 매우 보수적인 전통주의자의 입장을 능숙하게 반박하였다. 그러나 내가 아는 한 그녀는 나 자신이 가진 유형의 상보주의를 반박하지는 못했다. 나는 많은 상보주의자의 쟁점이 여자들이 남자들을 리드할 수 있는가 그렇지 않은가로 요약된다는 그녀의 말이 옳은 것은 아닐까라고 생각은 하지만, 결론을 내리면서 이것이 내게 결코 쟁점이 된 적이 없다고 표명하고 싶다. 나는 내 생애 내내 가정과 교회와, 많은 교육적 환경 안에서 종종 크게 기뻐하고 조화를 이루며 여성 지도자들에게 복종했다. 나에게 쟁점은 어떤 입장이 가장 충실하게 성경 증거의 총체를 대표하는가로 요약되며, 내 소론에서 내가 씨름하는 것도 바로 그 일이다.

2

상보주의적 관점

_크레이그 L. 블롬버그

사역에서의 성별 역할에 관한 논쟁은 오늘날 기독교 교회에서 가장 변덕스러운 논쟁이다. 개인의 정체성, 사명, 소명, 그리스도께의 봉사가 그 쟁점과 깊이 관련되어 있다. 나는 기독교 안의 어떤 진영을 기쁘게 하기 위해서 또는 내가 그 견해와 함께 성장했기 때문이 아니라(나는 평등주의 개신교 교단에서 자랐다), 25년 이상 지속된 이 논쟁에 대한 반복되고 집중적인 연구가 나에게 내 의견이 모든 관련 성구들의 가장 믿을 만한 종합이라는 확신을 주었기 때문에 이 글을 쓴다. 동시에 나는 동등하게 성경무오설에 헌신한 동등하게 경건한 학자들이 자료의 복잡성 때문에 다른 결론에 이른 것을 인정한다. 이 논쟁에서 서로 의견을 달리하는 동료 복음주의자들을 단지 이 주제에 대한 그들의 견해 때문에 "자유주의자"라든가 "근본주의자"라는 경멸적인 꼬리표를 붙이면서 공격할 합법적인 공간이 이 논쟁에는 없다. 성별 역할에 대하여 이야기하고 글을 쓰는 우리 모두는 모든 논의를 "내가 틀릴 수도 있다", "나는 동료 복음주의자와 복음주의 교회가 다른 결론에 이를 권리를 존중한다. 그리고 나는 그리스도와 그의 나라의 보다 큰 대의를 위하여 그들과 싸우기보다는 오히려 그들과 협력할 것이다. 왜냐하면 그의 나라는 아주 절실하게 그러한 통일을 필요로 하기 때문이다"와 같은 경고로 시작하고 끝맺는 것이 온당하다.

    나에게 도움이 되는 유비는 침례교도와 유아세례론자 사이의 논쟁이다. 나는 유아 때 유아세례를 받고, 8학년 때 견신례를 받고, 25세에 박사과정 학생이었을 때 성경과 각 계열에서 가장 높이 각광받는 옹호자들의 저술물들에 대한 연구를 상세히 하였다. 그리고 성서의 증거는 믿는 자들의 침수에 의한 세례를 옹호하는 입장을 강하게 지지한다는 결론에 이르렀다.[1] 또한 가장 저명한 유아세례 옹호자 중 다수가 나와 동의하고 유아세례가 신약 이후에 발전되었음을 인정한다(비록 그들이 그것의 합법성을 주장했을지라도)는 것을 발견하였다.[2] 내가 1980년에 스코틀랜드 한 침례교회에서 믿는 자로서 침례를 받기로 결정하였을 때, 나는 목사님께 이 단계가 이제 내가 유아세례를 옹호하는 나의 모든 복음주의 친구들을 공격적으로 개종시켜야 함을 의미하는지 물어보았다. 그는 킬킬대며 "아니요, 결코 그럴 필요 없습니다. 하지만 만약 그들이 당신에게 왜 그렇게 하였는지 물어본다거나 그 주제에 관심을 보이면, 물론 당신의 신앙고백을 그들과 나누십시오"라고 현명하게 대답하였다. 정확히 이것이 수년간 내가 해왔던 일이며, 나는 복음주의 내에서 많은 노력을 하는 데 장로교, 루터교, 영국 성공회 친구들과 협력해왔다. 성별 역할 논쟁도 이와 비슷하게 고찰되어야 한다. 이것은 분명히 중요하지만 타협 불가능한 신앙 문제는 아니다. 나는 여러 가지 이유에서 지난 18년 동안 덴버 신학교(Denver Seminary)에서 가르친 것에 대해 감사해왔다. 그중 하나는 그 신학교가 이것이 그리스도인들이 사랑 안에서 견해 차이를 인정하는 법을 배우는 모델을 만드는 논쟁이 되리라 믿으며 이 쟁점에 대한 입장을 의도적으로 취하지 않는다는 것이다. 특히 내가 제임스 벡, 린다 벨빌, 크레이그 키너, 토

1_ 정평 있는 연구는 여전히 G. R. Beasley-Murray의 *Baptism in the New Testament* (London: Macmillan, 1962)이다. 특히 Paul K. Jewett는 영향력이 있었다(*Infant Baptism and the Covenant of Grace* [Grand Rapids: Eerdmans, 1978]). 왜냐하면 그가 보통은 유아세례를 옹호한다고 알려져 있는 개신교의 견지에서 믿는 자들의 세례 찬성론을 정확히 주장하였기 때문이다.

2_ 특히 Geoffrey W. Bromiley가 영향력이 있었다(*Children of Promise: The Case for Baptizing Infants* [Grand Rapids: Eerdmans, 1979]).

마스 슈라이너를 좋은 친구들로 생각하고 있기에, 나는 이 책에 기고한 내 기고문들도 그러한 정신의 모델을 형성하기를 소망한다.

이 책에서 내 역할은 아마도 다른 기고자들의 역할보다 더 독특할 것이다. 이 책의 제1판에서 나는 공동편집자 중 하나였다.³ 이번 제2판에서 나는 기고가이자 논평자다. 제1판은 내가 본래 바울에게 있어서의 성별 역할에 관한 선집(選集)을 위하여 집필했던 소론을 거대한 부록으로서 포함하였다. 그런데 그것은 다소 이상한 끼워 맞춤이었다.⁴ 이제 나는 성경의 모든 관련 부분들에 관하여 무언가를 조금 말하려 노력해야 한다. 그러므로 나의 해석은 더 간략해야 하며, 다른 소론들에 맞춰서 다소 덜 전문적이고 각주에 좀 더 적은 출처를 넣어야 할 것이다. 다른 기고가들에게 공평하려면 – 비록 그들 모두가 다른 곳에서 출간했기 때문에 내가 다른 출간된 저작물들로부터 그들의 견해를 거리낌 없이 인용할지라도 – 나는 초판에서 그들이 집필한 장에서 그들이 쓴 것은 어떤 것도 참조하지 않을 것이다. 그러나 여기서 그들의 주장을 제시하는 방식과의 특정 상호작용은 그들의 각 소론 뒤에 오는 나의 더 짧은 논평에 국한될 것이다.

나는 정말 내 입장을 무엇이라 불러야 할지 모르겠다. 어떤 이들은 그것을 고전적인 상보주의 시각과 평등주의 시각 사이의 중간에 서 있다고 보았다(비평가들은 그것을 기회주의적인 태도라고 부르곤 하였다!). 윌리엄 웹(William Webb)은 그것을 "극도로 부드러운(ultra-soft) 가부장주의"⁵로 칭한다. 이는 내가 기분 좋게 여기는 표현이 전혀 아니다. 왜냐하

3_ James R. Beck and Craig L. Blomberg, eds., *Two Views on Women in Ministry* (Grand Rapids: Zondervan, 2001).

4_ "Neither Hierarchicalist nor Egalitarian: Gender Roles in Paul," in ibid., 329-72. 바울 신학에 대한 기획 서적이(Stanley Porter 편집) 나올 것이라는 Stanley E. Porter의 희망과 일치하여 이 소론을 최소한으로 개정한 버전이 그에게 제출되었다.

5_ William J. Webb, *Slaves, Women and Homosexuals: Exploring the Hermeneutics of*

면 "극도로 부드러운"은 누군가의 의견에 대하여 사용될 때 칭찬처럼 들리지 않고, "가부장적"이란 말은 심지어 "위계적"(hierarchical)이나 "전통적"(traditional) — 20여 년 전 "상보주의자"란 이름이 고안되기 전에 이 입장에 가장 흔하게 사용되었던 두 이름 — 보다도 더 보수주의적이고 억압적으로 들리기 때문이다. 그러나 나는 웹이 의미하는 바 — 무언가 실제로 완전히 발달한 평등주의자가 되지는 못하면서 그렇게 되는 데 이를 수 있는 한, 거의 가까이 근접한 것과 같은 것 — 를 알고 있으며, 아마도 그것이 내 견해에 대한 정확한 요약일 것이다. 그러나 토마스 슈라이너가 나의 이전 소론에 대한 논평에서 지적한 바와 같이, 나는 여전히 현행 명명법에 의해 상보주의자 자격을 갖추고 있다.[6] 이것은 여기에서 나의 입장이 포함된 이유를 설명해준다.

더 큰 관련 쟁점

성경을 살펴보기 전에, 논쟁을 복잡하게 만드는 더 큰 쟁점들을 인정하는 것은 중요하다. 나는 이미 개인적인 정체를 언급하였고, 여기에는 개인적인 경험들이 밀접하게 관련되어 있다. 거의 모든 평등주의자들은, 특히 교회에서 리더십 역할에 있는 여성들은 더 제한적인 입장이 옳을 수 있다는 가능성을 고려하는 것조차 어려울 정도로 특정 상보주의자들에게 개인적인 공격을 받아왔는데, 종종 반복적으로 매우 저급한 기독교적 방식으

Cultural Analysis (Downers Grove, Ill.: InterVarsity, 2001), 242-43.

6_ Thomas R. Schreiner, review of *Two Views on Women in Ministry*, ed. Beck and Blomberg, *SBJT* (forthcoming). 평등주의 측에서, Julia Bloom이 우리 책(*Mutuality* [Winter 2001]: 27)에 대한 그녀의 논평에서 동의한다.

로 공격받아왔다. 많은 상보주의자들은 특히 교회에서 리더십 역할에 있는 남성들도 마찬가지로 더 개방된 입장이 옳을 수 있다는 가능성을 고려하는 것조차 어려울 정도로 평등주의자들에게 공격을 받거나, 평등주의에 대한 옹호가 동료관계를 갈라놓는 것을 보아왔다. 어쨌든 우리는 이러한 과거의 (그리고 현재의) 상처들이 주는 아픔을 이겨내야만 한다.

두 번째 더 큰 쟁점은 성별 역할에 대한 견해를 훨씬 더 큰 패키지의 일부로 보는 경향이다. 만약 교회가 더 상보주의적인 방향으로 움직이면, 어떤 이들은 이것이 교회에서의 모든 중요한 직분으로부터 여자들을 배제시키려는 움직임의 시작인지 질문할 것이다. 만약 교회가 덜 상보주의적인 방향으로 움직이면, 어떤 이들은 이것이 완전히 발달한 평등주의 또는 더 심하게는 (그들의 마음속에서) 세속적인 페미니즘으로의 첫걸음인가 하고 생각할 것이다. 둘 중 어떤 경우든 무엇이 변화를 이끌어가는가? 성경인가, 아니면 세속적인 풍조에의 항복인가? 교회 역사는 어떤가? 기독교 역사의 각 주요 단계와 활동무대에서 무엇이 허용되었고 또는 허용되지 않았는가, 그리고 왜 그랬는가에 대한 오늘날 보통 그리스도인의 지식은 종종 매우 얕다. 나는 이 논쟁의 양측에서 "거의 교회 역사 전체"에서 무엇이 허용되었고 허용되지 않았는가에 대한 포괄적인 주장들(sweeping claims)을 빈번히 들어왔다. 그 주장들은 면밀한 역사적 검토를 견뎌낼 수 없다.

세 번째 더 큰 쟁점은 문제가 제기되는 방식을 둘러싸고 있다. 논쟁이 표현된 가장 흔한 방식은, 특히 세속적인 매체에서 보도될 때 여성들의 "성직임명"에 의해서다. 이런 식의 표현을 들을 때마다 나는 "무엇에 임명되는가?"란 질문을 하고 싶다. 성경에는 성직임명을 언급하는 귀중한 참조문이 거의 없다. 그리고 참조문이 있다 하더라도 그것은 우리로 하여금 성직임명이 어떤 직분, 사역, 또는 역할에 적절한가, 정확히 그것이 무엇을 의미하는가에 대한 질문에 대답할 수 있게 하지 못한다.[7] 평등주의 여성들이 교회 리더십에 대한 그들의 추구를 정당화하는 아주 흔한 방법 중 하나는 "소명"이란 개념과 관련되어 있다. 이는 "하나님께서 나를 목사로 부르셨다"는 다른 모든 주장을 폐기하는 비장의 카드가 된다. 그러나 그렇게 주관적인 확신을 어떻게 감정하는가? 그리고 실제로 성경은 그리스도인들을 위한 특정한 직업적 소명이란 개념을 지지하는가?[8] 다른 한편 많은 상보주의자들이 목사-장로 직분은 남성들에게 국한되어 있다고 결정하고, 그러므로 종종 여성들은 결코 예배에서 설교해서는 안 된다고 속단한다. 그러나 어떤 성경 본문이 설교를 항상 목사나 장로에게만 국한시키는가? 비은사주의자들(noncharismatics)은 전형적으로 영적 은사인 예언을 최소한 어느 정도 성령 충만한 설교와 동일시한다. 그러나 영적인 은사들(charismata)은 성별은 별문제로 하고 하나님께서 적절하다고 생각하시는 대로 그에 의하여 차별 없이 주어진다(고전 12:11). 그리고 고린도전서 11:5은 여성이 그들의 영적인 머리에 적절한 복종을 보일 때 예언할 수 있음을 전제로 한다.

네 번째 복잡하게 하는 요인은 오늘날 세계 여러 지역에서 실행되고 있는 것을 포함한다. 서양 문화권의 셀 수 없이 많은 여성이 비서구 국가─"선교 현장"─에서 설교하고, 가르치고, 전도하고, 일반적인 복음전도 사역을 이끌도록 허용되었다. 이때 그들을 파송한 교회는 그러한 관행을 "자국 내에서는" 결코 허용하려 하지 않았다. 다른 문화권은 본질적으로 너무 열등하여 그들을 위한 이중 기준을 세울 수 있다고 말하는 교묘한 인종 차별주의 외에 다른 표현이 있을 수 있겠는가? 그리고 다양한 교회정치의 형태

7_ 특히, Marjorie Warkentin, *Ordination* (Grand Rapids: Eerdmans, 1982)을 보라.
8_ 특히, Steve Walton, *A Call to Live: Vocation for Everyone* (London: SPCK, 1994)를 보라.

는 어떤가? 만약 상보주의자가 교회 리더십의 "가장 높은" 직분이 남자들만을 위해 마련되었다고 결정한다면, 지역교회 목사가 더 큰 교단의 조직 "아래에" 있는 성공회나 장로교 상황에서 그것은 무엇을 의미하는가? 침례교에서는 이론적으로(실제로 자주는 아닐지라도) 회중이 최종 권한을 갖는다. 이것이 상보주의자들이 남성이 항상 투표 인원의 다수를 차지하나, 여성이 목사가 될 수 있도록 확실히 해야 한다는 것을 의미하는가?

마지막으로 성경의 명령에 대한 우리의 이해에 더 철저한 근거를 제공하기 위하여 다양한 과학 — 생리학, 심리학, 사회학, 인류학 — 을 어느 정도까지 차용할 수 있는가?[9] 서구 사회는 약 30년 동안 대체로 평등주의적이었다. 그리스도에게로 나오는 젊은이들은 종종 교회가 반드시 "기회균등" 고용주는 아니라는 것을 알고는 충격을 받는다. 여성들이 스스로 세속적인 일터와 모든 주요한 직업에서 유능함을 증명해온 지금, 교회는 어떤 논리로 그들을 리더십에서 배제할 것인가? 설득력 있는 근거는 전혀 제시하지 않으면서, 성경이 그것을 요구한다고 말하는 것으로 충분한가? 우리는 성경에 있는 어떤 명령이든 그것을 뒷받침하는 증거를 성경 안팎 모두에서 찾으려 하지만, 반박할 수 없는 이유들이 제시될 수 있든 없든 여전히 우리가 반드시 그 명령을 따라야 한다는 것이 내 견해다. 오늘날 우리 사회에서 많은 사람이 법적 성인들의 혼외 성관계를 금지할 이유를 찾지 못한다. 그러나 그것이 간음과 간통에 대한 성경의 모든 금지규정을 근절

9_ 상보주의 측에서 칭찬할 만한 상세한 시도들이 이루어져왔다. Stephen B. Clark, *Man and Woman in Christ* (Ann Arbor, Mich.: Servant, 1980), 371-570; 그리고 *Recovering Biblical Manhood and Womanhood: A Response to Evangelical Feminism*, eds. John Piper and Wayne Grudem (Wheaton, Ill.: Crossway, 1991), 280-331. 평등주의를 지지하는 것으로는 Mary S. van Leeuwen, *Gender and Grace: Love, Work and Parenting in a Changing World* (Downers Grove, Ill.: InterVarsity, 1990); van Leeuwen, *My Brother's Keeper: What the Social Sciences Do (and Don't) Tell Us About Masculinity* (Downers Grove, Ill.: InterVarsity, 2002)를 보라.

하지는 않는다.

이 다섯 범주의 질문은 모두 너무나 자주 결코 고려조차 되지 않고, 하물며 주의 깊게 충분히 생각되지도 않는다. 창세기에서 요한계시록에 이르는 황급한 여행을 할 때, 우리는 그것들 모두를 마음에 담아둘 것이다.

구약 살펴보기

창세기 1-3장

하나님께서는 다른 모든 것을 창조하신 후 아담('ādām)을 그의 형상대로 빚으셨다. 창세기의 화자는 이 용어를 새로운 종(種, 인간)을 가리키는 집합 단수 명사로 두 차례 사용한다(창 1:26, 27a). 26절에서 하나님은 인류에 대하여 생각하고 계심이 분명하다. 왜냐하면 그가 "그들에게" 나머지 창조물에 지배권을 행사하라고 위임하실 때 복수형 대명사를 가지고 'ādām을 다시 언급하시기 때문이다. 27a절은 히브리어 남성 단수 대명사로 다시 'ādām을 언급한다(하나님이 "그를" 창조하셨다). 그러나 고대 성서 언어들(히브리어, 아람어, 그리스어)은 약 30년 전까지의 영어처럼, 총칭적인 뜻(남성이나 여성, 또는 남성과 여성이 함께)을 나타낼 때 일관되게 남성 복수형을 사용했다. 27b절에서만 본문은 처음으로 'ādām을 "남자와 여자"로 구별하고, 복수형으로 다시 돌아간다(하나님이 "그들을" 창조하셨다). 따라서 남자와 여자는 다 같이 창조물에 대한 하나님의 유일한 청지기로서 동등하게 하나님의 형상을 지니고 있다.[10]

10_ 이 구절들에 관해서, 특히 Richard S. Hess, "Splitting the Adam: The Use of 'ādām in Genesis i-v," in *Studies in the Pentateuch*, ed. J. A. Emerton (Leiden: Brill, 1990), 1-15 와 비교하라.

계속해서 창세기 2장은 한 쌍의 인간 창조와 타락 이전 에덴동산에서의 그들의 짧은 삶을 훨씬 더 상세하게 이야기한다. 남자가 여자보다 먼저 창조되었다(7절). 현대 독자들은 이것을 경시하고 재빨리 넘어간다. 그러나 맏아들에게 유산 중 두 몫을 주었던(신 21:17, 표면상으로는 이미 창 27:19과 49:3에서 예시되고, 왕하 2:9에서 영적으로 승화되고, 눅 15:12에서는 전제되고 있음) 장자 상속에 관한 율법(둘 다 유대인의 성경과 주변 문화 안에 있었다)에 익숙한 고대 유대인들이 이것을 특권의 표시로 본 것은 당연했다.[11] 적어도 신약 시대에 바울이 그렇게 한 것으로 보인다(딤전 2:13). 물론 창세기 1장에서의 창조 순서가 동일한 논리를 따르지 않는 것은 분명하다. 인간이 맨 먼저 창조되지 않고 맨 마지막으로 창조되기 때문이다.[12] 그러나 고대 시대 독자라면(다윈 이전 세계에서) 아무도 인간이 종류 면에서 동물과 동일하다고 제안하지 않을 것이다. 지위 및 책임의 순서에 관한 질문이 부각되는 것은 바로 개개의 인간이 서로 비교될 때뿐이다.

하나님이 남자에게 주신 첫 임무는 각 동물의 이름을 지어주는 것이었다(19-20a절). 이것은 그가 지배권을 행사하라고 위임받은 것과도 어울린다. 그가 그들의 이름을 지어준 것은 그들에 대한 그의 권위를 반영한다(이후 유대교에서 계속되는 이해).[13] 하지만 어떤 동물도 남자에게 충분히 친밀한 동반자가 되지 못한다고 판명되었고, 하나님은 남자가 혼자 있는 것이 좋지 않다고 선언하시게 되었다. 따라서 어울리는 돕는 자(helper)가 창

11_ James B. Hurley, *Man and Woman in Biblical Perspective* (Grand Rapids: Zondervan, 1981), 207-9를 보라.

12_ 예를 들어, Linda L. Belleville, *Women Leaders and the Church: Three Crucial Questions* (Grand Rapids: Baker, 2000), 103.

13_ Thomas Finley, "The Relationship of Woman and Man in the Old Testament," in *Women and Men in Ministry: A Complementary Perspective*, eds. Robert L. Saucy and Judith K. TenElshof (Chicago: Moody Press, 2001), 55를 보라.

조될 것이었다(18절, 20b절). "돕는 자"를 위한 단어('ēzer)는 어떤 의미에서는 종속적인 역할을 할 사람을 시사한다. 사실 그 용어는 히브리어 성경에서 하나님에 대해서, 특히 그가 이스라엘의 인간 지도자를 도우실 때 그에 대하여 매우 자주 사용된다(예, 전쟁에서 왕들을 도우심 — 출 18:4; 신 33:7; 시 33:20). 그런 까닭에 에제르('ēzer)가 본래부터 열등한 것은 아니다. 실제로 그것은 특정한 콘텍스트에서 우월한 입장에 있는 누군가를 가리킬 수 있다. 다른 경우들에서 그것이 종속자인 것은 더욱 분명하다(사 30:5; 겔 12:14; 단 11:34). 그러나 각 콘텍스트에서 에제르('ēzer)를 "돕는 자"로 만드는 것은 그 또는 그녀가 문제의 활동을 위해 중요한 책임을 지고 있는 다른 누군가를 도우러 온다는 것이다.[14] 남자를 결코 그의 아내의 에제르('ēzer)라고 말하지 않는다는 것이 중요하다. 어쨌든 바울은 나중에 — 적어도 부분적으로 — 머리 됨에 대한 그의 이해를 이 창조된 역할들의 비가역성(irreversibility)에서 이끌어낸다. "남자가 여자에게서 난 것이 아니요, 여자가 남자에게서 났으며 또 남자가 여자를 위하여 지음을 받지 아니하고 여자가 남자를 위하여 지음을 받은 것이니"(고전 11:8-9).

다른 한편 창세기 2:18과 20b절에서 에제르('ēzer)는 남자와 잘 어울리는 사람임이 틀림없다. 영어 형용사 "suitable"(어울리는)은 3개 단어로 만들어진 히브리어 합성어를 옮긴 것이다. 이 히브리어 합성어를 따로따로 번역하면 "~에 따라"(according to), "~앞에"(in front of), "그"(him)를 의미한다(k + neged + ô). "그에게 상응하는"(corresponding to him)은 분명히 다른 어떤 번역 못지않은 훌륭한 자연스러운 영어 번역이다.[15] 하나님께서 남자

---

14. Bruce K. Waltke with Cathi J. Fredricks, *Genesis: A Commentary* (Grand Rapids: Zondervan, 2001), 88와 비교하라.
15. Kenneth A. Mathews, *Genesis 1-11:26* (NAC; Nashville: Broadman & Holman, 1996), 213과 비교하라.

의 갈비뼈 중 하나로 여자를 만드셨고(21-22절), 그 결과 그녀가 바로 그의 살과 뼈로 만들어졌다는(23a절) 후속 기술에서처럼, 여기서 둘 사이의 평등이 강조되고 있다. 이제야 남자는 "이것을 '남자'('îš, man)에게서 취하였은즉 '여자'('iššâ, woman)라 부르리라 하니라"(23b절)라고 외칠 수 있었다. 여기서 꼭 히브리어에서처럼 영어에서도 작용하는 희귀한 언어유희가 있다. 그가 나머지 창조물을 위하여 이름을 "불렀던"(called) 것과 똑같이, 이제 그는 그의 정당한 권위를 행사하고 그의 새로운 동반자를 위하여 이름을 "부른다"(calls).[16]

창조의 순서, 두 번째 사람의 이름을 짓는 과정, 그리고 그녀의 돕는 배필로서의 역할, 이 모든 것은 그녀가 어떤 의미에서는 종속적임을 시사한다. 그러나 이것은 아직은 죄가 없는 관계 — 완전한 사랑 안에서 행사되는 헤드십과 복종 — 다. 그리고 그때조차도 역할의 차이는 화자가 가장 강조하는 것이 아니다. 그렇기 때문에 그는 이 단락을 동반자 관계 속에서 그들의 결합을 상기시키며 맺는다. 첫 번째 인간 커플은 그들의 친밀함(처음에는 부끄럼 없는)에서, 그리고 "한 몸"으로서 함께 연합함에서 이후에 오는 모든 결혼의 모형이 된다(24-25절; 비교. 막 10:7-8과 평행본문; 엡 5:31).[17]

물론 파라다이스는 오래 지속되지 않는다. 창세기 3장은 곧 최초의 인간 커플이 죄에 빠짐과 그들의 불순종으로 인해 생긴 결과들에 관한 이야기로 나아간다. 뱀이 여자한테만 다가가서 그녀를 속였는데(1-5절) 하나님이 남자와 먼저 대면하시고 그의 반역을 설명하도록 요구하시는 것은(9-12절) 흥미롭다. 여자는 더 공격받기 쉬웠고, 남자는 더 책임이 있었는가?[18]

16_ Gordon J. Wenham, *Genesis 1-15* (WBC; Waco: Word, 1987), 70과 비교하라.
17_ Victor P. Hamilton, *The Book of Genesis Chapters 1-17* (NICOT; Grand Rapids: Eerdmans, 1990), 179-81과 비교하라.
18_ 이것은 어떤 이들로 하여금 성별 역할이 전도된 첫 번째 불행한 예로서 말하도록 이끈다. 예를 들

확신하기는 어렵다. 결국 6절은 둘 다 자유롭게 동일한 죄를 범했고, 7-8절은 그들이 둘 다 자신의 부끄러움을 가리고 하나님으로부터 숨음으로써 동일한 방식으로 반응했다는 것을 보여준다. 그리고 하나님은 남자에게 말씀하신 후 곧장 여자를 대면하시고(13절), 차례차례 둘에 대한 심판을 선언하신다(16-19절). 흥미롭게도 신약은 원죄에 관한 논의에서 아담에게 정확하게 두 차례 책임을 돌리고(롬 5:12-14; 고전 15:22), 하와에게 정확하게 두 차례 책임을 돌린다(고후 11:3; 딤전 2:14).

성별 역할과 관련하여 창세기 3장에서 더 중요한 사항은 남자와 여자 사이의 조화가 산산이 깨진다는 점이다. 그는 그녀에게 책임을 전가하고(12절), 그녀는 뱀에게 책임을 전가하며(13절), 하나님은 여자에게 "너는 남편을 원하고 남편은 너를 다스릴 것이니라"(개역개정, TNIV — "Your desire will be for your husband, and he will rule over you"; 16절)라고 말씀하신다. 다소 밋밋한 이 번역이 히브리어의 풍부한 진의를 가린다. 그들이 죄를 짓기 전에 여자에게 남자에 대한 욕망(desire)이 없었다는 뜻일 수는 없다. 그들은 "한 몸"이 되도록 창조되었다. 오히려 그것은 그녀의 욕망이 이제 어떤 식으로든 부패될 것이고 그들의 관계를 왜곡시킬 것이라는 뜻이다. 그러나 만약 욕망이 타락에 선행하였다면, 반드시 "다스리다"(rule) — 우리가 이미 논의했던 바로 그 권위의 행사 — 도 타락에 선행하였고, 오직 지금에서야 그것도 뒤틀리게 되었다. 데렉 키드너(Derek Kidner)의 기억에 남는 말로 하면, "'사랑하고 소중히 여기는 것'이 '바라고 지배하는 것'이 된다."[19] 효과적이게도 성경에서 "욕망"(*tĕšûqâ*)과 "다스리다"(*mašal*) 두 단어가 함께 등장하는 유일한 또 다른 곳이 창세기 바로 다음 장에 있다. 거기서 여호

어, Raymond C. Ortlund Jr., "Male-Female Equality and Male Headship," in *Recovering Biblical Manhood and Womanhood*, 107.

19_ Derek Kidner, *Genesis* (TOTC; Downers Grove, Ill.: InterVarsity, 1967), 71.

와는 가인에게 "죄가 문에 엎드려 있느니라. 죄가 너를 원하나 너는 죄를 다스릴지니라"(4:7) 하고 말씀하신다. 분명 여기서의 욕망은 응답으로서 단지 사랑하는 머리 됨이 아니라 지배를 요구하는 뒤틀린 욕망이다. 그렇기 때문에 3:16에서 여자에게 하신 하나님의 말씀은 남자와 여자가 어떻게 행동해야 하는지(should behave)에 대한 규정이 아니다. 슬프게도 그것은 그들이 종종 어떻게 행할지(will act) 보여주는 예측이다. 또한 그것은 머리 됨과 복종이 인간성 안으로 최초로 도입된 사례도 아니다. 그것은 죄로 인한 그것의 왜곡 상태에 대한 기술이다.

하나님이 말씀을 마치신 후 아담은 그의 아내에게 또 다른 이름, 즉 하와 ─ "살아 있다"라는 동사에서 유래 ─ 를 주는데, 이는 그녀가 모든 인간 생명의 어미가 될 것이기 때문이다(20절). 그러나 이 행동은 나중에 부모가 갓 태어난 자녀에게 이름을 줄 때 이름 짓는 방식과는 매우 유사하지만, 동물들의 이름을 짓는 방식과는 유사하지 않다.[20] 창세기 2장에서 어떤 구절도 결코 아담이 그들에게 피도, 스팟, 플리퍼 등과 같은 이름을 주었다는 것을 시사하지 않기 때문이다. 그는 단지 종(種)을 정하기만 하였다. 이름 짓기는 타락 이전에 시작되었다. 그것은 아담과 하와가 죄를 지은 이후에 새로이 왜곡된 권위의 첫 행사가 아니었다.

창세기 1-3장을 살펴본 결과, 본래 하나님의 남녀 창조 계획 안에는 신성하게 의도된 남자의 헤드십에 대한 암시들이 있다. 이 개념을 단지 타락의 결과로 귀속시킬 수는 없다.[21] 타락의 결과들은 구원이 점진적으로

20_ G. W. Ramsey, "Is Name-Giving an Act of Domination in Genesis 2:23 and Elsewhere?" *CBQ* 50 (1988): 24-35와 비교하라.

21_ 복음주의 상보주의자들뿐만 아니라 비복음주의 학자들 사이에서도 이에 대한 폭넓은 합의가 이루어졌다는 것은 의미심장하다(비복음주의 학자들은 이어서 그들이 발견한 패턴의 시간을 초월한 권위를 거부하기 시작한다). 특히 David J. A. Clines, "What Does Eve Do to Help? and Other Iredeemably Androcentric Orientations in Genesis 1-3," in *What Does Eve Do*

타도한다. 그러나 더 이상의 계시가 없다면 남편과 아내 사이의 관계에 대한 것이든, 모인 공동체 안의 하나님의 백성 가운데서의 리더십 역할에 대한 것이든 머리 됨의 함축적 의미를 결정하는 것은 불가능하다. 그렇기 때문에 우리는 계속해서 성경을 더 읽어나가야 한다.

구약의 나머지 부분

구약의 나머지 부분에서 기술된 관계가 가부장제의 관습 - 가정, 종교, 사회에서 대개 남성 리더십 - 을 반영한다는 것을 아무도 문제 삼지 않는다. 문제가 되는 것은 그리스도인이 이 관찰 결과를 어떻게 생각해야 하는가다. 예를 들어, 신약이 유대인의 음식 규정을 파기하거나 동물제사가 그리스도 안에서 성취되었기 때문에 더 이상 필요 없다고 보는 것처럼 가부장제도 폐지하는가?[22] 분명 이 질문에 대한 대답은 신약 자료에 대한 우리의 조사를 기다려야만 할 것이다. 그동안에 우리는 여성이 구약 자체 내의 리더십에서 무엇을 하였고 하지 않았는지(또는 할 수 있었고 할 수 없었는지) 결정하고 우리가 관찰한 것들의 중요성을 평가할 필요가 있다. 지면 관계상 가장 중요하고 대표적인 세부사항들을 단순히 나열하는 것 이상은 거의 할 수 없다.

학자들은 고대 이스라엘에서 종교적인 리더십 역할 - 제사장직 - 이 한결같이 남자들의 몫으로 남겨졌다는 데 동의한다(비록 여기저기서 그 법을 따르지 않았을 수도 있음을 시사하는 약간의 증거가 있지만). 아론과 그의 남성 후손

---

to Help? and Other Readerly Questions in the Old Testament, ed. David J. A. Clines (JSOTSup; Sheffield: Sheffield Academic Press, 1990), 25-48와 비교하라.

22_ 특히 Aída B. Spencer, *Beyond the Curse: Women Called to Ministry* (Nashville: Nelson, 1985), 29-42. Gilbert Bilezikian, *Beyond Sex Roles: A Guide for the Study of Female Roles in the Bible* (Grand Rapids: Baker, 1985)과 비교하라.

들만이 이 직분을 차지할 수 있었다(출 28장; 레 9장). 그러나 제한 규정에 대한 이 이유들은 논쟁의 대상이 된다. 전통적으로 유대교 및 기독교는 하나님이 그의 종교 지도자 가운데 "가장 높은" 직위를 남자들의 몫으로 남겨두심으로써 창조에서의 남성 헤드십의 원칙을 반영시키기 원하셨다고 추정한다.[23] 최근 들어 어떤 이들은 이스라엘이 단지 주변 문화의 가부장제에 적응하고 있었다고 제안한다.[24] 그러나 몇몇 고대 근동 사회에서는 확실히 여성 제사장이 있었다. 심지어 구약에서도 하나님은 그의 백성이 다른 민족과 구별되기 원하실 때, 그들에게 어떻게 명령해야 할지 알고 계셨다. 결과적으로 여전히 다른 저자들은 이스라엘이 어떻게 여성 제사장이 풍요제와 "모신"(母神) 숭배 풍습과 정기적으로 밀접하게 관계되었던 민족들과 구별됐는지 궁금해한다.[25] 하지만 이교도 풍습은 여성 제사장보다 남성 제사장에 의해 훨씬 더 많이 가르쳐졌다. 따라서 이 계획이 그 의도를 성취했을지는 불분명하다. 특히 수컷 희생 동물들에게 지배적인 역할을 관련시키는 보충 명령들(예, 레 9:3-4)과 나머지 백성보다 제사장을 위한 더 엄격한 결혼법(21:7-15)에 비추어볼 때, 전통적인 견해가 여전히 가장 좋은 견해로 보인다. 특권이 더해지면 더 큰 책임이 따른다!

그러나 이 한 직분 외에 고대 이스라엘의 공적 리더십에서 여성들에 대한 다른 어떤 제약이 있어 보이지 않는다. 여성들은 종종 여전히 예외로

23_ Thomas Finley, "The Ministry of Women in the Old Testament," in *Women and Men in Ministry*, 74와 비교하라.

24_ 예를 들어, Mary Hayter는 여자들이 제사장직을 맡지 못하도록 금지하는 것과 관련한 많은 요인을 인정하면서, "구약에서의 제사장직"을 철저히 논의한다. 그러나 여전히 문제의 핵심은 우리 사회와 크게 동떨어진 기독교 이전의 가부장적 사회의 문화적 틀이다(*The New Eve in Christ* [Grand Rapids: Eerdmans, 1987], 60-79).

25_ 예를 들어, Mary J. Evans, *Woman in the Bible* (Downers Grove, Ill.: InterVarsity, 1983), 30.

남아 있지만, 실제로 한두 번은 다른 모든 중요한 역할을 하였다.[26] 드보라는 여성 사사의 유일한 예를 대표한다. 사사는 왕위의 전신이었던 리더십 직분이었다(삿 4장). 본문은 어떤 남자도 그 역할을 수행할 수 없거나 수행할 의지가 없었기 때문에 그녀가 그 직분을 차지했다는 빈번한 견해를 뒷받침할 만한 증거를 제공하지 못한다. 실제 나타나는 증거는 군사령관 바락이 드보라 없이는 전쟁에 나가기 꺼리는 장면과 결과적으로 그가 자기 공훈을 세우기보다는 도리어 여자로 하여금 적장 시스라를 죽이게 만드는 수치를 초래할 것이라는 드보라의 흥미로운 대답이다(8-9절). 그리하여 드보라는 심지어 전통적인 틀 하나를 깨고 그녀의 백성을 모범적으로 지도하는 동안에도 가부장적 콘텍스트를 인정한다.[27]

또한 여성들은 구약에서 예언자로서 나타나기도 한다. 가장 주목받는 이들은 미리암(출 15:20-21)과 훌다(왕하 22:11-20)이다. 예언자는 매우 고귀한 임무 — 죄를 지은 왕을 대면하고(다윗과 함께한 나단이나 아합과 함께한 엘리야를 상기시킴) 백성에게 하나님의 말씀을 직접적으로 선포하는 임무 — 를 수행했다. 그러나 예배 동안이나 매일 장막, 성전, 또는 회당을 관리하는 일에서 정기적이고 예상 가능한 리더십 기능을 수행한 것 같지는 않다.[28] 따라서 그들을 기독교의 목사나 장로에 비유하는 것은 부적절해

26_ 상세한 조사를 위하여, Athalya Brenner, *The Israelite Woman: Social Role and Literary Type in Biblical Narrative* (Sheffield: JSOT Press, 1985)를 보라. 또한 *Essays on Women in Earliest Christianity*, ed. Carroll D. Osburn (Joplin, Mo.: College Press, 1993-1995), 1:25-39; 2:37-153; Carol L. Meyers, *Discovering Eve: Ancient Israelite Women in Context* (New York: Oxford Univ. Press, 1988)을 보라.

27_ K. Lawson Younger Jr., *Judges* (NIVAC; Grand Rapids: Zondervan, 2002), 159와 비교하라.

28_ Joseph Blenkinsopp이 요약한 바와 같이, "예언자와 제사장 사이의 중요한 차이는 전자는 부름 받은 반면에 후자는 직분에 임명되므로 개인적인 은사 수여를 통해서가 아니라 직분의 힘으로 구원을 베푼다는 점이다"(*Sage, Priest, Prophet: Religious and Intellectual Leadership in Ancient Israel* [Louisville, Ky.: Westminster, 1995], 79). 예언자들의 사역에 대한 훌륭한 개론을 위하여, 그의 115-65; 또한 David L. Petersen의 *The Roles of Israel's Prophets* (Sheffield:

보인다.[29]

비록 여자들이 일반적으로 이스라엘 군대와 함께 전장에 나가지는 않았지만, 가끔 그러한 전투에서 중요한 역할을 했다. 우리는 이미 야엘을 암시했다. 그녀는 드보라와 바락 때에 시스라를 처형하였다(삿 4:17-24). 이와 비슷하게 사사기 9:53에서는 무명의 여자가 망대에서 맷돌을 떨어뜨려 아비멜렉을 죽이고 전쟁을 종식시켰다. 세계 역사 전반에 있는 많은 가부장적 문화에서처럼, 군림하는 이스라엘 왕의 딸들은 왕좌를 물려받을 아들이 없을 때는 심지어 여왕도 될 수 있었다. 단 하나의 정경적 실례인 아달랴가 의롭기보다는 더 사악하다고 판명되었다고 해서(왕하 11장) 이를 결코 그녀의 성별 탓으로 돌릴 수 없다. 이스라엘과 유다의 (남자) 왕들 대부분 역시 사악하다고 판명되었다. 그리고 비록 에스더가 "단지" 왕의 아내로서만 왕비 역할을 했지만, 그녀는 자기 이름으로 된 책 전체에서 훌륭한 정경적 반례가 되고 있다. 그것은 외국 이방인의 궁궐에서 유대인 이웃들을 대량학살하려는 민족 가운데서 자기 역할을 다하는 도전적인 배경에 의해 분명히 더욱더 인상적으로 만들어졌다![30]

흥미를 돋우는 모호한 리더십 범주는 "지혜로운 여인"의 범주였다. 사무엘하 14장에서 드고아의 지혜로운 여인은 예언자와 매우 흡사한 방식으로 다윗 왕에게 조언자 역할을 한다. 요압과 대화한 아벨 벧마아가의 지혜로운 여인에 대해서도 동일한 것을 말할 수 있다(20:14-22). 어떤 것도

JSOT Press, 1981)을 보라.

29_ 예를 들어, Rebecca M. Groothuis, *Good News for Women: A Biblical Picture of Gender Equality* (Grand Rapids: Baker, 1997), 189-207에서 "The Bible and Women in Leadership"이란 제목의 장과 비교하라. 이 장은 신구약에서 리더십에 있는 여자들의 주요 역할을 옳게 지적하지만, 리더십의 단계에 대한 문제를 충분히 다루지 못하고, 그리하여 만약 특정 역할이 개방적이면, 그것들 모두가 개방적이어야만 할 것처럼 만든다.

30_ Karen Jobes, *Esther* (NIVAC; Grand Rapids: Zondervan, 1999)는 페미니스트 관심사에 특히나 민감하고 그것들과의 상호작용에 균형이 잡혀 있다.

신약의 목사나 장로와의 유사성을 시사하지 않는다. 오히려 이 여자들의 역할은 시의회의 지도자와 더 유사하다.[31]

구약 시대에 여성의 다른 역할은 공적 리더십의 문제와 직접적으로 관련되어 있지 않으나, 여전히 지배적인 가부장제가 부분적으로 어떻게 개선되었는지 보여준다. 슬로브핫의 딸들은 법률이 인정하는 남자 상속자가 없을 때 여자가 재산을 물려받을 수 있다는 중요한 전례를 만들었다(민 27:1-11). 하나님의 지혜는(그 반대인 "어리석음"처럼) 여자로서 의인화된다 (특히, 잠 8-9장을 보라). 이는 신구약 중간기에 지속적으로 발전하고 예수께서 자신을 야웨와 직접적으로 동일시하지 않고 신적인 특권을 주장하신 것의 중요한 배경이 된 이미지다(예, 눅 7:35).[32] 잠언 31:10-31의 현숙한 여인은 현대 보수적인 그리스도인들의 많은 고정관념을 무시한다. 그녀는 강하고 영향력 있고 매우 존경받으며 또한 가족을 부양하기 위하여 열심히 일하는 여성 사업가다. 그럼에도 불구하고 성읍의 장로 중 한 명이 그녀의 남편이라는 사실은(23절) 적어도 어느 정도의 전통적 역할 차별을 시사한다.[33] 또한 정탐꾼들을 맞이하고 자신의 적들이 믿는 하나님을 인정하는 라합(수 2장)과, 룻이 보아스에게 어떻게 청혼해야 할지 계획하는 나오미와, 룻(룻 3:9)의[34] 강하고 반문화적인 태도뿐 아니라 아가서 전체에 걸쳐 이름이 밝혀지지 않은 여자가 주도권을 쥐고 구애하는 진취성에 주목한다.[35] 마지막으로 자녀들이 아버지와 어머니 두 분 모두의 지시에 동일

31_ Joyce Baldwin, *1 & 2 Samuel* (TOTC; Downers Grove, Ill.: InterVarsity, 1988), 280.

32_ 특히, Ben Witherington III, *Jesus the Sage: The Pilgrimage of Wisdom* (Minneapolis: Fortress, 1994)을 보라.

33_ Jack P. Lewis, "The Capable Wife (Prov 31:10-31)," in *Essays on Women in Earliest Christianity*, 2:155-80과 비교하라.

34_ 이 해석을 옹호하기 위하여 Robert L. Hubbard Jr., *The Book of Ruth* (NICOT; Grand Rapids: Eerdmans, 1988), 212를 보라.

하게 순종하도록 명령받음을 인지하는 것은 중요하다(출 20:12; 잠 1:8).

그럼에도 불구하고 대부분의 구약 삶은 분명히 남성을 사회, 예배, 가정에서 중요한 리더십 역할에 둔다. 그리고 이따금 현대 그리스도인들을 깊이 괴롭힐 수 있는 관습이나 구절이 등장한다. 일부다처제가 결코 명령되지는 않았더라도, 하나님께서 그것을 용인하셨다고 어떻게 설명할 수 있는가?(한 대답의 핵심 부분은 일부다처제가 실제로 아주 드물었다고 말한다. 구약은 그것을 오직 13회만 언급한다. 이 중 12회는 다수의 아내를 가질 형편이 되는 왕이나 다른 매우 부유한 사람들을 포함한다![36]) 게다가 필리스 트리블(Phyllis Trible)이 "폭력의 본문들"(texts of terror)[37]이라는 별명을 붙인 본문 — 디나의 강간(창 34장), 다말의 유혹(삼하 13:1-22), 입다의 딸 희생(삿 11:29-40), 레위인 첩의 성폭행 및 절단(삿 19장) — 이 있다. 물론 이 본문들 각각의 콘텍스트는 심히 죄 된 행위를 반영하였으나 그럼에도 하나님이 그것들을 허용하셨음을 분명히 한다. 사람이든(레 12:1-5; 27:1-8) 동물이든(민 15:22-29), 여성(암컷)들의 생명을 남성(수컷) 상대들보다 다소 덜 중시하는 것으로 보이는 법률을 설명하기가 훨씬 더 어려울지도 모른다.

물론 그리스도인은 비록 신약이 그 자체로 문제 있는 본문들 — 우리가 곧 살펴볼 본문들 — 을 포함할지라도 이 골치 아픈 불공정한 사례 중 어떤 것도 신약으로 이어지지 않는다고 정확히 지적할 수 있다. 그러나 먼저 우리는 타락 이후 구약의 발달 단계들에 대한 너무나 빠른 이 조사로부터 드러난 몇 가지 원칙을 요약해야 한다.

35_ 특히 Tremper Longman III, *Song of Songs* (NICOT; Grand Rapids: Eerdmans, 2001)와 비교하라.

36_ Walter C. Kaiser Jr., *Toward Old Testament Ethics* (Grand Rapids: Zondervan, 1983), 182-90을 보라.

37_ Phyllis Trible, *Texts of Terror: Literary-Feminist Readings of Biblical Narratives* (Philadelphia: Fortress, 1984).

우선 고대 이스라엘을 둘러싸고 있는 몇몇 사회에서 그랬던 것처럼 어떤 곳에서도 여성을 단지 재산으로 보지 않는다. 가끔 제기되는 반대 주장에도 불구하고, 히브리어 성경은 한결같이 여성을 남성 못지않게 하나님의 형상으로 창조된 완전한 인격으로서 기술한다.[38] 사실 잠언 19:14은 조상으로부터 상속되는 재산을 "여호와께로서 말미암는" "슬기로운 아내"와 명백하게 대조시킨다.

둘째, 고대 이스라엘에서의 리더십 역할로부터 현대교회를 추정하는 것에 주의하여야 한다. 심지어 여전히 목사를 제사장이라고 칭하는 교단들에서도 이스라엘 제사장과 오늘날 목사의 역할 사이에 정확한 상응관계가 없다. 결국 그리스도는 우리를 위하여 우리의 제사장적 중보자가 되셨고, 어떤 면에서 모든 그리스도인은 예수 그리스도를 통하여 하나님께 직접 나갈 수 있기 때문에 제사장들이다(벧전 2:5). 그럼에도 불구하고 구약의 제사장은 성전 봉사의 핵심 요소들을 이끌고 지도하였던 사역자의 유일하게 제도화된 직분으로서 이스라엘의 예언자나 사사보다는 오늘날의 목사-장로에 훨씬 더 가까운 상대자다.[39]

셋째, 우리가 조사한 구약에서의 여성의 역할 중 어떤 것도 제사장직만큼 종교적 리더십과 직접적으로 연결되어 있지 않은 반면에, 교회와 국가가 분리되지 않은 신정사회에서 모든 대중 지도자나 정치 지도자는 필연적으로 종교의 특정한 문제들을 가르치고 법률로 제정했을 것이다. 따라서 제의 리더십에서 가장 중심 역할이 남성들의 몫으로 남겨졌긴 하

38_ Alice O. Bellis (*Helpmates, Harlots, and Heroes: Women's Stories in the Hebrew Bible* [Louisville, Ky.: Westminster, 1994])의 상세한 조사와 비교하라. 우머니스트(womanist) 해석가로서 그녀는 여전히 그녀가 비하하는 역할과 묘사라고 믿는 것들을 주저하지 않고 지적한다.

39_ 제사장직에 대하여 더 일반적으로 다룬 훌륭한 개론을 위하여, Blenkinsopp, *Sage, Priest, Prophet*, 66-114; 그리고 Richard D. Nelson, *Raising Up a Faithful Priest: Community and Priesthood in Biblical Theology* (Louisville, Ky.: Westminster, 1993)를 보라.

지만, 여성들이 가르치고 종교적 문제들에 대해 남자들에게 적절한 권위를 행사했을 많은 다른 콘텍스트가 확실히 있었다.

넷째, 가부장제의 강압적인 모습이 의심의 여지없이 인간의 죄와 죄의 악한 결과들 때문으로 여겨지는 반면에, 가부장제의 모든 면 — 심지어 남성 헤드십의 가장 충실한 예들을 포함하여 — 을 단순히 타락한 세상에서의 삶 탓으로 돌리기는 어렵다. 밝혀진 바와 같이 여성들이 한 영역을 제외한 모든 영역에서 리드하도록 허용되는 패턴은 연속되는 우리 연구의 주요 단락 각각에서 되풀이될 것이다. 그 연구의 요지에 의하면 이를 단순히 우연의 일치나 순응에 기인한다고 보기는 매우 어렵다.

다섯째, 유대인 페미니스트 저술가들이 자주 지적하는 바와 같이, 기독교 페미니스트들 — 복음주의자이든 자유주의자이든 — 은 너무나도 쉽게 구약의 모든 가부장제가 단순히 복음에 의해 뒤집혔다고 단정지어버린다. 구약은 여전히 그리스도인들에게 권위 있는 책으로 남아 있다. 이는 다른 무엇보다도 우리가, 하나님이 심지어 "과거 당시에"(back then)도 하셨던 방식으로 일을 정리하시는 데서 그분의 정의를 확언할 수 있어야 함을 의미한다. 더욱 미묘하게도 고대 이스라엘의 가부장제 대부분 또는 전부를 인간의 죄성에 기인한다고 생각하는 것은 너무 성급하게 기독교는 좋고 유대교는 나쁜 것으로 간주하고 싶어 하는 반유대주의의 기미가 있다![40]

그럼에도 불구하고, 그리고 마지막으로, 구약은 단연코 제약을 두지 않고 모은 책들이다. 후기 예언자들은 하나님이 인간의 마음에 그의 율법을 기록하고, 새로운 언약을 세우고, 일반적으로 그의 말씀에 더 큰 순종을 가능하게 하실 새로운 메시아 시대를 내다보고 있다. 요엘 2:28-32만큼 이

40_ 이 주제들이 Ross S. Kraemer and Mary R. D'Angelo, eds., *Women and Christian Origins* (New York: Oxford Univ. Press, 1999) 전체에 걸쳐 반복되고 있다.

사실이 예리하게 파악된 곳은 어디에도 없다. 또한 이 본문은 성별 역할에 대한 논쟁과 직접적인 관련이 있다.

> [28]그 후에 내가 내 영을 만민에게 부어주리니
> 너희 자녀들이 장래 일을 말할 것이며
> 너희 늙은이는 꿈을 꾸며
> 너희 젊은이는 이상을 볼 것이며
> [29]그때에 내가 또 내 영을 남종과 여종에게 부어줄 것이며…
> [32]누구든지 여호와의 이름을 부르는 자는 구원을 얻으리니….

요엘은 우리가 "차별"이라고 부르는 것에 이르게 하는 인간이 세운 모든 장벽이 새 언약의 시대에 성령의 은사 안에서 없어질 것이라고 힘주어 주장한다. 정확히 이것은 새날이 도래하였다고 선언하기 위하여 베드로가 오순절에 인용한 바로 그 본문이다(행 2:17-21). 그러므로 우리는 적어도 성별 역할과 관련한 몇몇 핵심 쟁점이 우리가 신약에 다다를 때 달라질 것을 기대하여야 한다.

신구약 중간기의 발전 단계

마지막으로 기록된 구약 문서(말라기 – 기원전 약 425년)와 가장 이른 시기의 신약 책들(아마도 야고보서와 초기 바울 서신들 – 기원후 50년 직전) 사이에 거의 500년의 시간이 흐른다. 그러므로 우리는 그 시기 동안 유대교에서의 관련 있는 발전 단계뿐만 아니라 기독교가 탄생한 그리스-로마 세계에서 널리 유행한 문화에 관하여 적어도 몇 가지를 언급할 필요가 있다.

흥미롭게도 널리 만연한 가부장제가 계속되는 동안 종교적인 리더십을 가진 여성들을 향한 유대교의 태도는 랍비 시대(기원후 70년 이후 몇 세기 동안의 기간)보다 실제로 더 다양하고 가끔은 더 개방적이다.[41] 베르나데트 브루텐(Bernadette Brooten)은 "통치자들"(rulers)과 "장로들"을 포함하여 다양한 형태의 회당 지도부에 있는 여성의 수많은 예를 목록으로 만들었다(비록 여자를 정식 종교 교사나 랍비로서 명확하게 언급한 예가 없는 것은 분명하지만).[42] 게다가 여자들이 인격인가 아니면 자산인가에 관하여 미쉬나(기원후 약 200년)에서 일어날 수 있었던 논쟁은 제2성전 시대의 유대 문헌에 전혀 유례가 없다. 그 시대에는 구약 신학이 여전히 더 지배적이다.[43] 동시에 심지어 기독교 이전 시대에 "모든 유대교 자료는 동일하게 이상적인 사회상을 묘사한다. 여성들은 그들에게 요구된 것을 제공해야 한다. 즉 법적 상속자를 낳고, 가사를 하고, 남편에게 충실하고, 그들과 관련 없는 다른 남자들과의 접촉을 피하고, 또는 남편의 삶을 더 유쾌하게 만들기 위하여 그들의 아름다움을 사용해야 한다. 이 완전한 행동에서 벗어나는 여성들은 모든 자료에 의하여 사악한 여자로 묘사되고 있다."[44]

1세기 그리스-로마의 여성들은 몇 가지 점에서 유대인 여성보다 덜 제한된 삶을 영위하였다. 소크라테스와 플라톤은 적어도 이론적으로는 신구약 중간기의 유대 문학에서 발견되는 어떤 것보다도 여성이 남성과 훨

41_ Meir Bar-Ilan, *Some Jewish Women in Antiquity* (Atlanta: Scholars, 1998); Leonard J. Swidler, *Biblical Affirmations of Woman* (Philadelphia: Westminster, 1979)이 조사한 것들을 보라.

42_ Bernadette J. Brooten, *Women Leaders in the Ancient Synagogue: Inscriptional Evidence and Background Issues* (BJS 36; Chico, Calif.: Scholars Press, 1982).

43_ Judith R. Wegner, *Chattel or Person? The Status of Women in the System of the Mishnah* (Oxford: Oxford Univ. Press, 1988)을 보라.

44_ Tal Ilan, *Jewish Women in Greco-Roman Palestine* (Peabody, Mass.: Hendrickson, 1996), 226.

씬 더 평등하다는 철학적인 견해를 발전시켰다. 그럼에도 불구하고 아리스토텔레스의 더 전통적인 견해가 훨씬 더 영향력 있었다.[45] 로마 여성들은 점점 더 많은 법적 자유를 부여받고 있었다. 예를 들어, 그들은 자신이 누구와 결혼할지를 스스로 결정할 수 있었다. 이 자유는 긍정적이고도 부정적인 결과를 초래하였다.[46] 브루스 윈터(Bruce Winter)는 "신로마 여성들"이라 불리는, 즉 종종 난잡한 생활 방식을 정당화하기 위해 그들의 성적인 해방을 이용하는 여성들의 출현을 묘사한다.[47] 역사 전체를 통하여 드러난 많은 문화권에서처럼, 소수의 부유한 그리스-로마 여성들은 보통 여성이 누릴 수 없었던 특권과 자유 – 교육에의 접근, 시민 후원, 노예들이 집안일을 해주었기 때문에 다양한 취미와 직업을 가질 여가 시간, 종교 그룹에서의 리더십 – 를 정기적으로 즐겼다.

동시에 악명 높은 로마의 "부권"(patria potestas)은 남편에게 아내와 자녀들에게 신체적인 체벌을 가할(심지어 노예는 불순종할 경우 그들을 처형할 수 있는) 권리를 포함하여 가정의 머리로서 거의 무제한적인 권한을 주었다. 충분히 발달한 현대 평등주의는 어떤 측면에서도 그리스-로마 사회의 핵심적인 특징들을 반영하지 않는다.[48] 만약 예수와 사도들이 구약이나 유대적

45_ Prudence Allen, *The Concept of Woman: The Aristotelian Revolution, 750 BC-AD 1250* (Grand Rapids: Eerdmans, 1997); Eva Cantarella, *Pandora's Daughters: The Role and Status of Women in Greek and Roman Antiquity* (Baltimore, Md.: Johns Hopkins Univ. Press, 1987); Matthew Dillon, *Girls and Women in Classical Greek Religion* (London: Routledge, 2002)에 있는 조사들과 비교하라.

46_ 특히, Jane F. Gardner, *Women in Roman Law and Society* (Bloomington, Ind.: Indiana Univ. Press, 1986)를 보라. 또한 Suzanne Dixon, *Reading Roman Women: Sources, Genres, and Real Life* (London: Duckworth, 2001)와 비교하라.

47_ Bruce W. Winter, "The 'New' Roman Wife and 1 Timothy 2:9-15: The Search for a Sitz im Leben," *TynBul* 51 (2000): 285-94.

48_ 특히, Deborah F. Sawyer, *Women and Religion in the First Christian Centuries* (New York: Routledge, 1996); Sarah B. Pomeroy, *Goddesses, Whores, Wives, and Slaves:*

양육에서 평등주의를 배우지 않았다면, 그리스-로마의 문화도 그들에게 평등주의를 가르쳐주지는 않았을 것이다. 물론 그들이 관련 있는 모든 배경에서 동떨어져 있을지도 모른다. 그러나 이것이 사실인지 확인하기 위해서는 신약 문서 속으로 나아가야 한다.

신약 살펴보기

예수와 복음서

마태복음, 마가복음, 누가복음, 요한복음에 있는 예수의 생애와 가르침에 대한 정보가 구약의 관례와 신구약 중간기의 발달 단계를 배경으로 평가될 때, 여성에 관한 매우 명확한 자료들이 눈에 띈다.[49] 마태의 예수 족보는 5명의 여성에 대한 언급을 포함하고 있다(마 1:1-17). 이는 유대인 족보에서 흔치 않은 일이다. 다말, 라합, 룻, 그리고 밧세바("우리야의 아내" — 6절)는 더욱더 눈에 띈다. 왜냐하면 이들은 모두 이방인이며, 모두 사회통념에 어긋나는 결혼을 했다는 의혹을 받았기 때문이다(옳건 그르건). 마찬가지로 예수의 어머니 마리아는 간음이란 오명 — 믿기 힘든 처녀의 임신 이야기에 대하여 신흥 기독교를 비판하는 많은 이들이 받아들일 수 있었던 유일한 대안 — 을 안고 살았다. 마태는 그의 족보에서조차 예수께서 모든 민족, 심지어 가장 소외된 사람들 — 물론 많은 여성을 포함한 — 을 위한 메시아로

Women in Classical Antiquity (New York: Schocken, 1975)의 개요를 보라.

49_ Ingrid R. Kitzberger, ed., *Transformative Encounters: Jesus and Women Reviewed* (Leiden: Brill, 2000); 그리고 Elisabeth Moltmann-Wendell, *The Women around Jesus* (New York: Crossroad, 1982)와 비교하라.

서 오셨음을 강조하기 원하는 것으로 보인다.[50]

마찬가지로 누가의 출생 이야기는(1-2장) 태어나는 특별한 두 아기의 어머니 역할을 부각시킨다. 마치 엘리사벳과 마리아의 관점에서 이야기되고 있는 것 같다. 아마도 두 여인 중 한 명 또는 두 명 모두가 실제로 이 정보를 누가에게 전달하는 책임이 있었을 것이다.[51] 예수의 성인 사역에 대한 누가의 소개는 여성들을 포함하여 유대 사회의 버림받은 사람들을 돌보려는 예수의 관심을 강조한다. 다양한 복음서에서 예수의 수많은 핵심 기적은 특히 개인 여성들을 위하여 행해졌다. 시몬 베드로의 장모를 열병에서 치유하시고(막 1:29-31 평행본문), 혈루증을 앓아온 여자의 출혈을 멈추게 하시며(5:25-34 평행본문), 야이로의 딸을 죽음에서 일으키셨다(5:21-24, 35-43 평행본문).

예수와 수로보니게 여자의 난해한 에피소드(막 7:24-30 평행본문)는 표면상으로는 전형적인 유대인 우월주의자이자, 자민족 중심주의자적인 태도로 예수가 여자를 피하는 모습으로 시작한다. 하지만 그는 그녀의 요청을 들어주어 그녀의 딸을 고쳐주고 그녀의 큰 믿음을 칭찬하며 마무리 짓는다(마 15:28). 이 단락에서 그 밖에 무슨 일이 벌어지고 있든지(그리고 많은 제안이 있었다), 그는 분명히 이 만남을 전형적인 성공적 결말로 끝낸다. 아마 그는 그녀로 하여금 말하게 함으로써 그가 알고 있는 그녀의 통찰력과 끈기를 공개적으로 드러내도록 고의로 그녀를 자극하셨을지도 모른다.[52]

50_ Craig L. Blomberg, "The Liberation of Illegitimacy: Women and Rulers in Matthew 1-2," *BTB* 21 (1991): 145-50와 비교하라.

51_ Stephen Farris, *The Hymns of Luke's Infancy Narratives* (JSNTSup 9; Sheffield: JSOT Press, 1985)와 비교하라.

52_ 선택사항들에 대한 개요를 위하여, Glenna S. Jackson, *"Have Mercy on Me": The Story of the Canaanite Woman in Matthew 15.21-28* (JSNTSup 228; London: Sheffield Academic Press, 2002)을 보라. Jackson 자신도 그 여자가 스스로 새로운 정체성을 부여받는 "비탄에 빠진 시편 기자"같이 된다고 제안한다. 다음으로 마태는 "적국 여성들"(enemy women)

특별히 주목할 만한 이야기는 예수를 식사에 초대한 바리새인의 집에서 죄를 지은 여자와의 만남이다(눅 7:36-50).[53] 예수는 그 여자가 헌신의 표시로 그의 발에 향유로 "기름 붓고" 그녀의 머리로 닦아내도록 허용하신다. 유대 문화에서 그녀의 행위는 많은 사람에게 그녀가 성적으로 접근하는 매춘부임을 시사했다. 그러나 예수께서는 그녀의 마음을 아시고 그녀의 사랑—그녀의 구원의 표시—을 칭찬하시며, 심지어 그를 초대해놓고도 관습에 따른 환대의 표시조차 하지 않은 집 주인을 비판하는 기회로 삼으셨다.[54] 이 이야기 직후 누가는 어떻게 예수의 순회단이 몇몇 여성을 포함했는지 설명한다. 또한 그들은 그룹의 재정적인 필요를 도왔다(8:1-3). 이런 식으로 스승의 사역에 협력자로서 함께 여행하는 남성들과 여성들이 많은 사람을 아연케 했을 것이다. 그러나 예수께서는 분명히 그것에 아무런 문제가 없다고 보셨다.

베다니에서의 마리아 및 마르다와 예수의 유명한 이야기는 중요시되어왔다(눅 10:38-42). 한편 예수는 명백히 가정 내의 관습적인 역할을 무너뜨리고 계셨다. 그는 마리아가 그의 발치에 앉도록 용납하신다(39절). 이는 랍비에게서 토라를 배우는 사람의 자세이며, 정확히 후에 랍비의 가르침들이 통상적으로 금지하려 했던 역할이다.[55] 마르다의 가사 책임에 대한 몰두는 필요한 "한 가지"(one thing)가 아니다(42절). 다른 한편 마리아가(또

이 그의 유대-기독교 공동체의 정회원이 되는 패러다임으로서 그녀의 이야기를 사용한다.

53_ 이 단락은 나중에 베다니의 마리아가 기름 부은 단락과 혼동해서는 안 된다(막 14:1-9 평행본문; 요 12:1-8). 거기서는 여자 주인공의 편에서 죄에 대한 힌트가 없고, 상징주의가 그리스도의 죽음을 위한 준비를 다룬다.

54_ Craig L. Blomberg, "'Your Faith Has Made You Whole': The Evangelical Liberation Theology of Jesus," in *Jesus of Nazareth, Lord and Christ*, ed. Joel B. Green and Max Turner (Grand Rapids: Eerdmans, 1994), 80-82와 비교하라.

55_ Spencer, *Beyond the Curse*, 58가 옳게 지적하고 있다.

는 다른 어떤 여자든) 예수께 배운 핵심적인 이유는 그녀가 다른 사람을 가르칠 뿐 아니라 "권위 있는 리더십 직위를 차지"하기 위해서였다고 결론 내리는 것은 본문이 말하거나 의미하는 것을 넘어선다.[56] 흥미롭게도 요한복음 11장은 나사로의 부활 이야기에서 그들의 다양한 역할을 가지고 마르다의 행동주의와 마리아의 묵상을 확증한다.

야곱의 우물에서 예수와 사마리아 여자가 나눈 대화에 관한 요한의 상세한 이야기(요 4:1-42)는 독특한 방식으로 버림받은 몇몇 사람들에 대한 예수의 관심을 보여준다. 그의 대화 상대자는 여자일 뿐 아니라 사마리아인이요(보아하니[57]), 참담한 성적 이력이 있다. 그러나 예수께서는 은혜와 기지로 그녀가 그녀 자신과 그에 대해 정확하게 이해하도록 인도하신다. 그리고 그녀는 결국 자신의 백성들에게 복음전도자가 된다. 비슷한 맥락에서 모든 복음서는 (예수를 보기도 하고 그의 출현에 대하여 다른 사람들에게 전할) 부활의 첫 목격자들이 모두 여자였다는 데 동의한다(막 16:1-8 평행구문). 그들은 남자 제자 대부분이 도망갔을 때에도 십자가에 처형되는 예수 곁에 머무르고 그가 어디에 묻히는지 지켜보았다. 대부분의 유대교 법률 콘텍스트에서 여성의 증언이 채택될 수 없었다는 사실을 고려하면 부활 이야기의 이 요소는 결코 조작되지 않았을 것이다. 이것은 "사도들에게 파송된 사도들"(apostles to the apostles)로서 여성에 대한 예수의 반문화적 신임을 보여준다.[58]

56_ Ibid., 62와 대조된다.

57_ 적어도 그녀가 내내 부도덕한 남자들의 희생자였을 가능성이 있다. 왜냐하면 그녀 자신이 이혼을 주도할 권한이 없었을 것이고, 현재 그녀의 동반자는 그러한 과거가 있는 여자와 법적 결혼을 원하지 않았을 수도 있기 때문이다. 우리에게는 어느 쪽이다 말할 수 있는 증거가 없다. 심지어 어느 한쪽의 가능성을 제기하는 학자들이 거의 없다는 사실은 무의식적이라 할지라도 견고한 성차별주의적 해석에 관하여 무언가를 말해준다! Alice Mathews, *A Woman Jesus Can Teach* (Grand Rapids: Discovery House, 1991), 24-26를 보라.

58_ 예수의 사역 이러한 측면에 대하여 Satoko Yamaguchi, *Mary and Martha: Women in the*

결혼과 이혼 제도에 대한 예수의 가르침은 성별에 따라 분명한 이중 잣대를 가진 문화 속에서 남성과 여성을 향한 눈에 띄게 동등한 대우를 포함한다(마 5:32; 막 10:11-12). 누가복음은 자주 누가가 고의적으로 남성과 여성을 동등한 지위에 놓고 있음을 시사하는 방식으로 그들에 대한 이야기를 짝짓는다. 마리아와 사가랴 둘 다 그들의 아이들을 통하여 다가오는 하나님의 구원에 대하여 하나님께 찬양한다(눅 1:46-55, 67-79). 시므온과 안나는 갓 태어난 아기 그리스도를 보여주신 것에 대하여 하나님을 찬양하는 유대인으로 의로운 노인들이다(2:25-35, 36-38). 나중에 누가는 불구인 여자와 수종병이 든 남자에 대한 논란의 소지가 있는 예수의 안식일 치유 사건을 연속적으로 이야기한다(13:10-17; 14:1-6). 각 경우에 예수는 병든 사람에 대한 관심이 더욱 정당하다고 판명될 수 있도록 안식일에 동물을 돌보는 바리새인의 전통에 호소함으로써 그의 행동을 정당화하신다(13:15-16; 14:5-6). 마지막으로 겨자씨와 누룩(13:18-21), 잃은 양과 잃은 드라크마(15:3-10)로 알려진 두 쌍의 비유는 각각 주도적인 인물로서 한 남자와 한 여자를 평행하는 유비로 제시한다. 적어도 예수께서는 그의 청중 안에서 남성과 여성이 동등하게 관계하고 호소하기 원하신다. 후자의 쌍에서 그는 어떤 의미에서 목자와 여자가 각각 하나님을 상징하도록 목자에 관한 이야기를 여자에 관한 이야기와 결합시키신다![59]

그렇지만 그의 문화에 비해 이 모든 주목할 만한 "진보"(advances)에도 불구하고 예수께서는 결코 완전히 발달한 평등주의를 장려하지 않으신다. 그와 그의 제자들을 평등한 사람의 집단으로 그리는 낭만적인 묘사

World of Jesus (Maryknoll: Orbis, 2002); Richard Bauckham, *Gospel Women: Studies of the Named Women in the Gospels* (Grand Rapids: Eerdmans, 2002)를 보라.

59_ Jane Kopas, "Jesus and Women: Luke's Gospel," *ThTo* 43 (1986): 192-202와 비교하라.

에도 불구하고,[60] 복음서는 예수를 다른 사람들에게 어떻게 살아야 하는지 가르치는 권위 있는 인물로 명료하게 그린다. 그는 세 명의 최측근 추종자로 이루어진 핵심 그룹을 갖고 계시고(베드로, 야고보, 요한 — 막 5:37; 9:2; 14:33), 그들은 열두 "사도들"(apostles) — 예수 자신으로부터 바깥쪽으로 나아가는 리더십의 다음 집단 — 의 일부를 형성한다. 그다음에 단순히 "제자들"(disciples)이라 불리는 더 큰 추종자 그룹이 온다. 이 그룹은 환경에 따라서 늘어나기도 하고 줄어들기도 한다.[61] 오직 이 그룹에서만 여자들이 등장한다. 물론 예수의 최측근 추종자 12명 중 한 명을 여자로 세우는 일은 그의 세계에서는 너무나 도발적이기에 그의 운동을 위한 지지자들을 얻을 수 없었을 것이라고 주장하며, 여자들에 대한 이 제약을 단순히 문화 현상에 귀속시킬 수 있다.[62] 그러나 방금 관찰한 모든 방식에 비추어볼 때 예수가 그의 사회를 기꺼이 아연케 하려는 의도가 있었다면, 이 주장은 정말로 신뢰할 만한가? 동일한 현상 — 주장컨대 하나님의 백성 가운데서 가장 권위 있는 지위로 유일한 핵심 제약은 갖고 있으나 견고한 가부장제 세계 안에서 종교적 리더십을 포함하여 여성의 리더십 역할에 대한 놀라운 개방성 — 이 구약 전체에서처럼 여기서도 나타나는 것은 우연의 일치인가? 자유주의적인 페미니스트들이나 복음주의적 상보주의자들이나 다 같이 처음에는 아마 예수께서 완전한 평등주의자이셨을 것이라고 열광하다 점점 더 그가 완전한 평등주의자는 아니셨다는 데 동의하고 있다.[63]

60_ 최근 저술가들 가운데서 J. Dominic Crossan, *The Historical Jesus: The Life of a Mediterranean Jewish Peasant* (San Francisco: HarperSanFrancisco, 1991), esp. pp. 341-44에서 가장 현저하다.

61_ 특히, John P. Meier, *A Marginal Jew: Rethinking the Historical Jesus*, vol. 3 (New York: Doubleday, 2001), 19-197을 보라.

62_ 예를 들어, Bilezikian, *Beyond Sex Roles*, 236.

63_ Grant R. Osborne, "Women in Jesus' Ministry," *WTJ* 51 (1989): 259-91; John H. Elliott,

다르게 주장하는 복음주의적 평등주의자들은 우리가 그들의 주장을 증명할 어떤 증거를 누락시켰는지 (또는 왜곡시켰는지) 증명해야 할 부담을 짊어져야 한다.

사도행전에서의 증거

우리가 이미 언급한 바와 같이 베드로는 오순절에 성령의 오심을 요엘 2:28-32의 성취로 본다(행 2:17-21). 구약 시대에는 성령이 위대한 업적을 위하여 선택된 사람들에게 권능을 주시기 위하여 왔다 갔다 하셨지만, 이제 그는 성별, 나이, 지위에 상관없이 모든 믿는 자에게 내주하셔서 권능을 주신다. 성령의 주요 현상 중 하나가 예언이었다. 많은 연구가 고대 유대인, 그리스인, 로마인, 그리스도인이 예언이라고 부른 모든 현상을 면밀히 조사하였다. 이 조사에서 다양한 현상을 관통하는 변하지 않는 한 가지가 있는데, 그것은 예언이 특정한 개인이나 그룹을 위하여 하나님이나 신들로부터 상당히 직접적으로 말미암는다고 믿는 메시지였다는 점이다.[64] 그러나 더욱 논쟁의 여지는 있지만, 그러한 메시지는 갑작스럽고 즉흥적인 분출이거나 주의 깊게 계획된 연설 또는 이 양 극단 사이에 있는 다른 많은 현상이 될 수 있는 듯하다.[65] 남자들뿐 아니라 여자들도 예

"Jesus Was Not an Egalitarian: A Critique of an Anachronistic and Idealist Theory," *BTB* 32 (2002): 75-91; Elliott, "The Jesus Movement Was Not Egalitarian but Family-Oriented," *BibInt* 11 (2003): 173-210; Kathleen E. Corley, *Women and the Historical Jesus* (Santa Rosa, Calif.: Polebridge, 2002)와 비교하라.

64_ 예를 들어, Wayne A. Grudem, *The Gift of Prophecy in 1 Corinthians* (Lanham, Md.: University Press of America, 1982); David E. Aune, *Prophecy in Early Christianity and the Ancient Mediterranean World* (Grand Rapids: Eerdmans, 1983); Christopher Forbes, *Prophecy and Inspired Speech in Early Christianity and Its Hellenistic Environment* (Tübingen: Mohr, 1995); Ben Witherington III, *Jesus the Seer: The Progress of Prophecy* (Peabody, Mass.: Hendrickson, 1999)를 보라.

65_ 앞 각주에서 나열된 것들에 의하여 부인된다. 그러나 Anthony C. Thiselton, *The First Epistle*

언한다는 사실(행 2:17-18)은 기독교 공동체 내에 양성이 주께서 그들에게 주셨다고 믿는 메시지를 다른 사람들에게 선포할 수 있는 용인될 만한 콘텍스트가 있음이 틀림없다는 것을 의미한다. 이 현상의 특정한 실례로서 사도행전 21:9은 빌립의 결혼하지 않은 네 딸이 모두 예언하였다고 언급한다. 누가는 즉시 계속해서 남성 예언자 아가보의 예언 내용을 제시하지만(10-14절), 유감스럽게도 빌립의 딸들에 대한 언급이 무엇과 관련되는지 설명해줄 만한 어떤 내용도 우리에게 제시하지 않는다.

복음서에서처럼 여성들은 초기 기독교 운동에 놀랄 만큼 두드러진 역할을 한다.[66] 베드로는 예수께서 야이로의 딸을 살리신 사건과 현저하게 비슷한 이야기에서 항상 "선행과 구제하는 일"을 하는 자로서 칭송받은 다비다(또는 도르가)를 죽음에서 일으켰다. 바울이 빌립보에 회당이 없다는 사실을 무시하고 기도할 곳을 찾아 문밖 강가에 나가 만난 여자들에게 설교할 때 루디아는 바울의 첫 유럽인 개종자였다(16-21절). 데살로니가와 베뢰아에서는 많은 "저명한" 그리스인 여성들이 믿는 자가 됨으로써 바울의 설교에 반응한다(17:4, 12). 이와 비슷하게 바울이 아덴의 아레오바고에서 철학자들에게 연설할 때, 그곳에 방문한 자들 중 한 명이 다마리라는 여자다. 그러한 배경에서 그녀는 바울의 비교적 소수였던 개종자들 중 한 명이 된다(17:34). 유일하게 부정적인 모델은 삽비라다. 그녀는 아나니아와

---

to the Corinthians (NIGTC; Grand Rapids: Eerdmans, 2000), 960-61; Thomas W. Gillespie, *The First Theologians: A Study in Early Christian Prophecy* (Grand Rapids: Eerdmans, 1994), 23-28; 그리고 특히 David Hill, *New Testament Prophecy* (London: Marshall, Morgan & Scott, 1979), 213을 보라. 기독교의 예언자들은 "성경의 의미를 파악하고, 개인의 삶과 교회와 사회와의 관련성을 강하게 인지하고, 두려워하지 않고 메시지를 선포했던 사람들"이다.

66_ 특히, Ivoni R. Reimer, *Women in the Acts of the Apostles: A Feminist Liberation Perspective* (Minneapolis: Fortress, 1995)를 보라. 그녀는 사도행전이 강조의 정도를 달리하며 중요한 해방 모티브들을 소개하면서도 여전히 "남성 중심적"이라고 결론 내린다.

함께 동등한 심판을 받는다(5:7-10). 여기서 그녀가 남편과는 별개로 다뤄지고 죄를 고백하여 심판을 피할 기회가 주어진다는 사실은 중요하다. 그러나 그녀가 그 기회를 놓쳤을 때, 단순히 남편에게 복종하고 있었다는 이유로 처벌이 해제되지는 않는다. 인간 권위자들이 기독교 윤리에 위배하는 일 — 이 경우에는 그들이 재산을 팔고 얼마의 돈을 받았는지에 대하여 거짓말한 것(1-2절) — 을 명령하거나 고안할 때는 항상 무시되어야 한다.

성별 역할과 관련하여 사도행전에서 가장 논란이 되는 이야기는 의심의 여지없이 브리스길라와 아굴라에 관한 수수께끼 같은 이야기다(18:18-26). 천막 제조자로 바울의 동업자인 이들 부부는 신약에서 6회 언급된다 (18:2, 18, 26; 롬 16:3; 고전 16:19; 딤후 4:19). 이 중에서 4회는 브리스길라의 이름이 먼저 나오지만, 보통은 모든 경우에 그녀의 남편 이름이 먼저 나오리라고 기대할 것이다. 추측건대 어떤 면에서, 아마도 그들의 사역에서 그녀가 더 탁월한 동역자였을 것이다. 여기서 우리가 이 사역에 관하여 배우는 유일한 구절은 그들 둘이 아볼로가 에베소에서 설교하는 것을 듣고 그리스도의 메시지에 대한 그의 지식이 부족함을 알아본 후 그를 그들의 집으로 데려가 하나님의 도를 더 정확하게 설명해주었다는 것이다(행 18:26). 비록 그들의 집이 가정교회였다 할지라도, 그 가능성을 배제할 수는 없지만 본문에서 이것이 일종의 정식적인 공적 가르침이었음을 시사하는 것은 아무것도 없다. 다른 한편 최소한 우리는 종교 교리의 영역에서 성인 남자 그리스도인을 가르치는 일을 돕는 여성 그리스도인의 긍정적인 예를 가지고 있다. 이는 일부 매우 보수적인 상보주의자들이 그릇되게 전적으로 배제시키는 관행이다.[67]

---

[67] 균형 잡힌 분석이 Wendell Willis, "Priscilla and Aquila — Coworkers in Christ," in *Essays on Women in Earliest Christianity*, 2:261-76에 등장한다.

서신들로부터의 서술적 자료

서신들로 돌아설 때, 즉시 여성에게 제약을 두는 소수의 교훈적인 본문들에 대하여 생각하게 된다. 그러나 그전에 여성 지도자들을 위한 어떤 긍정적인 사역 역할이 등장하는지 보는 것은 중요하다.[68] 로마서에서 바울은 뵈뵈를 *diakonos*와 *prostatis*라고 칭하면서 추천한다(롬 16:1-2). *Diakonos*는 장로나 감독의 조력자 직분을 맡는 남자를 가리킬 때, 대부분의 영어 성경에서 "deacon"(집사)으로 번역하는 것과 동일한 단어다(특히 빌 1:1; 딤전 3:8-13). 이에 대응하는 여성형 단어 *diakonissa*는 나중에야 비로소 그리스어에 등장한다. 따라서 바울의 시대에는 남성형이 이 직분에 있는 남성과 여성을 위한 총칭적인 기능을 하였을 것이다.[69] 다른 콘텍스트에서 *diakonos*는 다른 많은 종류의 더 비공식적인 조력자일 수 있다. 그러나 바울이 뵈뵈를 "겐그레아 교회의" *diakonos*로 부르는 것을 고려해볼 때(롬 16:1), 그녀는 그 교회의 집사들 중 한 명인 듯하다.[70] 점점 더 많은 상보주의적 학자들이 비록 이 사실이 때로는 그들이 속한 교단의 정책에 거의 영향을 미치지 못해도 이를 인정하고 있다.[71] 초기 교회 역사로부터 우리는 여성 집사직이 수 세기 동안 흔히 있었으며 여성에게 다른 여성들을 목회적으로 돌보고, 교리를 가르치고, 세례를 베푸는 책임 — 남성이 실행하기에

68_ 바울 서신에서 이름이 있는 여성을 지칭하는 모든 언급에 대한 간결한 검토를 위하여, Andreas Köstenberger, "Women in the Pauline Mission," in *The Gospel to the Nations: Perspectives on Paul's Mission*, eds. Peter G. Bolt and Mark Thompson (Downers Grove, Ill.: InterVarsity, 2000), 221-47를 보라.

69_ Joseph A. Fitzmyer, *Romans* (AB; New York: Doubleday, 1993), 729를 보라.

70_ 예를 들어, Douglas J. Moo, *The Epistle to the Romans* (NICNT; Grand Rapids: Eerdmans, 1996), 914.

71_ 예를 들어, Thomas R. Schreiner, *Romans* (BECNT; Grand Rapids: Baker, 1998), 787. Schreiner는 남침례 신학교에서 가르치지만, 슬프게도 남침례 교인들 대부분은 여성 집사를 허용하지 않는다.

부적절하다고 느껴졌던 일들 — 을 포함하는 교회의 리더십 역할을 인정해 주었다는 것을 알 수 있다.[72] 만약 오늘날 남성 목사들이 이런 방향을 따라 무언가를 복귀시킨다면(예, 가능할 때는 언제든지 장기적인 여성 내담자를 여성 상담자에게 보내는 일) 여성이 사역 자격을 박탈당하는 사례가 더 줄어들지 궁금하다!

*Prostatis*라는 단어는 좀 더 논란을 불러일으킨다. 대부분의 영어 성경은 이 단어를 어느 정도 NIV의 "a great help"(큰 도움)의 방향을 따라 번역한다. 소수의 페미니스트들은 어원이 같은 단어에 근거하여 이 단어가 "지도자"(leader) 또는 심지어 "목사"(pastor)를 의미한다고 주장하려 하였다.[73] 그러나 상보주의자들과 평등주의자들 양쪽 모두의 점점 일치되는 의견은 이 단어의 널리 사용된 용법을 "후원자"(patron) — 다양한 프로젝트를 재정적으로 지원하는 부유한 사람 — 로서 인정한다.[74] 이것은 로마서 16:2에 매우 잘 맞는다. 뵈뵈가 바울을 포함한 다른 많은 사람을 지원하는 데 관대하였던 것과 똑같이 고린도 교인들이 지불하는 것을 돕도록 요청받은 여행 경비를 받을 것이기 때문이다.

로마서 16장에서 바울이 안부를 전하는 사람들의 목록에서 비교적 덜 알려진 인물은 유니아(Junia)다(7절). 많은 영어 번역본이 마치 그 이름이 남자 이름인 양 "Junias"로 표기한다. 그러나 교회 역사의 처음 1,300년 동

72_ Anne Jensen, *God's Self-Confident Daughters: Early Christianity and the Liberation of Women* (Louisville, Ky.: Westminster, 1996), 59-73; Clark, *Man and Woman in Christ*, 117-23을 보라.

73_ Spencer는 뵈뵈를 바울을 능가하는 지도자로 칭하기까지 한다!(*Beyond the Curse*, 115-16) 또한 Groothuis, *Good News for Women*, 196와 비교하라.

74_ 예를 들어, Thomas R. Schreiner, "The Valuable Ministries of Women in the Context of Male Leadership," in *Recovering Biblical Manhood and Womanhood*, 219-20; Caroline F. Whelan, "*Amica Pauli*: The Role of Phoebe in the Early Church," *JSNT* 49 (1993): 67-85.

안은 압도적으로 이것을 여자 이름으로 인식했다. 이는 고대 문서나 비문에 250회 이상 등장한다. 만약 이 단어가 남성형이라면, Junianus — 여전히 어딘가에서 입증되어야 하는 형태 — 의 축약형이어야 할 것이다.[75] 안드로니고와 유니아에게 함께 인사함으로써 바울은 그들이 남편과 아내 사이였다고 말하는 것일 수 있다. 어쨌든 그는 그들을 "사도들 가운데(among) 뛰어난" 자들이라고 부른다. 이것이 단지 "사도들에게 잘 알려진"을 의미한다고 만들려는 일부 상보주의자들의 노력에도 불구하고,[76] 복수형 목적어가 뒤에 오는 en의 용법은 훨씬 더 자연스럽게 그리고 통상적으로 "~가운데"(among)로 번역된다.

그러나 평등주의자들은 가끔 조급하게 불쑥 끼어들어, 만약 여성이 사도가 될 수 있었다면 교회 리더십의 가장 높은 역할로 기능할 수 있었음을 나타내는 데 필요한 모든 증거를 우리가 확실히 가지고 있다고 주장한다. 그러나 이 지점에서 우리는 우리의 용어들을 주의 깊게 정의해야 한다. 복음서 저자들은 정기적으로 12제자를 사도로 지칭한다. 그리고 바울은 그의 사역 전체를 통하여 그의 사도권이 그들의 사도권과 동일함을 강조하려고 애쓴다. 그러나 또한 바울은 하나님의 영이 그의 백성 가운데서 그가 택하신 누구에게나 주시는(고전 12:11) 영적 은사를 담은 두 목록에 "사도"를 포함시킨다(고전 12:28; 엡 4:11). 이리하여 바울은 에바브로디도(빌 2:25), 디도(고후 8:23), 그리고 주의 형제 야고보(갈 1:19)를 *apostoloi*라 부를 수 있

75_ Schreiner, *Romans*, 795-96; Köstenberger, "Women in the Pauline Mission," 229-31와 비교하라.

76_ 가장 최근에, Michael H. Burer and Daniel B. Wallace, "Was Junia Really an Apostle? A Re-examination of Rom 16.7," *NTS* 47 (2001): 76-91. 이 연구를 평가하는 것은 어렵다. 왜냐하면 제시된 증거가 매우 엄선되고, ⟨*episēmos* + *en* + 여격⟩ 구조와 실제로 평행하는 것들의 수가 제한적이며, 심지어 소위 그들이 가장 유사하다고 하는 것에서(*Pss. Sol.* 2:6에서 가져온 것), Burer와 Wallace는 첫 번째 명사가 두 번째 명사에 속하는 것이 아닌데도 "among"을 처소격의 의미로 번역하기 때문이다.

었다. 추측건대 이것은 그 용어의 보다 넓은 그리스어 용법에서처럼 "사명을 띠고 보냄 받은 자"를 의미한다. 현대 기독교 용어로 우리는 이 사람들을 "선교사"(missionary)라 부르거나, 만약 그들이 집에서 너무 멀리 떠나지 않으면 "교회 개척자"(church planter)라 부를 것이다.[77] 이것도 분명 성인 남성과 여성에게 교리를 가르치는 일을 포함하는 기독교 리더십의 권위 있는 역할이지만, 지속적인 지역교회의 행정과 교육의 직분으로 고안된 것은 아니었다.[78] 사실상 제대로 기능하는 선교사는 이 직무를 수행할 장로들을 임명하고(또는 아마도 성직도 임명하고), 새로운 지역으로 옮겨갈 수 있도록 스스로 직업을 갖지 않아야 한다(행 14:23).

바울이 다양한 콘텍스트에서 추천하는 그리스도의 사역에 수많은 다른 여성 동역자가 있다. 로마서 16장에서 바울이 인사하는 사람들의 약 3분의 1이 여성이다. 고대의 서신 작성 기준에 의하면 이는 놀라운 수치다. 그들 가운데 로마 사람들을 위해 "많이 수고한" 마리아(6절), "주 안에서 수고한" 드루배나와 드루보사(12절), 주 안에서 많이 수고한 또 다른 여성인 바울이 사랑하는 친구 버시(12절)가 있다. 다른 곳에서는 글로에의 집에서 온 전령들(고전 1:11)과 눔바의 가정교회(골 4:15)가 소개된다. 가정과 단체가 여성의 이름으로 묘사된다는 것은 이들이 일반적으로 독신의 성인 그리스도인 여성이고, 최소한 자녀와 종들을 지도하는 그들 가정의 리더였음을 암시한다. 빌립보서 4:2-3에서 바울은 유오디아와 순두게에게 "주 안에서 같은 마음을 품으라"고 간청한다. 그리고 그곳 교회에 있는 익명의 친구에게 "복음에 나와 함께 힘쓰던 저 여인들을 도우라"고 부탁한다. 이

77_ 각각에 대하여 Robert Saucy, "The Ministry of Women in the Early Church," in *Women and Men in Ministry*, 178; Belleville, *Women Leaders and the Church*, 54와 비교하라.

78_ John Thorley, "Junia, A Woman Apostle," *NovT* 38 (1996): 18-29; Richard S. Cervin, "A Note Regarding the Name 'Junia(s)' in Romans 16.7," *NTS* 40 (1994): 464-70와 비교하라.

모든 참고 구절로부터 우리는 여성이 바울의 사역에서 그리고 그의 교회들에서 중요한 리더십 역할을 하였다는 결론을 내릴지도 모른다. 그러나 그들이 공식적인 목사나 장로였다거나 또는 그 문제에 있어서 확인 가능한 직위를 갖고 있었음을 우리가 안다고 주장하는 것은 증거의 범위를 넘어선다. 바울은 그 사실에 대한 충분한 정보를 우리에게 주지 않는다.[79]

바울이 여성 장로들을 장려하였다는 우리의 생각을 확실히 정당화한다고 일부에서 주장되는 두 본문은 디모데전서 5:2과 디도서 2:3이다.[80] 이 중 첫 번째 구절은 전형적으로 "늙은 여자"(older women)를 가리킨다고 번역되나, 그 형태는 *presbyteros*의 여성 복수형이다. 이는 신약에서 자주, 특히 목회 서신에서 교회 지도자의 의미로 "장로"(elder)를 뜻한다. 다른 한편 여기서의 문맥은 단순한 나이의 언급을 강하게 지지한다. 남성형 *presbyteros*는 디모데전서 5:1에 등장하는데 단순히 "늙은 남자"(older man)를 의미한다고 널리 인정된다. 또한 1-2절은 "젊은 남자"와 "젊은 여자"(*neōteros*로부터)에 대한 올바른 대우를 명한다. 이 용어들이 어떤 종류의 직분을 가리킬 가능성은 거의 없다. 게다가 디도서 2:3에서는 다른 단어가 사용된다(*presbytis*). 이것은 리더십 역할을 가리키지 않고 단지 나이를 가리키며, "늙은 여자로는 이와 같이 행실이 거룩하며"를 나타낸다. 바울이 1:5-9에서 장로들을 교회 지도자로 부르고 있는 것은 사실이다(그가 딤전 3:1-7에서 한 것처럼). 그러나 바로 이웃하는 콘텍스트는 다시 늙은 남자, 늙은 여자, 젊은 남자, 젊은 여자들을 다루고 있다.[81]

---

[79] 정평 있는 연구는 여전히 E. Earle Ellis, "Paul and His Coworkers," *NTS* 17 (1971): 437-52 이다.

[80] 예를 들어, Groothuis, *Good News for Women*, 197; Spencer, *Beyond the Curse*, 107-8.

[81] 두 본문에 관하여, I. Howard Marshall, *A Critical and Exegetical Commentary on the Pastoral Epistles* (ICC; Edinburgh: T&T Clark, 1999), 243, 574와 비교하라.

우리가 살펴본 성경의 다른 부분에서처럼, 단지 간접적으로만 우리의 문제와 관련되고 주제에서는 더 벗어난 본문들이 있다. 하지만 그것들도 간략하게 언급할 가치가 있다. 소수의 평등주의자들은 요한2서의 수신인인 "[하나님에 의해] 택하심을 받은 부녀"(1절)가 가정교회의 여성 목사라고 주장해왔다.[82] 그러나 그녀의 자녀들을 공동 수신자로 지칭한 것과 "택하심을 받은 네 자매의 자녀들"로부터의 끝맺는 인사(13절 – 요한이 편지를 쓰고 있다는 사실에도 불구하고)를 고려해볼 때, 요한계시록이 넓은 의미에서 교회를 그리스도의 "신부"라 말할 수 있는 것과 똑같이(계 21:2, 9; 22:17), 그 부녀들은 두 가정교회에 대한 은유이며 그들의 자녀는 그 구성원이라는 교회 역사 전체에 걸친 지배적인 믿음을 받아들이는 편이 훨씬 더 낫다.[83] 데살로니가전서 2:7과 11절에서, 바울이 어떻게 그의 목회 사역을 어린 자녀를 돌보는 어머니의 온화함뿐 아니라 아버지가 자녀를 대할 때의 권면과 위로와 경계에 비유하는지 관찰하는 것은 흥미롭다. 구약에서 하나님에 대한 여성적인 은유들과 매우 흡사하게,[84] 전형적으로 여성과 연관되는 온화하고 양육하는 특성을 반영해야 하는 남성 리더십의 한 측면이 있다. 마지막으로 디모데전서 5:3-16은 기도와 선행에서 일부 과부가 수행한 주요 역할을 접하게 한다. 감독과 집사를 위한 기준과 흡사하게 그들을 "교회 명부"에 올리는 기준이 확립되었다(9-10절).[85] 그러나 또

82_ 예를 들어, Spencer, *Beyond the Curse*, 109-12.

83_ 예를 들어, Marianne M. Thompson, *1-3 John* (IVPNTC; Downers Grove, Ill.: InterVarsity, 1992), 151.

84_ 이것에 대해서 특히, Virginia R. Mollenkott, *The Divine Feminine: The Biblical Imagery of God as Female* (New York: Crossroad, 1983)를 보라. 이러한 은유를 인정하는 것은 실제로 하나님에 대하여 "어머니"나 여성 대명사 "그녀는"과 같은 용어를 사용할 의무를 우리에게 지우지 않는다. 왜냐하면 성경이 그렇게 하지 않기 때문이다.

85_ 철저한 연구를 위하여, Bonnie B. Thurston, *The Widows: A Women's Ministry in the Early Church* (Philadelphia: Fortress, 1989)를 보라.

다시 이것은 결코 권위 면에서 과부를 이 그룹과 동등하게 만들지 않는다.

그토록 많은 논쟁을 일으키는 명확히 규정적인 서신서 구절들을 조사하기 전에, 바울 서신에서의 마지막 주제 하나가 분석되어야 한다. 그것은 몇 가지 영적 은사의 성격이다. 바울의 은사 목록에는 우리가 이미 다룬 사도와 예언자 외에 교사, 다스리는 자(롬 12:7; 고전 12:28), 다른 종류의 지도자(롬 12:8), 복음 전하는 자, 목사-교사(엡 4:11)[86]가 등장한다. 사실상 오늘날 생각이 깊은 성경 학습자는 누구나 이 용어들이 영적 은사에 대하여 사용될 때 여성이 남성과 마찬가지로 강력하게 그 은사를 받고 사용할 수 있으리라는 데 동의한다. 여기서 영적 은사를 교회의 직분(offices; "직분"이라는 용어가 1세대 기독교를 위해서 너무도 제도화된 개념이라는[87] 것을 알게 된 사람들을 위하여 "고정된 또는 일관된 기능, 역할, 혹은 지위"와 같은 용어로 대체하라)과 구분하는 것은 도움이 된다. 사실 "목사"(pastor)라는 용어는 단순히 "목자"(shepherd) — 무수히 많은 방식 중 어떤 방식으로든 한 명 이상의 다른 사람들을 돌보기 위하여 그들과 함께 가는 사람 — 를 의미한다. 교사란 특히 바울의 세계에서는 다른 사람들에게 신앙의 기본 교리를 가르치는 사람이다. 복음 전하는 자는 다른 사람을 주께로 인도하는 목표를 가지고 자신의 신앙을 나누는 사람이다. 다스리는 자는 인도하고 조직하는 반면, 그리스어에서 "지도자"(leader)는 수많은 감독의 역할을 포함하는 매우 폭넓은 용어다(영어에서처럼).[88] 하나님의 백성이 어떤 특정 여성이 이러한 리더

86_ 정관사의 반복의 부재는 대부분의 주석가에게 이것이 그랜빌 샤프의 법칙(Granville Sharp's rule)이 느슨하게 적용된 예라는 것을 시사한다. "목사"와 "교사"는 완전히 분리된 은사가 아니다. 각각은 다른 은사의 일정 요소를 포함한다.

87_ 예를 들어, Walter L. Liefeld, *1 and 2 Timothy, Titus* (NIVAC; Grand Rapids: Zondervan, 1999), 116-17.

88_ 다양한 영적 은사의 성격에 대하여, 특히 Kenneth Hemphill, *Spiritual Gifts: Empowering the New Testament Church* (Nashville: Broadman, 1988); Siegfried Schatzmann, *A Pauline Theology of Charismata* (Peabody, Mass.: Hendrickson, 1987)를 보라.

십 은사 중 하나 이상을 받았음을 인정할 때, 그들은 교회에서 그 은사를 계발할 기회를 그녀에게 풍성히 주기 위하여 그들이 어떤 남성을 위해 하는 것만큼 열심히 일해야 한다. 동시에 이 모든 은사는 공식적으로 임명된 교회 리더십 역할을 차지하는 사람 없이도 발휘될 수 있다. 그렇기 때문에 그 은사들이 바울의 목록에 존재하는 것이 상보주의자와 평등주의자 사이의 더 큰 논쟁을 해결하지 못한다.

바울에게 전통적으로 논란이 되는 구절

드디어 성별 역할 논쟁과 매우 직접적으로 관련되어 보이는 가장 흔히 인용되는 바울의 본문들로 돌아설 때다. 우리는 그 본문이 등장하는 서신들의 예상되는 연대기적 순서에 따라 살펴볼 것이다.

갈라디아서 3:28

단순히 기술적인 본문과 순전히 규정적인 본문 사이에서 다리 역할을 하는 본문이 갈라디아서 3:28이다. "너희는 유대인이나 헬라인이나 종이나 자유인이나 남자나 여자나 다 그리스도 예수 안에서 하나이니라." 이 구절에 대한 대부분의 논의는 이 한 본문으로부터 너무 적은 것을 요구하거나 너무 많은 것을 요구한다. 한편, 상보주의자들은 종종 더 큰 콘텍스트는 구원 역사에서 율법의 작용과 그 결과로 초래된 율법의 역할이기보다는 오히려 믿음으로 말미암은 구원의 원칙에 관한 것이라고 정확히 지적한다 (3-4장). 그리하여 그들은 바울이 강조하는 전부는 남성과 여성(유대인과 이방인 또는 노예와 자유인처럼)이 동일한 조건으로 그리스도에게로 나아온다는 것이다. 구원받는 것에 관한 한 아무런 차별이 없다.[89] 다른 한편, 평등

---

[89] 예를 들어, Timothy George, *Galatians* (NAC; Nashville: Broadman & Holman, 1994),

주의자들은 바울이 교회나 가정에서 리더 역할을 하는 데 여성에게 가한 시간을 초월한 제한을 구상할 수 없었음을 증명하는 일종의 "성명서"처럼 이 본문을 자주 인용한다. 처음엔 다르게 가르친다고 보이는 다른 구절들 모두가 잘못 해석되었음이 틀림없거나, 그렇지 않으면 바울은 단지 특정 상황에 대한 지침만 제공하고 있었다.[90]

이 접근법 중 어떤 것도 면밀한 해석 이후에는 유지될 수 없다. 남성과 여성이 동일한 조건으로 그리스도에게 나아오는 것은 사실이다. 그러나 가장 직접적인 콘텍스트는 3:26-29이다. 또한 이것은 세례에 대하여 이야기한다. 세례는 내적인 회개와 그리스도에 대한 신앙의 외적인 표시였다. 오늘날 우리는 남성에게만 적용되었던 유대교 입회 의식인 할례를 대체하는 세례 의식이 얼마나 평등주의적인 의식이었는지 자주 잊어버린다.[91] 만약 세례가 더 이상 자동적으로 그 상징성(symbolism)을 전달하지 않는다면, 현대 교회는 남성과 여성 존재의 참된 본질을 보시는 하나님의 시각에서 그들의 절대적인 평등을 증명하기 위하여 다른 어떤 외적 표시를 사용할 수 있는지 스스로에게 물어야 한다. 예를 들어, 성경의 어떤 본문도 주의 만찬이 특정 부류의 그리스도인에 의해서만 거행될 수 있다고 시사하지 않음에도 불구하고, 교회 역사에서 성찬을 베푸는 일은 유감스럽게도 성직 안수식과 밀접한 관례 중 하나다. 그렇기 때문에 상보주의자나 평등주의자나 다 같이 여성과 남성 모두 성찬(주의 만찬, 성체)을 베풀 수

282-92.

90_ 예를 들어, Stanley J. Grenz with Denise M. Kjesbo, *Women in the Church: A Biblical Theology of Women in Ministry* (Downers Grove, Ill.: InterVarsity, 1995), 99-107.

91_ Ben Witherington III, "Rite and Rights for Women—Galatians 3.28," *NTS* 27 (1981): 601. 로마가 배경인 그리스도인들에게는, 어른이 된 표시로 멋진 새 토가를 입었던 남자 청소년의 통과의례와 대조되는 것이 있었을지도 모른다. J. Albert Harrill, "Coming of Age and Putting on Christ: The *Toga Virilis* Ceremony, Its Paraenesis and Paul's Interpretation of Baptism in Galatians," *NovT* 44 (2002): 252-77을 보라.

있다는 데 동의해야만 한다. 그러한 단순한 행위의 상징성은 이것이 이전에는 관례가 아니었던 교회들에서, 남성들이 결코 완전히 인식하지 못하는 방식으로 여성들에게는 이례적으로 의미 있는 일이 되었다. 이는 단지 (바울 세계에서의 세례처럼) 그것이 교회의 중심 성례전 중 하나로 과거의 남성우월주의로부터의 매우 의미 있는 단절을 나타내기 때문이다.

다른 한편, 20년도 더 전에 벤 위더링톤(Ben Witherington)은 후기 랍비 문헌에서 갈라디아서 3:28과 현저히 유사한 텍스트들을 지적하였다. 그 텍스트들은 그럼에도 불구하고 심지어 계속해서 전형적인 기독교 상보주의자들의 그 어떤 주장보다도 여성에 대한 제한을 훨씬 더 많이 포함하고 있다(특히, *Seder Eliyahu Rabbah* 7과 *Yalkut Lech Leka* 76을 보라). 따라서 이 강령적인 하나의 진술로부터 바울이 "교회 시대" 전체에 걸쳐 교회나 가정에서 성별 사이의 역할상의 차별을 일관되게 생각할 수는 없었을 것이라는 결론은 그저 논리의 표준 규범을 위반한다.[92] 이 구절에서 단어 "하나"(*eis*)는 신약에서 344회 사용된 그것의 어떤 용법에서도 명확히 "모든 점에서 평등한"을 의미하지 않는다. 심지어 "평등한"은 표준 사전에서 발견되는 정의도 아니다.[93] 갈라디아서 3:28처럼 어떤 콘텍스트에서는 평등을 암시할 수 있으나, 우리는 주어진 각 콘텍스트가 보증하는 것 이상으로 마음에 그려진 그런 종류의 평등에 대하여 감히 추론해서는 안 된다.

---

[92] Witherington, "Rite and Rights," 593-94. Cf. also Ed L. Miller, "Is Galatians 3:28 the Great Egalitarian Text?" *ExpTim* 114 (2002): 9-11을 보라.

[93] Richard W. Hove, *Equality in Christ? Galatians 3:28 and the Gender Dispute* (Wheaton, Ill.: Crossway, 1999), 69-76, 107-21을 보라.

고린도전서 11:2-16

이제 우리는 바울이 그리스도인의 예배 콘텍스트에서[94] 남성과 여성에게 다양한 명령을 하는 몇몇 본문 중에서 첫 번째 것에 이른다. 소수의 학자들은 이 구절이 비바울적인 삽입 문구이거나 고린도 교회의 슬로건이라는 주장을 시도해왔다(3-7절 또는 3-10절). 그런데 바울은 이를 11-16절에서 반박한다.[95] 그러나 이 구절을 생략하거나 재배치하는 필사본은 어디에도 없다. 그리고 3-7절에 "슬로건 같은"(바울이 수정할 필요가 있었을 일방적이고 간결한 격언) 것은 아무것도 없다. 우리는 본문을 있는 그대로 이해해야 한다.

특정한 문제는 기도하거나 예언하는 동안 남성과 여성이 그들의 머리 위에 무엇을 쓰고 무엇을 쓰지 않는지와 관련된다. 따라서 바울은 영적인 머리와의 유비를 이끌어냄으로써 육체적인 머리를 무엇이 덮고 덮지 말아야 하는지에 대한 지시의 기초를 세운다. "각 남자의 머리는 그리스도요, 여자의 머리는 남자요, 그리스도의 머리는 하나님이시라"(3절). 그러나 "머리"(*kephalē*)라는 단어의 의미에 논쟁의 폭풍이 불어닥쳤다. 상보주의자들은 머리를 "권위"(authority)로 보는 전통적인 이해를 힘차게 주장하는 반면, 평등주의자들은 "근원"(source) 또는 "기원"(origin)의 개념을 지지한다. 고대 그리스어 용법에서 *kephalē*의 드문 비문자적 사용이 문제를 복잡하게 만든다. 이 단어는 보통 사람이나 동물 위에 있는 해부학상의 머리를

94_ 이것이 콘텍스트라는 것을 반대하려는 드문 시도를 위해서, Harold R. Holmyard III, "Does 1 Corinthians 11:2-16 Refer to Women Praying and Prophesying in Church?" *BSac* 154 (1997): 461-72를 보라. 이것이 맞는 콘텍스트라고 가정하는 7가지 이유에 대해서, Craig Blomberg, *1 Corinthians* (NIVAC; Grand Rapids: Zondervan, 1994), 219를 보라.

95_ 각각에 대해, William O. Walker Jr., "The Vocabulary of 1 Corinthians 11.3-16: Pauline or Non-Pauline," *JSNT* 35 (1989): 75-88; 그리고 Thomas P. Shoemaker, "Unveiling of Equality: 1 Corinthians 11:2-16," *BTB* 17 (1987): 60-63을 보라.

뜻한다. 그 단어가 결코 상대 진영이 주장한 의미를 갖고 있지 않다는 각 진영의 초기 주장들 이후에,[96] "권위"나 "근원"을 뜻하는 *kephalē*의 용법이 적어도 소수 존재한다는 데 점차 의견이 일치되고 있다.[97] 그러나 단수형 (복수형 *kephalai*는 강의 상류를 의미하고, 이것으로부터 강의 근원을 의미할 수 있다)이 동시에 권위의 차원을 함축하지 않고 언제나 "근원"을 의미한다는 것은 입증된 바 없다.[98]

많은 평등주의자들이 반세기 전 스티븐 비데일(Stephen Bedale)의 선구자적인 연구를 인용해왔다. 그의 연구는 *kephalē*가 있는 본문에서, 특히 에베소서 5:23에서 바울이 의미한 것의 중요한 부분으로서 "근원"을 찬성하는 주장을 하였다. 그러나 그들은 비데일의 "남자는 여자와 관련하여 *archē*(시작)란 뜻에서의 *kephalē*이다. 그리고 바울의 관점에서, 그 결과 여자는 '종속적'이다(비교. 엡 5:23)"[99]라는 결론을 계속해서 읽으려고도 하지 않았고, 애써 인정하려고도 하지 않았다. 이와 마찬가지로 일부 저자들은 *kephalē*를 "탁월한"(preeminent) 또는 "두드러진"(prominent) — 따라서 아마

---

[96] 예를 들어, Wayne Grudem, "Does *Kephalē* ('Head') Mean 'Source' or 'Authority Over' in Greek Literature? A Survey of 2,336 Examples," *TJ* 6 (1985): 38-59 ("authority over"만 찬성하는 주장을 함); 그리고 Berkeley and Alvera Mickelsen, "What Does *Kephalē* Mean in the New Testament?" in *Women, Authority and the Bible*, ed. Alvera Mickelsen (Downers Grove, Ill.: InterVarsity, 1986), 97-110 ("source"만 찬성하는 주장을 함).

[97] "권위"를 옹호하는 저자들은 특히 70인역, Philo, Plutarch를 의지하고, "근원"을 지지하는 저자들은 Philo(또 다시), Herodotus, Artemidorus, 오르페우스 문학(Orphic literature) *L.A.E.*를 의지한다. Andrianjatovo Rakotoharintsifa, *Conflits à Corinthe* (Genève: Labor et Fides, 1997), 208을 보라.

[98] 그 단어의 완전한 의미로 "권위" 없이 "근원"을 주장하는 본문을 인용하려는 사람들을 반박하는 데 있어 누구보다 가장 세심한 사람은 Wayne Grudem, "The Meaning of *Kephalē* ('Head'): An Evaluation of New Evidence, Real and Alleged," *JETS* 44 (2001): 25-65이다.

[99] Stephen Bedale, "The Meaning of *Kephalē* in the Pauline Epistles," *JTS* 5 (1954): 214. 또한 현대 자유주의 기독교 페미니즘의 "여자 족장"인 Elisabeth Schüssler Fiorenza, *In Memory of Her: A Feminist Theological Reconstruction of Christian Origins* (New York: Crossroad, 1983), 229를 보라.

도 "대표적인"(representative) — 으로 번역할 것을 제안하였다.[100] 그러나 또 다시 한 존재가 바로 가까운 콘텍스트에서 적어도 일종의 기능적인 우월성을 의미하지 않으면서 가장 또는 훨씬 더 두드러질 수 있을지는 분명하지 않다.

평등주의자들은 바울이 여기서 계층구조를 확립하고 있지 않음을 보여주는 한층 더한 증거로서 고린도전서 11:3의 특이한 순서를 종종 지적한다. 만약 그가 계층구조를 확립하고 있었다면, 가장 종속적인 존재에서 가장 권위 있는 존재로 나아가는(또는 거꾸로) "여자의 머리는 남자요, 남자의 머리는 그리스도요, 그리스도의 머리는 하나님이시라"라고 읽기를 기대했을 것이다.[101] 그 대신에 우리는 남자-그리스도, 여자-남자, 그리스도-하나님의 순서를 갖는다. 그러나 사실 바울이 이야기를 그리스도인 남성과 여성에게의 명령으로 이끌어가고 있다면 이것은 타당하다. 그들의 머리를 먼저 가리키고 그리스도와 하나님 사이를 비교하는 것이 자연스러울 것이다. Anēr와 gunē라는 용어는 "남자"와 "여자"만큼이나 "남편"과 "아내"로 쉽게 번역될 수 있었음을 주목하는 것 역시 중요하다. 또한 이러한 모호함은 고린도전서 14장과 디모데전서 2장에서도 다시 제기될 것이다. 각 콘텍스트에서 소수 학자들은 바울의 명령이 성인 독신자에게는 해당되지 않는 부부관계에서의 권위와 복종의 표시로서 결혼한 사람들에게만 적용된다고 주장했다.[102]

100_ Walter L. Liefeld, "Women, Submission and Ministry in 1 Corinthians," in *Women, Authority and the Bible*, 134-54; Andrew C. Perriman, "The Head of a Woman: The Meaning of *Kephalē* in 1 Corinthians 11:3," *JTS* 45 (1994): 602-22; Richard S. Cervin, "Does *Kephalē* Mean 'Source' or 'Authority Over' in Greek Literature? A Rebuttal," *TJ* 10 (1989): 85-112를 보라.

101_ 예를 들어, Bilezikian, *Beyond Sex Roles*, 137-38.

102_ 각각 Jason D. BeDuhn, "'Because of the Angels': Unveiling Paul's Anthropology in 1 Corinthians 11," *JBL* 118 (1999): 300-1; E. Earle Ellis, "The Silenced Wives of Corinth

그러면 4-5절에서 바울은 어떤 종류의 머리 가리개에 대해 그토록 염려하고 있는가? 그의 염려의 원인은 무엇인가? 14-16절에 이르러서 그가 모호하지 않게 길고 짧은 머리에 관하여 말하는 것이 흥미롭지만, 여자들이 쓰기 원하는 베일, 숄, 또는 다른 외부 머리 가리개를 묘사하고 있을 가능성이 있다. 4-7a절은 NIV의 본문 주석이 예시하는 바와 같이 대부분의 성경에서와는 아주 다르게 번역되어, 바울이 전체 단락에 걸쳐 여자의 긴 머리와 남자의 짧은 머리에 관하여 말하는 것일 수 있다.[103] 모호한 것은 그리스어가 문자적으로 단지 "머리로부터 아래로"(down from the head) 무언가를 가지는 것에 대하여만 말하기 때문이다. 머리 가리개와 머리 길이에 대한 바울의 관심을 설명할 수 있었던 가능한 문화적 현상 다수가 있다. 이교도 의식에서 직무를 수행하는 동안 토가로 머리를 가리는 로마 제사장들, 동성애를 시사하는 많은 그리스 남성의 어깨까지 오는 긴 머리, 레즈비언을 시사하는 그리스 여성의 몹시 짧은 머리, 결혼한 적이 없으며 결혼 상대가 될 수 있음을 시사하며 베일이나 숄을 쓰지 않은 일부 유대인 여성이나 그리스 여성 등등. 이러한 모든 현상은 바울이 예배 때 그리스도인 남성과 여성이 하나님께 종교적으로 충실하지 못하거나 배우자에게 성적으로 충실하지 못한 것처럼 보이지 않을까 우려하였음을 공유한다.[104] 그러한 머리 가리개(또는 그것이 없는 것)가 유사한 혼합 신호를 보내지 않는 문화에서는 이 명령을 문자적으로 따를 필요가 없다. 하지만 그리스도

(1 Cor. 14:34-5)," in *New Testament Textual Criticism*, ed. Eldon J. Epp and Gordon D. Fee (Oxford: Clarendon, 1981), 213-20; Jerome D. Quinn and William C. Wacker, *The First and Second Letters to Timothy* (ECC; Grand Rapids: Eerdmans, 2000), 199-200과 비교하라.

103_ 예를 들어, David E. Blattenberger, *Rethinking 1 Corinthians 11:2-16 through Archaeological and Moral-Rhetorical Analysis* (Lewiston, N.Y.: Mellen, 1997)를 보라.

104_ Blomberg, *1 Corinthians*, 210-11, 215와 비교하라.

인들은 어떤 의복의 다른 외적인 형태, 외모, 또는 행동이 그들의 문화에서 잘못된 메시지를 보낼 수 있는지 물어야 하고, 반드시 그러한 관행들을 삼가야만 한다.

이 주요한 관심사 가운데서 성별 역할 논쟁에 대한 5절의 중요성을 놓쳐서는 안 된다. 바울은 그리스도인들의 공중예배에서 여성이 기도하고 예언하는 것을 당연하게 여긴다. 그리고 우리는 그리스도인의 예언의 형태 중 하나가 하나님으로부터 메시지를 전달하고 있다고 확신하는 성령 충만한 설교자에 의해 전달되는, 오늘날 우리가 설교라고 부르는 것과 비슷했다는 것을 상기해야만 한다. 다소 시대착오적인 것은 인정하지만, 우리가 지금까지 신·구약에서 발견한 사역 가운데서 여성에게 주어진 유일한 제한은 공동체의 정착된 종교생활에서 권위와 책임이 있는 "가장 높은 직분"이라고 칭하는 것이다. 그러므로 여성이 설교하도록 허용하는 한편, 동시에 지역교회 장로는 모두 남성이어야 하며, 그녀의 설교 권한은 위임된 권한이고, 장로회는 교회 전체(설교자 포함)가 책임을 다하는 인간 지도자의 궁극적인 조직체라고 주장함으로써 고린도전서 11:5에 완전히 충실할 수 있다. 사실 상황을 더 강력하게 표현해야 한다. 예언의 은사를 받은 것으로 보이는 여성이 하나님의 말씀을 그의 백성에게 선포하는 상황에서 그 은사를 계발하도록 격려하지 않는 것은 하나님을 따르는 모든 자에게 — 특히 온몸의 교회를 위하여(엡 4:13) — 영적인 은사를 주시는 하나님의 목적과 맞서 싸우는 것이다.[105]

105_ 상보주의적 교회 구조 내에서 이것을 시행한 놀랄 만큼 빈틈없고 성공적인 모델을 위하여, Sarah Sumner, *Men and Women in the Church* (Downers Grove, Ill.: InterVarsity, 2003), 311-18을 보라. 사실상 기도와 예언은 기독교 예배의 본질을 압축해서 보여준다. Francis Watson이 그것을 표현한 바와 같이, "예언할 때 회중에게 하나님의 말씀을 명료하게 말하고, 기도할 때 회중의 말을 하나님께 명료하게 말한다. 이러한 활동의 결합으로 그리스도 공동체의 삶과 예배의 중심에 있는 신-인간의 대화가 일어난다"("The Authority of the Voice: A

그러나 7절 후반부는 바울이 실제 마음속에 그리고 있는 궁극적인 위계질서를 재확인한다. "남자는 하나님의 형상과 영광이니…여자는 남자의 영광이니라." 비극적이게도 특히 과거 교회 역사에서, 이 반절에서의 대칭구조 결여는 여자가 하나님의 형상으로 창조되지 않았음을 의미한다고 간주되어왔다. 이는 창세기 1:26-28에 명백히 모순된다. 사실상 대칭구조의 결여는 정확히 "여자는 남자의 형상과 영광이다"라는 불경스러운 결론으로부터 보호하는 기능을 한다.[106]

8-9절은 남자와 여자의 창조 순서와 목적을 지적하면서, 비가역성(irreversibility)으로부터의 논증을 계속한다. 3절에서 언급한 위계질서를 재확인하는 반절 바로 뒤에 오면서, 8-9절은 남성의 머리 됨의 기초를 하나님이 창조하신 방식 — 특정 환경에 의존하여 변할 수 있는 원칙이 아님 — 에 둔다. 10절은 난해하다. 그것은 아마 부분적으로 적절한 예절을 보증하기 위하여 천사들이 예배 때 하나님의 백성을 지켜보고 심지어 함께 참여했다는 개념을 가리킬지도 모른다.[107] NIV는 이 구절에서 "권위" 앞에 근거 없이 "sign of"(~의 표)를 덧붙인다.[108] 그리스어는 문자적으로 "그러므로 여자는 천사들 때문에 그녀의 머리 위에 권위를 지니고 있어야 한다"고 해석된다. 세 단어로 구성된 표현 *exousian echein epi*의 신약에서의 다른 모든 용법은 "~위에 권위(또는 지배력)를 가지다"를 의미한다.[109] 그러므로

Theological Reading of 1 Cor 11.2-16," *NTS* 46 [2000]: 525).

106_ Rakotoharintsifa (*Conflits à Corinthe*, 219-20)는 남자는 여자의 영광 없이는 완전히 존중되지 못한다는 생각도 여자에게 동등한 존엄성을 돌리지 않는 견해를 경계한다고 강조한다.

107_ 특히, Joseph A. Fitzmyer, "A Feature of Qumran: Angelology and the Angels of 1 Corinthians xi.10," *NTS* 4 (1957): 48-58을 보라.

108_ 그러나 Morna D. Hooker의 영향력 있는 논문 "Authority on Her Head: An Examination of 1 Corinthians xi.10," *NTS* 10 (1966): 410-16을 따른다.

109_ 마 9:6(평행본문 막 2:10; 눅 5:24); 계 11:6; 14:18; 16:9; 20:6. 또한 *epi*의 동의어를 가지거나 (눅 19:17; 고전 7:37) 동사 "가지다"의 형태가 없는(눅 9:1; 계 2:26; 6:8; 13:7) 비슷한 구조들과

이 구절은 여자가 자신의 머리를 가지고 원하는 바를 행하는 것을 결코 허용하지 않으면서, 단순히 적절한 가리개를 머리 위에 두어야 한다는 바울의 앞선 가르침을 강화한다.[110]

11-12절에서, 바울은 8-9절에서 창조된 질서로부터의 그의 논증에 중요한 유보 조건을 도입한다. "주 안에서" — 믿는 자들이 성화됨에 따라 — 남성과 여성은 서로 더욱더 상호의존적이 되어간다. 이 단서가 전적으로 8-9절의 효력을 상쇄시킨다고 말하는 것은 타당하지 않다.[111] 그러면 도대체 왜 바울은 일부러 그것들을 쓰려 했는가? 주디스 건드리-볼프(Judith Gundry-Volf)에 의하면, 오히려 바울은 "차이를 부인하지 않으면서 그리스도 안에서의 남성과 여성의 새로운 사회적 평등을 뒷받침할 뿐 아니라 위계적 관계를 추정하는 가르침을 지지하기 위하여 창조"에 호소할 수 있다.[112] 비기독교 세계에서 자주 경험하는 바와 같이, 그리스도인 사이의 남성 헤드십이 결코 권위주의적이거나 고압적이어야만 하는 것은 아니다. 애석하게도 자주 세속적인 일터에서보다 더 큰 권위주의를 발견하는 곳은 바로 상보주의적 교회 안에서다!

13-16절에서, 바울은 먼저 이 가르침을 촉발시켰던 머리 됨과 종속에 대한 특별한 문화적 표명으로 돌아간다. 효과적이게도 바울의 이론적 근거는 모두 문화와 연관되어 있다. 13절은 수사적으로 여자가 가려진 머리로 기도하거나 예언하는 것이 "마땅한지"(또는 "적합한지" — *prepon*) 질문한다.

비교하라.

110_ Raymond F. Collins, *First Corinthians* (SP; Collegeville, Minn.: Liturgical, 1999), 411와 비교하라.

111_ 예를 들어, Bilezikian, *Beyond Sex Roles*, 133-34.

112_ Judith Gundry-Volf, "Gender and Creation in 1 Corinthians 11:2-16: A Study in Paul's Theological Method," in *Evangelium, Schriftauslegung, Kirche*, eds. J. Ådna, S. J. Hafemann, and O. Hofius (Göttingen: Vandenhoeck & Ruprecht, 1997), 152.

이 질문은 문화마다 상당히 다르게 답할 것이다. 14절은 언뜻 보면 더 기본적인 것 — "사물의 본성"(the very nature of things) — 에 호소하는 것처럼 보인다. 그러나 바울은 한 부류의 남자가 그의 머리 자르기를 거부할 때 하나님께 대한 순종으로 판명되었다는 것 — 나실인(민 6장 — 그중에서 삼손이 단연 가장 덕이 높지는 않지만 가장 유명한 예다[삿 13-16장]) — 을 알 만큼은 충분히 구약을 잘 알고 있었다. 바울은 그리스도인으로서 일시적인 나실인 맹세를 했었다(행 18:18). 그러므로 비록 그가 다른 콘텍스트에서 *physis*("본성")를 자주 "인간 역사 전체를 통하여 모든 문화에서 하나님의 특정 시대에 한정되지 않는 뜻"으로 사용할지라도, 여기에서도 그 단어를 같은 방식으로 사용한다는 것은 상상할 수도 없다. 여기서 그것은 단순히 고린도의 문화 안에 있는 사람들이 "사물의 본성"을 평가한 방식을 의미했음이 틀림없다.[113] 이와 마찬가지로 16절은 "관례" 또는 "풍습"(*synētheia*)에 호소한다. 그리고 바울이 하나님의 교회는 다른 어떤 관례도 없다고 말할 때, 그는 단지 그의 시대에 그의 문화에서의 관례를 의미할 뿐이다.

 요컨대 고린도전서 11:2-16은 남성의 머리 됨과 여성의 종속에 대한 시간을 초월한 원칙 — 적어도 남편과 아내 사이에 — 을 가르친다. 또한 그것은 예배드리는 동안 외모나 처신이(또는 그 문제라면 그 밖에 어느 곳에서든, 그러나 특히 예배 시간에) 하나님에게든 배우자에게든 조금도 충실하지 못하다는 잘못된 문화적 신호를 보내서는 안 된다. 그것이 바울 시대에 어떻게 적용되었는가는 머리 길이를 포함하여 머리 가리개와 관련되었다. 그것이 오늘날 서구인들에게 의미하는 바는 상당히 다를 수 있다. 피부를 너무 많이 드러내지 않기, 경박하게 행동하지 않기, 단지 복음의 "상황화"를 위하

113_ Thiselton, *First Epistle to the Corinthians*, 844-46과 비교하라. 더 나아가, 머리를 자르지 않으면, 머리가 하는 "자연스러운" 일은 자라는 것이다! Khiok-Khng Yeo, "Differentiation and Mutuality of Male-Female Relations in 1 Corinthians 11:2-16," *BR* 43 (1998): 20.

여 다른 종교의 구성원들처럼 옷을 입거나 행동하지 않기 등등. 이 단락이 교회에서 남성을 위해 마련된 특정 역할이 있는가에 대한 문제는 다루지 않지만 여성을 위한 한 가지 핵심 역할 - 성령 충만한 설교 - 을 암암리에 인정한다. 현대 교회는 이 역할을 무시하여 결국 교회 자체에 손해를 입히고, 부적절하게 여성 구성원의 은사를 억누르고, 종종 그 과정에서 그들에게 무엇을 할 수 없다거나 하지 말아야 하는지에 관하여 비성경적인 것들을 말함으로써 심리적으로 그들을 해친다.

고린도전서 14:33-38

만약 바울이 세 장의 공간에서 불필요하게 자기모순에 빠졌다고 추정하지 않는다면, 우리가 이 단락을 어떻게 설명하든지, 그것을 바울이 여자들에게 교회에서는 결코 한마디도 하지 말라는 의미로 말하고 있다고 생각할 수 없다.[114] 그러면 바울은 무슨 뜻으로 여자들을 "잠잠하게 한다"는 말을 하였는가? 적어도 다섯 가지 주요 선택지가 제안되었다. 내가 믿기에 개연성이 낮은 것부터 다룰 것이다.

우선 많은 자유주의 학자들과 소수의 복음주의 학자들은 바울이 이 구절을 기록하지 않았다고 주장해왔다. 그것은 더 보수적인 필사자에 의해 사본 전통에 첨가되었다.[115] 소수의 매우 늦은 사본들이 34-35절을 14장의 맨 뒤로 옮긴 것은 사실이지만, 이는 그 구절을 전적으로 생략하는 것

---

[114] 본문을 "모든 여성 그리스도인에게 적용되는 공중 연설에 대한 포괄적인 금지 명령"이라고 부르는 Marlene Crüsemann ("Irredeemably Hostile to Women: Anti-Jewish Elements in the Exegesis of the Dispute about Women's Right to Speak [1 Cor. 14.34-35]," *JSNT* 79 [2000]: 21)과 대조된다!

[115] 각 관점에 해당하는 한 예를 위하여, 각각 Winsome Munro, "Women, Text and the Canon: The Strange Case of 1 Corinthians 14.33-35," *BTB* 18 (1988): 26-31; 그리고 Gordon D. Fee, *The First Epistle to the Corinthians* (NICNT; Grand Rapids: Eerdmans, 1987), 699-708을 보라.

과는 다르다.[116] 더욱이 누군가는 왜 그 구절의 위치가 바뀌었다고 생각할 수 있는지를 보면 완전히 이해가 된다. 그것들은 26-40절에 걸쳐 있는 방언과 예언에 대한 논의를 방해하는 것으로 보인다. 그러므로 바울의 원문은 이 구절을 바로 우리가 영어 번역본에서 그것들을 읽는 곳에 포함했을 가능성이 높다.

둘째, 많은 평등주의자들은 34-35절이 사실상 바울이 36-38절에서 반박하고 있는 고린도 교회의 슬로건을 반영한다고 제안해왔다. 6:12, 7:1, 8:1, 10:23이 모두 고린도 교회에서 일부 사람이 장려하고는 있지만 바울이 무조건적으로 받아들일 수는 없는 견해로서 그럴듯하게 여겨질 만한 것과 똑같이(이 구절 각각에 대하여 TNIV에서 인용부호를 사용하고 있는 것을 보라), 또한 고린도에서 일부 사람들은 여자들을 잠잠하게 하기 원한다. 이 견해에 따르면, 36절("하나님의 말씀이 너희로부터 난 것이냐, 또는 너희에게만 임한 것이냐")은 바울의 대답이 시작되는 부분이며, 이 대답에서 그는 과도한 열성 보수주의에 도전한다.[117] 이 제안도 가능성이 전혀 없어 보인다. "슬로건"은 필연적으로 짧고 간결한 격언을 형성하는데, 34-35절은 그렇지 않다. 그리고 만약 그 구절들이 바울이 반박하는 슬로건을 반영한다면, 그 서신의 다른 있을 법한 슬로건 중 어떤 것에서도 반영되지 않는 초보수적

116_ Philip B. Payne은 그럼에도 불구하고 이 구절들을 정말 포함하는 소수의 사본 안에 있는 난외 첨가문과 기호들이 그것들이 없는 사본 전통에 대하여 알고 있다는 증거를 제공한다고 주장하였으나("Fuldensis, Sigla for Variants in Vaticanus, and 1 Cor 14.34-5," *NTS* 41 [1995]: 240-62; 그리고 "Ms. 88 as Evidence for a Text without 1 Cor 14.34-5," *NTS* 44 [1998]: 152-58), 그의 주장은 설득력이 없다고 판명된다. Curt Niccum, "The Voice of the Manuscripts on the Silence of Women: The External Evidence for 1 Cor 14.34-5," *NTS* 43 (1997): 242-55; D. W. Odell-Scott, "Editorial Dilemma: The Interpolation of 1 Cor 14:34-35 in the Western Manuscripts of D, G and 88," *BTB* 30 (2000): 68-74를 보라.

117_ 예를 들어, 최근의 Collins, *First Corinthians*, 514-17. 1980년대에 난무하는 연구들이 이 견해를 제안하고 논의하였다. 오늘날에는 그에 대한 지지를 거의 찾아볼 수 없다.

이고 율법주의적인 유대교적 접근법을 나타내야만 할 것이다. 그런데 슬로건 모두는 과도하게 자유사상적인 관점 또는 적어도 매우 그리스적인 관점을 나타낸다. 다른 곳에서 바울의 "그렇다, 그러나" 논법과는 달리, 바울은 이른바 슬로건이라고 하는 것의 어떤 부분도 긍정하지 않고 있다고 이해되어야만 한다. 이 모든 논증에 그 제안의 거의 모든 지지자들이 지난 30여 년간 쓴 소견을 더해보라. 그러면 그것은 바울이 이 말들을 전혀 기록하지 않았다는 제안보다는 약간 더 가능성 있어 보인다.

셋째, 교회 역사 전체를 통하여 주기적으로 제기되는 더 그럴듯한 제안은 이 구절들이 도처에 있는 모든 교회에서 반복되지 않는 고린도에서의 특정한 상황에만 적용된다는 것이다. 33절 후반부("모든 성도가 교회에서 함과 같이")는 34-35절의 도입부라기보다는 앞 단락의 마지막 부분으로 여겨지는 것이 그럴듯할 수 있다. 바울 시대에 대부분의 여성이 교육을 받지 못한 것과 여성을 회중의 변두리로 더 물러나게 하여 그들이 예배 때 완전히 몰두하기보다 수다를 떨거나 험담하기 쉽게 만들었던 분리된 회당 좌석과의 가능한 유사성을 고려해볼 때, 바울이 고린도에서 특히 지장을 초래하는 행동을 얼마나 잠잠하게 하고 싶어 했을지 알 수 있다. 아마도 이 여자들이 하고 있던 질문은 가르침이나 예배 흐름을 흐트러뜨리는, 개인적으로 다루면 더 좋을 매우 기초적인 질문이었을 것이다(35절). 이 해석에 의하면, 비슷한 현상이 존재하지 않는다면 오늘날 여성이 교회에서 남성보다 덜 말해야 할 필요는 없다.[118] 이 견해가 갖는 한 가지 문제는 분리

118_ 이 옵션의 가장 설득력 있는 견해를 위하여, Craig A. Keener, *Paul, Women and Wives: Marriage and Women's Ministry in the Letters of Paul* (Peabody, Mass.: Hendrickson, 1992), 80-88; Belleville, *Women Leaders and the Church*, 152-62와 비교하라. 새로운 견해가 최근에 Terence Paige에 의하여 제시되었다(Terence Paige, "The Social Matrix of Women's Speech at Corinth: The Context and Meaning of the Command to Silence in 1 Corinthians 14:33b-36," *BBR* 12 [2002]: 217-42). Paige는 바울이 금지하고 있는 말

된 회당에 대한 지지가 수 세기 뒤에 온다는 것이다. 어떤 고고학적 또는 문학적 증거도 그러한 관례가 1세기에 적절했다고 시사하지 않는다. 더 심각한 것은 카슨(D. A. Carson)이 표현한 바와 같이, 이러한 접근법은 "극도의 성차별주의"가 된다.[119] 바울의 저작물로부터 우리는 그의 교회들 안에 적어도 소수의 은사를 받고 교육받은 여성들과 다수의 교육받지 못한 남성들이 있었다는 것을 알고 있다. 여성은 모두 잠잠하게 하면서 남성은 아무도 잠잠하게 하지 않는 것은 이 문제를 전혀 만족스럽게 다루지 않는다. 마지막으로 여성의 복종을 가르치는 "율법"에의 호소는 바울이 다시 그의 가르침의 기초를 좀 더 문화를 초월하는 원칙에 두고 있음을 시사한다. 이 *nomos*("법")를 성경 밖의 유대 전통이나 그리스-로마법에 국한시키려는 시도는 바울이 이 용어를 설명적인 제한 없이 매우 특징 없는 방식으로 사용했을 것을 요구한다. 왜냐하면 바울은 보통 이 용어로 토라(히브리어 성경의 일부 또는 전체)를 의미하기 때문이다.[120] 그의 언급을 더 이상 믿는 자들에게 의무가 되지 않는 구약에서의 타락 이후의 제도에 국한시키려는 시도는 바울의 가르침을 일관성 없게 만든다.[121] 왜 그가 더 이상 그의 윤리를 뒷받침한다고 인정하지 않는 원칙에 호소하겠는가?

    네 번째 제안은 바울의 가르침의 콘텍스트가 고린도에서의 영적 은

하기의 한 종류가 서로 관련이 없는 여자들과 남자들 사이의 일상적인 대화라고 주장한다. 이는 아직 그리스 사회에서 망신스러운 행동으로 보였을 것이다. 그러나 이것이 정확히 고린도전서 14장에서 *laleō*가 일관되게 의미하는 바는 아니다.

119_ D. A. Carson, "'Silent in the Churches': On the Role of Women in 1 Corinthians 14:33b-36," in *Recovering Biblical Manhood and Womanhood*, 147.

120_ Douglas J. Moo, "'Law,' 'Works of the Law,' and Legalism in Paul," *WTJ* 45 (1983): 73-100을 보라.

121_ 특히, 창 3:16은 더 오래된 주석가 가운데서 공통적이다. 예를 들어, A. T. Robertson and Alfred Plummer, *A Critical and Exegetical Commentary on the First Epistle of St Paul to the Corinthians* (ICC; Edinburgh: T&T Clark, 1914), 325.

사, 특히 예언과 방언을 행사하는 데 생기는 문제를 다룬 장 전체라고 인정한다. 방언을 통제하기가 너무 어려웠던 것으로 보이기 때문에, 그리고 여자들이 가끔 황홀한 형태나 통제 불능 형태의 공중 연설(public speaking)을 보였던 그리스-로마 종교에서 유추해볼 때, 아마 바울은 단지 고린도 교회 여자들에게 방언(의미 불명의 말)으로 말하지 말라고 이야기하고 있을 것이다.[122] 이러한 접근법은 고린도전서 14장에서 "말하다"(laleō) 동사가 34-35절에서의 당혹스러운 용법 외에 21회 등장하고 이 중 20회는 매우 제한된 종류의 발언 — 예언, 예언에 대한 평가, 방언, 또는 방언의 통변 — 을 가리킨다는 것에 주목함으로써 우리를 이용 가능한 제안 중에서 가장 좋은 쪽으로 가까이 이동시킨다. 그리고 이 용법 중 상당수는 방언을 가리킨다. 그러나 방언으로 말하는 것은 방언 통변과 예언처럼 하나님께서 성별에 관계없이 그가 원하는 사람 누구에게나 주시는 영적 은사다. 이것이 우리를 마지막의 가장 좋은 제안으로 이끈다.

예언의 평가는 영적인 은사가 아니다. 하나님께로부터 왔다고 주장되는 메시지의 진실성을 평가하는 일은 어떤 면에서 모든 듣는 자의 의무다(29절). 그러나 논쟁의 여지가 있는 메시지에 대하여 판결을 내리는 일은 궁극적으로 교회의 리더십에게 속했을 것이다. 만약 바울이 교회 리더십의 가장 높은 지위가 남성들을 위해서 남겨져 있다고 믿었다면(비록 그러한 견해가 시간을 초월한 것이 아니고 문화 특정적인 견해였다고 주장할지라도), 그가 (적어도 그 시대의) 여자들에게 단지 그 특정적인 한 콘텍스트에서만 잠잠하라고 말할 수 있다. 여자들은 논쟁의 여지가 있는 예언에 관해 권위 있게 판결을 내리는 데 있어서 남성 지도자들의 권위를 빼앗지 말아야 한다.

122_ 특히, Ralph P. Martin, *The Spirit and the Congregation: Studies in 1 Corinthians 12-15* (Grand Rapids: Eerdmans, 1984), 87을 보라.

바울이 여성에 관한 이 거슬리는 듯한 언급 이전에 다뤘던 바로 그 마지막 주제가 예언과 그것의 평가라는 점은 중요하다(29-33a절).[123] 이 해석을 위에서 살펴본 세 번째 견해의 요소와 결합시켜 여자들이 예언 평가의 일환으로 지장을 초래하는 질문을 하고 있다고 생각하는 것도 실제로 가능하다. 다른 문제에서 이것은 아내가 그녀의 복종을 위태롭게 하는 방식으로 남편의 예언을 포함하여 남편을 반박하는 원인이 될 수 있었을 것이다(34절).[124] 이 견해에 의하면, 34절에 있는 "율법"은 권위와 종속에 대하여 타락 이전에 정해진 것들을 포함한 전체 히브리어 성경이 된다. 그러나 유일하게 명확한 특정 시대에 한정되지 않는 원칙은 남편에 대한 아내의 복종일 것이다.[125] 그렇지만 두 번째 초문화적 원칙 – 교회에서 가장 높은 리더십 역할은 남자를 위하여 남겨둠 – 이 전제되고 있을 가능성이 있다. 하지만 그렇다 하더라도 그것이 명료하게 언급되어 있지는 않다. 사실상, 그 쟁점에 대하여 논쟁하기 위한 주요 전장으로 남아 있는 곳은 바로 우리가 돌아서야 하는 다음 본문이다.

디모데전서 2:8-15

디모데전서의 콘텍스트가 에베소에서의 거짓 가르침의 실재라는 것은 의문의 여지가 없다. 바울은 디모데에게 그것에 맞서서 굳게 서라고 강권

123_ Hurley, *Man and Woman in Biblical Perspective*, 188-93; Simon J. Kistemaker, *Exposition of the First Epistle to the Corinthians* (NTC; Grand Rapids: Baker, 1993), 511-15와 비교하라. 이 견해가 주장한 바에 의하면 예언 – 그 내용이 사실이든 사실이 아니든 – 에 대한 권위적인 평가를 내리는 일을 영을 분별하는 은사 – 예, 악령의 존재를 알아보는 것 – 와 구분하는 것은 중요하다. 특히, Grudem, *The Gift of Prophecy*, 58-67을 보라.

124_ Thiselton, *First Epistle to the Corinthians*, 1150-61. James D. G. Dunn, *The Theology of Paul the Apostle* (Grand Rapids: Eerdmans, 1998), 592와 비교하라.

125_ 심지어 Keener, *Paul, Women and Wives*, 86-87도 그렇다.

한다.¹²⁶ 대부분의 학자는 이 이단에서 유대적 요소와 영지주의적 요소의 결합을 본다. 디모데전서 1:6-11은 토라의 역할에 대한 유대인의 논쟁의 배경에서만 의미가 통한다. 결혼 금지(4:3)는 그리스적 배경, 특히 나중에 완전히 발달한 영지주의가 조장하려는 금욕주의를 배경으로 할 때 가장 잘 이해된다. 평등주의자들은 디모데전서 2:11-12에서 바울이 여성들에게 가한 제한은 교회 안에서 발생한 이단의 위험에 비추어 해석되어야 한다고 정확히 강조한다. 하지만 어떤 재구성은 비로소 1-2세기 이후에나 확실한 증거가 있는 기원후 1세기에 발달한 상황으로 거슬러 올라가 해석하고,¹²⁷ 그것은 목회 서신에서 거짓 교사에 대한 어떤 언급도 결코 여성을 그들 가운데 넣지 않음을 명료하게 말해준다. 이단자들이 특히 잘 속아 넘어가는 여성에게 과도한 영향을 미친다고 보이는 것은 사실이다(5:15; 딤후 3:6-9). 하지만 그것은 여성에게 이단을 가르치는 남성으로부터 그 여자가 다음으로 (거짓) 교사가 되었기 때문에 바울이 2:11-12에서 금지하고 있는 유일한 일이 이단의 가르침이라는 결론으로의 큰 비약이다.¹²⁸ 그런데 이 결론은 본문에서 결코 언급되지 않는다. 고린도전서 14:33-38에서처

126_ J. M. Holmes, *Text in a Whirlwind: A Critique of Four Exegetical Devices at 1 Timothy 2.9-15* (JSNTSup 196; Sheffield: Sheffield Academic Press, 2000), 117-39와 대조된다.

127_ 가장 두드러지게, Richard Clark Kroeger and Catherine Clark Kroeger, *I Suffer Not a Woman: Rethinking 1 Timothy 2:11-15 in Light of Ancient Evidence* (Grand Rapids: Baker, 1992). 더 역사적인 뉘앙스가 있는 논평을 위하여 Steven M. Baugh, "A Foreign World: Ephesus in the First Century," in *Women in the Church: A Fresh Analysis of 1 Timothy 2:9-15*, eds. Andreas J. Köstenberger, Thomas R. Schreiner, and H. Scott Baldwin (Grand Rapids: Baker, 1995), 13-52를 보라. 또한 Sharon H. Gritz, *Paul, Women Teachers, and the Mother Goddess at Ephesus: A Study of 1 Timothy 2:9-15 in Light of the Religious and Cultural Milieu of the First Century* (Lanham, Md.: University Press of America, 1991), 157-58에서의 Sharon H. Gritz를 인용한 평등주의자들이 거의 항상 간과한 결론들과 비교하라.

128_ 예를 들어, Keener, *Paul, Women and Wives*, 111-12.

럼, 모든 여성을 그리고 오직 여성만을 잠잠케 하는 것이 어떻게 이 특정한 문제를 해결할 수 있는지 적절히 물을 수 있다!

11-12절의 직접적인 콘텍스트에 특정한 문화 요소가 있는 것도 사실이다. 단락은 8-10절부터 시작되고, 우선 교회에서의 남성을 다룬다(8절, 장소를 이렇게 국한시킨 것에 대하여 3:15과 비교하라). 그들은 "분노와 다툼이 없이 거룩한 손을 들어 기도"하여야 한다. 추측건대 기도하는 것은 항상 옳고, 다투는 식의 기도는 항상 잘못이지만 손을 올리는 행위는 몇몇 용인되는 자세 중 하나일 뿐이다. 흥미롭게도 그리스어 구문이 이러한 이해를 지지한다. 유일한 실제 명령이 "각처에서 남자들이 분노와 다툼이 없이…기도하기를 원하노라"란 말에서 드러나기 때문이다. "들어"(lifting up)는 순수하게 형식적인(modal) 의미를 가질 수 있는 분사를 옮긴 것이다. "그들이 [거룩한 손을] 들어 올릴 때" 다시 말해, 이것은 그들이 취하고 있는 특정한 자세다. 이제 그들은 반드시 그것을 올바른 정신으로 해야 한다.

얼핏 보면, 9-10절은 다수의 특정한 문화 요소를 포함하고 있는 것 같다. 예를 들어, 분명 땋은 머리는 본질적으로 잘못된 것이 아무것도 없을 수 있다! 더 자세히 살펴보면 두 구절 모두 근본적으로 시대를 초월한 관점으로 간주하는 것이 더 좋아 보인다. 문화에 따라 세부적인 사항은 변하더라도 품위 있고, 적절하고 수수한 옷은(9a절) 여전히 모든 여성 그리스도인(그리고 남성 그리스도인!)에게 적합하다는 사실을 아무도 문제 삼지 않는다. 마찬가지로 모든 믿는 자는 은유적으로 좋은 행실로 옷 입어야 한다(10절). 그러나 9절 후반부의 땋은 머리와 보석은 어떤가? 여기서 그리스어는 사실상 "땋은 머리와(and) 금이나 진주나 값진 옷으로 하지 말고"로 해석된다. 제임스 헐리(James Hurley)는 부유한 그리스-로마 여성이 종종 어떻게 머리를 복잡하게 땋고 값비싼 보석들로 묶으면서 일상의 머리 모양에 여러 시간을 투자하였는지 살펴보았다.[129] 겉치레에 대한 이러한 강조는 분명히 항상 잘못된 것이다. 현대 교회의 일부 그룹이 여전히 "철저히 옷 입을 것"을 강조하는 것은 유감이다.[130] 설령 부지중이라 할지라도 이는 너무나 쉽게 부를 과시하고 다른 예배자의 집중을 방해하며, 덜 부유한 사람들로 하여금 하나님의 집에서 이류 계급의 시민이라는 기분을 느끼게 하는 유혹이 된다. 다행히도 오늘날 많은 기독교적 콘텍스트에는 더 이상 예전과 똑같은 옷을 갖춰 입어야 하는 압박이 없다.

첫인상에도 불구하고 우리가 11-12절에 이를 때, 상황 특정적인 명령을 발견할 것이라고 추정할 만한 힘(momentum)이 거의 없다.[131] 11절은 여자들에게 조용히(hēsychia) 그리고 일체의 순종함으로(hypotagē) 배우라고 명령한다. 이 구절에서 유일한 명령법이 배우라는 명령임을 아는 것은 중요하다. 바울 시대에 이것은 눈에 띄는 반문화적 요소였다. 유대교에서 통상적으로 여성에게 토라를 가르치는 것을 금지했음에도 불구하고 여성은 남성과 똑같이 하나님의 말씀을 배울 의무가 있다.[132] *Hēsychia*는 "침

129_ Hurley, *Man and Woman in Biblical Perspective*, 199. 몇몇 예외가 있긴 하지만, 그러한 장식은 도시에서 적지만 영향력 있는 소수의 부유한 여자들에게만 한정되었을 것이다. 이와 같이 Alan Padgett, "Wealthy Women at Ephesus: 1 Timothy 2:8-15 in Social Context," *Int* 41 (1987): 19-31.

130_ 물론 교회에 가려고 공들여 옷을 입는 것이 항상 부를 과시하는 것은 아니다. 아프리카계 미국인 공동체에서, 교회에 가기 위해 옷을 잘 입는 것은 다른 이유로 인해 중요하다. 매우 가난한 많은 사람이 교회에 가기 위하여 옷을 잘 입는다. 흑인 공동체에서 의류의 품질은 종종 백인교회와는 다른 문화적 역할을 한다.

131_ 몇몇 반대 주장에도 불구하고, 추가적인 세 주장은 이 단락을 상대화하지 않는다. (1) 바울의 "I" 사용은 여전히 권위적이다. 그는 정기적으로 그의 가르침이 주(主)로부터 온다고 이해한다. (2) 그가 부정하며 "허용하다"를 사용한 것은 그 명령을 절대적인 명령으로 남겨둔다("나는 허용하지 않는다"). (3) 현재 시제는 바울이 허용하지 않는 것이 단지 현재 순간만을 위한 것임을 뜻하지 않는다. 부정사(직설법 외의 법들[moods])의 사용을 고려할 때, 그 진의는 "나는 계속적으로 ~을 허용하지 않을 것이다"이다.

132_ 바울의 주요 관심이 여자들이 배우는 방식에 있다는 의견이(Thomas R. Schreiner, "An Interpretation of 1 Timothy 2:9-15: A Dialogue with Scholarship," in *Women in the*

묵"을 의미하지 않는다(이 단어의 이 단락 외에 신약에서의 다른 용법, 즉 행 22:2 과 살후 3:12에서의 용법과 비교하라). 어근이 같은 형용사 *hēsychios*는 2:2에 서 모든 믿는 자가 살아야 할 삶의 종류—"평안하고 고요한", 협력하고 돌 보는, 전혀 말하지 않는 것은 아닌 삶—를 가리켰다! *Hypotagē*는 고린도 전서 14:34에서의 "복종"에 대한 동사(*hypotassomai*)와 어근이 같으며, 일정 형태의 종속을 암시한다. 게다가 비록 무엇이 복종적이거나 협력적이라고 여겨지는가는 문화에 따라 달라지더라도, 이것은 남성이든 여성이든 학생 들에게는 항상 적절한 행동이다.

12절에서 우리는 최근 학문에서 유일하게 가장 면밀히 검토된 성경 구절일 수 있는 것에 이른다. 여기서 바울이 여자들에게 명령한 의미는 처 음에는 분명해 보인다. 그들은 남성을 "가르치거나" 남성 "위에 권위를 갖 지"(have authority over) 말아야 한다(물론 여전히 예배 공동체의 콘텍스트에서— 3:15을 상기하라). 그러나 "가르치다"에 대한 단어가 신약 전반에 걸쳐 사용 된 매우 흔한 동사인 *didaskō*인 반면에, 보통 "권위를 행사하다"(*authenteō*) 로 번역되는 단어는 그 밖에 성경 어디에도 발견되지 않으며, 더 일반적으 로는 그리스어 문학에서도 매우 희귀하다. 기원전 5세기와 기원후 5세기 에 걸친 그리스어 문학에서 그 용어에 대해 알려진 329개의 용법에 대한 릴랜드 윌셔(Leland Wilshire)의 조사는 1세기 이전에 그 단어가 종종 "권세 를 부리다" 또는 심지어 "살해하다"라는 부정적인 부대적(附帶的) 의미를 가졌음을 보여준다. 1세기 이후에 특히 그리스도인 집단에서, 그것은 자 주 권위의 적절한 행사를 위하여 더 긍정적으로 사용되었다.[133] 이는 믿는 자들이 바울의 전통으로부터 단절되어 그 용어의 더 긍정적인 용법을 따

Church: A Fresh Analysis, 122에서처럼) 이 의견의 효력을 약화시키지 않는다.

[133] Leland E. Wilshire, "The TLG Computer and Further Reference to *Authenteō* in 1 Timothy 2.12," *NTS* 34 (1988): 131.

르고 있었기 때문이었는가?[134] 확신하기는 어렵다.[135]

그러나 안드레아스 쾨스텐버거(Andreas Köstenberger)의 중요한 한 연구는 여기 12절에서처럼 쌍으로 된 부정사들이 신약 전반에 걸쳐 예외 없이, 그리고 성경 밖 그리스어에서도 매우 일관되게 함께 두 개의 긍정적인 개념을 결합하거나 두 개의 부정적인 개념을 결합한다는 것을 보여주었다.[136] 따라서 authentein(여기서 사용된 authenteō의 부정사형)이 "지배하다"(dominate) 또는 "권세를 부리다"(domineer)와 같이 경멸적인 무언가를 의미하는 유일한 길은 didaskein이 마찬가지로 부정적인 경우다. 이것은 즉시 분명한 한 가지 옵션을 제안한다. 즉 바울은 에베소에 있는 디모데의 교회를 괴롭히는 거짓된 가르침을 명백히 금지하고 있다. 그러나 다른 서신들에서 바울이 거짓된 가르침을 가리키고 싶을 때, 그는 그것을 동사 heterodidaskaleō(딤전 1:3; 6:3)로 부르거나 적어도 가르침이 거짓되었음을 명백하게 만드는 단어로 didaskō를 수식한다(딛 1:11). 바울에게 다른 15개의 수식받지 않는 didaskō의 용법은 긍정적인 가르침을 가리킨다.[137] 그러므로 디모데전서 2:12에서 "가르침"과 "권위를 행사함" 양쪽에 보통의

134_ Paul W. Barnett, "Wives and Women's Ministry (1 Timothy 2:11-15)," *EvQ* 61 (1989): 225-38과 비교하라.

135_ 나중에 Wilshire는 그가 초기 의미 중 하나 — "폭력을 일으키다"(to initiate violence) — 를 선택하고 있음을 분명히 하였다. 그리하여 Leland E. Wilshire, "1 Timothy 2:12 Revisited: A Reply to Paul W. Barnett and Timothy J. Harris," *EvQ* 65 (1993): 52. 그러나 이 의미는 이번 콘텍스트에 전혀 어울리지 않는다.

136_ Andreas J. Köstenberger, "A Complex Sentence Structure in 1 Timothy 2:12," in *Women in the Church: A Fresh Analysis*, 81-103를 보라.

137_ 만약 본문이 *heterodidaskalein*로 해석될 수 있었다면 "그러나 나는 남자들이 [거짓된 가르침을 베푸는 것을] 실제 허용한다"를 함축했을 것이라는 이유로 한 Marshall (*Pastoral Epistles*, 458n157)의 반대는 효력이 없다. 왜냐하면 그 금지는 여전히 이러한 결론을 피할 수 있도록 분명히 만들어질 수 있기 때문이다(예, "나는 여자들이 그들의 거짓된 가르침을 계속하는 것을 허용하지 않는다").

긍정적인 의미를 부여해야 하는 것처럼 보인다.

이 시점에서 또 하나의 문법적 연구가 작용하기 시작한다. 필립 페인(Philip Payne)은 12절에서 두 핵심 동사를 연결하는 접속사 *oude*("nor")가 어떤 의미에서 상호 간에 규정하는 표현을 통상적으로 함께 결합한다고 논증했다.[138] 공식적인 전문용어로 이것은 "헨디아디스"(hendiadys; "둘을 통하여 하나"를 의미하는 그리스어 단어에서 유래)라 불린다. 다시 말해서, 바울은 두 개의 개별 행동을 금하고 있는 것이 아니다. 오히려 두 동사는 함께 한 가지 특정한 기능 또는 역할을 규정한다. 디모데전서 2장의 보다 큰 문맥이 이러한 해석을 한층 더 지지한다. 항상 정식의 헨디아디스를 사용하는 것은 아니고 *oude* 외의 다른 접속사를 사용하지만, 중요한 것은 거의 모두 두 번(또는 가끔은 네 번) 말하기 위하여 동의어 단어 쌍을 사용하는 경향이 있는 것으로 보인다! 그리하여 우리는 1절에서 "간구와 기도와 도고와 감사", 2절 전반부에서 "임금들과 높은 지위에 있는 모든 사람", 2절 후반부에서 "고요하고 평안한"과 "경건과 단정함", 3절에서 "선하고 받으실 만한", 4절에서 "구원을 받으며 진리를 아는 데 이르기를", 7절 전반부에서 "전파하는 자와 사도", 7절 후반부에서 "참말이요 거짓말이 아니니", 8절에서 "분노와 다툼이 없이", 9절에서 "소박함과 정절", 11절에서 "일체의 순종함으로 조용히"를 발견한다. 그 패턴의 이렇게 많은 실례로 인해 우리가 12설에서 비슷한 쌍을 발견하리라 기대하는 것도 당연한 일이다.

그러나 만약 바울이 교회에서 남성을 가르치는 모든 형태로부터 여성을 금지하는 것이 아니라면, 그리고 그가 교회에서 남성에게 모든 형태의 권위를 행사하는 것으로부터 여성을 금지하고 있는 것이 아니라면, 그가

138_ Philip B. Payne, "*Oude* in 1 Timothy 2:12," paper presented at the meeting of the Evangelical Theological Society (Atlanta, November 1986)를 보라.

마음에 두고 있는 "권위 있는 가르침"의 한 가지 역할은 무엇이겠는가? 확실한 답을 찾기 위하여 너무 멀리까지 내다볼 필요는 없다. 디모데전서의 바로 다음 장에서 바울은 교회의 두 리더십 직분―감독들과 집사들(3:1-13)―을 위한 기준을 제시한다. 두 그룹의 리더 사이의 가장 명백한 차이점에 주목하라. (1) 오직 장로들을 위한 그의 지시에서만 후보자는 "가르치기를" 잘하여야 하며(2절), (2) 오직 집사들을 위한 그의 지시에서만 여성이 등장한다(11절). 일상적인 단어 "여자[들]"(gynē에서 유래)이 집사들의 "아내들"을 의미할 수도 있었음은 사실이다. 하지만 왜 바울이 집사들의 "아내들"의 특성에는 관심을 가지면서 감독들의 아내들에게는 비슷한 자격을 요구하지 않는가? 그러나 만약 바울이 남성과 여성이 똑같이 집사직을 공유하기 원하는 반면에 단지 남자 감독만 마음에 그리고 있었다면(뵈뵈에 관한 논의를 상기하라), 그 차이는 이치에 완벽히 맞는다.[139] 디도서 1:5-7에서 그가 "감독"과 "장로"란 용어를 교대해서 사용하는 것은 분명하다. 그리고 디모데전서 5:17에서 장로들은 "[교회의 일을] 잘 다스리는" 사람들로서 독특하게 묘사된다. 그리하여 장로나 감독을 교회에서의 나머지 직분과 구분 짓는 중요한 두 책임은 그들의 가르침과 권위의 행사―정확하게 2:12과 관련된 개념―다. 그러므로 그 구절에서 바울이 여자들에게 금하는 유일한 것은 감독이나 장로의 직분을 차지하는 것이다. 이것은 우리가 사도행전과 서신서들에 있는 비규정적인 자료를 검토하였을 때 본 것―장로의 역할을 제외하고 교회 생활과 리더십에서 모든 주요 역할을 수행하는 여자들―과 꼭 맞는다.

그러나 아직 우리는 이 금지가 시대를 초월한 것인지 아니면 1세기

---

[139] 학문적으로 점점 일치되는 의견은 여기서 여자 집사들이 고려되고 있다는 것이다. Jennifer H. Stiefel, "Women Deacons in 1 Timothy: A Linguistic and Literary Look at 'Women Likewise…' (1 Tim. 3.11)," *NTS* 41 (1995): 442-57을 보라.

의 어떤 독특한 환경에 의하여 지시된 것인지 질문하여야 한다. 13절과 14절은 우리에게 답을 주는 것처럼 보인다. 13절은 또 다시 바울의 명령의 근거를 창조의 순서, 즉 아담이 먼저 창조되었다는 사실에 둔다. 이 문장을 시작하는 "이는 ~[때문이다]"(for)에 해당하는 단어(gar)가 "~때문에"(because)와는 다른 무언가를 의미한다고 주장하려는 시도는 바울이 압도적으로 일관되게 이 부사들을 사용한 것에 반대된다.[140] 앞서 언급한 바와 같이, 현대 정서에는 낯설지만 장자 상속법의 관례에 친숙한 고대 문화에서는 이런 종류의 논증이 완벽하게 이해되었을 것이다. 구약이 이러한 패턴에 눈에 띄는 몇몇 예외를 제시한다고 해서(예, 이스마엘, 에서, 에브라임) 그 법을 무효화시키지는 않는다. 만약 애초에 규칙적인 패턴이 없었다면, 그 예외들이 눈에 띄지도 않았을 것이다.[141]

14절은 더 어려운 것으로 드러난다. 교회 역사에서 대부분의 사람은 그것을 교회에서의 남성의 머리 됨에 대한 바울의 원칙의 또 다른 이유로 보았다 ─ 아담이 아니라 하와가 속았다. 또한 대부분의 사람은 여자가 선천적으로 남자보다 더 잘 속아 넘어가고 심지어 그들보다 존재론적으로 열등하다고 믿었다.[142] 그러나 그러한 확신은 당연히 평등주의자뿐 아니라 거의 모든 상보주의자에 의하여 버려졌다. 참으로 너무나 많은 생리학적·사회-과학적·경험적인 상반된 증거가 있다. 더 나아가 아담은 자유로

140_ Douglas J. Moo, "The Interpretation of 1 Timothy 2:11-15: A Rejoinder," *TJ* 2 (1981): 202-4를 보라.

141_ George W. Knight III, *The Pastoral Epistles* (NIGTC; Grand Rapids: Eerdmans, 1992), 143와 비교하라.

142_ 아마도 과장될 수 있지만, Kevin Giles, "A Critique of the 'Novel' Contemporary Interpretation of 1 Timothy 2:9-15 Given in the Book *Women in the Church*," *EvQ* 72 (2000): 151-67, 195-215의 전반에 걸친 핵심. Andreas Köstenberger, "Women in the Church: A Response to Kevin Giles," *EvQ* 73 (2001): 205-24; Kevin Giles, "Women in the Church: A Rejoinder to Andreas Köstenberger," *EvQ* 73 (2001): 225-45와 비교하라.

이 금지된 열매를 먹었고 하와와 똑같이 죄를 지었다. 그렇기 때문에 속임을 당하지 않았다면, 그가 "크게 눈 뜬 채" 무엇을 하고 있는지 빤히 알면서 죄를 지었음을 의미한다. 그것은 여성이 아니라 남성에게 궁극적인 리더십 책임을 돌리는 데 거의 희망을 불어넣지 않는다![143] 13절로부터 형용사 "먼저"를 옮겨 바울로 하여금 하와가 먼저 죄를 지었다고 말하게 만드는 논증은 창세기 2장에 충실하고 문법적으로 가능하다.[144] 그러나 바울의 취지가 무엇인지 알기는 어렵다. 상속법과 같이 속임(deception)의 순서에 기초한 고대 제도는 아무것도 없었다! "정확히 남자에 대해 주도권을 잡는 데 있어서 하와가 에덴동산에서 뱀에게 속았다"(창 3:13)[145]는 주장은 그녀가 아담에게 돌아서기 전에 사탄의 꾐에 넘어가 열매를 먹음으로써 죄를 지었고 따라서 나중에서야 비로소 그가 타락하도록 돕는 역할을 하였다는 사실에 근거해 실패한다.

그러므로 나는 14절이 결코 바울의 금지에 대한 또 다른 근거로서 의도되지 않았을지도 모른다는 거의 15년 전에 제시한 내 제안을 고수한다.[146] 그것은 "이는 ~[때문이다]"(for)로 시작하지 않고 단지 "그리고"(kai)로 시작된다. 반면에 14절과 15절은 de("그러나")로 더 밀접하게 연결되어 가벼운 대조를 암시한다. 13절에서 창세기 2장을 넌지시 언급하였

143_ Hurley (*Man and Woman in Biblical Perspective*, 214-16)가 이 문제를 해결하기 위하여 사용하는 길고 복잡한 논리와 비교하라.

144_ Barnett, "Wives and Women's Ministry," 234를 보라.

145_ Douglas Moo, "What Does It Mean Not to Teach or Have Authority over Men? 1 Timothy 2:11-15," in *Recovering Biblical Manhood and Womanhood*, 190.

146_ Craig L. Blomberg, "Not Beyond What Is Written: A Review of Aída Spencer's *Beyond the Curse*," *CTR* 2 (1988): 414. William D. Mounce는 내가 알기에 나의 제안과 상세하게 상호작용한 유일한 학자다(WBC; *Pastoral Epistles* [Nashville: Nelson, 2000], 142). 그의 반대 의견과 그것들에 대한 내 응답을 위하여, 나의 "Neither Hierarchicalist nor Egalitarian," 367을 보라.

기 때문에, 바울이 다음으로 창세기 3장과 아담과 하와의 타락을, 그리고 그 이후 첫 부부에 대한 하나님의 형벌을 생각하는 것이 자연스러웠을 것이다. 따라서 본질적으로 14절은 사태가 좋아지기 전에 악화되었다고 상기시킴으로써 15절을 세우는 기능을 한다.

15절은 번역하기 아주 어려운 절이지만, 아마도 이단과 이단의 결혼 반대 입장과 싸우는 것으로 이해하는 편이 가장 좋을 듯하다(4:3). 문자적인 번역은 "그러나 만일 그들이 정숙함으로 믿음과 사랑과 거룩함에 머물면 그녀는 해산함으로 구원을 받을 것이다" 정도다. 모든 여자가 결혼하거나 해산하는 것은 아니지만, 이것은 그 성(性) 전체의 중요한 역할로 남는데(총칭 "그녀는") 반하여, 모든 여성 그리스도인의 책임은 구원하는 믿음을 행사하는 것이다(배분사 "그들은"). 유효하게도 목회 서신의 다른 곳에서 "구원하다"는 동사는 우주를 하나님이 의도하셨던 이상(ideals)으로 "회복시키는" 과정의 일부를 의미할 수 있다(비교. 딤전 4:16과 딤후 4:18). 그리고 이것이 아마도 바울이 여기서 그 단어를 사용하는 방식일 것이다. 따라서 내가 이전에 쓴 바와 같이, 디모데전서 2:12-15의 사고의 흐름을 다음과 같이 바꾸어 표현할 수 있다.

여성들은 교회에서 가르치는 권위 있는 지위를 차지해서는 안 된다. 왜냐하면 그들이 그 역할을 위해서 창조되지 않았기 때문이다. 게다가 창조 이후에 계속해서 그 여자가 뱀의 속임으로 타락했을 때, 그녀에게 상황이 악화되었다. 그러나 밝은 면도 있다. 여성들은 집합적으로 그들의 자녀를 양육하는 그들 특유의 역할을 경건하게 수행할 때 보존/회복될 것이다.[147]

147_ Blomberg, "Not Beyond What Is Written," 415. 내 접근법은 두 연구—M. D. Roberts, "Women Shall Be Saved': A Closer Look at 1 Timothy 2:15," *TSFBul* 5.2 (1981): 4-7와 Andreas J. Köstenberger, "Ascertaining Women's God-Ordained Roles: An

이것에 다음 말이 첨가되어야 한다. "그러나 믿음과 사랑과 거룩함의 변화된 생활방식에 의해 입증되듯이, 영적인 구원은 오직 그리스도 안에서의 믿음에서 일어난다."

가족 내에서 남편 및 아내에 관한 서신서 본문

엄밀히 말하면, 가정에서의 남성의 머리 됨에 관한 논쟁은 이 책의 범위 밖이다. 그렇지만 소수의 저자들이 가정과 교회의 문제를 완전히 분리한 반면에,[148] 대부분은 후자가 처음엔 전자를 모델로 해서 만들어졌다는 데 동의한다. 만일 우리가 남편과 아내에 대한 하나님의 의도에 관하여 더 많이 배울 수 있다면, 우리는 믿는 자들이 모인 공동체에서의 남성과 여성의 역할에 관한 몇몇 타당한 추론을 할 수 있어야 한다. 지면이 한정되어 있기 때문에, 우리는 가장 중요한 핵심 부분들만 다룰 것이다.

골로새서 3:18-19과 에베소서 5:21-33

이 두 본문은 그리스도인의 *Haustafeln*, 즉 가정 규범의 일부로서 나타난다. 우리는 다양한 가족 구성원의 적절한 역할에 관한 유대인과 그리스인과 로마인의 논의에 대한 수많은 비슷한 예를 갖고 있다.[149] 노예들이 확

Interpretation of 1 Timothy 2:15," *BBR* 7 (1997): 107-44 — 의 강점을 결합한다. 다음 가장 그럴듯한 대안은 *dia*("~을 통하여")는 여성이 통과해야 하는 어려운 환경을 가리키며(고전 3:15과 벧전 3:20에서의 비슷한 문법과 비교하라), 따라서 "여성은 그들이 신앙을 지속하는 한 출산의 고통을 겪음에도 불구하고 구원을 받을 것이다"의 의미를 낳을 수 있다. Simon Coupland, "Salvation through Childbearing? The Riddle of 1 Timothy 2:15," *ExpTim* 112 (2001): 303도 그렇게 본다.

148_ 예를 들어, Richard M. Davidson, "Headship, Submission, and Equality in Scripture," in *Women in Ministry: Biblical and Historical Perspectives*, ed. Nancy Vyhmeister (Berrien Springs, Mich.: Andrews Univ. Press, 1998), 259-95.

149_ 틀림없이 가장 가까운 평행본문과 그것들의 분석을 위하여 Angela Standhartinger, "The Origin and Intention of the Household Code in the Letter to the Colossians," *JSNT*

대된 가족의 일원으로서 포함되었음을 상기할 때, 바울은 아내와 남편, 자녀와 부모, 노예와 주인에게 지시를 내리는 데서 이 확립된 문학 형태를 차용하고(그리고 각색하고) 있다.

골로새서 단락은 매우 간결하며, 아내에게 "주 안에서 마땅한 바와 같이"(as be fitting in the Lord) 그들의 남편에게 복종하라고 명령한다(3:18). 적어도 이 비교절은 복종이 그리스도인 아내를 위한 적절한 행동임을 암시한다. 그러나 또한 이것은 아마도 "단지 그 정도의 '주 안에서 마땅한' 남편에게의 복종만 장려되어야 한다"는 것을 암시한다.[150] 바울은 아내들에게 경건하지 못한 행동이나 비그리스도적인 믿음에서 그들의 남편을 따르라고 요구하지 않는다(따라서 엡 5:24에서의 en panti["범사에"]는 문자적으로 "모든 요청 하나하나에서"를 의미할 수 없으며 "삶의 모든 영역에서"와 같은 더 폭넓은 일반화다[151]). 그러나 바울 시대의 다른 윤리체계를 배경으로 할 때 매우 눈에 띄었을 만한 점이 18절에는 아무것도 없지만, 19절은 전체가 눈에 띈다. "남편들아 아내를 사랑하며 괴롭게 하지 말라."[152] 어떤 권위주의적인 로마의 부권(patria potestas)도 그리스도 공동체에서는 허용되어서는 안 된다!

에베소서 본문은 상당히 자세하게 말한다. 아내와 남편에게의 특정 명령은 "그리스도를 경외함으로 피차 복종하라"(5:21)는 무엇보다 중요한 명령으로 시작되고, 이 명령은 성령 충만(18절)이 무엇을 의미하는지 규정하

---

79 (2000): 117-30을 보라.

150_ James D. G. Dunn, *The Epistles to the Colossians and to Philemon* (NIGTC; Grand Rapids: Eerdmans, 1996), 248.

151_ Peter T. O'Brien, *The Letter to the Ephesians* (PNTC; Grand Rapids: Eerdmans, 1999), 417.

152_ Andrew T. Lincoln은 남편들에게 그들의 아내를 사랑하라는 명령이 신약 밖에서는 희귀하고 (단지 유대인 자료인 *Pseudo-Phocylides* 195-97과 *b. Yevamot* 62b만 인용함), *agapaō*가 그리스-로마 가정 규범에서 남편의 의무로서 결코 사용되지 않는다고 언급한다(*Ephesians* [WBC; Dallas: Word, 1990], 374).

는 몇몇 분사절 중 하나다. 여기서 바울은 앞서 다룬 골로새서 본문에서 보다 훨씬 더 명확하게 그의 명령의 근거를 창조뿐 아니라 재창조에 둔다. "교회가 그리스도에게 하듯"(24절) 아내는 남편에게 복종한다. 그리고 다시 훨씬 더 반문화적으로, 남편은 그의 아내를 "그리스도께서 교회를 사랑하시고 그 교회를 위하여 자신을 주심 같이"(25절) 사랑한다. 이는 단순히 창조 명령 때문만이 아니며(딤전 2:13에서처럼), 타락 이후 가부장제의 흔적 때문만도 아니다. 남편이 아내가 복종하고 싶어 해야 하는 사랑하는 리더십을 발휘하는 것은 그리스도인의 책임 — 인간의 죄를 위한 예수의 희생적인 속죄에 근거한 — 이다.[153] 고린도전서 11:3에서처럼 동일한 논란이 되는 *kephalē*("머리")가 여기서 다시 나타난다. 그러나 그것이 복종을 뜻하는 동사와 쌍을 이룰 때, 권위의 계층구조가 확립된다는 것에 대해서 논쟁의 여지가 없어야 한다. 남편은 적어도 어떤 종류의 리더십 역할을 맡는다. 동시에 바울이 자녀들과 종들에게 그들 위에 있는 권위자에게 "순종하라"(obey)고 명령하지만(엡 6:1, 5), 이 단어를 아내에 대해서는 결코 사용하지 않는다는 것 — 무수히 많은 기독교적 결혼식에도 불구하고 — 은 아주 중요하다. 명령과 순종은 결혼과 같은 성인의 자발적인 동반자 관계에서의 건강한 관계를 발전시키지 않는다. 이 관계에서 필요한 것은 "사랑"과 "존경"(5:33)이다.[154]

더욱이 바울은 남편과 아버지가 보유하는 권위를 근본적으로 재정의한다. 그들의 권위는 특권의 권위가 아니라 책임의 권위다. 그들은 그리스

153_ Stephen F. Miletic, *"One Flesh" — Ephesians 5.22-24, 5.31: Marriage and the New Creation* (AnBib; Rome: Biblical Institute Press, 1988) 전체에 걸쳐 설득력 있게 주장된 요지다.

154_ Klyne Snodgrass, *Ephesians* (NIVAC; Grand Rapids: Zondervan, 1996), 285-318와 비교하라.

도께서 잃어버린 인간들에게 관심을 가지시는 것만큼 아내의 안녕에 관심을 가져야 한다. 남편은 아내의 최선의 이익에 도움이 되도록 자신을 희생해 아낌없이 주어야 한다(25-30절).[155] 여기에는 하나님이 그의 가정을 위한 결정 과정에서 그의 아내(와 자녀들)를 위해 멋지게 일하실 것이라 믿으면서 남편이 궁극적으로 가족을 위한 결정, 보통은 그의 최선에 부합하는 결정을 내린다는 일반적인 상보주의자적 주장을 뒷받침할 만한 것이 거의 없다. 오히려 바울의 모델은 남편이 자기 자신과 그의 열망에 대한 막대한 비용을 지불하더라도 그의 아내에게 최선의 이익이 되는 것을 선택한다는 것이다![156] 누군가가 리드해야 한다는 기호 논리학적 요구가 없는 다른 콘텍스트에서 바울은 현저하게 평등주의자다. 특히 고린도전서 7장 전체에 흩어져 있는 아내와 남편에게 한 그의 동일한 명령들과 비교해보라.

가정 내에서의 남성의 리더십이 교회에서의 남성의 리더십을 위한 모델을 제공하였다면, 우리는 여기서 그리스도적 리더십(Christian leadership)에 대한 심오한 영향을 발견할 수 있다. 하나님이 유례없이 말씀하시는 강하고 역동적이고 통찰력 있는 지도자가 되기를 열망하고 "무리"가 비교적 수동적으로 따르기를 결코 기대하지 말고, 감독-장로는 그의 백성에게 종이 된다는 것이 무엇을 의미하는지 물어야 한다(막 10:35-45과 평행본문; 요 13:1-17과 비교하라). 리더십에 대한 보다 성경적인 정의는 하나님이 믿는 자들 그룹 가운데서 이미 무엇을 하고 계시는지 분별하려고 노력하고 그러한 방향으로 그들을 고무시키는 것을 포함한다.[157] 슬프게도 요즈음 상

155_ Ian A. McFarland, "A Canonical Reading of Ephesians 5:21-33: Theological Gleanings," *ThTo* 57 (2000): 344-56와 비교하라.

156_ Sumner, *Men and Women in the Church* 전체를 통한 매우 사려 깊은 적용과 비교하라.

157_ 덴버 신학교 총장인 Craig Williford(수업 강의, 2003)와 비교하라. 그는 영적인 리더십을 "전체 하나님의 운동에 세계적으로 기여하는 방식으로 일단의 사람들이 하나님이 주신 그들의 임무를 효과적으로 완성하도록 영향을 주는 것"으로 정의한다.

보주의 그룹이나 평등주의 그룹에서는 이런 리더십을 거의 가르치지 않는다.

베드로전서 3:1-7

지금까지 우리가 무시해왔던 비바울계 서신에 있는 유일한 핵심 본문이 베드로의 가정 규범(Haustafel) 한가운데 등장한다. 비록 다시금 "복종"(submission)이 무조건적 순종(obedience)과 구별되어야 하지만, 여기서 처음으로 우리는 그리스도인 아내에게 심지어 비그리스도인 남편에게도 복종할 책임이 있음을 배운다. 이 여성들이 그녀의 남편의 종교를 따르지 않는다는 사실은 대부분의 비그리스도인 동료의 눈에 "매우 순종하지 않는 자"로서 돋보이게 한다.[158] 베드로는 이 여성들이 그녀의 남편이 그리스도에게로 오는 길에 불필요한 걸림돌을 놓지 않는 것에 상당한 관심을 기울인다(1절). 이것은 아내들(또는 교회에 있는 여성들)이 평등주의적으로 기능하지 않는 것이 구원받지 못한 세상에 걸림돌이 되는 문화에서 그들이 무엇을 해야 하는가라는 흥미로운 적용 문제를 제기한다. 정확히 이 이유(그리고 다른 이유들)로 인해, 어떤 평등주의자들은 우리가 오늘날의 서구 문화에서 가정과 교회에서의 남성 머리 됨을 버려야 한다고 주장한다.[159] 다른 한편, 디도서 같은 짧은 책이 어떻게 올바른 역할 관계를 위하여 비슷한 복음전도의 동기절들(motive-clauses)을 포함하고(2:5, 8, 10), 그럼에도 그러한 행동 자체가 단순히 "선하다"(2:3, 7; 3:1)는 것을 인정할 수 있는지 흥미롭다.[160] 그러므로 현대적 적용의 문제에 대한 답은 아마도 남성 머리 됨의

158_ J. Ramsey Michaels, *1 Peter* (WBC; Waco, Tex.: Word, 1988), 157.

159_ 특히, John H. Elliott, *1 Peter* (AB; New York: Doubleday, 2000), 585-99를 보라.

160_ 특히, Knight, *Pastoral Epistles*을 보라.

원칙을 포기하는 것이 아니라 지켜보고 있는 세상에 그 원칙이 얼마나 애정이 깊고 자기 헌신적일 수 있는가를 증명하기 위해 가능한 모든 조처를 취하는 것이다. 전반적인 그리스도인 남성들, 특별하게는 지도자들이 자신의 이익보다는 다른 사람들의 이익을, 특히 여자들의 이익을 진정으로 그리고 지속적으로 돌보는 것을 보는 구원받지 못한 세상의 잠재적인 복음전도 효과를 상상해보라(빌 2:4).

베드로전서 3:7은 이 시점에서 위험성이 얼마나 큰지 보여준다. 여기서 베드로는 그리스도인 남편들에게 기도가 막히지 않도록 아내를 존중하며(문자적으로는 "그녀들에게 존경을 보이라") 이해심을 가지고 함께 살라고 명령한다. 가정 안에서의 사랑하는 머리 됨이 교회에 모델을 제공할 정도까지, 만약 남성 그리스도인 지도자들이 그들의 회중 안에 있는 여성들의 완벽한 안녕에 충분한 관심을 보이지 않는다면, 하나님이 그들이 그렇게 하지 않을 때만큼 지속적으로 그들의 기도에 응답하시리라 기대해서는 안 된다고 기탄없이 말할 수 있다! 결국 여자는 "더 연약한 그릇"이다. 이 표현은 심리학적·감정적, 또는 심지어 육체적 연약함과 동일시되어서는 안 되며, 결혼 생활과 교회와 사회에서 그녀의 더 "상처받기 쉬운" 지위를 반영한다.[161] 심지어 더욱더 평등주의적인 세속 세계에서, 여성은 대체로 그녀들의 통제 밖에 있는 상황에서 남성보다 훨씬 더 자주 상처받으며 이용된다. 교회는 그러한 행동에 대한 피난처로서 알려져야 한다. 비극적이게도 가끔은 교회가 외부 세상보다 그런 행동을 훨씬 더 많이 저지른다.[162]

신약의 세 주요 가정 규범(*Haustafeln*) 전체는 남편과 아내를 향한 사도

161_ Peter H. Davids, *The First Epistle of Peter* (NICNT; Grand Rapids: Eerdmans, 1990), 123과 비교하라.

162_ 특히, Catherine Clark Kroeger and James R. Beck, eds., *Women, Abuse, and the Bible* (Grand Rapids: Baker, 1996)를 보라.

들의 명령을 주인과 종에 대해 부분적으로 평행하는 지시들과 짝을 이루게 한다(에베소서와 골로새서가 부모와 자녀를 위한 가르침을 덧붙이는 반면, 베드로전서는 정부와 시민들도 다룬다). 이것은 이번 장의 범위를 넘어서는 막대한 해석상의 질문을 제기한다. 그러나 다음 논점들은 매우 중요하다. 첫째, 에베소서 5:21은 5:22-6:9에서 뒤이어 오는 세 세트의 명령 전체에 대한 도입부로 보아야만 한다. 모든 그리스도인에게 다른 그리스도인 모두에게 복종하라고 명령하는 것은 말이 되지 않는다. 누구도 어떤 것에 대해서 결코 리드하지 않을 것이다! 만약 바울이 여기 일정 범주에 속하는 믿는 자들이 다른 범주의 그리스도인들에게 순종해야 하는 세 상황이 있다고 말하는 것이면 확실히 말이 된다.[163]

둘째, 이러한 관찰은 즉시 노예 제도에 대한 19세기의 논쟁과 성별 역할에 대한 현재의 논쟁에 평행관계의 문제를 제기한다. 많은 점에서 놀라운 유사점이 있다고 해서,[164] 당연히 칭찬할 만한 노예 제도의 폐지가 남성과 여성 사이의 역할 차이의 폐지를 수반하는 것은 아니다. (벧전 3:1의 "이와 같이"는 여자의 순종과 종의 순종이 모든 면에서 동일함을 의미할 수 없다. 왜냐하면 베드로가 7절에서 남편들에게 말할 때 동일한 부사[homoiōs]를 사용하면서도 그들에게 결코 순종하라고 명령하지 않기 때문이다.) 노예 제도 논쟁과 성별 역할 논쟁 사이에 완벽한 평행관계가 있다면, 그것은 그리스도인이 주인과 종을 갖는 것을 가능하게 하였던 전체 제도를 폐지하도록 도운 것과 똑같이 그들이 또한 남편과 아내를 갖는 것을 가능하게 하는 결혼 제도를 폐지해야 함—내가 어떤 복음주의자도 지지하는 것을 듣지 못하는 목표—을 의미할

163_ Hurley, *Man and Woman in Biblical Perspective*, 139-41; O'Brien, *Letter to the Ephesians*, 400-404를 보라.

164_ 특히, Willard M. Swartley, *Slavery, Sabbath, War and Women* (Scottdale, Pa.: Herald, 1983)을 보라.

것이다!

셋째, 그리스도인들이 전체 노예 제도를 폐지하는 데서 성경의 명료한 명령을 넘어섰기 때문에 당연히 완전한 평등주의를 채택함에 있어서도 명료한 성경 본문을 넘어서야 하는 것은 아니다.[165] 결국 고린도전서 7:21은 개인적인 종들에게 할 수 있으면 자유를 얻으라고 명백하게 말한다.[166] 반면에 여성들에게 할 수 있으면 남성의 헤드십을 뒤엎으라고 말하는 상응 구절은 어디에도 없다.

마지막으로, 종과 주인은 단번의 입법조치로 (적어도 이론적으로) 뿌리 뽑힐 수 있는 인간이 만든 범주에 속하는 사람들이다. 여성과 남성은 하나님이 세상에 그의 형상을 반영하기 위하여 창조 때 확립한 성이다. 성은 인간이 갖고 태어나는 것이며, 극소수의 병적인 경우를 제외하고는 바뀔 수 없다. 따라서 신약의 가정 규범에서 다뤄진 여러 쌍의 사람 사이에 있는 유사점을 인정하면서, 또한 우리는 두 쌍 어느 것도 완벽한 평행관계를 보여주지 않음을 인정해야만 한다. 각각은 다소 특유의 방법대로 다뤄져야만 한다.

* * *

이번 장에서 전혀 다루지 않은 다른 본문들뿐 아니라 검토된 본문 모두에 대하여 훨씬 더 많은 것이 말해질 수 있고 반드시 말해져야 한다. 우리가 가장 중요한 구절들을 강조하고 그것에 관한 가장 의미 있는 것을 말했기를 바란다. 그러나 결론 및 추가 적용으로 전환하기 전에, 교회 역사의 역할에 관한 최소한의 말 몇 마디를 하는 것은 중요하다.

165_ Webb의 "구원 운동" 해석처럼(*Slaves, Women and Homosexuals*).

166_ 이것이 논란이 되는 구절의 정확한 해석이라고 S. Scott Bartchy에 의하여 결정적으로 확립되었다(*Mallon Chrēsai: First-Century Slavery and 1 Corinthians* 7:21 [SBLDS 11; Missoula, Mont.: Scholars Press, 1973]).

교회 역사의 중요성

비록 복음주의 개신교도가 기독교 교리와 윤리가 궁극적으로 믿음과 행실을 위한 유일하고 확실한 지침으로서 성경의 증거에 기초해야 한다고 올바르게 강조할지라도, 모든 그리스도인은 개인적인 역사, 교파적(또는 비교파적) 역사, 그리고 그들이 다른 사람들보다 더 많이 노출되어온 일정한 신학적 전통을 갖고 있다. 상당량의 교회 역사를 연구한 오늘날의 소수 그리스도인들은 어떤 교리나 관례를 다루는 일이 곧 얼마나 복잡한지 인정한다. 기독교가 존재한 거의 20세기가 넘는 기간 동안 여성 사역과 관련한 핵심 발달 단계에 대한 가장 훌륭하고 가장 치우치지 않은 설명 중 하나는 루스 터커와 월터 라이펠트가 쓴 『교회의 여성도들』이다.[167] 나는 학생들에게 그 책을 읽고 저자들이 상보주의자인지 평등주의자인지 나에게 묻게 하였다. 왜냐하면 그 저자들이 매우 균형 잡힌 방식으로 증거를 다루기 때문이다. 밝혀진 바와 같이 두 저자 모두 평등주의자다. 그러나 그들의 개관을 읽을 때 내가 받은 느낌은 교회 역사에 대한 개요가 나의 다소 제한된 형태의 상보주의와 상당히 양립할 수 있다는 점이다.

초기 교회가 수 세기 동안 여성 집사를 두었다는 데는 논란의 여지가 없다. 그들은 개신교를 포함하여 후기 시대에 이따금 재출현하였다. 초기 교회에서 그들이 사라졌을 때는 그들의 역할이 대수녀원장과 수녀(그리고 대수도원과 수도회에 상응하는 기관)에 의해 흡수되고 있었기 때문이었다. 여성이 정기적으로 (비록 항상은 아니지만) 그들 교회의 축복을 받으며 거의 모

167_ Ruth A. Tucker's and Walter Liefeld's *Daughters of the Church: Women and Ministry from New Testament Times to the Present* (Grand Rapids: Zondervan, 1987). 이 단락의 나머지 부분은 그들의 개관에 힘입은 바 크다. 그 개관은 여기서 이루어진 일반론의 인용전거를 보인다.

든 시대에 복음전도자와 선교사로서 기능해왔다는 데는 논란의 여지가 없다. 하나님이 예언 사역으로 여겨질 수 있는 것에서 성경에 기초한 가르침으로 교회의 제도화된 남성 리더십에 도전하기 위하여 심지어 일부 가장 남성 중심적인 시대와 장소에서도 비범한 여성들을 일으켜 세우셨다는 데는 논란의 여지가 없다. 실제로 기독교 형태가 덜 제도화되면 될수록 여성이 핵심적인 리더십 역할에 더 많이 등장했던 것 같다. 오순절 운동과 은사 운동이 이러한 현상에 대한 수많은 현대적인 예를 제공하였다. 오늘날 상보주의적 복음주의에서 여성은 성경을 거의 항상 어떤 제한된 상황에서 가르칠 수 있다(비록 여성이 동일한 측면의 믿는 자에게 동일한 말씀을 전하면서도 그녀들을 설교단에 못 서게 하는 이유가 대개 기능을 직분과 혼동하였기 때문일지라도). 그러나 결코 확정적으로 증명된 적이 없는 사실은 기성 교회의 그 어떤 중요한 진영이 그 어떤 중요한 시기 동안에 장로-감독(가톨릭 전통과 정교회 전통에서는 "사제")이란 가장 높은 직분에 여성을 늘 허용했다는 점이다. 이것이 정확히 우리가 성경에서도 발견한 패턴 – 하나님이 인간과 관계하신 각 시대에 하나의(그리고 하나뿐인) 가장 권위 있는 역할은 남성을 위한 것이다 – 이라는 것이 단지 우연의 일치일까?

나는 더 보수적인 상보주의자들이 내 견해를 교회 역사에서 비교적 새로우나 정확할 것 같지 않다고 비판하는 것을 매우 자주 들어왔다. 그러나 정말로 부적절한 것은 바로 교회 역사에 대한 그들의 지식이 아닐까. 결국 상보주의자나 평등주의자 누구든 어떤 견해가 교회 역사에서 적은 소수의 견해를 반영하기 때문에 사실일 수 없다고 주장하는 것은 다소 솔직하지 못한 일이다. 그러한 논리에 의하면 종교개혁은 결코 정당화될 수 없었을 것이다. 그러한 논리에 의하면 노예 제도는 결코 폐지될 수 없었을 것이다. 개신교의 복음주의 교리를 확립하기 위해 결정적이어야 하는 궁극적인 일은 가능한 성경적 가르침의 가장 정확한 통합이다. 이것이 개인을 어떤 신학적 또는 역사적 스펙트럼 위에 두는지와는 관계없다.

결론 및 추가 적용

우리 연구의 모든 주요 부분에 일관적인 패턴이 나타난다. 창세기의 처음 두 장에는 남성의 헤드십에 대한 암시가 있다(우리는 감히 그것을 더 강하게 말하지 않는다). 타락 이후의 가부장제는 명백한 규범이다. 그러나 세상에서의 죄로 말미암아 애정이 깃들고 자애로운 제도로서 의도되었던 것이 너무나 자주 학대하는 것이 되었다. 하지만 하나님이 구약 전체에 걸쳐 명확하게 명령하시거나 권하실 때, 우리는 한 역할 — 제사장직 — 을 제외하고 종교적 리더십의 모든 역할에서 여성을 본다(비록 때때로 매우 드물지만). 제사장은 인간에게 죄 용서를 이뤄주는 희생제사를 감독하는 직분으로서, 고대 이스라엘에서 가장 중심적이고도 가장 중요한 인간 종교 지도자로서 적절하게 묘사될 수 있다. 복음서에서 예수는 수많은 반문화적인 방식으로 여성을 격려하고 양성하시는데, 단 하나의 예외가 있다. 그는 그의 가장 가까운 사도 그룹 12명을 구성하는 데는 어떤 여성도 선택하지 않으신다. 사도행전에서 여성이 초기 교회의 중요한 리더십 역할을 하지만, 한 가지 주목할 만한 예외가 있다. 어떤 여성도 결코 장로-감독으로 그려지지 않는다. 서신서의 기술적인 부분에서도 마찬가지다. 마지막으로 교회에서의 여성의 역할에 대한 바울의 규정적인 본문에 이를 때, 우리는 가장 그럴듯한 종합이 바울이 유일한 한 직분 — 장로나 감독의 직분 — 으로부터 여성을 제한하였다는 것임을 발견한다. 직접적인 관련은 없지만, 결혼에 관한 바울과 베드로의 규정적인 본문은 마찬가지로 남성의 헤드십을 명한다. 그리고 대다수의 학자들은 이 본문이 교회에서의 남성의 헤드십에 대한 모델을 제시한다고 믿는다. 그러나 사도적인 저자들은 그 본문이 기본적으로 자기 이익만 도모하는 것이 아니라 자기희생적이 되도록 그들 세계의 기준에 의해 헤드십을 근본적으로 재정의한다. 성경처럼 규범적이지는 않지만, 지난 몇십 년 전의 교회 역사도 많은 이들이 인식하는 것보다도 더 자주 수많은 하위 리더십 역할에서 여성을 허용하고 심지어 장려하면서도, 여성이 주어진 교회나 교회 조직에서 가장 높은 직분을 차지해야 한다는 지속된 확신에 대한 명백한 증거를 제시하지 못한다.

이 일관된 패턴에 비추어볼 때 두 가지 결론을 피하기 어렵다. (1) 남성의 헤드십은 가정과 교회를 위하여 하나님이 정하신 시대를 초월한 원칙이다. 그러나 (2) 그것은 세속 사회나 다른 종교에서 나타나는 것과는 달리 하나님의 백성 가운데서는 가장 높은 직분에만 국한되며, 심지어 그때도 다른 사람들, 특히 여성을 자신보다 중시하는 사랑하는 종의식(loving servanthood)의 모델로 변화된다. 현대 교회에서 가끔 이 모델이 표현되고 구체화되는 모습을 발견할 수 있다. 여러 해 동안 런던의 올소울스 교회(All Souls Church) 교구 목사인 존 스토트(John Stott)만큼 이러한 균형에 대해 잘 알려진 유창한 대변인과 그 균형을 개인적으로 구현한 사람은 없을 것이다.[168] 그러나 불행하게도 평등주의자들은 당연히 위의 결론 (1)에 동의하지 않는다. 그리고 많은 상보주의자들은(그것에 동의한다고 주장하는 사람을 포함하여) 실제로는 전혀 결론 (2)를 이행하지 않는다.

168_ John R. W. Stott, *Issues Facing Christians Today* (London: HarperCollins, 1990), 254-84를 보라. Saucy and TenElshof, eds., *Women and Men in Ministry*에서의 연합 발표는 이 관점에 상당히 가깝다. 또한 Ann L. Bowman, "Women in Ministry," in *Two Views on Women in Ministry*, 239-99를 보라. 이것은 결국 그녀가 이전에 "Women in Ministry: An Exegetical Study of 1 Timothy 2:11-15," *BSac* 149 (1992): 193-213와 "Women, Spiritual Gifts and Ministry," *FaithMiss* 14 (1996): 57-74에서 논의한 것을 발판으로 삼는다. 가정 면에서 상당히 동등하게 다룬 것은 Ronald and Beverly Allen, *Liberated Traditionalism: Men and Women in the Balance* (Portland, Ore.: Multnomah, 1985)이다.

이 연구가 끝나기 전에 많은 관련 쟁점이 간략한 주의를 강력히 요구한다. 오늘날 교회에서 "가장 높은 직분"은 명확히 무엇인가? 상충하는 교회학이 너무 많기에 이 질문에 단 하나의 답만 제시할 방법이 없다. 성공회 모델에서는 주교, 대주교, 총대주교, 또는 교황이 그 지위를 수행한다. 장로교 모델에서 그것은 지역교회의 노회다. 회중교회 모델에서 그것은 목사다. 또는 복수직원 교회에서(multiple-staff church; 역할과 기능을 정말로 서로 교체할 수 있는 다수의 장로가 있는 플리머스 형제단[Plymouth Brethren]의 모델을 제외하고) 그것은 담임목사(senior pastor)다. 추측건대 성경의 가르침을 타당하게 적용하면 여성이 이 배경의 각각에서 방금 거명된 직위를 제외한 다른 모든 직위를 수행하도록 허용하고 심지어는 장려할 수 있다.[169] 더 나아가 회중교회 모델이 셋 중에서 가장 성경적이라는 내 확신(어떤 이들은 편견이라고 말할 것이다!)을 반영하면,[170] 각 지역교회에서 교회의 권위적인 가르침에 대한 동등한 권한과 거의 동등한 책임을 가지는 소그룹의 남성 장로들을 재건하려고 노력할 수 있다.[171]

따라서 이 쟁점이 어떻게 결정되든 간에, 리더십의 나머지 모든 지위에서 은사를 받은 경건한 여성을 세우는 일은 중요하다. 그리고 남성 목사

---

[169] 상보주의적 교회들이 전문적인 직원 역할에 여성을 고용하고 동일한 지위의 "목사"라 불리는 남성과 동일한 업무를 그녀들에게 주고, 흔히 그때 그녀들을 단순히 "디렉터"(또는 다른 대체 칭호)로 부르지만 이는 상당히 위선적이다. 다양한 신약 콘텍스트에서 "목사"가 "감독"이나 "장로"로 확실히 교체 가능해 보이지만, 뒤의 두 칭호와는 달리 "목사"는 남성과 여성에게 똑같이 주어지는 영적 은사이므로, 교회는 일관되고 인정된 교회 직위에서 그러한 은사를 발휘하는 사람은 누구든 주저하지 말고 목사로 불러야 한다.

[170] 지지를 위하여, Robert Saucy, *The Church in God's Program* (Chicago: Moody Press, 1972), 127-65를 보라.

[171] 원래는 가정교회마다 장로가 한 명씩 있었을 가능성이 크지만, 각 신약 공동체에서 교회마다 다수의 장로들이 있었을 개연성에 관해서는 Bradley Blue, "Acts and the House Church," in *The Book of Acts in Its Graeco-Roman Setting*, ed. David W. J. Gill and Conrad Gempf (Grand Rapids: Eerdmans, 1994), 119-222를 보라.

나 장로회는 교회 생활을 위한 중요한 모든 일에 대해 이 여성들과 정기적으로 상의할 필요가 있다. 그 밖에 어떻게 그 또는 그들이 여성들을 포함하여 전체 회중을 위한 최선을 실행하면서 종의 지도자(servant leader)로서 기능할 수 있겠는가?[172] 여성에 대한 성경적 제약을 오직 직분(office; 또는 특정 지위나 역할)과 관계된 것으로만 인정할 때, 그녀들이 수행할 수 없거나 수행하지 말아야 하는 직무(task)나 사역의 은사 ─ 선포, 가르침, 전도, 목회 등등을 포함하여 ─ 가 없음은 분명하다. 신·구약의 많은 본문에서 반문화적인 성별 역할을 고려할 때, 그리고 타락한 세상에서 우리가 교회 정치 형태에 대하여 의견을 같이하지 않으리라는 것과 상보주의자들이 그 자신들 사이에서 계속 의견을 달리할 것임을 인정할 때, 어떤 교회나 남성 교회 지도자를 위한 핵심적인 판단 기준은 다음과 같다. 일단 당신이 그것을 이해할 수 있는 한 최선을 다해, 성경이 여성으로 하여금 무엇을 하도록 정말로 허용하는지 결정했다면, 당신의 교회와 사역을 상당히 객관적으로 관찰하는 사람 누구든 당신이 이 역할에 여성들을 격려하고 양성하기 위해 애쓰고 있다고 쉽게 인정할 수 있는가? 그렇지 않다면 당신은 성경을 적절히 따르고 있을 리 전혀 없고, 심지어 그것에 대한 당신의 해석을 따르고 있지도 않다. 흥미롭게도 수년간 나는 솔직한 많은 평등주의 여성들 ─ 그들 중 일부는 복음주의 그룹 안에서 유명하다 ─ 로 하여금 나에게 사적으로 속마음을 털어놓고 만약 상보주의자들이 일관되게 단지 이만큼만이라도 하려고 한다면, 그들이 불일치한 나머지 영역을 남겨둔 채 살아가고 심지어는 더 많은 특권을 위해 로비활동하는 것을 멈출 수 있다고 말하게 하였다.

172_ 특히, Judith TenElshof and Robert Saucy, "The Complementary Model of Church Ministry," in *Women and Men in Ministry*, 325에 있는 실질적인 조언을 보라.

내가 시작했던 지점으로 돌아가겠다. 다시 "내가 틀릴 수도 있다"는 말로 끝맺는 것은 중요하다. 노예, 여성, 동성애자에 대한 성경적 가르침과 현재의 논쟁에서 비슷한 점과 차이점에 관한 윌리엄 웹(William Webb)의 최근 연구의 훌륭한 장점 하나는 한 장 전체에서 "만일 내가 틀렸으면 어쩌지?"란 질문을 다룬 것이다. 흥미롭게도 신중한 평등주의자로서 이 질문에 대한 웹의 대답은 본질적으로 그가 사실상 나와 동일한 입장을 채택하리라는 것이다.[173] 나도 비슷한 고백을 해야 한다. 만약 내가 틀렸다면, 나는 신중한(또는 중도파) 평등주의가 옳을 것 같다고 생각한다. 나는 15세(1970년) 때부터 계속 복음주의적 하위문화에 몰두해 있었는데, 너무도 많은 여성이 남성(그리고 가끔은 여성!) 상보주의자들이 보인 무관심한 태도와 행동 또는 무례한 말(가끔은 재미있으려고 의도했으나 실패한 말)로 인해 깊이 상처 입은 것을 보았다. 그들의 신학적인 관점에 의하면, 지금의 나보다 더 제한적인 형태의 상보주의를 채택하도록 상상하는 일이 보통 정당하다고 주장된다. 다른 한편, 내게는 평등주의 대변인들이 "나는 내 권리를 요구한다"는 식의 태도 외에 다른 것을 많이 전달하는 것 같지 않다. 양쪽 모두에서 성경적 순종보다는 권력에 대한 추구가 많은 이들의 행동을 지배하는 것처럼 보인다. 감사하게도 덴버 신학교의 내 동료들과 학생들 다수와 이 책의 다른 기고가들을 포함하여 이 포괄적인 일반화(sweeping generalizations)에서 예외적인 사람들의 수가 점점 늘고 있다! 그리고 나는 우리 교회와 신학교들에 있는 20대 가운데서 이 쟁점에 대하여 덜 투쟁적이 되어가고 이 책이 보여주는 것 같은 노력에 더 감사하는 정신을 감지한다. 한편, 나는 나의 좋고 나쁜 경험을 고려의 대상에서 제외하기 위하여 내가 할 수 있는 모든 것을 하고, 성경으로 돌아가서 그것이 정말로 무

173_ Webb, *Slaves, Women and Homosexuals*, 236-44를 보라.

엇을 말하는지 묻고, 그런 다음 그것을 따르려고 노력한다. 이 책의 모든 독자들이 어떤 입장을 받아들이든지, 하나님이 그들로 하여금 같은 일을 할 수 있도록 도우시기를 바란다.

논평

크레이그 S. 키너

나는 내 친구(그리고 동료 크레이그)의 소론에 담긴 아량과 열린 마음에 대해 아주 고맙게 생각한다. 그의 학문과 그리스도인으로서의 진실성 역시 고맙게 생각한다. 그리고 그가 (책 안팎에서) 이 책이 전달하기로 되어 있는 관용(charity)의 본을 만든다고 증언할 수 있다. 나는 또한 그의 해석상의 주장 중 다수에 동의한다. 그러나 이 논평에서 내 말의 할당량을 지키기 위하여, 나는 의견이 불일치하는 영역에 초점을 둘 것이다.

크레이그는 간결한 개요를 제시하면서 성경의 세 단락 모두에서 일관된 "가장 높은" 지위의 제한을 발견한다. 그러나 유감스럽게도 그 논증을 위한 이 단락들 각각은 가부장적인 사회를 다루었다. 이것은 우리 모두가 보다 덜 논쟁적인 문제(부모의 결혼 준비처럼)를 위하여 참작하는 요인이다. 더 해로운 것은 이 단락들이 전혀 평행하는 표본이 아니라는 점이다. 예를 들어, 구약의 논증은 놀랍게도 약하다. (그는 창조 이야기에서 기껏해야 추론으로부터 주장할 수 있다. 그리고 제사장들의 성[性]은 이 문제와는 관련 없는 제의적 정결함을 위한 고려사항을 반영한다.) 사도와 목사에 대한 그의 비교는 신약 시대에 목사가 훨씬 덜 권위 있는 소명인 상태에서는 그들이 연대기적으로 겹치지 않는다면 더 설득력 있었을 것이다. 나는 아래에서 그의 어떤 주장도 오늘날 여성에게 특별한 사역을 금지할 만큼 충분히 강하지 않다고 주장한다.

창조 이야기에 관하여, 성의 창조 순서는 출생 순서에 의한 지위의 문제와 거의 평행하지 않는다(어쨌든 출생 순서는 주로 상속을 결정지었고, 그것도 대개 남성을 위해서만 그렇게 하였을 것이다). 창세기가 장자 상속 같은 만연한 풍습을 반복적으로 거부한다는 것(창 25:23; 48:19; 49:4) 역시 그 주장에 도움이 되지 않는다. 동물을 위하여 사용된 이름 짓는 공식 문구는(2:20) 하와와 분명한 문학적 유사성을 갖는다. 그러나 타락 이후에야 비로소 그렇고, 앞서 다른 말로 표현된 구와는 대조된다(2:23). 에제르('ēzer)가 종속을 요구하지 않는다는 것을 인정한 후에, 크레이그는 종속을 확증하기 위하여 바울에게 호소한다. 그러나 그 이야기가 바울 없이는 충분히 분명하지 않다면, 왜 단순히 바울에게만 집중하지 않는가? 그리고 문맥상 머리 가리개만을 지지하는 고린도전서 11:8-9(바울은 이를 11:11-12에서 상쇄시킴)에서의 크레이그의 본문이 여성 목사들과 무슨 관계가 있는가?

제사장직은 정결 규정과 관련되어 있고, 예언 사역보다도 선포와 훨씬 관련이 적다. 여성에 대한 율법의 보다 더 엄격한 정결 규제—특히 월경에 관한—는 여성 사제를 비현실적으로 만들었다(상당 기간 동안 여성 제사장에게서 복무 자격을 박탈하는 시스템에서). 희망적이게도 오늘날 대부분의 목사는 정결 규정을 충족시키기보다는 (예언자와 사사들처럼) 하나님의 메시지를 말하고 지도적 역할을 하는 데 더 관심을 갖는다. (우리는 구약의 법들이 일반적으로 그들의 환경에서 도덕적 기준을 높이지만 최대한의 이상적인 수준까지는 아님을 인정한다; 비교. 마 19:8). 게다가 드보라의 사사로서뿐 아니라 예언자로서의 역할은 왕뿐 아니라 사도에 필적하는 영적 권위를 암시한다.

예수가 어떤 면에서는 반문화적이시지만(여성 제자를 허용), 다른 면에서는 문화 수용에(12사도를 위하여 남성들을 선택하시고, 복음 전파를 위하여 그들을 파송하심) 모순되지 않았다. 어떤 문화에서의 사역은 우리가 어떤 우선 사항을 위해 싸워야 하는지에 대한 결정을 요구한다. 두 여성만으로(안전하지 못하다고 여겨짐) 하든지 여성과 남성으로(스캔들이 날 수 있음) 하든지 간에 여성을 파송하는 것은 비현실적으로 도발적이었고 전도에 역효과를 냈다. 실용적인 이유들 때문에, 또한 예수는 이방인도 선택하지 않으셨고(불가능), 유대 사람도 선택하지 않았을 가능성이 있다(지리적 이유로).

크레이그가 (유니아의 영향을 회피하기 위하여) 사도의 여러 종류를 구별한 것은 자의적이다. "교회들의 사도들"(두 경우 모두에서 그러한 것으로 분명히 확인됨) 외에, 바울은 그가 사도로서 수행했던 것과 같은 종류의 "선교사" 직무를 수행한 사람들 — 12사도보다 더 큰 그룹 — 을 위해서 설명 없이 "사도들"을 사용한다(고전 15:5-7). 확실히 그들은 지역교회 장로보다 더 많은 권위 — 카리스마적이지만 지속적인 — 를 행사하였다.

그가 "고정된 기능"(settled function)과 은사를 구별한 것은 본문에서는 너무 불명확해서(비교, 예, "예언자들"은 고전 14:29-31에서 예언하는 자들이 됨) 전자로부터 여성을 금할 수 없다. 그는 여성이 목사나 장로나 감독의 "가장 높은" 직책을 결코 수행하지 않았다고 주장한다. 설사 있더라도 우리가 바울 시대의 목사들의 이름을 거의 모르기 때문에, 여성이 결코 이 직책을 수행하지 않았다고 말할 수 없다(비록 내가 딤전 3:2에서의 바울의 말로부터, 특히 지역의 상황을 고려할 때, 바울이 감독의 대다수가 남자라 가정하였다고 추론하는 것이 안전하다고 생각할지라도). 시민 행정 또는 (분명히 더 흔하게) 회당 행정에서의 여성의 예가 너무 적기 때문에(그 직책에 있는 남성과 비교할 때), 여성이 그 직책을 추구하도록 격려받는다거나 그 직책에 필수적인 기술을 개발시킬 기회를 많이 가졌을 것 같지는 않다. 이는 오늘날과는 상당히 대조적이다.

더 중요한 것은 목사가 "가장 높은" 직책은 아니었다는 점이다. 아마도 그들은 가정교회 안에서 구성원들을 감독하는 그룹이었을 것이다. 내가 나의 소론에서 보여주는 바와 같이, 우리는 이보다 "더 높은" 권위를 행사하는 여성들의 실례를 가지고 있다. (이것은 심지어 사역에서의 권위에 관한 우리 사고의 많은 부분에 대한 린다 벨빌의 적절한 도전에서도 벗어난다.)

나는 "머리"가 문맥에 의해 결정되는 의미인 "근원"보다 더 넓은 범위의 의미를 가진다는 데 동의한다. 그러나 이 동의가 다른 문제를 해결하지는 못한다. (여기서 문화적인 영예를 강조하는) 우세한 탁월함이 우세한 지위를 요구하는가? 바울이 지위를 가리킨다고 하더라도, 그가 1세기의 문화적 상황을 가정하는가, 아니면 보편적인 상황을 가정하는가? 그는 고린도전서 11장에서 남편의 권위에 결코 호소하지 않고, 기껏해야 그의 주장을 위하여 그것을 가정한다. 바울은 여자들의 머리 가리개 — 크레이그가 초문화적인 것으로 간주하지 않는 것 — 에 대한 주장에 찬성하기 위하여 (언어유희를 통하여) 헤드십을 사용한다. 남자의 영광으로서의 여자에 대한 그의 주장에서도 마찬가지다. 바울은 권위에 대해서 아무것도 말하지 않고 다만 머리 가리개에 대해서만 말한다! 머리 가리개 배후에 있는 초문화적인 원칙이 아내의 복종이라는 주장은 증명하고 싶은 것을 추정하는 것이다(고대인들은 성적인 정숙함과 부부간의 정절을 표현하기 위하여 머리 가리개를 사용하였다).

크레이그는 좌석이 분리된 회당에 대한 제안을 옳게 거부함으로써 바울이 고린도전서 14:34-35에서 특별한 상황을 다루고 있다는 평등주의적 주장에 이의를 제기한다. 그러나 이것은 특별한 상황에 대한 많은 제안 중 하나에 불과하다. 그가 각주에서 더 설득력 있다고 말하는 나의 견해를 그는 설명하지도 반박하지도 않는다! 바울은 *laleō*를 흔하게 사용한다. 이 단어가 (양 진영에서의 일부 주장과는 대조적으로) 특별한 종류의 발언을 특정할 필요는 없다. 34-35절에서 특정적으로 언급된 발언의 한 종류는 질문을 하는 것이다. 그리고 고대 텍스트들은 적절한 질문과 누가 그 질문을 할 수 있는가에 대한 관련 관습을 제공한다. 심지어 1세기 문화에서는 많은 사람이 계속해서 공중 모임에서의 여성의 발언이 부적절함을 발견하였다. 대부분의 여성이 배우지 못했기에 그들의 질문은 더욱더 부적절했을 것이다. 바울은 가끔 예외(11:5에서 여성의 예언이 요구하는 것과 같은)를 인정하는 일반 원칙들(여기서는 여성에 관한)을 말한다.

크레이그는 율법에 대한 바울의 호소가 여성의 복종을 가르친다고 주장한다. 바울은 어떤 율법을 가리키는가? 만약 여기서 여성의 잠잠함이나 복종을 명령하는 것이 창조 순서라면(상보주의자를 위해서 가장 유용하게), 그 창조 순서가 몇 장 앞에서는 머리 가리개를 명령한다. 여기서 아내의 복종이 초문화적 원칙이라고 주장하는 것은 또 다시 증명하고 싶은 것을 가정하는 것이다.

크레이그는 14:34-35을 설명하기 위하여 특정한 상황, 즉 예언을 평가하는 것에 호소한다(29절). 그러나 35절에서의 질문하는 행동이 29절보다 훨씬 더 가까운 콘텍스트다. 예언을 평가하는 것은 그 문맥에서의 많은 종류의 발언 가운데 하나에 불과하다. 더 나아가 예언의 평가는 은사일 수 있으며(비교. 12:10에서 같은 어원의 말), 14:29 자체에서 그것은 예언하는 모든 사람 또는 전체 회중의 영역이다. 그것은 예언 자체보다 지위를 암시하는 더 큰 의미를 지니지 않는다.

크레이그는 예언의 평가가 여자들에게 이단을 가르치는 남성들로부터 디모데전서 2장에서 바울이 여성으로 하여금 가르치기를 금지한 것을 이것에 의존하도록 만든 큰 비약이라고 주장한다. 거짓 교사들이 여자들을 표적으로 삼고 있었다고 우리가 알고 있는 성경 내의 한 배경(5:13; 딤후 3:6)을 여자들이 가르치기를 금지하는 한 구절에 제공하는 것이 단순히 우연의 일치인가? 또 다시 이것은 "한 아내의 남편"에 대한 바울의 요구처럼 예외를 수용할 수 있는 일반 규칙이다. 거짓 교사에 대항하여(딤전 4:3; 딛 1:11), 바울은 안정된 가정을 강조한다. 그러나 "한 아내의 남편"은 바울처럼 독신인 사람들에 대한 예외를 허용한다. 여기서 창조 순서로부터의 바울의 주장은 창조 순서가 머리 가리개를 뒷받침한다고 한 그의 주장과 다르지 않다. 그런데 크레이그는 머리 가리개를 특정한 문화적 적용으로 간주한다.

마찬가지로 복종(엡 5:21)과 사랑(2절)의 초문화적인 관계의 원칙에도 불구하고 우리는 에베소서 5장의 문화적 배경을 무시할 수 없다. 바울은 아리스토텔레스의 널리 사용되는 가정 규범을 가까이 따르지만 그것들을 특히 평등주의 방향으로 수정한다. 나는 콘텍스트가 아내들로 하여금 여기서의 "머리"를 흔한 의미인 "권위"와 연관 짓게 하였을 것이라는 크레이그의 주장에 동의하는 경향이 있다. 그러나 바울은 남편들이 그것을 다르게 듣기를 원했다. 아리스토텔레스의 모델과는 대조적으로, 바울은 남편에게 그의 아내를 어떻게 "다스릴지" 말하지 않고 그녀를 어떻게 사랑해야 하는지를 말한다(25절). 남편은 그의 헤드십을 아내를 섬기는 기회로 사용해야 한다.

바울은 아내에게 그리스도에게 하듯 그녀의 남편에게 복종하라고 요구한다. 두 단락 뒤에서 종이 그리스도에게 하듯 그의 주인을 섬겨야 하는 것처럼(6:5) 말이다. 그리스도인이 권위 체계에 복종한다는 사실이(롬 13:1-7) 오늘날 우리가 동일한 권위 체계(주인이나 왕과 같은[벧전 2:13])를 유지해야 한다는 것을 의미하지 않는다. 물론 우리는 결혼 관계를 유지하지만, 반드시 고대의 가부장적 결혼의 권위 구조를 유지해야 하는 것은 아니다. 이 권위 구조는 고대의 노예 제도와 유사한 쟁점이다. 복음주의적 평등주의자들은 성별 간의 구별을 폐지하자는 주장을 지지하지 않는다. 우리는 계층구조적인 구별이 아니더라도 구별을 유지할 수 있다. (사실 오늘날에는 정확히 다수의 바울 동시대인들 가운데서 흔한 방식으로 성별 역할을 나누려고 하는 상보주의자들은 거의 없을 것이다.) 우리 모두는 모든 성경이 시간을 초월한 원칙을 포함하고 있다는 데 동의한다. 하지만 이 동의가 시간을 초월한 원칙이 무엇인가 — 이것이 문제의 논쟁점이다 — 의 문제를 해결하지는 않는다.

크레이그는 역사 전체에 걸쳐 대부분의 교회(물론 논쟁 중인 문제의 1세기를 제외하고!)가 여성을 목사로 또는 "제사장"으로 임명하지 않았다고 지적한다. 그러나 역사 전체에 걸친 (그리고 그 문제에 있어서는 오늘날의) 리더십에 대한 교회의 실례에의 호소는 많은 신학적 문제에 대한 교회의 실례보다도 더 의문의 여지가 있다. 얼마나 자주 교회 리더십 모델들이 가장 작은 자가 가장 큰 자이며 진정한 지도자는 종이라는(눅 22:25-26) 예수의 가르침을 따라왔는가? 만약 우리의 리더십 모델이 리더십에 관한 예수의 가장 기본적인 가르침을 반영하지 않았다면, 우리는 그 모델들이 다른 성경적 패턴을 어느 정도까지 능히 드러내리라 신뢰할 수 있는가?

논평

토마스 R. 슈라이너

크레이그 블롬버그는 항상 나에게 그가 얼마나 많이 읽었는가를 통감하게 하는데, 여기서 그의 소론도 예외는 아니다. 이차적인 문헌의 적용 범위는 훌륭하다. 그러나 그의 견해를 제시하는 데는 이차적인 자료에 이존하지 않고 본문에 대한 면밀한 해석에 의해 그의 주장을 확립하고 있다. 크레이그가 상보주의자이기 때문에 독자들은 내가 그의 입장에 기본적으로 동의한다는 것을 알고 놀라지 않을 것이다. 그는 사역의 다양한 직위가 여성에게도 열려 있으나 목사나 장로의 직책은 남성에게만 국한되어 있다고 옳게 결론을 내린다.

또한 나는 상보주의자들이 성경이 허용하는 사역에 여성을 포함시키도록 특히 열심히 노력해야 한다는 크레이그의 주장에 동의한다. 예를 들어, 여성이 성찬식을 섬기지 못하게 하거나 예배드리기 위해 모일 때 기도나 성경 봉독을 주도하지 못하게 할 영적인 근거는 없다.

크레이그는 창세기 2장에 나타난 남녀 사이의 역할 차이에 대한 암시를 옳게 간파한다. 반면에 그는 그 본문이 남성과 여성의 근본적인 평등을 가르친다고도 주장한다. 내가 첨가하고 싶은 유일한 수정은 성경이 인류 전체에 대한 죄의 영향의 기원을 하와가 아니라 아담에게서 찾는다는 것이다(롬 5:12-19). 아담과 하와 둘 다 죄로 인해 두 차례 정죄받는다고 말할 때, 크레이그는 이 중요한 진리를 명료하게 하지 못한다.

나는 그가 제사장과 예언자를 구별한 것에 동의한다. 여성이 제사장의 자격으로는 결코 섬기지 않았으나, 구약에서 다수의 여성이 예언자로서 확인된다. 블롬버그는 제사장과 목사에 대한 비교가 정확하지 않다고 말한다. 그러나 그는 여성이 한 가지를 제외한 모든 직책에서 섬기도록 허용된다는 데서 한 패턴을 본다. 이 패턴은 신약으로 이어진다. 신약에서 예수는 여자들이 성경을 배우도록 격려하시고 통상적으로 그들을 완전한 인간으로서 그리고 남성과 동등한 자로서 대우하신다. 그럼에도 여자들은 사도로 임명되지 않는다. 크레이그가 그 제한을 문화적 순응 탓으로 돌릴 수 없다고 주장할 때, 그는 다시 정곡을 찌른다. 예수는 문화적 규범을 과감하게 위반하셨다. 그래서 여성을 사도로 임명하는 일이 너무나 명확히 하나님의 백성을 위한 새로운 패턴의 신호가 되었을 때에 그가 그의 시대의 관습에 순응하셨다고 믿기는 어렵다.

점점 더 많은 학자들이 신약에서 여성이 집사로서 섬겼다는 것을 인정한다(롬 16:1; 딤전 3:11). 그리고 그러한 견해는 초기 교회 역사의 해석에 의하여 확증된다. 크레이그는 여성 집사에 대한 주장을 설득력 있게 제시한다. 여성은 모든 영적 은사를 공유하고, 남성과 여성은 그리스도 안에서 하나다(갈 3:28). 크레이그는 갈라디아서 3:28의 진리가 남성과 여성 사이의 역할 차이를 없애지 않는다는 일반적인 상보주의 견해를 제안한다. 동시에 이 구절에 남성과 여성이 믿는 자로서 서로에게 어떻게 관계해야 하는가에 대한 사회적인 영향이 있다는 도움이 되는 주장을 펼친다.

크레이그는 고린도전서 11:2-16에서 남성과 여성 사이의 역할 차이를 본다. 그리고 머리 가리개나 헤어스타일이 오늘날 동일한 문화적 가치를 지니지 않으며, 그렇기에 규범적이지 않다고 옳게 주장한다. 여성이 발휘하는 예언 은사가 성령에 감화된 설교 행위를 포함할 수 있으며, 여성이 교회의 장로들에게 책임을 다하는 한 오늘날 설교하도록 허용되어야 한다는 그의 주장은 논란의 여지가 있다. 그는 설교가 예언 은사에 상당한다는 설득력 있는 증거를 제공하지 않는다. 예언자들은 분명 주의 말씀을 백성에게 강력히 권고하고 말했다. 그러나 예언했던 사람들은 하나님으로부터 자발적인 계시(spontaneous revelations)를 받아 하나님의 백성에게 그 계시들을 전달했다(고전 14:29-33). 예를 들어, 아가보는 사도행전에서 두 개의 계시를 받았다. 거기서 그는 기근(11:27-28)과 바울의 체포(21:11)를 예견하였다. 하나님의 백성은 그러한 말들로부터 지시와 격려를 받았다. 그러나 예언이 설교와 동일시되어야 하는지는 의심스럽다. 설교는 가르치는 은사와 권고하는 은사의 결합이다(딤전 4:13). 어떤 의미에서 예언하는 사람들은 하나님의 계시된 말씀을 전달하는 수동적인 매체다. 가르침은 사도적 전승에 의지하고 그 전승을 모인 사람들에게 설명한다. 그럼에도 나는 디모데전서 2:12의 금지를 위반하지 않고 여성들이 남성과 여성 모두에게 말할 수 있는 콘텍스트가 있으며, 어떤 이들은 이 구절에 기초해 여성에게서 나오는 종교상의 말씀을 그릇되게 배제시켰다고 말한 크레이그에게 동의한다.

고린도전서 14:34-35의 의미는 계속 논란이 되고 있다. 크레이그는 예언을 평가하는 데서 여성이 최종적인 권위를 행사할 것이기 때문에 바울이 여성으로 하여금 예언을 평가하지 못하도록 금한다는 것을 포함하여 다양한 견해를 주의 깊게 조사한다. 이 본문이 그 논쟁에서 중심 위치를 차지할 수 없다. 왜냐하면 그것이 어떻게 해석되든지 바울이 여성으로 하여금 전혀 말하지 못하게 금지할 수 없기 때문이다. 이것은 분명히 고린도전서 11:5과 여성의 예언을 허용하는 많은 다른 성경 본문에서의 격려와는 모순될 것이다. 크레이그는 이 본문에서 여성이 그들의 남편과 아마도 교회의 남성 지도자에게 복종해야 한다는 점에서 초월적인 원칙을 본다. 여성이 예언을 평가하는 것이 금지되어 있다고 말할 때, 크레이그가 정확할 수 있다. 그러한 견해는 남성과 여성 사이의 관계에 대한 나의 전반적인 견해를 상당히 잘 뒷받침할 것이다. 그럼에도 불구하고 크레이그가 선호하는 견해에는 명확한 증거가 부족해 보인다. 나는 일부 아내들이 질문을 하면서 모임을 방해하고 있었기 때문에(그들이 분리된 공간에 앉아 있었기 때문이 아니라) 회중 사이에 큰 혼란이 있었다고 생각하는 경향이 있다. 따라서 바울이 모든 여자가 모임에서 말하는 것을 절대적으로 금지하였던 것은 아니었다. 그는 이미 고린도전서 11:5에서 그들이 기도하고 예언하는 것을 허용하였다! 여기서 바울이 배제시키는 것은 아내들이 반항 정신으로 방해되는 질문을 하는 것이다. 그러한 정신은 아내들이 그들 남편과의 관계에서 보여주어야 하는 복종의 정신과 모순된다.

디모데전서 2:8-15에 대한 내 해석은 크레이그와 극적으로 다르지 않다. 우리 둘 다 여성이 이단을 퍼뜨리는 자로서 명확히 밝혀지지 않는다는 데 동의한다. 의복에 관한 원칙은 여성이 허식 없이 수수하게 옷을 입어야 한다는 것이다. 2:12에 대한 안드레아스 쾨스텐버거(Andreas Köstenberger)의 해석은 받아들여져서, 여성이 종사하지 말아야 하는 긍정적인 활동에는 가르침과 권위의 행사 두 가지가 대표적이다. 나는 본문이 여성들이 장로로서 섬겨서는 안 된다는 것을 암시한다는 데 동의한다. 그럼에도 불구하고 내게는 본문이 이 진실에만 국한될 수 없다고 보인다. 가르침과 권위를 행사하는 기능이 여성에게는 배제된다. 이로부터 나는 여성이 통상적으로 성인 남성과 여성으로 구성된 혼성 성경공부 모임을 가르쳐서는 안 된다는 결론을 내리고 싶다. 하지만 크레이그와 나는 전달되는 가장 분명한 진실이 남성만 장로로 섬겨야 하고, 13절의 금지가 창조에 뿌리박고 있기 때문에 디모데전서에서 다뤄진 상황을 초월함을 보여준다는 데 의견을 같이한다.

2:14과 관련한 크레이그의 제의는 흥미롭기는 하나 이 견해에는 적어도 세 가지 약점이 있다. 첫째, 14절의 *kai*는 자연스럽게 그 절을 13절과 연결시킨다. 둘째, 13절의 구조는 14절과 어울린다. 왜냐하면 두 구절 모두 "a-b-a-b" 패턴으로 아담과 하와를 비교하고 대조시키기 때문이다. 셋째, 크레이그의 견해는 14절에서의 아담의 언급을 잘 설명하지 않는다. 관심사가 단지 여성의 구원뿐이라면 아담에 대한 언급은 불필요하다. 그러나 아담과 하와 둘 다의 언급은 여성이 남성을 가르치지 말아야 한다는 12절에서의 주장과 어울린다.

크레이그는 결혼 본문(예, 엡 5:22-33)에서 역할의 차이를 올바르게 보고, 남편이 아내를 희생적으로 사랑하라는 반문화적인 요구를 정확하게 강조한다. 결혼은 노예 제도와 동일시될 수 없다. 왜냐하면 결혼은 창조 때 하나님이 세우신 제도인 반면, 노예 제도는 성경에 의해 규정된 악한 제도(이혼처럼)이기 때문이다. 게다가 바울은 고린도전서 7:21에서 노예들에게 자유를 얻으라고 격려한다.

크레이그와 반대로 나는 에베소서 본문이 만약 남편과 아내 사이에 의견 차이가 생기면 남편이 가정을 위하여 결정을 내릴 궁극적인 책임을 갖고 있음을 의미한다고 생각한다. 좋은 가정에서는 의견 차이가 항상 토의를 통하여 해결된다고 말하는 사람들에게 나는 동의하지 않는다. 가끔은 좋은 그리스도인들이 끝까지 의견이 불일치하며(이 책에서처럼!), 따라서 결정이 내려져야만 한다. 크레이그는 남편들이 이 책임을 이기적으로 사용해서는 안 된다고 옳게 경고한다. 그리고 그가 남편들이 종종 이런 식으로 죄를 지었다고 말한 것은 확실히 옳다. 다른 한편, 나는 좋은 지도자는 하나님이 이미 한 그룹과 더불어 무엇을 하고 계신지 결정하고 그들이 가고 있는 방향으로 그들을 인도하려고 애써야 한다고 말하는 데서 크레이그가 약간은 잘못되었다고 생각한다. 죄악 된 세상에서 교회 또는 가정이 긍정적인 방향으로 나아가지 않을 수 있으며, 성경적 리더십은 교회 또는 가정이 새롭게, 아마도 근본적으로 다른 방향으로 사랑스럽게 인도될 것을 요구할 수 있다.

크레이그와 나의 의견 차이가 주요하지 않다고 말함으로써 이 글의 결론을 맺는다. 나는 우리가 성경 본문의 의미에 관하여 실질적으로 동의하고 있다고 믿으며, 그의 소론이 상보주의적인 입장의 유용하고 설득력 있는 방어가 됨을 발견하였다.

논평

린다 L. 벨빌

크레이그의 소론에 대하여는 평가할 게 많다. 저자는 자신의 입장을 "실제로 완전히 발달한 평등주의자는 되지 못하면서 그렇게 되는 데 이를 수 있는 한 거의 가까이 근접"했다고 묘사한다. 이것은 모든 사역 — 심지어 설교자와 교사로서 남성을 지도하는 여성을 포함하는 사역도 — 이 여성에게 열려 있음을 의미한다. 그러나 이것이 저자를 경계선상의 평등주의자로 만드는지는 질문해봐야 한다. 왜냐하면 그가 남성을 지도하는 여성에 대한 개념은 인정하는 반면, 목사나 장로로서의 여성은 긍정하지 않기 때문이다. 여성은 가끔 예외적으로 그리고 오직 "그들의 영적인 머리에 적절한 복종"을 보여주는 상황에서만 남성을 지도할 수 있다고 말한다. 이것은 저자를 전통주의 진영에 분명하게 위치시킨다. 크레이그에 의하면 여성이 공식적으로 남성을 가르치거나 그들에 대해 권위를 행사할 수 없다고 말하는 성경 본문을 "우리가 여전히 반드시 따라야 한다."

다섯 가지 기본적인 오류

해석의 세부사항에 보이는 흠을 들추는 대신에 나는 그 입장의 기본적인 오류를 표적으로 삼을 것이다.

1. 일반화의 오류

삶은 좀처럼 흑백이 뚜렷하지 않다. 그래서 우리는 일찍이 "결코 ~않다"와 "항상"이란 단어를 피하도록 배웠다. 따라서 여기 크레이그의 장에서 그 단어를 발견하는 것은 실망스럽다. 예를 들어, "모든 유대교 자료는 동일한 이상적인 사회상을 묘사한다.…이 완전한 행동에서 벗어나는 여자는 모든 자료에 의하여 사악한 여자로 묘사되고 있다." 유대교가 대부분 가부장적 문화였다는 것에 대하여 아무도 이의를 제기하지 않는다. 그렇다 하더라도 인식과 현실은 실질적으로 다를 수 있다. 심지어 유대 문학계에서도 태도가 다양했다. 필론(Philo)은 "여자는 남자보다 속는 데 더 익숙하다"(QG 1.33)는 의견을 밝혔다. 그러나 (약간 더 이른 시기의 저자가 쓴) 유딧서는 여자(유딧)를 모세의 율법에 대한 빈틈없는 헌신의 모델로서 그리고 이스라엘의 구원자로서 치켜세웠다. 마찬가지로 랍비들도 다양하였다. 한 랍비(랍비 엘리에제르)는 딸에게 율법에 대한 지식을 주려는 남자는 누구든 그녀에게 호색을 가르치는 것이라고 말한다(m. Soṭah 3:4). 그러나 다른 랍비는 애굽으로부터 하나님의 백성을 구원한 공적을 이스라엘 여성들의 의로 돌린다(b. Soṭah 11b).

그리스-로마적 태도도 저자가 제시하는 것만큼 일률적이지 않았다. 고전 시대와 그리스 시대의 아테네 여성들이 격리된 상태에 있었던 것은 사실이었던 반면, 고전 시대의 스파르타와 그리스-로마 여성들은 그렇지 않았다. 그들은 공공연하게 자유롭게 이동하였고, 정치, 공직, 도시 사업에 참여하였다. 토지 등기는 여성들이 스파르타 전체 부동산의 40%를 소유했음을 보여준다. 알렉산더 대제가 끌렸던 스파르타식 모델이 600년 동안 문화를 장악하였다. 로마인들은 훨씬 더했다. 그러므로 바울이 아시아의 콘텍스트에서는 더 제한적이지만(엡 5:22; 골 3:18["아내들아, 남편에게 복종하라"]), 그리스에서는 더 확장적이고(고전 7:5["합의상"]) 이탈리아에서는 훨씬 더 그러했다. 이탈리아에서는 여성 — 결혼한 여성과 그렇지 않은 여성 — 을 동역자로서 추천한다(롬 16장). 그러한 다양한 권고와 관행은 지역의 관행과 사회적 규범에 대한 민감성을 가리킨다.

포괄적인 일반화의 예가 더 있다.

- "예수께서는 결코 완전히 발달한 평등주의를 장려하지 않으신다." 이 말은 정말로 주의를 다른 데로 돌린다. 예수께서는 유대의 가부장적 문화에서 활동하실 때 단순히 일반 상식을 사용하셨다.
- "악명 높은 로마의 *patria potestas*("부권")는 로마의 남편들에게…거의 제한되지 않은 권한을 주었다." 저자가 주목하지 못한 사실은 1세기경 로마의 남편들이 가진 힘은 대부분 유명무실하였다는 점이다. 로마의 여성들은 *sine manus*("힘이 없는")를 점점 더 선택하고 있었다. 그것은 근본적으로 남편의 힘을 제한하였다.

2. 시대착오적 오류

크레이그는 제사장/랍비와 목사/장로의 "정기적이고 예상할 수 있는 리더십 기능"과 가르침과 설교 같은 은사의 특별한 발휘를 구분한다. 그는 공식적·정기적 역할을 제외한 모든 영역에서 지도적 역할을 하는 여성들의 모습을 본다. 그리고 이 모습을 "단지 우연의 일치나 순응에 기인한다고" 하기가 매우 어렵다는 것을 알았다. 예를 들어, 저자는 이스라엘에 어떤 여성 제사장도 없었다고 말한다. 그러나 학문은 이것이 왜 그랬는지 보여주었다. 이스라엘의 정결 율법이 그러한 가능성을 배제시켰다(즉 누구든 피를 유출하는 자). 그러나 그때 그들은 몽설하거나(신 23:10; 비교. 레 15장) 치유되지 않는 환부를 가진 남자(레 13-14장), 맹인, 다리 저는 자, 얼굴이 일그러진 자, 몸이 기형인 자, 상해를 입은 자, 곱사등이, 난쟁이도 배제시켰다(레 21장). 하지만 오늘날에는 그러한 사항이 누군가를 사역에서 배제시키는 일은 거의 없을 것이다. 또한 제사장직은 세습되는 역할이었고, 제사장들은 번갈아가며 봉사하였다(눅 1:8-9). 그래서 그 역할에 관한 정규적인 (regular) 것은 아무것도 없었다. 다른 한편, 구약의 예언자는 정규적인 사역―제사장직보다 오늘날의 목사직에 더 필적하는 사역―이었다. 그리고 여성들은 확실히 예언자로서 섬겼다.

또한 저자는 바울 시대의 문헌에서 어떤 여성 랍비(오늘날의 신학 교수에 해당함)도 발견되지 않는 것에 주목한다. 그러나 이는 문화가 설명해준다. 고대 여성들(유대인이든 그리스인이든 로마인이든 똑같이)의 교육은 전형적으로 사춘기에 중단되었다. 이런 이유로 그들은 랍비가 되기 위해 필요한 교육을 받을 수 없었다. 크레이그는 신약의 여성들이 권위적인 역할―"지역교회에서의 지속적인 행정과 교육의 직분"을 맡은 자로서가 아닌 "성인 남성과 여성에게 교리를 가르치는 것"을 포함하는―을 수행했음을 인정한다. 그는 "그들이[여성들이] 공식적인 목사나 장로였다거나 또는 그 문제에서 확인 가능한 직위가 있었음을 우리가 알고 있다고 주장하는 것은 증거의 범위를 넘어선다"고 말한다. 브리스길라 같은 여성이 아볼로 같은 남성을 가르칠 수는 있으나 그녀의 지역교회에서 가르치는 장로가 될 수는 없다. 유니아 같은 여성이 교회를 개척할 수는 있으나 지속적인 목회 리더십을 제공할 수는 없다.

저자는 재빨리 영적인 은사를 교회의 직분과 구분한다. 사도 바울은 그렇게 재빨리 구분하지 않았다. 사실상 초기 교회에서는 이탈리아(롬 12:4-8), 소아시아(엡 4:7-13), 그리스(고전 12:7-12, 27-30) 어디에서도 리더십 은사의 소유를 제외한 리더십에 관해서 고정되거나 일관된 것은 아무것도 없었다. 그렇다. 사도 바울은 아시아에서의 교회 개척 과정의 일환으로 장로들을 임명하였다(행 14:23; 비교. 벧전 1:1; 5:1-4). 그러나 그가 그리스에서 그렇게 하였다는 증거는 없다. 고린도 교회에는 장로들(또는 다른 고정된 기능)에 대한 언급이 없다. 에베소 교회 지도자들은 장로로 불린다(행 20:17; 비교. 벧전 5:1). 그러나 빌립보 지도자들은 감독과 집사 ― 장로는 보이지 않고 ― 로 확인된다. 뵈뵈는 겐그레아 교회의 집사로 확인되며, 바울은 데살로니가 사람들에게 그들 가운데서 열심히 일하는 자들을 존경하라고 강력히 권고한다. 그리고 로마 교회에는 바울이 동료와 동역자로 인정한 많은 지도자가 있었다. 그러나 장로, 집사, 감독이란 말은 전혀 없다.

이것은 "직분"(office) 혹은 "고정된 또는 일관된 기능, 역할, 혹은 지위"란 언어를 시대착오적인 것 ― 우리의 현대적 상상이 꾸며낸 것 ― 으로 만든다. 목회적 직분은 훨씬 더 모호하다. "목사"라는 용어가 신약에서 등장하는 유일한 때, 그것은 은사로서 가르치는 은사와 결합하고 복수형으로 온다(엡 4:11). 따라서 카드로 만든 집처럼, "직분" ― 또는 공식적인 지위(formal capacities) ― 이 없으면 전통주의자의 주장은 붕괴하고 만다.

3. 교회학적 오류

교회학이 여성 사역에 관한 크레이그의 중심 견해라는 사실은 "지역교회의 장로 모두가 남자여야 하고"라는 그의 주장에서 분명해진다. 장로회(elder board)는 오늘날 일부 교회의 정치 형태이지만, 그것이 모든 교회를 위해 규범적인가? 또한 특별한 교회학은 장로회가 "교회 전체(설교자 포함)가 책임을 다하는 인간 지도자들의 궁극적인 조직체"라는 그의 주장의 특징을 이룬다. 그러나 교회 정치는 전형적으로 아디아포라(adiaphora) — 성경이 분명하지 않기 때문에 믿는 자들이 서로의 의견 차이를 인정하고 싸우지 않기로 한 사안 — 의 범주에 들어간다.

저자가 교회의 장로직을 신약이 정했다고 여기고 있음에도 불구하고, 그것은 대부분에 의하여 논의되고 일부에 의하여 거부된다. 성직수임이 후대에 교회에서 발전되었듯이 직분도 그렇다. 교회 직분은 후대에 발전되었다고 하고, "리더십 역할"은 하나님이 그 역할을 위하여 은사를 주신 사람이 차지한다고 말하는 것이 더 공정하다. 복종도 마찬가지다. 복종에 대한 요구가 있을 때는 "직분" 때문이 아니라 들인 수고 때문이다(고전 16:16). 로마서 16장에서 동등한 남녀 동역자들이 증명하는 바와 같이, 이것은 남성과 여성 둘 다를 포함한다.

4. 남성 특권적인 오류

크레이그의 소론에는 남성이 특권의 성(性)이라는 가정이 있다. 하나님은 남자를 의사 결정자(*kephalē*)로, 여자를 종속적인 돕는 자('*ēzer*)로 창조하셨다. 그러나 이는 "CEO"와 "돕는 자"의 의미가 정확할 때만 그렇다. 만약 에제르('*ēzer*)를 "동반자"("돕는 자"에 대조됨)로 번역하고 케팔레(*kephalē*)를 "양분의 근원"("CEO"에 대조됨)으로 번역하면, 계층구조적인 카드로 만든 집은 붕괴된다. 실제로 기초가 되는 히브리어 용어인 에제르('*ēzer*)로부터 종속관계를 짜내려는 강한 압박을 받는다. 그것은 하나님이나 군사 동맹국이 제공하는 변함없는 "도움"뿐만 아니라(GNT, KJV, ASV; *TDOT*, *HALOT*, BDB를 보라), "동반자"(NRSV) 같은 동일하게 가능한 다른 번역을 무시하는 결과를 수반한다. 또한 저자는 *kephalē*가 "동시적으로 권위의 차원을 함축하지 않고 언제나 '근원'을 의미한다는 것"이 입증되지 않았다고 주장한다. 그러나 이는 *Life of Adam and Eve* 19.11과 같은 텍스트를 무시하는 발언이다. 거기서 "욕망은 죄의 모든 형태의 근원[kephalē]이다"는 바로 정반대의 것을 입증한다.

창세기 3장이 언제 그리고 어떻게 일이 잘못되었는지에 대한 기록으로서 인정받는 것은 옳다. 그러나 여자의 욕망이 "반응으로서 단지 사랑하는 헤드십이 아니라 지배를 요구하는 뒤틀린 욕망"이라고 계속해서 주장하는 것은 잘못된 해석이다. 창세기 4:7은 결정적으로 뒷받침하는 구절이 되지만 필요한 평행구절이 되지는 못한다. 왜냐하면 "욕망"(desire, těšûqâ)과 "다스리다"(master, māšal)라는 동일한 용어가 사용되지만, 대명사는 중성의 그것(it)이지 남성의 그(he)가 아니기 때문이다. 만약 3:16에 있는 대명사 hû'가 "그것"(it)으로 번역된다면, 창세기 4:7은 평행구절을 제공한다. "너의 갈망이 너의 남편에게 있을 것이며 그것이[그가 아니라] 너를 지배할 것이다"(저자 번역). 히브리어 대명사는 둘 다를 허용한다. 그리고 솔직히 "그것"[여자의 갈망]이 문맥에 더 잘 어울린다.

만약 남성의 특권이 하나님의 의도였다면, 예수께서 그 점에 동의하시리라 기대했을 것이다. "그렇다, 하나님께서 남자가 책임을 맡도록 창조하였다." 하지만 기회가 생겼을 때, 예수께서는 창세기 1:27(마 19:4)과 2:24(마 19:5)을 인용하면서 남성의 특권에 대한 바리새파의 가정을 오인(misperception)으로서 다루셨다. 게다가 그것을 반복하신다. "그런즉 이제 둘이 아니요 한 몸이니"(19:6). 사실상 예수께서는 한 단계 더 나아가 하나님이 독점적인 특권을 갖고 계시며("하나님이 짝지어주신 것"), 인간(남성과 여성 똑같이)은 아무런 특권도 갖고 있지 않음을(사람이 나누지 못할지니라[6절]) 강조하신다. 그 대신에 남성의 특권은 마음의 완악함에 기인한다(남성의 리더십을 전복시키려는 여성의 시도가 아니라[7-8절]).

저자는 12제자가 모두 남자였다는 논쟁의 여지가 없는 사실로 반박한다. 예수께서는 창기와 "죄인들"과 함께 먹음으로써 정말 기꺼이 그의 동시대 유대인들을 분개시키셨다. 그런데 왜 여성 사도를 선택하지 않으셨는가? 또한 예수께서는 한센병자를 만짐으로써 사회를 분개시키셨다고 주장할 수도 있었다. 하지만 그는 한센병자 – 또는 고자나 비유대인이나 노예 – 가 그의 핵심 그룹에 있도록 선택하지 않으셨다. 그것이 한센병자, 고자, 비유대인, 노예들이 교회에서도 리더십 지위로부터 배제된다는 것을 의미하는가?

저자는 사도 바울이 창조 순서를 계층구조적인 방식으로 사용하였다는 사실로 반박한다. "이는 아담이 먼저 지음을 받고 하와가 그 후며"(딤전 2:13). 아무도 바울이 창조 이야기를 사용하고 있음을 부인하지 않는다. 어떻게 그리고 어떤 목적으로가 핵심 질문이다. 디모데전서가 기록되는 원인이 된 역사적인 세부 사항이 이 질문에 답하는 데 중요하다. 하지만 전통주의자들은 이 점에서 이상하게 잠잠해진다. 대신에 고린도전서 11:8-9은 남성 특권의 문제를 해결하는 구절로서 언급된다("비가역성으로부터의 논증"). 그리고 디모데전서 2:13은 창세기 2장의 남성 특권적인 해석을 뒷받침하는 구절로서 언급된다("장자 상속에 관한 율법"). 결과는 도움이 안 되는 해석학적 순환논법(hermeneutical circle)이다.

아마도 가장 혼란스러운 지점은 크레이그가 결혼 생활에서의 의사결정자로서의 남편으로부터 모든 남녀 관계에서의 의사결정자로서의 남성으로 자동적으로 나아간 부분이다. 실제로 그는 가정에서의 남성의 헤드십이 "교회에서의 남성의 리더십을 위한 모델"을 제공한다고 믿는다. 그에 따르면 우리가 가정 안에서의 남성의 헤드십에 관하여 더 많이 배우면 배울수록, 교회에서의 남성의 헤드십을 더 잘 이해하게 된다. 계층구조의 추정은 저자가 고린도전서 11장을 다룬 데서 분명해진다. 거기서 "여자의 머리(kephalē)는 남자요"(3절)는 남자가 먼저 창조되고 여자가 그 뒤에 창조된 순서의 빛에서 해석된다. "궁극적인 계층구조", "비가역적인 창조 순서",

그리고 "여성의 종속"이 소론의 이번 단락에 널리 스며 있는 언어다. 그리고 이 결론에 반대되는 어떤 것도 잘 해명되고 있다. 고린도전서 11장이 정말로 "남성의 헤드십과 여성의 종속에 대한 시간을 초월한 원칙"을 가르친다고 가정하는 저자로부터 공정한 해석을 얻을 수 있는가?

5. 문화적 오류

크레이그의 소론에서는 1세기의 문화가 계층구조를 지지할 때는 그것에 의존하고, 계층구조를 거스를 때는 그것을 피하는 경향이 있다. 이는 그가 고린도전서 11장을 다룬 데서 명확해진다. 거기서 그는 바울 시대의 머리를 가리는 중요한 관행을 간과한다. (저자가 주장하는 바와 같이) 이 단락을 설명하는 것은 결혼 생활에서의 헤드십이 아니며, 해결의 실마리는 바로 남녀 성별이 구분되지 않는 그리스-로마 종교 지도자들의 의상에 있다. 바울이 여성들이 남성의 헤드십과 순종적인 역할을 저버리고 있고, 그리하여 여성 동성애로의 위험한 비탈길을 내려가고 있다고 가르치는 것은 아니다(크레이그가 그렇게 봄). 왜냐하면 바울은 여성과 남성 예배 지도자들의 의상에 동일한 주의를 기울이기 때문이다. 수치를 느꼈던 것은 머리를 짧게 자르거나 머리를 밀어버린 여자(고전 11:6), 머리를 덮지 않은 채 기도하는 여자(14절), 머리를 덮은 채 기도하는 남자(4절), 그리고 머리가 긴 남자였다(14절).

그러한 문제를 길게 다루는 것—바울이 여기서 하는 것처럼—은 그 배경에 일종의 성정체성의 혼동이 숨어 있다고 생각하도록 이끈다. 나는 "남자나 여자나 다 그리스도 예수 안에서 하나이니라"(갈 3:28)라는 구절을 고린도인들이 성별의 차이를 폐지해야 한다는 의미로 간주하였다는 생각이 그럴듯하다고 믿는다. 머피-오코너(Murphy-O'Connor)와 다른 학자들이 주장한 것처럼, 바울은 고린도인들의 행동이 외인에 의하여 동성애적인 빛에서 해석될까 봐 우려하는 것일지도 모른다(오코너의 "Sex and Logic in 1 Corinthians 11:2-16," *CBQ* 42 [1980]: 482-500을 보라). 바울은 남녀 제사장이 토가로 자신의 머리를 가리는 로마의 종교적 관행이 남자와 여자로서 아담('ādām)의 창조에 내포된 성별의 차이를 흐리게 하였다고 느꼈을지도 모른다(창 1:27).

고린도전서 14:34-35과 디모데전서 2:11-15에 관한 크레이그의 논의에서 보이는 결점들이 가장 실망스럽다. 예를 들어, 이른 시기부터 서방 본문 전통이 34-35절을 40절 뒤에 배치시키는 것을 지지하는데도(2세기의 고대 라틴역본; 4세기의 라틴 교부 암브로시아스터[Ambrosiaster]; 6세기의 서방 사본 클라로몬타누스[Claromontanus]), 저자는 매우 늦은 시기의 사본에 기초하여 그 위치를 거부한다. 또한 저자는 바티칸 사본(B)에서의 바-움라우트(bar-umlaut) 기호와 사본 p^{46}, A, D와 33에서 34절 시작 부분과 35절 끝 부분에 있는 휴지 표시에 대하여 신약학자 필립 페인(Philip Payne)과 본문비평가 브루스 메츠거(Bruce Metzger)가 제시한 증거를 간과한다. 이것은 필사자들이 본문의 문제를 알고 있었음을 보여준다.

34-35절이 "논쟁의 여지가 있는 예언에 관한 권위 있는 판결을 내리는 데 있어서 남성 지도자의 권위를 빼앗[는]" 여성과 관련 있다는 저자의 결론은 동일하게 실망스럽다. 이것은 문제의 여성들이 (예언적 판단을 내리려고 애쓰는 것이 아니라) 배우려고 애쓰는 여성들이었다는 본문의 함축된 의미를 반박하는 것으로 보인다. 저자는 훨씬 더 나아가 예언의 평가는 영적 은사가 아니며, 그렇기 때문에 여성들에게 금지된다고 말한다. 하지만 바울은 예언과 "영들 분별함"의 은사를 짝지우고(고전 12:10), 전체 데살로니가 교회에(남성 지도자들에게가 아니라) 예언을 멸시하지 말고 대신에 그것들의 진위를 시험하려고 노력하라고 지시한다(살전 5:20-21).

디모데전서 2:12은 결혼 본문으로서 다뤄지고(예배 콘텍스트임에도 불구하고), 자료들은 구식이다. 릴랜드 윌셔(Leland Wilshire)가 1988년에 *authentein*에 관하여 쓴 논문을 인용하는데, 윌셔는 이것을 나중에 개정하여 다른 결론─전통주의자 입장을 지지하지 않는 결론─을 이끌어냈다. 크레이그는 바울이 글을 쓴 시대에는 존재하지 않았던 *authentein*의 의미 ("~에 대하여 권위를 가지다")에 근거하여 그 금지가 장로가 되는 여성들과 관계있다고 결론 내린다. 그 근거는 그리스어 *authentein*을 그리스어 사전의 정의인 "빼앗다"(usurp) 또는 "권세를 부리다"(domineer)와는 대조적으로 "~에 대하여 권위를 가지다/행사하다"로 옮기는 일군의 영어 번역본이다. 실제로 바울 시대의 (또는 더 이른 시대의) 그리스어에는 NIV의 판에 박힌 권위의 행사와 같은 의미를 가지는 *authentein*의 예는 없다. 이 때문에 이 구절에 대한 모든 초기 라틴어, 콥트어, 시리아어 역본이 "권세를 부리다"(domineer)라고 표기한다. 실제로 고대 영어에서 (그리고 나중에 KJV에서) 여성은 권위를 "행사하는 것 또는 가지는 것"과 대조적으로 권위를 "빼앗는 것"이 금지되어 있다.

"가르치는 것"과 *authentein*을 어떻게 서로 관련시키는가는 사실 크레이그의 소론에서는 대답이 없는 주요 질문이다. 이는 그가 에베소 문화를 대수롭지 않게 여기기 때문이다. 초기 역본들이 "권세를 부리다"라고 하는 이유는 그것이 에베소의 아르테미스 숭배와 에베소 교회 내에서 거짓 가르침이 존재하는 문화적 상황에 가장 알맞기 때문이다. "크다, 에베소 사람의 아데미여" 하고 2시간 동안 외친 구호가 나타내는 바와 같이(행 19:28, 34), 아르테미스 숭배(여성의 우위)가 그 도시의 명성의 중심에, 그리고 도시 경제의 중심에 있었다.

3

또 다른 평등주의적 관점

_크레이그 S. 키너

대부분의 그리스도인은 우리의 배경과 전통이 성경을 읽는 방식에 얼마나 많은 영향을 미치는지 깨닫지 못한다. 내 인생의 여러 시기에 나는 여성 사역에 대한 평등주의적 견해와 전통주의적(또는 계층구조적) 견해를 둘 다 진지하게 가졌었다. 두 경우 모두 하나님의 말씀에 충실하려는 내 열망에서 비롯되었다. 그렇기 때문에 나는 많은 믿는 자들이 그 쟁점의 어느 한쪽에 서는 진실한 이유들을 인정한다. 나는 성경이 여성 사역을 지지한다고 굳게 확신하지만, 내게는 의견을 달리하는 좋은 친구들—이 중 일부는 여자들이다—이 있다.

믿는 자들이 그 문제에 대해서 다른 견해를 갖게 된 주요 이유는 그들이 취한 다양한 본문이 다른 방향을 가리키는 것처럼 보이기 때문이다. 그리하여 성경을 동등하게 보는 고등 성경관(high views of Scripture)을 갖고 있는 그리스도인들은 종종 어떻게 하나님이 우리가 이 다양한 본문을 잘 끼워 맞추도록 하실 작정이신지를 결국 서로 다른 방식으로 이해하게 된다.[1]

1_ 이 소론은 더 일반 대중을 위하여 의도되었고, 대부분의 내 요지를 위한 상세한 기록은 내가 다른 곳에서 제공하였기 때문에(나의 *Paul, Women and Wives: Marriage and Women's Ministry in the Letters of Paul* [Peabody, Mass.: Hendrickson, 1992, rev. with new introduction, 2004]; InterVarsity의 *Dictionary of Paul and His Letters*; *Dictionary of the Later New Testament and Its Developments*; and *Dictionary of New Testament Background* [esp. "Marriage," 680-93]에서 성별 역할에 관한 소논문들을 보라), 이 소론에서는 비교적 가볍게 기록할 것이다.

문제

성경의 일부 본문, 특히 여성 예언자, 하나님의 백성 모두에 대한 권위를 가지고 있는 사사, 있음 직한 사도, 바울의 복음 사역에 함께한 여성들의 명백한 예를 제시하는 본문들은 다양한 여성 사역을 지지한다. 또 다른 본문(딤전 2:11-14)은 남성들이 참석한 가운데 여성들이 성경을 가르치는 일을 금하는 것으로 보이고, 그것은 실제로 교회에서 여성들의 대중 연설을 전적으로 금하는 것으로 이해될 수 있는 두 본문 중 하나다. 슬프게도 한 분문 그룹을 가지고 시작하는 일부 그리스도인들은 다른 본문 그룹을 가지고 시작하는 그리스도인들을 의심의 눈으로 바라본다. 심지어 가끔은 그들의 복음주의적 헌신조차 의심한다. 그리하여 나는 하나님의 말씀을 더 잘 이해하기 위해서 함께 일하는 동료 복음주의자로서 이 책의 동료들과 대화할 수 있는 기회가 주어진 데 대하여 그들에게 감사한다.

만약 일부 본문이 한 방향을 가리키고 다른 본문들이 다른 방향을 가리킨다면, 그것은 우리에게 몇 가지 선택사항을 남긴다.

1. 한 그룹의 본문들이 잘못되었다(이것은 이 책의 기고가들을 포함한 보수적인 복음주의자를 위한 선택사항이 아니다).
2. 성경은 여성에게 어떤 종류의 사역은 허용하지만 다른 것들은 금한다.
3. 성경은 대부분의 상황에서 여성 사역을 금하지만, 특별한 경우에 예외를 허용한다. 우리는 오늘날 예외적인 경우에 그러한 사역을 허용해야 한다.[2]

---

[2] Robert W. Yarbrough는 2번 견해와 3번 견해를 결합하며, 성경이 하나님께서 여성을 목사로서 사용하셨는지는 명확하지 않지만 예언자나 사사로 사용하실 수 있었음을 보여준다는 것을 인정한다("The Hermeneutics of 1 Timothy 2:9-15," in *Women in the Church: A Fresh Analysis of 1 Timothy 2:9-15*, eds. Andreas J. Köstenberger, Thomas R. Schreiner, and H. Scott Baldwin [Grand Rapids: Baker, 1995], 195n181).

4. 성경은 통상적인 상황에서 여성 사역을 허용하지만, 예외적인 경우에는 그것을 금한다. 우리는 오늘날 대부분의 상황에서 그것을 허용해야만 한다.

두 번째 입장이 오늘날 많은 기독교 해석가에게 와 닿는다. 그러나 이 입장을 취하는 사람들은 여성 사역을 더 널리 긍정하는 해석가들이 내리는 동일한 해석적 판단 중 다수의 판단을 내려야 한다. 이 입장이 호소하는 본문들은 한 종류의 언어적 사역을 명시하지는 않지만 교회에서 여성에게 완전한 침묵을 명령한다. 그리고 한 텍스트는 명확하게 남자들이 있는 데서 가르치는 것에 반대하는 말을 한다. 만약 이 본문들이 의미한다고 들리는 모든 것을 실제로 의미한다면, 여성들의 공적인 사역(public ministry)은 전적으로 금해야 할 것이다(실제로 절대적인 침묵에 대한 그 본문들의 명백한 요구는 성가대에서 노래하거나 광고 목록을 공적으로 낭독하는 것조차 금한다). 반대로 만약 본문이 의미하는 것처럼 들리는 모든 것을 의미하지 않는다면, 3번과 4번 견해는 2번 견해만큼 타당한 선택사항이다. 더구나 내가 아래에서 주장하는 바와 같이, 성경에서 여성이 사역을 수행할 때 했던 역할의 일부는 지금의 여성들에게 자주 제한되고 있는 직분들보다 더 권위적이다.

나는 이 소론에서 네 번째 견해, 즉 성경이 통상적인 상황에서 여성의 사역을 허용하고 단지 예외적인 상황에서만 그것을 금한다는 견해를 옹호하는 주장을 한다. 디모데에게 보낸 바울의 서신들이 특정한 상황을 다루기 때문에(서신들 자체로부터 입증할 수 있는 바와 같이, 사실상 여성들은 거짓 가르침을 유포시키는 수단이었다), 예외적인 상황의 성격이 상당히 분명해 보인다. 여성이 성경을 가르치는 것을 명백하게 금하는 유일한 성경 본문 — 하나님의 메시지를 전하는 다양한 여성을 보증하는 수많은 본문과 대조적으로 — 은 한 교회에만 말해진다. 그 본문에서 우리는 거짓 교사들이 여성을 효과적인 표적으로 삼고 있었음을 명확히 알고 있다. 이것이 우연의 일치인가?

여성 사역에 대한 성경적 증거

다양한 형태의 사역에 여성의 참여를 지지하는 것으로 보이는 본문들로 시작해보자.

여예언자(출 15:20; 삿 4:4; 왕하 22:14; 대하 34:22; 사 8:3; 눅 8:36; 행 2:17-18; 21:9; 고전 11:4-5)

성경에서 여성의 직접적인 참여를 장려하는 것처럼 자주 묘사되는 사역은 예언 사역이다. 오늘날 대부분의 사람은 사역자(ministers)란 단어를 들을 때 가장 먼저 목사를 생각한다. 그러나 구약에서 하나님의 말씀을 선포하는 것과 관련하여 가장 흔한 형태의 사역은 예언 사역이었다.[3]

구약에서 진짜 여예언자들은 미리암(출 15:20), 드보라(삿 4:4), 훌다(왕하 22:14; 대하 34:22), 그리고 이사야의 아내(사 8:3)를 분명히 포함했다. 신약에서는 안나(눅 2:36)와 빌립의 딸들인 네 처녀(행 21:9; 그 문화에서 그들이 처녀라는 것은 아마도 그녀들의 젊음을 암시했을 것이다)를 포함했다. 바울은 여예언자들이 초기 기독교회의 일반적인 현상이었다고 가정하는 것 같다. 사실 그는 여성의 머리가 가려져 있으면, 그들이 공공연하게 기도하고 예

3_ 어떤 사람들은 은사(gifts)를 직분(offices)과 구분한다. 그러나 엡 4:11에서는 예언자란 역할이 사역을 위하여 하나님의 백성이 준비를 갖추도록 하는 말씀 사역 중 하나로서 사도, 복음 전하는 자, 목사-교사와 나란히 나온다. 우리는 특히 누군가가 칭호(title)를 받거나(출 15:20; 삿 4:4; 왕하 22:14; 사 8:3; 눅 2:36에서처럼), "직분"에 대한 우리의 용어가 성경에 나오지 않을 때(엡 4:8, 11은 사역자들을 "은사들"[gifts]이라고 부른다. 고전 14:29, 32에서의 "선지자들"은 누구든 예언하는 사람을 가리키는 것으로 보인다), 너무 임의적으로 직분과 은사를 구분하는 것을 피해야 한다.

언하는 것을 모두 긍정한다(고전 11:4-5).[4] 누가는 그의 복음서와 사도행전 전체에 걸쳐 거의 남성들에 관하여 보고하는 만큼이나 자주 여성들에 관하여 보고하는 데서 특별한 젠더 감수성(gender sensitivity)을 보여준다. 그는 요엘 2:28-29에 대한 베드로의 영감 있는 해석을 이야기한다. 메시아가 오셔서 하나님이 그의 영을 부어주실 때, 여자들과 남자들은 모두 예언할 것이다(행 2:17-18). 이사야 61:1-2이 누가복음(눅 4:18-19)을 위한 전형적인 본문이었던 것만큼이나 이 본문은 사도행전을 위한 전형적인 본문이다. 신약 교회의 증인은(비교. 행 1:8) 계급, 성별, 나이, 또는 (가장 놀랍게도 예루살렘 교회에서) 인종에 관계없이 구약의 예언적 겉옷(prophetic mantle; 일반적 의미로)으로 특징지어진다.[5]

확실히 대부분의 예언적 목소리는 (특히 구약에서) 남성들의 것이었다. 하지만 대부분의 공공의 목소리(public voices)가 남성들의 것이었던 문화에서 이는 당연히 기대되는 바였다. 그러나 심지어 구약에서도 예언하는 직분이 제사장직처럼 배타적으로 남성적인 것은 아니었다. 제사장직은 사역을 위한 몇몇 교훈은 제공하지만, 사역자들이 반드시 남성이어야 한다는 결론을 제공하지는 않는다. 개신교인들은 제사장직의 유비를 모든 믿는 자에게 적용한다(비교. 벧전 2:5, 9; 계 1:6; 5:10; 20:6). 더 나아가 만약 우리가 제사장이 남성이기 때문에 사역을 남성에게만 한정한다면, 왜 그것을 율법이 했던 것처럼 특정 지파로 한정하지 않는가? 하나님이 제사장직

---

[4] 여기서 지면을 머리 가리개가 무엇을 의미하는가에 사용하기보다는 오히려 *Dictionary of New Testament Background* (Downers Grove, Ill.: InterVarsity, 2000), 442-47와 덜 상세하지만 *Paul, Women and Wives*, 19-69에서 "머리 가리개"에 관한 내 소논문을 보라. 가정교회에서 성차별은 불가능하였다(Bernadette J. Brooten, *Women Leaders in the Ancient Synagogue: Inscriptional Evidence and Background Issues* [BJS 36; Chico, Calif.: Scholars Press, 1982], 103-38을 보라). 따라서 남성은 여성의 예언을 언제나 들었을 것이다.

[5] 이 본문에 관하여, *The Spirit in the Gospels and Acts* (Peabody, Mass.: Hendrickson, 1997), 190-213에서의 내 초기 연구를 보라.

에게 주신 규정 중 다수는 고대 근동의 배경 – 히타이트의 정결 풍습, 성막에서의 이집트 건축의 특징 등등 – 에서 그의 백성에게 잘 전달되었을 것이다. 배타적인 남성 제사장직은 이스라엘을 둘러싼 고대 근동의 종교와 고대의 정결 풍습 중 일부를 고려할 때 이치에 맞았다.

그러나 예언자적 직분은 개인의 소명과 은사에 달려 있었다.[6] 나는 아래에서 성경 시대에 남성 예언자가 여성 예언자보다 수적으로 우세하였다는 문제를 매우 상세하게 다룰 것이다. 하지만 여기서는 보다 적은 소수의 여성들이 효과적인 예언의 목소리를 내기 위하여 유동성을 지니고 사회적 존경을 받았음을 지적하는 것으로 족하다. 게다가 사무엘과 엘리사 같은 예언자적 지도자들은 아마도 그들이 지도하는 예언자 집단에 남녀가 섞이지 않게 하였을 것이다. 이러한 요인들이 몇몇 여예언자의 활동을 더욱더 주목할 만하게 만든다.

어떤 사람들은 자신들의 관점에서 볼 때 예언이 중단되었기 때문에 예언자적 직분이 오늘날에는 부적절하다고 주장할 수 있다. 내 의견은 다양한 본문이 다른 은사들과 같이 예언이, 심지어는 예언의 가장 좁은 의미로도 그리스도의 재림 때까지 계속될 것이라고 암시한다(고전 13:8-12; 엡 4:11-13; 계 11:3-7)는 것이다. 더구나 사도행전 2:17-18은 결정적임이 틀림없다. 왜냐하면 그 본문이 오순절 이후의 성령 충만한 교회와, 구원의 시대(21절)에 하나님이 부르시는 모든 사람(38-39절)을 기술하기 때문이다. 그러나 이 예언의 은사가 단지 더 제한적인 의미로 오늘날 계속되었다 할지라도, 그 본문은 적어도 남성들뿐 아니라 여성들도 성령의 권능으로 하나님의 메시지를 말해야 한다는 것을 보여준다. 예언이 중단되

6_ 어떤 사람이 예언자와 예언하는 사람을 구별하는 것에 반대하여, 바울은 자주 전자의 칭호를 후자의 기능을 수행하는 사람들에게 적용하는 것으로 보인다(고전 14:29, 32).

었다고 하는 일부 사람들의 주장을 잠시 인정해보자. 이 주장이 옳다 할지라도, 성경 시대에 몇몇 여성은 지금의 직분들이 자주 그녀들을 거부한 것보다 더 직접적인 영향력이 있는 직분을 차지했다는 기록을 지우지는 못할 것이다.

어떤 사람들은 여성들의 예언은 허용하되 가르치는 것은 허용하지 않기를 원하면서, 에스라 시대부터 계속해서 서기관이 성경을 다루었기 때문에 예언자가 서기관보다 덜 권위적인 지위에 있었다고 주장한다. 비록 예언이 가르치는 것과 동일한 은사는 아니지만, 듣는 자들은 그것으로부터 배울 수 있다(고전 14:31). 성경에 기록된 예언자 대부분은 더 이른 시기의 성경 메시지, 특히 율법뿐만 아니라 더 이른 시기의 예언자로부터의 이미지를 해석하고 적용한다(이 장르에 어울려 요한계시록은 특정한 인용구는 없지만 신약의 어떤 다른 책보다도 더 많은 구약의 암시를 포함하고 있다).[7] 실제로 대부분의 구약은 예언자들에 의해 기록되었다. 어쨌든 예언자들은 하나님의 메시지를 전달했다. 여성들은 예언으로 하나님의 메시지를 전달하도록 허용되지만 성경을 가르침을 통해서는 아니라며 반대의 목소리를 내는 것은 본질적으로 그들이 성경을 사용하지 않고 예언하는 한 사역할 수 있다고 주장하는 것이다!

예언적 임무(prophetic commission)는 일종의 권위 또는 권한 부여를 내포한다(계 11:3). 물론 모든 예언자가 이 정도의 권위를 행사하는 것은 아니다. 사무엘, 엘리야, 엘리사는 그들의 권위를 인정한 예언 운동을 감독하였다. 그러나 적어도 드보라와 같은 몇몇 여성들은(아래 주해를 보라) 이 예

---

[7]_요한계시록에 있는 성경의 암시에 관한 나의 주해를 위해서는 나의 주석을 보라(*Revelation* [NIVAC; Grand Rapids: Zondervan, 2000], 여러 쪽); Gregory K. Beale은 *The Book of Revelation* (NIGTC; Grand Rapids: Eerdmans, 1999[『NIGTC 요한계시록』, 새물결플러스 역간])에서 더 상세한 내용을 제공한다.

언자적 직분에서 중요한 권위를 행사하였다. 어쨌든 어느 쪽 성(性)이든 예언자들은 그들의 메시지 밖에서는 권위를 갖지 않았다. 예를 들어, 나단은 그의 조언이 실제 주의 말씀과 모순된다는 것을 발견했을 때 다윗에게 해준 조언을 철회해야 했다(삼하 7:3-5). 만약 그 권위가 선포된 메시지 안에 내재되어 있다면, 훌다는 율법서를 그녀의 세대에 적용시키는 큰 권위를 행사한다(왕하 22:14-20). 또한 요아스가 의심할 여지없이 전령들을 다른 예언자적 인물들에게로 보내지 않고 그녀에게 보낸 이유가 있었다(22:13). 아마도 율법의 들음이 그로 하여금 그녀가 이미 선포해온 진리를 인정하도록 강요했을 것이다.[8]

사사(삿 4:4)

미리암은 남동생 아론과 함께 모세의 더 큰 예언자적 직분에 도전했을 때, 그녀의 권위의 한계를 넘어섰다(민 12:1-14). 모세는 신약의 사도적 사역(apostolic ministry)에 가장 흡사한 구약의 모델로서 기능하였다(고후 3:6-18; 비교. 요 1:14-18).[9] 그는 예언자일 뿐만 아니라 최고 지도자였고 가끔은 심지어 왕에도 비유되었다(신 33:5). 모세 이후와 사도 이전에 가장 흡사하게 상응하는 인물은 이스라엘을 이끌기도 하였던 예언자들(드보라, 사무엘, 다윗 – 행 2:30을 보라)과 아마도 큰 악의 시대에 남은 자를 이끈 예언자들(엘리야와 엘리사처럼)일 것이다. 두 명의 명백한 예언자적 사사(사무엘과 드보라)

---

[8] 예레미야는 여전히 매우 젊었다(왕하 22:3; 렘 1:2, 6). 아무튼 열왕기하는 요시야 치하에서의 부흥과 한 세기 앞선 히스기야 치하에서의 부흥 사이에 수많은 유사점을 보여준다. 그리고 이 이야기에서의 훌다의 역할은 왕하 19:2-7에서 히스기야 때 이사야의 역할과 정확히 평행을 이룬다.

[9] 요 1:14-18에서의 모세의 언급을 위하여, Marie-Emile Boismard, *St. John's Prologue* (London: Blackfriars, 1957), 136-39; Anthony Hanson, "John I.14-18 and Exodus XXXIV," *NTS* 23 (1976): 90-101; Henry Mowvley; "John 1.14-18 in the Light of Exodus 33.7-34.35," *ExpTim* 95 (1984): 135-37; Craig Keener, *The Gospel of John: A Commentary* (2 vols.; Peabody, Mass.: Hendrickson, 2003), 405-26을 보라.

중에서 한 명이 여성 – 권위 있는 여예언자의 명백한 성경적 예 – 이었다.

전체 사사 시대에 여성 사사는 단 한 명뿐이었다. 사사기는 이것이 주목할 만한 사실이었음을 보여주는 데 중점을 둔다. 히브리어는 이렇게 강조한다. "랍비돗의 아내 여자 선지자[여예언자]"(삿 4:4, 직역). 그러나 여예언자의 희소성이 그것을 주목할 만한 것으로 만드는 한편, 본문은 어떤 비난의 어조도 제공하지 않는다. 사사기의 주요 특성 중 하나는 이스라엘이 정기적으로 하나님의 계명에서 돌이켰다는 것과 하나님이 일으키신 사사들이 아니라 하나님이 실제 주인공이셨다는 것에 대한 강조다. 이야기가 상세하게 나오는 대부분의 사사는 그들의 개인적인 삶에서 중요한 문제를 드러낸다(8:27; 11:30-39). 사사기는 오늘날 우리가 삼손의 초기 역기능적인 관계라고 칭할 수 있는 것에 뿌리를 둔(14:2-3) 그의 복잡한 성적 관계를 드러내기 위하여 그의 20년간의 사역을 도외시한다!(15:20-16:31) 어쩌면 사무엘도 몇 가지 문제를 갖고 있었을지도 모른다(삼상 8:3; 비교. 2:12-17, 29). 비록 그 문제가 그의 사역을 곁길로 새게 할 만큼 심각하지는 않았지만 말이다.

하지만 권력을 잡으려 하지 않고 그것을 기꺼이 바락과 공유하는 드보라는 거의 흠잡을 데 없는 상태로 끝난다. 사실상 한 여성이 그녀의 시대에 리더십을 유지하기 위해서 그렇게 해야만 했었던 것처럼 말이다.[10] 어쨌든 그녀는 분명 이스라엘에 대하여 권위를 행사하였다. 바락이 그의 임무를 홀로 받아들이는 것을 거부했기 때문이기는 하지만(삿 4:6-10), 그녀는 분명히 바락의 군사적 리더십을 공유하기도 하였다. 어떤 사람들은 하

10_ 드보라가 하나님께서 시스라를 여인의 손에 넘겨주실 것이라고 바락에게 경고했을 때(아마 그를 부끄럽게 하기 위하여), 그녀는 독특한 방식으로 아마 한차례 그녀와 동일한 성(性)의 구성원들을 인정할 기회를 가졌다. 어쨌든 야엘이 시스라의 머리에 말뚝을 박았을 때, 하나님은 이 예언을 성취하셨다(삿 4:9, 21).

나님은 남성이 일을 마치지 못하고 있을 때 여성을 임명하신다는 이유로 여성 사역을 반대한다. 비록 이 전제를 인정한다 할지라도, 아마 세계 인구의 절반 이상이 문화적으로 이해할 수 있는 방식으로 예수 그리스도의 복음을 아직 듣지 못하고 대부분의 그리스도의 교회와 추측건대 그것의 교사의 다수가 너무 깊이 잠들어 있어 그의 부름에 일어나지 못하고 있다는 사실을 고려하면, 그 전제가 오늘날 여성 사역을 반대하는 논거를 전혀 제공하지 못할 것이다.

사도(롬 16:7)

만약 모세와 예언자적 지도자들이 신약의 사도들에게 가장 흡사하게 상응하는 구약의 인물이었다면, 드보라는 그들 가운데 한 자리를 차지할 만하다. 분명히 신약의 수많은 여성도 위에서 언급된 바와 같이 예언자적 직분을 계속했다. 그러나 신약에 누구든 명백한 여성 사도가 있었는가? 하나님 나라를 위해 새로운 지평을 여는 데 있어서 사도의 특별한 지위와 역할 때문에, 심지어 오늘날에도 많은 문화권에서 여성이 직면하는 것과 같이 그 문화에서 여성은 특별한 장애물을 직면했을 것이다. 따라서 우리는 성경에서 수많은 여성 사도를 기대하지 말아야 한다. 그러나 여성 사도가 한 명이라도 있었다면, 그것의 존재는 (내가 드보라와 여예언자로부터 언급했던 것에 근거하여) 여성이 이 직분을 차지할 수 있었을 것이란 우리의 의심을 확인해줄 것이다.[11]

바울은 그 칭호를 가볍게 나눠주지 않는다. 12제자와 (종종) 자기 자신 외에, 그는 명백히 그 칭호를 오직 그의 시대 소수의 지도자에게만 적용

11_ 공식적인 사역 역할과 은사를 구분하고 싶어 하는 사람들에 관한 주해를 위하여, 위의 각주 3을 보라. 롬 16:7에서처럼 그 칭호가 적용될 때, 우리는 거기서 사역의 역할을 봐야 할 좋은 이유를 갖는다!

한다(고전 9:5-6; 갈 1:19; 비교. 살전 2:5을 1:1과 비교). 그러나 그 칭호를 12제자에게만 제한하지도 않는다. 사실상 그는 그 칭호와 12제자를 명확하게 구분한다(고전 15:5-7). 보통 그 용어를 12제자에게 제한시키는 누가조차 적어도 한 본문에서 바울과 바나바에 대해서 그 용어를 허용한다(행 14:4, 14). "사도들"이란 용어로 나는 성경을 기록하거나 정경적 권위를 가지고 말하는 사람을 뜻하지 않는다. 대부분의 사도는 성경 기록에 기여하지 않았으며, 모든 신약의 저자가 사도는 아니었다. 그러나 신약에서 쓰인 "사도"의 모든 용법에 대한 조사(내가 하였지만 여기서는 단지 요약만 할 수 있는 조사)는 대부분의 경우에 (순수하게 행정적인 권위보다는 오히려) 특별한 임무와 메시지에서 기인한 특별한 권위, (예루살렘 교회나 다른 교회를 설립하는 데서) 전형적으로 표적과 기적을 포함하였고 하나님 나라를 위하여 새로운 지평을 열었던 사역을 포함한다.

로마서 16:7에서 바울은 안드로니고와 유니아에 대하여 말한다. 그들은 "사도들 가운데 유명한"(KJV, "of note among the apostles") 자들이다. 어떤 사람들은 "사도들 가운데 유명한"이 단순히 사도들이 그들을 좋게 생각하였다는 뜻이라고 생각한다. 이 입장이 문법적으로는 가능하지만, 바울은 어디에서도 "사도들"을 그가 그들의 의견에 호소하는 그룹으로서 언급하지 않는다. 사실 한 그룹 "가운데"(among)의 가장 자연스럽고 일반적인 의미는 그들이 그 그룹의 구성원임을 뜻한다(예, 롬 1:13; 8:29을 보라). 따라서 여기서는 "유명한 사도들"을 뜻한다. 그리고 이것은 그리스 교부들이 (그리고 대부분의 현대 학자가) 그 어구를 받아들이는 방식이다. 설득력이 덜하지만, 어떤 사람들은 그들이 고린도후서 8:23에 있는 "여러 교회의 사자들"처럼(비교. 빌 2:25) 특별한 종류의 비권위적인 사도라고 주장함으로써 이 어구가 내포하는 뜻을 회피하려고 시도한다. 이러한 시도 역시 추천할 만한 점이 거의 없다. 우선 한 가지 이유로, 우리는 그 "여러 교회의 사자들"이 권위가 없었다는 것을 알지 못한다(그들은 아마도 종종 바울의 사역 동지였을 것이다 — 비교. 행 20:4). 더 중요한 사실은 한 어구의 뜻을 그 콘텍스트와 상황에서의 용법이 보증하는 것보다 더 특정한 의미의 뜻으로 해석하는 것은 부적절한 해석방법론이라는 점이다. 로마서 16:7에서 바울은 "교회들의 사도들"이나 "너희의 사도들"처럼 "사도들"을 수식하는 말을 사용하지 않는다. 이곳 외에 신약에서 그 어구에 수식어가 붙지 않은 모든 곳에서, 그것은 지위를 지닌 사도들을 가리킨다. 바울이 신약의 다른 모든 경우에 수식어가 없는 사도가 의미하는 바가 결코 아닌 것 때문에 그들을 추천하고 로마 그리스도인들이 그가 의미하는 바를 이해할 것이라 기대했겠는가?

유니아(Junia)가 사도라는 문제를 해결하는 훨씬 덜 그럴듯한 방법은 유니안(Junian; 남성형 Junius가 아니라 흔한 여성형 Junia의 직접 목적어 형태)이 정말로 남성 이름 유니아누스(Junianus)의 축약이라고 주장하는 것이다. 그러나 이러한 축약은 (로마의 비문을 포함한) 그리스 문헌에 결코 등장하지 않는다. 사실 비록 초기의 많은 학자가 주목하지 못했지만, 라틴어 이름을 그리스어 이름으로 바꿔 쓰는 방식 때문에 유니아(*Junia*)는 여기서 문법적으로 여성의 이름일 수밖에 없다.[12]

---

[12] Richard S. Cervin, "A Note Regarding the Name 'Junia(s)' in Romans 16.7," *NTS* 40 (1994): 464-70(Micheal Holmes에 의해 주목을 받는 내 소논문)을 보라. 여기서의 여성 사도를 위하여 예를 들어, Wayne Meeks, *The First Urban Christians: The Social World of the Apostle Paul* (New Haven, Conn.: Yale Univ. Press, 1983), 47을 보라. 유니아가 남자라고 생각했던 J. B. Lightfoot은 12제자를 넘어선 사도직의 확장을 피하려는 것이 아니라면 어떤 누구도 그 어구를 "사도들에 의하여(*by*) 존경받는 자들로서"로 이해하지 않았을 것이라고 생각한다 (*Saint Paul's Epistle to the Galatians* [London: Macmillan, 1910], 96n1). 사도들이 그들을 단순히 좋게 생각했다고 하는 소수 견해의 가장 좋은 방어는 Michael H. Burer and Daniel B. Wallace, "Was Junia Really an Apostle? A Re-examination of Rom. 16:7," *NTS* 47 (2001): 76-91 (esp. 84-91)이다. 그러나 그 증거는 다르게 분류될 수 있고, Richard Bauckham은 이 입장을 반박한다(*Gospel Women: Studies of the Named Women in the Gospels* [Grand

그 본문의 명백한 읽기에 반하여 누군가가 유니아가 여기서 여성이라는 것을 부인하려는 유일한 이유는 바울이 여성을 사도로서 기술할 수 없다는 가정이다. 만약 바울이 여성이 사도가 되는 것을 결코 허락하지 않았으리라는 것을 우리가 알고 있다면, 유니아는 바울이 사도란 용어에 의해서 일반적으로 의미한 것이 아니며 아마도 로마의 믿는 자들이 유니아에 대한 그들의 지식에 근거하여 바울이 의미하는 바를 알았다고 기대된다는 추론을 내릴 수밖에 없을 것이다. 그러나 그러한 주장은 단순히 증명하고 싶어 하는 것을 가정할 뿐이다. 왜냐하면 심지어 후대 교부인 요한 크리소스토모스(John Chrysostom)도 인정한 바와 같이, 본문 자체에서는 어떤 것도 유니아가 여성 사도가 아닌 다른 무엇이라고 지적하지 않기 때문이다. 많은 평등주의자가 디모데전서 2:11-12의 가장 단순한 이해가 그들의 입장을 위해서 "어려운" 사례라고 인정하듯이, 적어도 여성의 공적인 사역(public ministry)을 부인하는 사람들은 로마서 16:7의 가장 단순한 이해가 그들의 입장을 위해서 "어려운" 사례라는 것을 인정해야만 한다.

함께 일하는 미혼의 남성과 여성은 (외관상으로 이 커플이 그렇듯이) 스캔들을 일으킬 수 있기 때문에, 안드로니고는 아마도 유니아의 남자 형제이거나 그녀의 남편일 것이다. 후자가 당시 문화에서는 훨씬 더 그럴듯하다. 일부 결혼한 남성 사도가 여행할 때 그의 아내를 함께 데리고 다녔다는 것을 우리는 알고 있다(고전 9:5). 그러나 이 본문은 그녀가 단순히 그와 함께 여행했다는 것 이상을 주장한다. 공유된 칭호는 그녀가 특별한 방식으로, 즉 다른 직업에서 많은 부부도 함께 일했던 방식으로, 실제로 그와 사역을 같이 하였다는 것을 나타낸다.[13]

Rapids: Eerdmans, 2002], 166-180[특히, 172-180]).
13_ 다른 직업에서의 남편-아내 팀에 관하여는 Jane F. Gardner, *Women in Roman Law and Society* (Bloomington, Ind.: Indiana Univ. Press, 1986), 240을 보라. 안드로니고와 유니아가

말씀에 수고한 자(롬 16:1-12; 빌 4:2-3)

오늘날 우리가 종종 특히 담임목사의 측면에서 사역에 대하여 생각하지만, 어떤 의미에서는 사도와 예언자가 신약 시대 교회의 가장 높은 지위를 차지하는 사역자였다. 바울은 몇몇 사역을 열거하는 한 경우를 포함하여(고전 12:28) 은사 목록이나 사역 목록에 그들을 넣을 때마다 그들을 제일 먼저 기재한다. 내가 나중에 관찰할 바와 같이 그들은 지역교회 목사들보다 더 중요했고, 적어도 몇몇 교회에서 "선지자들과 교사들"은 명백히 목사들이었다(행 13:1). 나중에 그 쟁점으로 돌아가겠지만, 지금은 여성이 초기 기독교의 가장 높은 직분 중 몇몇에서 언급되고 있으며 적어도 여예언자로서 많이 나타난다는 것에 주목해보겠다. 예언자적 역할과 사도적 역할에 대한 증거보다는 덜 드라마틱하지만, 두 본문이 하나님 말씀에서의 그들의 사역에 대한 추가 증거를 제공한다(롬 16:1-12; 빌 4:3). 특히 로마서 본문에서 바울은 여성의 사역을 기술하기 위하여 그가 흔히 남성의 사역을 기술하기 위하여 사용하는 것과 같은 용어를 사용한다.

바울은 로마서 16장에서 여성보다 더 많은 수의 남성에게 개인적인 인사말을 전한다. 어떤 사람들은 신약에서 많은 남성 사역자의 수는 사역이 배타적으로 남성만의 천직임을 시사한다고 주장한다. 그래서 로마서 16장에 관한 논의에 도달할 때, 나는 가끔 우리가 공개적으로 남성에게만 인사해야 한다고 학생들과 농담한다. 그러나 바울이 여기서 여성보다 더 많은 수의 남성에게 인사하는 반면, 남성의 사역보다 훨씬 더 자주 여성의 사역을 칭찬한다.[14] 그는 사역을 위하여 그가 인용한 여성 대부분을 추천

둘 다 단순히 남편의 정식 칭호에 의해 불리고 있다고 말하는 것은 바울이 자신이 의미하는 바를 정확하게 말했음을 부인하는 것이다. 왜냐하면 그가 주장할 때 특히 복수형 대명사와 동사를 사용하기 때문이다.

14_ 개연성이 있는 바와 같이 몇몇 남성과 그들의 가정에 한 바울의 인사가 이 남성들이 그들의 집에

하지만 남성 중에서는 4분의 1보다도 적은 인원을 추천한다. (나는 가끔 학생들에게 이 추천에 기초하여 대부분의 사역자가 여성이 되어야 하는 인원 할당수를 제정해야 한다고 말한다! 물론 몇몇 해석적인 관찰을 유발하기 위하여 농담하는 것뿐이다.) 여성의 사역을 좋지 않게 보는 편견을 가진 문화 속에서 그 여성이 특별한 격려를 필요로 했기 때문에, 바울이 여성을 추천하려고 특별히 노력하는 것일 수 있다. 그러나 나는 어떻게 여성의 사역에 관한 우리의 결론이 자주 우리가 매우 면밀히 읽는 특정 본문으로부터 기인하는가를 예증하기 위하여 추천된 여성의 비율이 더 높다는 사실을 이용한다.

로마서 16장에서 추천한 사역 중 몇몇은 성격이 모호하다. 마리아, 드루배나, 드루보사, 버시는 "주 안에서 많이 수고했다"(6, 12절). 이 어구는 사역, 아마도 특히 복음전도와 제자 삼기의 사역을 암시한다(고전 15:10; 갈 4:11; 빌 2:16; 골 1:29). 비록 그 언어가 행정적인 권위(오늘날 가장 빈번한 논쟁의 문제)를 암시할 가능성을 전혀 배제시키는 것은 아니지만(고전 16:16; 살전 5:12; 딤전 5:17; 딤후 2:6), 굳이 행정적 권위를 내포해야 할 필요는 없다. 나는 이 결론을 조심스럽게 진술한다. 그러나 동일한 언어가 신약에서 많은 남성 사역자에 대해서도 사용된다는 것에 주목해야만 한다. 따라서 두 성의 사역에 대한 우리의 결론은 똑같이 신중해야 한다. 비록 복음전도가 모든 믿는 자의 책임 있는 소명이라 할지라도(1:27), 유오디아와 순두게가 빌립보에서 복음이란 대의를 위한 바울의 싸움을 함께하였다는 것(빌 4:2-3)은 마찬가지로 그녀들이 사역, 아마도 복음전도 사역에 참여하였음을 암시한다.

브리스길라와 그녀의 남편 아굴라는 바울의 "동역자"(co-workers)였다(롬 16:3). 이는 바울의 서신에서 자주 등장하는 용어다. 그는 특히 이 용

서 모인 교회에서 몇몇 지위를 차지했다는 것을 암시할지라도, 이것은 여전히 사실이다.

어를 그의 사역의 일을 함께한 사람—빌레몬과 같은 가정교회 지도자뿐 아니라(몬 1), 디모데(롬 16:21; 살전 3:2), 디도(고후 8:23), 에바브로디도(빌 2:25), 그리고 기타 등등(몬 24)과 같은 동료 순회전도자들을 포함—에게 적용한다(롬 16:9; 고전 3:9; 빌 4:3; 골 4:11). 그 용어의 가능한 더 일반적인 의미("여러분과 함께 일하는"[고후 1:24]—쉬운 성경)는 이 본문의 특별한 추천에 맞지 않는다. 다른 본문들은 결혼한 팀의 사역에 좀 더 상세한 내용을 채울 수 있다. 그것들은 사역자를 가르치고 가정교회를 이끄는 일을 포함했다(행 18:26; 고전 16:19; 비교. 몬 1-2).

로마서 16장에서 다른 어떤 여성의 사역의 성격은 더 명확하다. 내가 위에서 언급한 바와 같이, 유니아는 분명히 사도적인 남편-아내 팀의 일부로서 사도였다(7절). 16장은 뵈뵈에 대한 언급으로 시작한다. 그녀는 바울의 서신을 로마에 가지고 갔고, 그 때문에 분명 바울의 대리인으로서 기능하였다. 그의 추천을 고려할 때, 서신 운반인이 가끔 그럴 수 있었던 것처럼 그녀가 질문을 받으면 그의 서신의 상세한 내용을 로마 그리스도인들에게 설명해줄 수 있으리라 바울이 기대할 가능성이 있다(1-2절).[15] 그녀는 그 서신 안에 있는 바울의 가르침의 내용에 관한 질문에 답변할 자격이 있었겠는가? 바울이 그녀에게 자격을 제공한다. 그녀는 로마 그리스도인들의 환대에 의존할 것이다. 하지만 그녀는 그러한 환대를 다른 많은 사람에게 베풀었다(2절). 그녀가 도움을 제공한 것에 대하여 사용된 용어는 부유한 가정에서 모인 종교적 그룹의 스폰서를 포함하여 관습상 후원자들(patrons)을 가리켰다. 고대 비문에서 이러한 스폰서의 10%에 달하는 사람들은 여성이었다. 그리고 바울은 이 관행을 지속하는 교회에 반대하

15_ 예를 들어, Xenophon, *Cyr.* 4.5.34를 보라. 또한 운반인은 서신의 정신을 전달할 수 있다(예, 1마카 12:23; Cicero, *Fam.* 12.30.3; 엡 6:21-22; 골 4:7-8).

지 않는다. 뵈뵈는 그녀의 가정에서 교회가 모일 수 있었던 부유한 여성 — 분명히 여성 사업가로 아마 과부 또는 자유인 — 이다(골 4:15의 눔바도 유사하다). 회당 건물을 책임지는 사람은 회당에서 중요한 역할을 감당하였고, 대부분의 가정교회 주인은 그 교회에서 중요한 역할을 감당하였다.

탁월하고 책임 있는 지위가 반드시 뵈뵈에게 성경을 설명하도록 요구하는 것은 아니다. 그러므로 로마서 16:1을 검토해보자. 거기서 바울은 그녀를 에게해에 있는 고린도의 항구 도시 겐그레아 교회의 *diakonos*라고 부른다. 여기서 "일꾼"(개역개정; NIV, "servant"; TNIV, "deacon")으로 옮긴 용어는 바울이 예수를 위하여도 가끔 사용하지만(15:8), 바울 자신이나(고후 11:23; 엡 3:7; 골 1:23, 25) 그의 다른 동료 말씀 사역자(엡 6:21; 골 1:7; 4:7), 그리고 바울과 다른 말씀 사역자 모두(고전 3:5; 고후 3:6; 6:4)를 위하여 매우 자주 사용한 용어다. 이 용어는 "집사"를 의미할 수도 있다(빌 1:1; 딤전 3:8, 12). 그러나 신약은 어디에서도 이 칭호가 무엇을 의미하는지 명확하게 정의 내리지 않는다. 그것은 *diakonos*의 더 흔한 용법(위에서 언급한 말씀 사역)과 관계될 수도 있다. 하지만 "집사"의 직분을 수행하는 사람들은 건전한 교리에 전념해야 한다(딤전 3:9). 따라서 비록 그들이 바울의 통상적인 용법과는 다른 직분을 소유했다 하더라도 우리는 심지어 그들도 다른 사람들을 가르쳤을지 모른다는 사실을 배제할 수는 없다. 그러나 여기에서 이 용어가 바울에게 그것의 가장 흔한 의미(그의 저작 시기에 바울에게 그 용어의 거의 배타적인 의미)와 다른 무언가를 뜻하도록 만들 이유는 없다.

오늘날 어떤 교회들은 뵈뵈의 역할을 남성 집사보다는 더 낮은 수준의 권위를 가진 여성 집사로서 재정의하였다. 그러나 바울은 여기서 *diakonos*의 어떤 여성 형태도 사용하지 않는다. 바울이 뵈뵈의 칭호를 통해 그 용어가 통상적으로 뜻하는 의미(즉 바울 자신과 같은 하나님의 메시지의 사역자)와 다른 것을 가정할 이유는 없다. 만약 (또 다른 본문의 해석으로 이 본문을 해석함으로써) 바울이 여성의 사역을 허용하지 않는다고 추정하지만 않는다면 말이다.[16] 그러나 내가 언급한 바와 같이, 그는 분명히 여성에게 예언자로서 그리고 매우 그럴듯하게 적어도 가끔 사도로서 말하는 사역(speaking ministry)을 허락한다. 바울의 대부분의 동료 사역자, 특히 디모데와 디도 같은 그의 여행 동반자가 남성인 것은 당연하다. 그러나 바울이 한 여성을 위하여 동일한 칭호를 사용할 수 있다는 사실은 여성이 동일한 종류의 사역 역할을 수행할 수 없다는 편견에 도전한다.

바울이 여성에게 여성을 가르치라고 지시하기 때문에(딛 2:3-4), 여성 사역에 대한 그의 다른 조언은 단지 여성에게 사역하는 것에만 적용된다고 주장할 수도 있다. 1세기의 사회적 조건을 고려할 때, 나는 복음전도와 가르침에서 바울의 여성 협력자가 아마도 개인적으로도 그리고 단체적으로도 다른 여성들에게 정기적으로 확실히 사역을 하지 않았을까 생각한다. 비록 몇 가지 명백한 예외가 있지만(예, 행 18:26은 적어도 한 부부가 탁월한 사역자를 개인적으로 가르치도록 허용한다!) 말이다.[17] 그러나 가정교회에 대하여 우리가 알고 있는 사실을 고려할 때, 심지어 1세기에도 하나님의 메시지에 대한 여성의 사역을 이런 식으로 완전히 제한하는 것은 불가능하다. 여성들과 남성들이 가정교회에서 가장 큰 방에 함께 모였고, 비록 그들이 따로 앉았다 하더라도(초기의 증거가 우리에게 없는 상황), 남성들에게 들리지 않게 여성들이 기도하고 예언하기란 전혀 불가능하다![18]

16_ 더 상세한 증거자료를 위하여, 나의 *Paul, Women and Wives*, 238-40을 보라.
17_ 다소 재미있는 어조로 Rebecca Merrill Groothuis는 여성이 더 쉽게 속기 때문에 여성으로 하여금 남성을 가르치는 것을 금하는 사람들은 종종 여성이 다른 여성들 — 그들이 가장 손쉽게 한층 더 한 속임으로 이끌어갈 바로 그 사람들 — 을 가르치는 것을 허용한다고 지적한다(*Good News for Women: A Biblical Picture of Gender Equality* [Grand Rapids: Baker, 1997], 222-23).
18_ 회당에서조차 한층 더한 성별 격리에 대한 초기 증거의 결여에 대하여 Brooten, *Women Leaders*, 103-38; Shmuel Safrai, "The Synagogue," in *The Jewish People in the First Century* (Philadelphia: Fortress, 1974), 908-44를 보라.

디모데전서 2장으로 그보다 더 이른 시기의 본문 – 이 본문의 원래 독자들은 바울이 디모데에게 보낸 첫 번째 서신에 접근할 수 없었다 – 을 해석하지 않는다면, 바울이 사역에 여성을 받아들인다는 것을 의심할 이유는 없다. 바울은 남성의 사역을 기술하기 위해 사용하는 것과 동일한 언어로 여성의 사역을 기술한다.

바울이 단지 몇 가지 사역 역할만 허용하는가?

어떤 이들은 디모데전서 2장(아래에서 다뤄진다)이 모든 종류의 성경을 가르치는 역할을 금지하는 것이 아니라 단지 "권위를 가지고" 수행되는 모든 종류의 가르침, 즉 담임목사의 가르침을 금지한다고 주장한다. 그래서 여성은 주일학교에서 가르치고, 기독교 교육부서를 지도하고, 젊은이 사역, 예배 사역, 복음전도 사역, 공동체 사역과 상담 사역 – 사실상 "지휘 감독하는"(in charge) 것 외에 어떤 것이든 – 을 할 수 있다. 많은 집단에서 사역하는 대부분의 여성은 어쨌든 담임목사는 아니기 때문에, 이 관점은 실제로 모든 여성의 사역을 제한하는 견해보다는 모든 여성의 사역을 받아들이는 견해에 더 가까울 수 있다. (사실상 남성 담임목사가 이 견해를 제기할 때, 그가 그의 교회에서 담임목사직을 맡고 있기 때문에 그는 보통 그의 특정 교회에서 여성의 사역을 전혀 제한하지 않고 있다.)

그러나 이 견해는 실제로 전통적인 제한적 입장과 관습상의 평등주의적 입장 사이의 어느 정도의 타협을 나타낸다. 물론 이 타협이 갖고 있는 문제는 디모데전서의 말씀이 전적으로 여성이 말하지 못하도록 제한한다는 것이다. 우리가 이 본문을 보편적인 금지로서 해석하든 그렇지 않든, 본문은 담임목사에 관하여 아무것도 말하지 않는다. 2:12의 문법을 이해하는 가장 그럴듯한 방식은 여성이 권위적인 방식으로 가르칠 수 없다는 것(한때 내가 이해했던 것처럼)이 아니라, 어떤 상보주의 학자들이 주장해

오는 바와 같이 여성들이 가르치거나 또는 권위를 차지할(또는 빼앗을) 수 없다고 이해하는 것이다.[19] 일단 당신이 바울이 모든 말하기를 금지한다고 의미하지 않았다고 주장한다면, 당신은 이미 그가 그의 역사적인 맥락에서 실제로 무엇을 의미했으며 그것이 오늘날 우리의 맥락에서 어떻게 적용될 수 있는가에 대한 해석적인 질문을 제기했다.

이 중재하는 입장이 여러 면에서 완전히 평등주의적인 입장에 가까울지라도, 그것이 갖고 있는 몇 가지 문제를 생각해보라. 첫째, 내가 언급한 바와 같이, 그것은 완전한 평등주의적 입장과 마찬가지로 이 본문이 말하는 바를 액면 그대로 받아들여 지역적 상황에 호소하지 않고 기술하는 것이 아니다. 본문은 명시적으로 담임목사를 언급하지 않는다. 오히려 모든 종류의 (성경을) 가르치는 일과 모든 종류의 권위를 암시하는 것으로 보인다. 더 이상 혼성 학급에 주일학교 선생님들이 있어서는 안 된다! 그러나 만약 본문의 단어들이 수정되어야 한다면, 무엇이 그것들을 완전한 평등주의적 입장 쪽으로 수정하지 못하게 막는가? 완전한 평등주의적 입장이 우리가 살펴본 다른 본문을 더 설명하기 쉽게 만든다.

둘째, 이 본문을 지위나 권위의 문제로 축소시키면 여성의 사역을 지지한다고 보이는 다른 본문의 질문에 답하지 못하게 된다. 바울은 사도와 예언자를 그리스도의 몸 안에서 가장 높은 지위의 지도자라고 생각하는

19_ 특히 Andreas J. Köstenberger, "A Complex Sentence Structure in 1 Timothy 2:12," in *Women in the Church: A Fresh Analysis*, 81-103에 있는 주장을 보라. 이 주장은 아주 간단하지는 않지만, 대체로 설득력이 있다(나의 초기 입장과는 반대되는 *JETS* 41 [1998]: 513-16에서의 나의 논평을 보라). 양쪽 표현을 모두 부정적으로(거짓 가르침과 권세 부리는 것) 이해할 수도 있다. 그러나 증거의 많은 부분에 대한 상보주의적 해석을 받아들인다 하더라도 나는 내 주장이 정당함을 증명할 수 있다고 믿는다. "가르치는 것"을 장로와 연결시킬 수도 있다(딤전 3:2; 5:17). 그러나 그것이 항상 분명한 것은 아니며(딤전 1:3; 4:11, 13, 16; 6:2; 딤후 2:2, 24; 3:10, 16; 특히 딛 2:3과 비교하라), 비록 이 본문이 여성 장로를 금한다 할지라도, 우리는 여전히 그 금지가 지역적인지 아니면 보편적인지를 논해야 한다.

데(고전 12:28; 엡 4:11; 비교. 롬 12:6), 그는 분명히 여성 사도를 시인하고(롬 16:7) 확실히 여예언자를 시인한다(고전 11:5; 비교. 행 2:17-18; 21:9). 적어도 예외적인 상황에서 어떤 여예언자들은 최고의 행정적 권위를 장악했다(삿 4:4). 일단 우리가 적어도 예외적인 상황에서 여성이 권위를 행사할 수 있었다고 받아들이면, 우리는 이 장의 시작 부분에서 분명하게 표명된 세 번째 견해와 네 번째 견해를 향하여 움직이고 있다.

마지막으로, 이 견해는 교회 리더십에 대한 현대적 이해를 신약의 배경 위에 두는 위험을 무릅쓴다. 성경이 사역에 관하여 가르치는 내용의 작은 부분만이 실제로 목사에 초점을 둔다. 더욱이 바울 시대에 "담임목사들"은 오늘날과 같은 종류의 권위를 행사하지 않았다. 전형적으로 바울 시대의 지역교회는 가정집에서 모였기 때문에 기껏해야 50여 명의 구성원을 보유했다. 평균 50명의 구성원은 몇몇 가정과 가족 없이 참석한 몇몇 개인에 상당하는 인원으로 부유한 가족의 넓은 집에서 모였다. 교회 지도자는 그 구성원 중에서 선출되었고, 회당의 모형을 따라 교회는 아마도 종종 다수의 장로를 가졌을 것이다(행 13:1; 14:23; 딤전 4:14; 5:17; 딛 1:5). 그 장로들은 "감독들"로도 불렸다(행 20:17, 28; 딛 1:5, 7; 아마도 벧전 5:1-2). 따라서 가족 리더 중 상당수가 교회 리더십에도 있었을 가능성이 있다! 목사의 권위에 대한 현대의 강조가 우리의 현대적 상황으로 초기 기독교의 가정교회를 해석할 수 있다. 오늘날 많은 여성 주일학교 교사들은 사실상 1세기의 많은 장로보다 더 많은 가르치는 권위를 행사하고 있을 수 있다!

교회를 위한 바울의 이상(ideal)은 모든 사람이 가정교회에서 영적인 은사를 발휘하는 것이었다(고전 14:26). 이 은사 가운데서 바울은 가르치는 것 못지않게 예언을 강조한다(1절). (확실히, 우리가 "부분적으로 예언하기" 때문에 예언이 남용될 수 있지만, 가르치는 것도 그럴 수 있다. 왜냐하면 우리가 또한 "부분적으로 알기" 때문이다[13:9, 12].) 목사는 지역교회에서 관리자로서 매우 중요한 역할을 하였다. 그러나 목사가 많은 현대 복음주의 교회에서 행하는 종류의 권위를 행사하였다는 것은 의심스러워 보인다. 이는 모든 교회가 1세기에 행하여진 교회 리더십의 특정한 형태를 다시 제정해야 한다고 말하는 것은 아니다. 초기 교회는 종종 회당으로부터 리더십의 형태를 채택하였고 그들의 문화에 가장 잘 맞는 구조를 사용하였다. 우리의 환경에서 적용하기에 실질적인 면이 다른 것처럼, 우리의 상황은 그들의 상황과 다르다. 그러나 성별 역할의 많은 면이 우리 문화 속에서도 변화하였고, 우리는 적절한 리더십 형태를 고찰할 때 이를 고려해야만 한다.

그리스-로마 문화에서, 그리고 가정교회의 배경에서 대부분의 교회 지도자가 남성 – 아마도 매우 자주 안정된 가정의 가장으로 존경받았던 늙은 남성 – 이었다는 것은 전혀 놀랍지 않다(딤전 3:2-5; 5:17-19).[20] 이와 동시에 우리는 모든 교회 지도자가 늙은 가장은 아니었음을 알고 있다. 바울도 노인이 아니었고, 디모데는 젊었다(4:12; 사도행전으로부터 우리는 그가 30대였을 수 있다고 추정할 수 있다).

더 나아가 비록 우리가 신약에서 이름으로 불린 여성 목사들을 볼 수는 없지만, 가장 명확한 의미로 이름으로 불린 남성 목사들도 볼 수 없다. 우리는 대부분의 장로가 남성이었음을(딤전 3:2) 확실히 알고 있으나, 이는 본문의 권고가 아니라 (주어진 문화적 상황을 반영하는) 본문의 추정으로 보인다. 바울은 그의 시대에 대다수의 장로에게 적용될 수 있는 언어로 결혼생활의 부정(不貞)을 명시했을지도 모른다. 다시, 고대 독자들이 바울을 문자적으로 한 아내의 남편(또는 "한 여자의 남자")으로 생각하였을지는 의심스럽다. 그러나 교회 지도자로서 그는 필요조건의 기본적 의미에 꼭 맞았다.

20_ 이 구절에 대한 많은 (영어)번역에서 단어 남자(*man*)를 사용했음에도 불구하고, 딤전 3:1은 장로직을 얻으려는 사람을 가리키기 위하여 특정한 성을 가리키는 *anēr*를 사용하지 않고 중성인 단어를 사용한다.

왜냐하면 그는 아내에게 불충실하지 않았기 때문이다.[21]

이 본문뿐 아니라 우리는 특정 지역의 지역교회와 교회 지도자를 감독하기 위하여 바울이 임명한 그의 남성 여행 동반자 중 일부의 이름 — 디모데와 디도 같은 남성 — 을 알고 있다. 그러나 바울은 여성 여행 동반자들이 추문을 일으키는 요소가 되어 복음 전파에 역효과를 낳는 문화에서 살았다.[22]

그럼에도 불구하고 바울은 자기 자신과 남성 동역자들을 묘사하기 위해 사용하는 가장 흔한 용어 — diakonos(고전 3:5; 고후 3:6; 6:4; 11:23; 엡 3:7; 6:21; 골 1:7, 23-25; 4:7)와 synergos("동역자"[비교. 롬 16:9, 21; 고전 3:9; 고후 1:24; 8:23]) — 를 또한 여성 동료 — 비록 그녀들이 반드시 그와 함께 여행하지는 않았을지라도 — 를 묘사하기 위해서도 사용한다(롬 16:1, 3; 아마도 빌 4:3). 우리가 본 바와 같이 그가 자신의 남성 동료들을 묘사하기 위하여 사용하는 다른 어구를 로마서 16장에서는 몇몇 여성에게도 적용한다(6, 12절에서 "열심히 일하다"; 비교. 고전 16:16; 살전 5:12). 우리가 문제의 틀을 너무 좁게 만들어 우리가 정말 가지고 있는 증거의 가치를 배제할 수도 있다(학자들이 다양한 입장을 증명하기 위해 빈번히 하는 것처럼). 그러나 우리가 가지

21_ 교육받은 소수의 여성 외에, 그 문화에서 지도자가 되기에 충분히 "존경받을 만한" 사람들의 대다수는 남성이었을 것이다(딤전 3:2; 1:9과 대조됨). 또한 일부 문화는 전통적인 역할로부터 여성을 해방시킨 종교를 신뢰하지 않았다(나의 *Paul, Women and Wives*, 139-56을 보라). 1세기 콘텍스트에서 "한 여자의 남자"의 의미에 관해서는 나의 *And Marries Another: Divorce and Remarriage in the Teaching of the New Testament* (Peabody, Mass.: Hendrickson, 1991), 83-103을 보라. 비록 바울이 전에 결혼했다 하더라도, 1세기의 어느 누구도 그 어구를 그 당시에 그에게 적용했을 것 같지는 않다. 일반 원칙이 가끔 수정되었을 수 있다는 널리 퍼진 이해에 관해서는 나의 *And Marries Another*, 21-28을 보라.

22_ 스캔들의 우려에도 불구하고 예수의 제자들은 여성 여행 동반자들을 갖고 있었다(막 15:40-41; 눅 8:1-3)(Lucian, *The Runaways* 18; Ben Witherington III, *Women in the Ministry of Jesus*, SNTSMS 51 [Cambridge: Cambridge Univ. Press, 1984], 117를 보라). 그러나 바울은 그리스-로마 사회 안에 교회를 세우려고 노력하고 있었기 때문에 스캔들 요소에 대한 큰 우려를 드러내야만 하였다. 이와 대조적으로 예수는 고의적으로 당국과의 대립과 그의 처형을 향하여 움직이고 있었다.

고 있는 증거는 그것이 특별한 경우를 위해 기록된 문서들로부터 나온다는 점을 생각할 때 확실히 풍부하다. 여성은 이 사역 역할을 남성보다는 덜 빈번하게 수행했지만, 그녀들은 그것을 정말로 수행하였다. 만약 바울이 하나님의 말씀을 권위를 가지고 전달하는 여성 사도와 예언자를 인정한다면,[23] 그가 모든 여성 목사를 거부하였다고 가정할 필요가 있겠는가? 특히 이것이 그가 실제로 말하는 것이 아닐 때는 어떤가?

왜 남성이 여성보다 많은가?

어떤 사람들은 여성이 예외적인 상황에서 사역할 수 있다고 인정하지만 남성의 교회 리더십이 표준이라고 주장한다. 이 견해를 취하는 사람들은 종종 그들이 "예외"라고 알고 있는 모든 성공한 여성 사역자를 허용하고, 따라서 여성의 사역을 제한하지 않는다. 이렇게 기술적으로 비평등주의적인 입장을 취하는 사람들이 실제로는 평등주의자로서의 역할을 할 수 있다. 그럼에도 불구하고 그들이 제기하는 질문을 검토하는 것은 중요하다. 만약 하나님께서 여성의 사역을 지지하신다면, 왜 성경에 있는 사역자 대부분은 남성인가?

　이 질문은 타당하다. 하지만 성경 세계에 대한 약간의 지식이 이 질문에 답하는 데 도움이 된다. 사회적 환경은 하나님의 부르심에 대한 사람들의 반응에도, 그리고 하나님께서 가장 효과적인 사역을 위하여 사람들을 부르실 지역에도 영향을 미친다. 예를 들어 바울이 (더 광범위해 보이는 예언

23_ 사도들과 예언자들의 성격과 관련하여 비록 내가 그 주제에 관한 Wayne Grudem의 연구 전체를 존중하고 그 대부분을 긍정할지라도 나는 그의 연구(*The Gift of Prophecy in 1 Corinthians* [Lanham, Md.: University Press of America, 1982])보다는 사도들과 예언자들의 성격에 대한 나 자신의 연구를 따른다("The Function of Johannine Pneumatology in the Context of Late First-Century Judaism" [Ph.D. diss., Duke University, 1991]뿐만 아니라 *The Spirit in the Gospels and Acts*에 요약되어 있음).

외에) 어떤 식으로든 복음에서 그와 함께하는 자들로 언급하는 여성 대부분은 로마나 빌립보에 있었다(롬 16:1-12; 빌 4:3). 이곳은 그리스나 그리스 문화의 영향을 받은 소아시아의 많은 도시보다 여성들이 사회적으로 더 넓게 이동할 수 있는 지역으로 보인다.[24]

어떤 사람들은 자신을 자주 반문화적인 분으로 보이셨던 예수께서 왜 그의 가장 중요한 12제자는 남성만 선택하셨는지 질문한다. 실제로 예수께서는 여성의 지위를 향상시키는 데 있어서 반문화적이셨다(눅 8:1-3; 10:38-42). 그러나 예수조차도 그가 도달하려고 의도하셨던 문화를 위하여 그의 가장 가까운 일꾼들을 매우 전략적으로 선택하시면서, 그의 문화의 모든 세부사항에 직접적으로 도전하지 않으셨다. 12제자 중 아무도 이방인, 노예, 또는 우리가 아는 한 농부나 심지어 유대사람이 아니었다. 대부분 갈릴리 사람이었으며, 우리가 직업을 알고 있는 5명은 분명 갈릴리에서 임금을 받는 직업의 상위 10% 출신이었다.[25] 이는 예수께서 훗날 그를 따르도록 이방인을 결코 선택하지 않으실 거란 사실을 의미하는가? 오늘날 우리는 이방인의 사역을 제한하거나 사역자의 대다수가 유대인이 되도록 하기 위하여 할당제도를 시행해야 하는가? 그렇게 한다면 곧 우리 교회에서 리더십의 부족을 겪지 않을까 생각된다!

여성 사역을 지지하는 결론

신약에서 자주 남성이었다고 확인되는 대부분의 사역상의 지위에서 여성은 적어도 가끔 등장한다. 바울은 통상적으로 남성과 여행했다. 그

24_ 예를 들어, Valerie Abrahamsen, "The Rock Reliefs and the Cult of Diana at Philippi" (Th. D. diss., Harvard Divinity School, 1986)을 보라.

25_ 나는 *A Commentary on the Gospel According to Matthew* (Grand Rapids: Eerdmans, 1999), 151, 311에서 자료를 더 충분하게 요약한다.

러나 그가 종종 그의 남성 여행 동료들을 파송한 반면, 뵈뵈와 같은 여성도 파송할 수 있었다(롬 16:1-2). 대부분의 사도와 예언자들은 남성이었다. 그러나 적어도 사도 한 명과 많은 예언자적 인물은 여자였다. 남자든 여자든 이름이 거론된 가정교회의 특정한 지도자는 거의 없다. 우리는 *diakonos*("종", "사역자") 또는 *synergos*("동역자") 같은 칭호를 가진 사람들의 이름뿐 아니라 자신의 집에서 교회 구성원들이 모였던 몇몇 사람의 이름을 실제 가지고 있다. 그러나 이 집주인과 칭호는 남성뿐 아니라 여성에게도 적용된다.

우리는 어느 쪽 성이든 1세기에 특정적으로 담임목사란 칭호가 주어진 사람들을 많이 열거할 수는 없다. 그러나 만약 우리가 여성을 예언자와 다른 사역자로서 받아들일 수 있다면, 목사직에서 여성을 배제시킬 이유는 없다. 남자들이 분명히 지배적이었다. 그러나 자유로운 사람들도 그랬고 초기에 유대인들도 그러했다. 오늘날 우리는 다른 사회적 환경 – 더 많은 이방인이 사역하도록 허용하는 환경 – 을 인정할 수 있다. 또한 오늘날의 다른 환경은 몇몇 여성이 신약에서 이미 받아들이기 시작하였던 역할을 더 많은 여성이 받아들이도록 권유한다.

여성 사역에 반대할 가능성이 있는 성경적 증거

만약 여성 사역에 관한 논쟁을 단순히 인용할 수 있는 성경 본문의 숫자로만 판단한다면, 논쟁의 분명한 무게가 여성의 사역 쪽으로 기울 것이다. 그러나 전체 성경을 하나님의 감동으로 된 말씀으로 여기는 사람들을 위해서 우리는 어떤 본문도 묵살할 수 없다. 우리의 목표는 각 본문이 역사적인 콘텍스트에서 무엇을 말하는지 이해하는 것이지 단순히 텍스트를 세는 것이 아니다. 두 개의 텍스트는 여성의 사역을 금하기 위해서 사용될 수 있으며, 그중 하나는 (그리고 유일한 하나는) 명확하게 특히 여성의 사역을 다룬다. 이 텍스트가 실제로 상당히 명확한 반면, 만약 그것이 의미할 수 있는 모든 것을 의미한다면 그 주제에 대하여 바울이 가르쳤던 다른 모든 것으로부터의 근본적인 이탈을 대표했을 것이다. 그리고 그 주제에 대한 오늘날의 대부분의 보수적인 목소리보다도 훨씬 더 여성을 제한했을 것이다.

이 분명한 모순이 야기하는 한 가지 질문은 다음과 같다. 이 본문이 특정한 상황을 다루고 있는가?

이 본문은 특정한 상황을 다룰 수 있는가?

어떤 사람들은 바울이 말하는 모든 것을 그것을 유발한 상황과 관계없이 초문화적인 것으로 받아들여야 한다고 결론을 내린다. 그들은 부분적으로 옳다. 성경이 말하는 모든 것은 모든 시대를 위한 것이다. 그러나 성경이 말하는 모든 것이 모든 정황을 위한 것은 아니다. 그리고 여성 사역에 관한 문제에서 그 또는 그녀의 견해와 상관없이, 오늘날 세계에는 모든 텍스트를 모든 정황에 적용시키는 그리스도인은 단 한 명도 없다. 심지어 모든 간단한 명령조차도 그렇게 하는 사람은 없다.

우리의 신학적 배경은 종종 우리가 문화적인 것으로 간주하는 내용을 형성한다. 그리하여 한 비평등주의적 학자(내가 존경하는 친구)는 머리 가리개가 초문화적인 요구가 아니라는 점을 인정하면서 고린도전서 11:2-16에서 머리 가리개에 대한 나의 논의를 시인하여 인용하였다(이 점에 대해 나는 감사히 여긴다). 그러나 그러고 나서 그는 더 나아가 이상하게도 (창조 순서로부터 동일한 주장을 펴는) 디모데전서를 비슷하게 다룰 수 있다는 사실을 숙고하지도 않고 부인하였다!

다른 사람들은 더 일관되게 여성이 가르치는 것을 금지할 뿐 아니라 그녀들에게 모든 문화에서 예배하기 위하여 머리 가리개를 쓰라고 요구한다. 머리 가리개가 문화의 일부인 북부 나이지리아에서 수업을 한 적이 있는데 학생 중 절반 가까이가 이 견해를 취했다. 그리하여 그들이 다른 절반의 학생들과 논쟁을 마친 후에 나는 왜 그들 중 어느 누구도 거룩한 입맞춤으로 나에게 인사하지 않았는지 물었다. 그러자 그들은 웃었다! 거룩한 입맞춤은 머리 가리개만큼 자주 5차례나 성경에서 반복되는 분명한 명령이다(롬 16:16; 고전 16:20; 고후 13:12; 살전 5:26; 벧전 5:14). 그러나 통상적인 반응은 "그것은 단지 인사의 한 문화적 형태에 불과한 것이었어요"이다. 실제로 그랬다. 그러나 엄청난 양의 고대 자료로부터 입증할 수 있는 바와 같이, 머리(원칙적으로 모든 머리)를 가리는 것은 단지 성적인 정숙함의 문화적 표현에 불과하였다.[26] 하지만 나의 학생들 중 소수는 머리 가리개를 초문화적 요구사항으로서 고집하지 않는 다른 학생들을 거의 "자유주의자"라고 부르는 지경에 이르렀다! 그 선을 어디에 그어야 할지는 누가 결정하는가? 우리가 초문화적인 것으로 여기는 무언가를 문화적인 것으로 여기는 모든 사람은 자유주의자인가?

그러나 어떤 사람들은 바울이 특정한 상황을 폭넓고 포괄적인 말로 논의할 수 있었는지 알고 싶어 한다. 바울의 서신 중 나머지를 읽을 때, 단지 "확실히!"라고 대답할 수밖에 없다. 바울은 일정하게 그의 시대의 언어와 수사법으로 글을 쓴다. 또한 그는 그의 시대에 전제로 삼는 문화적 이미지를 사용한다.[27] 더욱 중요한 것은 바울의 서신이 지역에 특정되고 지

---

[26] *Dictionary of New Testament Background*, 628-29; 442-47에서 "입맞춤"(kissing)과 "머리 가리개"(head coverings)에 대한 나의 논문, 또는 나의 *Paul, Women and Wives*, 19-69를 보라.

[27] 나는 (비교적 대중적인 수준에서이지만) *The IVP Bible Background Commentary: New*

역의 상황을 제외한 의미를 도무지 가질 수 없는 발언으로 가득하다는 것이다.[28] 가끔 바울은 심지어 지역교회에만 알려진 문제를 암시한다(예, 고전 1:16; 3:4-6; 아마도 15:29; 살후 2:5을 보라).

확실히 바울의 서신은 오늘날의 상황에 직접적으로 적용할 수 있는 원칙들로 가득하다. 예를 들어, 불평하고 논쟁하는 관행은 아마도 오늘날이나 바울이 빌립보 사람들에게 서신을 썼을 때나 그렇게 다르지 않을 것이다. 그와 동시에 다른 본문들은 그 원칙을 우리 시대의 상황으로 해석하기 위해서 원래의 상황에 대한 약간의 민감성을 요구한다. 예를 들어, 머리 가리개나 우상에게 바친 음식 같은 문제가 그러한 경우에 해당한다. 심지어 이러한 경우에서도 바울은 초문화적인 원칙을 가지고 일하지만, 그것들을 특정한 상황을 다루는 특정한 방식으로 분명하게 표현한다. 그리고 만약 우리가 그의 저작물을 해석할 때 이 상황을 무시하려고 결정한다면, 교회에서 거룩한 입맞춤으로 서로 인사하거나(그들은 종종 입술에 고대 가족 풍습과 일치하는 가벼운 입맞춤을 했을지도 모른다) 사도들에게 불복종할 위험을 무릅써야 한다는 결론이 나온다!

어떤 사람들은 어떤 텍스트는 문화 특유의 것인 반면에 특정한 명령을 내리는 텍스트는 보편적으로 적용될 수 있다는 결론을 내린다.[29] 나는 모든 성경을 보편적으로 적용할 수 있다고 응답하고 싶다(딤후 3:16). 그러나

Testament (Downers Grove, Ill.: InterVarsity, 1993), 407-646에서 이 점을 실증하는 배경을 제공하려고 시도하였다.

28_ 롬 1:7, 10, 13; 15:22-24; 16:1-27; 고전 1:2, 11-12; 4:17; 5:1-6; 6:6-8; 7:5; 8:9; 11:17-22; 16:5-12; 고후 1:1, 15-17; 1:23-2:13; 6:11-13; 7:5-16; 9:2-5; 10:6-16; 11:1-21; 12:11-13:10; 갈 1:2, 4:12-20; 빌 1:1, 4-8, 19; 4:2-3, 10-19; 골 1:2, 2:1; 살전 1:1; 2:1, 17-18; 살후 2:1을 보라.

29_ 예를 들어, T. David Gordon과 비교하라("A Certain Kind of Letter: The Genre of 1 Timothy," in *Women in the Church: A Fresh Analysis*, 53-63). 그는 목회 서신에 있는 몇몇 보편적인 지시로부터 논의한다.

모든 성경은 또한 특정 문화와 특정 언어의 방식으로도 표현된다(예, 히브리어나 그리스어로). 성경 저자들은 종종 특정 교회의 특정 상황을 다루면서 우리가 특정 상황에 직접적으로 적용되는 사례 연구로서 그들의 서신을 읽도록 이끈다. 그래서 우리는 그들의 더 간접적이고 보편적인 원칙을 확인할 수 있다. 그러고 나서 우리는 그 원칙을 다른 상황에 다시 적용할 것이다. 영감이 저작물의 장르, 곧 문학의 유형을 변화시키지 않는다. 시편은 여전히 시편이며, 내러티브는 여전히 내러티브이며, 서신은 여전히 서신이다. 지역교회에 한 설교들처럼 목회 서신은 보편적인 권고와 문화 특정적인 권고를 나란히 포함할 수 있다. 그것들이 영감에 의한 것이든 그렇지 않든, 이것은 사실임이 틀림없다.

목회 서신의 장르에서 이 성격은 분명해 보인다. 다음과 같이 생각해 보라. 나는 가끔 권고의 편지를 쓴다. 이 편지는 주로 보편적인 원칙을 포함하며, 이 원칙은 또한 내가 다루고 있는 특수한 상황과도 관련되어 있다. 하지만 그 동일한 편지 속에 나는 내가 특정적으로 다루고 있는 그 상황과만 직접적으로 관련된 몇몇 권고를 포함할 수 있다. 만약 내가 그 특수한 상황 밖에 있는 다른 미래의 독자들이 있으리라 기대하며 의식적으로 쓰는 것이 아니라면, 나는 나의 보편적인 권고와 특정 상황을 위한 권고를 구분 짓기 위하여 결코 멈추지 않을 것이다. 나의 모든 권고가 나의 직접적인 청중과 관련 있게 하려고 의도한 것이기 때문에, 나는 이 두 종류의 권고를 여러 방식으로 쓰거나 문학적인 여러 형태로 표현하지 않는다. 그러므로 후대의 독자는 단지 상황을 재구성하고 특정한 상황을 다루었던 나의 다른 글과 비교함으로써 내가 생각했던 것이 무엇이었는지 구별할 수 있을 것이다. 따라서 성경이 항상 불평하는 태도와 동성애적인 행동을 잘못된 것으로 말하고, 우상들에게 바쳐진 음식을 먹는 것은 종종 잘못된 것으로 말하며, 위에서 언급한 바와 같이 말씀 사역자로서의 여성의 권위

를 가끔은 제한하나 가끔은 추천하는 것은 중요하다.[30]

바울은 우리가 오늘날 준수하지 않는 많은 직접적인 명령을 제공하고, 준수할 수 없는 몇 가지 명령을 제공한다. 오늘날 얼마나 많은 그리스도인이 매주 첫째 날 예루살렘 성도들을 위한 연보를 위하여 저축하고 있는가?(고전 16:1-3) 바울은 그의 독자들에게 에바브로디도를 영접하라고 명령한다(빌 2:29). 그러나 에바브로디도가 더 이상 살아 있지 않기 때문에 우리는 이 명령을 문자적으로 수행할 수 없다. 바울은 그의 독자들에게 그와 그의 동료들을 위하여 기도하라고 권고한다(살후 3:1-2). 그러나 죽은 자를 위한 기도를 거부하는 우리는 오늘날 이 명령을 수행할 수 없다. 그 대신에 우리는 이 구절로부터 관대하게 주는 것, 환대하는 것, 그리고 하나님의 종을 위해 기도하는 것에 관한 일반적인 원칙을 배운다.

초문화적인 적용이 우리가 그것을 제한하기 전에 불합리한 것임이 틀림없는가? 또는 이 "불합리한" 예는 어떻게 우리가 일관되게 바울의 서신을 읽어야 하는지를 가리키는가? 명백하게 문화적으로 제한된 본문만이 사실상 문화적으로 제한된 것이라는 주장은 단순히 해석 방법론의 문제를 회피하는 것이다. 노예 소유자들이 노예로 하여금 상전에게 복종하라는 바울의 명령을 읽을 때(엡 6:5), 이 명령을 다른 환경을 위해서는 불합리한 것이라고 생각하지 않았다. 그래서 그들은 그 명령을 노예 제도에 대한 초

30_ 여성의 사역을 추천하는 본문에 관하여, 나의 *Paul, Women and Wives*, 237-57(다른 자료를 인용함)를 보라. 해석학적인 원칙을 위하여, Gordon D. Fee and Douglas Stuart, *How to Read the Bible for All Its Worth*, 3d. ed. (Grand Rapids: Zondervan, 2003), 72-76를 보라. 또한 William Webb, *Slaves, Women and Homosexuals: Exploring the Hermeneutics of Cultural Analysis* (Downers Grove, Ill.: InterVarsity, 2001)과 Ronald W. Pierce, Rebecca Merrill Groothuis, and Gordon D. Fee, eds., *Discovering Biblical Equality: Complementarity without Hierarchy* (Downers Grove, Ill.: InterVarsity, 2004), 355-428에 있는 소론들을 보라. F. F. Bruce, *A Mind for What Matters* (Grand Rapids: Eerdmans, 1990), 259-325와 비교하라.

문화적인 보증으로서 간주하였다.³¹ 바울이 항상 그의 독자들의 상황에 세심하려 애썼기 때문에(고전 9:19-23; 10:31-33), 우리는 모든 명령이 모든 상황에 적용된다고 감히 추정하지 못한다.³²

고린도전서 14:34-35

이 본문은 "침묵"을 명령한다. 그러나 공표되는 그 침묵을 분명하게 명시하지는 않는다. 만약 그것이 모든 상황에서의 침묵을 의미한다면(만약 우리가 상황을 고려할 수 없으면 우리가 해석해야만 하는 방식), 여성은 성가대에서 노래하거나, 회중 가운데서 노래하거나, 크게 기도하거나 예언할 수 없다. 그러나 바울이 그 밖에 다른 무엇을 의미하든지, 그가 완벽한 침묵을 의미할 수는 없다. 왜냐하면 동일한 서신에서 앞서 그가 여자가 기도하고 예언하는 것을 허용하였기 때문이다(11:5). 분명히 그는 또한 그녀가 노래하도록 허용했을 것이다(14:15, 26; 비교. 엡 5:19; 골 3:16). 그러면 그는 어떤 특별한 종류의 발언을 제한하고 있는가?

해석가들은 이 본문을 다양한 각도에서 접근하였다. 나는 다른 곳에서

31_ 노예 제도를 뒷받침하고 반대하는 다른 해석에 관하여, Glenn Usry and Craig S. Keener, *Black Man's Religion: Can Christianity be Afrocentric?* (Downers Grove, Ill.: InterVarsity, 1996), 98-109; 나의 *Paul, Women and Wives,* 184-224; 그리고 특히 Willard M. Swartley, *Slavery, Sabbath, War and Women* (Scottdale, Pa.: Herald, 1983), 31-64, 198-204을 보라(내가 Swartley를 먼저 읽었다면 나의 *Paul, Women and Wives*에 도움을 받았을 것이다).

32_ 고대의 많은 일반적인 권고처럼, 심지어 바울 서신에 있는 몇몇 일반적인 원칙조차도 예외를 수용할 수 있었다. 권세 잡은 자들에게 순종하라는 그의 요청에(롬 13:1-7) 바울이 어디에서도 비도덕적인 명령에 대한 명백한 예외조항을 덧붙이지는 않지만(행 5:29을 보라), 그의 서신들 전반에 걸친 그의 강조점과 우선순위는 우리가 그러한 예외를 인지하리라고 그가 기대했으리라는 것을 분명하게 만든다. 동일한 이유 때문에, 남편이 그의 가족을 다스릴 초문화적인 권리를 갖고 있다고 생각하는 사람조차도 모든 그리스도인에게 서로 섬기며, 피차에 순종하며 다른 사람의 유익을 구하라고 요구하는 일반적인 규정 — 적어도 그리스도인의 권위의 사용을 제한하는 권고들 — 을 무시할 수 없다.

상세하게 그것들을 조사하고 다루었다.³³ 그 콘텍스트는 영적인 은사를 암시할 수 있다. 그러나 내가 언급한 바와 같이 바울은 여성이 예언하는 것을 허용하였다(고전 11:5). 어떤 사람들은 바울이 여성이 다른 예언을 평가하는 것을 반대한다고 제안했다. 그러나 이 제안은 (질문하는 것에 대해 말하는) 본문 자체와 예언하는 모든 사람은 예언을 평가하는 데 참여해야 한다는 바울의 제언(14:29)을 둘 다 거의 이해하지 못한다. 어떤 사람들은 본문이 여성이 가르칠 수 없음을 의미한다고 제안하였다. 그러나 본문의 콘텍스트나 그 밖에 바울이 고린도 교인들에게 보낸 서신에서 아무것도 이것이 그가 여기서 다루고 있는 문제임을 나타내지 않는다.

그 문제는 가르치는 여성이 아니라 (너무 큰 소리로) 배우는 여성들로 보인다. 바울이 주제를 교회에서의 여성의 일반적인 침묵(34절)에서 그들이 배우기 위해 질문하는 것(35절, 전반부)으로, 그리고 다시 교회에서의 여성의 일반적인 침묵(35절, 후반부)으로 변화시키지 않는다면, 바울은 배우려는 노력에서 교회에서 그들이 질문하는 것을 다루고 있다. 그 두 생각이 연결된다는 것은 35절의 문법에서 분명하다. 그는 질문에 관한 여성의 침묵의 근거를 여성이 교회에서 말하는 것은 "부끄러운"(문화적으로 부적절함을 뜻할 수 있는 용어) 것이라는 발언에 둔다(*gar* [for]).

1세기의 지중해 세계 전반에 걸쳐, 초보자들은 빨리 배울 것으로 기대되었으나, 상급 학생들은 질문들로 온갖 종류의 공개 강연을 방해할 것으로 기대되었다.³⁴ 질문으로 방해하는 여성이 뭐가 잘못됐는가? 아마도 문

33_ *Paul, Women and Wives*, 74-80에서 견해에 대한 나의 조사를 보라. 거기서 나는 또한 다음 단락에서 인용된 견해에 대한 더 상세한 응답을 제공한다. 또한 (더 간략하지만 더 최신인) 나의 *1-2 Corinthians* (New York: Cambridge Univ. Press, 2005), 117-21; *Discovering Biblical Equality*, 161-71에 있는 나의 "Learning in the Assemblies: 1 Corinthians 14:34-35"를 보라.

34_ Plutarch, *On Listening to Lectures* various passages; Aulus Gellius 18.13.7-8; 20.10.1-

제는 문화적인 적절성의 면에서 교회의 증언이었을 것이다. 여성이 질문하는 것은 문화적으로 부끄러운 일이었다.[35] (남성의 예언 행위와 마찬가지로 여성의 예언 행위도 분명히 문화적으로 특이하지 않다고 판명될 것이다.)

그러나 왜 여성이 질문하는 것이 부끄러운 일이었을까? 아마 그것은 고대에 일반적으로 예상되었던 여성의 순종적인 역할 때문이었을 것이다.[36] 만일 우리가 이것이 바울의 논법이었다고 결론을 내린다면, 그것은 오늘날 여성이 질문하는 것을 금하도록 우리에게 요구하지 않을 것이다. 그러나 또 다른 (부분적으로 양립할 수 있는) 가능성은 그들이 학식이 없는 질문을 하고 있었다는 점이다. 공개 강연에서 질문이 기대된 반면, 고대 문헌은 학식이 없는 질문은 어리석고 무례한 것으로 여겨졌다고 증거한다. 그리고 여성은 일반적으로 불충분한 학식을 소유하였으며 매우 자주 무지하였다. (비록 항상 예외는 있었지만, 단순히 수집된 예외만 읽지 않고 고대 문헌의 많은 페이지를 통독한 사람은 누구나 대부분의 경우에 남성이 동일한 사회적 지위의 여성보다 교육을 더 받았음을 깨달을 수 있다.)[37] 유대인 여성은 회당에서 들음에 의해 율법을 배울 수 있었다. 그러나 압도적인 대다수의 경우에

6; *Tosefta Sanhedrin* 7:10를 보라.

35_ 로마의 전통적인 가치를 뒤엎는 동양의 숭배와의 로마의 관계에 대한 증거자료를 위하여, 나의 *Paul, Women and Wives*, 139-56를 보라.

36_ Heliodorus, *Aeth*. 1.21를 보라. 여성의 예상되었던 순종(로마 귀족들이 점점 더 무시하였지만 여전히 이상적인)에 관하여 더 알려면, 예를 들어 Livy, *Hist. Rome* 34.2.9-14(Cato의 극단적인 견해); 34.7.12; Valerius Maximus, *Facta* 3,8,6; Philo, *Hypoth*. 7.3; Josephus, *Ag. Ap.* 2.200-201; Plutarch, *Bride* 19, 33, *Mor.* 140D, 142E; Artemidorus, *Onir.* 1.24; 더 완전하게 "Marriage," 687-90를 보라. 소수의 여성이 사건을 변호하였으나, 그들은 예외적인 것으로 보고된다(Valerius Maximus, *Facta* 8.3). 공개적으로 자유로이 의견을 말하는 여성에 대한 비판에 관해서, 예를 들어 Musonius Rufus를 보라(C. E. Lutz, "Musonius Rufus: The Roman Socrates," *YCS* 10 [1947]: 3-147 [at 42,14-15]).

37_ 무례한 질문에 관하여, Plutarch, *On Listening to Lectures* 4, 11, 13, 18, *Mor.* 39CD, 43BC, 45D, 48AB을 보라. 여성의 더 적은 교육에 관하여(대체로), 나의 *Paul, Women and Wives*, 83-84, 126-27에서의 문헌 조사를 보라. 또한 나의 "Marriage," 680-93.

그들은 회당에서 훈련받지 못했다. 소년들과 달리 소녀들은 보통 토라를 암송하도록 가르침을 받지 못했다. 고린도에 있는 1세대 교회에서 대부분의 여성은 초신자였고, 그러므로 조용히 배울 의무가 있었다.

그때 바울의 단기적인 해결책은 여성의 공개적인 질문의 중단을 요구하는 것이었다(이것은 비록 모든 구성원에게 적용될 수 있는 사항은 아닐지라도, 바울이 한 그룹—심지어 한 성—을 일반적인 규칙으로 다루는 유일한 곳은 아닐 것이다. 딤전 4:7; 5:11, 14; 딛 1:12을 보라). 그러나 이와 동시에 그는 장기적인 해결책을 제공한다. 이 여성들은 집에서 그들의 남편들에게 문제를 설명해달라고 부탁해야 한다. 오늘날의 문화에서 이것은 억압적으로 들릴 수 있으나, 바울 시대에는 정반대의 사고방식을 표현하였다. 고대 저자들은 대부분의 남편이 그들의 아내는 학구적인 분야를 배울 수 없다고 생각하였다고 증거하였다. 남편이 교육의 기회를 덜 가진 아내를 위하여 개인지도를 제공해야 한다고 생각한 사람들은 더 진보적인 소수였으며, 여기서 바울의 언어는 대부분 그들 자신의 언어보다 훨씬 더 진보적이다.[38] 여성이 교육받지 못한 초신자인 것에 대한 그의 장기적인 해결책은 그녀들은 배우도록 허용되어야 하며, 그녀들의 결혼 파트너들은 그녀들의 배움을 증진시키는 데 전념해야 한다는 것이다.

디모데전서 2:11-14

이 본문은 에베소 교회에서 공중예배를 드릴 때의 예의에 관한 더 폭넓은 가르침의 일부다. 남성의 문제를 간략하게 다룬 후(8절), 바울은 여성에게서 더 만연해 보이는 문제에 초점을 맞춘다. 그녀들은 외적인 꾸미기에 열

38_ Plutarch는 (바울과는 달리) 명백하게 여성을 지적으로 열등하다고 여김에도 불구하고(*Mor.* 145DE) 일반적인 견해에 반하여 아내의 배움에 관심을 가질 것을 촉구한다(*Bride* 48, *Mor.* 145BC).

중하고(9-10절) 배우기보다는 가르치려고 애쓰는 것처럼 보인다(11-12절).

바울의 가르침은 단호하다. 여성은 잠잠히 있어야 한다. 다시, 이 말이 부득이 그것이 의미할 수 있었던 모든 것을 의미한다면, 이 요구는 심지어 공중예배에서 노래하는 것도 금지할 것이다. 그러나 당면한 특정 문제는 아마도 단순히 가르침에 대한 명확한 금지일 것이다. 심지어 더 명확한 금지를 그것이 의미할 수 있었던 모든 것을 의미한다고 봐야 한다면, 여성은 남성이 참석한 주일학교 학급을 가르치는 것조차 하지 말아야 한다. (비록 오늘날 대부분의 교회가 가정에서 만나지 않을지라도, 성도들은 짐작건대 그들이 언제 어디서 모이든지 여전히 교회다.) 바울이 여성이 전체적으로 권위를 갖는 것을 금지하는지 또는 단순히 권위를 빼앗는 것(이것은 남자에게도 금지되었을 것이다)을 금지하는지는 여전히 논쟁의 문제다.[39] 그러나 이 문제에 대한 나의 이전 입장과 반대로, 나는 바울이 분명 단지 "위압적으로 가르치는 것" 뿐 아니라 성경을 가르치는 것과 권위를 갖는 것(또는 빼앗는 것)까지도 일절 금지한다고 믿는다. 다시 말하면, 여성이 남성을 가르쳐서는 안 된다— 이상 끝. (다른 사람들에게 어떻게 살아야 할지 가르치는 것과 관련한 권위를 행사하지 않고 어떻게 그리스도인들에게 성경을 가르치는지를 이해하는 것은 어쨌든 어려워 보인다!)

39_ 남성도 여성도 모두 해서는 안 되는 권위를 빼앗는 일에 대하여, David M. Scholer, "1 Timothy 2:9-15 and the Place of Women in the Church's Ministry," in *Women, Authority and the Bible*, ed. Alvera Mickelsen (Downers Grove, Ill.: Inter-Varsity, 1986), 205; Carroll D. Osburn, "*Authenteō* (1 Timothy 2:12)," *ResQ* 25 (1982): 2-4를 보라(이 해석은 1800년대에 주장되었다. "~에 대한 권위를 빼앗다"[usurp authority over]는 일찍이 KJV에 등장한다). "~에 대한 권위를 가지다"(have authority over)가 H. Scott Baldwin의 철저하고 면밀한 조사에 의해 뒷받침되는 것으로 보인다("A Difficult Word: *Authenteō* in 1 Timothy 2:12," in *Women in the Church: A Fresh Analysis*, 65-80). 그러나 이는 어원이 같은 명사들을 생략하는 다소 논쟁의 여지가 있는 조치를 취하고 기독교 이전의 참고 문헌을 단지 2개만 남겨둔다. 그러한 논쟁을 일으키는 용어에 의하여 그리스도인들 절반이 소명을 인정하지 못하게 하는 금지를 결정하는 것은 근거 없어 보인다. 그러나 어쨌든, 그 본문은 또한 가르치는 것을 금지한다.

이것은 보편적인 규정인가? 만약 그렇다면 그것은 사역하는 학생을 가르치는 남편-아내 팀(행 18:26)과 예언처럼 사람들이 그로부터 배울 수 있는(고전 11:31) 성령의 인도함을 받는 언사(11:4-5)와 같은 몇몇 예외를 갖고 있는 규정인가? 그러나 이 텍스트가 예외일 가능성도 있다. 그것이 특수한 상황을 논한다고 보이면 이는 주장될 수 있다. 결국 만약 보편적인 규정이라면, 바울이 여성의 사역을 일찍이 칭찬하였을 때 이것들은 예외적인 경우였다고 언급하기 위해 잠시 멈추리라 기대되었어야 한다. 또한 여러 해 동안 바울과 함께 일했던 디모데가 아마도 바울이 지금 이 규정의 형태를 구성하는 방식("나는 허락하고 있다" — 현재 시제)과는 반대로 이미 이 규정을 알고 있으리라 기대되었을지도 모른다.[40]

결국 보편성의 문제는 두 가지 쟁점에 의하여 테스트되어야 한다. 첫째, 예외들이 더 넓은 문화의 경향에 모순된다는 사실에도 불구하고, 여기에 일반적인 금지의 예외가 있는가? 위에서 언급한 바와 같이 동성애적인 행동을 금지하는 규정처럼 진정으로 보편적인 성경의 규정과는 대조적인 예외가 있다. 둘째, 바울이 에베소 교회를 돌보고 있는 디모데에게 보낸 서신은 이것들과 같은 가르침을 도출하는 상황을 드러내는가?

두 번째 질문은 비교적 대답하기 쉽다. 특정적으로 여성이 가르치는 것을 금지하는 성경의 유일한 본문은 거짓 교사들이 여성들을 효과적으로 공격했다고 우리가 알고 있는 바로 그 교회에 주어진 것이었다. 에베소에서의 주요한 문제는 거짓 가르침이었다(딤전 1:3-20; 4:1-7; 6:6-10, 20-21; 딤후 2:16-26; 3:5-13; 4:3-4). 그리고 주요한 거짓 교사들(이들은 남자였다 — 딤

40_ 이 주장들은 단지 가능성을 확립할 뿐이다. 역으로 바울이 고전 14:34(바울이 "허락하다"를 뜻하는 단어를 사용하는 또 다른 유일한 본문)에 있는 더 엄격한 어법으로 된 더 일반적인 규정 — 또 다른 고린도 본문이 이 본문이 공중 기도와 예언을 허용해야만 한다고 드러내는 것은 제외하고 (고전 11:4-5) — 에 의존하고 있다고 주장할 수 있다. 동일한 방식으로, 목회 서신에 있는 다른 발언들은 이 발언에 대한 우리의 이해를 수정해야 한다.

전 1:20; 딤후 2:17)은 거짓 가르침을 퍼뜨리기 위하여 여성들을 이용하고 있었다. 이를 어떻게 아는가? 만약 여성이 대체로 남성보다 덜 교육받았다면, 특히 거짓 가르침의 영향을 받기 쉬워 자연스러운 표적이 되었을 것이다. 그리하여 이 거짓 교사들이 집안에 있는 여성을 표적으로 삼았다고 (딤후 3:6) 배우는 것은 놀라운 일이 아니다. 그녀들이 정확하게 배울 수 없음을 판명할 뿐이다(3:7; 비교. 딤전 4:7).

교회가 가정에서 모였다. 그래서 거짓 교사들은 그들을 환영해줄 큰 가정이 필요했다. 여성이 이끄는 가정은 보통 과부의 가정이었다. 따라서 일부 과부가 "쓸데없는 말"(딤전 5:13)을 퍼뜨리며 이 집 저 집 돌아다니는 것은 전혀 예상 밖의 일은 아니었을 것이다. 고든 피(Gordon Fee)가 나에게 입증한 바와 같이, 5:13에서 "남의 일에 참견하기 좋아하는 사람들"(busybodies, 개역개정 — "일을 만들며")로 옮긴 단어는 현존하는 그리스어 문헌에서의 모든 용법을 조사한 결과 쓸데없는 말을 하는 사람들에 대해 사용되었다고 밝혀진다. 그리고 도덕적이고 철학적인 콘텍스트에서 그 단어는 전형적으로 거짓되거나 부적절한 가르침을 퍼뜨리는 사람들을 가리킨다.[41] 이 경우에 목회 서신에서의 바울의 다른 사회적 가르침 중 일부에서처럼(6:1; 딛 2:8, 10), 바울은 사회적으로 부적절한 행동이 사람들을 복음의 영원한 진리로부터 돌아서게 할 수 있다며 걱정하고 있다(딤전 5:14-15). 교회는 박해받고 비방받고 있었다. 그리고 교회의 명성은 복음을 위하여 중요했다.[42]

---

[41] Gordon Fee는 나에게 현존하는 그리스어 문헌에서 그 단어가 출현하는 모든 경우를 실은 목록과 이 텍스트 대부분의 더 상세한 콘텍스트의 사본을 제공하였으며, 그 증거는 그가 지적하는 바와 같이 압도적이다.

[42] 사회적 역할로 인한 교회에 대한 비방에 관하여, 나의 *Paul, Women and Wives*, 139-56에 있는 풍부한 증거자료를 보라.

이 시점에서 두 가지 반대 의견이 전형적으로 제기된다. 첫 번째(특히 대중적인 수준에서 제기된 것)는 특정한 상황에 의해 야기되었을 때도 바울의 상황 특정적인 가르침은 영속적인 힘을 보유해야만 한다고 말한다. 하지만 아무도 이 입장을 지속적으로 고수하지 못한다. 두 번째(학자들과 일반 독자들이 똑같이 주장하는 것)는 외견상으로 더 설득력이 있다. 즉 바울은 그의 주장의 근거를 성경(2:13-14)에 둔다. 이번에는 아래에서 각 반대 의견을 더욱 상세히 다루겠다.

디모데전서를 해석하기 위하여 지역적 상황에 호소할 수 있는가?
바울이 구체적인 지역 상황을 다루고 있다고 인정해보자. 우리는 그가 다른 곳에서 다른 지역 상황이나 문화를 다루기 위하여 서로 다른 지시를 내렸을지도 모른다고 주장할 수 있는가? 디모데에게 보낸 그의 서신은 다뤄진 특정한 상황을 고려하도록 요청한다. 디모데전서 2:11-12의 콘텍스트에서 바울이 남성에게 올바르게 기도하라고 권고할 때(8절), 여성이 올바르게 기도하는지는 신경 쓰지 않는다고 추정할 수 있는가? 아니면 그 대신에 바울이 여성들로 다룰 특정한 상황을 갖고 있는 것과 같이(9-15절) 에베소 교회 남성들의 행동(8절)에 관하여도 특정한 문제를 염두에 두었다고 추정해야 하는가?

만약 에베소 여성들의 문제가 교육 부족과 그 결과로서 거짓 가르침에 쉽게 넘어가는 것이었다면, 그 텍스트는 "거짓 가르침에 가장 넘어가기 쉬운 사람들은 가르치지 말아야 한다"라는 더 일반적인 원칙의 구체적인 지역적 예를 우리에게 제공한다. 그러나 오늘날 여성이 항상 거짓 가르침에 가장 넘어가기 쉬운 사람들인가? 그리고 극적인 문화적 차이를 고려하지 않고 "직접적 의미"(straightforward sense)를 주장하길 고집하는 해석가들은 여러 가지 성경 텍스트를 적용하는 방식에서도 시종일관 같은 방식을 적용할 수 있는가? 이것이 논쟁에서 가장 중요한 부분이다. 고든 피와 캐서린 클라크 크뢰거(Catherine Clark Kroeger) 같은 평등주의 해석가들은 배경에 대한 근본적으로 다른 이해를 가지고 디모데전서 2장에 접근하는 반면, 본문의 배경이 실제로 우리가 거기서 발견하는 의미에 영향을 미칠 수 있다는 것을 인정하는 공통의 접근 방식을 공유한다.[43]

어떤 사람들은 디모데전서에 접근하는 이러한 방식에 반대한다. 그러나 바울의 다른 서신들처럼 목회 서신은 우리에게 이러한 방식으로 본문을 읽도록 요구한다. 바울은 특정적으로 디모데(딤전 1:2; 딤후 1:2)와 디도(딛 1:4)에게 이 편지를 쓴다. 바울은 특정적으로 거짓 교리를 가르치고 있던 사람들과 싸우기 위하여 에베소에 디모데를 남겨두었다(딤전 1:3). 그리고 디모데에게 그가 받은 예언을 따라 그렇게 하라고 권고한다(18절; 4:14; 비교. 딤후 1:6). 또한 그는 오늘날에는 더 이상 살고 있지 않은 특정한 거짓 교사들(딤전 1:20)을 다룬다. 비록 바울이 디모데에게 한 것처럼 우리를 에베소에 남겨두지도 않고 우리가 디모데의 예언을 받지도 않았지만, 여기에는 위험한 교리를 반대하고 지혜의 말씀과 제대로 검증된 예언에 주의를 기울일 필요와 같이 받아들여야 하는 많은 초문화적 원칙이 있다. 그러나 또 다시, 특정한 권고가 더 일반적인 관련성을 가질 수 있음에 유의할 때, 이것은 우리가 상황을 주의 깊게 연구하기 전에 초문화적인 관련성이 무엇인지 알 수 있다고 단순히 추정하는 것을 허용하지 않는다.

60세 이하의 어린 과부들이 쓸데없는 말을 한다거나(딤전 5:11-13) 특히 늙은 여성들 사이에서 신화가 유포되리라는(4:7) 경고를 초문화적인 것

43_ Gordon D. Fee, *1 and 2 Timothy, Titus* (NIBC; Peabody, Mass.: Hendrickson, 1988); Richard Clark Kroeger and Catherine Clark Kroeger, *I Suffer Not a Woman: Rethinking 1 Timothy 2:11-15 in Light of Ancient Evidence* (Grand Rapids: Baker, 1992)에서의 다른 해석을 보라. 이 부분에서 내가 말하는 것의 대부분은 내 논문 "Interpreting 1 Timothy 2:8-15," in *Priscilla Papers* 12 (Summer 1998): 11-13에서 가져온 것이다.

으로 여길 사람이 몇 명이나 되겠는가? 만약 우리가 디모데전서에 있는 모든 명령을 초문화적인 것으로 따라야 한다면, 가장 보수적인 교회조차도 비참하게 부족할 것이다. 대부분의 교회는 복통이 있는 사람들에게 물만 마시는 것을 금하거나 포도주를 사용하라고 강요하지 않는다(5:23). 마찬가지로 만약 우리가 디모데후서를 따라야 한다면, 우리 각자는 바울에게로 빨리 가야 하며, 그에게 가기 전에는 반드시 그의 겉옷과 책을 드로아에서 가져와야 한다(4:9-13). 이는 바울의 죽음 이후에, 특히 만약 디모데가 이미 드로아에서 바울의 소유물을 수거했다면, 어느 누구도 수행하기 어렵게 되어버린 명령이다. (바울이 딛 3:12에서 디도에게 오라고 요구하는 것도 확실히 이를 하나님의 종을 위한 초문화적인 요구로서 입증한다. 우리는 모두 로마에 있는 바울을 방문하려고 애써야 한다.) 우리는 또한 구리 세공업자 알렉산더가 틀림없이 죽었다는 사실 — 1,500살이 넘었으니 — 에도 불구하고, 그를 주의해야 한다(딤후 4:14-15).[44]

더 중요한 구절은 디모데에게뿐 아니라 교회 전체에도 지시를 내리는 구절일 것이다. 예를 들어, 여기서 과부들이 적어도 60세가 되지 않고, 결혼을 한 번만 하지 않았으며(딤전 5:9), 자녀들을 기르고 성도의 발을 씻기지 않았다면(10절), 그들은 교회의 지원 명부에 등재되어서는 안 된다. 우선 과부를 돌보는 일에 대한 우리의 일반적인 등한시(오늘날의 복지제도와 고대 유대교의 복지제도 사이의 차이에 의해 어느 정도 영향을 받은)를 제외하고, 오늘날 너무나도 극소수의 과부가 성도들의 발을 씻겼기 때문에 교회는 심지어 재정 지원을 위한 명부에 그 과부들을 포함시키지 않을 때에도 바울의 가르침을 따르고 있다고 주장할 수 있다! 젊은 과부들은 결혼하도록 장려되고, 교회에 의해 지원받는 늙은 과부들의 단체에서 회원 맹세를 하지

44_ 확실히 상황 특정적인 암시를 위하여, 딤후 1:2-6; 3:14-15; 4:20; 딛 1:4-5을 보라.

않는다(11, 14절). 만약 오늘날 과부들이 또 다른 남편을 찾지 못한다면 이 지침을 어떻게 따를 수 있는지는 그다지 분명하지 않다. 그러나 바울 시대에는 남성이 여성보다 수적으로 크게 우세하였다. 여자의 재혼은 오늘날보다 훨씬 더 쉬웠다.[45]

바울은 목회 서신에 있는 그의 명령 중 일부가 배교(15절)와, 더 넓은 문화의 관점과 관련한 문제인 공개적인 책망(3:2, 6-7, 10; 6:1; 딛 1:6-7; 2:8, 10)을 막는 것과 관련되어 있음을 분명히 한다. 이것은 대부분의 복음주의자가 오늘날 특정한 문화적 상황을 다루었다고 인정할 성 역할과 관련된 일부 권고뿐 아니라(딛 2:5) 노예들의 복종과 관련된 일부 권고(딤전 6:1-2; 비교. 딛 2:9-10)를 명확하게 포함한다. 만약 그 원칙이 그것들을 예증하는 상황 특정적인 권고보다 더 구속력이 있다면, 우리는 오늘날의 상황이 1세기의 상황과 어떻게 다른지, 그리고 여성의 기회를 강화하기보다는 감소시키는 행동이 어떻게 교회의 증언에 도전하는지 생각해봐야 한다.[46]

레베카 메릴 그루투이스(Rebecca Merrill Groothuis)는 이 점을 다음과 같이 잘 요약한다.

만약 디모데전서 2:11-15이 역사적으로 특정한 상황에서 단지 여성과만 관련된 금지로서 정당하게 이해될 수 있다면(그럴 수 있다), 그리고 만약 여자가

45_ 심지어 바울 시대에도, 이것은 아마도 예외를 허용했을 일반적인 원칙 중 하나였을 것이다. 그리하여 교회 지도자들은 한 아내의 남편이어야 하며(딤전 3:2; 딛 1:6), 의무적인 독신을 주장하였던 교사들과는 반대로 지시받았을 가능성이 있다(딤전 4:3; 비록 강조점이 부부의 정절일 수도 있지만, 나의 *And Marries Another*, 83-103를 보라). 그러나 바울 자신은 결혼하지 않았다. 아마 결코 결혼한 적이 없었을 것이다(결혼 규정이 그의 시대에 실시되었더라도, 그는 너무 젊어서 산헤드린 회원이 되지 못했을 것이다). 바울은 디모데에게 다른 사람들을 엄하게 꾸짖지 말라고 경고하였지만(딤전 5:1-2), 다른 상황에서는 공개적으로 꾸짖었다(갈 2:14). 이런 행위는 보통 부적절한 행위로 여겨졌다(심지어 바울 자신에 의한 것이라 해도 – 딤전 5:19-20).

46_ Alan Padgett, "The Pauline Rationale for Submission: Biblical Feminism and the *hina* Clauses of Titus 2:1-10," *EvQ* 59 (1987): 39-52를 보라.

가르치거나 남자에 대해 권위를 행사하는 것을 명확하게 금지하는 다른 성경 텍스트가 없다면(없다), 그리고 만약 남성과 여성의 근본적인 영적 평등을 주장하는 텍스트가 있다면(있다), 디모데전서 2:12의 금지가 의도하는 상황에 있지 않은 여성은 사역으로의 무슨 소명을 가지더라도 그것을 안전하게 따를 수 있다. 다시 말해, 적어도 전통주의자의 해석이 성경적 근거에서 논쟁의 여지가 있음이 인정되어야 한다. 사정이 이렇기 때문에, 우리는 목회적 리더십으로 부름받고 그것을 위해 자격을 갖춘 여성이면 누구든 그녀에게 유리한 해석을 해야 한다.[47]

그러나 바울은 구약을 인용한다

만약 우리가 여기서 멈출 수 있다면, 디모데전서 2:11-12에 관한 논쟁은 거의 없을 것이고, 따라서 교회에서의 여성 사역의 수준에 대한 논쟁도 거의 없을 것이다. 한 가지 문제 — 바울이 계속해서 논증의 근거를 구약에 두고, 자신의 말에 성경의 권위를 인용한다는 사실 — 만 없었다면, 디모데전서 2장 배후에 있는 특정한 상황을 위한 증거는 바울이 디모데에게 보낸 편지 속에 충분히 명확히 드러나고, 바울이 다른 곳에서 여성의 사역을 지지한다는 증거는 복음주의 학자들이 전체적으로 완전히 동의할 만큼 충분히 설득력 있다. 확실히 이는 그가 그것을 모든 상황을 위하여 의도하고 있음을 의미한다!

그렇지 않은가? 바울은 모든 구약 본문을 보편적으로 적용하는가? 아니면 가끔 지역적인 상황에 적용하는가? 바울이 디모데전서 2장에 있는 본문을 어떻게 사용하는지 결정하기 전에, 우리는 먼저 그가 성경 본문을 일반적으로 어떻게 사용하는지 질문해야 한다. (나는 나중에 창 1-2장에 대

47_ Groothuis, *Good News for Women*, 211.

한 특정한 논의로 되돌아갈 것이다.) 만약 그가 항상 성경을 직접적인 방식으로 사용한다면, 짐작건대 디모데전서 2장은 결국 모든 여성을 잠잠하게 해야만 한다. 여기서 그의 주장은 하나님께서 남성을 먼저 창조하셨고 여성은 남성보다 더 쉽게 속임을 당하며, 따라서 여성은 남성을 가르쳐서는 안 된다는 것이다. 만약 우리가 보편적으로 여성이 가르치는 것을 금지한다면 이 관행의 근거를 두는 본문이 언급하는 이유 때문에 그렇게 해야 함을 확실히 해야 한다. 다시 말해서 보편적인 논거를 구성하는 하와의 속임 때문에, 우리는 모든 여성이 쉽게 속임을 당한다고(짐작건대 대부분의 믿는 남성보다 항상 더 속임을 당한다고) 추정해야만 한다—그 구절에 대한 흔한 역사적 해석이다. 따라서 하와와 여성들 사이의 이 유비는 우리에게 1세기 여성의 교육 상태에 대한 사실보다는 그들의 성격(nature)에 대하여 무언가 말해줄 것이다. 만약 우리가 단지 대부분의 여성만 쉽게 속임을 당한다고 말한다면, 이 논증에 의하여 단지 대부분의 여성만 가르치지 못하도록 금할 수 있다. 만약 우리가 에베소에 있는 여성들이 교육을 받지 못했기 때문에 하와처럼 속임을 당했다고 말한다면, 그 원칙은 단순히 훈련받지 못한 사람들은 속임에 더 잘 걸려든다는 것이다. 그러나 만약 그것이 성에 근거한 보편적인 금지라면, 그것은 1세기 여성들의 교육에 관한 발언이 아니라 진리를 분별함에 있어서 모든 여성의 존재론적인 열등성에 관한 발언이다. 이는 우리가 경험적으로 확증하거나 반박할 수 있다. 그러나 대부분의 경험적인 연구는 교육의 기회가 동일할 때, 여성이 남성만큼 거짓을 분별하는 데 능숙하다고 시사한다.

만약 바울이 단순히 하와와 에베소에서 쉽게 속아 넘어가는 여성들(즉 그의 시대에 교육받지 못해 쉽게 속임을 당하는 여성들 대다수) 사이의 지역적인 유비를 이끌어내고 있는 것이라면 어떻게 되는가? 만약 바울이 다른 곳에서 하와와 모든 고린도 그리스도인(남성과 여성 똑같이[고후 11:3]) 사이의 유비를 이끌어냈을 때처럼, 단순히 지역적인 유비를 하고 있는 것이라면 어떻게 되는가? 이것이 가능한가? 만약 바울이 자주 유비에 의해 논증하고 가끔 임기응변으로 성경을 사용한다면, 디모데전서 2장에서도 그렇게 할 수 있다는 것을 의심할 이유는 없다. 이것은 이 본문을 여성에게 초문화적으로 적용하기 위한 주요한 논증의 기둥 밑을 찍어낼 것이다.[48]

우리가 전형적으로 하는 바와 같이 바울은 종종, 아마도 통상적으로, 구약을 직접적인 방식으로 읽는다. 예를 들어, 그는 종종 이스라엘에게 주어진 명령을 이스라엘의 성경을 받아들인 모든 믿는 자에게 적용한다(예, 롬 13:9을 보라). 이스라엘의 율법 원리는 교회를 인도하는 데 도움이 될 수 있다(예, 고후 13:1). 그러나 우리가 어떤 특정한 성경 본문도 다루지 않는 문제를 다뤄야 한다면 어떻게 되는가? 이러한 경우에는 관례적으로 유사한 원칙을 다루는 본문을 찾고 그 본문과 우리가 다뤄야만 하는 상황 사이의 유사점을 이끌어낸다. 바울도 그렇게 했다.

유비에 의한 논증. 바울은 종종 성경 본문을 유비에 의해 보편화시킨다. 그의 동시대인들인 유대인과 이방인이 모두 관습적으로 그들의 주장을 관철하기 위하여 역사에서 긍정적인 모형과 부정적인 모형에 의지하였기 때문에, 바울의 독자는 그의 접근법을 쉽게 이해했을 것이다. 예를 들어, 곡식을 밟아 떠는 소는 복음 사역자들을 위한 유비를 제공한다(고전 9:9-10; 딤전 5:18). 많은 경우에 바울은 그의 유비를 특정적으로 적용시켰던 상황 외의 상황에 적용시킬 수도 있었다.[49] 따라서 하나님이 가난한 사람들에게

48_ 여기서 나는 나의 소논문 "How Does Paul Interpret Eve in 1 Timothy 2?" *Priscilla Papers* 11 (Summer 1997): 11-13의 일부분을 사용하였다.

49_ 예를 들어, 갈 4:22-31에서 바울은 특정적으로 하갈과 사라를 (이방인들을 할례시키기 원하는) 영적인 이스마엘 사람들과 아브라함의 영적인 자손들에게 적용한다. 그러나 이것들은 결코 이 성

베푸시는 것과 같이(시 112:9), 그는 또한 만약 고린도인들이 희생적으로 베푼다면 그들에게 제공하실 것이다(고후 9:9).[50] 그리스도가 정확히 바울의 초점이기 때문에, 바울의 특정적인 적용은 종종 기독론적이다.[51]

유비에 의한 건전한 논증은 정확한 주해에 의존하지만, 그것들 자체가 주해로서 의도되지는 않는다. 바울의 유비 중 일부는 다른 것들보다 그가 인용하는 본문의 본래 의미에 더 가깝다. 본문의 본래 의미와 더 멀리 떨어진 유비는 즉각적인 적용을 넘어 무리하게 사용해서는 안 된다. 그리고 가끔 우리는 바울 자신이 우리가 그의 유비를 즉각적인 적용을 넘어 무리하게 사용하기를 원하지 않았으리라는 것을 인정할 수 있다. 예를 들어, 시편 19:4에서의 창조 선언은 로마서 10:18에서의 복음 선포에 평행한다. 아시리아 침략자들의 불가해한 언어는 이스라엘이 그들의 주목을 끌려는 하나님의 다른 시도들을 거부한 후, 하나님이 그들을 향해 내린 심판 메시지였다(사 28:11; 비교. 33:19; 신 28:49). 바울은 이 언어의 불가해한 성격을

경 인물로부터 끌어낼 수 있는 유일한 유비가 아니며, 그는 (그가 다루었던 상황과 다른) 오늘날의 이방인 유아의 의학적인 할례를 비난하지도 않을 것이다. 다른 성령의 감화를 받은 해석가들은 사라를 그리스도인 아내에 대한 모형(벧전 3:6), 또는 모든 믿는 자에 대한 모형으로서(히 11:11) 사용한다.

50_ 바울의 사명을 고려한다면, 그의 유비 중 다수가 그가 선포하는 구원의 시대와 관계되는 것은 놀라운 일이 아니다. 바울은 모세와 그가 전파하는 복음 사이의 자연스러운 유비를 이끌어낸다(롬 10:6-8). 결국 둘 다 하나님의 말씀이다. 마찬가지로 이스라엘의 회복에 대한 선포는 복음 메시지에 대한 유비다(롬 10:15). 그는 앗수르의 심판으로부터 남은 자의 보존(사 10:5, 21-24)과 그의 백성의 생존자들의 궁극적인 미래의 회복(롬 9:27-29) 사이의 유비를 이끌어낸다. 마찬가지로 믿음으로 의인들은 임박한 바빌론의 침략에서 살아남을 것이다(합 2:4 문맥에서). 바울은 그 원칙을 심판의 날에 적용한다(롬 1:17; 갈 3:11). 아마도 비슷한 이유로 그는 이스라엘의 미래 구원에 대한 상(像; 사 49:8)을 그의 복음을 통한 현재의 구원 베풂(고후 6:2)에 적용한다. 바울은 모세와 새 언약의 사도적 사역 사이에 대규모의 유비를 이끌어낼 수 있다(고후 3:6-16). 출애굽 이야기에서 모세가 가진 변화시키는 "주의" 계시는 믿는 자들이 갖는 성령의 변화시키는 경험에 상응한다(17-18절).

51_ 그리하여 바울은 이스라엘의 반석에서의 공급과 그리스도 안에서의 영적인 음료 사이에, 광야에서의 하나님의 음식 공급과 주의 만찬 사이에, 그리고 이스라엘이 바다를 건넌 것과 그리스도인의 세례 경험 사이에 유비를 이끌어낼 수 있다(고전 10:1-4).

방언으로 말하는 것에 적용한다(고전 14:21). 이는 아마도 그것이 또한 불신자들에게 경고의 기능을 하기 때문이다(14:22). 호세아는 이스라엘의 거부와 그들의 회복에 대하여 말한다(호 1:10). 바울은 이방인들의 개종이 이스라엘을 자극하여 참회케 할 것이라 믿기 때문에(롬 11:13-14) 이 본문을 이방인들의 구원에 적용한다(롬 9:25-26). 시편 116:10과 고린도후서 4:13 사이의 주요 유비는 믿는 것과 일치하게 말해야 한다는 것이다. 대체로 욥의 위로자들이 그들의 지혜를 잘못 적용하였다는 사실에도 불구하고(욥 42:8), 바울은 주장을 관철하기 위하여 그들 중 한 명의 말을 인용한다(고전 3:19).

다른 유대인 교사들처럼 바울은 가끔 본문을 고쳐 말하기도 한다. 예를 들어, 시편 68:18은 선물을 받는 정복자에 대해 말한다. 정복자들이 보통 그들의 군대 가운데 약탈품을 분배하곤 하였기 때문에, 바울과 이 구절에 대한 일부 다른 유대 전통들은 그것을 선물을 주는 행위에 적용하고, 바울은 그것을 자신의 교회에 사역자들을 주시는 위로 올라가신 예수께 적용한다(엡 4:8). 바울은 자기가 원할 때, "씨"(seed, 개역개정 — "자손")가 단수이며 그리스도를 가리킨다고 주장할 수 있다(갈 3:16). 그가 그것이 복수로 "자손들"을 가리킬 수 있다는 것을 매우 잘 알고 있음에도(현대의 그를 폄하하는 사람들과는 반대로) 그렇게 할 수 있다. 실제로 그는 다른 곳(롬 4:13, 16, 18; 9:7-8; 11:1)과 심지어 갈라디아서의 같은 장(3:29)에서도 그것을 이런 방식으로 사용한다! 바울이 그의 반대자들에게 그들 자신의 방법론을 사용하여 응답하고 있는 갈라디아서 3:16의 논쟁의 콘텍스트에서, 그는 그의 동시대인들의 표준적인 해석 기법을 사용한다. 당신의 주장을 관철하기 위해서는 본문에 당신이 적용할 필요가 있는 방법을 적용시켜라.

우리 중 일부가 바울이 가끔 임기응변식으로 성경을 사용한다는 것을 받아들이고 싶어 하지 않는 반면(그것은 우리가 학생들에게 적절한 해석학을 가르치기 어렵게 만든다), 성경에 대한 존중은 본문이 말해야 한다고 우리가 생각하는 철학적인 가정에 본문을 억지로 맞추기보다는 우리가 본문에서 발견한 것에 비추어 우리의 선입견을 수정할 것을 요구한다. 디모데전서 2:13-15에서 바울이 창세기의 한 구절을 암시한 것에 대한 근거로 11절과 12절이 필연적으로 초문화적 원칙을 포함한다고 주장하고 싶어 하는 사람들은 바울의 다른 서신을 그의 구약 사용과 관련하여 주의 깊게 다시 읽어야 한다. 확실히 바울은 종종 성경을 보편적인 취지로 사용한다. 그러나 단지 특정한 상황을 위해서만 그가 의도하는 요지를 주장하기 위하여 유비를 만든다. 성경에서 드보라 같은 권위적인 모델이 가끔 존재하는 것뿐만 아니라 바울이 다른 본문에서 여성의 사역을 지지하는 것을 고려할 때, 나는 입증 책임이 바울이 여기서 자신의 성경 인용이 더 보편적으로 이해되도록 의도하고 있다고 주장하는 사람들에게 있다고 믿는다.

디모데전서 2:13-14에서의 창조 순서와 타락. 바울의 유비 중 일부는 다른 것보다 더 디모데전서 2장에서의 여성과 하와의 비교와 관련되어 있을 수 있다. 비록 그가 하와와의 일반적인 비교를 할 수 있지만(예, 고전 6:16; 엡 5:31-32), 가장 관련 있는 두 비교는 고린도전서 11:6-10과 고린도후서 11:3에 있다. 이 본문에서 바울은 하와 유비를 임기응변식으로 사용할 수 있다.

고린도전서 11:6-10에서 바울은 하와가 아담을 위하여 창조되었으며, 그러므로 여성은 머리 가리개를 써야 한다고 말한다. 그러나 이 주장을 제시한 후 그는 결국 남성도 여성도 서로에 대해 독립적이지 않음을 우리에게 상기시켜준다(11-12절). 디모데전서 2장에 있는 여성의 침묵에 적용된 "창조 순서" 논증은 정확히 바울이 아내들에게 교회에서 머리를 가리라고 훈계하기 위하여 고린도전서 11:8-9에서 사용한 논증 중 하나다. 우리는 모든 결혼한 여성들에게 고린도전서 11:2-16에 따라서 그들의 머리를 가리도록(사실 바울이 상당히 길게 논하는 요지) 요구하지는 않으면서 디모데전서 2:11-12에 근거하여 여성이 가르치거나 권위를 가지는 것을 금지하는 초문화적 적용을 일관되게 요구할 수는 없다.

그러나 디모데전서 2:14에서처럼 고린도후서 11:3은 더 관련 있으며, 특정적으로 하와의 속임을 가리킨다. 바울은 고린도후서 11:3에서 하와와 고린도 그리스도인들 사이의 유비를 이끌어낸다. 그 비유의 근거는 양자가 모두 쉽게 속았다는 것이다. 이 예는 그가 에베소 교회에 있는 여성 대부분을 포함하여 쉽게 속은 사람 누구에게나 그 이미지를 적용할 수 있었다는 것을 나타내지만, 바울이 항상 성에 근거하여 이 유비를 사용하지 않는다는 것도 보여준다. 우리가 본 바와 같이 그의 다른 유비 중 일부는 또한 상황 특정적이다.

오늘날 어떤 해석가들은 하와가 아니라 아담이 동물들의 이름을 지어주는 것(창 2:20) – 그러나 물론 이 시점에서 하와는 아직 창조되지 않았다(2절) – 에 주목함으로써 창조 순서 논증에 호소한다. 어떤 해석가들은 아담이 그가 다스리는 동물들의 이름을 지어주는 방식으로 하와의 이름을 지어준다고 주장한다. 그러나 창세기는 아담의 하와에 대한 인정(23절)을 동물들을 위해 사용된 이름 짓는 언어 공식(20절)과 구별한다 – 타락 이후까지(3:20). 다른 해석가들은 장자 상속제(장자 신분)라는 고대 원칙을 아담의 앞선 창조에 적용한다. 그러나 만일 본문이 아담과 하와가 둘 다 유산을 기대하는 자녀들이었음을 의미한다면(이 경우에 아담은 두 배를 받는다. 그러나 벧전 3:7과 비교하라), 그리고 만약 상속권이 모든 지위를 제어한다면, 이는 효력이 있을 것이다. 또한 만약 창세기가 다른 곳에서 특정적으로 장자 상속제의 풍습에 도전하지 않는다면(25:23; 48:19; 49:4), 이는 더 효력이 있을 것이다.

타락으로 부부간의 긴장이 세상 안으로 들어왔다(3:16). 그러나 다른 대부분의 타락의 국면(출산의 고통, 노역의 고난, 그리고 궁극적으로 세상에서의 죄와 죽음)처럼 우리가 부부 갈등을 줄이기 위하여 일하는 것은 확실히 잘못이 아니다.[52] 창조 순서에서 남자와 여자는 함께 하나님의 형상으로 된 "사람"을 구성하고, 함께 땅을 다스렸다(1:26-28; 5:1-2). 마찬가지로 다른 곳에서 히브리어 용어의 용법(누구든 성구사전의 도움으로 검토할 수 있다)을 고려할 때, "돕는 배필"(2:18, 20)은 한 배우자의 종속이 아니라 남자와 여자의 상응관계를 가리킨다.

오늘날 어떤 해석가들은 바울이 창조 순서에서 하와의 종속을 발견하기 때문에 우리도 그렇게 해야 한다는 이유로 결국 반대할 것이다. 그러나 이것은 우리를 본래의 문제로 되돌아가게 한다. 하와가 나중에 태어났기 때문에 바울이 사실 모든 여성을 종속시키는가?(더 특정적으로 말하면, 그녀들이 교회에서 잠잠하도록 요구하는가?) 그는 연대순을 초문화적인 논거로서 사용하는가? 그의 다른 저작물에서는 첫째가 둘째보다 열등할 수 있다. 이것은 단순한 하나님의 계획의 원형이다(고전 15:45-47). 아담은 단순한 하와의 원형이 아니며, 바울은 순서상의 우선성을 보편적으로 자명한 논거로서 사용하지도 않는다. 여기서 그의 논증은 특정한 상황을 위하여 구성되고 있다.

52_ 창 3:16과 4:7은 "욕망"(desire)과 "다스리다"(rule)에 해당하는 단어를 함께 사용하는 유일한 두 개의 구약 본문이다(그리고 "욕망"에 해당하는 단어를 사용하는 유일한 세 본문 중 두 개다). 그것들의 유사성과 동일한 구조는 우리로 하여금 그것들의 구조를 함께 해석하고 3:16을 더 강한 남편이 우세해질 부부간의 다툼에 대한 발언으로 보도록 요청한다. 성령의 감동에 의한 여성 사역에 대한 사도의 확언과는 대조적으로 성령의 감동에 의한 타락에 대한 정확한 묘사가 반드시 규범적인 것은 아니다(널리 인정되는 바와 같이. 추천서인 롬 16:1-2을 보라—예, Meeks, *The First Urban Christians*, 109를 보라). 창 2-3장에 대해서, Joy Elasky Fleming, "A Rhetorical Analysis of Genesis 2-3 with Implications for a Theology of Man and Woman" (Ph.D. diss., University of Strasbourg, 1987)을 더 보라.

기타 고려사항

남아 있는 지면에서 나는 이제 몇몇 다른 고려사항을 간략하게 살펴보겠다.

가정에서의 남성의 헤드십의 성경적 패턴은 어떠한가?

가정에서의 성별 관계의 문제는 별도의 쟁점이기 때문에(그리고 여기서는 지면이 제한되어 있기 때문에), 나는 이 반대 의견을 단지 지나가는 말로 언급하고 간략한 답변 두 개를 제시하려 한다. 첫째, 나는 그 문제에 대한 그의 가장 상세한 해설에서 바울이 이상으로 삼는 것은 상호 복종(mutual submission)과 종 의식(servanthood)이라고 다른 곳에서 상당히 길게 주장해왔다. 다양한 해석상의 가정은 해석가들로 하여금 남편이 모든 점에서 항상 가정을 이끌어야 하는지에 대하여 의견을 달리하게 하였다. 그러나 그러한 차이점을 인정한다 해도, 비록 그것이 아내들을 위하여 더 분명하게 명시되어 있다 하더라도(22절) 그리스도인 남편과 아내는 상호 복종과 종 의식을 실천해야 함을(엡 5:21) 의심하는 것은 성경적으로 불가능하다고 나는 믿는다. 이는 마치 비록 그것이 여기서 남편을 위하여 더 분명하게 명시되어 있더라도(25절) 모든 그리스도인이 상호 사랑을 실천해야 함과 같다(2절). 더욱이 바울은 문화 안에 있는 권위 체계에의 복종을 믿는다. 하지만 그가 도시의 가정 노예 제도의 실시(6:5-9)를 영구적으로 명령하지 않는 것과 마찬가지로 고대 가부장적 결혼 패턴(5:21-33)을 영구적으로 명령하지 않는다. 이것 둘 다 가정 규범의 동일한 부분의 일부다(5:21-6:9).[53]

53_ 내가 *Paul, Women and Wives* (208)에서 언급한 바와 같이, 이 비교의 핵심은 결혼이 하나님에 의해 제정된 것인지가(물론 그렇다) 아니라, 그리스-로마의 가정 규범을 뒷받침하는 결혼의 특별한 가부장적 구조가 하나님에 의해 제정된 것인지다.

바울은 그 역할이 그의 시대에 존재했던 대로 다룬다. 그러나 그 원칙은 권위를 가진 자들에 대한 복종과 우리가 권위를 차지하고 있을 때조차도 종이 되는 것이다.[54] "돕는 배필"(창 2:18)은 보통 힘의 용어이며, 심지어 우리의 돕는 자로서의 하나님에 대해서도 자주 사용된다. 아내의 종속은 반드시 타락에서 기인한다(3:16; 위를 보라).

둘째, 여성의 사역(많은 구절에서 확증되고 분명히 기껏해야 두 본문에서만 제한됨) 문제와 가정에서의 성별 역할의 문제는 구분할 수 있다. 사람은 다른 상황에서 다른 역할을 가질 수 있다. 예를 들어, 나는 학문적 환경에서 학생들을 가르쳤다. 그런데 교회 환경에서 그들은 나의 목사들이었다. 게다가 이 두 문제가 어떤 관계에 있는지에 대한 질문은 독신 여성에게는 관련이 적을 것이다. 이와 마찬가지로 나는 주교들이 남편과 아내 각자에게 서로 다른(비록 가깝지만) 교회의 목사로 섬기도록 임명한 복음주의 부부를 알고 있다. 어떤 19세기 복음주의 선교사 부부들은 더 많은 사람들에게 이르기 위하여 그들의 선교활동을 비슷하게 나누었다. 다시 말해 가정을 위한 평등주의적 주장이나 "상호 복종"의 주장을 받아들이지 않는 사람조차도 여성의 사역을 금지할 필요가 없다.

성경적 증거에 대한 해석의 역사는 어떠한가?

성경적으로 충실한 그리스도인으로서 우리는 성경이 하나님께서 가장 직접적으로 그의 뜻을 계시한다고 보기 때문에 전통에 우선하여 성경의 견해를 받아들인다(비교. 막 7:7-13). 그러므로 우리는 성경 메시지 자체보다 다른 사람들이 성경을 어떻게 해석하였는가 — 종종 그들 자신의 문화와

54_ 나는 *Paul, Women and Wives*, 139-224에서 이곳보다 더 풍부한 증거 자료를 가지고 이를 길게 논증하였다.

교회 전통에 비추어 – 에 덜 관심을 갖는다. 그러나 우리 자신이 특정 문화와 교회 전통의 일부이기 때문에, 해석의 역사는 우리가 관점을 얻도록 확실히 도움을 준다.

교회 역사에서 여성의 사역에 대한 가장 일반적인 견해는 여성이 하나님의 말씀을 남성에게 전할 수 없다는 것이었다. 물론 이는 단순히 목사직에서의 여성의 제한이 아니었다! 그러나 이 견해는 거의 동일하게 널리 만연한 전제, 즉 여성이 남성보다 더 쉽게 속임을 당하고 적어도 교회 리더십 및 교리 감독을 실천하는 데 가장 필요한 은사에서 남성보다 존재론적으로 열등하다는 전제에 기초를 두었다.[55] (역사적 선례에 기초한) 결론 배후에 있는 논리는 받아들이지 않으면서 (그 동일한 역사적 선례에 기초한) 결론에 호소하는 것이 정당한가? 여성의 본성에 대한 이 견해는 아리스토텔레스의 전제와 더 큰 문화 – 타락의 결과인 남녀 관계를 반영한다고 내가 믿는 문화(창 3:16) – 로부터의 합의를 반영한다.

확실히 입증의 책임은 아무도 이전에 생각한 적이 없던 견해를 지지하는 사람에게 주어져야 한다. 왜냐하면 만약 그것이 성경에서 분명하다면, 우리가 그것을 발견한 첫 사람들이라는 사실에 놀라지 않을 수 없기 때문이다! 그러나 종종 교회는 우리가 입증의 책임을 수용하고 믿음에 의한 칭의와 같이 전에는 널리 받아들여지지 않았던 입장을 지지하도록 허용할 만큼 성경에서 명확한 진리를 간과하거나 덮어두었다. 예를 들어, 마르틴 루터(Martin Luther)는 많은 점에서 그의 시대에 전통의 현 상태에 도전하였다. 그러나 전략적인 목적을 위하여, 그는 대부분 사람들이 교회 예배의 많은 면에서 익숙함을 발견할 수 있도록 많은 전통적인 관행을 유지할 필

55_ Daniel Doriani, "A History of the Interpretation of 1 Timothy 2," in *Women in the Church: A Fresh Analysis*, 213-67에 있는 자료를 보라.

요가 있다고 느꼈다.⁵⁶ 다른 종교개혁자들은 전통을 더욱 "개혁하려고" 노력하였으며, 이것은 종종 초기 개신교 지도자 사이에서 갈등의 원인이 되었다.⁵⁷ 오늘날 대부분의 개신교도들은 종교개혁이 특정한 교회 전통이 여전히 수정을 요구할 수 있는 모든 문제를 해결하지 못했다는 것을 인정한다. 나는 우리가 입증의 책임을 수용할 만큼 여성의 사역에 찬성하는 충분한 성경적 증거를 가지고 있다고 믿는다. 나는 역사 전체에 걸쳐 교회에서의 다수의 견해 — 전통을 통하여 대부분의 우리에게 내려온 견해 — 가 성경적 증거의 가장 명확한 해석을 반영하기보다는 전통이 형성되었던 인간 역사의 제한적인 문화를 반영한다고 주장하곤 하였다(많은 교부가 신약의 일반적인 유대인-그리스도인 저자들에게 낯선 방식으로 그리스 문화로부터 흡수한 반유대적 개념을 비교할 수 있다).

그러나 더 오래된 교회들의 지배적인 역사적 증언을 인정하고 나서, 몇몇 개혁 운동이 항상 여성의 사역을 지지해왔다는 데 주목해야만 한다. 중세 시대 동안 개혁을 추구하였던 한 그룹은 왈도파(Waldensians)였다. 그들은 결국 중세의 로마 가톨릭 교회로부터 박해를 받아야 했다. 그러나 믿음에 의한 칭의와 성경의 권위에의 호소와 더불어 가장 초기의 왈도파는 여성에게 설교하도록 허용했다는 이유로 인해 정죄를 받았다.⁵⁸ 여성의 사역은 또한 영국에서 영적인 삶의 항로를 바꾼 웨슬리 부흥 운동과 미국에서의 제2차 대각성 운동을 포함한 여러 차례의 부흥 운동에서 점점 더 받

56_ Luther가 로마 가톨릭 예전을 보수적이지만 비판적으로 사용한 것을 보라(Paul J. Grime, "Changing the Tempo of Worship," *ChrHist* 39 [1993]: 16-18). 그럼에도 불구하고 성별 역할에 대한 Luther의 견해는 그의 역사적인 환경에서 진보적이었음을 명심하라(Steven Ozment, "Re-inventing Family Life," *ChrHist* 39 [1993]: 22-26을 보라).

57_ Robert D. Linder, "Allies or Enemies?" *ChrHist* 39 (1993): 40-44를 보라.

58_ "Did You Know?" *ChrHist* 30 (1991): 3을 보라. 또한 Elesha Coffman, "Rebels to Be Reckoned With," *ChrHist* 68 (2000): 39-41에서 더 급진적인 후스파(Hussites)를 보라.

아들여졌다. 현대의 세속 페미니즘과 여성의 성직임명에 대한 비성경적 주장이 몇몇 그룹에서 여성의 성직임명을 분열을 일으키는 사안으로 만들기 오래전에 오순절 그룹과 성결운동 그룹은 여성을 성직에 임명하고 있었다. 많은 침례 교회와 다른 복음주의 교회들은 1920년대의 근본주의자-현대주의자 논쟁 때까지 여성의 사역에 더 많은 자유를 허용하였다. 자유의지 침례교회(Freewill Baptist churches)와 기독교 선교 연맹(Christian and Missionary Alliance)(그것의 초반에)도 여성 사역을 지지하였다. 심지어 복음주의자 가운데서 여성의 사역이 얇은 베일에 가려진 세속적인 의제를 지닌다는 일부 그룹에서의 자주 반복되는 비난은 선의로 했을 수 있으나 확실히 역사적으로 잘못 알려진 사항이다. 부흥 운동은 누구도 현대의 세속적인 페미니즘에 대하여 생각하지 않았던 배경에서 여성의 영적 은사와 성경의 새로운 읽기를 전면에 내세웠다.[59]

몇몇 관련 원칙

여성 사역에 관한 논쟁의 어느 측에서도 예수께서 많은 면에서 여성을 받아들이신 것이 그의 시대에서 특이한 일이었다는 데 대해 이의를 제기할 복음주의자는 거의 없다(예, 눅 8:1-3). 더욱 놀라운 것은 그가 여성을 사실상 제자로 받아들이신 것이다. 이는 설사 있다 하더라도 다른 랍비들이 거

---

[59]_ 몇몇 조사를 위하여, Stanley J. Grenz with Denise Muir Kjesbo, *Women in the Church: A Biblical Theology of Women in Ministry* (Downers Grove, Ill.: InterVarsity, 1995), 36-62; Nancy Hardesty, *Women Called to Witness: Evangelical Feminism in the Nineteenth Century* (Nashville: Abingdon, 1984); Catherine Booth, *Female Ministry: Women's Right to Preach the Gospel* (New York: Salvation Army, 1975; 1st. ed., 1859); *ChrHist* 82 (2004)에 있는 논문을 보라. 특히 Ruth A. Tucker and Walter L. Liefeld, *Daughters of the Church: Women and Ministry from New Testament Times to the Present* (Grand Rapids: Zondervan, 1987)에서의 긴 논의를 보라. 행 2:17-18에 의해 제시된 기대에 주목하라.

의 하지 않았던 일이다.[60] 재력이 있는 사람들은 보통 의자에 앉거나 연회에서 침상에 기댔다. 그러나 선생의 발치에 앉는 것은 제자의 자세를 취하는 것이었다.[61] 이것이 마리아가 취한 자세다. 예수께서는 마르다가 전통적인 부인다운 역할을 선호한 데 반하여 마리아가 이 역할을 채택한 것을 옹호하신다(눅 10:38-42). 모든 제자 – 남성과 여성 – 는 예수를 따름으로써 제자도를 가장 잘 배운다. 그러나 대체로 제자들이 기본적인 단계 이후에 수련 중인 랍비들이 되었기 때문에 랍비들이 여성이 제자가 되지 못하도록 제한하였다는 것을(비록 회당에서 듣지 못하도록 제한한 것은 아닐지라도) 현대 독자들이 잊어버리기란 쉽다. 마리아는 단순히 그녀 자신을 위해서 배우고 있었을지도 모른다. 그러나 그녀는 또한 부분적으로는 들으려고 하는 다른 사람들과 예수의 메시지를 공유하기 위하여 배우고 있었을지도 모른다.

그의 사역의 더 폭넓은 콘텍스트에서 예수의 그러한 행동은 무엇을 나타내는가? 예수께서는 정기적으로 깨끗한 것과 깨끗하지 않은 것의 경계를 넘으셨다(막 1:41-42; 2:16; 5:30-34, 41-42; 7:2, 19). 비록 그 경계의 다수가 구약에 근거하고 있었을지라도 그렇게 하셨다(레 11:2-47; 13:45-46; 15:25-27; 민 19:11-13; 시 1:1). 그는 구약의 가르침들을 반대하지 않으셨다(마 5:17-20; 눅 16:17). 그러나 새로운 상황에서 그것들의 목적을 되돌아보고 재적용하는 방식으로 그것들을 해석하셨다(마 5:21-48). 또한 그는 우리가 나무 때문에 숲을 간과하지 않고 중요한 것을 먼저 지킬 것을 요구하

60_ Leonard Swidler, *Women in Judaism: The Status of Women in Formative Judaism* (Metuchen, N.J.: Scarecrow, 1976), 97-111; 나의 *Commentary on Matthew*, 689-90을 보라.

61_ 행 22:3; *m. Avot* 1:4; *Avot of Rabbi Nathan* 6; 38a; 11, §28B; *b. Pesahim 3b*; *Palestinian Talmud Sanhedrin* 10:1, §8. 보통 의자에 앉는 것을 위하여, Safrai, "Home and Family," in *The Jewish People in the First Century*, 737을 보라.

셨다. 정의와 긍휼과 믿음과 같은 더 폭넓은 원칙이 특정한 상황에 맞도록 순응된 성경의 세부사항에 우선하셨다(마 23:23-24; 막 10:5-9). 특정한 상황을 다루는 몇몇 본문에서의 문법적인 세부사항에 우리가 칭찬할 만하게 주의를 기울이는 가운데, 우리는 하나님께 가장 중요한 것에 관한 폭넓은 원칙을 무시하려는 유혹에 대해 경계해야만 한다.

그러한 유혹에 관한 경고를 발하는 것이 어떤 입장이 사실상 그러한 원칙을 반영하는가에 대한 질문에 모두가 만족하도록 대답하는 것은 아니다. 하지만 그 질문을 하지 않는 것은 예수의 사역이 우리에게 요구하는 역동적인 해석 원칙을 무시하는 것이다. 비록 소수지만 성경에서의 여성 사역의 명확한 실례를 고려해볼 때, 한 본문(또는 많아야 두 개 본문) — 상황적으로 조건 지어져 있을 수 있는 — 이 하나님 나라를 위하여 수고한 자들의 그룹을 부인하거나 실질적으로 제한하기에 충분한가?

어떤 사람들은 그들이 여성 사역을 허용하기 위한 충분한 확신이 없다고 말한다. 하지만 절대적으로 확신하지도 못하는 사람들이 다른 사람들의 소명을 거부해야 하는가? 아니면 그들이 아마도 그 문제에 대하여 잠잠히 있어야 하는가? 만약 이 여성이 부름을 받았다고 주장하고 평균적으로 남성과 동일한 종류의 결실을 맺는다면(남성의 소명을 평가하기 위하여 우리가 전형적으로 사용하는 기준), 우리가 여성의 사역으로의 부르심은 거부하면서 남성의 부르심을 어떻게 객관적으로 평가할 수 있겠는가? 어떤 사람들은 나에게 자신이 여성이 사역에서 실패하는 모습을 보았기 때문에 여성의 소명을 거부한다고 말한다. 그러나 그들은 남성이 사역에서 실패하는 모습은 결코 본 적이 없는가? 어떤 사람들은 여성에 의한 효과적인 대중 사역을 전혀 목격한 적이 없다. 다른 한편, 나는 여성 사역자보다 더 많은 남성 사역자가 성적인 죄에 빠지는 모습을 보아왔다. 몇 년 전 나는 비교적 큰 규모의 교회 남성 목사보다 한 해에 더 많은 사람을 그리스도에게로 인도한 여성 목사 아래서 일했다. 우리의 개인적인 경험은 다를 수 있다. 그러나 결국 하나님께서 승인하시는 것을 금지하는 위험을 무릅쓰는 것은 그가 금지하시는 것을 장려하는 위험을 무릅쓰는 것만큼 위험하지 않은가?

개인적인 메모

나는 내 인생의 서로 다른 시기에 이 쟁점의 양편에 서 있었다고 앞서 언급하였다. 기독교로 개종한 이후 나는 20세기 초(이때 여성 사역이 오늘날보다 몇몇 복음주의 계열에서 훨씬 더 많이 받아들여졌다) 이래로 여성의 사역을 인정했던 보수적인 복음주의 계열에서 나의 초년기를 보냈다. 그러한 계열에서 "보수적인" 입장은 여성의 성직임명을 지지했으며, 나의 가장 유능한 성경 교사 중 몇 분은 여성이었다. 그러나 동시에 나는 디모데전서 2장이 여성의 사역을 금지한다고 믿었고, 내가 그러한 사역에 열중해야 한다고 생각지도 않았던 사람들의 하나님의 축복받은 사역을 높이 평가하는 불편한 상황에 처한 나 자신을 발견했다! 사역을 준비하고 있는 여자 친구들과 점잖게 대화를 나누었을 때, 나는 디모데전서 2장에 대한 나의 견해를 그들의 강해 보이는 소명감과 내가 성경으로부터 하나님에 대하여 알았던 그 밖의 다른 모든 것과 부합시키려고 애썼다.

그러한 배경이 그 문제에 대한 나의 관심을 일으켰다. 그러나 내가 그것을 해결하기까지는 몇 년의 시간이 걸렸다. 나는 디모데전서 2장이 성경을 가르치는 것으로부터 여성을 배제시킨다는 것을 내가 그것을 표현하고 싶었던 것만큼 점잖고 겸손하게 계속 믿었다. 하지만 매일 성경을 40장씩 읽었을 때, 나는 성경이 내가 어떻게 그것을 읽도록 요청하고 있는지를 점점 더 인정하기 시작했다. 나는 성경 자체를 공부하는 것으로부터 신선하고 일관된 해석 방법론을 발전시키려 노력하였다. 성경은 나에게 본문이 처음 다루었던 세계 — 본문의 첫 청중들이 당연하게 여겼던 세계 — 에 비추어 본문을 이해하도록 요구하였다. 그리고 성경의 배경을 연구했을 때, 나는 성경이 사실상 여성의 사역을 확실히 긍정한다는 것을 점점 더 확신하게 되었다.

그러나 이때까지 나는 여러 복음주의 계열에서 시간을 보내고 있었다. 거기서 "보수적인" 견해는 여성은 사역자가 될 수 없다고 믿었다! 따라서 나는 "용감한" 젊은 학자였으므로 내 확신을 속으로만 간직하기로 마음먹었다. 그러나 이윽고 몇 가지 요인이 결합하여 내가 공개적으로 밝힐 필요가 있다고 나를 확신시켰다. 첫째, 이 시점까지 나는 나의 많은 경건한 복음적인 친구들 — 사역하는 여성들 — 이 통상적으로 어떻게 학대당하는지 보았고, 그들을 지지하고픈 내 바람이 내 명성보다 더 중요해졌다. (그러나 많은 상보주의자는 사역하는 여성을 학대하지 않는다는 것과 내가 상보주의자였을 때의 나 자신처럼 그들도 개인적으로는 지지하고 싶어 한다는 것을 서둘러 덧붙인다.)[62] 둘째, 여성에 대한 교회의 대우는 일반적으로 많은 대학 캠퍼스에서 주요한 변증론적 쟁점이 되었으며, 나는 캠퍼스 사역과 변증학에 깊이 관련되어 있었다. 틀림없이 복음의 신뢰성이 내 명성보다 더 중요했다! 셋째, 나는 이것을 성경 해석에서의 문화적 배경의 중요성을 증명할 기회로 보았고, 여기에서 건전한 해석의 중요성을 증진하기 위한 유용한 시험적 사례를 보았다. 넷째, 내가 어떤 책으로 시작할지에 대해 계속 기도했을 때, 나는 하나님께서 내가 발견한 증거를 분명하게 표현하기를 원하신다는 것을 느꼈다. 마지막으로, 젊은 학자였던 나에게는 아직 잃어버릴 명성이 많지 않았다! 그러나 내가 그 문제에 대하여 출판한 뒤에서야 비로소

62_ 한 훌륭한 예를 위하여, Thomas R. Schreiner, "An Interpretation of 1 Timothy 2:9-15: A Dialogue with Scholarship," in *Women in the Church: A Fresh Analysis*, 105를 보라.

나는 그 논쟁이 얼마나 격렬한 사항이었는지 깨달았다. 어떤 복음주의자들은 그 주제에 관한 그들의 견해를 공유하지 않은 사람들의 진정한 복음주의적 헌신을 부정하고 있었다. 그리고 어떤 이들은 우리의 학문에 반응하기보다는 그것을 하찮게 여겼다. 오늘날에도 나의 많은 친구들이 하는 것과 같이, 그들은 너그럽게 동의하지 않을 모든 권리를 갖고 있었다. 그러나 어떤 사람들이 우리에 대해 부정확하게 말하고 정치적인 파워플레이에 의지했을 때, 그들은 논쟁에 참여하는 비기독교적인 방식에 굴복하였다. 복음의 이차적인 문제에 대한 불일치는 대화를 요청한다. 그러나 중상은 회개에 의하여 처리되어야 하는 죄다. 우리의 개인적인 열정이 이 쟁점이나 다른 쟁점에 얼마나 깊이 작용하든, 이것은 어느 쪽이든 중상이란 죄를 범하는 쪽에 사실이다.

결론

다수의 구절은 분명히 하나님의 말씀을 전달하는 여성 — 그리고 가끔은 매우 자주 논쟁이 되는 구절이 시사한다고 보이는 것보다 더 권위적인 방식으로 하나님의 말씀을 전달하는 여성 — 을 지지한다. 바울은 남성의 사역에 적용하는 동일한 칭호를 여성의 사역에 적용한다. 그리고 분명하게 초기 교회의 가장 현저한 사역 역할에서의 여성을 긍정한다. 콘텍스트와 배경은 여성의 사역을 반대하는 주장에 사용되는 두 구절이 두 특별한 교회 내에서의 특별한 상황에 적용된다고 입증한다. 그러므로 이 본문들은 여성의 사역을 지지하는 본문을 반박하지 않는다. 이 두 구절 중에서 명확히 여성이 성경을 가르치는 것을 금지하는 한 구절(딤전 2장)은 거짓 교사들이 명확하게 여성을 표적으로 삼고 있었던 한 교회에 말해진 것이다. 그러므로 우리는 우리의 전통이나 단 한 개 구절의 (기껏해야) 불확실한 (그리고 분명히 틀린) 해석이 다른 모든 점에서는 자신이 사역에 적합하다고 증명하는 여성의 소명을 부인하도록 허용하지 말아야 한다.

논평

크레이그 L. 블롬버그

나는 다시 한번 평등주의적 입장을 강력하게 옹호하는 상세하고 사려 깊은 소론에 응답할 기회가 주어짐에 감사한다. 린다처럼 크레이그는 좋은 친구 – 겸손하고 경건한 학자이며 그가 집필하는 각 주제를 꼼꼼하게 연구하는 사람 – 다. 또다시 내가 동의하는 부분도 많지만, 공간적 제약은 나에게 의문을 갖는 부분에만 주로 초점을 맞추도록 요구한다.

앞의 한 각주에서 크레이그는 "사도", "복음 전하는 자", "목사-교사"와 같은 용어를 위한 은사와 직분의 중복에 기초하여 그 둘의 구분을 거부한다. 나는 이 용어 각각이 두 개의 다른 방식으로 사용될 수 있다는 데 동의한다. 그러나 그것들을 구분하는 것은 가능하다. 예를 들어, 누가는 "12 제자"만을 가리키기 위하여 보통 "사도들"을 사용하는 반면, 바울은 통상적으로 그 용어를 영적인 은사로서 훨씬 더 폭넓게 사용한다. 그러나 논쟁 가운데 있는 핵심적인 역할이나 직분 – 장로 또는 감독의 직분 – 은 결코 다른 방식으로 사용되지 않는다. 다시 말해, 그것은 결코 영적인 은사로서 보이지 않는다. 그러므로 장로/감독의 직분을 누가 맡을 수 있는가에 대한 논쟁을 해결하지 않고도 하나님께서 두 성 모두에게 무차별적으로 그의 모든 은사를 주신다는 주장은 가능하다.

린다의 소론에서처럼, 크레이그는 신구약에 있는 많은 여성 지도자를 돋보이게 하는 일을 잘해낸다. 그러나 그가 "바울이 단지 몇 가지 사역 역할만 허용하는가?"라는 부분에 이를 때는 몇몇 사항을 놓친다. 디모데전서 2:12의 전형적인 영어 번역("do not permit to teach or to exercise authority over")이 온갖 종류의 가르침과 온갖 종류의 권위를 시사한다고 보이는 것은 사실이다. 그러나 나는 이것이 그 그리스어의 의미가 아니라고 주장한다. 린다와 다르게 크레이그는 쌍을 이루는 부정사에 대한 연구에서 안드레아스 쾨스텐버거(Andreas Köstenberger)를 확실히 인정하고 심지어 그에게 동의한다. 그러나 쾨스텐버거의 작업은 oude를 포함하는 구조에 대한 필립 페인(Philip Payne)의 연구에 의하여 보완될 필요가 있다. 페인은 이 접속사에 의해 연결되는 어구 쌍은 신약에서 보통 상호적으로 규정하는 행위를 가리키며 완전히 분리되거나 독립적인 행위를 가리키지 않는다고 설득력 있게 보여주었다. 따라서 바울이 "권위적인 가르침"과 내가 주장하려는 것과 같이 훨씬 더 명확하게 장로나 감독의 직분만을 가리키고 있다는 주장은 여전히 있을 법한 해석이다.

성경이 여성 장로에 대한 아무런 언급도 갖고 있지 않다는 소견에 대해 린다가 그저 우리가 또한 이름 없는 많은 남성도 가지고 있다는 설명으로만 응답한 것처럼, 크레이그도 목사들에 관하여 동일한 응답을 제시한다. 그러나 내가 보기에 그것은 린다가 맡은 장에서 등장했을 때보다 더 강력하지 않다. 린다는 예수께서 얼마만큼 그의 문화와 맞설 수 있는가와 관련해서 제한이 있었기에 여성 사도를 선택하지 않으셨다고 주장했다. 그러나 그가 기꺼이 대결하려 하셨고 심지어 그 과정에서 그의 생명을 희생하셨음을 고려해볼 때, 그것이 정말 있음직한 일이었는지는 의문이다. 크레이그는 예수께서 권위자들과 대결의 방향으로 나아가셨던 반면, 바울은 그리스-로마 사회 내에서 교회를 설립하려고 노력하고 있었기에 스캔들적 요소에 대해 더 큰 우려를 보여야 했다고 주장함으로써 부분적으로 나의 의견을 인정하는 것처럼 보인다. 만약 정확하다면, 이 점은 팔레스타인-유대 세계에서의 예수보다 바울이 그리스-로마 세계에서 더 많은 자유를 누렸을 것이라는 린다의 주장을 약화시킨다. 다른 한편, 예수께서는 추정컨대 이스라엘의 더 보수적인 문화에서 여성 제자들과 함께 정말로 여행하셨고, 그것이 그로 권력자들과의 사이에 문제를 일으키게 한 쟁점 중 하나라는 기록은 없다! 따라서 바울이 여성 여행 동반자들을 피해야만 했다는 주장이 실제로 얼마나 강력할지 궁금하다.

크레이그는 오늘날 누구도 이방인이나 노예나 농부를 교회 리더십의 가장 높은 지위로부터 금하기 위해서 12사도의 구성으로부터 일반화하지 않는다는 좋은 지적을 한다. 만약 "가장 높은" 직분으로부터의 성적 제한을 위해서 우리가 가진 유일한 논거가 사도직이라면, 나는 그 주장이 여전히 입증되지 않으리라는 데 동의할 것이다. 그러나 크레이그는 여러 시대에 전체에 걸쳐 제사장으로부터 사도로 장로/감독으로 움직이는 패턴을 다루지 않는다(그리고 심지어 교회 역사 전체에 걸쳐, 그가 여성의 더 순회적이거나 비공식적인 리더십 역할로 항목을 분류하는 예외에도 불구하고). 그 패턴의 한 부분을 일축하는 것보다는 그 전체 패턴을 문화적으로 결정되었다고 거부하는 것이 더 어렵다.

크레이그는 고린도전서 11장과 디모데전서 2장 둘 다 창조 순서에 호소하기 때문에, 만약 여성의 장로 직분을 부인한다면, 동일하게 초문화적인 것으로서 머리 가리개를 고집해야 한다고 주장한다. 그러나 이는 고린도전서 11장에서의 창조에 대한 호소가 매우 직접적으로 지지하고 있는 사실을 놓친다. 8-9절에서의 호소는 7절 바로 뒤에 온다. 7절은 하나님의 영광으로서의 남자와 남자의 영광으로서의 여자를 대조시킨다. 이는 3절에서의 머리 됨(headship)의 순서에 대한 분명한 암시다. 머리 가리개는 단순히 남성의 헤드십이라는 영구한 원칙을 1세기의 특정 상황에 적용한 것이다. 우리는 오늘날 다른 적용을 가지고 있다. 다른 한편, 디모데전서 2:13은 12절 바로 뒤에 온다. 따라서 창조의 순서에의 호소는 앞선 절에서의 여성 장로의 금지를 즉시 뒷받침한다.

고린도전서 14:34-35에 대해서, 크레이그는 여성의 잠잠함을 단지 예언의 평가와 관계된다고 보는 해석은 본문의 뜻을 전혀 이해하지 못하는 것이라고 주장한다. 본문은 사실상 질문하는 것을 가리키고 또한 예언하는 자들은 모두 예언을 평가하는 데 참여해야 한다는 바울의 명령을 포함한다. 나의 소론에서 내가 지적한 바와 같이, 앤서니 티슬턴(Anthony Thiselton)은 어떻게 이 해석이 이 콘텍스트에서 타당한지에 관하여 매우 그럴듯한 제안을 하였다. 아내들이 그들의 남편의 예언에 도전하고 있었을지도 모르며, 고린도전서 14:29의 가장 그럴듯한 해석은 예언하는 모든 사람이 그들의 예언을 평가해야 한다는 것이 아니라 "다른 사람들"이 (즉 전체 회중에서) 그렇게 해야 한다는 것이다. 그러나 필연적으로 그러한 광범위한 평가는 결국 다양한 의견의 원인이 되었을 것이고, 궁극적으로 권위 있는 결정을 내리는 일은 교회 리더십의 가장 높은 지위로 이양되었을 것이다. 다시 한번 린다가 맡은 장에서처럼 바울이 단지 어리석거나 무례한 질문을 하는 교육받지 못한 여성을 잠잠하게 하고 있다는 생각이 매력적이라 하더라도, 그리스-로마 사회에서 적어도 일부 여성이 상당한 교육을 받고 다수의 남성이 교육을 받지 못한 가능성을 고려할 때, 바울이 모든 여성은 잠잠하게 하고 남성은 아무도 잠잠하게 하지 않았으리라는 주장은 설득력이 없다.

또 다시 린다의 글에 대한 나의 논평에서처럼, 조심스럽게 디모데전서 2:12의 authentein을 "권위를 빼앗다"(to usurp authority)로 번역한 것에 호소해야만 한다. 크레이그는 이것이 남성도 여성도 해서는 안 되는 일이라고 주장한다. 만약 그 요점이 어떤 성이든 누군가가 그들에게 위임되지 않은 권위를 취하려고 시도했음을 의미한다면 이는 사실일 것이다. 그러나 만약 그것이 하나님께서 단지 다른 성을 위해서만 의도하셨던 것을 얻으려고 애쓰는 한 성을 가리킨다면, "권위를 빼앗다"란 번역은 전혀 평등주의적 해석을 뒷받침하지 않는다. 마찬가지로 크레이그가 디모데전서 2:11-15이 이 주제에 대한 유일한 규범적인 본문이고 이를 해석하는 상황 특정적인 방식이 있다고 주장하는 레베카 그루투이스(Rebecca Groothuis)를 인용할 때, 두 저자 모두 내가 지적해온 성경 전체에 걸쳐 되풀이해서 일어나는 패턴을 간과한다. 사실 여성이 제사장이 되지 못하도록 명확하게 금지하는 명령법 동사를 가지는 구약 본문은 없다. 그러나 아무도 이것으로부터 여성 제사장의 임명은 기독교 이전 시대의 유대교에서 합법적인 선택사항이었다고 주장하려 하지 않을 것이다(제사장들이 아론의 "아들들"이어야 한다는 요구가 비록 명령보다는 선언으로서 표현될지라도 그 문제를 해결한다).

아마도 크레이그의 소론 중에서 가장 창조적이고 흥미진진한 부분은 바울이 구약을 인용하는 방식, 특히 유비에 의한 바울의 논증을 다룬 부분일 것이다. 바울이 복음의 신학적 행동원리와 윤리적 행동원리를 지지하기 위하여 덜 솔직한 방식으로 많은 구약 본문에 호소한다는 데는 의심의 여지가 없다. 그러나 크레이그는 여기서 전혀 다른 두 가지를 혼합시키고 있다. 그가 주장하고 싶어 하는 것으로 보이는 내용은 바울에게서 구약에의 모든 호소가 시대를 초월하거나 초문화적인 명령을 지지하는 것은 아니라는 사실이다(구약을 얼마나 솔직하게 그리고 창조적으로 사용했는지와 상관없이). 내가 말할 수 있는 한, 사실 그가 제시하는 예 하나하나는 정말로 여전히 시대를 초월하는 것으로 남아 있는 신약에서의 진술에 이른다. 복음 사역자에 대한 지원 제공, 가난한 자들에게 희생적으로 주기, 창조를 통한 복음 선포, 만약 해석되지 않으면 "사람들을 겁먹게 할" 잠재력을 지닌 방언, 이스라엘을 자극하여 회개하게 하는 이방인들의 개종, 믿는 바와 일치하게 말할 필요, 하나님께서 자칭 지혜로운 자들의 간사함을 파악하신다는 사실, 성령께서 그의 백성에게 은사를 주심, 아브라함의 정점을 이루는 자손으로서의 예수. 구약으로부터 이 사항들을 뒷받침함에 있어서 바울은 확실히 몇몇 매우 창조적인 유비를 만든다. 그러나 크레이그가 인용하는 어떤 텍스트도 그가 증명하려고 노력하는 것에는 상응하지 않는다. 왜냐하면 그 텍스트 중 어느 것도 신약에서의 상황 특정적인 명령을 지지하지 않기 때문이다.

다시, 크레이그의 주해에는 다소 그답지 않은 부주의한 성경 읽기가 보인다. 고린도전서 11:8-9은 "하와는 아담을 위하여 창조되었다. 그러므로 여성은 머리 가리개를 써야 한다"(이미 내가 위에서 언급한 바와 같이)고 주장하지 않는다. 게다가 속이기 쉬운 것과 관련하여 고린도후서 11:3에서의 하와와 고린도 교인들 사이의 비교는 핵심에서 벗어난다. 왜냐하면 바울이 이 비교로부터 아무런 명령이나 금지를 이끌어내지 않기 때문이다. 다음으로 바울은 하와가 두 번째로 창조되었다는 이유로 모든 여성을 예속시키지 않는다. 고린도전서 2:12은 오직 장로직에 대해서만 이야기한다. 마지막으로 바울은 확실히 하와가 두 번째로 창조되었다는 이유 때문에 교회에서 여성이 잠잠할 것을 요구하지 않는다. 창세기 2장은 고린도전서 14:34-35에서 참조조차 되지 않는다.

내가 맡은 장에서 지적한 바와 같이, 바울이 노예를 다룬 것과 성별 역할을 다룬 것 사이에는 유사성뿐 아니라 차이점이 있다. 그러나 바울이 권위자들에게 복종하고 권세를 차지할 때에도 종이 되는 시대를 초월하는 원칙을 가지고 그의 시대에 존재했던 대로 그 역할을 다룬다는 점에서 우리가 크레이그에게 동의한다 할지라도, 대부분의 비기독교 문화를 포함하여 오늘날 우리 세계 대다수의 문화 속에서 종종 과거 기독교 내에서보다 훨씬 더 억압적인 방식으로 실행되는 가부장적 결혼이 여전히 규범으로 남아 있다는 사실을 지적하는 것은 가치가 있다. 따라서 크레이그의 논리에 의하면, 아내들이 그들의 남편에게 복종함이 적어도 이 문화 속에서 여전히 널리 행해져야 한다.

크레이그의 개인적인 주해에서, 그는 내가 하는 것과 같이 하나님께서 남성에게 은사를 주시는 영역과 동일한 모든 영역에서 여성에게 은사를 주심을 인정한다. 린다처럼 크레이그는 여성에게 사역 역할에서 그들이 갖고 있는 모든 은사나 기능을 발휘할 기회를 주지 않으려는 상보주의의 더 보수적인 형태를 효과적으로 반박한다. 그러나 어쨌든 나의 더 제한된 상보주의 입장을 약화시키지는 못했다. 사실 성경적 제한을 특정한 한 직분에 국한된다고 이해하는 매력적인 특징 하나는 그 직분에서 섬기는 것 외에 남성과 여성이 다른 형태의 영적 리더십, 목회 사역, 설교를 포함한 모든 은사를 발휘하고 모든 목회적 역할을 수행할 기회가 있다는 점이다. 양쪽 성의 어떤 사람도 그들이 하나님 나라를 위하여 사역하거나 소명을 이루기 위하여 은사를 사용할 기회가 전혀 없다고 느껴서는 안 된다.

논평

린다 L. 벨빌

이 섬세하게 공들인 소론에 대해 논평할 수 있어 기쁘다. 독자적으로 행해진 것임에도 불구하고 우리의 소론은 서로 매우 밀접하게 평행을 이룬다. 그래서 나는 내가 독특한 기여라고 느끼는 부분에 대해 강조하고 부연할 것이다. 크레이그의 논지는 "성경은 통상적인 상황에서 여성 사역을 허용하지만, 예외적인 경우에는 금한다. 그러한 경우에 우리는 오늘날 대부분의 상황에서 그것을 허용해야만 한다"이다.

크레이그는 전형적인 전통주의 논증의 고질적인 방법론적 오류를 표적으로 삼는다. 예를 들어, 전통주의자들은 예언자는 랍비나 서기관처럼 공식적인 "직위"를 차지하지 않았고 그 결과 권위적인 직위를 가지지 않았기 때문에 여성이 예언자가 될 수는 있었지만 교사는 될 수 없었다고 주장한다. 크레이그는 이 사고방식에 있는 내재적인 모순을 지적한다. "주께서 이같이 말씀하시니라"라는 예언자의 선포와 예언 말씀의 교육적 성격보다도 더 권위적인 어떤 것을 상상하기란 어렵다. 크레이그가 언급하는 바와 같이 대부분의 구약성경은 예언자들에 의하여 기록되었다. 다른 한편 집회서와 지혜서 같은 서기관과 랍비의 저작물은 유익하다고 여겨지면서도 성경의 지위를 부여받지 못하였으며, 이런 이유로 우리의 정경에 들지 못한다.

또한 크레이그는 "한 어구의 뜻을 그 콘텍스트와 상황에서의 용법이 보증하는 것보다 더 특정한 의미의 뜻으로 해석하는…부적절한 해석 방법론"을 표적으로 삼는다. 목사의 권위와 담임목사에 대하여 말하는 것은 초기 교회의 관행에 교회 리더십에 대한 현대적 이해를 부과하는 것이다. 크레이그가 지적한 바와 같이, 초기 가정교회는 아마도 몇몇 가정과 약간의 개인들에 상당하는 평균 50명가량(한 집의 안뜰이 수용할 수 있었던 최대 규모)의 구성원으로 이루어졌고, 이들은 부유한 가정의 집에서 모였다. 이는 담임목사와 스태프를 거의 필요로 하지 않는 환경이다.

또한 전통주의자들이 유대인 제사장은 유대교의 종교적인 CEO였다고 말하는 것은 현대의 가톨릭교회나 감독교회의 정치 형태에 의하여 고대(antiquity)를 해석하는 것이다. 이스라엘의 제사장직은 희생 제사를 주관했던 세습적인 직위였다. 여성이 배제되었을 뿐 아니라 아론 가문에 속하지 않은 사람은 누구든 배제되었다. 제사장의 근무 기간을 완수하는 능력은 신체적인 정결함—치유되지 않은 상처, 종기, 질병, 또는 육체적인 장애를 가진 사람뿐 아니라 월경 때문에 여성을 자동적으로 배제시켰던 것—에 달려 있었다.

이 모든 내용이 강조하는 것은 다음과 같다. 크레이그가 언급한 바와 같이 성경은 "모든 시대를 위한 것이다. 그러나 성경이 말하는 모든 것이 모든 정황을 위한 것은 아니다." 우리가 본문들을 각각의 문화적 콘텍스트에서 해석하는 단계를 건너뛸 때, 우리는 교회에 엄청난 해를 끼치게 된다. "너는 염소 새끼를 그 어미의 젖으로 삶지 말지니라"(출 23:19; 34:26; 신 14:21)는 내가 가장 좋아하는 예 중 하나다. 이스라엘과 이웃하는 문화의 다산 의식을 이해하지 못한다면, 이 명령은 부조리하다. 이러한 종류의 발언은 "지역에 특정되고 도저히 지역의 상황을 제외한 의미를 가질 수 없다."

그러면 문제는 그 선을 어디에 긋느냐다. 경험에 의거한 법칙은 다음과 같다. (1) 신약이 재차 확언하는 구약의 가르침, (2) 성경에 재등장하는 금지사항, (3) 성경 전체에 걸쳐 반복적으로 등장하는 확언은 초문화적인 적용이 가능하다. 예를 들어, 십계명의 금지사항 - 살인하지 말라, 간음하지 말라, 도둑질하지 말라, 거짓 증거하지 말라, 탐내지 말라 - 은 변화하는 문화적 상황에도 불구하고 성경 전체에 걸쳐 확언된다. 성경 전체에 걸쳐 결혼을 한 남자와 한 여자가 다른 모든 충절을 버리고 갈라져 "하나"가 되는 것으로서 확언한 것은 동성 간의 결합에 반대하는 금지사항과 결합하여 명백한 초문화적 윤리를 제공한다.

그러나 사역하는 여성은 이 범주 안에 들지 않는다. 문화는 가부장적이고 계층적일 수 있지만, 중요한 것은 성경의 명백한 가르침 - 시종일관 확인되고 재확인되는 가르침 - 이다. 예수께서는 어디에서도 남자가 먼저 창조되고 여자가 나중에 창조되었기 때문에 그의 지상 사역 동안에 그와 함께 있게 하기 위하여 선택하신 (그리고 나서 파송하신) 12제자가 남성이어야 한다고 말씀하지 않으신다. 그러나 전통주의자들은 주어진 시점에서의 그의 관행을 영원히 지켜야 할 규범으로써 들어올린다. 예수의 관행이 문화적인 민감성(cultural sensitivity)에 의하여 결정되었을 수 있는가? 진실을 말하자면 예수께서는 또한 12제자들과 동일한 권위를 가진 72인을 선택하시고 파송하셨다(눅 10:1-17). 교부들은 72인을 "사도들"이라 부르고 적어도 한 여성(유니아)을 포함시키는 데 어려움이 없었다. "사도들"로서의 여성을 이슬람 선교지로 배제시키는 것이 다음 세대에 의해 문화적 민감성으로서 이해될 사항인가? 아니면 소위 성경적 금지(biblical prohibition)에 기인한 것으로 잘못 해석될 사항인가?

바울이 "아내들도 범사에 자기 남편에게 복종할지니라"(엡 5:24)라고 명령하였을 때, 그는 문화적으로 민감하였는가? 우리의 경험에 의거한 법칙을 적용해보자. (1) 그것은 신약이 재차 확언하는 구약의 가르침이 아니다. 이 명령은 구약에서 발견되지도 않는다. (2) 또한 그것은 성경 전체에 걸쳐 지속적으로 등장하는 금지사항도 아니다. 사실 바울이 결혼 생활에서 성(性)이 특정된 복종을 호소한 것은 이번이 처음이다. 이 명령은 에베소서 이전의 서신에서는 등장하지 않으며, 특정 지역(리커스 골짜기[Lycus Valley] — 엡 5:22, 24; 골 3:18; 벧전 3:1) 밖에 있는 교회들에게 보낸 서신에서 다시 등장하지 않는다. (3) 그 반대 — "남편은 너를 다스릴 것이니라"(창 3:16) — 는 성경 전체에 걸쳐 일관되게 나타나는 확언인가? 창세기 3:16은 일관되게 등장하지 않을 뿐 아니라 결코 재등장하지도 않는다. 결혼 생활의 "규칙들"이 나타날 때, 그것들은 창세기 1-2장의 타락 이전의 상호 관계 규칙들이다. 사실 고린도전서 7:1-5에서 발견되는 상호 친밀함, 상호 권한, 상호 합의에 대한 확언은 에베소서 5:22-24에 명백하게 모순된다(평행본문 골 3:18; 딛 2:5; 벧전 3:1). 에베소서 5:22-24(그리고 평행본문)의 경우에 이 모든 것은 문화적인 민감성을 가리킨다. 그레데 교회 개척의 경우에도, 문화적 민감성은 바울을 움직이게 하는 것이다. 아내들은 "하나님의 말씀이 비방을 받지 않게"(딛 2:5) 복종적이어야 한다. 베드로전서 3:1에서도 마찬가지다. 아내들은 그들의 믿지 않는 남편들이 설득될 수 있도록 복종적이어야 한다.

바울이 에베소 과부들에게 재혼하고 아이를 낳으라고 명령하였을 때(딤전 5:14), 그는 문화적으로 민감하였는가? 동일한 경험에 의거한 법칙이 적용된다. 재혼은 초기 서신들에서는 등장하지 않으며, 다른 곳에서 과부들이 재혼하지 않는 것이 잘하는 것이며, 풀타임 사역을 위하여 미혼인 사람이 독신으로 있음이 결혼하는 것보다 더 낫다는 바울의 조언과 명백히 모순된다(예, 고전 7:8, 11, 25, 40). 사실 동일한 이유로 남자도 그렇게 하는 것이 더 낫다(32-35절). 그렇다면 그는 왜 에베소 교회에 명령하였는가? 상황적 민감성(situational sensitivity)이 바울을 움직인 것이다. 크레이그가 지적한 바와 같이 거짓 교사들은 결혼을 하나님의 뜻 밖에 있는 것으로서 금지하고 있었다(딤전 4:3). 그리고 그들은 그들을 대신하여 개종시키고 있었던 부유한 과부들을 표적으로 삼고 있었다(5:13). 따라서 이러한 상황에서 바울이 재혼을 조언하는 것은 놀라운 일이 아니다.

디모데전서 2:11-15은 어떠한가? 크레이그에 따르면, 그것은 예외적인 경우 중 하나다. "거짓 교사들이 효과적으로 여성들을 표적으로 삼고 있었[던]" 곳은 바로 교회였다. 그러니 디모데가 그들에게 재갈을 물리도록 촉구를 받음이 예상되지 않는 바는 아니다(1:3). 하지만 바울이 창조 순서를 사용한 것은 어떠한가?("이는 아담이 먼저 지음을 받고 하와가 그 후며"[2:13]) 이것이 2:12을 초문화적으로 만들지 않는가? 크레이그가 소위 "창조 순서" 논증은 정확히 바울이 아내들에게 교회에서 그들의 머리를 가리라고 권고하기 위하여 고린도전서 11:8-9에서 사용하는 논증 중 하나라고 말한 것은 옳다. 크레이그가 지적하는 바와 같이, "우리는 모든 결혼한 여성들에게 고린도전서 11:2-16에 따라서 그들의 머리를 가리도록 요구하지는 않으면서 디모데전서 2:11-12에 근거하여 여성들이 가르치거나 권위를 가지는 것을 금지하는 초문화적 적용을 일관되게 요구할 수는 없다."

논평

토마스 R. 슈라이너

크레이그 키너는 린다 벨빌처럼 평등주의 입장에 찬성하는 견해를 효과적으로 펼치고 있다. 나는 그의 학문, 특히 역사적 배경에 관한 연구로부터 많은 유익을 얻었다. 이 소론에서 그가 내린 결론의 다수는 설득력이 있다. 여성은 확실히 예언자, 집사, 복음전도자, 선교사로서의 역할을 하였다. 상보주의자들은 성경에 의해 보증되는 다양한 사역을 추구하도록 여성을 격려하여야 한다. 또한 크레이그는 해석학의 문제를 올바르게 제기한다. 우리의 문화가 성경 시대와 다를 때, 우리는 성경 텍스트의 말씀을 우리의 환경에 어떻게 적용하는가?

크레이그의 소론이 강점이 있음에도 불구하고, 사역의 관점에서 여성에게 아무런 제한도 없다고 주장한 점에서 그는 설득력이 없다. 크레이그와 반대로, 예수께서는 남성 사도만을 임명하시는데 이는 그가 그의 시대의 문화에 순응하신 것이 아니었다. 다른 곳에서 예수께서는 문화적 관습을 뒤집어 엎으신다. 그가 여성이 사도가 되어야 한다고 믿으셨다면 동일한 일을 하셨을 것이라고 생각할 만한 충분한 이유가 우리에게 있다. 바울은 예수의 사역이 있은 지 몇 년 후에 여성 사도를 임명할 만큼(크레이그의 견해) 충분히 담대했는데(롬 16:7) 예수께서는 새로운 길을 열 용기가 없으셨다고 믿기 어렵다. 크레이그는 로마서 16:7에 의거하여 유니아가 분명히 사도로서 섬겼다고 생각한다. 그러나 그 용어가 선교사이자 교회 개척자를 가리키고, 유니아와 안드로니고가 바울과 12사도와 동일했다는 생각을 전하지 않을 가능성이 더 많다.

디모데전서 2:11-14과 고린도전서 11:2-16에 대한 크레이그의 해석은 창조로부터의 바울의 논증을 잘 설명하지 못한다. 예를 들어, 고린도전서 11:2-16이 초문화적이라면 우리는 여성에게 교회에서 그들의 머리 위에 무언가를 쓰도록 요구해야 한다고 주장하면서 그가 제기하는 근본적인 반대 이유는 해석학적이다. 크레이그의 논증은 언뜻 보기에 강력해 보일 수 있지만, 결국에는 성과를 거두지 못한다. 오늘날 대부분의 학자는 하나님의 말씀의 원칙이 오늘날 우리 문화에 적용된다고 옳게 주장한다. 사실상 크레이그는 문화적인 것과 초문화적인 것 사이를 구분하는 데 도움이 된다. 우리는 오늘날의 세계에서 성경의 문화를 재생산하려고 노력하지 않는다. 우리는 우리가 거룩한 입맞춤으로 서로에게 인사해야 한다고 믿지 않는다(롬 16:16). 왜냐하면 그것은 성경이 문자적으로 말하는 것이기 때문이다. 우리는 복통을 앓는 사람들이 디모데전서 5:23에 따라서 포도주를 마셔야 한다고 요구하지도 않는다. 우리는 이 본문들로부터 원칙을 이끌어내어, 우리가 서로에게 애정을 가지고 인사해야 하며 복부에 문제를 가진 사람들은 그들의 불편함에 대하여 적절한 치료법을 취해야 한다는 결론을 내린다. 이와 비슷하게 대부분의 상보주의자는 고린도전서 11:2-16의 요지는 머리 가리개의 문자적인 문제가 아니라고 믿는다. 머리 가리개(또는 머리 모양 — 학자들은 심지어 문화적 관행이 무엇이었는지에 관하여 의견이 일치하지도 않는다!)나 그것을 쓰지 않는 것은 1세기에 그리스-로마 세계에서 살았던 사람들에게 특별한 메시지를 보냈다.

그 본문을 오늘날의 세계에 적용할 때 우리는 그 본문의 원리를 식별하려고 애쓰지, 다뤄진 문화적 세계를 재현하려고 시도하지는 않는다. 여기서의 원칙은 여성이 남성의 리더십을 지지하는 방식으로 예언해야 한다는 것이다. 왜냐하면 바울이 여자의 머리로서의 남자에 호소하는 것으로 본문을 시작하고(3절), 또한 그의 논증의 근거를 창조에서의 남성과 여성 사이의 차이에 두기 때문이다(8-9절). 그러므로 상보주의자들이 우리가 우리 문화에서 성경 본문의 풍습을 변함없이 재현해야 한다고 말하고 있는 것은 아니다. 우리는 이 본문의 원리가 초문화적이라는, 콘텍스트상의 지표(contextual indicators; 8-9절과 딤전 2:13에서의 창조 순서)가 있다고 주장하고 있다.

다소 놀랍게도 크레이그는 안드레아스 쾨스텐버거가 디모데전서 2:21에 대한 연구에서 내린 결론을 지지한다. 쾨스텐버거는 성서 외의 그리스어 자료와 성서 자료에서 평행한 것들로부터 바울이 여기서 두 개의 활동—가르치는 것과 권위를 행사하는 것—을 금지한다고 증명한다. 두 활동은 적법하다. 즉 가르치는 것과 권위를 행사하는 것에는 본질적으로 잘못된 것이 없다. 그럼에도 불구하고 크레이그는 본문에 있는 문화적 요소 때문에 여성으로 하여금 가르치지 못하게 하는 금지가 보편적이지 않다고 생각한다. 그는 여성이 덜 교육받고 더 잘못 가르치기 쉽기 때문에 가르치는 것으로부터 금지당했다고 생각한다. 그러한 주장은 설득력이 없다. 왜냐하면 바울이 여자는 거짓 가르침을 퍼뜨리고 있었기 때문에 또는 교육을 받지 못했기 때문에 가르치는 것으로부터 금지당한다고 쉽게 말할 수도 있었기 때문이다. 게다가 디모데전서에는 여자가 이단을 퍼뜨렸다는 명확한 증거가 존재하지 않는다. 왜냐하면 유일하게 언급된 거짓 교사들은 남자였기 때문이다(1:20). 디모데전서는 거짓 가르침을 퍼뜨리는 여성에 관하여 아무것도 말하지 않는다. 문맥상 5:13은 거짓 가르침이 아니라 험담을 가리키기 때문이다. 더욱이 만약 평등주의자들이 옳고 남성과 여성이 모두 거짓 가르침을 퍼뜨리고 있었다면, 왜 바울은 여성만 가르치지 못하도록 제한하는가? 만약 바울이 여성만 이단을 퍼뜨리지 못하게 금지했다면, 그의 조언은 오히려 성차별주의자로 보인다.

또한 크레이그는 구약으로부터의 모든 증거 본문이 초문화적이지 않으며 구약이 초문화적인 적용이란 개념 없이 유비적으로 사용될 수 있었다고 주장한다. 크레이그는 여기서 가능한 것보다 더 많은 논의의 가치 있는 중요하고 복잡한 쟁점을 거론한다. 답변으로 창조된 순서에 기초한 구약으로부터의 논증은 거의 확실히 초문화적이라고 말해야 한다. 예수께서는 일부일처제와 남편과 아내가 이혼해서는 안 된다는 하나님의 의도를 옹호하실 때, 창조로부터 주장하셨다(마 19:3-9). 바울은 동성애를 금지할 때, 창조로부터 주장하였다(롬 1:26-27). 디모데전서 2:13의 경우에, 바울이 단지 유비적으로 주장하고 있을 뿐이라고 생각할 이유는 전혀 없다. 바울은 남성과 여성을 창조하심에 있어 하나님의 의도 때문에 여성이 가르치고 남성에 대해 권위를 행사하는 것을 금지한다.

크레이그가 고린도전서 14:34-35에 있는 금지가 교회에 모였을 때 질문을 하는 여성에 의하여 확산된 혼동에 기인한다고 본 것은 옳다. 나는 바울이 여성이 방언으로 말하거나 예언하거나 심지어 예언을 판단하는 것을 금지하고 있지 않다고 말한 점에서는 그가 옳다고 믿는다. 그러나 그는 본문이 단지 문화적 예의 바름이나 무례함의 사안을 다루는 것은 아님을 보지 못한다. 우리가 특정한 문화적 상황에 초점을 맞춘 본문에서 원칙을 식별해야 한다고 일찍이 언급했다. 이 경우에 원칙은 고린도전서 14:34에 명확히 진술되어 있다. "여자는…율법에 이른 것 같이 오직 복종할 것이요." 그러면 초문화적 원칙은 아내들이 그들의 남편들에게 복종해야 한다는 것이다. 이 상황에서 그들의 복종은 그들이 예배 때 어떻게 행동하는가에서 나타난다. 바울은 복종의 원리를 "율법"에서 찾아낸다. 바울은 거의 확실히 구약성경을 가리키기 위하여 여기서 그 용어를 사용하고, 분명히 그는 창조 이야기, 특히 창세기 2장을 가리킬 것이다. 남성과 여성의 역할 차이가 그 이야기에 내포되어 있다. 아내들은 방해가 되는 행동을 그쳐야 한다. 왜냐하면 그들의 방해적인 발언은 그들이 복종적이지 않음을 보여 주기 때문이다. 그러므로 본문으로부터의 원칙은 (일부 보수주의자들이 주장하듯이) 교회에서 여성이 절대적으로 잠잠해야 한다는 것이 아니다. 그러한 훈계는 여성에게 기도하고 예언하도록 격려하는 고린도전서 11:5과 모순된다.

예언으로부터의 논증은 크레이그의 입장을 지지하는 가장 강력한 논증 중 하나다. 그러나 그것은 몇 가지 이유 때문에 나를 설득시키지 못한다. 첫째, 우리는 성경적 계시의 패턴을 관찰해야 한다. 여성은 구약에서 예언자로서는 섬겼으나 제사장으로서는 결코 섬긴 적이 없다. 유사하게 신약에서 여성은 예언자로서는 섬겼으나 사도나 장로로서는 결코 섬긴 적이 없다. 둘째, 예언의 은사는 가르치는 은사와 구분되어야 한다. 예언하는 사람들은 믿는 자들에게 전달되는 계시를 하나님으로부터 받는다(고전 14:29-33). 그러므로 예언의 은사는 사실상 가르침의 은사보다 더 수동적이다. 예언자들은 주의 말씀을 전달한다. 그들은 공부하고 준비하고 나서 하나님의 말씀을 전하는 것이 아니다. 비록 예언이 참으로 하나님으로부터 온 것인지를 교회가 분별해야 하지만(29절; 살전 5:20-21) 여성에 의해 전해진 예언의 말씀이 권위적이라는 사실을 나는 부인하지 않는다. 셋째, 고린도전서 11:2-16은 여성의 예언 사역에 중요한 빛을 던져준다. 여성은 교회에서 기도하고 예언하도록 격려받는다. 그러나 바울은 남성의 헤드십 때문에 여성에게 특정한 방식으로 자신을 꾸미라고 명한다. 의미심장하게도 그는 그의 독자들에게 "여자의 머리는 남자요"(3절)라고 상기시킴으로써 단락을 시작한다. 다시 말해 여성은 회중 가운데서 기도하고 예언하도록 허용되지만, 그들이 남성의 리더십에 복종함을 나타내는 방식으로 그렇게 하여야 한다. 나는 여성에 의한 예언 은사의 소유가 오늘날 그들이 목사와 교사로서 섬길 수 있다는 결론에 이르게 하지 않는다는 결론을 내린다.

크레이그는 평등주의적 견해를 지지하는 좋은 사례를 든다. 그러나 그의 견해는 여성의 가르침이나 남성에 대한 권위의 행사를 반대하는 금지령에 초문화적 근거를 제공하는 바울의 창조로부터의 논증을 성공적으로 설명하지 못한다. 여성은 예언자, 집사, 후원자로서 섬겼으나, 제사장, 사도, 목사로서는 섬기지 않았다.

4

또 다른 상보주의적 관점

_토마스 R. 슈라이너

나는 교회에서의 여성의 역할이 오늘날 복음주의 내에서 가장 논란이 많은 민감한 쟁점이라고 믿는다. 그것이 가장 중요한 논쟁이라고 말하는 것은 아니다. 왜냐하면 다른 논쟁 – 예, 열린 신론, 포괄주의 대 배타주의 – 이 더 중요하기 때문이다. 그럼에도 불구하고 아마도 목회 사역으로서 그들의 부름을 변론해야 하는 여성이 그들의 성직 안수의 정당성을 의심하는 사람들이 그들의 인간성과 존엄성을 문제 삼고 있다고 느끼기 때문에, "여성들의 쟁점"이 일반적으로 더 강력한 논쟁을 촉발한다. 여성의 성직 안수를 지지하는 남성은 해석상의 이유와 그들과 자신들의 이야기를 함께 나누었던 여성들에 대하여 연민을 느끼기 때문에 종종 그 문제에 열정적이다.[1] 사역으로 부름 받았다고 느끼는 대부분의 여성은 그들의 욕망이 비성경적이라고 말한 남성과 이야기하는 고통을 경험하였다.

나는 어느 누구 못지않게 우리의 문화적 기후에 의해 영향을 받는다. 그래서 목회 사역으로 부름 받았다고 느끼는 여성과 이야기할 때, 나는 그들이 밀고 나가야 하며 그렇게 하는 하나님의 축복을 받고 있다고 말하고 싶다. 누군가가 이 문제에 대한 내 견해를 들을 때, 실망으로 얼굴을 떨구는 모습을 보기란 결코 유쾌하지 않다. 다른 한편 나는 사람들을 기쁘게

1_ 예를 들어, Craig Keener가 많은 여성이 느끼는 소명감에 의해 상당히 영향받는 것은 분명하다(*Paul, Women and Wives: Marriage and Women's Ministry in the Letters of Paul* [Peabody, Mass.: Hendrickson, 1992], 3-4, 120).

하려는 유혹에 저항해야 하며, 성경에 대한 나의 이해에 충실해야만 한다. 나는 성경이 여성이 가르치는 것과 남성에 대해 권위를 행사하는 것을 금지한다고 이해한다(딤전 2:12). 이 소론에서는 무엇이 이 금지와 관련되어 있는지 설명하려 하지 않을 것이다. 다른 사람들의 선례를 따라 내 견해를 상보주의 견해라 칭하고, 모든 사역이 여성들에게 열려야 한다고 믿는 견해를 평등주의 견해라 칭할 것이다.

역사, 해석학, 그리고 용어

성경 본문에 대한 설명을 시작하기 전에 역사, 해석학, 그리고 정확한 용어에 관하여 말하고 싶다.

역사

대부분의 교회 역사 전체를 통하여, 여성은 목사와 제사장으로 섬기지 못하도록 금지당했다.[2] 따라서 내가 이 소론에서 지지하는 견해는 "역사적 견해"다. 나는 그 역사적 견해를 가진 사람들이 가끔 그들의 견해를 방어하기 위하여 극단적이고 설득력 없는 논증을 사용했음과 여성에 대한 저속한 견해가 그들의 해석에 영향을 주었음을 기꺼이 인정한다. 교회의 전통은 우리가 복음주의자로서 *sola scriptura*("오직 성경")를 믿기 때문에 여성이 목자직으로부터 금지되어야 한다고 입증하지 않는다. 그럼에도 불구하고 복음주의자들은 C. S. 루이스가 "연대기적 속물근성"(chronological

---

2_ Daniel Doriani, "A History of the Interpretation of 1 Timothy 2," in *Women in the Church: A Fresh Analysis of 1 Timothy 2:9-15*, eds. Andreas J. Köstenberger, Thomas R. Schreiner, and H. Scott Baldwin (Grand Rapids: Baker, 1995), 23-67을 보라.

snobbery)이라고 칭한 것에 주의하여야 한다.³ 교회 전통이 절대 오류가 없는 것은 아니다. 그러나 그것은 쉽게 버려져서도 안 된다. 그 추정에 의거한 증거(presumptive evidence)는 "새로운 해석"에 반한다. 왜냐하면 우리는 우리 자신의 문화적 콘텍스트에 영향을 받는 경향이 있으며, 그리하여 우리 선조들에게 명확했던 것을 보지 못하기 때문이다. 비록 사용된 논증 중 일부가 설득력이 없다 하더라도 시간의 시험을 견뎌내고 수 세기에 걸쳐 교회 — 동방과 서방 교회와 남방과 북방 교회 모두에서 — 가 승인한 해석은 인상 깊은 내력을 가지고 있다.⁴

게다가 여성이 제사장이나 목사가 되어서는 안 된다는 견해는 신앙 고백의 장벽을 초월했다. 그것은 대부분의 개신교인, 교회의 다양한 정교회 분파, 로마 가톨릭 교회의 역사 전체에 걸친 견해였다. 물론 이 모든 그룹이 틀릴 수도 있다. 성경이 이 문제에 대한 최종 결정권자다. 그러나 입증의 책임은 확실히 새로운 해석을 촉진시키는 사람들에게 있다. 이는 특히 그 새로운 해석이 우리 사회에서 페미니스트 혁명의 뒤를 바싹 따라가기 때문이다. 일부 페미니즘의 긍정적인 기여에도 불구하고(예, 동일한 노동에 대한 동일한 급료와 여성을 인간으로서 대우하는 것에 대한 강조), 그 운동이 대체적으로 선을 위한 힘이 되어왔는지는 분명하지 않다.⁵ 최종 판결은 나지

3_ C. S. Lewis, *Surprised by Joy* (New York: Harcourt, Brace, and World, 1955), 207.

4_ Karen Jo Torjeson은 교회 역사의 초기에는 여성이 실제로 제사장 역할을 하였다고 주장한다 (*When Women Were Priests: Women's Leadership in the Early Church and the Scandal of Their Subordination in the Rise of Christianity* [San Francisco: HarperSanFrancisco, 1993], 9-87). 평등주의 학자들인 Ruth A. Tucker와 Walter L. Liefeld는 증거 분석에 더 신중하고 설득력이 있다(*Daughters of the Church: Women and Ministry from New Testament Times to the Present* [Grand Rapids: Zondervan, 1987], 63, 89-127).

5_ Mary A. Kassian, *The Feminist Gospel: The Movement to Unite Feminism with the Church* (Wheaton, Ill.: Crossway, 1992); Robert W. Yarbrough, "The Hermeneutics of 1 Timothy 2:9-15," in *Women in the Church: A Fresh Analysis*, 155-96; Harold O. J. Brown, "The New Testament Against Itself: 1 Timothy 2:9-15 and the 'Breakthrough'

않았지만 나는 그 결과에 대하여 낙관하지는 않는다.

해석학

해석학에 관한 간략한 한마디도 필요하다. 모든 해석가가 그들의 이전 경험과 문화에 의하여 형성된다는 사실을 우리는 잘 알고 있다.[6] 어느 누구도 추정 없이 빈 석판을 가지고 본문과 마주치지 않는다. 초연한 객관성은 불가능하다. 왜냐하면 우리가 특정한 문화와 특정한 사회를 살아가는 유한한 인간이기 때문이다. 다른 한편 우리는 문화를 결코 초월할 수 없다는 생각에 주의해야만 한다. 만약 그렇지 않으면 우리는 항상 불가피하게 우리가 이미 믿는 뜻으로 본문을 해석할 것이다. 만약 우리가 우리 자신의 역사와 사회적 위치에 얽매이면, 현재 우리의 선입견을 지지하는 책은 즐겨 읽을지라도 그 어떤 책도 읽지 않고 지낼 수도 있다. 만약 우리가 결코 새로운 것을 배울 수 없다면, 그리고 변함없이 우리 자신의 세계관으로 되돌아간다면, 어떻게 하든 발견될 "진리"는 없다. 이 책에서의 각 소론은 단순히 기고가들의 문화적 편견을 나타낼 것이며, 독자로서의 당신의 반응은 당신 자신의 특정한 문화적 편견이 될 것이다. 만약 우리가 과거의 덫에 빠진다면, 우리는 우리 모습 그대로를 즐기는 편이 좋을 것이다. 그리고 단순히 다른 사람의 의견을 읽는 데 시간을 낭비하고 있다는 결론을 내리는 편이 나을 것이다.

우리가 우리의 과거에 의해 완전히 묶여 있다는 생각은 해석학적인 허

---

of Galatians 3:28," in *Women in the Church: A Fresh Analysis*, 197-211을 보라. 세속적인 관점에서는, Nicholas Davidson, *The Failure of Feminism* (Buffalo, N.Y.: Prometheus, 1988)을 보라.

6. 양측에서 흔히 있는 해석상의 오류에 대한 유용한 분석을 위하여, Andreas J. Köstenberger, "Gender Passages in the New Testament: Hermeneutical Fallacies Critiqued," *WTJ* 56 (1994): 259-83을 보라.

무주의다. 대신에 우리의 문화적 배경과 추정에 대한 의식은 우리의 과거를 초월하는 통로가 될 수 있다. 사람들은 확실히 변한다. 그리고 우리는 부단한 노력으로 우리와 다른 사람들을 이해할 수 있다. 이와 유사하게 우리와 거리가 먼 본문을 이해하는 것이 가능하며, 우리는 그러한 "낯선"(foreign) 세계를 진리로서 받아들일 수도 있다. 사실 해석학적 허무주의는 참으로 무신론의 한 형태다. 왜냐하면 복음주의자들은 말씀하시고 우리가 그의 말씀을 이해할 수 있게 하시는 하나님을 믿기 때문이다. 하나님의 영은 우리가 그의 말씀의 진리, 즉 우리가 완고하였을 때 거부했던 진리를 이해하고 받아들이는 것을 가능하게 하신다(고전 2:6-16). 그리스도인들은 하나님의 말씀이 유력한 말씀, 생명을 창조하는 말씀이라고 확신한다(요 6:63). 물론 이것이 그리스도인들이 지금 완전한 지식을 가지고 있다거나, 우리가 모든 것에 대하여 동의할 것이라는 암시는 아니다. 또한 나는 어떤 본문은 해석하기 어렵다는 것을 부인하지 않는다. 구속의 날까지 우리는 "부분적으로" 알 뿐이다(고전 13:12, "know in part").[7] 그러나 이 시대에 실질적이고 정확한 성경 이해를 얻을 수 있다. 그러므로 나는 하나님의 말씀이 오늘날 우리에게 말하고 여성의 역할에 대한 그의 뜻이 분별될 수 있다는 확신을 가지고 이 쟁점에 접근한다.

이 시점에서 또 다른 해석상의 문제가 논의되어야 한다. 때때로 상보주의 견해와 평등주의 견해 사이의 논쟁은 근본적인 본문의 선택으로서 틀이 지어졌다. 예를 들어, 여성의 성직임명을 천년왕국의 논의에서 한 예증으로 사용하는 저자가 여성의 역할에 관하여 다음과 같이 선언한다. "중요한 질문은 어떤 구절이 그 논의를 좌우하느냐다 — 아무런 제한도 표현되지 않는 것으로 보이는 구절 또는 그렇게 보이는 구절. 서로 다른 진영

7_ 다른 언급이 없으면, 성경 인용은 New American Standard Bible (NASB)에서 취한다.

은 그들이 견해를 결정하는 데 비제한적인 본문을 더 근본적인 본문으로 간주하느냐 아니면 제한적인 본문을 더 근본적인 본문으로 간주하느냐에 기초하여 다른 입장을 취한다."[8]

처음부터 나는 단순히 내가 여기에서 표현된 이분법을 거부한다고 말하겠다. 나는 그 쟁점이 어떤 본문이 "더 근본적인가" 또는 어떤 본문이 "논의를 좌우하느냐"와 관련 있다고 믿지 않는다. 그러한 견해는 일군의 본문이 다른 군의 본문을 바라보는 프리즘 역할을 한다고 추정한다. 물론 우리 모두는 특정한 격자를 통하여 성경을 읽는 경향이 있다. 그리고 우리 중 누구도 그러한 경향을 완전히 벗어날 수 없다. 그러나 쟁점을 이런 식으로 틀을 지우는 것은 여성의 성직임명에 대한 결정이 어떤 군의 본문이 더 근본적인지 결정함으로써 도달된다고 추정한다. 이 관점이 옳다 하더라도, 디모데전서 2:11-15이 갈라디아서 3:28보다 더 근본적이라고 어떻게 말할 수 있을지 알기란 어렵다. 게임이 시작하기도 전에 끝난 것 같다. 나는 상보주의적 견해가 옳다고 확신한다. 그러나 이는 디모데전서 2:11-15이 "더 근본적"이라거나 갈라디아서 3:28을 해석할 때 그것이 "논의를 좌우하기" 때문이 아니다. 도리어 나의 의견에 의하면 상보주의자들은 갈라디아서 3:28과 디모데전서 2:11-15 두 본문 모두를 가장 공평하게 대했고, 이때 이 본문은 콘텍스트에서 해석되었다. 어떤 본문도 다른 쪽에 우위를 차지해서는 안 된다. 둘 다 콘텍스트에서 주의 깊고 엄격하게 해석되어야 한다.

나는 평등주의자들이 위에서 언급한 것과 매우 유사한 또 다른 해석학적 진술을 하는 것을 종종 들은 적이 있다. 그들은 갈라디아서 3:28이 명

8_ Darrell L. Bock, "Summary Essay," in *Three Views on the Millennium and Beyond*, ed. D. L. Bock (Grand Rapids: Zondervan, 1999), 280. 덧붙여 말하면 이것은 Bock의 전반적인 견해에 대한 비평이 아니다. 왜냐하면 나는 그가 상보주의자라고 믿기 때문이다.

확한 본문이며, 일부 사역으로부터 여성을 제한시키는 본문들은 불명확하다고 말할 것이다.[9] 그런 다음 그들은 계속해서 명확한 본문이 불명확한 본문을 통제해야 한다고 말한다. 해석학적 원칙이 추상적으로 말해질 때, 누가 그 원칙에 동의하지 않을 수 있겠는가? 나 또한 명확한 본문이 우선권을 가져야 한다고 믿는다. 그러나 갈라디아서 3:28이 명확한 본문이라는 주장은 입증되지 않은 것을 사실로 가정하고 논하는 것이다. 갈라디아서 3:28과 사역에서 여성을 제한하는 본문 모두 명확하고 비모순적인 메시지를 낳는다. 교회 역사에서 우리를 앞섰던 사람들은 디모데전서 2:11-15은 불명확하고 갈라디아서 3:28은 명료하다고 생각하지 않았다. 우리 선조들은 오늘날 많은 사람이 느끼는 것과 동일하게 두 본문 사이의 긴장 관계를 인지하지 못했다. 현대의 평등 개념이 종종 갈라디아서 3:28에 이입되기 때문에, 그 본문은 우리에게 정반대의 것으로 여겨진다. 나는 갈라디아서 3:28과 여성의 역할을 제한하는 본문 안에 있는 요점이 명확하다고 생각한다. 내가 고린도전서 11:2-16과 디모데전서 2:11-15 같은 본문에 있는 모든 세부 사항이 명료하다고 주장하는 것은 아니다. 그러나 그 기본적인 가르침을 이해하는 것이 어렵지 않으며, 갈라디아서 3:28에 있는 주요한 진리를 파악하는 것도 어렵지 않다.

용어

용어에 관한 말 또한 적절하다. 내가 편의상 "여성의 성직임명"(ordination of women)이란 어구를 사용할지라도, 진짜 쟁점은 성직임명이 아니라 여성이 목사 직분에서 역할을 할 수 있는가다. 신약에서 성직임명이란 단어

9_ Gretchen Gaebelein Hull, *Equal to Serve: Women and Men in the Church and Home* (Old Tappan, N.J.: Revell, 1987), 183-89는 그렇게 본다.

는 교회의 지도자로서 섬기는 사람들에 대하여 통상적으로 사용되지 않는다.[10] 신약은 초기 교회에서 지도자로서 섬기는 *presbyteroi*("장로들")와 *episkopoi*("감독들")를 언급한다. 장로와 감독이 동일한 직분이라는 것은 밀레도에서 바울이 에베소 교회 지도자들에게 한 연설로 보아 명백하다(행 20:17-35). 17절에서는 그들이 "장로들"로 불리는 반면에, 동일한 그룹이 28절에서는 "감독자들"로 묘사된다. "장로들"이란 용어가 아마도 직분을 가리키는 반면, "감독자들"이란 용어는 기능 – 교회를 보살피는 책임 – 을 가리킬 것이다. 또한 28절은 목회자적 은유를 포함한다. 왜냐하면 감독들은 하나님의 양 무리를 *poimainein*("치다, 인도하다")할 책임이 있기 때문이다. 여기서 우리는 목사, 감독, 장로가 동일한 직분을 가리킨다는 표시를 볼 수 있다.

디도서 1:5-9도 "장로들"과 "감독들"이 동일한 직분을 가리킨다는 생각을 지지한다. 바울은 디도에게 각 성에서 장로들을 임명하라고 말하고(6절), 그런 다음 계속해서 필수 성품을 기술한다(6절). 7절에서는 "감독자"란 단어로 옮긴다. 단수형 "감독자"(*episkopon*)의 사용은 또 다른 직분을 나타내는 것이 아니라 총칭적인 용법이다. 6절과 7절을 연결하는 *gar*("for", "왜냐하면", 개역개정에서는 번역하지 않음 – 역자 주)는 새로운 직분이 고려되고 있는 것이 아님을 보여준다. 왜냐하면 바울이 지도자에게 필요한 성품을 계속해서 기술하기 때문이다. 사실 6절과 7절 두 곳에서 모두 동일한 단어(*anenklētos*, "책망할 것이 없고")가 사용되고 있으며, 이는 "감독자들"과 "장로들"이 동일한 직분을 가리킨다는 추가적인 증거로서 기능한다. 베드로의 첫 번째 서신(5:1-4) 역시 확증적인 증거를 제공한다. 베드로는 1절에

10_ 성직임명에 대한 연구를 위하여, Marjorie Warkentin, *Ordination: A Biblical-Historical View* (Grand Rapids: Eerdmans, 1982)를 보라.

서 장로들(presbyterous)에게 말하면서 그들에게 양 무리를 치라(poimanate)고 요구한다. 분사 episkopountes("감독하는", 일부 번역본에는 나타나지 않으며, 개역개정도 번역하지 않음 — 역자 주)도 사용된다(2절). 따라서 나는 양무리를 치는 것(먹이는 것)과 감독하는 것이 장로의 책임이라고 결론을 내린다.[11]

장로와 감독이 신약에서 예외적이었다는 것도 사실이 아니다. 바울과 바나바는 그들의 첫 번째 전도 여행 때 개척한 각 교회에 장로들을 임명했다(행 14:23).[12] "감독들과 집사들"(빌 1:1)은 빌립보 교회에서 두 직분을 이룬다. 예루살렘 교회 지도자들은 "장로들"로서 불렸다(행 15:2, 4, 6, 22, 23; 16:4). 이미 우리는 바울이 디도에게 그레데에서 장로들을 임명하라고 지시한 것을 보았다(딛 1:5). 감독과 장로의 자질과 책임은 디모데전서 3:1-7과 5:17-25에서 설명되었다. 베드로의 "장로들"(벧전 5:1)에 관한 언급은 장로들이 본도, 갈라디아, 갑바도기아, 아시아, 비두니아(벧전 1:1)에 있는 교회들에서 임명되었음을 보여준다. 야고보가 교회의 지도자들을 언급할 때, 그는 그들을 "장로들"(약 5:14)이라 부른다. 이 간략한 조사는 장로와 감독이 신약의 교회에서 흔히 있었음을 드러낸다. 장로들은 바울의 서신에 국한되지 않고, 야고보, 베드로, 누가의 저작물에서도 발견된다. 지리적으로 볼 때 장로와 감독들은 예루살렘에서 빌립보, 그레데까지 퍼져 있다. 물론 그 용어가 고정된 것은 아니다. 교회의 지도자들은 또한 "장로

11_ 딤전 5:17에서 다스리는 장로와 가르치는 장로를 구별 짓는 전형적인 장로교의 견해와 대조된다. 물론 "장로들"이 직분을 가리키는지도 논란이 되고 있다. R. Alastair Campbell은 최근에 그 용어가 직분을 가리키지 않는다고 제안했다(*The Elders: Seniority within Earliest Christianity* [Edinburgh: T&T Clark, 1998]). Benjamin L. Merkle, *The Elder and Overseer: One Office in the Church* (New York: Peter Lang, 2003)은 직분이 고려되고 있다는 생각을 지지한다.

12_ "각 교회"에서의 장로들의 임명은 지역교회에서의 리더십의 복수성을 나타낸다. 그래서 행 20:17도 *presbyterous tēs ekklēsias*를 언급하며 단 한 곳의 교회에 복수의 장로들이 있었음을 보여준다. 이것이 장로들에 관한 다른 본문뿐 아니라 빌 1:1을 읽는 가장 그럴듯한 방식이다.

들"이나 "감독들"이란 칭호를 사용하지 않고도 언급된다(고전 16:15-16; 갈 6:6; 살전 5:12-13).

이 소론에서의 내 논제는 여성이 목사직에 임명되지 않았다는 것이다. 가끔 우리는 "여성이 사역으로 부름 받는가?" 하고 질문한다. 나도 이 소론을 시작할 때, 바로 그 언어를 사용하였다. 그러나 그러한 언어는 너무 부정확하다. 여성을 포함하여 모든 믿는 자는 사역으로 부름 받는다. 여성이 수행할 수 있고 수행해야 할 다수의 사역이 있다. 이와 유사하게 성직임명이 신약에서의 중심적인 쟁점이 아니기 때문에, 질문은 여성이 성직임명을 받아야 하는가가 아니다. 내가 제기하고 싶은 질문은 매우 분명하다. 여성이 목사, 장로, 또는 감독으로서 기능하도록 부름 받는가? 이 질문에 대한 내 대답은 "아니다"이며, 이 소론은 왜 그런지 설명할 것이다.

여성의 존엄성과 중요성

여성을 목회직으로부터 제한하는 본문을 즉시 깊이 탐구하면, 우리는 성경을 오해하기 쉽다. 왜냐하면 성경이 변함없이 여성의 존엄성과 중요성을 가르치기 때문이다. 창세기 1:26-28은 남성과 여성이 하나님의 형상으로 만들어지며 그들이 함께 하나님이 창조하신 세상을 다스려야 한다고 가르친다. 남성과 여성은 모두 하나님의 형상으로 만들어질 뿐 아니라 그의 형상으로 동등하게 만들어진다. 남성이 여하튼 여성보다 더 하나님의 형상을 반영한다는 증거는 어디에도 존재하지 않는다. 스탠리 그렌츠(Stanley Grenz)는 현대 상보주의자들이 남성과 여성이 동등하게 하나님의 형상을 공유한다는 사실을 부인한다고 말하면서 그에 대해 아무런 증거도 제시하지 못한다.[13] 그 문헌을 읽은 사람은 누구나 그 주장이 압도적인 대다수의 상보주의자에게 해당되지 않는다는 것을 알고 있다.

여성의 존엄은 구약에서 자주 그려진다. 우리는 사라의 용기 있는 삶(창 12-23장), 라합의 믿음(수 2장), 한나의 헌신(삼상 1-2장), 룻의 헌신적 사랑(룻 1-4장), 다윗에 대한 아비가일의 온화하지만 단호한 책망(삼상 25장), 사르밧 과부와 수넴 여인의 겸손한 믿음(왕하 4장), 에스더의 위험을 각오한 믿음(에 1-10장)에 대하여 생각한다. 히브리서 저자가 기록한 바와 같이, 내가 이 구약의 여성과 여기서 빠뜨린 다른 사람들의 삶을 이야기한다면 "내게 시간이 부족하리로다"(히 11:32).

예수께서는 여성을 존엄과 존중으로 대우하셨으며 여성이 학대당하던 세계에서 그들을 들어 올리셨다고 자주 그리고 옳게 언급되어왔다. 그는 문화적 관습에 반하여 사마리아 여인에게 말씀하실 때 용기와 부드러움을 드러내 보이셨다(요 4:7-29). 예수께서 나인성 과부의 외아들을 죽음으로부터 일으키셨을 때 그의 동정심은 분명히 나타났다(눅 7:11-17). 왜냐하면 그 아들은 그녀의 유일한 생계수단이었을 것이기 때문이다. 그는 열두 해 동안 혈루증으로 고통 받던 여인을 사랑으로 치유하셨고(막 5:25-34), 18년 동안 똑바로 설 수 없었던 여인을 구원해주셨다(눅 13:10-17). 후자의 경우에는 안식일에 치유 행위를 한 것에 대해 비난을 받으셨음에도 불구하고 그렇게 하셨다. 간음하다 잡힌 여인(요 8:1-11)과 눈물로 그의 발을 씻고 자신의 머리카락으로 닦은 죄 많은 여인(눅 7:36-50)의 이야기에서 증명하는 바와 같이, 죄에 묶인 여성을 향한 예수의 부드러운 견고하심은 주목할 만하다. 예수는 수로보니게 여인의 딸(막 7:24-30)과 베드로의

13_ Stanley J. Grenz with Denise Muir Kjesbo, *Women in the Church: A Biblical Theology of Women in Ministry* (Downers Grove, Ill.: InterVarsity, 1995), 169. 놀랍게도 Grenz는 뒷받침하는 근거로 평등주의자 Ruth Tucker를 인용하지만, 그의 비난을 증명할 만한 주요한 자료를 아무것도 인용하지 않는다.

장모(1:29-31) 같은 아픈 여성을 치유하셨다. 십자가 위에서 고통 받으실 때, 그는 그의 어머니의 안녕을 걱정하고 요한에게 그녀를 돌보도록 부탁하셨다(요 19:26-27).

예수께서는 가르치실 때 실례로서 여성이나 여성들의 세계를 종종 사용하셨다. 그는 시바 여왕을 칭찬하시고(마 12:42), 하늘나라를 여인이 반죽에 넣은 누룩에 비유하시고(13:33), 열 처녀의 비유를 말씀하시고(25:1-13), 한 여인의 잃어버린 동전 비유로 죄인들에 대한 그의 사역을 변호하셨다(눅 15:8-10). 기도를 꿋꿋하게 해야 할 필요성이 불의한 재판장에 맞선 과부에 의하여 예증된다(18:1-8). 예수께서는 이혼에 반대하는 뜻을 공개적으로 말씀하심으로써 여성의 존엄성을 지지하셨다(막 10:2-12). 왜냐하면 고대 세계에서 이혼은 특히 여성에게 손상을 입혔기 때문이다. 예수께서 육욕에 강하게 반대하는 말씀을 하신 것을 보면, 여성은 단순히 남성이 바라는 성적 대상이 아니다(마 5:27-30). 또한 예수께서는 자신이 가진 전부를 드린 가난한 과부를 풍부한 가운데 후한 헌금을 드리는 부자들보다 더 많이 칭찬하셨다(눅 21:1-4).

여성은 예수의 사역에서 눈에 띄는 특색을 이룬다. 그의 사역은 몇몇 부유한 여성에 의해 재정지원을 받았다(눅 8:1-3). 그리고 이 여성 중 일부는 적어도 그의 사역의 얼마 동안 그와 함께 여행하였다. 예수께서는 식사 준비로 과도하게 걱정하던 마르다와 대조적으로 그의 말씀을 듣는 마리아를 칭찬하셨다(10:38-42). 유대교에서 어떤 사람들은 여성이 토라를 배우지 못하도록 금지시켰지만 예수께서는 여성이 성경을 배우도록 격려하셨기 때문에, 이 이야기는 특별히 중요하다.[14] 그가 마리아, 마르다와 가

---

[14] 토라를 배우는 여성에 대한 주제에 관하여, Ben Witherington III, *Women and the Genesis of Christianity* (Cambridge: Cambridge Univ. Press, 1990), 6-9의 균형 잡힌 평가를 보라.

까운 관계였다는 사실은 나사로를 일으키신 이야기(요 11:1-44)와 장례를 위하여 마리아가 그에게 기름 부은 이야기(12:1-8)에 의하여 예증된다. 여성의 헌신은 심지어 그가 십자가로 가는 길에서까지 예수에 대한 그들의 관심에서 분명히 나타났다(눅 23:27-31; 비교. 막 15:40-41). 마지막으로 죽은 자들 가운데서 그가 일으킴을 당하셨을 때, 예수께서는 여인들에게 나타나시고 비록 여성들의 증언이 법정에서 받아들여지지 않았을지라도 그들에게 그의 증인이 되도록 위탁하셨다(마 28:1-10; 막 16:1; 눅 24:1-12; 요 20:1-18). 특히 더 눈에 띄는 것은 예수께서 여성들에게 먼저 나타나심으로 다시 그들의 인간으로서의 중요성과 가치를 보여주셨다는 점이다.

여성의 중요성은 예수의 사역 이후 초기 교회에 의하여 무효화되지 않았다. 여성은 남성과 함께 오순절 기도회에 참석하였다(행 1:12-14). 일용할 양식이 없던 과부들은 따돌림을 당하지 않았고, 그들의 필요가 충족되도록 보장할 특별한 계획이 제정되었다(6:1-6; 딤전 5:3-16; 또한 약 1:26-27을 보라). 다비다는 다른 사람들에 대한 애정 깊은 관심으로 칭찬받았고(행 9:36-42), 누가는 상인으로 일했던 루디아의 개종을 특종으로 다룬다(16:14-15). 여성에 대한 관심은 여종으로부터 귀신을 축출함에서 예증된다(16-18절). 그녀의 주인들은 이익에 관심을 가졌지만(19-21절), 바울은 그녀의 구원과 해방을 원했다.

이 모든 본문은 갈라디아서 3:28의 가르침, 즉 "너희는 유대인이나 헬라인이나 종이나 자유인이나 남자나 여자나 다 그리스도 예수 안에서 하나이니라"를 확증한다.[15] 남성과 여성, 종과 자유인은 모두 하나님께 귀중하다. 여성은 하나님의 형상으로 만들어지며, 따라서 하나님의 형상을 지

15_ 어떤 학자들은 이 구절이 초기 세례 의식문을 포함한다고 보지만, 본문의 전 역사가 여기서 우리를 지체하게 할 필요는 없다.

닌 자로서 존엄성을 소유한다. 콘텍스트에서 볼 때 갈라디아서 3:28의 근본적인 목적은 남성과 여성 모두가 그리스도 안에서 구원으로의 동등한 접근 기회를 가진다는 것이다. 유대교화하려는 반대자들이 갈라디아의 교회들을 흔들었고, 그들로 하여금 구원받기 위하여 할례를 받아야 하는지 궁금하게 만들었다(5:2-6; 6:12-13). 바울은 그들에게 믿음에 의해서만 아브라함의 가족에 속한다고 상기시켰다(3:6-9, 14, 29). 하나님의 백성이 되는 구성원의 자격을 얻기 위하여 유대인이 되고 할례를 받을 필요는 없다. 하나님의 백성은 남성들로 제한되지 않는다. 그리스도를 믿는 사람이면 누구든 남성이든 여성이든, 하나님의 가족의 일원이다.

클라인 스노드그래스(Klyne Snodgrass)는 갈라디아서 3:28이 구원에만 국한될 수 없으며, 또한 사회적 영향(social implications)을 갖는다고 주장한다.[16] 예를 들어, 유대인과 이방인은 이제 그리스도 안에서 그들의 하나 됨 때문에 서로에게 다르게 관계한다. 나는 스노드그래스가 옳다고 믿는다. 이 구절의 요점은 남성과 여성을 포함하여 모든 사람이 그리스도 안에서 구원에로의 동등한 접근 기회를 갖는다는 것이다. 그럼에도 불구하고 그 진리가 사회적 중요성과 영향을 갖는다는 것 또한 사실이다. 그러나 우리는 이 사회적인 영향이 무엇인지 정확히 설명하기 위하여 바울이 말하는 내용 나머지를 읽어야 한다. 사회적 평등에 관한 우리의 현대 서구 민주주의적 개념을 성경 본문에 부과하기란 대단히 쉽다.[17] 계속해서 나

16_ Klyne R. Snodgrass, "Galatians 3:28: Conundrum or Solution?" in *Women, Authority and the Bible*, ed. Alvera Mickelsen (Downers Grove, Ill.: InterVarsity, 1986), 161-81.

17_ Rebecca Merrill Groothuis는 평등을 정의할 때 바로 이런 잘못에 빠진다(*Good News for Women: A Biblical Picture of Gender Equality* [Grand Rapids: Baker, 1997], 46). 그녀는 자신의 정의를 성경으로부터가 아니라 고전적인 자유주의 사상으로부터 이끌어낸다. Snodgrass에 대한 설득력 있는 비평과 갈 3:28에 대한 평등주의 해석을 위하여, Köstenberger, "Gender Passages," 274-79와 Richard W. Hove의 통찰력 있는 저작 *Equality in Christ? Galatians 3:28 and the Gender Dispute* (Wheaton, Ill.: Crossway, 1999)를 보라.

아가면 우리는 갈라디아서 3:28의 사회적 영향에 대한 바울의 이해를 식별하려고 시도할 것이다.

갈라디아서 3:28에 대한 F. F. 브루스(F. F. Bruce)의 이해에는 근본적인 결함이 있다. 왜냐하면 그가 자기 자신의 철학적인 평등 개념의 의미로 그 구절을 해석하였기 때문이다. "바울은 여기서 기본적인 원리를 말한다. 만약 그것에 대한 제한이 바울 자료의 다른 곳에서 발견된다면…그것들은 갈라디아서 3:28과 관련하여 이해되어야 하지, 그 반대는 아니다."[18] 브루스의 주장은 입증되지 않은 것을 사실로 가장하고 논했다. 그는 모든 구절이 갈라디아서 3:28의 렌즈를 통하여 해석되어야 한다고 가정했다. 그러나 그렇게 함으로써 반드시 자신의 평등 개념의 의미로 그 구절이 해석되도록 하였다. 바울이 다른 곳에서 쓴 어떤 내용도 갈라디아서 3:28에 대한 그의 견해를 수정하거나 제한할 수 없다.

브루스의 논리를 동성애 문제에 적용해보겠다.[19] 내가 다음과 같이 말한다면 어떻게 되겠는가? "갈라디아서 3:28은 남자와 여자가 된다는 것이 무엇을 의미하는지에 대한 바울의 근본적인 발언이다. 그 문제에 관하여 다른 곳에서 기록된 구절은 어떤 것이든 갈라디아서 3:28의 빛에서 해석되어야만 한다. 그러므로 바울 서신에서 동성애를 금지하는 구절들은 갈

---

[18] F. F. Bruce, *Commentary on Galatians* (NIGTC; Grand Rapids: Eerdmans, 1982), 190. Judith M. Gundry-Volf는 갈 3:28로부터 나오는 다른 결론을 이끌어내지만, 이 구절이 모든 성 차이를 폐지하지 않는다고 옳게 주장한다. "Christ and Gender: A Study of Difference and Equality in Galatians 3:28," in *Jesus Christus als die Mitte der Schrift: Studien zur Hermeneutik des Evangeliums*, eds. C. Landmesser, H. J. Eckstein, and H. Lichtenberger (BZNW 86; Berlin: Walter de Gruyter, 1997), 439-77를 보라.

[19] 내가 여성 사역과 동성애 문제가 똑같이 명료하거나 중요하다고 말하는 것은 아니다. 왜냐하면 나는 동성애를 받아들일 수 있다고 생각하는 사람은 더 이상 복음주의자가 아니라고 확신하기 때문이다. 동성애에 대한 성경의 가르침은 여성의 역할에 대한 가르침보다 더 명확하다. 그럼에도 불구하고 F. F. Bruce가 제의한 바로 그 원칙은 논리적으로 내가 위에서 지적한 결과로 이끌 수 있다.

라디아서 3:28의 빛에서 해석되어야만 한다. 바울은 사람이 남자인지 여자인지는 하나님께 중요하지 않다고 말한다. 그러므로 남자와 결혼하든 여자와 결혼하든 상관없다." 복음주의자들은 이것이 성적인 관계(sexual relations)에 대한 현대 관념의 의미로 본문을 해석한 것이라고 옳게 주장하려 할 것이다. 나의 요지는 정확히 동일한 종류의 입증되지 않은 것을 사실로 가장하고 논하는 해석이 갈라디아서 3:28의 평등주의 해석에서 사용되고 있다는 것이다. 여성은 구원에의 동일한 접근 기회를 갖고 있으며, 확실히 이 진실에는 사회적 영향이 있다. 그러나 이 영향이 무엇인지 결정하기 위하여 우리는 바울과 나머지 성경을 읽을 필요가 있다.

이 시점에서 우리는 우리 자신에게 갈라디아서 3:28의 가르침에 대해 상기시킬 필요가 있다. 성경은 남성이나 주인이나 유대인들이 어떻게든 하나님과 더 가깝다고 가르치지 않는다. 남자와 여자, 주인과 종, 그리고 유대인과 이방인은 모두 구원에의 동일한 접근 기회를 가지고 있다. 당연히 우리는 남자든 여자든 모든 인간을 존엄과 존중으로 대해야 한다는 결론이 나온다. 또한 우리는 모든 그룹의 사람들과 양성 모두에게 그들의 구원을 희망하면서 복음을 선포한다.

남성과 여성이 구원에의 동일한 접근 기회를 가지고 있기 때문에, 그들은 또한 "생명의 은혜를 함께 이어받을 자[들]"(벧전 3:7)이다. 베드로는 여기서 남성과 여성이 동일한 운명을 갖고 있다고 가르친다. 둘 다 주의 날에 상속을 받을 것이다. 성경은 여성이 남자보다 더 적은 보상을 받는다거나, 남성이 어떻게든 천국에서 여성을 다스린다거나, 여성이 하늘에서 더 작은 자리를 차지할 것이라고 가르치지 않는다. 남성과 여성은 똑같이 하나님이 약속하신 구원의 상속자들이다.

사역에서의 여성

여성을 사역에서 제한하는 성경 구절들에 너무 집중한 나머지 성서 시대 동안에 여성이 종사했던 많은 사역을 보지 못하는 근본적인 실수를 범할 수 있다. 이 단락에서의 내 목적은 여성을 포함하는 사역의 다양성을 보여주고 또한 어떻게 그러한 사역 참여가 여성이 목사직에서 섬기는 것으로부터 금지된다는 견해를 반박하지 않는지를 설명하는 것이다.

성경은 여성이 적어도 이따금 예언자로서 기능하였다고 분명히 가르친다. 구약에서 미리암(출 15:20-21), 드보라(삿 4:4-5), 훌다(왕하 22:14-20)가 눈에 띈다. 신약에서 안나 역시 예수의 공적 사역 이전에 자신의 은사를 발휘하였기 때문에 구약의 예언자처럼 기능한다(눅 2:36-38). 오순절 설교에서 베드로는 요엘의 예언이 실현되었고 성령이 남녀 모두에게 부어졌다고 강조한다(행 2:17-18). 빌립의 네 딸은 예언자였고(21:9), 고린도 교회의 여성도 분명히 그 은사를 발휘하였다(고전 11:5). 예언의 영적인 은사는 남성뿐 아니라 여성에게도 속한다(롬 12:6; 고전 12:10, 28; 엡 4:11). 평등주의자들은 종종 예언이 실제로 가르치는 것보다 더 우위를 차지한다고 주장한다(고전 12:28). 따라서 만약 여성이 예언할 권리를 갖는다면, 그들은 모든 영적인 은사를 소유하고 있기 때문에 가르치고 설교할 수 있어야 한다.

이 쟁점을 적절히 다루기 위하여 우리는 예언의 은사를 정의해야 한다. 어떤 사람들은 예언을 설교하는 것(preaching)으로 정의한다.[20] 예언하는

---

[20] 예를 들어, 본질적으로 예언을 "설교하는 것"으로 정의하는 J. I. Packer (*Keep in Step with the Spirit* [Old Tappan, NJ.: Revell, 1984], 215)를 보라(『성령을 아는 지식』, 홍성사 역간). Packer는 상보주의자다. 또한 예언에 대한 이 개념을 위하여, David Hill, *New Testament Prophecy* (London: Marshall, Morgan & Scott, 1979), 213; Anthony C. Thiselton, *The First Epistle to the Corinthians* (NIGTC; Grand Rapids: Eerdmans, 2000), 960-61;

자들이 하나님의 말씀을 하나님의 백성에게 선언하고 선포하는 것은 사실이다. 다른 한편 성경을 설교하는 사람들이 그것을 주해할 때 가르치는 은사를 사용하기 때문에 예언을 "설교하는 것"으로 동일시하는 해석은 오해의 소지가 있다. 장로의 근본적인 역할 중 하나가 남성을 가르치는 일을 포함하는 설교이기 때문에, 여성은 목사직으로부터 금지된다(딤전 3:2; 5:17; 딛 1:9). 비록 예언자들이 하나님의 말씀을 선포할지라도, 예언의 은사가 하나님의 말씀을 정기적으로 가르치고 설교하는 일과 동일시되어서는 안 된다.

고린도전서 14:29-32에서, 바울은 예언이 하나님으로부터 말미암는 계시나 신탁의 자발적인 수령(spontaneous reception)을 수반한다고 암시한다.[21] 이것은 30절로부터 분명하다. 계시가 앉아 있는 예언자에게 갑자기 주어지기 때문이다. 준비된 메시지가 관련되지 않은 것이 분명하다. 앉아 있는 사람이 예고 없이 하나님으로부터 계시를 받고, 자연히 일어나는 하나님의 말씀을 회중에게 전하기 위하여 일어서기 때문이다. 예언에 대한 그러한 정의는 사도행전에서의 아가보의 예언과 맞는다. 주께서 그에게 기근이 세계를 뒤덮을 것이라고 계시하셨고(11:27-28), 그는 또한 바울이 결박당하고 이방인들에게 넘겨질 것이라고 예언하였다(21:10-11). 이

Craig L. Blomberg, "Neither Hierarchicalist nor Egalitarian: Gender Roles in Paul," in *Two Views on Women in Ministry*, eds. James R. Beck and Craig L. Blomberg (Grand Rapids: Zondervan, 2001), 344-45를 보라.

21_ 이 기본적인 견해를 지지하는 예언에 대한 연구를 위하여, David E. Aune, *Prophecy in Early Christianity and the Ancient Mediterranean World* (Grand Rapids: Eerdmans, 1983); Wayne A. Grudem, *The Gift of Prophecy in 1 Corinthians* (Lanham, Md.: University Press of America, 1982); Graham Houston, *Prophecy: A Gift for Today?* (Downers Grove, Ill.: InterVarsity, 1989), 82-86; Christopher Forbes, *Prophecy and Inspired Speech in Early Christianity and Its Hellenistic Environment* (WUNT 2/75; Tübingen: Mohr, 1995), 218-21; Max Turner, *The Holy Spirit and Spiritual Gifts*, rev. ed. (Peabody, Mass.: Hendrickson, 1996), 185-220을 보라(『성령과 은사』, 새물결플러스 역간).

예언들은 전혀 준비된 메시지가 아니라 하나님으로부터 오는 초자연적인 신탁이다.

예언의 신탁적인 성격은 드보라(삿 4:4-9)와 훌다(왕하 22:14-20)의 예언에도 분명히 나타난다. 왜냐하면 그녀들이 특정한 상황에 반응하여 하나님의 특정한 말씀을 전하기 때문이다. 이로부터 나는 예언이 장로/감독/목사로서 섬기는 사람들에게 요구되는 가르치는 것과 동일시되어서는 안 된다는 결론을 내린다. 또한 예언이 가르치는 은사와 다르다는 결론이 나온다. 가르치는 것은 이미 전해진 전통에 대한 설명을 수반하는 반면에, 예언은 새로운 계시다.[22]

예언이 오늘날에도 여전히 은사로 존재하는지에 대한 결정은 이 소론의 목적이 아니다.[23] 관찰되어야 하는 사항은 여성 예언자들의 존재가 목사로서 섬기는 여성을 반대하는 금지를 무효화시키지 않는다는 것이다. 하나님은 교회 역사에서 여성 예언자들을 일으켜 세우셨지만, 그것에서 여성이 하나님의 양 무리의 장로나 감독으로서 섬겨야 한다는 결론이 나오지는 않는다. 구약에서 여성은 가끔 예언자로서 섬겼지만 제사장으로서는 결코 섬기지 않았다.[24] 이와 유사하게 신약에서 여성은 예언자로서는 섬겼지만 목사나 감독이나 사도로서는 결코 섬기지 않았다. 여성이 목사, 장로, 또는 감독으로서 섬겼다는 단 하나의 예도 신약에서 제시될 수 없다. 나중에 고린도전서 11:2-16을 상세히 살펴볼 때, 우리는 또한 남자가 여

22_ *TDNT*, 6:854, s.v. "*prophētēs*"; Heinrich Greeven, "Propheten, Lehrer, Vorsteher bei Paulus," *ZNW* 44 (1952-53): 29-30; Forbes, *Prophecy and Inspired Speech*, 225-29; Turner, *Holy Spirit and Spiritual Gifts*, 187-90, 206-12를 보라.

23_ 이 문제에 대한 논의를 위하여, *Are Miraculous Gifts for Today? Four Views*, ed. Wayne A. Grudem (Grand Rapids: Zondervan, 1996)를 보라.

24_ 이 주장의 발전을 위하여, Gordon J. Wenham, "The Ordination of Women: Why Is It So Divisive?" *Chm* 92 (1978): 310-19를 보라.

자의 머리이기 때문에(3절) 바울이 여성에게 복종적인 행실과 태도로 예언의 은사를 발휘하라고 지시하는 모습을 보게 될 것이다.

예언과 가르침 사이의 또 다른 차이가 언급되어야 한다. 예언은 신탁이나 계시가 하나님에 의하여 예언자에게 주어지는 수동적인 은사다. 다른 한편 가르침은 자연스럽게 리더십과 고정된 직분에 적합한 은사다. 왜냐하면 그것이 전통의 전달과 설명을 수반하기 때문이다.[25] 나는 예언이 다른 은사라고 주장할 뿐, 가르치는 행위보다 더 작은 은사라고 주장하는 것은 아니다.

위 주장에는 결점이 없는가? 왜냐하면 남성과 똑같이 여성도 가르치는 은사를 가지고 있기 때문이다. 영적인 은사 목록이 열거될 때(롬 12:6-8; 고전 12:8-10, 28-30; 엡 4:11; 벧전 4:10-11), 여성에게 가르치는 은사가 없음을 보여주는 어떤 힌트도 제시되지 않는다. 사실 브리스길라와 아굴라는 함께 하나님의 도에 대하여 더 정확하게 아볼로를 가르쳤다(행 18:26). 브리스길라를 앞에 기재한 것이 그녀가 그녀의 남편보다 더 학식이 있었음을 나타낼지도 모른다. 바울도 이 부부를 복음에서의 동역자들이라고 부르고, 그들의 집에서 모이는 교회를 언급하면서 그들의 강력한 사역에 대해 증언한다(롬 16:3-5; 고전 16:19; 비교. 딤후 4:19). 어떤 평등주의자들은 디도서 2:3을 지적하고, 거기서 여성들의 가르침을 권하고 있다.

많은 점에서 나는 여기서 평등주의자들에게 동의한다. 가끔 상보주의자들은 여성이 무지하며 가르치는 능력이 부족하다는 인상을 주었다. 그

25_ 전에 나는 여성들의 예언의 은사가 남성들에 의하여 발휘되는 것처럼 공개적으로 발휘되지 않았다고 주장했다(나의 "The Valuable Ministries of Women in the Context of Male Leadership: A Survey of Old and New Testament Examples and Teaching," in *Recovering Biblical Manhood and Womanhood: A Response to Evangelical Feminism*, eds. John Piper and Wayne Grudem [Wheaton, Ill.: Crossway, 1991], 216을 보라). 지금 나는 이 주장의 타당성에 관하여 유보적인 입장을 취한다.

러한 견해는 분명히 잘못되었다. 왜냐하면 어떤 여성은 의심할 여지없이 가르치는 영적 은사를 갖고 있기 때문이다. 남성은 여성으로부터 성경과 교리의 가르침을 받아들이는 데 열려 있어야 한다. 그렇지 않다면 그들은 브리스길라와 아굴라로부터 배운 아볼로의 겸손한 본보기를 따르지 않는 것이다. 더욱이 여성들은 교회가 모일 때 그들이 성경으로부터 배운 것을 나누도록 격려받아야 한다. 고린도전서 14:26과 골로새서 3:16에서 추천한 상호 가르침은 남성들에게 국한되지 않는다. 가끔 우리 남성들은 성경적이기보다 더 남성우월주의적이다.

그럼에도 불구하고 위의 성경 본문은 여성이 목사직을 수행했다거나 회중의 정규 교사로서 기능하였다고 말하지 않는다. 모든 믿는 자는 교회가 모일 때도, 두세 명으로 된 더 작은 그룹에서 모일 때도, 서로 가르쳐야 한다(고전 14:26; 골 3:16). 서로를 격려하고 가르치는 것은 모든 믿는 자의 책임이다. 그러나 상호 격려나 가르침은 여성이 목사직에 임명되는 것이나 남녀 모임의 정규 교사로서 기능하는 것과 동일하지 않다.

상보주의자들은 쉽게 너무 멀리 나가서, 브리스길라의 본보기가 다르게 말하는데도 여성이 어떤 성경도 그들에게 가르칠 수 없다고 생각한다. 다른 한편 브리스길라가 아볼로를 사적으로 가르친 단 한 번의 경우는 그녀가 목사 직분을 수행했다고 전혀 증명하지 못한다. 오늘날의 예 하나를 사용해보겠다. 우리 교회에서 짐이라는 이름의 구성원이 교회의 또 다른 사람을 한쪽으로 데리고 가서 성경에 나오는 무언가를 그에게 설명했다 하더라도, 짐이 실제로 우리 교회에서 교사나 목사로서 기능하고 있었다는 결론이 나오지 않는다. 짐의 정확한 역할을 명확하게 하기 위해서는 다른 정보가 필요할 것이다. 평등주의자들은 브리스길라 이야기에 그것이 실제로 말하는 것보다 더 많은 의미를 부여하고 싶어 할 수 있다. 그리고 평등주의자들은 가끔 디도서 2:3에 대해서 솔직하지 못하다. 왜냐하면 그 콘텍스트가 바울이 늙은 여자들에게 젊은 여자들을 가르치라고 격려한다는 것을 밝히기 때문이다.[26] 여성이 목회 사역에서 남성을 가르칠 수 있다는 믿음을 옹호하기 위하여 이 본문들을 사용하는 것은 자의적 해석(eisegesis)이다. 왜냐하면 여기서 권하는 것은 젊은 여자들에 대한 늙은 여자들의 사역이기 때문이다.

바울은 사역에서의 여성들의 기여를 칭송한다. 그의 사역을 도와주는 사람들에 대하여 그가 가장 좋아하는 용어 중 하나가 synergos("동역자")이다. 동역자들의 라인업이 인상적이다. 디모데(롬 16:21; 살전 3:2; 몬 1), 아볼로(고전 3:9), 우르바노(롬 16:9), 디도(고후 8:23), 에바브로디도(빌 2:25), 아리스다고(골 4:10; 몬 24), 마가(골 4:11; 몬 24), 예수 유스도(골 4:11), 에바브라(몬 23), 데마(몬 24), 누가(몬 24). 그러나 동역자들은 남자들에게만 국한되지 않는다. 브리스길라는 로마서 16:3에서 synergos("동역자")라 불린다. 유오디아와 순두게는 빌립보서 4:3에서 동역자들로서 칭찬받는다. 그리고 바울은 그들이 그와 함께 복음을 퍼뜨리는 데 힘썼다고 말한다.

또한 바울은 사역과 관련한 사람들을 지칭하기 위하여 동사 kopiaō("수고하다")를 종종 사용한다(고전 16:16). 실제로 kopiaō 라는 용어는 종종 바울 자신의 사역을 묘사한다(고전 4:12; 15:10; 갈 4:11; 빌 2:16; 골 1:29; 딤전 4:10). 어떤 본문에서는 지도자들이 수고한다고, 즉 열심히 일한다고 말한다(고전 16:16; 살전 5:12; 딤전 5:17). 주목할 만한 사실은 몇몇 여성이 바울에 의하여 열심히 일한 자로서 언급된다는 점이다. 마리아(롬 16:6)와 드루배나, 드루보사, 버시(12절)가 그렇다. 이로부터 평등주의자들은 여성이 초기 교회에서 지도자로서 기능하였다고 결론 내린다.

우리는 평등주의자들과 상보주의자들이 모두 동의할 수 있는 사항을

26_ Grenz, *Women in the Church*, 129를 보라.

놓치지 말아야 한다. 즉 여성들은 명백하게 상당히 사역에 연관되었다. 그리고 그들은 그들의 사역에서 열심히 일했다. 그러나 그 증거가 여성이 지도자로서 기능하였음을 분명하게 나타내지는 않는다. 왜냐하면 그 용어들이 리더십의 문제에 대해서 근본적으로 모호하기 때문이다. 우리는 여성들이 사역에서 열심히 일했다는 것을 알고 있다. 그러나 이 용어들은 우리에게 그들이 목사로서 기능하였다고 말해주지 않는다. 그러한 추론에서의 결점은 사도 바울의 경우를 생각하면 쉽게 눈치챌 수 있다. 다음과 같은 단순한 삼단논법을 세워보자.

사도 바울은 종종 그의 사역을 수고, 즉 힘든 일로 묘사한다.
몇몇 여성이 사역에서 수고한다고 한다.
고로 여성은 사도로서 기능하였다.

여기서 논리적인 결함이 즉각 눈에 띈다. "수고하다"는 사도들 특유의 용어이거나 사도들에게 독특한 용어가 아니기 때문이다. 사람들은 사도가 되지 않고도 사역에서 수고할 수 있다. 이와 유사하게 여성은 지도자로서 반드시 기능하지 않으면서도 사역에서 수고한다. 우리 교회에서 많은 여성이 사역에 열심히 일하고 수고하고는 있지만 그들이 목회적 리더십 역할을 수행하지는 않는다. 독자들은 내가 말하고 있는 것에 주의 깊게 주목해야 한다. 나는 "동역자"와 "수고하다"란 용어가 명확히 목회적 리더십에서 여성을 배제시킨다고 주장하고 있는 게 아니다. 단지 그 용어들이 그들이 그런 역할을 했다고 증명하지 않음을 말하고 있는 것뿐이다.

여성이 신약 시대에 집사로서 섬겼는가? 이 논쟁은 로마서 16:1과 디모데전서 3:11에 집중된다. 많은 상보주의자들은 여성들이 집사가 아니었다고 확신한다. 불행히도 본문은 불명확하다. 그래서 확실성은 배제되며 우리는 두 구절에 대한 연구에 제한된다! 모든 것을 감안할 때 나는 여성이 확실히 집사로서 섬겼다고 생각하며, 우리가 그들이 교회에서 이 직분을 수행하도록 격려해야 한다고 믿는다. "집사"(diakonos)를 위한 단어는 종종 특정한 직분을 의도하지 않고 일반적인 섬김을 가리킬 수 있다. 그럼에도 불구하고 뵈뵈는 로마서 16:1에서 직분을 수행했던 것으로 보인다. 왜냐하면 그녀가 "겐그레아 교회의 집사"(NRSV 번역, 개정개역 — "겐그레아 교회의 일꾼")로서 불리고 있기 때문이다. Diakonos 다음에 "겐그레아 교회의"란 단어의 첨가가 공식적인 지위를 암시한다. 그녀가 특정 지역교회에서 특정한 역할을 수행했을 것으로 보이기 때문이다.

디모데전서 3:11은 여성 집사 대신에 집사들의 아내를 가리킬 가능성이 있다. 그러나 몇몇 이유로 인해 여성 집사를 가리킬 가능성이 더 크다. 첫째, 11절에서 여성들은 "이와 같이"란 용어 — 8절에서 남성 집사들을 소개하기 위해 사용되는 것과 같은 용어 — 와 함께 소개된다. 따라서 바울이 교회에서의 직분을 계속해서 기술하고 있다고 생각하는 것이 가장 타당하다. 둘째, 일부 영어 번역은 gynaikas("여자들")를 여기서 "아내들"(KJV, NKJV, NIV)로 번역한다. 하지만 그리스어에는 "아내들"을 위한 별도의 단어가 없어서 그 용어가 쉽게 "여자들"(NASB, NRSV, RSV, TNIV)로 번역될 수 있었다. 사실 만약 바울이 "그들의 아내들"(단순히 그리스어 autōn의 첨가만 요구함) 또는 "집사들의 아내들"(단순히 그리스어 diakonōn의 첨가만 요구함)이라고 썼더라면 그것은 명확히 아내들을 가리킬 것이다. 이 용어 중 어느 것도 사용되지 않기 때문에, 아내들보다는 여성 집사들이 아마도 고려되고 있을 것이다.[27] 셋째, 이 여성들을 위한 자격 요건은 남성 집사와 장로들

---

[27] 아내들을 가리킨다고 지지하는 것으로 George W. Knight III, *The Pastoral Epistles* (NIGTC; Grand Rapids: Eerdmans, 1992), 170-73을 보라.

의 자격 요건과 동일하거나 유사하다. 자격 요건의 유사성은 단순히 집사의 아내로서의 신분이 아니라 직분을 암시한다. 넷째, 특히 장로들이(아래를 보라) 교회를 다스리는 행위에서 더 큰 책임을 갖고 있었다면, 왜 바울이 집사들의 아내는 강조하고 장로들의 아내는 빠뜨리겠는가? 만약 장로 직분이 더 많은 책임을 졌다면, 장로들의 아내를 언급하지 않는 것은 어리둥절하게 만든다. 그러나 만약 여성이 집사로서 섬길 수 있었고 장로로서는 섬길 수 없었다면(이에 대해 아래에서 더 다룬다), 여성 집사의 언급이 이치에 잘 맞는다.

나는 여성이 신약에서 집사로서 확실히 섬겼으며, 오늘날 우리 교회에서도 여성이 그러한 직분으로서 섬겨야 한다고 결론 내린다. 신약 시대 동안에 여성이 사역에 극히 중요하게 관련되어 있었으며, 오늘날 교회가 성경이 허용하는 것을 하지 못하도록 금지한다면 잘못 판단한 것임을 우리는 또 다시 본다.

그러나 만약 신약이 기록되었을 때 여성이 집사로서 섬겼다면, 어떻게 오늘날 그들이 다스리고 가르치는 역할로부터 금지될 수 있겠는가? 현대 교회의 문제 중 하나는 많은 교회가 두 직분, 즉 장로들/감독들과 집사들(빌 1:1; 딤전 3:1-13)이 있었던 성경적 패턴에서 벗어났다는 것이다. 많은 현대 교회에서 집사는 교회의 운영 위원회로서 기능한다. 이것은 적절하지 않다. 왜냐하면 신약 어디에서도 집사가 장로와 동일시되거나 장로의 하위 범주로 만들어지지 않기 때문이다. 집사 직분과 장로 직분은 뚜렷이 다르다.[28] 그리고 여성을 집사로서 임명하는 것은 상보주의 견해의 정당성에 전혀 영향을 미치지 않는다. 왜냐하면 장로들/감독들 – 집사들이 아니라 – 이 교회에서 리더십과 가르치는 것을 책임지기 때문이다. 장로에

28_ 나는 이 소론 앞에서 장로들을 위한 증거를 논의했다.

게 요구되는 두 자격 요건, 즉 가르칠 수 있는 능력(딤전 3:2; 5:17; 딛 1:9)과 교회를 다스리는 것(딤전 3:5; 5:17; 행 20:28)은 어디에서도 집사에게 요구되지 않는다. 집사들이 아니라 장로들이 교리의 순결함과 교회의 리더십에 대한 책임을 진다. 집사는 교회에서의 긍휼 사역과 봉사 사역을 책임지며, 교회를 가르치고 다스리는 데에는 리더십을 행사하지 않는다. 그렇다면 디모데전서 2:12이 여성이 가르치거나 남성에 대하여 권위를 행사하지 못하도록 금하는 것은 중요하다. 여성이 장로와 집사를 구분 짓는 두 활동(가르침과 권위의 행사)을 하지 못하도록 금지당하는 것에 주목하라. 따라서 나는 여성이 집사로서 섬길 수 있고 섬겨야 하지만, 그들이 가르치는 것과 권위를 행사하는 것과 관련한 목회직을 차지해서는 안 된다고 결론 내린다.[29]

평등주의자들은 여성이 초기 교회에서 확실히 지도자로서 섬겼다고 확신한다. 그들은 로마서 16:7에서의 유니아를 여성 사도라고 밝힌다. 어떤 사람들은 요한이 그의 두 번째 서신에서 "택하심을 입은 부녀"(요이 1)에게 썼기 때문에 여성이 지도자로서 기능하였으며, 이 부녀는 교회를 이끄는 개인 여성으로 이해된다고 믿는다.[30] 다른 사람들은 바울이 디모데

29_ 어떤 사람들은 신약의 스데반과 빌립 이야기에 의지하여, 그들의 사역이 집사가 지도자로서 기능하였고 "봉사" 사역에 국한되지 않았음을 보여준다고 주장한다(행 6:1-8:40). 간략하게 논평해보겠다. 첫째, 우리는 스데반과 빌립이 집사로서 기능하였다고 절대적으로 확신하지 못한다. 왜냐하면 비록 명사 *diakonia*가 구제에 대해서 사용되고(1절), 동사 *diakonein*(2절)이 수행되는 임무에 대해 사용될지라도 집사라는 칭호가 행 6:1-6에서 임명된 사람들에 대해서 사용되지 않기 때문이다. 모든 것을 감안할 때 나는 그 7명이 집사였다고 생각하지만, 확신할 수는 없다. 둘째, 스데반과 빌립의 설교 사역은 설교가 집사들의 사역 일부임을 거의 증명하지 않는다. 왜냐하면 그 7명은 12사도가 말씀 사역에 방해받지 않도록 하기 위해 임명되기 때문이다(2절, 4절). 셋째, 단순히 몇몇 집사가 요구되는 것 이상을 했다는(스데반과 빌립은 섬기고 설교하였다) 이유로 모든 집사가 가르치고 설교할 수 있고 그렇게 해야 한다고 결론 내릴 수는 없다. 누가는 정확히 스데반과 빌립이 예외적인 인물이었기 때문에 그들을 크게 다룬다.

30_ Aída B. Spencer, *Beyond the Curse: Women Called to Ministry* (Nashville: Nelson, 1985), 109-12; Tucker and Liefeld, *Daughters of the Church*, 74-75를 보라.

전서 5:2(비교. 딛 2:3)에서 여성 장로를 언급하기 때문에 여성이 장로로서 섬겼다고 생각한다. 많은 평등주의자는 로마서 16:2에서 뵈뵈를 지적하며 *prostatis*를 지도자를 가리킨다고 이해한다.[31] 여전히 다른 사람들은 여성이 지도자로서 기능했음이 틀림없다고 말한다. 왜냐하면 교회가 여성의 집에서 모이고 그들이 이 집의 후원자로서 지도자가 되었을 것이기 때문이다. 예를 들어, 마가 요한의 어머니(행 12:12-17), 루디아(16:13-15), 글로에(고전 1:11), 브리스길라(롬 16:3-5), 눔바(골 4:15)가 그렇다.[32]

앞 문단에서의 평등주의자들의 주장은 설득력이 없다. 어떤 사람들은 여성들이 부활의 증인이었기 때문에 설교해야 한다고 주장한다. 그러나 우리는 예수께서 막달라 마리아에게 나타나셨기 때문에 그녀가 지도자가 될 자격이 있었다고 추론해서는 안 된다.[33] 다른 곳에서는 그녀가 지도자로서 기능했다는 증거가 아무것도 없다. 부활하신 주를 보고 그의 부활의 증인이 되는 것은 물론 큰 기쁨이요, 특권이었다. 그러나 이로부터 논리적으로 그 여성들이 지도자나 교사로서 섬겨야 한다는 결론이 나오지는 않는다. 사실 만약 예수께서 여성 사도를 임명하셨다면, 모든 사역 역할이 여성들에게 열려 있음은 명확할 것이다. 그러나 우리는 예수께서 남성 사도들만 임명하셨음을 안다. 지금 나는 남성의 사도직이 여성의 역할에 대한 문제를 해결한다고 믿지 않는다. 그러나 만약 예수께서 평등주의자들이 알고 있는 것만큼 평등주의적이고 대담하고 급진적이셨다면, 그가 여성 사도를 임명하지 않으셨다는 것은 이상하다. 왜냐하면 이 동일한 평등주의자들이 바울은 여성 사도를 천거했다고 보기 때문이다(롬 16:7). 그 모

31_ Keener, *Paul, Women and Wives*, 238-40; Spencer, *Beyond the Curse*, 113-17을 보라.
32_ 이것은 Grenz의 견해로 보인다(*Women in the Church*, 90-91).
33_ 다른 사람들에게 베드로가 집 앞 문에 와 있다고 말한 점을 바탕으로 여성을 지도자로서 지지하는 Grenz (*Women in the Church*, 79)와 대조된다!(행 12:14)

든 문제를 결정적으로 해결할 과감한 발언을 하실 수도 있었을 텐데, 예수께서는 바울보다 더 문화에 순응하시는 것처럼 보인다. 남성의 사도직이 여성이 지도자로서 섬겨서는 안 된다는 것을 증명하지는 않지만, 그것이 다른 증거와 결합하면 확실히 상보주의 견해를 위한 확정적인 증거로 사용된다.

여성 후원자들이 가정교회의 지도자로 기능하였다고 말하는 것도 전혀 설득력이 없다. 어떤 설득력 있는 증거도 그 견해를 뒷받침하지 않는다. 단순히 교회가 마가 요한의 어머니 마리아의 집에서 모였다는 이유 때문에 그녀가 예루살렘 교회의 지도자 중 한 명이었다고 정말로 믿는가?(행 12:12) 사도행전은 지도자들이 베드로, 요한, 그리고 주의 형제 야고보였음을 명확히 한다(다른 사도들과 장로들뿐 아니라). 마리아의 집에서 이루어진 교회의 모임과 리더십 역할에 대한 추정 사이에 어떤 상관관계도 그릴 수 없다.

이와 유사하게 고린도에서 글로에가 지도자로서 기능한 것에 대한 암시는 하나도 없다. 사실 교회는 스데바나 집에 복종하라는 권고를 받고(고전 16:15-16), 글로에는 빠져 있다. 로마서 16:2에서 *prostatis*를 "지도자"로 정의하는 것도 설득력이 없다. 이 구절에서 바울이 말하는 것은 뵈비가 바울 자신을 포함하여 많은 사람의 *prostatis*("돕는 자")였기 때문에 그녀가 어디서 도움을 필요로 하든지 로마 교인들이 뵈뵈를 *parastēte*("돕다") 해야 한다는 것이다.[34] *Parastēte*와 *prostatis* 사이의 언어유희는 분명하다. 뵈뵈는 여기서 여성 후원자로서 천거된다. 바울은 그녀가 그의 지도자로서 또는 교회의 지도자로서 기능하였다고 거의 시사하지 않는다. 심지어 바울

34_ 대안적 관점을 인용하는 참고문헌 목록을 포함하여 뵈뵈에 대한 심층 논의를 위하여, 나의 *Romans* (BECNT; Grand Rapids: Baker, 1998), 786-88을 보라.

은 예루살렘 사도들이 그의 지도자들이었다고 인정하지도 않았다(갈 1:11-2:14). 그래서 그가 뵈뵈에게 그러한 역할을 맡겼으리라고 믿는 것은 불가능하다!

여성이 장로로서 섬겼다는 증거는 실제로 존재하지 않고 설득력이 없다. 예를 들어, 디도서 2:3에서는 장로 직분이 고려되고 있지 않음이 명백하다. 왜냐하면 바울이 늙은 남자들(2절), 늙은 여자들(3절), 젊은 여자들(4-5절), 그리고 젊은 남자들(6절)을 언급하기 때문이다. 다양한 연령 그룹의 언급은 바울이 직분이 아니라 나이를 말하고 있음을 드러낸다. 같은 주장이 디모데전서 5:2에 적용된다. 1-2절에서 바울은 디모데에게 늙은 남자들, 늙은 여자들, 젊은 남자들, 그리고 젊은 여자들과 어떻게 관계해야 하는지에 대하여 조언한다. 여기서 본문을 직분 개념의 의미로 해석해서는 안 된다. 그리고 사실상 모든 주석가는 연령이(직분이 아니라) 의도되고 있다는 데 동의한다. 요한2서에서의 "택하심을 받은 부녀"도 여성 지도자나 장로를 가리키지 않는다.[35] 거의 모든 주석가는 그것이 교회 전체를 가리킨다는 데 동의한다. 6, 8, 10, 12절에 있는 복수형은 요한이 단순히 한 개인이 아니라 교회 전체에 편지를 쓴다는 것을 나타낸다. 교회를 "부녀"(lady)로서 언급하는 것은 성경의 나머지 부분과도 조화를 이룬다. 왜냐하면 바울과 요한 모두 교회를 그리스도의 신부로 묘사하기 때문이다(엡 5:22-23; 계 19:7). 그리고 이스라엘도 구약에서 여인으로 그려진다(사 54:1;

35_ Grenz, *Women in the Church*, 91-92. Grenz는 그 증거의 모호성을 인정한다. 하지만 그는 사실상 모든 주석가가 특정한 여성이 고려되고 있지 않다는 데 동의한다는 점을 독자에게 알리지 못한다. 그가 언급하는 자료들은(그의 p. 242nn95, 96을 보라) 1888년의 한 주석가, 날짜가 없는 또 다른 주석, 그리고 Spencer, *Beyond the Curse*이다. 정평 있는 주석들은 모두 일치되게 그에게 반대한다. 예를 들어, Raymond E. Brown, *The Epistles of John* (AB; Garden City, N.J.: Doubleday, 1982), 651-55; Stephen S. Smalley, *1, 2, 3 John* (WBC; Dallas: Word, 1984), 318; John R. W. Stott, *The Epistles of John* (TNTC; Grand Rapids: Eerdmans, 1964), 200-201을 보라.

렘 6:23; 31:21; 애 4:3, 22). 독자들은 부녀로서의 교회의 은유가 그리스도의 교회를 가리킨다고 당연히 이해했을 것이다. 부녀와 그녀의 자녀들 사이의 구별을 여자는 지도자였고 자녀들은 회중이었다고 말하기 위해 사용해서는 안 된다. 부녀는 교회 전체를 의미하고, 자녀들은 교회의 개인 구성원들을 가리킨다.

면밀히 살펴보면 장로 또는 지도자로서 섬기는 여성에 대한 지지는 사라진다. 평등주의 견해를 지지하는 가장 그럴듯한 주장이 유니아의 예에서 온다. 왜냐하면 그녀와 안드로니고가 로마서 16:7에서 사도들로서 확인되기 때문이다.[36] 그러나 그 구절은 너무 모호해서 정당한 논증을 만들지 못한다. 해석학적으로 그것은 고린도전서 15:29로부터 죽은 자들을 위한 세례에 대한 지지를 발견하는 것과 유사하다. 왜냐하면 그 구절의 목적이 리더십 역할을 하는 여성에 대하여 말하는 것이 아니기 때문이다. 본문은 세 가지 면에서 모호하다. 첫째, 바울은 남성을 언급하고 있는가, 아니면 여성을 언급하고 있는가? 둘째, 안드로니고와 유니아는 사도들이 보기에 눈에 띄는 자들인가, 아니면 그들은 그들 자신이 눈에 띄는 사도들인가? 셋째, "사도"는 전문적인 용어로서 사용되는가, 아니면 선교사를 가리키기 위하여 비전문적으로 사용되는가?

학자들은 그 언급 대상이 남성인지 아니면 여성인지(유니아스 또는 유니아)에 대한 논쟁을 계속한다. 만약 그것이 남성 유니아스(Junias)라면, 우리는 유니아누스(Junianus)란 이름의 축약 형태를 갖는다. 개인적으로 나는

36_그 증거에 대한 신중한 평가를 위하여, Andreas J. Köstenberger, "Women in the Pauline Mission," in *The Gospel to the Nations: Perspectives on Paul's Mission*, eds. Peter G. Bolt and Mark Thompson (Downers Grove, Ill.: InterVarsity, 2000), 221-47을 보라. 유니아에 대한 심층 논의를 위하여, John Thorley, "Junia, A Woman Apostle?" *NovT* 39 (1996): 18-21; Richard S. Cervin, "A Note Regarding the Name 'Junia(s)' in Romans 16,7," *NTS* 40 (1994): 464-70; Schreiner, *Romans*, 795-97을 보라.

여성이 고려되고 있다고 믿는다. 이것은 적어도 13세기까지 교회 역사에서 다수의 견해였다. 더욱이 유니아누스의 축약형은 그리스어 문헌 어디에서도 발견되지 않는다. 따라서 나는 유니아가 여성이었다고 확신할 수 있다고 생각한다.

둘째, 바울은 안드로니고와 유니아가 "사도들 가운데 눈에 띄는" 자들이었다고 말하고 있는가, 아니면 "사도들이 보기에 눈에 띄는" 자들이었다고 말하고 있는가? 전자는 거의 모든 주석가의 견해다. 그러나 마이클 뷰러(Michael Burer)와 다니엘 월리스(Daniel Wallace)는 최근에 그 어구에 대한 철저한 조사와 분석을 하고, "사도들이 보기에 주목할 만한"이 가장 좋은 번역이라는 생각을 지지할 증거를 수집하였다.[37] 그들의 연구는 유니아가 여기서 사도로서 확인될 가능성이 없으며, 따라서 그 구절은 사도 직분으로 섬기는 여성에 대하여 아무것도 말해주지 않음을 보여준다. 그러나 심층 연구가 뷰러와 월리스가 틀렸다고 말하고 유니아가 사도로 확인된다는 결론을 지지할지도 모른다. 만약 여성이 사도로 섬겼다면, 어떤 리더십 역할이 그들에게 배제될 수 있겠는가?

그러나 여기서 세 번째 고려해야 할 문제가 떠오른다. 바울은 안드로니고와 유니아에게 12사도와 함께하는 자리를 부여하지 않고 있다. *Apostolos*가 항상 전문적인 용어가 되는 것은 아니다(예, 고후 8:23; 빌 2:25).[38] 그것은 선교사들을 가리키기 위하여 비전문적인 의미로도 사용될

37_ Michael H. Burer and Daniel B. Wallace, "Was Junia Really an Apostle? A Reexamination of Romans 16:7," *New Testament Studies* 47 (2001): 76-91. 이제 자신의 *Gospel Women: Studies of the Named Women in the Gospels* (Grand Rapids: Eerdmans, 2002), 172-80에서 Wallace와 Burer가 제시한 증거에 대한 해석에 관하여 심각한 반론을 제기한 Richard Bauckham을 보라.

38_ Wolf-Henning Ollrog, *Paulus und seine Mitarbeiter: Untersuchungen zu Theorie and Praxis der paulinischen Mission* (WMANT 50; Neukirchen-Vluyn: Neukirchener Verlag, 1979), 79-84를 보라.

수 있다. 성경 주석가 루돌프 슈나켄부르크(Rudolf Schnackenburg)는 "더 이상의 조건 없이, 로마서 16:7에서 언급한 사도는 순회 선교사 외에는 전혀 아무것도 아니었을 수 있다"[39]라고 썼다. 속사도 교부들에게서 apostolos는 순회 전도자에 대해서 사용된다.[40] 만약 유니아가 사도였다면, 그녀는 아마도 특히 여성들의 선교사로서 기능했을 것이다. 에른스트 케제만(Ernst Käsemann)은 "아내는 일반적으로 남편이 접근할 수 없는 여성들의 지역에 접근할 수 있었다"[41]라고 말했다. 바울 시대의 문화에서, 케제만과 슈나켄부르크의 이해가 유니아가 전문적인 의미에서 사도였다는 현대적 견해보다 훨씬 더 가능성이 있다. 요컨대 그 구절은 명확하게 유니아를 사도로 확인하지 않는다. 그리고 이 견해가 옳지 않더라도, "사도"는 전문적인 의미로 사용되지 않는다.

그러나 상보주의자들이 여성이 선교사로서는 기능할 수 있지만 목사로서는 기능할 수 없다고 말할 때, 평등주의자들은 모순을 발견한다. 나는 로마서 6:7과 빌립보서 4:2-3이 여성이 확실히 선교사로서 기능하였음을 보여주며, 상보주의자들은 그러한 사역을 칭찬하고 장려해야 한다고 생각한다. 그러나 나는 그 모순을 볼 수 없다. 왜냐하면 여성 선교사들을 칭찬하였던 바로 그 동일한 바울이 또한 그들이 목사/감독/장로로서 섬기지 못하게 금지하였기 때문이다. 만약 모순이 있다면, 그것은 바울 자신 안에 존재한다. 그리고 어떤 복음주의자도 이를 말하고 싶어 하지 않을 것이다.

39_ Rudolf Schnackenburg, "Apostles before and during Paul's Time," in *Apostolic History and the Gospel*, eds. W. W. Gasque and R. P. Martin (Grand Rapids: Eerdmans, 1970), 294; 그리고 또한 E. Earle Ellis, *Pauline Theology: Ministry and Society* (Grand Rapids: Eerdmans, 1989), 66.

40_ *Did.* 11:3-6; Herm. *Vis.* 13.1; Herm. *Sim.* 92.4; 93.5; 102.2.

41_ Ernst Käsemann, *Commentary on Romans* (Grand Rapids: Eerdmans, 1980), 413; 그리고 또한 Peter Stuhlmacher, *Paul's Letter to the Romans* (Louisville, Ky.: Westminster, 1994), 249.

바울은 성령에 의해 감동되어 여성에게 목회직을 금지하고 그들이 선교사가 되는 것을 허용하였다.

교회 역사에서 많은 여성 선교사들은 상보주의 견해에 동의하였다. 그래서 일단 특정 선교지에 교회가 개척되면, 남성 지도자들이 임명되었다. 그러나 내가 여성 선교사들이 역사에 걸쳐 현지에서 행한 모든 것을 침잠시키는 것(baptizing)은 아니다. 어떤 역할들은 적절하고 다른 역할들은 의문의 여지가 있었을 가능성이 매우 크다. 우리는 여성 선교사들이 무엇을 할 수 있고 무엇을 해야 하는지에 대한 우리의 견해를 그들이 실제로 행한 것으로부터가 아니라 성경으로부터 이끌어낸다. 또한 우리는 남성 선교사들이 행한 모든 것이 옳았다고 주장하고 싶지도 않다. 그럼에도 불구하고 역사에 걸쳐 많은 여성 선교사들은 실제로 상보주의적 견해를 취했으며, 이 견해가 위반되지 않는 방식으로 사역하고 복음을 전했다.

가정에서의 남성과 여성의 다른 역할

창세기 1-3장에서 확립된 역할 차이

남성과 여성이 동등하게 하나님의 형상으로 만들어졌으며(창 1:26-27), 따라서 하나님의 창조물로서 동일하게 가치 있고 중요하다는 사실을 우리가 이미 보았다. 그러나 나는 또한 창세기 1-3장에서 남성과 여성 사이의 역할 차이를 나타내는 여섯 가지 표지(indications)가 있다고 주장하고 싶다. 역할의 차이란 말을 통하여 나는 아담에게는 리더십의 책임이 있고 하와에게는 그의 리더십을 따를 책임이 있음을 의미한다. 이 여섯 가지 사항을 설명하기 전에 중요한 언급을 해야만 한다. 즉 인간성의 평등이 역할에서의 차이를 배제시키지 않는다. 현대인들에게는 이 두 진리(인간성의 평등과 역할에서의 차이) 사이의 긴장이 거의 참을 수 없다. 예를 들어, 레베카 메릴 그루투이스(Rebecca Merrill Groothuis)의 책 『여성을 위한 복음』(Good News for Women)의 기본적인 요지는 인간성의 평등과 역할에서의 차이를 논리적으로 단정할 수 없다는 것이다. 그러나 그루투이스는 단순히 그녀가 평등에 대한 현대의 계몽주의 견해를 받아들인다고 드러낼 뿐이다. 그 견해는 평등이 기능의 평등을 수반해야 한다고 주장한다. 미국 사회에 친숙한 사람은 누구나 이 평등 개념이 계속해서 엄청난 영향력을 행사한다는 것을 알고 있다.

그러나 성경적 견해는 매우 다르다. 하나님은 적어도 사역으로의 임명에 관한한 기회균등주의 고용주가 아니다. 하나님은 제사장이 오직 레위 족속에서만 나올 수 있다고 정하셨다. 그러나 모든 이스라엘 사람은 하나님 앞에서 동등한 가치와 동등한 존엄성을 가졌다.[42] 이와 유사하게 목회직은 남성만을 위한 것이지만, 여성은 하나님의 형상으로 창조된 사람으로서 동등한 존엄성과 가치를 갖고 있다. 그루투이스와 다른 평등주의자들은 결코 제사장으로서 섬길 수 없었던 이스라엘 사람들이 제사장직을 맡을 자격이 있었던 사람들보다 존엄성과 가치가 더 적다고 말하는 힘겨운 전망과 직면하고 있다.[43] 상보주의자들은 그러한 문제가 있는 결론을 면한다. 왜냐하면 우리는 역할에서의 영원한 차이가(요셉 족속은 결코 제사장으로서 섬길 수 없었다) 그 역할을 할 수 없는 사람들(요셉의 자손들)이 가치나 존엄성이 덜하다고 의미하지 않는다는 점을 인정하기 때문이다.

아담이 지도자로서 특별한 책임을 가졌다는 것을 보여주는 여섯 가지 표지는 다음과 같다.

42_ James B. Hurley, *Man and Woman in Biblical Perspective* (Grand Rapids: Zondervan, 1981), 44-45를 보라.

43_ Grenz는 같은 문제와 직면한다(*Women in the Church*, 152).

1. 하나님은 아담을 먼저 창조하셨고, 그 후에 하와를 창조하셨다.
2. 하나님은 선악을 알게 하는 나무로부터 먹지 말라는 명령을 아담에게 주셨다.
3. 하나님은 아담을 위한 돕는 자가 되도록 하와를 창조하셨다.
4. 아담은 하나님께서 아담의 갈빗대로부터 만드신 창조물에 "여자"라는 이름을 부여함으로써 그의 리더십을 행사하였다.
5. 뱀은 아담이 아니라 하와를 유혹함으로써 하나님의 리더십 패턴을 전복시켰다.
6. 하와가 먼저 범죄하였음에도 불구하고 하나님은 그 부부가 범죄한 후에 아담에게 먼저 다가가셨다.

내가 이 각각의 논거가 모두 동일하게 중요하다거나 명료하다고 제안하는 것은 아니다. 예를 들어, 다른 논거들이 신뢰할 수 있기만 하다면 논거 2와 5는 그럴듯하다. 그것들은 제안된 해석을 위한 결정적인 논거로서 단독으로 설 수 없다. 각 논거는 간결하게 조사할 필요가 있다.

아담은 하와 이전에 창조되었다

첫째, 아담이 하와 이전에 창조되었기 때문에(창 2:7, 21-24), 리더십에 대한 책임은 아담에게(그리하여 남성들에게) 속했다. 하와가 창조되기 전에 아담이 남자도 여자도 아닌 성적으로 구분되지 않는 존재였다고 주장하는 사람들은 나를 설득시키지 못한다.[44] 야웨가 남자로부터 여자를 만드셨을 때, 그는 그 남자에게 어울리는 사람을 만드셨고(18절), 아담은 그녀를 적

44_ Phyllis Trible, *God and the Rhetoric of Sexuality* (Philadelphia: Fortress, 1978), 80, 98도 그렇게 주장한다.

합한 상대로서 인정했다(23절). 본문이 강조하는 것은 아담이 먼저 창조된 것과 여자가 남자의 갈빗대로부터 만들어진 행위다(21-23절). *Ha-'ādām*이 갑자기 남자가 된 것에 대해서는 아무것도 말해지지 않는다. 또한 창세기 2장의 창조 이야기는 평등의 주제를 포기하지 않는다. 왜냐하면 아담이 말한 바와 같이 여자가 "내 뼈 중의 뼈요 살 중의 살"(23절)이었기 때문이다. 남자와 여자는 배우자로서 사랑의 관계 속에서 연합했다(24절).

그러나 창세기 2장의 내러티브는 1장에 없는 차원을 덧보탠다.[45] 현대 학자들은 그 내러티브가 독자들에게 메시지를 전달하기 위하여 신중하고 정교하게 구성되었다고 옳게 강조한다.[46] 분별력 있는 독자는 남자가 여자 이전에 창조되었고 여자가 심지어 남자 몸의 일부로부터 형성되었음을 알아차린다. 내레이터는 우리에게 그 이야기의 요소들을 깊이 숙고하도록 요구하면서 매우 기교 있게 쓴다. 그렇다면 그는 왜 남자가 먼저 창조되었고 그다음에 여자가 창조되었다고 우리에게 애써 말하는가? 이미 우리가 본 바와 같이, 여성이 남성과 더불어 완전한 인간성과 인격성을 공유한다는 것은 2:23-24로부터 명백하다. 그러나 만약 그 이야기의 유일한 핵심이 남녀의 평등이었다면, 같은 시점에서의 창조가 가장 적절했을 것이다. 평등주의 메시지는 남자와 여자를 같은 순간에 창조했다면 훌륭하게 전달되었을 것이다. 나는 아담이(그리하여 일반적으로 남성들이) 하와와의 관계에서 지도적 역할을 할 특별한 책임을 갖고 있었음을 시사하기 위하여 내레이터가 남자가 먼저 창조된 것을 전하고 있다고 믿는다.

평등주의자들은 이 논리가 우리로 하여금 동물이 사람보다 먼저 창조되었기 때문에 동물이 인간을 지배해야 한다고 생각하게 한다며 이 해석

45_ 나는 두 창조 이야기가 모순적이지 않고 상호보완적이라고 믿는다.
46_ Robert Alter, *The Art of Biblical Narrative* (New York: Basic Books, 1981)를 보라.

에 반대한다.⁴⁷ 이 반대는 항상 나에게 본질적인 논의 대신에 영리한 쟁점으로서의 인상을 준다. 인간이 하나님의 형상으로 창조된 유일한 창조물인 한(1:26-27) 동물과 구별된다는 사실은 뚜렷이 명백하기 때문에, 내레이터는 독자들이 그러한 결론을 끌어낼 것에 대하여 걱정하지 않았다. 그러나 독자들은 다음과 같은 질문을 하는 경향이 있다. "인류는 왜 남자와 여자로 구분되었는가? 그리고 왜 남자가 먼저 창조되는가?" 더 심각한 답변은 여성이 창조의 절정으로서 마지막에 창조되었으며 오히려 남성보다는 여성이 리더십을 맡으리라는 것이다. 이 해석은 창세기 1장의 패턴에 어울린다. 거기서 인간은 마지막에 창조되고 하나님을 위하여 세상을 다스릴 책임이 있다. 그러나 후자의 해석은 창세기 1장의 서술 패턴을 창세기 2장에 부과하는 것으로 어려움을 겪는다. 대신에 히브리어 독자는 장자 상속권(primogeniture)의 관점에서 두 번째 창조 이야기를 읽는 경향이 있다.⁴⁸ 장자는 아버지가 돌아가신 후에 어린 형제들에 대하여 권위를 갖는다. 장자 상속권의 파기는 야곱이 에서보다 수위에 있는 이야기(26-36장)와 요셉이 그의 형제들을 다스리는 이야기(37-50장)가 왜 그토록 충격적인지를 설명한다.

물론 평등주의자들은 창세기 2장 – 정경으로 인정되는 장 – 에 대한 그들의 특정한 해석이 갖는 또 다른 문제와 직면한다. 바울은 아담이 하와보다 먼저 창조되었기 때문에 여성이 가르치고 남성에 대하여 권위를 행사하는 것을 금지한다(딤전 2:12-13). 창세기 2장을 해석할 때 디모데전서 2:12-13을 언급하지 않는다. 디모데전서 2:11-15에서의 바울의 말에 대한 가장 자연스러운 해석은 창세기 2장의 상보주의적 해석을 뒷받침한다.

47_ Paul Jewett, *Man as Male and Female: A Study of Sexual Relationships from a Theological Point of View* (Grand Rapids: Eerdmans, 1975), 126-27도 그렇게 반대한다.

48_ Hurley, *Man and Woman in Biblical Perspective*, 207-8를 보라.

즉 아담이 하와보다 먼저 창조되었기 때문에 남성들은 교회에서 지도하고 가르칠 책임을 진다(또한 고전 11:8-9을 보라).

명령은 하와가 아니라 아담에게 주어졌다

둘째, 선악을 알게 하는 나무로부터 먹지 못하게 금하는 명령은 하와가 아니라 아담에게 주어졌다(창 2:16-17). 남성 리더십을 위한 이 논거는 결정적이지 않고 암시적이다. 하나님은 아담에게 이 명령에 관하여 하와를 가르치도록 위탁하신 것으로 보이며, 이는 관계에 있어서 리더십과 가르침을 위한 아담의 책임을 알려준다. 에덴동산을 경작하고 돌보도록 아담에게 주어진 명령이 밀접하게 연결되어 있다(15절). 물론 16-17절에서의 금지가 아담에게만 주어졌다는 사실이 아무것도 아닐 수 있다. 다른 한편, 그 이야기는 명령이 남편과 아내에게 주어지도록 구성될 수도 있었다. 나는 내레이터가 그 제약이 아담에게만 전달되었다는 사실을 드러냄으로써 남성의 리더십에 대한 힌트를 제공하고 있다고 믿는다.

하와는 돕는 자가 되기 위하여 창조되었다

남성 리더십의 세 번째 표지는 하와가 아담을 위하여 "돕는 자"(ʿēzer)로서 창조되었다는 점이다(18절, 20절). 표준적인 평등주의자의 반대 이유는 야웨가 이스라엘을 돕는 분으로서 종종 지칭되긴 하지만 이스라엘에 예속되지 않는 것이 분명하기 때문이다.[49] 야웨는 확실히 이스라엘을 구원하시고 해방시키신다는 점에서 이스라엘을 돕는 분이시다. 그러니 상보주의자들이 하와를 아담의 돕는 자로서 기술하는 것이 어떻게 남성의 헤드십을 옹호하는 주장을 뒷받침한다고 생각할 수 있는가? 오히려 그 주장이 번복될

49_ Trible, *God and the Rhetoric of Sexuality*, 90도 그렇게 본다.

수 있을지도 모른다. 야웨는 이스라엘의 돕는 자이시며 지도자이시다. 그 반대는 강한 반대로 보인다. 그리고 그것은 상보주의자의 견해를 옹호하는 극단적으로 단순화한 주장을 막는 장점을 가지고 있다.

그러나 평등주의적 해석은 또한 근거가 없는 극단적으로 단순화한 주장을 조장할 위험이 있다. 구약을 읽은 사람은 누구나 야웨가 종종 이스라엘의 돕는 자로 묘사된다는 것을 알고 있다. 따라서 "돕는 자"라는 용어 하나만으로는 창세기 2장에 있는 남성의 리더십을 의미하지 않는다. 하지만 단어는 콘텍스트 안에서 의미가 정해지고, 창세기 1-3장의 좁은 콘텍스트에서 "돕는 자"는 하와가 창조물을 다스리는 임무에서 아담을 도와야 했다고 의미한다. 사실 구약의 일부 콘텍스트에서, "돕다"는 윗사람이나 통치자가 그의 임무를 완수할 때 그를 돕는 사람들을 가리킨다.[50] 예를 들어, 열왕기상 20:16에서 벤하닷보다 힘이 더 작았던 32명의 왕이 전쟁에서 그를 도왔다. 동사 "돕다"는 군사적으로 다윗을 도왔던 용사들에 대해서도 사용된다(대상 12:1, 22-23). 다윗이 지도자였고 그들이 그를 돕고 있었다는 것은 분명하다. 이와 유사하게 다윗은 방백들에게 솔로몬이 왕이 되었을 때 그를 도우라고 권고하였다(22:17). 이 경우에 방백들이 솔로몬이 나라에 대한 주도권을 갖는 데 있어 솔로몬을 돕고 있었던 것은 의심의 여지가 없다. 군대도 군사 원정에서 웃시야 왕을 도왔다(대하 26:13). 야웨는 그가 예루살렘에서 왕을 돕는 자들을 무력하게 만들리라 맹세하셨고(겔 12:14; 비교. 32:21), 그 돕는 자들은 분명 그 왕의 부하들이었다. 이 예들은 돕는 사람이 우월한 역할이나 열등한 역할 중 어느 역할을 하는지를 결정하는

50_ David J. A. Clines, "What Does Eve Do to Help? and Other Irredeemably Androcentric Orientations in Genesis 1-3," in *What Does Eve Do to Help? and Other Readerly Questions in the Old Testament*, ed. David J. A. Clines (JSOTSup; Sheffield: Sheffield Academic Press, 1990), 31-32를 보라.

데 콘텍스트가 결정적임을 보여준다. 평등주의자들은 단순히 야웨가 이스라엘을 도우셨다고 말함으로써 상보주의 견해를 일축할 수 없다. 왜냐하면 다른 콘텍스트에서 지도자들이 그들의 권위 아래 있는 사람들의 도움을 받은 것이 분명하기 때문이다.

나는 창세기 1-3장에 남성의 리더십을 뒷받침함으로써 여성이 남성을 돕는다는 생각을 위한 문맥상의 근거가 있다고 믿는다. 창세기를 주의 깊게 읽는다면, 우리는 주의 깊은 청지기직(착취가 아니라)으로의 부름인 피조물에 대한 인간의 통치가 다음으로 하나님의 영광을 위하여 땅에 대하여 지배권을 가질 자손을 가지라는 명령과 결합되는 것을 본다(1:26, 28). 그러므로 데이빗 클라인즈(David J. A. Clines)가 옳게 주장하는 바와 같이, 여성이 남성을 돕는 방법 중 하나는 자녀를 낳는 것이다. 이것이 여성이 돕는 자로서 기능하는 유일한 방법이라는 말은 아니다. 그러나 남성과 여성 사이의 역할 차이는 여성만이 아이를 낳을 수 있다는 점에서 창조 때 확립된다. 우리는 아담에 대한 저주가 들에서의 그의 일에 초점을 두고 있어서 그의 죄의 결과로서 가시덤불과 엉겅퀴가 자란다(3:17-19)는 것을 알고도 놀라지 않는다. 이에 상응하여 하와는 그의 영역에서 저주를 받아 아이를 낳을 때 고통을 경험한다(16절).[51] 여성의 독특한 역할 — 아이의 출산 — 은 타락의 결과가 아님을 주목하는 것은 중요하다. 타락의 결과는 출산하는 동안에 고통의 증가이지만, 여성의 독특한 임무인 아이의 출산 자체는 죄가 세상에 들어오기 전에 확립되었다.

한 현대적 관측이 여기서는 적절하다. 낙태권리에 대한 급진적인 페미니스트들의 지지는 여성의 역할을 변화시키려는 목표와 밀접하게 연결되어 있다. 급진적인 페미니스트들은 임신과 아이의 출산이 여성을 남성

51_ Ibid., 33-36.

과 구분시킨다는 것을 제대로 인식하고 있다. 만약 여성이 해방되어 성관계가 어머니로서의 역할로부터 분리되면, 여성이 남성과 동일한 권리를 누릴 수 있다. 나는 그러한 페미니스트적 열망이 하나님의 창조 목적에 역행한다고 주장하고 싶다. 왜냐하면 하나님 자신이 남성이 아니라 여성이 아이를 낳을 것이라고 정하셨기 때문이다.

또 다시 성경의 정경적인 읽기는 여기서 채택된 해석을 확증한다. 고린도전서 11:8-9에서 바울은 창세기 2장에서의 이야기를 되돌아본다. 왜냐하면 고린도전서 11:8에서 그가 남자가 여자에게서 나오지 않았고 여자가 남자에게서 나왔다고 진술하기 때문이다. 그런 다음 9절에서는 "또 남자가 여자를 위하여 지음을 받지 아니하고 여자가 남자를 위하여 지음을 받은 것이니"라고 선언한다. 이 구절에서의 바울의 말을 우리는 어떻게 설명할 것인가? 나는 그가 창세기 2:18, 20에서의 다어 "돕는 자"를 생각하고 있었을 가능성이 크다고 생각한다. 창세기 2장에서의 창조 이야기가 그의 심중에 있었음을 우리는 안다. 그리고 여자가 남자를 위하여 창조되었다는 생각은 거의 확실히 "돕는 자"에 대한 바울의 주해다. 하나님의 영광을 위하여 세상을 다스리는 데 있어서 아담을 돕기 위하여 여자가 창조되었다. 고린도전서 11:9에 대한 그러한 해석은 그 장의 콘텍스트와 잘 어울린다. 여기서 남자가 여자의 "머리"로서 지칭되기 때문이다(3절). 그러므로 우리는 "돕는 자"가 여성의 종속적인 역할을 가리킨다는 강력한 바울의 증거를 갖고 있다.

여자가 남자에 의하여 이름 지어졌다

이제 나는 창세기로부터의 나의 네 번째 논거 – 여자가 아담에 의하여 이름 지어짐 – 를 주장할 준비가 되어 있다. 먼저 서두 역할을 하는 논평이 적절하겠다. 명확성을 위하여 제시된 논거들은 각기 서로 분리되어 있다.

그러나 우리는 각 논거가 이야기와 밀접하게 연결된다는 것을 기억할 필요가 있다. 예를 들어, 내레이터는 동물들의 이름 짓기를 도와줄 자에 대한 남자의 필요와 연결 지었다(2:18-20). 그는 적합한 돕는 자가 동물 가운데서 발견되지 않았음을 우리가 인지하기 원했다. 아담은 하나님의 동산을 경작하고 돌보는 그의 임무에서 그를 도와줄 그의 뼈 중의 뼈 살 중의 살, 즉 파트너가 필요했다(23절). 그에게 여자를 주기 위하여 하나님의 독특한 창조물이 필요했다. 새들과 야생 동물들과 가축들의 이름을 지었을 때, 아담은 이 중 어떤 것도 적합한 파트너가 아님을 인지했다. 이야기의 다양한 부분을 엮는 것은 실제로 상보주의적 견해를 위한 논거로서 기능한다. 왜냐하면 우리가 "돕는 자"라는 단어가 아담이 동물들의 이름을 짓는 본문에서 나타난다는 것을 알아야 하기 때문이다.

하나님이 만드신 창조물의 이름을 짓는 일은 왜 중요한가?(18-20절) 본문에서 그 관련성은 분명하다. 왜냐하면 이것이 분명히 아담이 하나님의 명령에 따라 창조물을 지배하는 수단 중 하나였기 때문이다(1:26, 28; 2:15).[52] 빛을 "낮"이라고 어둠을 "밤"이라고 부르셨을 때(1:5), 그리고 궁창을 "하늘"이라고 마른 뭍을 "땅"이라고 부르셨을 때(8절, 10절), 하나님은 그의 통치권과 주권을 행사하셨다. 이와 유사하게 아담은 동물들의 이름을 지음으로써 하나님의 주권 아래 그의 통치권을 행사하였다. 심지어 오늘날에도 종(種)에 대한 과학적 연구가 분류와 명명에서 존재한다. 우리는 개를 고양이와 구분하고 고래와 바다표범을 구분한다. 동물들의 이름 짓기는 아담에게 즉흥적이고 자의적인 게임이 아니었다. 그는 동물들의 이름이 그것들의 본성에 부합하도록 지었다. 아담이 동물들의 이름을 지었고 그 반대가 아닌 것은 중요하다! 내레이터는 아담이 세상과 하나님의

52_ Hurley, *Man and Woman in Biblical Perspective*, 210-12를 보라.

동산에 지배권을 행사하는 하나님의 명령을 수행하기 시작했다고 알려준다.

여자의 이름을 짓는 일은 2:23에서 일어난다. 이는 아담이 관계에서의 리더십의 책임을 갖는다고 암시한다. 여기서 내 주장을 오해하기 쉽다. 나는 지금 절대로 하와가 동물들과 비슷하다고 시사하고 있지 않다! 이야기의 요지는 그녀가 현저하게 다르며 아담의 돕는 자로서 기능하기에 완전히 적합했다는 것이다. 동물들과는 반대로, 그녀는 남자로부터 취해졌고 그의 뼈 중의 뼈요 살 중의 살이었다. 남자는 즉각적으로 그리고 기쁘게 그 차이를 알아차렸다!(23절) 전에 언급한 바와 같이 남자와 여자의 상호 관계와 평등도 그 이야기에서 전달된다.

그럼에도 불구하고 아담의 리더십 역할도 그 이야기에서 반영되고 있다. 그는 그녀가 동물들과 다르다는 것을 알아차렸고 'iššâ'("여자", 23절)라는 이름으로 그녀를 qārā'("불렀다") 하였다. 이때 그는 19-20절에서 동물들의 이름을 짓기 위해 사용한 것과 동일한 동사를 사용한다. 그토록 단축된 이야기에서 여성에게 이름을 부여하는 것은 매우 중요하다. 야웨는 그 임무를 자신을 위해 남겨두고 남성의 리더십에 대한 어떤 암시도 제거하실 수 있었다. 물론 그 여자는 하나님이 만드신 다른 모든 창조물과는 현저히 다르다. 그러나 아담이 그 여자의 이름을 지은 것은 그가 리더십 역할을 지니고 있음을 의미한다. 동물들과 여자의 이름 짓기에 다른 중요성을 부여하기 위한 해석상의 근거는 없다. 우리는 여기서 매우 조심할 필요가 있다. 두 경우 모두에서 이름 짓기는 통치의 상징이다. 그러나 그 통치가 동일하다거나 여성이 동물과 같다는 추론은 옳다고 인정할 수 없다. 전체 내러티브는 여자에 대한 아담의 지배와 하나님의 창조물들에 대한 그의 통치 사이의 연속성과 불연속성이 있었음을 실제로 보여준다.

이 해석에 대한 가장 중요한 반대가 필리스 트리블(Phyllis Trible)의 저작에서 발견된다.[53] 그녀는 명사 *šēm*("이름")이 동사 *qārā'*("부르다")와 결합하는 몇몇 본문을 가리키면서(예, 4:17, 25-26), 동사 *qārā'*가 명사 *šēm*과 결합할 때만 이름 짓기 개념이 존재한다고 말한다. 트리블에 의하면, 동물들의 이름 짓기는 그것들에 대한 아담의 힘과 권위를 의미하였다. 그러나 2:23과 평행한 구절은 아무것도 이끌어낼 수 없다. 거기서는 여자가 이름 지어지지 않기 때문이다. 트리블의 주장은 설득력이 없다.[54] 그녀가 명사 "이름"이 보통 이름 짓기 공식문구에서 "부르다"와 연결된다고 한 것은 옳다. 그러나 그녀는 이름 짓기가 일어나기 위해서는 명사 "이름"이 존재해야만 한다고 잘못 결론 내린다. 그러한 결론은 보증되는 것보다 더 많은 정확성을 언어로부터 요구한다. 왜냐하면 사전에 결정된 패턴을 따를 때만 이름 짓기가 일어날 것을 우리가 미리 요구해서는 안 되기 때문이다. 동사 *qārā'*의 반복(2:19-20, 23)은 여자의 이름을 짓는 것을 동물들의 이름을 짓는 것과 연결시키고, 그 결과 독자는 자연스럽게 두 이야기 사이의 유사성을 알아본다. 정확히 그녀가 남자로부터 취해졌다는 이유 때문에 아담은 그녀가 "여자"라고 간파하였고, 이는 그의 분류가 현실과 일치하고 그가 여자와 동물 사이의 주목할 만한 차이를 이해했음을 드러냈다.

트리블의 더 실질적인 반대 이유는 이 사람을 *'iššâ*("여자"[23절])라 부르는 것은 이름 짓는 것과 동일시될 수 없다는 점이다. 왜냐하면 "여자"는 이름이 아니기 때문이다. "그것은 보통명사이지 고유명사가 아니다. 그것은 성(性)을 가리키고, 사람을 명시하지 않는다."[55] 트리블은 동물들의 이

53_ Trible, *God and the Rhetoric of Sexuality*, 99-100를 보라.
54_ Trible의 견해와 대조되는 Clines, "What Does Eve Do to Help?" 37-40(특히 39n3)을 보라. George W. Ramsey는 이름 짓기는 지배가 아니라 식별과만 관련 있다고 주장한다("Is Name-Giving an Act of Domination in Genesis 2:23 and Elsewhere?" *CBQ* 50 [1988]: 24-35). 그러나 이 견해는 세상을 다스리라는 명령과 이름 짓는 행위 사이의 관계를 무시한다.
55_ Clines, "What Does Eve Do to Help?" 100에서 인용된다.

름 짓기와 여자의 이름 짓기 사이의 유사점을 오해했다. 아담이 동물들의 이름을 지어주었을 때 개인명, 즉 고유명사를 부여하지 않았다. 그는 그 동물을 뚜렷이 다른 그룹으로 분류하고, 추측건대 사자, 호랑이, 곰 사이를 구별하였다. 그는 어떤 호랑이에게도 "토리"라는 이름을 지어주지 않았다. 다만 곰과 대조하여 그것들을 호랑이로서 식별했다.

그러므로 23절에서 여자에게 개인명 또는 고유명사가 없어도 아무런 상관이 없다. 여자에게 이름을 지어줌으로써 아담은 그녀를 분류하고 있다. 사실상 그는 이름 지어진 다른 창조물들로부터 그녀를 구별한다. 그는 그녀의 독특함을 알아보고 그 독특함을 "여자"란 이름으로 적절하게 담아냈다. 그렇게 함으로써 그는 그녀가 남자인 자신과 얼마나 밀접하게 관계하고 있는지를 알았다. 결론적으로 말하면 남성의 리더십은 여자의 이름을 짓는 것에 의하여 전달된다. 그리고 성경의 내레이터가 동물과 여성이 모든 면에서 평행하다고 전혀 시사하지 않음에도 불구하고 동물들의 이름을 짓는 것과의 평행성은 유지된다.[56]

뱀은 아담이 아니라 하와를 유혹했다

남성 리더십의 다섯 번째 표지는 극도로 교활했던 뱀이 유혹할 때 아담이 아니라 하와에게 다가갔다는 점이다(3:1-7). 그렇게 함으로써 바울이 디모데전서 2:14에서 암시한 바와 같이, 뱀은 남성의 리더십 패턴을 전복시켰다. 나는 이 논거를 너무 중시하고 싶지 않다. 내 주장은 이 논거에 거의 의존하지 않는다. 나는 이것이 부정확할 수 있다고 솔직하게 인정한다. 그

---

[56] 덧붙여 말하면 하와의 이름을 짓는 것(창 3:20)이 남성 지배의 부적절한 행동이라는 Trible의 견해(*God and the Rhetoric of Sexuality*, 133-34)는 설득력이 없다. 왜냐하면 본문은 권력의 남용이 관련되어 있다는 어떤 단서도 제공하지 않기 때문이다. 대신에 이 단어는 내러티브에서 생명의 약속과 연결되어 있다(20-21절). Trible에 대한 비평을 위하여, Clines, "What Does Eve Do to Help?" 39를 보라.

러나 어쨌든 이 논거는 제시된 다른 논거들에 영향을 주지 않는다. 내가 이를 언급하는 이유는 이야기에서 실제로 일어난 것이(그리고 일어나지 않은 것이) 중요하다고 확신하기 때문이다.

아담이 하와보다 먼저 책망받았다

마지막으로 남성의 책임은 아담이 하와보다 먼저 책망받았다는 사실에 의하여 나타난다(창 3:8-12). 만약 하나님이 정말로 평등주의자이셨다면, 하와가 먼저 질책당했을 것이다. 하와가 그녀의 남편보다 먼저 과일을 먹었고, 짐작건대 역시 아담을 설득하여 그것을 먹게 하였기 때문이다. 동산에서 일어난 일에 대하여 아담이 주요한 책임을 졌기 때문에 야웨는 아담에게 먼저 말씀하셨다. 로마서 5:12-19에서 바울은 그 이야기에 대한 이 해석을 확증한다. 왜냐하면 인류의 죄가 하와가 아니라 아담에게로 거슬러 올라갔기 때문이다. 하와가 그녀의 죄에 대하여 아무런 책임을 지지 않았다는 말은 아니다. 야웨는 그녀의 행동도 책망하시고 그녀가 행한 것에 대하여 그녀를 심판하셨다(13절, 16절). 그러나 더 큰 책임은 첫 인간 부부의 지도자로서 아담에게 부여된다.

타락 이전

이 여섯 가지 논거가 타락 이전에 아담과 하와 사이의 관계와 관련됨을 보는 것은 중요하다. 하나님께서는 죄가 세상에 들어오기 전에 남성과 여성 사이의 역할 차이를 제정하셨다. 심지어 창세기 3장으로부터 내가 제시한 두 가지 논거는 타락 이전에 확립된 역할의 차이에 의존한다. 만약 아담과 하와가 타락 이전에 여러 가지 역할을 소유했다면, 남성과 여성의 뚜렷이 다른 역할은 죄의 결과가 아니다. 그것들은 하나님의 창조 의도에서 기인할 것이다. 그리고 하나님이 창조하신 모든 것은 선하다. 남성 리더십은 타락의 결과가 아니며, 남성과 여성을 위한 하나님의 선하고 완벽한 뜻이다.

창조 교리는 남성과 여성의 역할에 대한 논쟁을 위하여 심히 중요하다. 예수 자신으로부터, 우리는 결혼의 영구성이 우리를 남자와 여자로 창조하실 때의 하나님의 의도였기 때문에 결혼은 영구적이어야 한다는 것을 안다(창 1:26-27; 2:24; 마 19:3-12). 우리는 동성애가 하나님의 창조 의지를 거스르기 때문에 금지된다는 것을 안다(롬 1:26-27). 우리는 하나님이 음식을 창조하셨기 때문에 감사함으로 먹어야 한다는 것을 안다(딤전 4:1-5). 이와 유사하게 우리는 남성과 여성의 역할 차이가 타락의 결과가 아니라 하나님의 선하고 완전한 창조 질서의 구조 일부라는 것을 안다.

죄가 세상에 들어와 남성과 여성이 서로와 관계하는 방식을 왜곡시켰다. 남성은 그들의 지도할 책임을 특권으로 바꿔서 권위를 전제적으로 남용하거나 책임을 거부하고 비열한 수동성 속으로 내려감으로써 죄를 짓는다. 여성은 그들의 리더십을 얻고자 싸우거나 적절하지 않은 아첨으로 반응함으로써 남성의 리더십을 전복시키려 노력한다.[57] 이와 유사하게 우리는 한 쌍의 남녀가 평생 결혼을 유지해야 한다는 하나님의 의도를 죄가 어떻게 훼방 놓았고, 그 결과로 이혼이 얼마나 흔해졌는지를 볼 수 있다. 그러나 결혼의 영구성처럼, 역할의 차이는 하나님의 의도로 남아 있다. 그리고 역할에서의 그러한 차이는 선하고 아름다우며, 그리스도에 의하여 성취된 구속을 통하여 비록 완전하지는 않지만 아름다운 방식으로 오늘날 실행될 수 있다.

---

[57] 내 견해는 창 3:16에 대한 내 해석에 의존하는데, 여기서는 그것을 설명할 공간이 없다. Susan T. Foh, "What Is the Woman's Desire?" *WTJ* 37 (1975): 376-83을 보라.

결혼 관련 본문에서의 확증

이 책에서 우리는 사역에서의 여성의 역할을 논쟁하고 있지, 남편과 아내가 결혼 생활에서 서로 다른 기능을 갖고 있는가를 논쟁하고 있지 않다. 하지만 후자의 문제는 무시할 수도 없고 무시해서도 안 된다. 가족에 대한 성경적 가르침이 여성 사역에 관한 논쟁의 바탕과 배경을 형성하기 때문이다. 만약 역할의 차이가 가정 안에 존재한다면, 그 차이가 교회 안에서도 존재하리라는 것은 그럴듯하다. 사실 디모데전서 3:15에서 바울은 교회를 하나님의 집에 비유한다. 그리고 5:1-2에서 바울은 디모데에게 마치 그가 아버지나 어머니, 형제나 자매인 것처럼 다른 교회 구성원들을 대하라고 권고한다.[58] 우리는 바울이 디모데에게 모든 사람을 획일적으로 동일하게 대하라고 가르치지 않는 것에 주목해야 한다. 현명한 사람은 젊은이에게 말할 때와는 다르게 노인에게 말할 때는 노인의 경험에 대하여 더 많은 경의와 존경을 보여주는 방식으로 반응한다. 만약 하나님이 남편들에게 그들 가정의 지도자로서 특별한 책임을 맡기셨다면, 또한 마땅히 남성이 교회의 리더십에서도 책임을 지도록 정하셨을 것이다. 사역과 가정은 서로 엄격하게 분리해서는 안 된다. 두 영역은 상호 침투하여 한 영역에 대하여 사실인 것은 일반적으로 다른 영역에서도 틀림없다.

　남편과 아내에 관한 성경 본문을 살펴보면, 남편은 사랑의 리더십을 행사할 책임을 가지고 아내는 복종하도록 요구되는 것이 분명하다(엡 5:22-33; 골 3:18-19; 딛 2:4-5; 벧전 3:1-7). 지면상 이 본문에 대한 상세한 분석이 불가능하기에 여기서는 단지 몇 가지 주요 쟁점, 특히 평등주의자들이 상보주의 견해에 이의를 제기하는 영역들만 다룰 수 있다. 처음에 우리

58_ 교회와 가정의 관계를 밝혀주는 연구를 위하여, Vern S. Poythress, "The Church as Family: Why Male Leadership in the Family Requires Male Leadership in the Church," in *Recovering Biblical Manhood and Womanhood*, 233-47을 보라.

는 남편이 아내를 사랑하고 모든 고통(bitterness)을 삼가고 아내를 온화하게 대하도록 훈계받는 것에 주목해야 한다. 성경은 어디에서도 남편의 리더십이 이기심이나 아내 학대를 위한 근거로서 사용되어야 한다고 시사하지 않는다. 오히려 남편은 그리스도를 본받아 아내를 위하여 사랑의 리더십을 행사해야만 한다. 나는 오직 남편의 사랑과 부드러움이 여전히 리더십 안에서 행사된다는 것만 덧붙이고 싶다. 그리스도는 교회를 위하여 자기 생명을 내어주심으로써 교회를 섬기셨지만, 그는 여전히 교회의 지도자요 주(Lord)이시다. 그러므로 우리는 섬김의 요청 속에서 남편의 리더십이 소멸된다고 생각하지 말아야 한다.

많은 평등주의자는 결혼 생활에서의 상호 복종을 지지하기 위하여 에베소서 5:21("그리스도를 경외함으로 피차 복종하라")에 호소한다. 그러나 그 논거는 설득력이 없다.[59] 그 구절이 문맥에서 해석될 때, 결혼 생활에서의 상호 복종이 의도되고 있는지 의심스럽다. 21절은 과도적인 구절로 18-20절과 5:22-6:9에서의 가정을 위한 권고 사이의 간극을 메운다. 그럼에도 불구하고 5:21의 뜻으로 다음에 나오는 권고를 해석해야 하는지 의심스럽다. 그렇지 않으면 바울이 부모와 자녀들(6:1-4), 그리고 주인과 종(5-9절)이 서로에게 상호 복종해야 한다고 말하는 것이 된다. 부모가 자녀에게 또는 주인이 종에게 복종하도록 권함을 받았으리라는 것은 매우 믿기 어렵다.[60] 그러한 생각이 오늘날 일부 사람들에게는 호소력이 있겠지만, 2천 년 전에 글을 쓰는 누군가의 마음속에서는 거의 떠오르지 않았을 것이다. 우리는 부모가 자녀에게 복종하거나 주인이 종에게 복종해야 한다고 명확

59_ 예를 들어, Grenz, *Women in the Church*, 115, 178; Keener, *Paul, Women and Wives*, 159, 168-72를 보라.

60_ Hurley, *Man and Woman in Biblical Perspective*, 158는 그렇게 본다.

하게 보여주는 구절을 성경 다른 곳에서 헛되이 찾는다.[61] 또한 성경은 남편에게는 그들의 아내에게 복종하라고 요구하지 않으나 아내에게는 지속적으로 그들의 남편에게 복종하라고 요구한다.

그러면 5:21을 어떻게 해석해야 하는가? 두 가지 해석이 상보주의적 견해와 일치한다. 바울은 우리가 교회에서 서로 맺고 있는 관계, 즉 믿는 자들이 서로에게 상호 복종하는 관계를 염두에 두고 있을 수 있다(19-21절을 보라). 이 말은 결혼 관계에 관하여 부과될 수 없고, 대신에 믿는 자들이 노래로 하나님을 찬양하고 공동체에서 서로에게 복종하는 단체적인 배경을 가리킨다.[62] 그렇지 않으면 아마도 가능성은 덜하지만, 바울이 교회에서 일부 사람들의 다른 사람들에 대한 복종을 가리킬 수 있다. 이 견해에 따르면 후속 문맥은 누가 누구에게 복종해야 하는지 – 아내가 남편에게, 자녀가 부모에게, 종이 주인에게 – 를 보여준다.[63]

61_ Keener는 그의 모순을 보이면서 상호 복종이 자녀들에게는 요구되지 않음을 인정한다(*Paul, Women and Wives*, 186-88). 왜냐하면 이것이 사실이라면, 엡 5:21은 5:22-6:9 전체의 서론으로서 기능하지 않기 때문이다. 또한 나는 6:9이 주인들에게 복종을 가르쳐준다는 Keener의 견해가 설득력 있다고 생각하지 않는다(*Paul, Women and Wives*, 206). 지속적인 사실은 남편, 부모, 주인은 각각 아내, 자녀, 종에게 복종하라는 말을 결코 듣지 않는다는 것이다.

62_ 덧붙여 말하면 나는 남편들에게 결코 아내들의 조언을 따르지 말라고 말하고 있지 않다. 현명한 남편은 자주 아내의 조언을 따른다. 어떤 상보주의자들은 21절을 단지 회중의 어떤 구성원들만 다른 구성원들에게 복종한다는 말로 해석한다(예, Wayne Grudem, "The Myth of Mutual Submission as an Interpretation of Ephesians 5:21," in *Biblical Foundations for Manhood and Womanhood*, ed. Wayne Grudem [Wheaton, Ill.: Crossway, 2002], 228-29; 또한 Hurley, *Man and Woman in Biblical Perspective*, 139-41과 비교). 그러한 해석이 가능하지만 설득력은 없다. 왜냐하면 대명사 *allēlois*는 전형적으로 회중의 전 구성원을 가리키기 때문이다(Ernest Best, *A Critical and Exegetical Commentary on Ephesians* [ICC; Edinburgh: T&T Clark, 1998], 516을 보라). 교회에서 형제와 자매로서 피차 복종하라는 요구는 남편이 아내에게 복종해야 한다거나 부모가 자녀에게 복종해야 한다는 결론을 가져오지 않는다. 21절은 단체생활을 가리키며, 거기서 모든 구성원은 피차 복종하라는 명령을 받는다. Daniel Doriani의 소논문("The Historical Novelty of Egalitarian Interpretations of Ephesians 5:21-22," in *Biblical Foundations for Manhood and Womanhood*, 203-19)은 교회 역사에서 많은 학자들이 그 본문을 내가 여기서 제안하는 방식으로 이해했음을 보여준다.

다른 사람들은 *kephalē*("머리")의 의미를 논의함으로써 상보주의적 견해에 이의를 제기한다. 평등주의자들은 전형적으로 그것을 "~에 대한 권위"(authority over) 대신에 "근원"(source)을 의미한다고 정의한다.[64] *Kephalē*의 의미는 성경과 성경 밖 문학에서의 용법에 대한 면밀한 분석에 의해서만 확증될 수 있다. 웨인 그루뎀(Wayne Grudem)과 조셉 피츠마이어(Joseph Fitzmyer)는 많은 콘텍스트에서 "~에 대한 권위"가 그 용어의 가장 가능성이 높은 의미라고 입증했다.[65] 그러나 클린튼 아놀드(Clinton Arnold)가 주장한 바와 같이, 일부 콘텍스트에서 *kephalē*는 "~에 대한 권위"와 "근원" 둘 다를 의미한다.[66] "~에 대한 권위"와 "근원"이란 정의는 골로새서 2:19과 에베소서 4:15에서 뜻이 통한다. 그 구절에서 머리로서의 그리스도는 교회를 다스리시고 교회를 부양하신다.

63_ Peter O'Brien, *The Letter to the Ephesians* (PNTC; Grand Rapids: Eerdmans, 1999), 400-404와 위의 앞 각주도 그렇게 본다.

64_ 예를 들어, Gilbert Bilezikian, *Beyond Sex Roles: What the Bible Says About a Woman's Place in Church and Family*, rev. ed. (Grand Rapids: Baker, 1985), 215-52; Berkeley and Alvera Mickelsen, "What Does *Kephalē* Mean in the New Testament?" in *Women, Authority and the Bible*, 97-110; Catherine Clark Kroeger, "The Classical Concept of Head as 'Source,'" in Hull, *Equal to Serve*, 267-83을 보라. 또 다른 상보주의적 견해를 위하여, Richard S. Cervin, "Does *Kephalē* Mean 'Source' or 'Authority' in Greek Literature? A Rebuttal," *TJ* 10 (1989): 85-112를 보라. 또한 Cervin의 견해의 약점을 위하여, 다음 각주에서 Grudem 아래 열거된 두 번째 소논문을 보라.

65_ Wayne Grudem, "Does *Kephalē* ('Head') Mean 'Source' or 'Authority Over' in Greek Literature? A Survey of 2,336 Examples," *TJ* 6 (1985): 38-59; Grudem, "The Meaning of *Kephalē* ('Head'): A Response to Recent Studies," in *Recovering Biblical Manhood and Womanhood*, 425-68, 534-41; Grudem, "The Meaning of *Kephalē* ('Head'): An Examination of New Evidence, Real and Alleged," *JETS* 44 (2001): 25-65; Joseph A. Fitzmyer, "*Kephalē* in 1 Corinthians 11:3," *Int* 47 (1993): 52-59를 보라.

66_ Clinton E. Arnold, "Jesus Christ: 'Head' of the Church (Colossians and Ephesians)," in *Jesus of Nazareth: Lord and Christ. Essays on the Historical Jesus and New Testament Christology*, eds. J. B. Green and M. Turner (Grand Rapids: Eerdmans, 1994), 346-66를 보라.

어쨌든 *kephalē*가 "근원"(이것은 매우 가능성이 적다)으로서만 정의되어야 한다 할지라도, 여전히 남성의 리더십을 뒷받침할 것이다. 설명해보겠다. 에베소서 5:22-24에서 바울은 아내들에게 모든 것에서 남편들에게 복종하라고 권고한다. 어떠한 이유 때문에 그러한 명령이 주어지는가? 바울은 23절에서 이론적 근거를 제공한다(*hoti*를 주목하라). "이는 남편이 아내의 머리 됨이 그리스도께서 교회의 머리 됨과 같음이니 그가 바로 몸의 구주시니라." 만약 *kephalē*가 "근원"을 의미하면, 바울은 남편이 아내의 근원이기 때문에 아내들에게 복종하라고 권고한다. 따라서 *kephalē*가 "근원"을 의미하더라도, 아내는 보조적이고 복종하는 역할을 수행해야 하고, "근원"인 남편은 지도자로서 기능해야 한다.

동일한 주장이 고린도전서 11:2-16에서 우세하다. 만약 *kephalē*가 "근원"을 의미한다면, 아내는 자신을 단정하게 꾸밈으로써 그들의 근원을 따라야 한다. 근원이 특별한 권위를 갖고 있다는 개념은 창세기 2:21-25을 돌아보게 한다. 거기서 여자가 남자에게서 나온다(고전 11:8을 보라). 이와 유사하게 자녀들은 부모가 그들의 존재의 근본이기 때문에 부모에게 순종해야 한다. 그럼에도 불구하고 "~에 대한 권위"란 의미는 에베소서 5:22-24에서 떨쳐낼 수 없다. 왜냐하면 교회가 그리스도에게 복종하듯이 아내로 하여금 그들의 남편에게 복종하라는 요구는 머리이신 그리스도의 권위가 고려되고 있음을 나타내기 때문이다(비교. 엡 1:22; 골 1:18; 2:10). 그리스도가 교회를 부드럽게 사랑하신 것처럼 남편은 그들의 아내를 양육하고 돌봐야 하기 때문에, 나는 근원이란 개념도 있을 수 있음을 부인하지 않는다. 어쨌든 아내의 지도자로서의 남편의 특별한 역할은 에베소서 5:22-33에서 잘 설명될 수 없다.

소수의 평등주의자들은 "복종하다"(submit; *hypotassō*)가 순종(obedience)의 개념을 함축하지 않는다고 주장하였다. 예를 들어, 그레첸 게블라인 헐

(Gretchen Gaebelein Hull)은 *hypotassō*가 "순종하다"(to obey)보다는 "~와 동일시하다"(to identify with)를 의미한다고 제안한다.[67] 확실히 남편이 아내가 복종하도록 강제해야 한다는 암시는 없다. 복종은 아내들 편에서의 자발적이고 기쁜 반응이며, 남편은 아내가 반드시 복종하게 하라고 명령받지 않고 아내를 사랑하도록 명령받는다. 또한 아내의 복종(submission)이 부모에 대한 자녀의 순종(obedience)의 관점에서 이해된다면 그것도 적절하지 않다. 왜냐하면 남편과 아내의 관계는 부모와 자녀 사이의 관계와 현저하게 다르기 때문이다. 사실 바울은 남편이 궁극적으로 자신의 몸에 대한 권위를 갖고 있지 않고 아내가 그의 몸에 대하여 권위를 갖고 있다고 강조하면서, 남편과 아내가 서로에게 가지는 상호 의무에 대해 이야기 한다(고전 7:3-5). 상보주의자들은 너무나 자주 일차원적인 관점에서 남편-아내의 관계를 그리는 실수를 하였고, 그 결과 상호 관계와 협력이라는 개념이 제거되고 아내는 남편의 종으로서(또는 심지어 노예로서) 여겨진다. 결혼에 대한 군국주의적인 관념은 성경적 관점에서는 이질적이다. 그리고 고린도전서 7:3-5은 우리에게 상호 관계가 또한 결혼 관계의 특징을 이룬다는 사실을 상기시킨다. 실제로 상호 관계에 대한 의식이 부족한 결혼 관계는 심각한 문제가 있다!

다른 한편 우리는 아내들에게 복종하라고 한 특별한 요구를 묵살할 수 없다. 그리고 그 복종은 확실히 순종을 수반한다. 성경에서 하나님의 율법(롬 8:7), 정부(13:1, 5; 딛 3:1; 벧전 2:13), 종들에게는 주인(딛 2:9; 벧전 2:18), 그리고 젊은 사람들에게는 그들의 장로들(5:5)에게의 복종이 요구된다. 성부께 대한 그리스도의 복종(고전 15:27-28)과 그리스도께 대한 귀신들의 복종(엡 1:21; 벧전 3:22)도 기술되고 있다.

67_ Hull, *Equal to Serve*, 195를 보라.

위의 예들은 순종에 대한 개념이 복종과 관련되어 있음을 분명히 보여준다. 실제로 베드로전서 3:5-6은 어떤 의심도 제거한다. 왜냐하면 베드로가 과거의 거룩한 부녀를 칭찬하기 때문이다. 그녀들은 사라가 아브라함에게 순종한 것같이 그들 자신의 남편에게 복종하였다. "복종하는"(submissive)을 동사 "순종하였다"(obeyed)에 연결하는 "~한 것같이"(just as)를 주목하라. 베드로가 사라의 복종(submission)을 기술할 때, 그는 그것을 묘사하기 위하여 "순종하다"(obey)를 사용한다. 그러한 복종은 비하적이거나 사람의 존엄성이나 인간성을 부인한다고 이해해서는 안 된다. 왜냐하면 그리스도 자신이 성부께 복종하시기 때문이다(고전 15:27-28). 그리고 성자로서 그는 성부께서 명령하신 것을 행하셨다. 그러나 성자가 존엄성이나 가치가 부족하다는 개념은 없다. 복종하는 사람들이 가치와 존엄성이 덜하다는 말은 성경적 세계관이 아니라 고도로 경쟁적인 사회에 널리 퍼져 있는 세속적인 세계관이다.[68] 또한 그리스도의 예는 남편에 대한 아내의 순종과 복종은 자녀들이 부모에게 하는 순종에 견줄 수 없음을 명확하게 한다. 결국 남편과 아내는 부모와 자녀와는 달리 상호 간의 파트너다.

그럼에도 불구하고 아내들에게 요구된 복종이 문화적 순응의 예가 될 가능성이 있는가? 아내가 남편에게 복종하도록 권고받고 있는 본문에서, 우리는 또한 종들이 그들의 주인에게 복종하도록 명령받는 것을 본다(엡 5:22-33; 6:5-9; 골 3:18-19; 3:22-4:1; 딛 2:4-5; 2:9-10; 벧전 2:18-25; 3:1-7). 복음주의적 평등주의자들은 바울이 종들에게 한 권고를 하나님의 말씀으로

---

[68] 대부분의 평등주의자는 성자가 영원히 성부에게 복종하신다는 의미가 있음을 부인한다. 예를 들어, Gilbert Bilezikian, "Hermeneutical Bungee-Jumping: Subordination in the Godhead," *JETS* 40 (1997): 57-68를 보라. 그러나 평등주의자인 Craig S. Keener는 올바르게 이해되면 성자의 영원한 종속이 성경적으로 뒷받침된다고 적절히 제안한다("Is Subordination within the Trinity Really Heresy? A Study of John 5:18 in Context," *TJ* 20 [1999]: 39-51).

받아들인다. 바울 시대의 문화에서 주인에게의 복종은 적절했다. 왜냐하면 사회적 혁명이 문화가 변형되는 수단이 아니었기 때문이다. 사실 바울 시대에 사람들은 복음이 문화적 규범을 전복시킨다고 느끼면 복음을 거부하곤 하였다. 그러므로 바울은 "하나님의 말씀이 비방을 받지 않[도록]"(딛 2:5) 아내들에게 복종을 권한다고 주장된다.[69] 이와 유사하게 종들은 "범사에 우리 구주 하나님의 교훈을 빛나게"(2:20) 하도록 책임감 있게 살아야 한다.

그러나 우리 문화에서는 동일한 규범이 적용되지 않는다. 만약 우리가 노예 제도를 추천한다면 복음에 방해 요인이 되는 것과 같이, 여성이 남성과 동일한 권리를 갖지 않는다면, 현대인들은 복음을 거부할 것이라고 주장된다. 평등주의자들은 그 논점을 훨씬 더 예리하게 한다. 만약 아내들이 오늘날 복종해야 하고 여성은 목사로서 섬길 수 없다고 주장한다면, 우리가 또한 노예 제도를 다시 제정하자고 추천하는 것인가? 1800년대의 많은 그리스도인은 노예 제도를 옹호하기 위하여 성경에 호소하였다. 그리고 많은 평등주의자들은 여성의 역할에 대한 상보주의적 견해를 옹호하는 사람들이 오늘날 비슷한 실수를 하고 있다고 생각한다.[70]

69_ Alan Padgett, "The Pauline Rationale for Submission: Biblical Feminism and the *hina* Clauses of Titus 2:1-10," *EvQ* 59 (1987): 39-52도 그렇게 본다. 이 견해는 William J. Webb, *Slaves, Women & Homosexuals: Exploring the Hermeneutics of Cultural Analysis* (Downers Grove, Ill.: InterVarsity, 2001)에 의하여 해석학적으로 한층 더 개선되고 발전되었다. 나의 논평을 위하여, Thomas R. Schreiner, "William J. Webb's *Slaves, Women & Homosexuals*: A Review Article," *SBJT* 6 (2002): 46-64를 보라.

70_ 이 논제를 위하여, Willard M. Swartley, *Slavery, Sabbath, War and Women: Case Issues in Biblical Interpretation* (Scottdale, Pa.: Herald, 1983); Keener, *Paul, Women and Wives*, 184-224; Kevin Giles, "The Biblical Case for Slavery: Can the Bible Mislead? A Case Study in Hermeneutics," *EvQ* 66 (1994): 3-17을 보라(유감스럽게도 Giles[4쪽]는 사회적 관계에서의 성경의 권위를 포기한다). Yarbrough에 의한 비평을 보라 ("The Hermeneutics of 1 Timothy 2:9-15," 189). 계속 진행 중인 논쟁을 위하여, Giles, "A Critique of the 'Novel' Contemporary Interpretation of 1 Timothy 2:9-15 Given in the

우리는 이 반대가 사려 깊은 반대라는 것을 인정해야만 한다. 나는 평등주의자들이 성경에 있는 명령과 규범 중 일부가 문화적 순응의 결과라고 말하는 데서 그들이 옳다고 믿는다. 노예 제도는 하나님의 이상이 아니다. 하지만 성경은 노예 제도가 실시되는 문화를 규정하고 변형시킨다. 성경은 존재하는 제도들을 일소하기 위하여 혁명을 추천하지 않고 내부로부터의 변형을 권한다. 예를 들어, 바울은 빌레몬에게 그의 노예로서 오네시모를 포기하라고 요구하지 않고, 오네시모가 단지 노예로서 대우받지 않고 주 안에 형제로서 대우받도록 그리스도 안에서 그들의 연합으로 말미암아 주인과 노예 사이의 관계가 변형되기를 기대하였다. 만약 평등주의자들이 아내들에게 한 권고와 여성 사역에 대한 제한이 노예들에게 주어진 조언과 비슷하다고 말한 것이 옳다면, 나는 여성에 대한 제한이 문화적 순응 때문이며 오늘날의 믿는 자들에게 요구되지 않는다고 동의할 것이다. 그럼에도 불구하고 나는 평등주의자들이 노예들에게 주어진 권고와 아내들에게 주어진 권고 사이의 유사성을 끌어낼 때 중대한 실수를 범한다고 생각한다. 결혼 관계는 노예 제도와 비슷하지 않다. 왜냐하면 노예 제도는 성경에 의해 규정된 악한 인간의 제도이기 때문이다. 다른 한편 결혼은 하나님의 창조 명령이며, 인간을 위한 하나님의 선한 의지의 일환이다(창 2:18-25). 따라서 결혼과 노예 제도 사이의 유사성은 유지되지 않는다.[71]

Book, *Women in the Church*. Part I," *EvQ* 72 (2000): 151-67; Giles, "A Critique of the 'Novel' Contemporary Interpretation of 1 Timothy 2:9-15 Given in the Book, *Women in the Church*. Part II," *EvQ* 72 (2000): 195-215; Andreas J. Köstenberger, "Women in the Church: A Response to Kevin Giles," *EvQ* 73 (2001): 205-24; Giles, "*Women in the Church*: A Rejoinder to Andreas Köstenberger," *EvQ* 73 (2001): 225-43을 보라.

71_ Craig Keener는 쟁점은 남편에 대한 아내의 복종이 영구적으로 명령된 것인가이며 결혼 생활 규정 자체가 아니라는 이유로 반대한다(*Paul, Women and Wives*, 208-9). 그러나 나는 엡 5:22-33에서의 바울의 논증은 결혼 관계가 그리스도와 교회의 관계를 반영함을 입증한다고 주장하고

자녀와 부모 사이의 관계가 소개될 때, 노예 제도와 결혼 생활 사이의 유사성이 약함은 분명해진다. 가정을 다룬 본문에서 바울은 남편과 아내, 부모와 자녀, 주인과 노예에게 권고한다(엡 5:22-6:9; 골 3:18-4:1). 부모와 자녀들의 포함은 유익하다. 아내들에게 한 권고가 노예 제도의 문제에 호소한 것과 문화적으로 묶여 있다고 말하는 사람들은 (일관되기 위해서는) 또한 자녀들에게 그들의 부모에게 순종하라고 한 권고가 오늘날에는 더 이상 적용되지 않는다고 말해야 한다. 그러나 하나님께서 자녀들에게 그들의 부모에게 순종하라고 명령하신 것은 의심의 여지가 없다. 그리고 그 명령은 자녀들에게 해가 되지 않고 그들을 위한 하나님의 선한 의도의 일부다.[72] 창조 이래로 자녀를 낳고 기르는 것은 인간을 위한 하나님의 선한 의도의 일부다(창 1:28). 이와 유사하게 결혼 관계는 하나님의 의도에 기인한다(2:18-25). 노예 제도에 대해서는 같은 말을 할 수 없다! 결혼 관계와 부모-자녀의 관계는 창조로 돌아가게 하지만 노예 제도는 그렇지 않다. 그러므로 남성과 여성 사이의 관계와 유사한 것으로서 노예 제도에의 호소는 실패한다.[73]

또한 바울이 에베소서 5:22-33에서 그리스도와 교회 그리고 남편과

싶다. 게다가 창 2-3장은 남편과 아내 사이의 역할 차이는 남자와 여자를 창조하실 때의 하나님의 의도였음을 나타낸다.

72_ 물론 나는 죄가 부모와 자녀 사이의 관계에 영향을 미쳤고 그 결과 어떤 부모도 그들의 자녀들을 완벽하게 기르지 못하고 사실상 일부 부모들은 그들의 자녀에게 큰 해를 입힌다는 것을 부인하지 않는다.

73_ 딛 2:3-5로 볼 때, 단지 바울 시대에 문화적인 반감을 피하기 위하여 아내들이 복종해야 한다는 것도 명확하지 않다. Padgett은 그 권고들이 문화적으로 시대에 뒤떨어졌는지 아니면 초월했는지 우리가 분별할 수 있는 어떤 분명한 기준도 제공하지 않는다. 왜냐하면 바로 이 구절에서 바울은 또한 아내들에게 남편과 자녀들을 사랑하며 친절하고 분별 있고 정숙할 것을 요구하기 때문이다. 이 명령들은 남편들에게 복종하라는 명령과 동일한 이유로, 즉 복음이 영광을 얻게 하기 위하여 주어졌다. 그러나 물론 누구도 이 명령들이 오늘날 더 이상 적용되지 않는다고 생각하지 않는다.

아내 사이에서 이끌어내는 유비도 남편과 아내를 위한 권고가 초문화적임을 입증한다. 남편들은 교회에 대한 그리스도의 사랑을 본떠서 그들의 사랑을 만들어야 하며, 아내들은 교회가 그리스도에게 복종하는 것과 같은 방식으로 복종해야 한다. 32절은 이 주장에 중요한 차원을 더한다. 바울은 다음과 같이 말한다. "이 비밀이 크도다. 나는 그리스도와 교회에 대하여 말하노라." 바울이 의미하는 바는 남편과 아내의 관계가 훨씬 더 큰 현실, 즉 그리스도와 교회 사이의 관계를 반영한다는 것이다. 결혼이 먼저 제정되었고 그런 다음 결혼이 그리스도와 교회의 관계의 예시로서 기능하도록 하나님께서 결정하셨다는 것은 사실이 아니다.[74] 영원 전부터 하나님은 그리스도와 교회의 관계를 구상하셨고, 그리스도와 교회의 관계의 그림 또는 거울로서 결혼을 제정하셨다. 남편은 그리스도를 나타내고, 아내는 교회를 나타낸다. 물론 우리는 유형론적 평행법(typological parallel)을 극단적으로 강조하는 것에 주의해야 한다. 왜냐하면 남편은 아내를 위하여 죽는다거나 그녀를 씻기거나 정결하게 하지 못하기 때문이다. 그러나 유형론적 관계는 남편에 대한 아내의 복종이 단순히 그리스-로마 세계에 대한 문화적 순응이 아니라는 것을 나타낸다. 그러한 복종은 그리스도께 대한 교회의 복종을 세상에 반영한다.

그에 상응하여 남편의 사랑의 리더십은 가부장적 사회의 반영이 아니며, 그리스도의 교회를 위한 사랑하고 구원하는 사역을 묘사하기 위한 것이다. 모든 결혼은 교회를 위한 그리스도의 사랑과 그리스도께 대한 교회의 복종을 반영해야 하기 때문에, 결혼 제도와 그 안에서의 남편과 아내의 책임은 문화적으로 제한된 것이 아니라 영원히 모든 결혼을 위한 하나님

74_ 이 논제에 대한 분석을 위해서, Andreas J. Köstenberger, "The Mystery of Christ and the Church: Head and Body, 'One Flesh,'" *TJ* 12 (1991): 79-94를 보라.

의 초월적인 의도다. 그런 관점에서 자신들의 결혼에 대해 생각하는 신자들은 거의 없다. 그리고 이는 세속적인 사고방식이 결혼에 대한 우리의 견해에 스며들었음을 나타낸다. 우리의 결혼이 교회를 위한 그리스도의 사랑과 그리스도께 대한 교회의 애정 어린 응답을 반영한다는 사실을 깨닫는 일은 얼마나 영광스럽고 아름답고 멋진가!

교회에서의 남성과 여성의 다른 역할

남성을 가르치는 것이 금지된 여성: 디모데전서 2:11-15

가정 안에서 남편과 아내 사이에 뚜렷이 구별되는 역할이 있는 것처럼, 교회 안에서도 남성과 여성 사이에 다른 역할이 명령됨을 발견하는 것은 놀랍지 않다. 여성은 목사/장로/감독의 역할을 수행해서는 안 된다. 이 문제에 대한 가장 기본적인 본문은 디모데전서 2:11-15이다.[75] 현대 학문에서 이 본문은 전쟁터와 같고, 모든 책이 이 본문 위에서 쓰여지고 있다.[76] 이 소론에서 나는 본문에 대한 나의 이해를 요약한다. 이 문제를 좀 더 철저하게 다루기 위해서, 독자들은 내가 공동 편집한 책(*Women in the Church: A Fresh*

---

[75] 어떤 학자들은 바울이 여기서 남성과 여성보다는 남편과 아내를 다루고 있다고 믿는다. 예를 들어, Gordon P. Hugenberger, "Women in Church Office: Hermeneutics or Exegesis? A Survey of Approaches to 1 Timothy 2:8-15," *JETS* 35 (1992): 341-60도 그렇게 본다. 그러한 견해는 문맥상 설득력이 없다. 반박을 위하여 나의 소론 "An Interpretation of 1 Timothy 2:9-15: A Dialogue with Scholarship," in *Women in the Church: A Fresh Analysis*, 115-17을 보라.

[76] 평등주의적 관점에서 Richard Clark Kroeger and Catherine Clark Kroeger, *I Suffer Not a Woman: Rethinking 1 Timothy 2:11-15 in Light of Ancient Evidence* (Grand Rapids: Baker, 1992); Sharon H. Gritz, *Paul, Women Teachers, and the Mother Goddess at Ephesus: A Study of 1 Timothy 2:9-15 in Light of the Religious and Cultural Milieu of the First Century* (Lanham, Md.: University Press of America, 1991)를 보라.

Analysis of 1 Timothy 2:9-15)을 참조할 수 있다.[77]

디모데전서 2:11-14을 살펴보기 전에, 나는 9-10절에 대한 의견을 말하고 싶다. 어떤 사람들은 우리가 여성의 보석 착용을 금하지 않을 때 왜 여성이 목사로서 기능하는 것은 금지하는지 묻는다.[78] 나는 다음과 같이 말하겠다. 만약 (올바르게 해석되어) 성경이 보석의 착용을 금지한다면 우리는 보석 착용을 그만두어야 한다. 우리의 문화가 아니라 성경이 최고의 자리를 차지해야 한다. 다른 한편 우리는 역사적이고 문화적인 콘텍스트에서 성경을 해석해야 한다. 성경은 특정 상황과 우리 자신의 문화와 다른 문화를 향해 기록되었다. 머리 땋기와 보석 착용과 관련한 금지는 바울 시대 독자들을 놀라게 하지 않았을 것이다. 왜냐하면 그러한 훈계는 그리스-로마 세계에서 흔한 윤리적 권고의 일부였기 때문이다.[79]

정확히 말하면 문화가 변했기 때문에, 한 명령이 왜 주어졌는지 분별하는 것은 적절하다. 우리는 원리와 한 원리의 문화적 적용 사이를 구별해야 한다. 오늘날 우리는 거룩한 입맞춤(고전 16:20)을 실행하지 않는다. 그러나 여전히 그것으로부터 그리스도 안에서 서로에게 따뜻하게 인사―아마도 따뜻한 악수나 포옹으로―하는 원리를 끌어낸다. 우리는 소화불량이 있는 사람들에게 포도주를 마시라(딤전 5:23)고 요구하지 않는다. 그

77_ 신판이 곧 출간될 것이다. 나는 아래 몇 개 각주에서 이 신판으로부터 어법의 일부를 가져와 사용하였다. 평등주의적 해석을 지지하려는 최근의 시도를 위하여, J. M. Holmes, "Text in a Whirlwind: A Critique of Four Exegetical Devices at 1 Timothy 2.9-15" (JSNTSup 196; Sheffield: Sheffield Academic Press, 2000)를 보라. 설득력 있는 반박을 위하여 Andreas Köstenberger의 평론을 보라(*RBibLit* [www.bookreviews.org/pdf/974_506.pdf] 2001).

78_ Alvera Mickelsen, "An Egalitarian View: There Is Neither Male nor Female in Christ," in *Women in Ministry: Four Views*, eds. Bonnidell Clouse and Robert G. Clouse (Downers Grove, Ill.: InterVarsity, 1989), 201도 그렇게 한다.

79_ Steven M. Baugh, "A Foreign World: Ephesus in the First Century," in *Women in the Church: A Fresh Analysis*, 47-48; Keener, *Paul, Women and Wives*, 103-7을 보라.

러나 제산제 복용이 복통을 앓는 사람들에게 권할만 하다고 정말로 생각한다. 이와 유사하게 디모데전서 2:9-10에 있는 원칙은 여성이 허식 없이 정숙하게 옷을 입어야 한다고 말한다.[80] 상보주의자로서 나는 우리가 성서시대의 문화로 되돌아가려고 노력해야 한다고 믿지 않는다. 대신 성경에서 가르쳐진 도덕적 규범과 원칙을 따라야 한다고 확실히 믿는다.

그러므로 디모데전서 2:12을 연구할 때, 우리는 그 권고가 오늘날 우리에게 어떻게 적용되는지 식별해야만 한다. 11-12절에서 바울은 여성에게 조용히 그리고 순종함으로 배우라고 권고하며 그들에게 가르치거나 남성에 대해 권위를 행사하는 것을 금지한다. 바울이 여성에게 성경을 배우라고 격려할 때, 그가 그의 동시대인 중 일부 사람들에게서 벗어난다고 종종 진술되어왔다. 여기서 마리아를 가르쳤던(눅 10:38-42) 예수의 영향을 받았음이 명백하다. 그럼에도 불구하고 이 문맥에서 강조는 여성이 배우는 태도, 즉 조용히 그리고 순종함으로 배우는 데 있다. 바울은 여성이 배우는 것을 당연하게 생각한다. 그에게 중요한 것은 에베소 교회에서 일부 여성이 권위를 가로채고 순종함으로 배우지 않는다는 것이다. 12절에서의 금지령은 11절을 한층 더 설명한다. 바울은 여성에게 가르치는 것과 남성에 대해 권위를 행사하는 것을 허용하지 않는다.

안드레아스 쾨스텐버거는 두 부정사—*oude*("nor", "~도 ~도 아니다")에 의해 연결되는 *didaskein*("가르치다")와 *authentein*("권위를 행사하다") — 가 별개의 두 활동을 가리킨다는 것을 결정적으로 보여주었다.[81] 그는 성경과 성경 밖 문학에서 *oude*에 의하여 연결되는 동사 형태를 조사해봄으

80_ 딤전 2:9-10에 대한 더 상세한 논의를 위하여, 나의 소론 "An Interpretation of 1 Timothy 2:9-15," 114-21를 보라.

81_ Andreas J. Köstenberger, "A Complex Sentence Structure in 1 Timothy 2:12," in *Women in the Church: A Fresh Analysis*, 81-103를 보라.

로써 이 주장을 확립한다. 또한 두 별개의 활동 모두가 oude에 의해 연결될 때 긍정적이거나 부정적이거나 어느 한쪽으로 보인다는 것을 발견하였다. 그 행동들이 긍정적인지 부정적인지는 문맥에 의하여 결정된다. 쾨스텐버거는 본문이 다른 것을 나타내기 위하여 정보를 추가하지 않는다면(딛 1:11), 동사 didaskō("가르치다")는 목회 서신에서 긍정적인 용어라고 옳게 주목한다. 바울이 거짓 가르침을 의미하는 동사를 사용하기 원할 때, eterodidaskaleō("이상하거나 거짓된 교리를 가르치다"[딤전 1:3; 6:3])를 사용한다.[82]

쾨스텐버거의 연구는 디모데전서 2:12에 대한 우리의 이해에 중요하다. 바울은 두 별개의 활동 – 가르치는 것과 권위를 행사하는 것 – 을 금지한다. 가르치는 것과 권위를 행사하는 것은 둘 다 그 자체만으로는 적법한 활동이다. 그는 마치 이 활동이 본질적으로 악하기라도 한 것처럼 여성이 가르치고 권위를 행사하는 것을 금지하지 않는다. 가르치는 것과 권위를 행사하는 것은 믿는 자들에게는 바람직한 활동이지만, 이 콘텍스트에서 그는 여성이 그러한 활동에 종사하는 것을 금한다.

쾨스텐버거는 12절에서 동사 authentein("권위를 행사하다")의 의미에 관한 논쟁에 명료성을 확립하도록 돕는다. 1979년에 캐서린 크뢰거(Catherine Kroeger)는 그 동사가 "다산 풍습에 종사하다"(to engage in fertility practices)를 의미한다고 제안했으나, 모든 교파의 학자는 이 견해를 일축한다.[83] 이제 크뢰거 부부는 12절을 "나는 여자들이 가르치거나 스

82_ I. Howard Marshall이 그 용어 안에서 부정적인 함의를 보는 것은 설득력이 없다(*A Critical and Exegetical Commentary on the Pastoral Epistles* [ICC; Edinburgh: T&T Clark, 1999], 458-60).

83_ Catherine Clark Kroeger, "Ancient Heresies and a Strange Greek Verb," *RefJ* 29 (1979): 12-15.

스로를 남자의 창조자(author)나 창시자(originator)로 선언하는 것을 허용하지 않는다"로 번역해야 한다고 제안한다.[84] Authentein에 관하여 면밀하고 전문적인 세 연구가 수행되었다. 이 세 연구 모두는 그 용어의 가장 자연스러운 의미가 "권위를 행사하다"라고 증명한다.[85] 특히 스콧 볼드윈(Scott Baldwin)은 사실상 그 용어의 모든 용법을 검토하였고 주의 깊게 동사 형태를 명사로부터 분리시켰다. 왜냐하면 많은 학자가 그 용어의 연구에서 동사와 명사를 함께 섞는 실수를 범하기 때문이다. 물론 문맥에서 긍정적인 의미("권위를 행사하다")를 갖는 용어가 부정적인 의미("권세를 부리다")를 가질 수 있는 가능성이 있다.[86] 그러나 이 시점에서 쾨스텐버거의 연구가 다시 적용된다. 왜냐하면 그가 두 용어가 본질적으로 긍정적이거나 본질적으로 부정적이라는 것을 문장 구조에 관한 그의 연구에서 보여주었기 때문이다. "가르치다"는 어떤 부정적인 함의도 가지지 않기 때문에, 우리는 부정적인 의미로 "권위를 행사하다"를 해석하지 말아야 한다. 이 문제에 대한 논의가 다소 전문적(technical)이었으나 내 결론은 다음과 같다. 전문적인 연구는 상보주의자들이 이 구절을 옳게 해석했다고 입증

84_ Kroeger and Kroeger, *I Suffer Not a Woman*, 103을 보라. Linda L. Belleville은 몇 가지 면에서 Kroeger 부부와 비슷한 번역을 제안한다(*Women Leaders and the Church: Three Crucial Questions* [Grand Rapids: Baker, 2000], 177). Philip B. Payne은 그 부정사에 대한 다섯 가지 다른 의미 목록을 싣는다("The Interpretation of 1 Timothy 2:11-15: A Surrejoinder," in *What Does the Scripture Teach about the Ordination of Women?* [Minneapolis: unpublished paper, 1986], 108-10). 그런데 그것은 그가 그 부정사가 의미하는 것에 대한 명확한 감각을 갖고 있다는 확신을 불어넣지 못한다.

85_ George W. Knight III, "*Authenteō* in Reference to Women in 1 Timothy 2:12," *NTS* 30 (1984): 143-57; Leland E. Wilshire, "The TLG Computer and Further Reference to *Authenteō* in 1 Timothy 2:12," *NTS* 34 (1988): 120-34; H. Scott Baldwin, "A Difficult Word: *Authenteō* in 1 Timothy 2:12," in *Women in the Church: A Fresh Analysis*, 65-80, 269-305. 내 소론에서 내 요약과 좀 더 상세한 해설을 보라("An Interpretation of 1 Timothy 2:9-15," 130-33).

86_ 예를 들어, Carroll D. Osburn, "*Authenteō* (1 Timothy 2:12)," *ResQ* 25 (1982): 1-12를 보라.

했다. 바울은 여성이 가르치거나 남성에 대하여 권위를 행사하는 것을 금지한다.[87]

우리는 앞서 하나님의 교회에서 장로들이 가르치고 다스리는 유일한 책임을 가지기 때문에 여성이 가르치거나 남성에 대하여 권위를 행사하는 것을 금하는 일이 장로의 임무에 적용됨을 보았다. 그러나 어떤 근거로 바울은 여성이 가르치고 권위를 행사하는 것을 금하는가? 13절에서 그의 말이 그 이유를 제공한다. "이는(for) 아담이 먼저 지음을 받고 하와가 그 후며." 이 구절을 시작하는 *gar*("for")는 그 명령을 위한 근거로서 가장 잘 이해된다. 왜냐하면 이유가 자연스럽게 금지를 따르기 때문이다.[88] 남성을 가르치는 것과 그들에 대해 권위를 행사하는 것이 창조에 있어서 하나님의 의도를 위반하기 때문에, 여성은 그것들을 행해서는 안 된다. 바울이

---

[87]_ 어떤 평등주의자들은 그들의 주장을 뒷받침하기 위하여 어구 *ouk epitrepō*("나는 허락하지 않는다")에 호소하고, 직설법은 그 권고가 명령이 아님을 증명하고 현재시제는 그 권고가 일단 여성이 가르칠 자격을 갖추면 해제될 일시적인 제한에 불과하다는 암시라고 주장하였다(예, Philip B. Payne, "Libertarian Women in Ephesus: A Response to Douglas J. Moo's Article, '1 Timothy 2:11-15: Meaning and Significance,'" *TJ* 2 [1981]: 170-72; Grenz, *Women in the Church*, 127-28을 보라). 두 주장 모두 틀렸다. 바울은 종종 직설법을 사용하여 명령을 도입한다. 예를 들어, 하나님께 전 삶을 드리라는 유명한 권고(롬 12:1-2)는 직설법 *parakalō*("나는 권한다")로 시작한다. 명령은 명령법으로 되어야 한다는 주장은 언어학적 지식이 없는 것이다(고전 1:10; 엡 4:1; 빌 4:2; 딤전 2:8; 5:14; 딤후 1:6; 딛 3:8). 또한 명령이 단지 일시적이라고 말하기 위하여 현재시제에 호소할 수도 없다. 그렇다면 바울은 믿는 자들이 오직 짧은 기간 동안에만 그들의 삶을 하나님께 드리기를 바라고 있다거나(롬 12:1), 또는 남성들이 단지 현재 동안만 분노와 다툼 없이 기도하기를 원하고 있지만 미래에는 그만둘 수도 있다고 말하기 위하여 동일한 주장을 사용할 수 있다.

[88]_ 평등주의자들은 종종 이 구절이 한 예증에 불과하다고 이해한다. Gritz, *Mother Goddess at Ephesus*, 136; Witherington, *Women and the Genesis of Christianity*, 194-95; David M. Scholer, "1 Timothy 2:9-15 and the Place of Women in the Church's Ministry," in *Women, Authority and the Bible*, 208; Alan Padgett, "Wealthy Women at Ephesus: 1 Timothy 2:8-15 in Social Context," *Int* 41 (1987): 25; Keener, *Paul, Women and Wives*, 115-17도 그렇게 본다. 이 구절을 명령에 대한 이유로서 기능한다고 보는 견해를 옹호하기 위하여, Douglas J. Moo, "The Interpretation of 1 Timothy 2:11-15: A Rejoinder," *TJ* 2 (1981): 202-3을 보라.

창조에 호소하기 때문에, 그 금지는 문화를 초월한다. 동성애가 하나님의 창조 질서를 위반하기 때문에 바울은 동성애를 허용하지 않는다(롬 1:26-27). 예수께서는 창조에 호소하심으로써 결혼의 영속성을 주장하신다(마 19:3-12). 그러므로 디모데전서 2장 본문에는 그 금지가 일시적이라는 암시도 없고, 여하튼 그 제한이 인간의 죄나 여성의 한계 때문이라는 어떤 표지도 없다. 여성에게 가해진 제한은 하나님의 창조 명령에 기인하지, 에베소에서의 문화적 상황에 기인하지 않는다.

평등주의자들은 종종 그 제한이 에베소에 있는 여성들의 교육의 부족에 의해 설명될 수 있다고 주장한다. 또는 그렇지 않으면 이 여성들이 거짓 교사들에 의하여 속임을 당했다고 제안한다. 그렇기 때문에 일단 여성의 교리적인 결함이 교정만 되면 가르치는 일이 허용될 수 있다는 것이다.[89] 이 두 견해는 모두 설득력이 없다. 바울은 쉽게 다음과 같이 기록할 수도 있었다. "나는 교육받지 못하고 무식한 여자가 가르치거나 남자에 대하여 권위를 행사하는 것을 허락하지 않는다." 그러나 그는 교육의 부족이 문제라고 전혀 암시하지 않는다. 사실 평등주의자들은 주어진 이유(바울의 창조 질서에의 호소)를 경시하고, 언급조차도 안 된 이유(교육 부족)에 호소한다.[90] 게다가 스티븐 바우(Steven M. Baugh)가 지적하는 바와 같이, 에베소에서 모든 여성이 교육받지 못했다는 것은 사실이 아니다.[91] 실제로 우리는 브리스길라가 에베소에 있었고 그녀가 확실히 교육받았다는 것을

89_ 평등주의적 견해의 증거 자료를 위하여, 나의 소론 "An Interpretation of 1 Timothy 2:9-15," 137을 보라.

90_ Royce Gordon Gruenler는 여성들의 종속은 디모데전서에서의 선교적 상황으로부터 설명할 수 있다고 주장한다. 그러나 그는 실제로 본문을 집중적으로 해석하지도 않고, 그 금지가 선교 때문이라고 설득력 있게 증명하지도 않는다("The Mission-Lifestyle Setting of 1 Timothy 2:8-15," *JETS* 41 [1998]: 215-38). 또 다시 바울은 그러한 생각을 쉽게 전달할 수도 있었지만 명확하게 그렇게 하지 않았다.

91_ Baugh, "A Foreign World," 45-47을 보라.

디모데후서 4:19로부터 알고 있다.

디모데전서 2:12을 잘 설명하려는 두 번째 시도도 더 이상 설득력이 없다. 바울이 "나는 여자가 가르치고 남자에 대해 권위를 행사하는 것을 허용하지 않는다. 왜냐하면 그녀가 거짓 교사들에 의하여 미혹당하고 있기 때문이다"라고 쓸 수도 있었다. 이 가설에는 몇 가지 문제가 있다. 첫째, 바울은 왜 여성들만 언급하는가? 우리는 적어도 몇몇 남성 역시도 거짓 교사들에 의해서 속임을 당하고 있었음을 알고 있다. 남자들도 미혹당하고 있었을 때, 단지 여성만 가르치고 권위를 행사하지 못하게 금하는 것은 견딜 수 없을 정도로 성차별적인 일이다.[92] 둘째, 그 이론은 에베소의 모든 여성이 거짓 교사들에 의해 미혹당했다고 말한다. 바울은 그 제한이 일부 여성에게만 적용된다는 아무런 표시를 하지 않는다. 그러나 에베소의 각 여성 모두가 거짓 가르침에 의하여 미혹당했다고 믿기란 믿을 수 없을 만큼 어렵다. 셋째, 평등주의 학자들은 11-15절에서의 상황의 배경을 재건하느라 바빴으나 그들의 재건은 매우 사변적이고, 가끔은 심히 믿기 어렵다. 예를 들어, 크뢰거 부부는 디모데전서에 대한 그들의 책(*I Suffer Not a Woman*)에서 에베소가 여권주의였다고 주장한다. 그들은 논제를 입증하기 위하여 후기 증거에 호소하고 그것을 지지하기 위하여 전체 그리스-로마 세계를 샅샅이 뒤진다. 그들은 견실한 역사적 방법론에서 벗어난 저작물을 출판한 것으로 인해 평론지에서 혹평을 받았는데 이는 적절하다.[93] 또한 그들은 병행광(parallelomania)에 대한 사무엘 샌드멜(Samuel Sandmel)의

---

[92] D. A. Carson, "'Silent in the Churches': On the Role of Women in 1 Corinthians 14:33b-36," in *Recovering Biblical Manhood and Womanhood*, 147을 보라.

[93] Steven M. Baugh, "The Apostle among the Amazons," *WTJ* 56 (1994): 153-71; Albert Wolters, "Review: *I Suffer Not a Woman*," *CTJ* 28 (1993): 208-13; Robert W. Yarbrough, "*I Suffer Not a Woman*: A Review Essay," *Presb* 18 (1992): 25-33을 보라.

경고의 먹이가 된다. 만약 그들이 반대자들의 가르침과 정체를 재건하는 것에 관한 존 바클레이(John Barclay)의 소론에서 추천된 온건한 방법론을 적용했더라면 현명했을 것이다.[94] 브루스 배런(Bruce Barron)은 경솔하게 2세기의 영지주의 자료에 호소하고도 후기 증거의 호소가 문제라는 지적에 대해서 아무런 말도 하지 않는다.[95] *Paul, Women Teachers, and the Mother Goddess at Ephesus*에서 샤론 그리츠(Sharon Gritz)는 아르테미스 숭배가 에베소에서의 문제에 대해 책임이 있다고 주장한다. 그녀의 저작물은 크뢰거 부부의 저작물보다 훨씬 더 세심하다. 그러나 결국에는 그녀의 논제를 입증할 확실한 자료를 제공하지 않는다.[96]

평등주의적 논제를 옹호하는 사람들 사이에서 추측이 만연하고 있다. 나는 평등주의자들에게 후기 자료와 외부 자료 대신에 디모데전서 자체로부터 거짓 가르침의 성격을 증명할 것을 요구한다. 평등주의자들은 2:13에서의 바울의 창조로부터의 논증에 대해 그럴듯한 설명을 아직 제시하지 않았다. 사실 그들은 이 구절에서의 바울의 논증이 불명확하고 이해하기 힘들다고 자주 불평한다.[97] 하지만 교회 역사에서 대부분의 그리스도인은

94_ Samuel Sandmel, "Parallelomania," *JBL* 81 (1962): 2-13; John M. G. Barclay, "Mirror-Reading a Polemical Letter: Galatians as a Test Case," *JSNT* 3 (1987): 73-93을 보라. 또한 Jerry L. Sumney, "Identifying Paul's Opponents: The Question of Method in 2 Corinthians" (JSNTSup 40; Sheffield: JSOT Press, 1990)를 보라. 목회 서신에서의 반대자들에 대한 분별 있고 신중한 기술을 위하여, Marshall, *Pastoral Epistles*, 140-52를 보고, 또한 William D. Mounce, *Pastoral Epistles* (WBC; Nashville: Nelson, 2000), lxix-lxxxvi와 비교하라.

95_ Bruce Barron, "Putting Women in Their Place: 1 Timothy 2 and Evangelical Views of Women in Church Leadership," *JETS* 33 (1990): 451-59를 보라.

96_ 본문에 대한 논의를 위하여, 나의 "An Interpretation of 1 Timothy 2:9-15," 107-12를 보라.

97_ 전거자료를 위하여, 나의 "An Interpretation of 1 Timothy 2:9-15," 136을 보라. Jerome D. Quinn과 William C. Wacker가 13절에서의 간결한 언어는 여기서 진술된 진리가 잘 알려져 있었고 알기 쉬었음을 증명한다고 말한 것은 옳다(*The First and Second Letters to Timothy* [ECC; Grand Rapids: Eerdmans, 2000], 227).

그 구절이 분명하지 않다고는 생각하지 않았고, 나도 그것을 파악하기 어렵다고 생각하지 않는다. 나는 그 구절이 우리 자신의 문화적 직관에 역행하기 때문에 어려워 보일 뿐이라고 제안하고 싶다. 그러나 성경은 우리의 세계관에 도전하고 세계를 바라보는 우리의 방식을 교정하기 위하여 존재한다.

14절에서 바울은 그 금지에 대한 두 번째 이유를 제시한다. 아담이 아니라 하와가 속았기 때문에 여성이 가르치는 것은 금지되어 있다. 평등주의자들은 여성이 에베소에서 이단을 퍼뜨린 책임이 있었고 그것이 여성이 가르치는 것으로부터 금지당한 이유라고 말하기 위하여 가끔 이 구절에 호소한다.[98] 그러나 우리가 디모데전서와 목회 서신의 나머지 부분을 읽을 때, 이름이 나타난 거짓 교사들은 남성들뿐이다(1:20; 딤후 1:15; 2:17). 우리가 갖고 있는 유일한 증거는 여성이 이단에 의하여 영향을 받았다는 것이지 그들이 이단의 유포자였다는 것은 아니다(딤후 3:5-9). 디모데전서 2:14은 여성이 거짓 가르침을 퍼뜨리고 있었음을 시사하지도 않는다. 속임을 당한다는 말은 잘못된 것을 퍼뜨리고 있다는 말이 아니라 단지 그것에 의하여 미혹되고 있다는 말일 뿐이다. 그 구절이 강조하는 것은 하와의 마음에서 일어난 것, 즉 속임이다. 그리고 그녀가 아담에게 잘못된 가르침을 주는 것에 대해서는 아무것도 언급되지 않는다.

이 구절이 하나님의 명령에 대한 하와의 무지를 강조한다고 말하고, 에베소 여성들이 교육의 부족 때문에 가르치는 것으로부터 금지당한다고 결론 내리는 것도 그럴듯하지 않다. 이 해석의 문제는 속임이 교육의 부족과 동일하지 않다는 것이다. 왜냐하면 후자는 교육을 통해서 개선되지만,

---

98_ 이 구절에 대한 상세한 논의를 위하여, 비록 내가 이 구절에 대한 나의 이전 해석에 대하여 덜 확신할지라도, 나의 "An Interpretation of 1 Timothy 2:9-15," 140-46을 보라.

전자는 도덕적인 요소를 가지고 있기 때문이다. 하와가 아담에게 주어진 하나님의 명령을 모르고 있었다고 말하는 것도 이해되지 않는다. 만약 아담이 그녀에게 그 명령에 대하여 알려주지 않아서 하와가 몰랐다면 책임은 확실히 아담에게 있을 것이다. 그 대신에 만약 아담이 그 명령을 엉망진창으로 만들어 하와에게 불충분하게 설명했다면, 이것은 여성보다 남성에게 가르치도록 권하는 지시와는 거의 어울리지 않는다. 짐작건대 아담이 그 금지령을 하와에게 설명했을 것이다. 그리고 무엇이 금지되었는지 이해하기가 꽤 쉽기 때문에, 그녀가 어떻게 그것을 파악할 수 없었는지는 알기 어렵다. 만약 하와가 그것을 이해할 수 없었다면, 그녀는 본질적으로 어리석었다. 그리고 이것은 왜 남성이 가르쳐야 하는지 설명할 것이다. 그러나 속임이 어리석음과 동일시되지 않아야 한다. 여하튼 바울이 하와가 교육이나 이해력이 부족했다고 말하고 있는 것은 아니다. 그는 그녀가 도덕적으로 실패하고 뱀에 의하여 속임을 당했다고 주장한다.

평등주의자들은 종종 자신들이 상보주의자들보다 14절에 대한 더 나은 설명을 갖고 있다고 단언한다. 나는 그들의 설명 중 어떤 것도 설득력이 없다고 주장한다. 왜냐하면 이 구절에는 여성이 이단을 퍼뜨리고 있었기에 가르치지 못하도록 금지당했다는 증거도 없고, 속임이 교육의 부족과 동일시될 수 없어서 그들이 교육을 받지 못했음을 나타내는 어떤 표시도 없기 때문이다.

그러면 디모데전서 2:14의 논점은 무엇인가? 나는 처음부터 이 구절의 난해성을 인정한다. 나는 상보주의적 견해가 13절의 명확성에 근거하여 유효하기 때문에 14절의 해석을 해결하는 일이 그 단락 전체를 위하여 중요하지 않다고 믿는다.[99] 교회 역사에서 어떤 사람들은 여성이 남성보다

99_ Craig L. Blomberg는 14절이 12절의 명령의 두 번째 이유로서 기능하기는커녕 15절과 함

덜 지적이거나 더 속는 경향이 있다고 주장해왔다. 여성이 덜 지적이라는 생각은 성경 다른 곳에서 가르치지 않고 바울은 지능의 부족으로부터가 아니라 속임의 경험으로부터 주장한다. 다른 사람들은 핵심은 하와가 먼저 속았고, 아담이 나중에 속았다는 것이라고 제안했다.[100] 바울이 그가 신뢰하는 동역자에게 쓴 바와 같이, 그는 죄가 아담을 통하여 전해져왔다는 가르침(롬 5:12-19)을 디모데가 숙고하리라는 것을 알고 있다. 따라서 하와가 먼저 죄를 지었을지라도 죄는 아담에게로 거슬러 올라가고, 이는 남성의 헤드십을 가리킨다.

우리는 위의 해석을 뱀이 주도권을 쥐고 아담보다는 하와를 유혹하고, 그렇게 함으로써 남성의 리더십 패턴을 전복시켰다는 관찰과 결합할 수 있다.[101] 나는 이전 소론에서 바울이 여성은 남성보다 더 속는 경향이 있음을 암시하고 있다고 주장했다. 그러나 나의 견해는 여성들에게 있는 타고난 결함을 암시하는 약점을 갖고 있다. 왜냐하면 성경에서 속임이란 언어는 항상 도덕적 단점을 수반하기 때문이다. 따라서 나는 바울이 아마도 뱀

께 읽혀야 한다는 흥미로운 제안을 한다("Not Beyond What Is Written: A Review of Aída Spencer's Beyond the Curse: Women Called to Ministry," *CTR* 2 [1988]: 414). 이러한 읽기에 의하면, 바울은 하와가 처음엔 속았을지라도 구원받을 것이라고 말한다. 이 견해에는 적어도 세 가지 약점이 있다(비교. Mounce, *Pastoral Epistles*, 142). (1) 14절의 *kai*는 자연적으로 14절을 13절과 연결시킨다. 13절의 구조는 14절과 잘 어울린다. 왜냐하면 두 구절 모두 a-b a-b 패턴으로 아담과 하와를 비교하고 대조시키기 때문이다. (3) Blomberg의 견해는 14절에서의 아담의 언급을 잘 설명하지 못한다. 만약 관심이 여성들의 구원뿐이라면 어떤 것이든 아담의 언급은 불필요하다. 그러나 아담과 하와를 둘 다 언급한 것은 여자들이 남자들을 가르쳐서는 안 된다는 12절에서의 특정한 주장과 잘 맞는다. 내가 보기에 Blomberg는 Mounce의 반론에 대한 그의 논평에서 이 반론에 설득력 있게 대답하지 못한다(그의 소론 "Neither Hierarchicalist nor Egalitarian: Gender Roles in Paul," in *Two Views on Women in Ministry*, eds. James R. Beck and Craig L. Blomberg [Grand Rapids: Zondervan, 2001], 367을 보라).

100_ Paul W. Barnett, "Wives and Women's Ministry (1 Timothy 2:11-15)," *EvQ* 61 (1989): 234도 그렇다.

101_ 또한 Gruenler, "The Mission-Lifestyle Setting," 217-18, 20-21을 보라.

이 아담 대신에 하와를 유혹함으로써 남성의 헤드십을 전복시켰다는 사실을 숙고하고 있을 것이라 생각한다.[102] 그렇지만 비록 하와가 속아서 먼저 죄를 지었을지라도 죄는 여전히 아담을 통하여 유래된다. 이 견해에 의하면 14절은 교회에서의 남성 리더십에 대한 보완적인 추가 이유를 제공하면서 12절에서의 명령을 뒷받침한다.

순종적인 품행으로 예언하도록 권고받는 여성: 고린도전서 11:2-16

남성과 여성에 관하여 가장 논쟁의 대상이 되는 신약 본문 중 하나는 고린도전서 11:2-16이다.[103] 고려 중에 있는 풍습으로 시작해서 몇몇 쟁점을 여기서 살펴볼 필요가 있다. 바울은 여성이 자신들을 어떻게 꾸미기 원했는가? 우리는 즉시 완전한 확실성이 우리를 벗어난다는 것을 받아들여야 한다. 학자들은 베일로 가리기, 숄 두르기, 또는 머리카락이 어깨 위로 흘러내리지 않도록 머리 위로 묶기를 제안하였다.[104] 그 풍습이 무엇이든 간에, 고린도 여성들이 그에 따라 행동하지 않는 것은 수치스럽다고 여겨

102_ 공간적 제약 때문에, 나는 딤전 2:15의 해석을 뛰어넘고 있다. 나의 견해를 위하여, "An Interpretation of 1 Timothy 2:9-15," 146-53을 보라. 나는 나의 특정한 해석이 본문의 주요 가르침에 결정적인 영향을 미치리라고 믿지 않는다(Keener, *Paul, Women and Wives*, 118; Scholer, "1 Timothy 2:9-15 and the Place of Women," 196와 대조됨). 다른 해석을 위하여, Andreas J. Köstenberger, "Ascertaining Women's God-Ordained Roles: An Interpretation of 1 Timothy 2:15," *BBR* 7 (1997): 107-43을 보라.

103_ 심층적인 논의를 위하여, 나의 소론 "Head Coverings, Prophecies and the Trinity: 1 Corinthians 11:2-16," in *Recovering Biblical Manhood and Womanhood*, 124-39를 보라.

104_ 숄이나 베일을 지지하는 것은 Gordon D. Fee, *The First Epistle to the Corinthians* (NICNT; Grand Rapids: Eerdmans, 1987), 506-12; Keener, *Paul, Women and Wives*, 22-31; Cynthia L. Thompson, "Hairstyles, Head-Coverings, and St. Paul: Portraits from Roman Corinth," *BA* 51 (1988): 99-115이다. 머리 모양을 지지하는 것은 Hurley, *Man and Woman in Biblical Perspective*, 254-71; David E. Blattenberger III, *Rethinking 1 Corinthians 11:2-16 through Archaeological and Moral-Rhetorical Analysis* (Lewiston, N.Y.: Mellen, 1997)이다.

졌다. 고린도 여성들의 행동은 마치 그들이 머리카락을 완전히 미는 것과 같이 충격적이었다(6절).

비록 우리가 그 풍습을 명확히 말할 수는 없지만, 왜 바울은 여성이 자신들을 어떻게 꾸미는지에 관심을 가지는가?[105] 우리는 이미 영광과 수치가 중심에 오는 것에 주목했다(4-7절, 13-15절). 풍습을 거부하는 사람들은 그들의 머리에 불명예를 가져온다. 5절에서 "머리"는 아마도 언어유희일 것이다. 왜냐하면 자신을 부적절하게 꾸미는 여성들은 그들 자신과 그들의 남편에게 불명예를 가져오기 때문이다. 바울이 그 전체 문제를 "각 남자의 머리는 그리스도요, 여자의 머리는 남자요, 그리스도의 머리는 하나님이시라"(3절)라는 말로 시작하기 때문에, 여성의 꾸밈이 남성과 여성 사이의 관계에 영향을 주는 것은 분명하다.

나는 앞서 *kephalē*("머리")가 "~에 대한 권위"와 "근원"의 개념을 모두 가질 수 있다고 언급했다. "~에 대한 권위"란 의미는 많은 본문에서 명확하고, 그 용어가 "근원"을 의미하는지는 분별하기가 어렵다. 그럼에도 불구하고 "근원"이란 번역을 채택한다 하더라도, 남성의 리더십이 본문으로부터 지워질 수는 없다. 수치스러운 꾸밈이 남성의 리더십에 반하는 반역의 상징이기 때문에, 바울은 여성이 자신들을 꾸미는 방식에 관심을 갖는다. 단정하게 꾸민 여성은 남성의 리더십에 대한 그녀의 복종을 나타낸다. 여자가 남자를 거들고 돕기 위하여 창조되었다는 것은 7-9절에서의 바울의 주해로부터 명확하다. "남자는 하나님의 형상과 영광이니 그 머리를 마땅

105_ Bruce W. Winter는 베일로 가리라는 명령은 여기서 일반적인 여성이 아니라 아내들이 고려되고 있음을 증명한다고 주장하고, 바울 시대의 문화로부터의 증거를 가지고 이 주장을 뒷받침한다(*After Paul Left Corinth* [Grand Rapids: Eerdmans, 2001], 121-41). Winter의 주장은 상당히 매력적이지만, 이 주장을 확증하기 위해서는 심층 연구와 논의가 필요하다. Winter가 베일에 대한 언급이 오직 아내들만 고려되고 있음이 사실이라고 말할 때 아마도 그가 옳을 수 있지만, 본문 자체로 볼 때는 불명확하기 때문에 나는 그의 견해에 대해 약간의 망설임을 갖는다.

히 가리지 않거니와 여자는 남자의 영광이니라. 남자가 여자에게서 난 것이 아니요 여자가 남자에게서 났으며 또 남자가 여자를 위하여 지음을 받지 아니하고 여자가 남자를 위하여 지음을 받은 것이니." 여자가 남자로부터 왔기 때문에 자신을 특정한 방식으로 꾸미도록 요구받고 있으며, 이는 근원으로부터의 논증조차도 남성의 리더십을 배제하지 못한다는 것을 보여준다고 우리는 언급해야 한다.[106]

바울은 단순히 여성에게 제한을 부여하지 않는다. 만약 여성이 단정하게 꾸민다면, 바울은 그들에게 교회에서 기도하고 예언하라고 권한다(5절). 여성들에 의한 기도와 예언을 사적인 모임으로 격하시키는 상보주의자들은 이를 납득하지 못한다. 그러나 교회의 공적인 모임과 사적인 모임 사이의 구분은 현대에 고안되었다. 바울 시대에 교회는 예배와 가르침을 위하여 가정에서 자주 모였다. 게다가 11:2-14:40이 교회가 함께 모였을 때의 행동과 관련된다는 것은 분명하다. 바울은 교회에서 여성이 기도하고 예언하는 것을 권하지만, 또한 단정한 꾸밈을 주장한다. 그러한 꾸밈이 남성 리더십에 대한 복종을 나타내기 때문이다.

이 시점에서 앞에서 말한 내용을 되풀이하는 것은 중요하다. 예언 행위의 허용이 여성으로 하여금 교사나 목사/장로/감독의 직책을 수행하게 하지는 않는다. 여성이 기도하고 예언할 때, 그들은 자신을 단정하게 꾸며야 하고 그렇게 함으로써 그들이 교회에서 남성의 리더십을 지지하고 있음을 보여준다. 바울은 여성들에게 집회에서 말하라고 권한다. 그러나 그들이 목사로서 기능하거나 정규적으로 남성들을 가르치는 은사를 발휘하는 것은 금한다.

106_ 여기서 *kephalē*가 "근원"만을 의미한다는 말은 아니다. "~에 대한 권위"와 "근원" 둘 다 아마도 관련되어 있을 것이다. 이 문제에 대한 내 견해는 나의 "Head Coverings, Prophecies and the Trinity," 124-39에서의 변화를 나타낸다.

또한 우리는 3절의 강령적인 성격(programmatic nature)에 주목해야 한다. 하나님은 그리스도의 머리이시다. 이는 하나님이 그리스도 위에 계신 권위이심을 의미한다. 성부는 명령하고 파송하시며, 성자는 순종하고 가신다. 성자가 성부에게 순종할지라도, 성자는 본질, 위엄, 개성에서 성부와 동일하시다. 역할의 차이가 가치의 차이를 의미하지 않는다. 오늘날 어떤 학자들은 성자는 성부에게 복종하며, 성부는 성자에게 복종한다고 실제로 주장하고 있다. 스탠리 그렌츠(Stanley Grenz)는 평등주의 견해를 방어하면서 그러한 논제를 사실로 상정한다.[107] 매우 놀랍게도 그는 그의 주장을 뒷받침하기 위한 성경적 증거를 제시하지 않는다. 단지 성부도 성자에게 복종하신다고 주장할 뿐이다. 성경에는 성부와 성자가 상호적으로 서로에게 복종하신다는 증거가 아무것도 없다. 그렌츠의 해석은 아무 근거 없이 조작되었으며, 마치 그것이 성경 어딘가에 뿌리박고 있는 것처럼 독자에게 제시되었다.

성부에 대한 그리스도의 복종과 남성에 대한 여성의 복종을 비교하는 것은 중요하다. 왜냐하면 바울이 2-10절에서 여성의 뚜렷이 다른 역할을 제시한 후 바로 남성과 여성 모두 주 안에서 평등하다고 그의 독자들에게 상기시키기 때문이다(11-12절). 어떤 학자들은 마치 지금 2-10절에서 가르쳐진 남성의 리더십을 바울이 부인하고 있는 것처럼 11-12절을 해석했다.[108] 그러한 해석은 설득력이 없다.

바울은 13-16절에서 성별의 차이로 돌아가, 16절에서 고린도인들이

107_ Grenz, *Women in the Church*, 153-54를 보라.
108_ 여성이 예언할 때 독자적인 권위를 갖는다는 생각을 지지하기 위하여 학자들은 종종 10절에 호소한다. 이 해석은 Morna D. Hooker에 의하여 제안되었고("Authority on Her Head: An Examination of 1 Corinthians xi,10," *NTS* 10 [1964]: 410-16), 대부분의 평등주의자들에 의해 채택되었다(예, Keener, *Paul, Women and Wives*, 38-42를 보라). 그러나 이 견해에는 심각한 문제가 있다(나의 "Head Coverings, Prophecies and the Trinity," 134-37을 보라).

거스르고 있는 풍습을 다른 모든 교회가 실행하고 있다고 고린도인들에게 상기시킨다.[109] 본문은 역할에서의 차이를 인간성의 평등으로 멋지게 균형 잡는다. 평등주의자들은 바울이 11-12절에서 2-10절에서의 복종에 대한 초점을 바로잡는다고 가끔 주장했다. 분명히 복종과 평등의 주제는 상호보완적이다. 여성과 남성은 주 안에서 평등하다. 하지만 또한 구별되는 역할도 요구된다. 바울은 이 점에 대해 아무런 모순도 발견하지 않았다. 따라서 우리도 보지 말아야 한다.

오늘날 여성이 베일과 숄을 써야 하는가? 소수의 상보주의자들은 그렇게 해야 한다고 생각한다.[110] 그러나 성경이 우리가 오늘날 반드시 모방할 필요는 없는 특정한 역사적이고 문화적인 상황의 콘텍스트에서 기록되었음을 기억해야만 한다. 내가 전에 거룩한 입맞춤과 소화불량에 포도주를 마시는 경우에 언급한 바와 같이, 우리는 원칙과 원칙의 문화적 적용 사이를 구분해야 한다. 따라서 고린도전서 11:2-16에서의 원칙은 남성 리더십에 대한 복종(deference to male leadership)이다. 우리 문화에서 그러한 존중은 숄이나 베일을 쓰거나 머리 위로 쪽진 머리를 묶음으로써 표시되지 않는다. 여성은 사역에 참여하고, 성경을 읽고, 교회에서 남성의 리더십에 대한 복종을 예증하는 품행으로 기도해야 한다. 그러나 베일을 쓰도록

109_ Judith M. Gundry-Volf는 바울이 이 구절들에서 창조, 문화, 그리고 그리스도 안에서의 종말론적인 삶을 복잡한 방식으로 통합시키고 있어서 사실상 가부장제와 평등을 동시에 지지하고 있다고 주장한다("Gender and Creation in 1 Corinthians 11:2-16: A Study in Paul's Theological Method," in *Evangelium Schriftauslegung Kirche*, ed. O. Hofius [Göttingen: Vandenhoeck & Ruprecht, 1997], 151-71). 한편 나는 11-12절이 부분적으로 앞 구절들의 가부장제를 약화시킨다는 그녀의 주장에 동의하지 않는다. 다른 한편 그녀의 제안은 지나치게 복잡해서 논쟁에서 명확한 길을 제시하지 못한다.

110_ 예를 들어, Bruce Waltke, "1 Corinthians 11:2-16: An Interpretation," *BSac* 135 (1978): 46-57; Robert Culver, "A Traditional View: Let Your Women Keep Silence," in *Women in Ministry: Four Views*, 29-32, 48을 보라.

요구되어서는 안 된다. 왜냐하면 그렇게 하는 것은 특별한 문화적 관행을 원칙과 혼동하는 것이기 때문이다.

내가 성경 본문의 스캔들을 모면하려고 애쓰고 있는가? 실제로 나는 1세기 상황과 다소 유사한 풍습이 서구 사회에 있다고 믿는다. 어떤 경우에서 오늘날 남편의 성을 취하기 거부하는 여성은 그들이 "해방"되었다고 신호한다. 예외가 있음을 알지만(예, 유명한 운동선수들과 작가들은 인지도를 유지하고 싶어 한다), 나는 만약 바울이 오늘날 살아 있다면, 결혼하는 여성들에게 남편의 성을 취하라고 권고할 것이라고 믿는다. 그렇게 함으로써 그들은 남성 리더십에 대한 복종을 나타낸다.[111]

내가 고린도전서 11:2-16에서 적용한 동일한 해석학적 방법론이 디모데전서 2:11-15과 관련 있을 수 있는가? 한번은 내 수업 중에 한 여성이 나에게 다음과 같이 물었다. "가르치거나 남성들에 대하여 권위를 행사하지 말라는 권고가 우리가 놓친 근본적인 원칙을 갖고 있기 때문에 디모데전서 2:11-15의 원칙을 부인하지 않으면서 여성들이 가르치고 남성들에 대해 권위를 행사할 수 있는 가능성이 있습니까?" 나는 "물론 가능합니다. 그러나 이 경우엔 원칙과 실재가 융합된 것으로 보입니다.[112] 만약

111_ 내가 남편의 성을 취하는 것이 항상 요구된다고 주장하는 것은 아니다. 문화는 변할 수 있다. 어떤 문화에서는 결혼하기 이전의 성을 유지하는 것이 아버지에 대한 존경을 보여줄 수 있다. 나는 그저 어떤 경우에 여성들이 남편의 성을 취하지 않음으로써 남성과 여성의 관계에 대한 그들의 견해를 발언하고 있다고 제안할 뿐이다.

112_ Köstenberger, "Gender Passages," 270을 보라. John Stott는 권위에 대한 복종은 초문화적이지만 가르치는 것은 우리 문화에서 똑같이 적용되지 않는 원칙의 문화적 표현이라고 주장한다(*Guard the Truth: The Message of 1 Timothy & Titus* [BST; Downers Grove, Ill.: InterVarsity, 1996], 78-80). Köstenberger는 "13절은 단지 복종-권위의 원칙보다는 11-12절 전체에 이론적 근거를 제공한다. 게다가 바로 뒤이어 나오는 본문에서 분명히 밝혀지는 바와 같이, 가르치는 기능과 다스리는 기능은 복종-권위와 분리될 수 없다. 거기서 감독은 '가르치기를 잘[할]'(3:2) 뿐 아니라 '한 아내의 남편'(즉 함축적으로, 남성; 3:2)이어야 한다"라고 옳게 응답한다(*1-2 Timothy and Titus* [EBC, rev. ed.; Grand Rapids: Zondervan, forthcoming]).

본문에서의 원칙이 여성이 성경을 가르치는 것과 다른 믿는 자들에 대해 권위를 행사하는 것과 관련되지 않는다면, 그 원칙이 무엇인지 나에게 설명해주십시오"라고 대답하였다.

나는 이 "다른 원칙"이 무엇이 될 수 있을지 성공적으로 설명한 저자의 글을 결코 읽어본 적이 없다. 따라서 나는 우리가 여성이 목회직을 수행하지 못하게 금지할 때, 그리고 성인 남성에게 정식으로 성경을 가르치지 못하도록 여성을 제한할 때, 디모데전서 2:12의 권고를 성취한다고 확신한다.[113]

특정한 상황에 적용된 복종의 원칙: 고린도전서 14:33b-36

원칙과 실재의 전체 문제가 이 난해한 본문의 최전면에 온다. 고든 피(Gordon Fee)는 그 구절들이 후기 삽입 문구라고 주장했다. 그러나 이 견해는 돈 카슨(Don Carson)과 커트 니쿰(Curt Niccum)에 의하여 결정적으로 반박되었다.[114] 언뜻 보면 그 단락은 여성이 교회에서 전혀 말하지 못하도록 금지하는 것으로 보인다. 그러나 이는 설득력 없는 해석이다. 고린도전서 11:5에서 바울은 이미 여성이 교회에서 기도하고 예언하는 것을 허용

113_ Craig Keener는 만약 머리 가리개를 버린다면 딤전 2:12에 의해 부여된 제한도 역시 포기되어야 한다고 생각한다(Paul, Women and Wives, 19). 그러나 나는 각 본문에서 원칙을 식별하려고 노력하는 Keener의 바로 그 원칙을 내가 따르고 있다고 믿는다(Paul, Women and Wives, 46을 보라).

114_ Fee, First Epistle to the Corinthians, 699-705; Carson, "Silent in the Churches," 141-45; Curt Niccum, "The Voice of the Manuscripts on the Silence of Women: The External Evidence for 1 Corinthians 14.34-35," NTS 43 (1997): 242-55를 보라. 또한 해석에 대한 Keener의 훌륭한 조사를 보라(Paul, Women and Wives, 70-100). Philip B. Payne은 풀다 사본(Codex Fuldensis)의 증거와 바티칸 사본(Vaticanus)에서의 "바-움라우트"(bar-umlaut) 기호가 34-35절이 후기 삽입문구라는 것을 나타낸다고 주장한다. 그러나 Niccum은 Payne이 제시한 증거가 실제로 삽입문구 주장을 뒷받침하지 않는다고 증명해 보인다("Fuldensis, Sigla for Variants in Vaticanus, and 1 Corinthians 14.34-5," NTS 41 [1995]: 240-62).

하였다. 만약 바울이 여성이 전적으로 말하는 것을 그만두어야 한다고 생각했다면, 그들이 어떻게 자신을 꾸며야 하는지 그가 그렇게 자세히 설명하려고 애쓰지는 않았을 것이다! 그렇다면 바울은 여기서 무엇을 금지하고 있는가? 학자들은 여기서 논의될 필요도 없는 과다한 해석을 제안했다. 예를 들어, 어떤 이들은 본문이 모순적이라고 말하고, 다른 이들은 여성이 질문들로 예배를 방해하고 있었다고 말하고, 그리고 또 다른 이들은 예언자가 한 예언에 대하여 여성이 평가하고 판단하지 못하도록 금지당하고 있었다고 말했다.[115] 사실상 모든 이들이 이 말들을 초래한 특정한 상황을 밝히기가 어렵다고 인정한다. 여성이 어떤 식으로든 예배를 방해하고 있었을 가능성이 매우 높아 보인다(우리는 정보의 부족 때문에 특정한 환경을 복원시킬 수 없다). 그리고 바울은 그들의 방해하는 행동에 반응했다.

그럼에도 불구하고 우리가 단순히 그 구절들이 고린도에서의 지역적인 상황에 국한된다고 말할 수만은 없다. 여기서의 권고는 "성도들의 모든 교회에서"(14:33, 새번역성경) 시행되는 것과 관련되어 있다. 바울은 여성이 복종하기를 요구한다. 왜냐하면 이것은 *nomos*("율법")가 요구하는 것이기 때문이다(34절). 바울이 구약의 특정 구절을 명시하지는 않지만, 바울에게 "율법"은 사실상 늘 구약을 가리킨다. 이 부분은 아마도 창세기 1-2장의 가르침과 관계 있을 것이다. 우리는 고린도에서의 특정한 상황에 대하여 어느 정도의 불확실성 갖고 있을 수 있다. 그러나 여기서 발표된 원칙은 성경의 나머지 부분과 어울린다. 여성은 리더십을 침해하는 식으로 말해서는 안 된다. 모든 다른 교회에서처럼 그들은 교회의 리더십이 남성에

115_ 선택권과 예언에 대한 판정이 금지된다는 견해에 대한 조사를 위하여, Carson, "Silent in the Churches," 145-53을 보라. 또 다른 결론에 이르는 조사를 위해서, Forbes, *Prophecy and Inspired Speech*, 270-77을 보라.

게 속하도록 복종적으로 행동해야 한다.[116]

결론

성경은 여성이 목회직을 수행해야 하는지에 관하여 한목소리로 말한다. 그리고 또한 내가 보기에는 성경이 여성이 정식으로 남성을 가르치고 그들에 대해 권위를 행사하지 못하도록 금지하는 것 같다. 물론 내 해석에 동의하는 사람들조차도 이 해석이 삶에서 일어나는 무수히 많은 특정한 상황에서 어떻게 실현될지에 대해서는 동의하지 않으리라는 것을 나는 잘 알고 있다.[117] 끝으로 나는 성경이 여성이 구약과 신약에서 다른 많은 사역 역할과 긴요하게 관련되어 있음을 나타낸다고 단언하고 싶다. 상보주의자들은 여성의 그러한 역할 수행을 널리 알리고 지지해야 한다. 또한 우리는 기능의 차이가 가치의 차이를 의미하지 않는다고 평등주의 사회에 지속적으로 상기시켜야 한다. 세상은 그렇게 생각할 수 있다. 그러나 교회는 그렇게 할 만큼 어리석지 않다.

116_ Keener는 그 본문을 오늘날에 달리 적용할지라도 본문에 있는 원칙이 복종이라는 데 나와 동의한다(*Paul, Women and Wives*, 87).

117_ 나는 단순히 Three Views on Eastern Orthodoxy and Evangelicalism라는 간략한 표제에서 다양한 실질적인 질문들을 결코 다룰 수 없었다.

논평

린다 L. 벨빌

토마스 슈라이너의 소론과 우리가 공통으로 단언하는 사항들이 많아 감사할 것이 많다. 우리는 둘 다 남성과 여성이 하나님의 형상으로 동일하게 창조된다고 단언한다. 우리는 둘 다 고대 세계에서 여성이 교회 개척과 전도와 같은 아웃리치 사역 — 그리고 예언자, 후원자, 집사와 같은 지역교회 사역 역할 — 에서 지도적 역할을 했다고 인정한다. 우리는 둘 다 여성이 시민적 영역(civic realm)에서 리더십 역할을 차지했다는 데 동의한다. 실제로 우리는 둘 다 사역 그 자체에서 여성을 인정한다. 우리가 의견을 달리하는 곳은 남성을 지도하는(특히 설교하고 가르치는) 일에 종사하는 여성의 문제다.

오류와 맹점들은 크레이그 블롬버그의 소론과 거의 비슷하다.

1. 일반화의 오류

삶은 좀처럼 "항상"이나 "결코 ~않다"만큼 흑과 백이 뚜렷하지 않다. 하지만 그것은 톰이 이 소론에서 굴복하는 오류다. 개시 공세는 그가 "나는 성경이 여성이 가르치는 것과 남성에 대해 권위를 행사하는 것을 금지한다고 이해한다"라고 말한 대목이다. 이를 "여성은 예언자로서는 섬겼지만 목사나 감독이나 사도로서는 결코 섬기지 않았다"와 "여성이 목사, 장로, 또는 감독으로서 섬겼다는 단 하나의 예도 신약에서 제시할 수 없다"와 같은 단정적인 선언이 따른다. 저자는 이것이 "수 세기에 걸쳐 교회가 승인한" 여성 사역에 대한 "역사적 견해"라고 주장한다.

저자가 간과한 말은 소위 역사적 견해가 특정한 정치 형태―가부장적 정치 형태―를 띤 교회들의 견해라는 점이다. 계층 조직의 배경 밖으로 나가면 여성 목사, 여성 설교자, 여성 교사들이 쉽사리 발견된다. 그들은 "수 세기에 걸쳐" 중세의 수녀원장, 왈도파, 타보르파, 쉐이커교도, 퀘이커교도, 감리교도, 구세군, 기독교선교연맹(최근까지), 오순절파 등등의 지위에서 발견된다. 기독교 운동과 조직의 여성 지도자 또한 역사에 걸쳐 눈에 띈다. 예를 들어, 1800년대 초에 쉐이커 공동체들은 루시 라이트(Lucy Wright)의 지도 아래 25년간의 전례 없는 성장을 경험하였다. 구세군의 캐서린 부스(Catherine Booth)는 1800년대 중후반에 여성의 복음 선포 권리를 선도하였고, 그녀의 소책자 *Female Ministry*는 여전히 널리 참고문헌으로 인용되고 있다.

2. 잘못된 구분의 오류

톰은 그것이 "자발적"(spontaneous)이면(예, 지식의 말씀, 예언적 말씀 등) 여성이 설교하고 가르칠 수 있으나, 만약 "정규적"(regular)이면 그렇게 할 수 없다고 주장한다. 예언은 리더십에 적합하지 않은 "수동적인" 은사이기 때문에 여성은 예언할 수 있다. 그러나 그것을 가르치는 것은 "고정된 직분"

에 적합하기 때문에 여성은 가르칠 수 없다.

"자발적 vs. 정규적"과 "수동적 vs. 능동적"과 같은 구분은 현대에 조작되었다. "정규적"(regular)과 "공식적인"(official)은 신약 시대보다 1-2세기 뒤에 일어나는 제도화와 조직화의 단계를 가정한다. 안디옥 교회가 교회 개척자를 뽑았을 때, 그들은 그들 가운데 "예언자와 교사"의 지위에 있던 사람 중에서 뽑았다. 따라서 "예언자"는 수동적이거나 비지도자적인 은사가 전혀 아니다. 또한 자발성과 수동성은 바울이 로마서 16장에서 동역자와 함께 사역에서 수고한 자로서 인사하는 많은 여성에 대해서도 맞지 않는 기술어다.

초기 그리스도인들은 가정에서 만났으며, 약 50명을 수용하는 안뜰에서 모였다. "정규적인" 역할은 주로 관리직이었다. 핵심 관리자는 집주인으로, 그는 이 모임을 감독하고 조정하였다(회당장과 비교하라). 여성과 남성 모두 이 역할에서 정규 직원(regulars) — 골로새의 눔바와 빌레몬, 예루살렘의 마리아, 다양한 지역에서의 브리스길라와 아굴라, 빌립보의 루디아 — 으로서 선발된다. 다른 "정규적인" 역할은 감독과 집사를 포함했다. 바울은 이들에게 빌립보서 1:1에서 인사한다. 4:3에서 순두게와 유오디아의 이름을 언급한 것(바울에게 예외적인 일)은 그들을 분명하게 "정규 직원들", 그리고 "관리들"(전통주의자의 언어를 사용하면) 가운데 위치시킨다.

3. 시대착오적 오류

장로의 기본적인 역할 중 하나가 가르치는 일을 포함하기 때문에, 여성이 목회직(pastoral office)에서 기능하지 못하게 금지당한다는 톰의 반복되는 주장의 중심에는 교회학이 있다. "목회직"은 오늘날 일부 교회의 정치 형태다. 하지만 그것이 성경에 근거한 것인가? "목사"라는 용어는 신약의 서신에서 단지 한 차례, 그것도 은사(직분이 아니라) 목록에서 발견되며, 그의 기능은 "성도를 온전하게 하여 봉사의 일을 하게"(엡 4:11-12) 하는 것이다. 장로도 마찬가지다. 비록 톰이 여성이 장로직에서 금지된다는 점에서 단호하다 할지라도, 그 발언은 성경적으로 문제가 있다. 구약과 신약 모두의 유대교에서 장로는 종교적 역할이 아닌 시민적 역할이었다. 장로들은 회당에서 아무런 지위도 갖지 않았고, 어떤 공식적인 종교적 역할도 수행하지 않았다. 또한 역사가들은 여성이 실제로 이 역할을 했음을 보여주었다. 지금까지 여성이 "장로"란 칭호를 지닌 7개의 유대인 무덤 비문들이 확인되었다.

저자는 하나님의 백성 사이에 여성 제사장이나 랍비가 한 명도 없었다는 사실로 되받아친다. 하지만 왜 한 특정한 역사적 시점에서의 특정한 정치 형태가 모든 시대를 위한 정치 형태를 결정해야 하는가? 단순한 사실은 제사장적 숭배의 정치 형태가 계속되지 않았고, 완전히 다른 종류의 또 다른 정치 형태가 그것을 대체했다는 점이다. 따라서 여성 제사장의 부재는 여성 사역과 별 관계가 없다.

4. 남성 특권적인 오류

"아담이 하와보다 먼저 창조되었기 때문에 남성은 교회에서 지도하고 가르칠 책임을 진다." "남성의 리더십의…표지는 하와가 아담을 위하여 '돕는 자'('ēzer)로서 창조되었다는 것이다." "아담이 그 여자의 이름을 지은 것은 그가 리더십 역할을 지니고 있음을 의미한다." 이것은 남성적인 억측의 말이다. 평등주의자들은 고대 사회가 가부장적이었다는 사실을 부인하지 않는다. 중요한 문제는 이것이 하나님께서 상황이 어떻게 되도록 의도하시는가에 관한 성경의 가르침인가이다.

만약 우리가 예수께로부터 힌트를 얻는다면, 남성적 추정에 부딪힐 때마다 그는 그것을 뒤엎으신다. 당시의 종교 지도자들이 그에게 다가와 남자가 그의 아내와 이혼하는 것이 합법적인지 물었을 때(막 10:3), 예수께서 "그렇다, 하나님께서는 남자가 책임을 맡도록 창조하셨다"라고 말씀하시는 편이 쉬웠을 것이다. 그 대신에 그는 처음부터 그렇지 않았다고 단호하게 말씀하신다(6절). 그것은 하나님께서 남자를 먼저 창조하셨고 그다음에 여자를 창조하셨으며, 그렇게 하심으로써 리더십의 패턴을 의미하셨다는 말은 아니다. 도리어 "[하나님께서] 창조 때로부터 사람을 남자**와 여자**(and female)로 지으셨으니"(6절, 저자 강조)라고 말씀하신다. 남성의 특권에 대한 추정을 예수께서는 마음의 완악함 탓으로 돌리신다(5절).

반론은 예수께서 하나님이 주신 특권을 남용하는 남성들에게 도전하신다는 점이다. 만약 그렇다면 우리는 "그렇다"를 기대하고 "그러나 남자는 그의 특권을 남용하지 말아야 한다"라는 단서가 붙기를 기대할 것이다. 그 대신에 마가복음 10장에서 제시된 질문은 사실상 "이혼에 관한 한 누구에게 책임이 있는가?" 하고 묻는 간단한 질문이다. "어느 쪽도 아니다"가 예수의 답변이다(5-6절 저자 번역). 특권은 오로지 하나님의 것이다(9절).

저자는 남성의 특권 및 책임과 관련하여 "평등주의자들이 [디모데전서] 2:13에서의 바울의 창조로부터의 논증에 대해 그럴듯한 설명을 아직 제시하지 않았다"고 규정짓는 진술로서 "아담이 먼저 지음을 받고 하와가 그 후며"에 호소한다. 13절뿐 아니라 심지어 훨씬 더 난해한 15절("여자들이…그의 해산함으로 구원을 얻으리라")도 에베소의 아르테미스 숭배를 배경으로 하여 쉽게 설명되기 때문에, 이는 다소 기이하다. 파우사니아스(Pausanias)의 *Guide to Greece*(2세기)는 아르테미스 숭배에서 나타난 여성의 우세함을 제시한다. 그리스인들은 아르테미스가 제우스와 레토의 자녀였다고 믿었다. 그녀는 남성 신들에게 퇴짜를 놓고 레이몬(Leimon)이란 이름의 인간 배우자와 교제하기를 바랐다. 이것이 아르테미스와 그녀의 모든 여성 신봉자들을 남성보다 우세하게 만들었다. 그것은 또한 "여자들이…그의 해산함으로 구원을 얻으리라"는 바울의 진술을 설명해준다. 왜냐하면 여성이 안전한 해산 과정을 위해 아르테미스에게 도움을 구했기 때문이다.

5. 문화적 오류

한편으로 톰은 "우리는 역사적이고 문화적인 콘텍스트에서 성경을 해석해야 한다"라고 말할 수 있다. 그러나 처음부터 그는 "마리아의 집에서의 교회의 모임과 리더십 역할에 대한 추정 사이에 어떤 상관관계도 그릴 수 없다"고 말한다. 이 말은 우리가 가정교회(또는 다른 조직)의 후원자에 관하여 알고 있는 사실을 거스른다. 현대에서 평행한 직책은 한 조직의 수탁 책임을 맡고 지도력을 담당하는 이사회의 의장직일 것이다. 그 또는 그녀의 집을 지역 "교회"에 개방한 1세기의 후원자는 이와 유사하게 책임과 "감독"을 담당했다. 이러한 이유로 어떤 학자들은 신약의 언어인 "감독"(또는 "주교")을 가정교회 후원자와 동일시한다.

디모데전서에서 결혼과 관련하여 소위 "제한적인" 본문을 다룰 때, 문화도 마찬가지로 간과된다. 여성들은 해산함으로 구원을 얻고(2:15), 젊은 과부들은 시집가서 아이를 낳고 집을 다스려야 한다(5:14). 일반적으로 간과되는 것은 이 본문이 다른 곳에서의 바울의 가르침에 모순된다는 사실이다(예, 고전 7:8, 39-40). 복종 본문의 경우에도 마찬가지다. 아내는 만사에 자기 남편에게 복종해야 한다(엡 5:24; 비교. 골 3:18과 딛 2:4-5). 그러나 바울에게 다른 곳에서 그 언어는 상호 의무(고전 7:1-4), "상호 합의"(7:5), 상호 종의 언어다(엡 5:21).

모든 경우에 각 서신이 기록된 원인인 다른 정황과 사건 안에 준비된 설명이 있다. 에베소서(회람 서신), 골로새서(에베소 교회 개척), 디모데전서(에베소 교회 목사), 디도서(그레데 교회 개척자)는 같은 지역에 있는 교회들에 보낸 편지이며, 금욕주의를 권하고 결혼을 금지한 거짓 가르침을 다룬다(골 2:18-23; 딤전 4:3).

6. 학문상의 오류

저자는 적어도 이 소론에서 고대에서의 여성의 역할에 관한 최근의 언어학자, 사회학자, 역사가, 고고학자의 연구를 끌어들이지 않는다. 적절한 예로 로마서 16:7과 디모데전서 2:12에 대한 논의를 들 수 있다.

로마서 16:7에서 바울은 "나의 친척이며 나와 함께 감옥에 갔혔던 안드로니고와 유니아에게 문안해주십시오. 그들은 사도들 가운데서도 뛰어난 사람들이며 나보다 먼저 그리스도인이 된 사람들입니다"(현대인의 성경; 여기서 저자는 NKJV를 인용한다. "사도들 가운데서도 뛰어난 사람들"로 옮긴 부분은 NKJV의 "of note among the apostles"에 해당한다. 이 번역본과 달리 개역개정판은 이 부분을 "사도들에게 존중히 여겨지고"로 옮긴다 — 역자 주)라고 쓴다. 모든 유형의 학자들이 그 연구에 도전해왔다는 사실에도 불구하고 로마서 16:7에서 존경받는 사도가 여자인지, 또는 심지어 정말로 존경받았는지에 결정적으로 집중한 유일한 학자적인 목소리는 전통주의자인 마이클 뷰러(Michael Burer)와 다니엘 월리스(Daniel Wallace)의 2001년 *NTS* 아티클("Was

Junia Really an Apostle")뿐이다. 본문비평학자 엘돈 엡(Eldon J. Epp)은 2002년 소론("The Junia/Junias Variation in Romans 16.7")에서 본문 전승을 다루는 데서의 오류를 지적했다. 그리고 신약학자 리처드 보컴(Richard Bauckham)은 2002년 연구(Gospel Women)에서 성경 밖 자료를 사용하는 데서의 결점을 보여주었다.

또한 저자는 초기의 학문을 언급하지 않는다. 예를 들어, 그는 "유명한 사도"가 실제로 유니아스라는 이름의 남성일 수 있다는 가능성을 열어둔다. 그리고 만약 그녀가 여자라 하더라도 "연구는 유니아가 여기서 사도로서 확인될 가능성이 없으며 따라서 그 구절은 사도 직분으로 섬기는 여성에 대하여 아무것도 말해주지 않는다"라고 주장한다. 하지만 4세기의 암브로시우스(Ambrose)로부터, 여성 사도를 인정할 뿐 아니라 그녀를 "사도들 가운데서 저명한" 자로 칭송하고 예수께서 파송하신 72(70)인(눅 10:1) 가운데 넣은 12세기의 롬바르두스(Lombard)에 이르기까지 끊이지 않는 전통이 있다.

디모데전서 2:11-15에 대한 저자의 분석은 시대에 뒤떨어져 보인다. 그는 디모데전서 2:12이 "여성들이 장로들과 집사들을 구분 짓는 두 활동(가르침과 권위의 행사)을 하지 못하도록 금지"한다고 말한다. 그의 주장은 그리스어 *authentein*을 "~에 대해 권위를 행사하다"로 옮기는 몇몇 번역본에 근거를 둔다. 그러나 바울 시대의 그리스어에는 이 의미로 사용된 사례가 없고, 1522년 마르틴 루터(Martin Luther) 때까지 어떤 역본도 이렇게 번역하지 않는다. (여기서 또한 이 책에서의 나의 소론을 보라.) 그는 그리스어 상관어구 *ouk ... oude*("neither ... nor", "~도 ~도 아니다")의 존재도 간과한다. 그것은 두 행동이 아니라 한 행동을 규정한다(비교. "하나님은 졸지도 아니하시고 주무시지도 아니하시리로다"). 따라서 "가르침"과 *authentein*을 어떻게 서로 관련시키느냐가 핵심 문제다.

또한 학문적인 뒷받침이 없는 다수의 가정이 있다. 예를 들어, 창조 이야기에서의 여성의 종속 개념은 창세기 2:18에서 여자를, 남자를 위한 "fit helper"("적합한 돕는 자")로서 옮긴 영어 번역에 의존한다. 저자는 "'돕는 자'가 여성의 종속적인 역할을 가리킨다"고 말한다. 이는 "partner"(NRSV), "companion"(NLT), 또는 "support[불가타 adiutorium] like unto himself"(DV, Darby), "comparable to him"(NKJV), 또는 "meet for him"(Geneva, KJV, ASV)을 선택한다면 지탱할 수 없는 주장이다. 이와 유사하게 저자의 결혼 생활에서의 여성의 종속 개념은 그리스도가 교회의 머리이듯이 남편을 아내의 "head"(머리) 또는 "decision maker"(의사 결정자; kephalē)로 옮긴 영어 번역에 의존한다. 만약 kephalē를 "머리"로 번역한다면, CEO의 뉘앙스는 피할 수 없다.

그러나 이것이 유일한 번역 옵션은 아니다. 동일하게 실행 가능한 옵션은 "근원" 또는 "기원"이다. 사실 바울이 그리스도를 교회의 kephalē로 언급할 때마다, 그 언어는 유기적이지 계층적이지 않다. 교회는 그것의 존재와 양육을 kephalē로서의 그리스도로부터 끌어내는 살아 있는 유기체다. 그리스도는 그의 "몸"(엡 4:16; 5:22-23; 골 1:18; 2:19)인 교회의 kephalē이고 "구원자"이시다. 그는 교회의 "근본"(beginning)이시요, "먼저 나신 이"(골 1:18)다. "그로부터"(ex hou) 교회는 "연결되고 결합되어…자라게 [된다]"(엡 4:16). 머리(그리스도)로부터 교회는 "공급함을 받고 연합하여…자라느니라"(골 2:19). 사람들이 "그들 자신의 몸을 위하여" 먹이고 돌보듯이, 그리스도는 교회의 kephalē로서 교회를 위하여 "먹이고 돌보신다." 그리고 우리는 "그의 몸과 그의 살과 그의 뼈의 지체들"(엡 5:29-30)이다.[1] 창세기

1_ 서방 및 비잔틴 계열의 필사본들 및 번역본에서와 2세기 이후의 교부들에게서 엡 5:30은 그렇게 해석된다(이 책의 나의 소론에서 각주 150을 보라).

2:21-23과 남자의 갈빗대로부터의 여자의 창조에 대한 언급이 틀림없다. 그리고 근원의 개념도 그렇다. 교회는 둘째 아담의 하와, 즉 "[그의] 뼈 중의 뼈요 [그의] 살 중의 살이다"(창 2:23).

7. 해석학적 오류

모든 형태의 문학은 텍스트를 잘못 해석하는 (그리고 잘못 적용하는) 실수를 피하기 위해 따라야 할 그 자체의 해석 법칙을 가지고 있다. 역사적 내러티브도 예외가 아니다. 역사가들은 상황이 어떠해야만 하는가가 아니라 상황이 어떠했었는지를 제시한다. 교회의 정치 제도가 주요 실례다. 어떤 것이든 교회에 가장 잘 맞는 조직 구조에 의하여 운영할 수 있는 인지된 성경적 자유 때문에, 교회들은 필요한 윤리적 조건과 함께 감독교회, 회중교회, 장로교회의 정치 형태를 다양하게 채택해왔다. 사도행전은 다양한 조직 패턴으로 가득하다. 데살로니가 도시는 과두 정치로, 아테네는 민주주의로, 예루살렘은 신정정치로 운영되었다. 이 모든 것이 더 커다란 로마 제국의 군주제 구조 내에 놓여 있었다. 따라서 (저자가 주장하는 것처럼) 장로교의 정치 형태(즉 장로에 의해 운영되는) 외의 것은 성경적 패턴에서 벗어난다는 주장은 해석학적인 오류—역사적인 관행을 마치 신학적인 교리처럼 다루는 것—다. 그 결과 집사들이 교회의 운영위원회로 기능하는 것은 "적절하지 않다. 왜냐하면 집사가 신약 어디에서도 장로와 동일시되거나 장로의 하위 범주로 만들어지지 않기 때문이다."

바울이 교회 개척 과정의 일부로서 "장로들"을 선택했다는 역사적 관찰이 우리로 하여금 동일한 일을 하도록 요구하지 않는다. 사실 톰은 "현대 교회의 문제 중 하나는 많은 교회가 두 직분, 즉 장로들/감독들과 집사들(빌 1:1; 딤전 3:1-13)이 있었던 성경적 패턴에서 벗어났다는 것이다"라고 말한다. 이것은 정의(定議)와 순서도 분석(flow chart analysis)을 거부하는 신약에서의 "장로", "집사", "감독/주교" 사이의 기술적인 유동성을 무시한다. 우리는 그저 그 주장이 요구하는 필수적이고도 체계적인 가르침이 부족할 뿐이다.

그 어려움의 일부는 초기 교회 장로와 집사에 대한 종교적인 전례가 없다는 점이다. 예루살렘 교회와 그 개척 교회들이 그들에게 친숙하고 그들의 경험과 양육의 주를 이루었던 정치 형태를 선택하지 않았다는 것은 중요하다. 그 대신에 그들은 새로운 정치 형태를 선택했다. 다양한 은사를 받은 상호 의존적인 구성원들로 이루어진 "몸"으로서의 지역교회는 지역 회당의 정치 형태와는 상당히 다른 무언가를 필요로 했다. 더욱이 교회 정치 형태는 형성되고 있는 과정이었다. 예를 들어, 집사는 사도행전 6장에서 처음 등장한다. 거기서 예루살렘 교회는 교회의 각 구성원을 더 잘 섬기기 위하여 조직 구조를 변화시킨다. 그렇게 함에 있어서 형성되고 있는 직분에 대한 암시나 통치(governance)가 "성경적 패턴"에서 벗어나는 것에 대한 우려는 아무것도 없다.

8. 성의 오류

톰은 갈라디아서 3:28이 "남성과 여성을 포함하여 모든 사람이 그리스도 안에서 구원에로의 동등한 접근 기회를 갖는다"고 가르침을 언급한다. 이는 그것이 말하고 있는 것 때문이 아니라 말하지 않는 것 때문에 그의 소론에서 가장 문제 있는 발언 중 하나다. 그렇다. 남성과 여성은 구원에로의 동등한 접근 기회를 갖는다. 그러나 그들은 더 많은 것을 갖고 있으며,

그것을 창조 때부터 동등하게 가졌다. 창세기 1장은 하나님이 남성과 여성을(정체성) 그의 형상으로 창조하였고(존엄성), 이를 토대로 그 둘 모두에게 창조물을 "다스리는" 임무를 위임하셨다(즉 중요성; 27-28절)고 가르친다. 이것은 그들을 구원의 공동 상속인으로 만들 뿐 아니라 창조물의 공동 통치자로 만든다. 이 공동 통치는 사회적 영역 — 여성뿐만 아니라 노예들과 이방인들을 위한 — 에서는 상실되었을지도 모른다(즉 남성이 사회적 특권을 가지고 있다). 그러나 그리스도 안에서, 즉 교회에서 그것은 회복된다.

이것이 의미하는 바는 정체성, 존엄성, 중요성이 창조에 내재되어 있지 단지 구원의 결과는 아니라는 점이다. 갈라디아서가 새로운 무언가 — 너머에 있는 무언가 — 를 반영시키고 있는 것임이 틀림없다. 문법적 측면에서만 보더라도 이는 분명하다. "그리스도 안에서는 남자도 여자도 없다"(저자 번역). 교회 밖에서는 인종적 차별이 있으나, 교회 내에서는 "유대인도 이방인도 없다"(ouk...oude). 교회 밖에서는 사회적 차별이 있으나, 교회 내에서는 "노예도 자유인도 없다"(ouk...oude). 교회 밖에서는 주인과 노예의 서열이 있으나, 교회 내에서는 노예가 지도자가 될 수도 있고 주인이 수령인(receiver)이 될 수도 있다. 교회 밖에서는 하나님이 그들을 "남자와 여자"로 창조하셨지만(창 1:27), 교회 내에서는 남자와 여자가 없다(ouk...oude). 우리는 하나님의 성령에 의해 다양한 은사를 받고 그 다양한 은사에 기초하여 기여하는 개인들이다.

논평

크레이그 L. 블롬버그

세 번째로 내가 친구이자 훌륭한 학자로, 거룩하고 민감하며 성실한 사람으로 생각하고 있는 누군가에게 간략한 논평을 작성할 수 있어 행복하다. 한 번 더 나는 톰이 쓴 내용의 상당한 부분에 내가 동의하고 있음을 발견했다. 우리 둘 다 자신을 상보주의자라고 여기고 있기 때문에, 사람들은 내가 크레이그나 린다의 입장보다는 톰의 입장에 더 가깝게 연관된다고 느끼리라 기대할 것이다. 그러나 사실 크레이그와 린다의 평등주의는 매우 온건하고 민감하고 미묘하기 때문에, 나는 내가 대략 그들의 입장과 톰의 입장 사이의 중간에 있다고 인식한다. 더욱이 톰의 상보주의는 비슷하게 견문이 넓고 미묘하며, 교회 역사를 지배하는 경향이 있었던 훨씬 더 전통적인 입장과는 상당히 동떨어져 있다.

톰과 나의 기본적인 일치와 단 하나의 주된 불일치는 즉시 명확하게 말할 수 있다. 오늘날 교회가 장로나 감독의 직분과 동일시하는 것이 참으로 성경적 모델과 동등한 한에 있어서, 성경의 가장 신뢰할 수 있는 해석이 남성만이 그 직분을 차지해야 한다는 결론으로 이끈다는 데 나는 전적으로 동의한다. 톰이 몇몇 신약 구절에서처럼 "목사"를 단순히 장로나 감독의 동의어로 보는 정도까지는, 그 용어를 포함시키는 데서 나는 그에게 동의한다. 그러나 "목사"가 바울의 은사 목록에 있는 영적 은사일 수 있기 때문에, 그리고 오늘날 많은 사람이 심지어 성경의 장로나 감독으로서 기능하지 않으면서 목사라는 공식적인 칭호나 직분을 받고 있기 때문에, 나는 톰만큼 자유롭게 "목사"를 장로와 감독과 함께 끼워 넣기를 꺼린다. 나는 여성이 이러한 더 비공식적인 방법들로 목회의 은사를 발휘하도록 권하고 싶다. 그러나 톰과 나의 주된 불일치는 일단 디모데전서 2:12이 올바르게 이해된다면 성경이 또한 여성이 정규적으로 남성을 가르치거나 그들에 대하여 권위를 행사하지 못하도록 금지하고 있음을 내가 발견하지 못한다는 점이다.

톰의 입장과 나의 입장 사이의 핵심적인 차이점 중 하나는 예언에 대한 우리의 이해를 포함한다. 톰은 논쟁의 양측을 인정하고 각 측을 지지하는 핵심 저작물을 각주에 넣는다. 내가 말할 수 있는 전부는 말하는 사람들이 자신이 하나님이나 신들이 자신에게 준 메시지를 전달하고 있다는 남다른 확신을 갖고 있었던 한, "예언"이 성경적 문화 속에서 다양한 환경에서 사용된 극도로 폭넓은 용어였고 자발적인 발언뿐 아니라 준비된 메시지를 포함했다고 내가 확신한다는 것이다. 만약 이 결론이 정확하다면 우리는 여성 설교자를 허용해야 한다. 그러나 이것은 톰이 생각하는 것처럼 장로 또는 감독의 직분을 남성에게만 제한하는 것을 위태롭게 하지 않는다. 모두 남성으로만 구성된 장로회가 교회의 설교 사역을 감독할 책임을 가지고 누가 언제 설교할지 결정해야 한다. 그리고 어떤 식으로든 회중의 성경적 계층구조를 위태롭게 하지 않으면서도 여성들은 장로들에게 책임을 다하고 그들의 인가 하에 설교하도록 초대될 수 있다. 나는 그런 일이 일어나는 것을 보아왔고 그것이 잘되어 가는 것도 보아왔다.

바울 시대에서 가르치는 은사가 주로 이미 전달된 전통에 대한 설명이었다는 점에서 톰이 옳다. 그러나 바로 그 이유 때문에 "가르침"은 보통 설교를 기술하기 위하여, 적어도 기독교 제1세대의 전적으로 사도적인 사역을 특징짓는 명백히 복음적인 설교를 기술하기 위해서는 사용되지 않는다. 교사들은 더 작고 더 사적인 환경에서 기독교 신앙의 기본적인 교리를 전달한 개인들이었고, 누가 이 임무를 수행할지에 대해 성별 역할의 제한은 없었던 것으로 보인다. 따라서 바울이 여성에게 올바른 품행과 문화적으로 세심한 용모를 하고 기도하고 예언하도록 권할 때, 우리는 오늘날 여성이 비슷한 방식으로 설교하는 것을 감히 금지할 수 없다.

나는 특히 집사인 여성에 대한 톰의 논의에 감사한다. 나는 이 부분에서 그가 말하는 것에 전적으로 동의한다. 또한 그가 분명히 이 입장을 취하고도, 반대를 선도하는 남침례신학교(Southern Baptist seminary)에서 계속 가르칠 수 있는 것에 감사한다. 내가 추측하는 바로는 남침례협의회(Southern Baptist Convention)와 침례교회총회(Baptist General Conference)와 미국보수침례교회협의회(Conservative Baptist Association of America) 같은 더 작은 교단에서 대다수의 침례교인은 여전히 성경이 심지어 집사직에서도 여성을 금하고 있다고 믿는다는 것이다. 적어도 내가 그 교단에 대해서 알고 있는 대부분의 침례교회의 관행이 이를 시사한다.

흥미롭게도 2년 전 내가 TNIV의 신약판의 장점을 홍보하는 논문을 써서 그것을 비난하는 성명에 서명 날인한 눈에 띄는 기독교 지도자들 100명에게 보냈을 때, 나는 남침례협의회의 일원이었던 국제적인 선교단체의 유명한 회장으로부터 매우 정중한 논평을 받았다. 그의 항의를 요약하면 다음과 같다. "TNIV는 2개의 주요 구절을 바울이 여성이 집사가 되는 것을 허용한다고 암시하는 식으로 번역합니다. 나의 교회 남침례협의회는 이를 허용하지 않습니다. 그러므로 나는 이 번역본을 받아들일 수 없습니다." 물론 나는 내포된 논리에 오싹했다. 즉 만약 나의 교회가 성경에 모순되면, 나는 성경이 아니라 나의 교회를 따라야 한다! 그러나 침례교인들이 집사로서의 여성을 장려하기 위하여 가지고 있었던 자유를 그는 분명 몰랐다. 그리고 만약 그가 몰랐다면 나는 대다수의 침례교인이 여전히 이 사실을 모르고 있는 게 아닌가 생각한다.

나는 또한 사도인 유니아에 대한 톰의 논의에 동의한다. 세 가지 사소한 점에서만 그의 해석을 수정하고 싶다. 첫째, 톰은 그의 문장에서 "장로" 다음에 "또는 지도자"를 불필요하게 첨가한다. "면밀히 살펴보면 장로 또는 지도자로서 섬기는 여성에 대한 지지는 사라진다." 둘째, 그는 심층 연구가 뷰러(Burer)와 월리스(Wallace)가 틀렸음을 입증할지도 모른다고 언급한다. 실제로 그랬다. 리처드 보컴은 복음서에 이름이 언급된 여성에 관한 그의 저서에서 이 한 쌍의 학자들이 추정상 평행한 구절의 주요한 곳에서 그리스어를 완전히 잘못 해석하였음을 보여주었다(그의 저서를 너무 늦게 발견해서 나의 소론에는 그 내용을 포함시킬 수 없었다).[1] 마지막으로 나는 성령의 은사로서의 사도 - 그리고 이 역할에서의 안드로니고와 유니아 - 가 아마도 현대의 선교사들처럼 기능하였다는 데 동의하는 반면, 유니아가 특히 여성이 선교사로서 기능했다고 추정해야 할 이유는 찾지 못했다. 쟁점은 오히려 사도/선교사 순회단과 고정된 직분으로서의 장로직의 쟁점이다.

톰이 제시한 창세기 1-2장에서 상보주의를 지지하는 6가지 표지와 관련하여, 나는 어느 면에서는 그것들 모두에 공감하면서, 또한 그 모든 것이 동일하게 설득력이 있지는 않다는 데 그와 동의한다. 린다에게 한 나의 논평에서, 나는 신약 없이는 창세기 1-2장이 여전히 논쟁에서 결정적이지 않을 수 있음을 인정하였다. 하지만 물론 내가 신약을 결코 읽지 않았다면 구약 읽기가 어떻게 될지를 완전히 상상하기란 불가능하다. 그러

1_ Richard Bauckham, *Gospel Women: Studies of the Named Women in the Gospels* (Grand Rapids: Eerdmans, 2002), 172-80을 보라.

므로 나는 적어도 톰의 6가지 사항 중에서 일부는 어쨌든 스스로 명백해질 수 있으리라 생각하는 경향이 확실히 있다.

또 다시 나는 톰이 *kephalē*("머리")와 관련하여 쓴 모든 내용에 거의 동의한다. 내가 유일하게 트집 잡으려 하는 것은 헤드십에 대응하는 것, 즉 복종(submission)이 필연적으로 순종(obedience)을 수반하는가이다. 에베소서 5:22-6:9에서 바울이 명확하게 부모에 대한 자녀의 책임(6:1)과 주인에 대한 노예의 책임(5절)을 위하여 *hypakouō*를 사용하는 반면에, 남편에 대한 아내의 책임에 관한 논의에서 그 동사가 완전히 결여된 것은 내가 보기에 우연의 일치 이상이다. 나는 "따르다"(defer)가 아마도 *hypotassomai*("복종하다"[submit])에 대한 너무 약한 번역이겠지만, "존경하다"(respect; 5:33) — "무서워하다"(be terrified)의 의미에서 "두려워하다"(fear)가 아니다! — 가 이 문맥에서 *phobeomai*에 대한 좋은 번역이라는 데 동의한다. 만약 남편이 "자신의 아내를 희생적으로 사랑하고 그녀를 위하여 자신을 포기하고" 있다면, 순종해야만 하는 직접적인 명령을 그가 내릴 필요가 있을까? 오히려 드문 경우에서 교착 상태가 있을 때는 그가 둘을 위하여 결정을 내려야만 할지라도, 존중되는 팀워크와 사려 깊은 대화가 널리 행해져야 한다. 그러나 내가 다른 곳에서 주장한 바와 같이, 그러한 경우에 5:25은 그 결정이 아내의 최고의 이익을 위한 결정이어야 한다.

노예에 대한 명령과 아내에 대한 명령 사이의 차이점을 지적할 때, 톰은 시작을 잘하고, 추가로 결혼 생활에서 복종을 폐지하는 이유로 노예 제도 문제에의 일관된 호소는 또한 자녀가 부모에게 순종하라는 명령을 폐지할 것을 요구한다고 언급한다. 사실 이것은 서로 전혀 다른 두 가지를 혼합한 것이다. 노예 제도 폐지에 완벽하게 상응하는 것은 결혼의 폐지와 부모 신분의 폐지다. 바울의 가정 규범의 세 부분 모두가 완전히 평행을 이룬다고 주장하려는 노력에서 비롯한 결과는 톰이 언급한 것보다 훨씬 더 근본적으로 반대할 만한 것들이다!

크레이그에게 한 나의 논평에서처럼, 나는 톰의 안드레아스 쾨스텐버거의 연구에 대한 호소를 이에 평행하는 필립 페인에 대한 호소로 수정해야만 한다. 이것들과 같은 구조에서 평행하는 부정사들은 모두 긍정적이든 부정적이든 어느 한쪽의 행동을 가리키며, 이 문맥에서는 둘 다 긍정적일 가능성이 크다고 쾨스텐버거가 보여주었다는 데 크레이그와 톰이 둘 다 동의한다는 것은 흥미롭다. 물론 크레이그는 이 본문의 다른 문화 사이의 적용과 관련해서는 톰과 의견을 달리한다. 다른 한편 린다는 이 시점에 *authentein*이 심지어 "권위를 행사하다"로서 번역되어서는 안 된다고 주장함으로써 세 견해 중에서 가장 취약한 견해를 취한 것으로 보인다. 다른 한편 나는 *authentein*에 대한 크레이그와 톰의 번역에는 동의하지만, 그들이 그 동사들이 별개의 두 행동을 가리킨다고 주장한 쾨스텐버거에 호소한 것에는 동의하지 않는다.

한 각주에서 톰은 디모데전서 2:14이 13절과 함께 12절에서의 금지의 두 번째 이유로서 기능하기보다는 15절과 함께 읽혀야 한다는 내 제안에 상호작용한다. 그는 내 견해의 세 가지 약점이라고 믿는 것을 지적한 빌 마운스(Bill Mounce)를 인용하고, 내가 마운스의 비평에 논평하였다고 언급한다. 그러나 그때 단지 "내가 보기에 블롬버그는 마운스의 반론에 대한 그의 논평에서 이 반론에 설득력 있게 대답하지 못한다"라고만 말한다. 이것은 학자들이 실제로 반증할 시간이나 공간이 없을 때 자주 하는 말이다. 그러나 그들은 비평당하는 사람들에게 여전히 몹시 좌절감을 준다. 내 응답에서 무엇이 설득력이 없어 보이는지 나는 모른다. 그렇기 때문에 나는 이 시점에서 응대할 방법이 없다.

고린도전서 11:2-16을 다루는 데서, 톰이 초시간적인 원칙이 "남성 리더십에 대한 존중"이라고 제안할 때 그는 정확히 옳게 이해하고 있다. 또한 나는 머리 가리개의 문화적인 의미가 주어지든 또는 그것이 결여되든, 어떤 사회에서든 그리스도인들은 그들이 종교적으로든 성적으로든 (각각 그들의 신이나 배우자에게) 충실하지 않음을 시사할 수 있는 어떤 형태의 의상이나 품행을 피해야 한다는 사실을 덧붙이고 싶다. 그러나 나로 하여금 남성 리더십 아래에서의 여성의 설교나 목회—이것은 "정규적으로 남성을 가르치는 은사를 발휘하는 것"(이 점에서는 톰에 반대한다)을 포함할 수 있다—를 지지하도록 허용하는 것은 정확히 이를 다른 문화 상호 간의 원칙(cross-cultural principles)으로서 인정하는 데 있다.

나의 마지막 명확한 소견은 아마 고린도전서 14:33-36을 더 자세히 다룰 필요가 있다는 것이다. 그러나 또 다시 리더십이 장로직으로 정의되는 한, 나는 톰의 결론에 동의할 수 있고, 여전히 남성 장로직에 복종하는 동안에는 수많은 상황에서 여성이 가르치고 남성에 대한 권위를 행사할 수 있다고 다시 한번 더 지적할 수 있다.

논평

크레이그 S. 키너

수많은 사항에 대하여 내가 톰에게 동의한다는 나의 인정이 여기서 적용되는 것처럼, 크레이그 블롬버그와 그의 아량을 향하여 감사를 표한 나의 서두 발언이 여기서도 적용된다. 예를 들어, 우리는 요한2서에서 "택하심을 받은 부녀"가 교회라는 데 동의한다. 나아가 역할에서의 차이가 반드시 평등한 인간성과 양립할 수 없는 것은 아니다(심지어 성과 관련해서, 비록 특정하게 부여받은 기능 — 예, 누가 설거지를 하는가 — 이 문화마다 또는 오늘날에는 각 가정마다 다를지라도).

그러나 책의 주제와 공간의 제약을 고려할 때 내가 크레이그에게도 했던 것처럼, 나는 내 논평을 우리가 의견을 달리하는 영역에 집중시켜야 한다. 지면 관계상 나는 또한 내가 책의 다른 곳에서 다뤘던 특정한 문제들은 생략할 것이다.

톰은 여성 사역에 대한 평등주의적 접근 방법이 우리 사회에서 페미니스트 혁명의 뒤를 바싹 따라간다는 이유로 반대한다. 이것이 완전히 옳은 것은 아니다. 내가 개종한 뒤 수년 동안 나의 신앙은 오순절 전통에서 양육되었다. 거기서 어떤 여성들은 1960년대 페미니스트들이 등장하기 이전에 이미 반세기 이상 목사로 사역하고 있었다(나는 적어도 1920년대의 대형교회 여성 목사 한 명을 알고 있다!). 더 나아가 구세군의 윌리엄과 캐서린 부스 부부와 많은 웨슬리 교회와 성결교회들은 현대 오순절 운동 이전에 수십 년 동안 여성 교회 지도자들을 지지했다. 사실상 당시에 몇몇 복음주의 운동은 오늘날보다 더 많은 여성 사역자를 갖고 있었다. 실제로 경건한 설립자가 여성 사역을 지지했던 기독교선교연맹(Christian and Missionary Alliance)은 원래의 지지 입장을 대부분 수정하였다. 복음주의 계열에서 세속적인 페미니스트들에 대한 반발이 낙태를 반대하는 복음주의적 평등주의자들에게 부당하게 적용되어왔다. 이는 몇몇 계열에서 여성 교회 지도자가 1세기 전보다 오늘날 더 논쟁의 초점이 되는 하위문화(subculture)를 만들어냈다!

교회 역사에서 초기의 많은 시대는 신약학자인 우리 중 누구도 신약의 모델에 적합한 것으로 간주하지 않는 사역 모델을 나타낸다(예, 지나치게 계층적인 모델[적어도 대부분의 복음주의자들은 교황의 필요성을 인정하지 않는다]; 또는 서방 교회에서의 반드시 결혼하지 않는 사제직). 만약 그 모델들이 신약에서 벗어난다면, 이 직책에 있는 여성에 대한 교회의 역사적인 견해 중 일부가 신약에서 벗어날 가능성이 없는가? 사실 어떤 역사적인 견해는 둘러싸고 있는 문화에서 유래하였다(예, 몇몇 시대에서의 아리스토텔레스의 견해). 이러한 고려사항이 우리로 그 문제를 새롭게 시작하도록 요구하지 않는가?

"교회 역사에 걸쳐 대부분의 그리스도인들"이 디모데전서 2:13이 여성이 남성에게 성경을 가르치지 못하는 근거로서 모호함을 알았을지 톰은 의심한다. 하지만 그 자신은 역사 전체에 걸쳐 14절에 대한 대다수의 견해에 호소하는 대신에 그 구절이 난해하다고 생각한다. 그가 가장 유력한 역사적인 해석을 따랐더라면, 그는 그 금지의 근거로서 여성이 남성보다 존재론적으로 열등하다는 것을 받아들여야 했을 것이다. 일반적인 견해는 그들이 속임을 저항할 수 없었다는 것이었다.

창세기로부터 끌어낸 톰의 주장은 대부분 추론에 의존한다. 창조 또는 출현의 순서는 권위에 대한 자동적이고 자명한 암시를 갖고 있지 않으며 (비교. 고전 15:45-47), 그의 다른 논증 중 일부는 이 가정에 의존한다. (하나님은 그가 아직 하와를 창조하지 않으셨기 때문에 하와가 아니라 아담에게 명령을 내리셨다. 추측건대 아담이 그 계명을 먼저 받았기 때문에 그들이 범죄한 후 하나님은 아담에게 먼저 다가가셨다.) 문맥은 하나님께서 하와를 종속적인 "돕는 자"로 창조하셨다고 전혀 명시하지 않는다. 돕는 자로서 그녀는 그가 독처하는 것에 있는 결핍, 아마도 부분적으로는 생육하고 번성하는 능력을 채웠다. 여기서 어디에 종속이 함축되어 있는가? 이름 짓기가 창세기에서 항상 권위를 함축하는 것은 아니다(비교. 16:13). 더 나아가 2:23에서 아담의 하와에 대한 상세한 묘사가 19-20절에서 그가 동물의 이름을 지어준 것과 연결될 수 있는 반면, 정확한 공식문구는 단지 타락 이후에 나타난다(3:20).

창세기 해석을 위한 톰의 가장 강력한 논증이 디모데전서 2장에서 온다. 그러나 먼저 창세기를 있는 그대로 해석한다면, 우리는 바울이 디모데전서 2장에서 그것을 가지고 무엇을 하고 있는지 볼 수 있는 더 좋은 위치에 설 것 같지 않은가?(아래에서 다뤄진다)

어떤 주장은 허수아비다. 바울의 모든 여성 동역자가 사도였다는 가정을 반박하기란 비교적 쉽다. 그러나 대부분의 평등주의자가 그들이 사도였다고 주장하는가? 대부분은 "동역자들"로부터 사역만 추론하고, 사도에 대한 논증은 증거가 더 분명한 곳으로 유보해둔다. 그러나 우리는 여성 사도에 대한 명확한 증거를 확실히 갖고 있다. 톰은 만약 여성이 사도일 수 있다면, 우리가 이 사실을 예수에게서보다는 바울에게서 덜 기대할 것이라는 이유로 반대한다. 왜냐하면 예수께서 더 반문화적이셨기 때문이다. 이 주장은 여성이 시골인 갈릴리보다 로마에서 말할 자유를 더 많이 행사했을 것이란 사실을 고려하지 않는다!

톰은 *apostolos*가 하나님이나 그리스도 외의 누군가의 사자들(messengers)을 가리키는 두 경우를 옳게 언급한다. 그러나 두 경우 모두에서 바울은 더 드문 의미를 명확하게 만든다. 다른 곳에서는 그의 통상적인 용법, 즉 그가 그 용어를 자신과 다른 사람들에게 적용한 것과 동일한 의미를 가정하는 것이 매우 논리적이다(약 30회). (비록 카리스마적 권위의 요소가 그것을 테스트할 수 있는 구절에서 그 신약의 역할 일부로 보일지라도, 바울 자신은 종종 "순회하는 선교사"였다.) 바울 안에는 그가 하나님의 사도로서 명명하는 사람 중 대부분으로부터 그 자신을 (또는 그 어떤 다른 개인을) 구별하는 명확한 증거가 없다(풍부한 신약의 용법과는 대조적으로, 그가 인용하는 가장 이른 속사도 시대 참조문의 의미는 논란의 여지가 있다. 그리고 헤르마스[Hermas]로부터의 참조문은 바울 한참 뒤의 것이다).

여성 사역을 제한하기 위한 톰의 디모데전서 2장으로부터의 장황한 논증은 더 상세한 논평을 요구한다. 바울은 여기서 창조 순서에 호소하지만, 고린도전서 11장에서 머리 가리개에 대해서도 똑같이 한다. (톰은 나중에 머리 가리개 뒤에 있는 원칙은 아내의 복종이라고 주장한다. 그러나 이것이 [기껏해야] 고대의 적용의 일부가 아니라 보편적인 원칙의 일부임을 우리가 어떻게 알겠는가? 본문의 분명한 초점은 명확하게 단지 유혹적이거나 부적절한 의상만 문제 삼는다.) 톰은 평등주의적 접근 방법이 "에베소의 모든 여성이 거짓 교사들에 의해 미혹당했음을 요구한다"(강조는 첨가됨)고 주장한다. 바울에 의한 총체적인 금지가 (어떤 전체적인 금지는 예외를 허용했다) 2:14에서의 바울의 말을 액면 그대로 받아들이는 상보주의적인 해석이 모든 여성이 남성보다 더 쉽게 속는다는 가정을 요구하는 것보다는 이 가정을 덜 요구할 것이다.

나는 그가 열거하는 에베소에서의 상황의 특정한 평등주의적 재구성이 설득력이 없다는 데 동의한다. 그러나 그가 평등주의자들에게 제시하라고 요구하는 것을 정확하게 제공하는 다른 평등주의자들을 동일하게 취급하는 것은 온당하지 않다. 예를 들어, 고든 피(Gordon Fee)는 에베소에서의 상황을 주로 디모데전·후서로부터 재구성한다. 거기서는 거짓 교사들이 특히 여성들(딤후 3:6), 아마도 집을 소유한 매여 있지 않는 과부들을(딤전 5:13) 표적으로 삼고 있음이 분명하다. 톰은 여성이 거짓 교사들이 아니었고, 단지 그들의 가르침에 의하여 영향 받은 자들에 불과하다고 언급한다. 이는 사실일 수 있다. 그러나 그들이 성경의 다른 어떤 곳에서보다 여기서 더 명확하게 거짓 교사들의 목표물이었고, 그들의 가르침을 유포했을지도 모른다는 것은 중요하다(5:13). 거짓 교사들이 여성을 표적으로 삼았던 유일한 교회가 바울이 여성으로 하여금 가르치는 것을 금지하는 유일한 교회라는 사실이 단순히 우연의 일치에 불과한가? (톰은 가끔 다른 대안을 배제시키는 방식으로 증거의 범위를 좁힌다. 한번은 분명하게 "이 구절에는…증거도 없고"—그 경우에는 2:14—하는 식으로 평등주의 입장을 위한 증거 부족에 호소하기까지 한다.)

여기서 안전하게 추정될 수 있는 다른 배경은 일반적으로 그리스 도시들에 대해서도 거의 완전히 사실이었던 배경이다. 따라서 톰이 단언하는 바와 같이 약간의 교육받은 여성들이 있었다고는 하더라도, 그들이 단연코 소수였다는 데 우리는 주목해야 한다. 더 중요한 것은 대부분의 장소에서 율법 낭송을 배운 사람은 유대인 소년들이었지 소녀들이 아니었다는 점이다.

성경에서의 예언이 보통은 설교가 아니라는 톰의 의견에 나도 동의는 하지만, 그것은 하나님의 메시지 사역이다. 만약 여성이 남녀가 섞인 집단에서 예언은 할 수 있지만 가르칠 수는 없다면, 이것은 여성이 성경을 다루는 것보다 자발적인 영감에 의하여 하나님의 메시지를 더 정확하게 말하고 속임을 더 잘 피할 수 있음을 의미하는가? 내가 보기에는 여성이 일반적으로 남성보다 읽고 쓰는 능력과 특히 고등 성경 훈련에 대한 접근 기회가 더 적었기 때문에 여성이 가르치기보다는 더 자주 예언했음이 더 그럴듯해 보인다. 그 결과 그들은 서기관이나 교사 되기가 쉽지 않았다. 반대로 남녀 모두는 성령의 감화에 대한 동일한 접근 기회를 가졌다(심지어 여기서도 문화적으로 여성이 말하는 경향이 적었음에도 불구하고; 적어도 구약에서 그들은 남성보다 덜 빈번하게 예언직을 수행한다).

톰은 여성 후원자들이 반드시 가정교회의 지도자들이었다는 데 의문을 갖는다. 이 점에서는 그가 아마 옳을 것이다. 후원자가 반드시 장로가 되거나 고대에 현대의 목사에 상응하는 자가 되지는 않았을 것이다. 동시에 그들은 대개 영향력을 확실히 행사하였다. 이 영향력의 성격은 다양할 수 있다. 두라 유로포스(Dura-Europus)에서 발견된 3세기 회당 비문에서 집 소유자와 후원자(patron)는 또한 "장로"와 "통치자"(ruler)로 불린다. "회당장"(synagogue ruler)이란 칭호는 아마도 자주 후원자들(benefactors)에게 속했을 것이다. 그러한 자료들이 우리에게 뵈뵈가 장로였다고 추정하도록 요구하지는 않는다. 만약 그녀가 장로였다면, 바울이 그 칭호를 다른 사람들에게도 당연히 덧붙였을 것이다. 그러나 십중팔구 뵈뵈는 (만약 겐그레아 교회가 "담임목사"를 가지고 있었다면) "담임목사"였든 아니든 주목할 만한 사역 역할을 수행했을 것이다. 물론 이 책에서 상보주의 저자 누구도 어떤 경우에도 여성의 모든 사역 역할을 제한하지는 않는다.

톰은 바울이 "성도들의 모든 교회"(33b절)의 관행에 호소하기 때문에 고린도전서 14:34-35에서의 명령이 보편적임이 틀림없다고 주장한다. 그러나 11:16에서의 평행구절에서 명확해지듯이, 많은 학자에 반해서 이 호소는 뒤에 오는 것보다는 앞에 오는 것에 부속된다. 그는 본문의 원칙이 복종이라는 나 자신의 동의를 정확하게 인용하지만, (또 다시 정확하게) 내가 본문을 오늘날에 달리 적용하려 한다고 언급한다. 내가 본문으로부터 이끌어내는 주요 원칙은 교회를 위하여 우리의 교회 섬김 안에서 하는 모든 일, 곧 문화적인 예의를 고려하는 것과 가르치는 지위를 (그리고 당시에는 공개적인 질문을) 성경에 박식한 사람들에게 국한시키는 것의 중요성을 포함할 수 있다. 그러나 물론 나는 확실히 비학대적인 종속적 지위에 있는 사람을 포함하여 모든 그리스도인을 위한 복종의 가치를 정말로 긍정한다. 나는 결코 모든 문화에서 동일한 리더십 구조를 요구한다거나 동일한 지위가 종속되기를 요구하지 않는다.

이 관찰은 복종의 문제를 일으킨다. 톰은 상호 복종이 자녀들이나 노예들에게 적용되지 않기 때문에 에베소서 5:21에서의 상호 복종에 반대한다. 그러나 심지어 아리스토텔레스에게서도 복종의 특정 성격은 아내들, 자녀들, 그리고 노예들에 따라 달라졌다. 따라서 우리는 바울의 상호 복종에 대해서도 똑같은 것을 기대할 수 있다. 톰이 복종의 중요성을 실례를 들어 설명할 때, 복종의 성격이 그의 실례에서조차 달라진다. 믿는 자들이 정부에 복종하는 것과 똑같은 방식으로, 그리고 확실히 노예가 주인에게 복종하는 것과 똑같은 방식으로 젊은이들은 늙은이들에게 복종하지 않는다(그리고 물론 순종하지 않는다).

바울은 단지 자녀 양육에 대한 그의 문화의 기대를 부드럽게 한다. 반대로 그는 일종의 상호 복종을 암시하며, 노예가 주인에게 하는 것처럼 주인도 노예에게 "똑같이 해야"(do the same) 한다고 명확히 주장한다(6:9 NRSV). 그러나 비록 5:21의 상호 관계가 노예들과 노예의 소유자들에게 미치지 않았을지라도, 우리는 결혼 생활을 위해서 그것을 회피할 수 없다. 22절의 복종(여기서 그리스어에 그것이 추정되고 있다)을 21절에서의 명백한 근거로부터 분리시키기란 문법적으로 불가능하다.

톰은 결혼 관계가 폐지되어서는 안 된다는 의미에서 "결혼 관계는 노예 제도와 비슷하지 않다"라고 언급한다. 그러나 그 유비의 요지는 결혼 계약 자체가 아니라 가정 규범이 결혼 생활과 노예 제도 모두에서 가정하였던 권위의 계층구조(authority hierarchy)다. 우리는 1세기의 권위 형태를 반복할 필요는 없다(그리고 그렇게 하고 싶어 하는 상보주의자도 거의 없다). 우리는 아내를 남편에게 종속시키지 않고도 결혼 생활을 유지할 수 있다(아리스토텔레스가 그렇게 생각하였든 그렇지 않았든!). 계층구조가 없었다면 노예 제도를 보전하기는 어려웠을 것이다(아내들에게 한 "주께" 하듯 복종하라는 바울의 명령은[5:22] 단지 6:5에서 노예들에게 그리스도께 하듯 순종하라는 요구만을 초문화적으로 만든다).

바울이 아내의 복종을 명시하는 반면에, 그는 남편들에게만 사랑하라고 말한다(5:25). 하지만 바울은 우리 모두가 믿는 자로서 두 가지를 다 행하기를 기대한다. 그는 가정 규범을 의미심장하게 상호적인 방향으로 수정한다. 아리스토텔레스와는 대조적으로, 바울은 남편에게 그의 아내를 어떻게 "다스려야" 할지 말하지 않고, 어떻게 사랑해야 하는지 말한다. 복종은 아내의 선물이지 남편이 강제할 수 있는 권리가 아니다. (톰은 이 중 일부에 동의할지도 모른다. 그는 고전 7:3-5에서 상호 관계를 발견한다.) 더 나아가 그의 베드로전서 예에서 사라가 아브라함에게 "순종한" 반면에(그리고 그를 "주"라고 부른다!), 아브라함도 사라에게 "순종한다"(창 16:2; 21:12에서 히브리어를 보라).

확실히 1세기 환경에서, 그 문화에서 종속적이었던 아내들의 복종은 바울이 권위의 지위에 있는 사람들에게서 기대했던 복종의 종류와는 다르게 보일 것이다. 복종의 성격은 여러 문화에서 다르게 표현된다(예, 현대 상보주의자들은 복종을 고대 유대인들이나 그리스인들과 동일한 방식으로 표현하려 하지 않을 것이다).

톰은 우리가 성서 시대의 문화로 되돌아갈 필요가 없다고 단언한다. 도리어 "우리가 성경에서 가르쳐진 도덕적 규범과 원칙을 따라야 한다"고 말한다. 그가 확실히 옳다. 그러나 초문화적인 원칙을 성경에서 고대 상황에 적용된 것으로부터 풀어내기란 어려운 일이며, 이는 동일하게 헌신적인 복음주의 해석가들을 다양한 해석으로 이끈다(단지 여성 사역에 관해서만이 아니라). 이것은 나 자신을 포함하여 우리 모두에게 신앙의 중심적인 확언 너머에 있는 문제를 겸손하고 너그럽게 다루도록 요청한다. 기고가들인 우리 모두가 진정으로 의도했던 바와 같이, 나는 이 책이 그러한 관용의 모델을 만들었기를 희망한다.

▶ 결론
▶ 제임스 R. 벡

우리는 여성 사역과 관련하여 오늘날 복음주의자들 사이에서 두 가지 주요 견해를 가지고 있다. 각 견해의 지지자들은 각 견해의 많은 구성 요소에 관한 무수히 다른 입장을 취할 수 있다. 그러나 두 견해는 한 가지 근본적인 쟁점에 관하여 분명히 의견을 달리한다. 즉 성경이 여성 사역에 어떤 제한을 부과하는가, 아니면 아무런 제한도 부과하지 않는가?

이 한 쟁점을 확실히 결정하는 것은 대단히 많은 주제에 대한 방대한 지식을 요한다. 우리가 이 책에서 본 바와 같이, 신구약뿐 아니라 성경을 번역하는 건전한 원리에 관하여 많이 알 필요가 있다. 고대 이스라엘과 교회를 둘러싼 문화에 관하여 아는 것은 도움이 된다. 이 쟁점을 결정하는 동안 나타나는 질문 중 그토록 많은 것이 문법과 단어의 의미를 주제로 행해지기 때문에, 우리는 우리가 훌륭하고 균형 잡힌 결정을 내릴 수 있도록 도와줄 언어학 전문가들이 필요하다. 그리고 유용한 기술의 목록은 계속 이어진다.

이 책의 독자들은 상보주의 견해 또는 평등주의 견해에 유리한 결정을 내리는 것과 관련된 다양한 쟁점이 좀처럼 처음에 보이는 것만큼 단순하지 않음을 알아차렸을 것이다. 예를 들어, 주어진 성경 본문은 우리가 신약학자들이 그 본문을 놓고 토론하는 것을 들을 때까지는 늘 매우 명확하고 간단해 보였을지도 모른다. 갑자기 그토록 분명해 보였던 것이 상당한 복잡성을 띤다. 한쪽 편을 위한 주장을 보증해주는 것으로 보이는 성경 자료가 다른 편에 의해서는 법칙의 예외로서 다뤄진다. 그리고 가끔 이 논쟁의 관찰자들은 우리가 더 많이 알면 알수록, 결정하기가 더 어려워진다고 결론 내릴 수 있다.

이 논쟁은 변화하는 논쟁이다. 이 책에서 네 명의 저자가 논의한 특정 쟁점은 21세기 초반의 성서학을 독특하게 반영한다. 논증 스타일, 제시된 증거 유형, 그리고 결론을 끌어내는 절차는 모두 똑같이 신약학의 현재 상태를 반영한다. 시간이 흐르면서 학문의 프로토콜만 바뀌는 게 아니다. 또한 우리는 합의 및 불일치의 특정한 세부사항도 역시 시간이 흐르면서 바뀌는 것을 관찰할 수 있다.

어떤 독자들은 그 문제에 대해서 약간 허무감을 느낄지도 모른다. 결국 만약 매우 재능 있는 학자가 중요한 사항을 설득력 있게 주장할 수 있지만 그 결과 단지 한 동료가 그 주장을 조각조각 찢어버리게 할 뿐이라면, 우리가 어떻게 이 쟁점을 결정하는 데 진전을 보일 수 있겠는가? 그러나 실제 상황이 그렇게 낙담적이지는 않다. 학문적인 논쟁이 일어나는 방식은 정확히 다음과 같다. 학자들은 주장을 제안하고 답례로 반론을 받는다. 그들은 그들과 의견을 달리하는 사람들의 논증에 경청한다. 그리고 그 피드백의 장점을 검토하고 결과적으로 그 주제에 대한 그들 자신의 접근 방식을 온건하게 하거나 조정하거나 심지어 바꾼다. 따라서 논쟁의 결과로서 이 책의 기고가 사이에서 우리가 방금 경험한 것과 같은 진전이 확실히 일어난다.

각 기고가가 모든 논평에 열심히 응답하고 싶어 할 것이라 나는 확신한다. 만약 우리가 이 저자들이 진행 중인 대화를 계속하도록 놔둔다면, 우리는 이만한 크기의 또 다른 책을 가질 수 있을 것이다. 그러나 각 소론을 읽고 나머지 다른 세 명의 기고가에 의해 그 소론에 주어진 논평을 검토했기 때문에, 우리 모두는 이득을 보고 풍성해졌다. 확실히 평등주의 입장 또는 상보주의 입장 중 어느 한쪽의 학식 있는 지지자들이 제한된 지식이나 맹목적인 편견을 바탕으로 큰소리치는 사람들보다 선호되어야 한다.

이 책에서 제시한 여성 사역에 관한 두 주요한 견해 각각은 신·구약에 있는 많은 쟁점에 관한 결론으로 구성된 추론들의 커다란 집합이다. 각 견해의 구성요소들은 모두 서로 연관되어 있고 서로 맞물려 있다. 각각의 성경 자료는 전체 논쟁에 기여하고, 전체 논쟁은 각 자료를 더 강하게 만든다. 양쪽 입장은 모두 많은 쟁점의 총합을 반영한다. 어떤 주장도 한 구절이나 한 신학적 확신에만 의지하지는 않는다.

성경 색인

구약

창세기

1 31, 171, 391, 445
1-2 30-2, 37, 44, 152, 315, 344, 432, 449
1-3 137, 140, 170, 175, 387, 393-94
1:5 396
1:8 396
1:10 396
1:26 30-1, 36, 141, 170, 394, 396
1:26-27 36, 387, 391, 401
1:26-28 211, 322, 364
1:26-30 32
1:27 30-1, 36, 40, 137, 265, 268, 445
1:28 30-2, 42-3, 87, 394, 396, 411
1:31 37
2 37, 171, 175, 228, 253, 266, 339, 350, 390-91, 393, 395
2:7 171, 389
2:7-23 37
2:15 120, 141, 396
2:16-17 37, 392
2:17 41
2:18 32, 37, 172, 322, 324, 389, 392, 395, 442
2:18-20 32, 396
2:18-25 410, 411
2:19-20 171, 397-98
2:20 36, 172, 175, 247, 321-22, 392, 395
2:21-23 134, 390, 443
2:21-24 398
2:21-25 406
2:23 31, 34, 39, 247, 321, 389-90, 396-99, 443, 455
2:23-24 40, 390
2:24-25 173
2:24 30, 41, 101, 134, 265, 390, 401
3 43-4, 153, 173-74, 229, 265, 400
3:1-5 173
3:1-7 399
3:2-3 37
3:5 41
3:6 41, 174
3:7-8 174
3:8-12 400
3:9 32
3:9-12 173
3:11 37
3:13 32, 174, 228
3:14-19 41
3:15 35
3:16 38, 40-4, 100-1, 122, 149, 153, 175, 265, 322, 324-25, 344
3:16-19 174
3:17-19 394
3:20 35, 175, 321, 455
4:7 42-3, 149, 153, 175, 265
4:17 398
4:25-26 398
5:1-2 36, 322
5:2 36
5:21-6:9 323
6:5-9 323
8:5 133

9:1　87
12-23　365
16:2　460
16:11　35
16:13　455
16:13-14　35
21:12　460
25:23　247, 321
26-36　391
26:20　35
26:21-22　35
27:19　171
34　181
37-50　391
48:19　247, 321
49:3　171
49:4　247, 321

출애굽기
15:20　45, 276
15:20-21　178, 371
18:4　33, 172
20:12　181
23:19　342
28　177
34:26　342
35:22-26　69
38:8　46

레위기
9　177
9:3-4　177
11:2-47　328

12:1-5　181
13-14　262
13:45-46　328
15　262
15:25-27　328
21　262
21:7-15　177
27:1-8　181

민수기
4:23　46
6　213
8:24　46
12:1-14　280
12:1-16　66
15:22-29　181
19:11-13　328
27:1-11　180
31:7　46
31:42　46
36:1-13　68

신명기
14:21　342
17:8　67
18:21-22　75
21:17　171
23:10　262
28:49　318
33:5　280
33:7　33, 172
33:26　33
33:29　33

여호수아
2　180

사사기
4　178
4:4　45, 276, 280-81, 293
4:4-5　45, 67
4:4-9　373
4:5　67
4:5-24　67
4:6-10　281
4:8-9　178
4:17-24　179
5:1　67
5:7　45
8:27　281
9:53　179
11:29-40　181
11:30-39　281
13-16　213
14:2-3　281
15:20-16:31　281
21:19-23　69

룻기
1-4　365
3:9　180

사무엘상
1-2　365
2:12-17　281
2:22　365
2:29　281

8:3 281
18:7 69
25 365

사무엘하
1:24 45
7:3-5 280
13:1-22 181
14 68, 179
20 68
20:14-22 179

열왕기상
10:1-10 68-9
17 365
20:16 393

열왕기하
2:9 171
4 365
11 179
11:3 68
22:11-14 67
22:11-20 178
22:13 280
22:14 45, 276
22:14-20 280, 371, 373

역대상
12:1 393
12:22-23 393
22:17 393

역대하
5:9 133
9:1-9 68-9
26:13 393
28:10 31
34:14-33 67
34:22 276
35:25 69

에스라
2:65 69

느헤미야
5:5 31
6 67
6:10-13 67
6:14 45
7:67 69

에스더
1-10 365
4:15-17 69
9:29-32 69

욥기
1:17 133
42:8 319

시편
1:1 328
19:4 318
20:2 33
33:20 33, 172
68:18 319
68:25-26 69
70:5 33
72:8 87
110:2 31, 87
112:9 318
115:9-11 33
116:10 319
118:22 133
121:1-2 33
121:4 117
124:8 33
146:5 33

잠언
1:8 181
8-9 180
19:14 182
31:10-31 180
31:23 70, 180

아가
7:10 42

이사야
8:3 45, 276
14:2 31
14:6 31
28:11 318
30:5 34
33:19 318
54:1 383
61:1-2 277

예레미야
1:2 45
6:23 384
9:17-18 45
28:8-9 75
31:21 384
34:11 31
34:16 31

예레미야애가
4:3 384
4:22 384

에스겔
12:14 172, 393
13:17-24 45
32:16 46
32:21 393

다니엘
11:34 172

호세아
1:10 319
13:9 33

요엘
2:28 70
2:28-29 277
2:28-32 183, 193

미가
3:11 75

6:4 45, 66

나훔
3:8-10 45

하박국
1:6 45

스바냐
1:1 45

신약

마태복음
1:1-17 187
2:6 54
5:17-20 328
5:21-48 328
5:27-30 366
5:32 191
6:20 117
6:26 117
10 155
10:1 85, 151
10:1-4 89
10:1-8 143
10:1-42 155
10:7 85, 151
10:7-8 173
12:42 366
13:33 366
15:28 188

16:19 84
18:10-14 84
18:18 84
19:1-12 58
19:3-9 349
19:3-12 401, 419
19:4 41, 265
19:5 265
19:6 30, 41, 137, 265
19:8 247
19:28 90
20:25-26 87, 134
20:26 40
23:23-24 329
25:1-13 366
26:7-8 151
26:45 151
26:56 151
26:75 151
28:1-10 151, 367
28:18-20 151
28:19-20 107

마가복음
1:29-31 188, 365
1:41-42 328
2:16 328
3:14 85
3:14-15 85
4:28 38, 121
5:21-24 188
5:25-34 188, 365
5:30-34 328

5:35-43 188
5:37 192
5:41-42 328
6:7 85
7:2 328
7:7-13 324
7:19 328
7:24-30 188, 365
9:2 192
10:1-12 58
10:2-12 366
10:3 438
10:5-9 329
10:6 41
10:7-8 173
10:8 41
10:11-12 191
10:31 37
10:35-45 233
14:33 192
15:40-41 48, 367
15:41 47
16:1-8 190

누가복음
1-2 188
1:8-9 262
1:46-55 191
1:67-79 191
2:25-35 191
2:36 56, 276
2:36-38 191, 371
2:38 56

4:18-19 277
7:11-17 365
7:35 180
7:36-50 189, 365
8:1-3 47-8, 189, 297, 327, 366
8:36 276
9:1 85
9:2 85
10 155
10:1 441
10:1-17 343
10:19 85
10:38-42 57, 189, 297, 328, 366, 415
10:42 189
13:10-17 191, 365
13:15-16 191
13:18-21 191
14:1-6 191
14:5-6 191
15:8-10 366
15:12 171
16:17 328
18:1-8 366
21:1-4 366
22:25-26 252
22:30 90
23:27-31 367
24:1-12 367

요한복음
1:14-18 280

4:1-42 190
4:7-29 365
8:1-11 365
11 190
11:1-44 367
12:1-8 367
13:1-17 233
18:16 46, 150
19:11 85
19:26-27 366
20:1-18 367

사도행전
1:7-8 70
1:12-14 367
1:14-15 70
2:1-4 70
2:17-21 184, 193
2:17-18 59, 70, 194, 276-78, 293, 371
2:21 278
2:30 280
2:38-39 278
4:34 54
5:1-2 195
5:7-10 195
6:1-6 367
6:1-7 60, 84
6:2 60
6:4 151
8:27 68
9:17-19 88
9:36-42 194, 367

11:27-28 255, 372
11:27-30 60
12:12 46, 48, 70, 142, 382
12:12-17 381
13:1 76, 286, 293
13:1-3 73, 84, 88
13:3-4 57, 74
14:4 283
14:14 283
14:23 199, 263, 293, 363
15:2 363
15:2-3 84
15:4 363
15:6 363
15:22 363
15:22-23 84
15:23 363
15:32 57
16:4 363
16:6 57, 74
16:13-15 381
16:14-15 46, 367
16:15 48, 70
16:16-21 194
16:19-24 60
17:4 194
17:7 48
17:12 194
17:34 194
18:1-3 49
18:2 52, 195
18:18 52, 195, 213
18:18-26 195

18:24-26 46, 142
18:25 77
18:26 52, 57, 75, 195, 288, 290, 309, 374
19:28 119, 269
20:1-6 84
20:4 284
20:4-5 84
20:17 263, 293
20:17-35 362
20:28 293, 380
21:9 46, 56, 194, 276, 293, 371
21:10-11 56
21:10-14 194
21:11 255
22:2 223
22:12-16 88
28:23 77

로마서
1:1 86
1:13 283
1:26-27 349, 401, 419
2:18 77
4:13 319
4:16 319
4:18 319
5:12-14 174
5:12-19 39, 254, 400, 424
5:13 400
5:16 400
8:7 407

8:29 283
9:7-8 319
9:25-26 319
10:18 318
11:13-14 319
12:4-8 263
12:6-8 374
12:6 293, 371
12:7 60
12:8 47, 83n90, 202
13:1 85
13:1-7 251, 304n32
13:3 85
13:5 251, 304n32
13:9 317
16 46, 254, 261, 282, 282n11, 286-88, 293, 295, 297-98, 300, 322n52
16:1 46, 48, 61, 70, 78-80, 150, 196, 254, 286, 289, 295, 297-98, 322n52, 377-78
16:1-2 46, 70, 196, 298, 322n52
16:1-12 46, 286, 297
16:2 46, 48, 70, 196-97, 298, 322n52, 381-82
16:3 52, 59-60, 195, 287
16:3-4 374, 381
16:3-5 374, 381
16:6 60, 376
16:7 46, 49, 51, 51n40, 53n48, 54n51, 60, 79n86,

124, 282, 282n11, 293, 346, 381
16:9 288, 295, 376
16:12 286, 297
16:16 300, 347
16:21 288, 376
16:25 105

고린도전서
1:5 93
1:11 199, 381
1:16 301
2:6 117, 131
2:6-16 117, 131, 339, 359
2:16 359
3:5 289, 295
3:9 59, 288, 295, 376
3:19 319
4:12 60, 376
5:4-5 84
6:2-3 90
6:12 96n107
6:16 320
7 82, 133, 136, 211n109, 233, 261, 344, 407, 439-40, 460
7:1 96n107, 440
7:1-4 440
7:1-5 344
7:2-5 96
7:3-5 407, 460
7:5 136, 261
7:8 344, 439
7:8-9 82
7:11 96, 344
7:15-16 96
7:21 237, 257
7:25 344
7:27-28 96
7:32-35 82
7:36 96
7:39-40 439
8:1 96n107
9:5 285
9:5-6 50, 283
9:9-10 317
9:19-23 304
10:23 215
10:31-33 304
11 39, 46, 56, 75, 125n141, 141, 172, 267, 276-77, 293, 305, 309, 309n40, 371, 392, 406, 425
11:2-5 91
11:2-10 428
11:2-16 90, 95n104, 141, 155, 206, 209n103, 212-13 254, 267, 299, 321, 345, 347, 350, 361, 373, 406, 425, 429, 430, 451, 471
11:2-14:40 427
11:3 125n141, 141, 172, 174, 208, 208n100, 232, 278-79, 281, 309
11:3-9 141
11:4-5 276-77, 305
11:4-7 426
11:5 46, 56, 75, 293, 305, 371
11:6 267, 320
11:6-10 320
11:8 39, 402
11:8-9 172, 392, 402
11:9 402
11:10 83
11:11 136, 247
11:11-12 247
11:13-15 425, 426
11:13-16 425
11:16 99, 458
11:17-18 92
12:7 92, 262
12:7-12 92, 263
12:8-10 374
12:10 93, 268, 371
12:11 46, 61n62, 168, 198, 202, 263
12:27-30 263
12:28 50, 75, 107, 198, 202, 286, 293, 371
12:28-30 198, 202, 286, 293, 371
13:7 87
13:8-12 278
13:9 293
13:12 359
14 57, 74-6, 84, 89, 105-6, 123, 153, 155, 248,

255, 276, 278-79, 293,
309, 319, 375
14:1 56
14:2-3 92
14:4 92
14:15 304
14:19 75, 77
14:21 319
14:22 319
14:26 57, 76, 293, 375
14:26-28 93
14:26-40 57, 74, 76, 84, 375
14:28 105
14:29 153, 248, 276, 278
14:29-30 57, 276, 278
14:29-31 153, 278
14:29-32 153
14:29-33 48, 74, 248, 255, 276, 278
14:30 105
14:31 57, 279
14:32 106, 276, 278
14:33 89
14:33-35 89
14:33-36 89
14:33-38 89, 155
14:34-35 155
14:34 309
14:35 105
14:36 96, 123, 127
14:36-38 123
14:40 427

15:5-7 248, 283
15:7 49
15:10 287, 376
15:20-22 39
15:22 84, 174
15:27-28 407-8
15:29 301, 384
15:45-47 322, 455
15:46 38, 121
16:1-3 303
16:15-16 364, 382
16:16 59-60, 87-8, 264, 287, 295, 376
16:16-17 59
16:19 52, 195, 288, 374
16:20 300, 414

고린도후서

1:24 86, 288, 295
2:7-8 84
3:6 280, 289, 295, 318n50
3:6-18 280, 318n50
4:13 319
6:4 289
8:16-21 50
8:16-24 61n61, 78
8:23 198, 288, 376, 385
9:9 318
10:8 86
11:3 38, 122, 174, 316
11:23 60, 289
13:1 317
13:10 86, 301n28

13:12 300, 359

갈라디아서

1:11-2:14 383
1:17 49
1:19 198, 283
3:6-9 368
3:14 368
3:16 319
3:28 254
3:29 319
4:11 287, 376
4:14 117
5:2-6 368
6:6 77, 364
6:12-13 368

에베소서

1:21 407
1:22 406
2:20 50
3:4-5 74
3:7 289, 295
4:7-13 374, 437
4:8 276n3, 319
4:11 50, 75, 79n86, 85, 107, 198, 263, 276, 278, 293, 371, 374, 437
4:11-12 85, 437
4:11-13 278
4:12 46
4:13 210
4:15 405

4:15-16 39
4:16 134, 442
5　30, 39, 99n111, 101, 123-25, 126n142, 134, 134n154, 136, 138, 148, 207, 408, 410n71, 411, 440, 442
5:18 125
5:18-21 125
5:19-21 126n142, 304
5:21 123-25, 136, 157, 231, 236, 251, 323, 403, 404, 440, 459
5:21-33 40, 141, 230, 233n155
5:22 99n111, 257, 261, 344
5:22-23 134, 148, 383
5:22-24 344, 406
5:22-33 123, 402, 408, 410
5:22-6:9 411
5:23 39, 207
5:23-33 257
5:24 231, 343, 440
5:25 450, 460
5:25-30 233
5:25-33 126
5:29 134
5:29-30 442
5:30　39, 134, 134n155, 442n1
5:31 30, 101, 138, 173, 320
5:31-32 101, 138, 320

5:32 30, 134
5:33 232, 450
6:1 232
6:1-4 403
6:5 303, 323, 408, 460
6:5-9 323, 408
6:9 236, 323, 403, 404n61, 411, 450, 459
6:21 78, 288n15, 289, 295
6:21-22 78, 288n15

빌립보서
1:1　60, 70, 77, 196, 289, 301, 363, 379, 444
1:27 287
2:1-18 78
2:4 125, 235
2:16 117n129, 287, 376
2:25 78, 198, 283, 288, 376, 385
2:25-30 78
2:29 303
4:2　46, 60, 79n86, 286-87, 418n87
4:2-3 46, 60, 286-87
4:3 46, 60, 286-87

골로새서
1:7 52, 289, 295
1:18 134, 406, 442
1:23 289
1:23-25 289
1:25 289

1:29 287, 376
2:10 406
2:18-23 440
2:19 405, 442
3:16　76, 107, 142, 304, 375
3:18　99n111, 261, 344, 402
3:18-19 402
3:18-4:1 411
3:22-4:1 408
4:7 78
4:7-9 78
4:10 59, 376
4:11 60, 288, 376
4:15　46, 48, 70, 199, 289, 381

데살로니가전서
1:1 301
2:5 283
2:6 49
2:7 201
2:7-9 50
2:11 201
3:2 60, 288, 376
4:11 65, 105, 106n117
4:16-17 38, 121
5:5 117
5:12 60, 83, 287, 295, 376
5:12-13 364
5:19-22 84
5:20-21 57, 268, 350

5:26 300

데살로니가후서

2:5 301
3:1-2 303
3:6 86
3:11 65
3:12 105, 106n117, 223

디모데전서

1:2 312
1:3 224, 292n19, 309, 312, 416
1:3-7 103, 104
1:3-20 309
1:5-9 201
1:6-11 220
1:10 108
1:18 320
1:18-20 103
1:20 320
2 25, 35, 39, 89, 105-6, 113, 332, 348, 356, 391, 415, 418, 425, 431
2:1 106
2:1-2 106
2:1-8 201
2:2 105
2:4-5 209
2:4-7 209
2:7 143
2:8 418
2:8-15 256

2:9-10 415
2:9-11 132
2:9-15 25, 91, 119n133, 129, 186n47, 220n127
2:11-12 285, 311, 321, 345
2:11-13 141
2:11-14 274, 307
2:11-15 25, 90, 103, 122, 143, 155, 268, 314, 338, 345, 360-61, 391, 413, 430, 441
2:12 89, 113, 224, 255, 268, 315, 335, 356, 431
2:12-13 391
2:12-15 229
2:13 171, 232, 266, 348
2:13-14 311, 320
2:13-15 320
2:14 39, 174, 321
2:14-16 209
2:15 35, 425
3:1-7 200
3:1-13 379, 444
3:2 63, 82, 90, 248, 292, 294, 314, 372, 380
3:2-5 294
3:4-5 73, 83n90, 144
3:5 380
3:8 289
3:8-9 82
3:8-13 196
3:9 107, 289
3:10 38, 121

3:11 46, 61n62, 80, 82, 150, 254
3:12 81, 289
3:15 402
4:1-5 401
4:1-7 309
4:1-8 103
4:3 251, 314, 345, 440
4:6 107-8, 143
4:7 108, 307, 310, 312
4:10 376
4:11 292
4:13 255
4:14 229, 293, 312
4:16 229
5:1 200
5:1-2 314
5:2 200, 383
5:3 81
5:3-16 66n73, 201, 367
5:5 46
5:8 107
5:9 63, 82, 313
5:9-10 63, 79-80, 143
5:10 46
5:11 307
5:11-12 151
5:11-13 312
5:13 64, 103, 250, 310, 345, 348, 457
5:14 73, 82, 133, 344, 418, 439
5:14-15 310

5:15 220
5:17 144, 292, 372
5:17-19 294
5:17-25 363
5:18 317
5:20 103, 107
5:20-22 103
6:1 108, 310, 314
6:1-2 108, 314
6:2 143, 292
6:3 103, 108, 224, 416
6:3-10 103
6:4-5 104
6:6-10 309
6:10 40, 107

디모데후서
1:2 312
1:6 88, 312, 418
1:15 422
2:2 107, 143, 292
2:6 287
2:14 39, 174
2:16-26 309
2:17 310, 422
3:5-9 422
3:5-13 309
3:6 250, 310, 457
3:6-9 220
3:7 132
3:10 143, 292
3:16 301
4:2 143

4:3 108
4:3-4 309
4:9-13 313
4:14-15 313
4:19 52, 195, 374, 420

디도서
1:1 86
1:4 312
1:5 293, 363
1:5-7 155, 226
1:5-9 89-90, 155, 200, 362
1:6 63, 80-1, 314n45
1:6-7 314
1:8 63
1:9 90, 108, 143-44, 372, 380
1:11 224, 251, 416
1:12 307
2:1 108, 143
2:3 77, 292, 381
2:3-4 26n3, 64, 290
2:3-5 46, 57, 75, 123, 411
2:4-5 402, 408, 440
2:5 314, 344, 409
2:8 310, 314
2:9 407
2:9-10 314, 408
2:15 84
3:1 52, 85, 313, 407
3:12 313
3:13 52

빌레몬서
1 288, 376
1-2 288
23 376
24 60, 288, 376

히브리서
5:12 76, 107
7:2 38
11:32 365
13:17 88, 143

야고보서
1:26-27 367
3:17 38, 121
5:14 363

베드로전서
1:1 263, 363
2:5 182, 277
2:13 251, 407
2:13-17 85
2:18 407
2:18-25 408
3:1 136, 234, 236, 344
3:1-7 234, 402, 408
3:5-6 408
3:7 235, 321, 370
3:22 407
4:10-11 374
4:11 60
5:1 54, 263, 363
5:1-2 293

5:1-4 263, 362
5:2-3 86
5:5 407
5:14 300

요한2서
1 201

요한계시록
1:6 277
5:10 277
11:3 279
11:3-7 278
11:6 211
19:7 383
20:6 211, 277
21:2 201
21:9 201
21:12 90
21:14 90
22:17 201

주제 색인

ㄱ

가정교회 46, 48, 70, 73, 138, 147, 149, 151, 195, 199, 201, 242, 249, 277, 288-90, 293-94, 298, 342, 382, 439, 458

감독들 70, 77, 149, 155, 226, 293, 362-64, 379, 443

거짓 가르침 121, 132, 145, 148, 219, 275, 292, 309-11, 348-49, 416, 420-22, 440

결혼 33, 40, 82, 95-7, 191, 240, 285, 430, 439

→ 결혼에서의 상호복종 125, 135-36, 323-24

→ 노예 제도와 비교되는 결혼 236-37, 403-4, 408-12, 450, 459, 460

계층구조, 성 32, 34, 123, 125, 136, 208

공동예배와 봉사 46

과부 62-6, 80-2, 96, 103, 143, 201-2, 310, 312-14, 365-67, 439

교사: 거짓 교사 103, 118, 122, 132, 220, 250-51, 275, 309-10, 312, 332, 345, 348, 419-20, 422, 456-57

→ 교사로서의 여성 56-7, 75-7, 81, 103, 142, 220, 223, 250, 268, 310, 348, 373

→ 남성의 교사가 되는 것이 금지된 여성 413-25

→ 예언자와 비교되는 교사 276-77, 341, 373-75

→ 교사의 권위 107-9, 224-26, 291-94, 308, 417

교육: 거짓 교사에 의한 가르침 132, 219, 250, 269, 419, 456

→ 여성에 의한 가르침 56, 75, 81, 103, 142, 220, 223, 250, 290, 310, 348, 373

→ 여성의 교육 97, 103, 153, 214, 290, 305, 314, 348, 376, 418, 458

구약: 구약 전체에 걸친 가부장제 174, 183, 260

→ 구약에서 남성 제사장직 177, 181, 262, 342, 373

→ 구약에서 여성에게 행해진 죄악 181

→ 구약에서의 성 역할 38, 152, 170-76, 229, 265, 387-99

→ 구약에서의 여성의 존엄성 365

→ 구약의 여성 예언자 67, 178, 277, 293

→ 구약의 여성 지도자 66

→ 신약과 구약에 걸친 패턴 240

구원 203, 367, 370, 444

권위/권한: 12사도의 권위 85, 143, 150, 192, 248

→교사의 권위 107, 224, 256, 291, 308, 348, 416
→권위에 대한 바울 83, 223, 308, 337
→그리스도에 대한 하나님의 권위 428
→상호복종과 권위 125
→세속 통치자들의 권위 109
→아내에 대한 남편의 권위 40, 149, 231, 250, 266, 322, 340, 402-13
→여성과 권위 83, 108, 153
→예언과 권위 279
→지배와 비교되는 권위 117

크리소스토모스, 요한(Chrysostom, John) 51, 79-80, 285

그리스어: 그리스어에서의 "neither...nor" 구조 118, 130
→그리스어와 authenteō 110, 113, 123, 130, 223-24
→그리스어와 kephalē 39-40, 90, 123, 133-35, 141, 148, 158, 206-7, 232, 264-66, 405-6, 426, 442, 450
→그리스어와 그리스어 불변화사 ē 123, 127

기도 201, 206, 221

기독교선교연맹(Christian and Missionary Alliance) 435, 454

꾸밈 406, 426-27

ㄴ

나오미 180
낙태 394, 454
남성과 여성의 창조 30, 134, 140, 170, 247, 266
→남성과 여성의 창조에 관한 바울 320, 336
→남성과 여성의 창조 순서 320, 389, 437, 455
→사역에서의 문화적 쟁점 299, 311, 342, 347, 414, 439
→하나님의 형상으로의 남성과 여성의 창조 322, 387, 434

남성: 남성에 의한 리더십 90, 181, 211, 232
→남성에 의한 지배 122
→남자에 의한 동물들과 여자의 이름 짓기 34, 171, 247, 389, 396-99
→남자의 창조 30, 134, 140, 170, 247, 265, 320, 336, 364, 389, 437
→상호복종과 남성 125, 157, 459
→성 역할과 남성 30-8, 152, 323
→여성과의 결혼 관계 122-35, 173, 230 -37, 326-32, 439

노아댜 67, 150

노예 제도 236-37, 239, 251, 257, 303-4, 323, 409-11, 450, 459

눔바 48, 70, 138, 199, 289, 381, 436

ㄷ

다말 181, 187
다비다 194, 367
도르가 194
동물들의 이름 짓기 141, 396, 398
동성애 137, 209, 244, 267, 302, 309, 349, 369, 401, 419
드보라 45, 66-7, 138, 178-79, 247, 276, 279-82, 320, 371, 373

ㄹ

라합 180, 187, 365
루디아 48, 70, 149, 194, 367, 381, 436
루터, 마르틴 325, 441
룻 180, 187, 365
리더십: 12제자의 리더십 192
　→ 리더십에 관한 바울 80, 121, 218, 226, 428
　→ 리더십의 언어 25
　→ 리더십의 위치에 있는 여성 27, 29, 44, 65-8, 78, 142, 149, 153, 166, 185, 192, 281, 377, 391, 434
　→ 여성에 대한 남성의 리더십 123, 176, 181, 201, 228, 232-33, 239, 389, 392, 399, 426-27

ㅁ

마르다 189-90, 328, 366
마리아(예수의 어머니) 69, 187
막달라 마리아 381
머리 가리개와 머리 길이 209
모세 45, 56, 66, 99, 156, 260, 280, 282, 318
목사 75, 83, 85, 147, 168-69, 178, 180, 182, 197, 200-2, 242, 246, 248, 254, 263, 286, 291-95, 342, 356-57, 364, 371-73, 386, 437, 447, 458
미리암 45, 66, 178, 276, 280, 371

ㅂ

바울, 사도: 거짓 가르침에 관한 바울 132, 145, 219, 275, 348-49, 416
　→ 권위에 관한 바울 85-7, 107, 109, 114, 131, 145, 232, 249, 269, 296, 308, 323, 335, 349, 407, 415, 418
　→ 과부들에 관한 바울 63-6, 82, 103, 132, 201, 344
　→ 남편과 아내에 관한 바울 198, 411-13
　→ 바울과 *kephalē* 39, 133-35
　→ 바울과 뵈뵈 48, 60-1, 78, 196-97, 289
　→ 바울과 유니아 49, 60, 198, 283, 285, 385, 440
　→ 바울의 권위 86
　→ 여성 집사에 관한 바울 61, 132, 289, 378-79
　→ 여성들의 교육에 관한 바울 216-17, 316, 337, 419, 422-23
　→ 여성들의 복종에 관한 바울 87, 99-100, 217, 219, 231, 250-51, 349, 374, 432
　→ 여성들의 잠잠함에 관한 바울 90-2, 94-104, 124, 214-18, 250, 308, 316, 337
　→ 창조 질서와 타락에 관한 바울 100, 320-24
밧세바 68, 187
배교 314
병행광(Parallelomania) 420
복음주의 18, 25-8, 38, 111, 127, 136, 163-64, 175n21, 214, 236, 244, 274, 294, 315, 324, 327, 345, 356, 359, 370, 382, 461, 463
복종: 결혼 생활에서의 복종 266-67, 344, 403,

442, 450
뵈뵈 48, 60-1, 70, 78-9, 138, 196-97, 226, 263, 288-89, 298
브리스길라 49, 52, 57, 59, 75-7, 142, 195, 262, 287, 374-76, 381, 419, 436

ㅅ

사도들: 12사도에서 배제된 여성들 150, 358
→12사도의 권위 143
→사도로서의 여성 49, 51, 60, 79, 79n86, 124, 140, 293, 296, 298
사라 59, 317-18, 343, 346, 365, 374, 377, 380-81, 408, 441, 449, 460
사역: 공동예배와 사역에서의 봉사 46
→복음전도 사역 168, 287, 291
→사역에서의 여성의 은사 45, 47, 56-7, 60, 75, 90, 96, 254-55, 334, 340, 351, 371, 374-75, 435, 447
삽비라 194
상호복종 124-25, 135-36, 157, 323-24, 403-4, 459
선교사로서의 여성들 346, 386-87
성(性): 가정 내의 역할과 성 64, 69, 71, 73, 199, 230, 233-34, 257, 323-24, 387
성경: 동성애에 관한 성경 137, 209, 244, 267, 302, 309, 349, 369, 401, 419
→성경 전체에 걸친 남성 헤드십의 패턴 177, 183, 212
→성경에서의 결혼 본문 257, 268
→여성의 존엄성과 중요성에 관한 성경 364-70
성경적 남성성과 여성성에 관한 협의회 (Council on Biblical Manhood and Womanhood, CBMW) 28, 39, 42-3, 89-90, 123-25, 127, 136, 157
성경적 평등을 위한 기독교인(Christians for Biblical Equality, CBE) 137
성찬 25, 62, 204, 253
세례 25, 163-64, 196, 204-5, 318, 367, 384
세속 통치자: 세속 통치자로서의 여성 68
시바 여왕 366
신구약 중간기 180, 184-85, 187
신약
→신약에서의 하와 38, 103, 105, 120, 122, 174, 228, 257, 320-21, 339, 422-23
→신약 시대의 여성 지도자 69-71
→여성에 의한 리더십에 관한 신약 구절 82, 116, 168

ㅇ

아굴라 49, 195, 287, 374-75, 436
아달랴 68, 150, 179
아담 31-3, 35-6, 38-9, 103, 120-21, 134, 140-41, 170, 174-75, 227-29, 253, 257, 266, 320-22, 339, 345, 387-400, 418, 422-25, 437, 443, 455
아르테미스 숭배 145, 269, 421, 438
아볼로 57, 75-7, 142, 195, 262, 374-76
아비가일 365
안나 56, 191, 276, 371
안드로니고 60, 140, 198, 283, 285, 347, 384-85, 449
압살롬 68

에스더 55, 69, 179, 365
여성: 12제자에서 배제된 여성들 47, 58, 297
→ 가르치는 것이 금지된 여성 26n3, 81, 103, 106, 118, 214, 220, 222, 225, 250, 291, 300, 308-9, 316, 332, 348, 391, 413-15, 418, 422, 433, 435
→ 복음전도 사역에서의 여성 168, 287, 291
→ 여성 후원자 46, 48, 140, 142, 288, 351, 381-82, 458
→ 여성이 쓰는 머리 가리개 209, 212-13, 249-51, 254, 299-301, 320, 336, 339, 347, 452, 456
→ 여성의 성직임명 167, 327, 330, 359-61, 364
→ 여성의 영적 은사 27, 49, 75, 92, 168, 198, 202, 218, 254, 327, 375, 447
→ 여성의 존엄성과 중요성 364-67
→ 예배에서 잠잠한 여성 90-2, 94-6, 98, 99n111, 100n112, 101, 105, 127, 135, 155, 214-18, 308, 316
여성 사역 46, 151, 238, 263, 273-76, 282, 286-92, 296-99, 309, 315, 320, 324-27, 329-32, 341, 402, 410, 435, 437, 453-56
영적 은사 27, 49, 75, 92, 168, 198, 202, 218, 254, 375, 447
예배: 공중예배 56-7, 74, 83, 92, 210, 307-8
예수의 제자들 89, 295
예언 45, 56-7, 70, 73-6, 84, 91-7, 101-2, 155, 168, 193-95, 206, 210, 215, 218-19, 247, 250, 254-56, 276-82, 293, 304-6, 337, 371-73, 425, 427

유니아 49-51, 53, 60, 79, 140, 147, 197-98, 248, 262, 283-85, 288, 343, 347, 380, 384-86, 440-41, 449
유니안(Iounian) 284
이세벨 68
이혼 81, 96, 190-91, 257, 349, 366, 401, 438

ㅈ

종교개혁 67, 239, 326
죄 39, 42-4, 74, 103, 109, 133, 154, 173-75, 178, 181, 183, 189, 195, 228, 240, 254, 265, 332, 365, 394, 400-1, 419, 424-25
주의 만찬 204, 318
지배 31, 38-40, 42-4, 87, 104, 106-8, 111-19, 129, 136, 144, 175, 224, 265, 390, 394, 397

ㅊ

출산 32, 35, 43-4, 69, 154, 230, 322, 394
침례교인 448-49

ㅌ

타락 35, 38-43, 100, 122, 171, 174-75, 181, 217, 228-29, 232, 240, 243, 247, 320, 322, 324-25, 344, 394, 400-1, 455

ㅍ

페미니즘 137, 147, 167, 207, 327, 357

ㅎ

하와 35, 38, 41, 105, 120-22, 134, 174-75, 228-29, 257, 266, 316, 320-22, 339, 387, 389-93, 399-400, 418, 422-25, 437, 455
한나 365
해석학 77, 120, 148, 303, 319, 346-47, 356, 358-61, 384
홀다 45, 67, 178, 276, 280, 371, 373

기타

Authenteō 110, 113, 123, 130, 223-24
Kephalē 39-40, 90, 123, 133-35, 141, 148, 158, 206-7, 232, 264-66, 405-6, 426, 442, 450

여성 리더십 논쟁
교회에서 여성의 사역과 안수에 관한 토론

Copyright ⓒ 새물결플러스 2017

1쇄발행_ 2017년 12월 26일

지은이_ 린다 L. 벨빌·크레이그 L. 블롬버그·크레이그 S. 키너·토마스 R. 슈라이너
옮긴이_ 안영미
펴낸이_ 김요한
펴낸곳_ 새물결플러스
편　집_ 왕희광·정인철·최율리·박규준·노재현·한바울·신준호·정혜인·김태윤
디자인_ 김민영·이재희·박슬기
마케팅_ 임성배·박성민
총　무_ 김명화·이성순
영　상_ 최정호·조용석·곽상원

아카데미_ 유영성·최경환·이윤범

홈페이지 www.holywaveplus.com
이메일 hwpbooks@hwpbooks.com
출판등록 2008년 8월 21일 제2008-24호
주소 (우) 07214 서울특별시 영등포구 양평로 11, 4층 (당산동5가)
전화 02) 2652-3161
팩스 02) 2652-3191

ISBN 979-11-6129-046-1 93230

책값은 뒤표지에 있습니다.

이 도서의 국립중앙도서관 출판예정도서목록(CIP)은 서지정보유통지원시스템 홈페이지 (http://seoji.nl.go.kr)와 국가자료공동목록시스템(http://www.nl.go.kr/kolisnet)에서 이용하실 수 있습니다(CIP제어번호: CIP2017033739).